文化和旅游部产业发展司委托编写

国际文化和旅游市场报告
2020

REPORT ON INTERNATIONAL CULTURAL AND TOURISM MARKETS 2020

主　编◎李怀亮
副主编◎方　英

首都经济贸易大学出版社
Capital University of Economics and Business Press
·北　京·

图书在版编目(CIP)数据

国际文化和旅游市场报告.2020/李怀亮主编.—北京:首都经济贸易大学出版社,2021.4

ISBN 978-7-5638-3188-3

Ⅰ.①国… Ⅱ.①李… Ⅲ.①文化市场—研究报告—世界—2020 ②旅游市场—研究报告—世界—2020 Ⅳ.①G114 ②F591

中国版本图书馆 CIP 数据核字(2021)第 048921 号

国际文化和旅游市场报告 2020
主　编　李怀亮
副主编　方　英
GUOJI WENHUA HE LÜYOU SHICHANG BAOGAO 2020

责任编辑　王玉荣　杨丹璇
封面设计　砚祥志远·激光照排 TEL: 010-65976003
出版发行　首都经济贸易大学出版社
地　　址　北京市朝阳区红庙(邮编 100026)
电　　话　(010)65976483　65065761　65071505(传真)
网　　址　http://www.sjmcb.com
E-mail　publish@cueb.edu.cn
经　　销　全国新华书店
照　　排　北京砚祥志远激光照排技术有限公司
印　　刷　唐山玺诚印务有限公司
成品尺寸　185 毫米×260 毫米　1/16
字　　数　814 千字
印　　张　34.25
版　　次　2021 年 4 月第 1 版　2021 年 4 月第 1 次印刷
书　　号　ISBN 978-7-5638-3188-3
定　　价　238.00 元

前　言 | PREFACE

本卷《国际文化和旅游市场报告 2020》出版之际，全球仍处在新冠肺炎疫情威胁之下，国际社会面临着剧烈变化和诸多不确定性。面对几十年来最为严峻的国际环境，中国将会保持更高水平的开放。国际国内双循环，二者缺一不可。在这种大背景下，面向国际，对国际文化和旅游市场的研究就显得格外重要。

21 世纪以来，国际文化市场总体上呈现出高增长趋势。但随着 2020 年初新冠肺炎疫情的暴发，全球经济受到巨大的影响，文化和旅游市场也未能幸免。演出、电影和旅游市场市值上半年遭遇断崖式的下跌，随着疫情在全球的不断蔓延，整个文化产业和旅游市场遭遇前所未有的挑战。以旅游为例，世界旅游组织数据显示，2020 年 1—6 月国际旅行需求大幅下降，国际游客人数减少 4. 4 亿人次，与 2019 年同期相比下降了 65%。国际旅游业出口收入损失约为 4 600 亿美元（约合 3. 1 万元亿人民币），是 2009 年全球经济和金融危机期间同类损失的 5 倍左右。欧洲是全球受疫情影响最严重的地区，2020 年上半年游客人数下降 66%；美洲（下降 55%）、非洲和中东（下降 57%）也遭受了打击。受新冠肺炎疫情影响最早的亚太地区受到的打击最大，在 6 个月的时间内游客人数下降了 72%。但在危机中，网络视频、在线音乐和游戏产业出现了逆势生长。以游戏为例，2020 年，全球游戏市场估计产生 1 593 亿美元的收入，同比增长 9. 3%。促成该数据增长的一个重要推动因素是疫情期间的封城措施，这间接增强了人们对游戏的兴趣。总体来说，全球游戏市场的分销平台、组织类型和商业模式都在不断演进升级，加上 5G 等技术进步和分销渠道全球化的影响，游戏行业在很多细分市场进行着革新，例如游戏 IP 化推动着产业融合纵深发展，电竞与直播推动游戏服务产业链的拓展，移动游戏领域重度化程度加深与休闲趋势并举，云游戏、虚拟现实等创新游戏类型稳步发展。从总体上来看，数字文化产业已经成为国际文化市场的主流，并且今后还会得到强势增长。实时化、在线化、移动化、付费化、社交化和智能化将会成为数字文化产业的基本特征。

目前我国新冠肺炎疫情已得到有效遏制，但是国外疫情形势依旧严峻，这对我国旅游产业以及对外外文化贸易和投资产生了多重影响。其中，旅游产业受到的疫情冲击最为严重，但对外文化贸易和投资在经历了一段时间的波动之后，逐渐向好。从 2020 年第四季度数据看，我国对外文化贸易呈现出如下几个特点：

1. 我国文化产品贸易顺差总额增幅同比达 22. 74%。海关总署最新数据显示，2020 年 9—11 月文化产品进出口总额为 382. 60 亿美元，其中出口总额为 345. 98 亿美元，进口总额为 36. 62 亿美元，贸易顺差为 309. 36 亿美元。

2. 旅行服务进口下降导致服务贸易逆差收窄。国家外汇管理局数据显示，2020 年

9—11 月我国服务贸易进出口总额为 1 516. 90 亿美元，出口额为 586. 44 亿美元，进口额为 930. 46 亿美元，贸易逆差为 344. 02 亿美元。国家外汇管理局数据显示，2019 年旅行服务进口额已经占据服务贸易进口总额的 50. 08%，从体量上看，旅行服务是构成我国服务贸易的主要类别。所以，2020 年 9—11 月旅行服务进口的大幅度减少是导致同期服务贸易进口总额减少、进而导致服务贸易逆差收窄的主要原因。

3. 美国和东盟对我国文化产品进口依赖度增强。2020 年 9—11 月，我国对美国以及东盟、欧盟三大主体的文化产品出口量实现总体增长。海关总署统计数据显示，2020 年 9—11 月与 2019 年同期相比，我国对美国和东盟文化产品出口出现较大增幅，其中对美国文化产品出口增长额度为 40. 45 亿美元，增幅高达 66. 52%，对东盟文化产品出口增长额度为 8. 33 亿美元，增幅达到 50. 57%。对欧盟文化产品出口虽然有所下降，但是下降额度不多，降幅仅为 7. 42%。由于第四季度中国经济已经实现常规性运转，而这些国家和地区仍然深陷疫情泥潭，生产处于半停滞状态，面对本国国内文化市场需求，增强对我国文化产品的进口依赖度是必然选择。

4. 入境旅游颓势将持续。受疫情影响，许多国家纷纷关闭边境，国际大量航班实施减航停航，这导致了国际旅游受创严重。根据联合国贸易和发展会议估算，新冠肺炎疫情可能导致全球旅游业损失 1. 2 万亿—3. 3 万亿美元。其中，3. 3 万亿美元是按照假设全球旅游业中断 12 个月测算得到的，这相当于全球生产总值的 4. 2%。

5. 疫情加快资本向数字文化产业集聚。第四季度我国经济已经全方位步入常规发展轨道。在重点关注的 5 类文化相关产业中，只有电信、广播电视和卫星传输服务类产业的固定资产投资累积增长率在大幅上升，达到 30%左右，而文化艺术、文体娱乐、文教、工美、体育和娱乐用品、印刷和记录媒介类别固定资产投资累计增长率均为负值。其中，文教、工美、体育和娱乐用品、印刷和记录媒介类别固定资产投资累计增长率下降幅度均达到 20%左右，这表明新冠肺炎疫情加快了文化产业由线下向网络数字化的转移，虽然国内疫情已经结束，但是数字文化产业注定成为新的市场风向。

中国文化产业要更多地参与国际市场大循环，目前面临着比以往任何时候更加困难的国际环境。文化产品除了普通商品属性之外，还有文化属性，包含着价值观和生活方式，并且常常与意识形态有着不可分割的联系。

未来国际文化市场将会以数字文化产业为主导，技术创新将会构成国际文化产业竞争的核心。美国等五眼联盟对中国的技术限制，无疑将会对中国文化产业的国际竞争力造成巨大的挑战。随着地缘政治竞争越来越明显，美国正在构建以新的意识形态为纽带的国际联盟。政治经济文化一体化的国际竞争环境，很可能造成国际文化市场的割裂。在这种情况下，我们需要更加密切地关注国际文化和旅游市场的趋势和动向，加大这方面的研究力度。

《国际文化和旅游市场报告 2020》是我们国际文化市场系列报告的第四卷，第五卷的调研编写工作也已经启动。促进中国对外文化贸易发展是这部报告的目标，文化和旅游部产业发展司领导的关心、鼓励和支持是这部报告得以连续出版的根本保障，课题组同仁的不懈努力是这部报告质量的关键力量,业内和学界对这部报告的肯定是对我们继续前行的鼓励。欢迎大家批评指正,以便我们下一卷做得更好。

李怀亮

于中国传媒大学

目 录 | CONTENTS

1 总报告

1.1 国际文化与旅游市场发展特点

文化是历史的积淀、智慧的结晶，引领着历史前进方向和时代发展潮流，昭示着人类从哪里来、到哪里去。只有坚持推动文明相通、文化相融，拉紧各国人民相互尊重、相互理解的精神纽带，才能更好地构建人类命运共同体。建设文化强国，需要坚持“以我为主”，但绝不是搞自我封闭，更不是搞唯我独尊，而是立足中国、面向世界，更好地促进中华文化和各国文化相互取长补短、共同进步，为建设命运与共的美好世界提供持久而深厚的精神动力。建设文化强国的过程，既是传承和弘扬中华文化、增强其生命力和影响力的过程，又是吸纳外来文化与文明精华、推动中华文化不断丰富发展的过程。必须秉持开放包容、互学互鉴的理念，以更自信的心态、更宽广的胸怀，深入开展同各国文化交流合作，广泛参与世界文明对话，促进对彼此文化与文明的理解、欣赏和借鉴，让各国人民更好地了解中国，让中国人民更好地了解世界。

2020 年 11 月 18 日，《文化和旅游部关于推动数字文化产业高质量发展的意见》正式发布，该意见顺应数字产业化和产业数字化发展趋势，指出实施文化产业数字化战略，加快发展新型文化企业、文化业态、文化消费模式，积极融入以国内大循环为主体、国内国际双循环相互促进的新发展格局，促进消费升级。为加强对外文化贸易和交流合作，开展多层次文化对话，我们需要深入了解国际文化市场的竞争格局、运行机制和发展特点，为此，本报告在全球数字经济大发展的背景下，对 2017—2019 年国际演出市场、国际电影市场、国际图书出版市场、国际游戏市场、国际动漫市场、国际艺术品市场、国际音乐市场、国际视频市场、国际文创设计市场和国际旅游市场的规模、结构、市场主体、地区差异、市场偏好及未来走势等进行了分析和概括。

1.1.1 北美地区文化产业发展成熟，市场趋于饱和

1.1.1.1 北美地区是国际演出市场的最大区域，市场份额超过全球的 1/3

北美地区是 2017 年国际演出市场的最大区域，市场价值约 1 680.2 亿美元，市场份额为 36.76%（见表 1-1），这主要得益于其具有较高的可支配收入及大量人口现场观演需求。亚太地区是第二大区域，市场价值约 1 031.1 亿美元，约占 22.56%的市场份额。非洲地区市场价值仅为 145.2 亿美元，市场份额为 3.18%。这可能是由于该地区可支配收入低、恐怖袭击发生率高以及政治局势不稳定等。从国别来看，2017 年，美国是国际演出市场最大的国家，市场价值约为 1 386.5 亿美元，占全球 30%的市场份额；中国为国际演出市场第二大的国家，以 433.1 亿美元的市场价值占全球 10%的市场份额。

表 1-1 国际演出市场地理区域份额以及市场价值表

地区	地区份额(%)	市场价值(十亿美元)
北美地区	36. 76	168. 02
亚太地区	22. 56	103. 11
西欧地区	22. 21	101. 49
南美地区	6. 94	31. 73
东欧地区	4. 21	19. 25
中东地区	4. 14	18. 93
非洲地区	3. 18	14. 52

1. 1. 1. 2 全球电影市场保持微增态势,北美电影市场趋于饱和

2010—2019 年,全球电影票房收入总体保持增长趋势,但增速不稳,呈现波动态势(见图 1-1)。2019 年全球电影票房收入达 422 亿美元,较 2018 年增长了 1%。近十年来,全球电影市场一直呈现增长的态势,增长率最高值为 2015 年的 7. 4%,最低值为 2016 年的 0. 5%。北美地区作为全世界最成熟的电影消费市场,在全球票房总额逐渐增长的大环境下变化不大,市场已发展成熟。2019 年北美地区票房收入为 114 亿美元(见图 1-2),较 2018 年的 119 亿美元下降 4%,票房收入虽存在一定波动,但变化不大,其全球电影市场的领跑地位不容撼动。北美地区的故事片产量位列第三,2019 年生产故事片 814 部,相较于 2018 年的 808 部增长了 0. 7%。2019 年 28 个欧盟成员国的电影上座率猛增 5. 3%,观影人次达到 10 亿以上,相较 2018 年增加了 5 100 万人次,这也是自 2004 年以来欧盟取得的最好成绩,总票房收入在 2018 年跌破 70 亿欧元后也出现反弹,增长 5. 2%,达到 71. 3 亿欧元(78. 9 亿美元)。英国、法国、德国、西班牙和意大利等国的电影市场在经过 2018 年的“低谷”后,于 2019 年实现了新的增长。

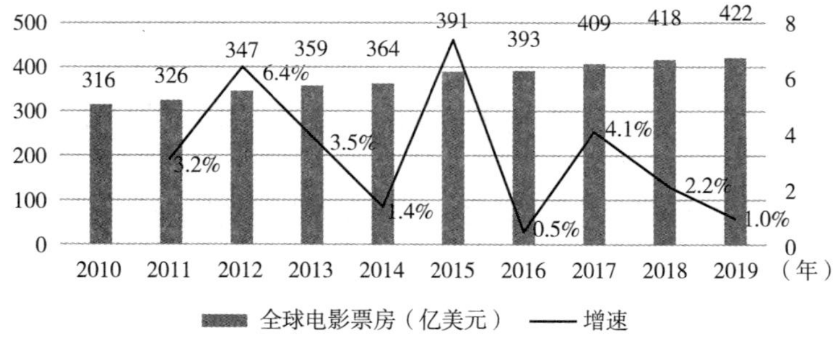

图 1-1 2010—2019 年全球电影市场票房收入情况及同比增速

1. 1. 1. 3 全球出版市场高度集中,美国占比最高

2019 年,全球出版市场集中度较高,美国、中国、德国、英国、日本和法国的出版份额

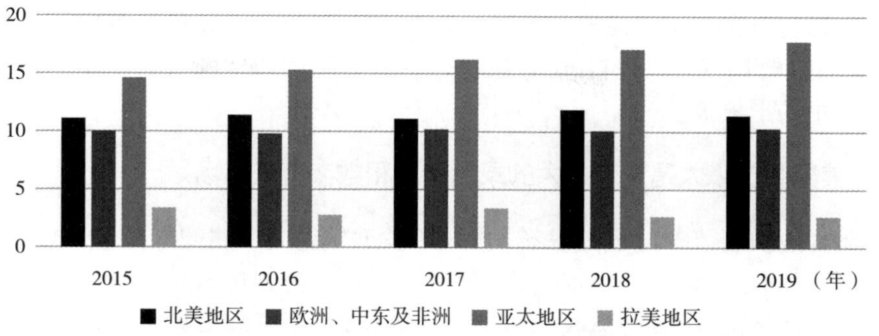

图 1-2 2015—2019 年按地区划分的包括所有电影的国际票房市场(单位:十亿美元)

分别为 29%、17%、8%、5%、5%和 3%①(见图 1-3),合计占比 67%。具体而言,美国是全球最大的出版市场,自 2013 年以来,美国纸质图书销量连续 6 年保持上涨,但涨幅较小。2018 年,美国纸质图书总销量为 6.96 亿册,较 2017 年的 6.87 亿册增长 1.3%,这主要归功于成人非虚构类图书的强劲表现。

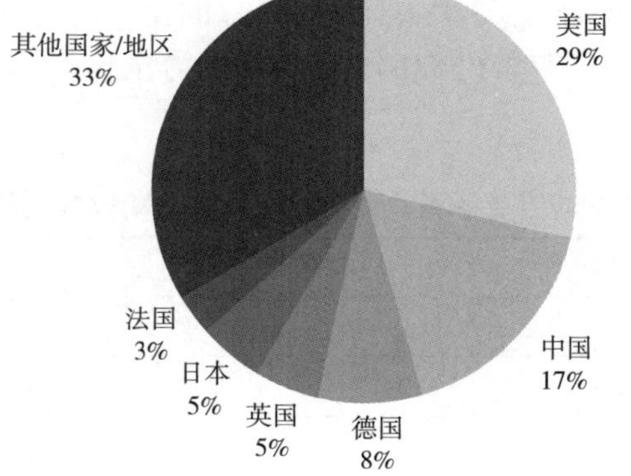

图 1-3 2019 年全球主要出版市场分布图

1.1.1.4 美国和加拿大动漫产业竞争优势较强

美国凭借领先的市场判断、文化观念和制作技术,率先发展了动漫产业,从而确立了世界动漫产业的龙头地位。加拿大动漫市场的竞争优势主要来自其强大的人才基础,政府资助也是扶持动画产业的重要力量,加拿大制片商可以通过公共资金获得高达 50%的节目预算资助。美国动漫产业的整个产业链被迪士尼、梦工厂和孩之宝等巨头垄断。例如,迪士尼的运营业务涵盖了从动画制作到动漫衍生产品开发的所有环节,包括电影制作、主题公园、媒体网络和消费产品。美国动画的最大特点是大制作和大投资,而基于动漫品牌形象的衍生品扩张则拓展了媒体娱乐帝国。例如,迪士尼有十多家影视制作和发

① 2018—2019 年全球及中国图书出版行业发展现状、趋势及未来展望:行业进入成熟期,中国是增长最快的头部市场[EB/OL].(2019-10-09)[2020-10-05].http://www.chyxx.com/industry/201910/790813.html.

行公司，有像 ESPN 和 ABC 这样的高质量媒体网络，还有 5 个主要的主题公园等。动画工作室主要通过电影衍生产品授权赚钱。例如，迪士尼在 2018 年的授权零售额就高达 547 亿美元，位居世界第一；授权的 IP 图像包括迪士尼动画中的人物以及星球大战和皮克斯动画片中的形象等。

1.1.1.5 美国和加拿大是全球最大的录制音乐和数字音乐市场

国际唱片业协会（IFPI）最新发布的《2019 全球音乐市场报告》显示，全球十大音乐市场的录制音乐收入在 2019 年都实现了增长。其中，美国仍居首位，增长率为 10.5%；日本以整体小幅下降 0.9%的总收入依然稳居第二位；第三和第四大唱片市场分别为英国（+7.2%）和德国（+5.1%）；前十名的其他国家包括法国（+3.9%）、韩国（+8.2%）、中国（+16%）、加拿大（+8.1%）、澳大利亚（+6%）和巴西（+13.1%）。

2019 年，美国和加拿大依然是全球最大的录制音乐收入市场，录制音乐收入增长了 10.4%（见表 1-2），占全球总收入的 39.1%。美国以 10.5%的增幅实现第五年连续增长，2018 年加拿大增长了 8.1%，涨幅基本持平。同时，该地区数字音乐的市场份额为 77.8%，成为全球音乐市场中数字音乐市场份额最高的地区。尽管全球录制音乐收入总增幅主要依靠订阅流媒体的收入增长推动，但美国及加拿大却是唯一抵挡住了全球实体收入下降趋势的地区。得益于黑胶唱片的复兴大势，2019 年该地区实体收入以 2.0%的增幅增长至全球市场份额的 12.4%，成为全球音乐市场中实体收入最高的地区。

表 1-2 2019 年全球音乐市场录制音乐收入各地区同比增幅①

地　　区	同比增幅（%）
亚洲	3.4
澳大利亚	7.1
欧洲	7.2
拉丁美洲	18.9
美国和加拿大	10.4

1.1.1.6 全球文创设计市场区域发展并不平衡，欧美地区占主导地位

根据联合国教科文组织、国际作家与作曲家联合会和安永会计师事务所 2015 年 12 月共同发布的报告《文化时代——第一张文化创意产业全球地图》，全球文化创意产业集聚区主要在以美国为核心的北美地区，以英国为核心的欧洲地区和以中国、日本、韩国为核心的亚洲地区。其中美国占市场总额的 43%，欧洲占 34%，亚洲和南太平洋国家占 19%（其中日本占 10%、韩国占 5%、中国和其他国家及地区仅占 4%）。

① 国际唱片业协会（IFPI）．2019 全球音乐市场报告［EB/OL］．（2019-04-08）［2020-10-05］．http://www.199it.com/archivers/857534.html.

1.1.2 亚太地区文化市场发展潜力较大，多个领域表现突出

1.1.2.1 亚太地区电影市场发展潜力巨大,为全球电影市场发展注入新活力

自2013年后,北美地区电影票房几乎处于增长停滞状态,欧洲、中东及非洲的电影票房波动向下,而中国、俄罗斯等新兴电影市场成为全球电影票房增长引擎,使得亚太地区于2013年首次超越了北美和欧洲、中东及非洲地区,成为全球最大票仓(见表1-3)。从目前来看,美国电影的世界霸主地位依旧牢固,但值得欣喜的是中国、印度、日本、韩国等亚洲国家电影市场发展势头强劲,展现出新的活力,成为全球电影市场发展的新引擎。

表1-3 按地区划分的2013—2019年国际票房市场 (单位:十亿美元)

年份	北美地区	欧洲、中东及非洲	亚太地区	拉美地区
2013	10.9	10.9	11.1	3
2014	10.4	10.6	12.4	3
2015	11.1	10	14.6	3.4
2016	11.4	9.8	15.3	2.8
2017	11.1	10.2	16.2	3.4
2018	11.9	10.1	17.1	2.7
2019	11.4	10.3	17.8	2.7
2019年较2018年增长率	-4.0%	2.0%	4.0%	3.0%
2019年较2013年增长率	4.6%	-5.5%	60.4%	-10.0%

资料来源:Theme Report 2019,MPAA。

亚太地区电影市场发展潜力巨大,电影市场增速领跑全球,尤其是日本、韩国、印度的本土影片发展势头强劲,占据了国内一半以上的市场份额,将成为未来电影市场票房增长的重要力量。2019年日本观影人次约为1.95亿,比上年增长15.2%;全年票房收入为2 611.8亿日元(约23.9亿美元),相比上年增长17.4%。2019年韩国票房收入飙升至1.914万亿韩元(16.4亿美元),较2018年增长5.5%。2019年印度电影票房收入较2018年增长12.8%,达到1 152亿卢比(16亿美元),印度本土电影再次以87%的市场份额主导印度票房。全球电影银幕数量保持低速增长,增长主要来自亚太地区。同时,3D和巨型数字银幕将成为未来电影银幕的主要增长点,亚太地区的3D数字屏幕数量在全球的占比依然保持最高。在观影人次方面,北美地区观影市场成熟,人均观影次数高。中国、印度等地区观影人数多,且增幅大,未来发展潜力巨大。

1.1.2.2 亚洲已成为动漫行业的主要参与者

亚洲成熟的动漫制作国家包括日本、韩国和菲律宾。日本作为世界第二大动漫电视市场,在动漫产业中占有相当大的份额,其动漫产业有着独特的成长路径,代表了以市场为导向的产业演进,给其他国家提供了借鉴和参考。韩国和中国的动漫产业主要得益于政府的扶持,市场主要由中小企业组成。其中,中国动漫产业还处于起步阶段,远远落后

于动漫发达国家。然而，近年来，中国的动漫产值成倍增长，2009—2019 年中国动漫产业年增长率达到了 18%。未来，动漫市场的发展将伴随着 IP 动漫业务的发展和动漫电影渗透率的不断提高；韩国的动漫产业来源于游戏产业，并由此衍生出良好的形象，形成良性循环；其他亚洲国家，如印度、越南、马来西亚和新加坡，也开始发展自己的动漫产业。

1.1.2.3 亚洲地区的实体音乐销售增速放缓，付费订阅流媒体收入快速增长

在以实体音乐销售为主要收入来源的亚洲地区，2019 年的总增长率为 3.4%，其中实体音乐销售占市场总额的 48.5%。但该地区最大音乐市场日本的实体销售下降了 4.8%，导致日本市场的增长放缓，并使亚洲地区增长率低于上年。值得一提的是，2019 年亚洲地区实体销售收入首次跌至总收入的 50%以下，这意味着当规模庞大的日本实体音乐市场逐渐趋于饱和状态时，亚洲地区的实体音乐增长速率也将随之放缓。

在付费订阅流媒体的强劲增长驱动下，除日本以外的亚洲地区出现了 11.5%的中幅增长，韩国、中国和印度的音乐市场都呈现出不俗的增速。其中韩国增幅较小，为 8.2%；中国和印度则分别增长了 16.0%和 18.7%。同时，受日本市场影音同步权收入强劲增长的推动，亚洲地区的演出权收入和影音同步权收入分别增加了 4%和 23.5%。

1.1.2.4 在中日韩游戏市场的引领下，亚太地区已成全球游戏市场的领军区域

从全球游戏市场区域格局来看，由于中日韩游戏市场的崛起，亚太地区已成全球游戏市场领军区域，2020 年收入预计为 784 亿美元，占比为 49%；北美、欧洲紧随其后，占比分别为 25%、19%；中东和非洲、拉美地区占比较小，分别为 3%和 4%（见图 1-4）。同时，亚太地区的游戏发行商垄断程度更高，赫芬达尔—赫希曼指数（HHI）显著高于欧美地区。北美仍旧是全球第二大游戏市场，占据全球游戏市场总收入的 25%，同比增幅 8.5%，预计在 2020 年达到 400 亿美元规模。欧洲地区的份额略微落后于北美地区，占据全球游戏总收入的 19%，预计 2020 年达到 296 亿美元规模。中东和非洲地区游戏市场规模 54 亿美元，占比 3%。拉丁美洲地区的游戏市场规模将在 2020 年增至 60 亿美元，占据全球市场份额的 4%。

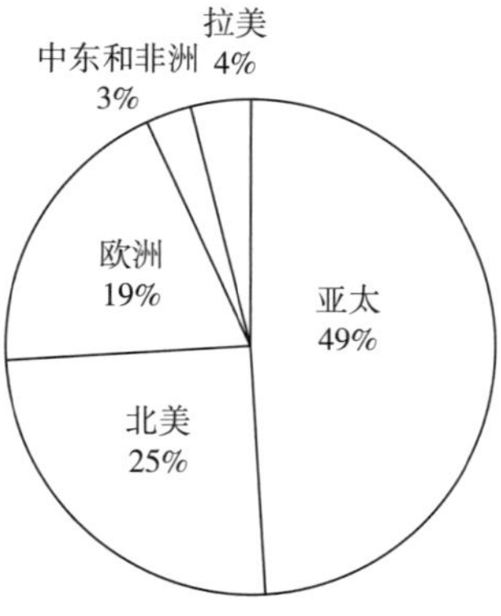

图 1-4　2020 年全球各地区游戏市场收入占比

从国际游戏市场的国别结构来看，集中度也颇高，2019 年游戏市场规模前十国的收入占全球游戏收入的 76%以上，前二十国收入占全球游戏收入的 90%以上。具体来看，2019 年全球游戏市场收入规模排名前十的国家分别是：中国、美国、日本、韩国、德国、英国、法国、加拿大、西班牙、意大利。

1.1.3 中国文化产业稳步迈向国民经济支柱行业，数字文化市场多元化蓬勃发展

2017 年，党的十九大报告提出推动文化事业和文化产业发展，健全现代文化产业体系和市场体系，创新生产经营机制，完善文化经济政策，培育新型文化业态的要求，为文化产业发展指明方向。预测 2019 年全国文化及相关产业增加值将达到 4. 37 万亿元，2022 年全国文化及相关产业增加值将突破 6 万亿元，并预测在 2023 年全国文化及相关产业增加值将增长至 6. 65 万亿元，2019—2023 年均复合增长率约为 11. 07%。在数字化技术应用和大数据开发方面，中国庞大的国内市场有着明显的比较优势，我国文化企业在数字产业化和产业数字化的发展过程中进入快车道，积极拥抱新技术，培育新形势下参与国际合作和竞争的新优势。

1.1.3.1 依托强大的国内市场大循环，我国数字文化企业积极构建国内国际双循环相互促进的新发展格局

中国政府长期重视发展“互联网+”，并提出“中国制造 2025”，促进了中国数字科技的升级和进步，为中国文化产业和文化贸易数字化发展提供了有力的技术支持。数字出版业产值呈跨越式增长，2013 年收入超过 2 000 亿元，2015 年超过 4 000 亿元，2018 年达到 8 330. 78 亿元。其中，互联网广告、移动出版、在线教育、网络游戏处于收入前四位。根据中国互联网络信息中心的数据，截至 2020 年 3 月，我国网络音乐、网络文学、网络游戏、网络视频、网络直播的用户规模分别为 6. 35 亿、4. 55 亿、5. 32 亿、8. 50 亿和 5. 60 亿，使用率分别为 70. 3%、50. 4%、58. 9%、94. 1%和 62. 0%[①]（见表 1-4）。在互联网文化娱乐服务产业方面，根据 Statista 的统计数据，2018 年中国的互联网文化娱乐收入为 265. 29 亿美元，位列全球第二，成为全球数字文化领域新力量。其中在数字游戏领域，中国游戏公司积极开发海外市场，中国音数协游戏工委发布的《2019 年中国游戏产业报告》中的数据显示，2019 年中国自主研发游戏海外市场实际销售收入达 115. 9 亿美元（见图 1-5），美、日、韩市场收入占比近七成，美国占比达三成以上，角色扮演、策略类和多人竞技类游戏获得海外用户追捧[②]。在短视频领域，字节跳动公司的 TikTok 在日本、美国、泰国、印度尼西亚、印度、德国、法国和俄罗斯等地，多次登上当地 App Store 或 Google Play 总榜的首位，TikTok 海外下载量已达 15 亿。

---

① 中国互联网络信息中心．中国互联网络发展状况统计报告［EB/OL］．［2020－04－28］．http://www.cac.gov.cn/2020-04/27/c_1589535470378587.htm.

② 中国音数协游戏工委，国际数据公司．2019 年中国游戏产业报告［M］．北京：中国书籍出版社，2019：8.

表 1-4　2020 年 3 月网络娱乐类应用的用户规模及使用率

应　用	网络音乐	网络文学	网络游戏	网络视频	网络直播
用户规模(亿)	6.35	4.55	5.32	8.50	5.60
使用率(%)	70.3	50.4	58.9	94.1	62.0

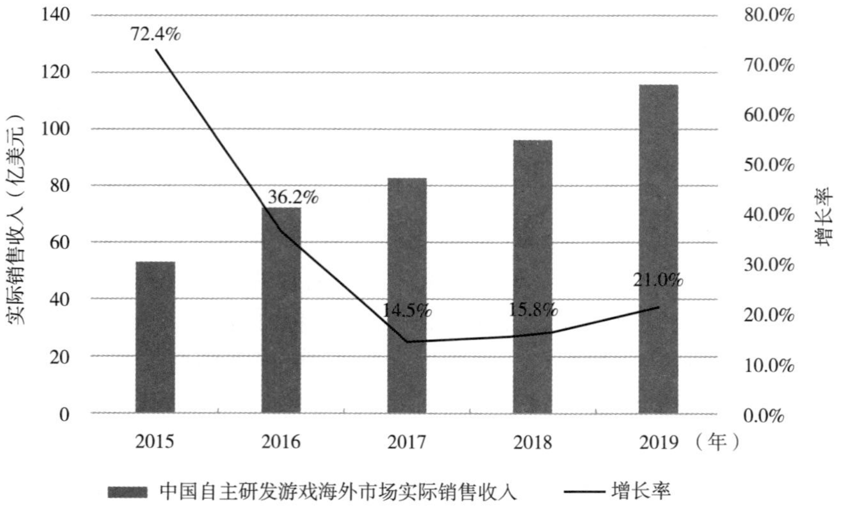

图 1-5　中国自主研发游戏海外市场收入及增长率

随着新冠肺炎疫情在世界各地蔓延,我国在线教育平台“走出去”也迎来了快速增长。阿里旗下的产品钉钉成功出海日本;猿辅导旗下的印度在线教育平台 Oda Class 疫情期间也实现持续增长;TikTok 在平台上推出专为印度在线教育而开设的 EduTok 项目,疫情期间下载量爆发式增长;网易有道推出的首款出海产品 U-Dictionary 覆盖了 133 个国家和地区,实现了 108 种语言之间的互译,位列 App Annie 2020 年印度用户规模十大教育 App 的首位。

1.1.3.2　在政府的大力支持下,中国演出企业积极开拓国际市场

中国是一个拥有五千年历史的文明古国,拥有得天独厚的文化艺术资源。同时,中华文明包容性极强,在大力发展文化艺术的号召下,政府大力出资扶持优秀的文艺作品,近年来各地原创艺术作品和跨文化艺术合作交流层出不穷,例如乌镇国际戏剧节、大凉山戏剧节、北京国际舞蹈双周等,中国以积极的姿态面向国际市场。

1.1.3.3　在全球主要的图书市场中,中国图书市场营业收入保持稳定增长

2018 年,全国共出版图书、期刊、报纸、音像制品和电子出版物 465.27 亿册(份、盒、张),较 2017 年降低 4.11%。其中,出版图书 100.09 亿册(张),增长 8.28%,占全部数量的 21.51%;期刊 22.92 亿册,降低 8.03%,占 4.93%;报纸 337.26 亿份,降低 6.96%,占 72.49%;音像制品 2.41 亿盒(张),降低 5.74%,占 0.52%;电子出版物 2.59 亿张,降低 7.99%,占 0.56%。全国出版图书、期刊、报纸总印张为 1 937.18 亿印

张,与上年相比,降低 4. 14%①。同时,图书出版产业规模也日益扩大,整体实力显著提升,营业收入增长了 6. 6%,利润总额增长了 2. 8%②(见图 1-6)。2018 年图书出版营业收入在新闻出版 8 个产业类别中增速第一,对国民经济社会发展贡献显著③。

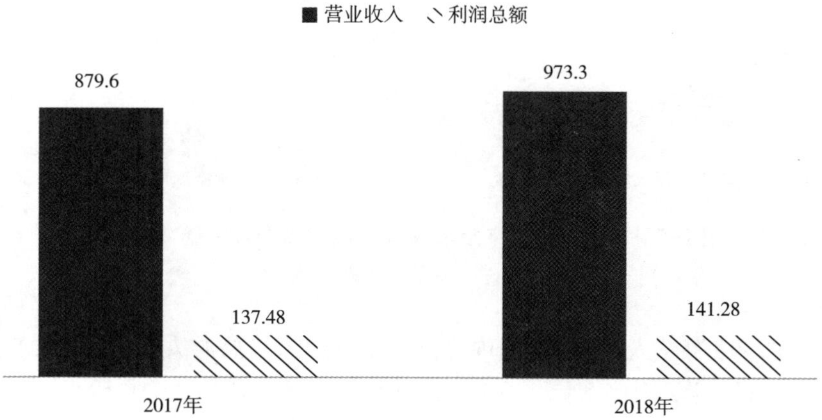

图 1-6　2017 年和 2018 年中国图书出版业重要经济指标发展趋势(单位:亿元)

1. 1. 3. 4　作为世界第二大电影市场,中国电影市场发展稳定,已成为世界电影发展的重要力量

国家电影局公布的数据显示,2019 年全国电影总票房达 642. 66 亿元(包含服务费),同比增长 5. 4%,增速放缓。作为世界第二大电影市场,中国电影市场发展稳定,已成为世界电影发展的重要力量。中国本土电影总票房为 411. 75 亿元,同比增长 8. 65%,市场占比达 64. 07%。全年票房过亿元影片 88 部,其中国产电影 47 部,突破 10 亿元票房的影片 15 部,突破 20 亿元票房的影片 6 部。在票房破 10 亿元的影片中,国产影片 10 部,国外影片 5 部;在票房破 20 亿元的影片中,国产影片 4 部,国外影片 2 部。

1. 1. 4　全球旅游业收入增长速度超过世界经济增速,区域旅游经济发展差异明显

世界旅游业理事会(WTTC)研究显示,2018 年旅游业占全球 GDP 的 10. 4%,创造了全球 1/10 的就业岗位(3. 19 亿),出口占全球的 6. 5%。2019 年旅游业总收入 8. 9 万亿美元(约合 60 万亿元人民币),占全球 GDP 的 10. 3%,创造了 3. 3 亿个工作岗位,占 2019 年总就业的 10. 4%。在全球创造的所有新工作机会中,有 4 类属于旅游业。从历史趋势

---

① 2018 年全国新闻出版业基本情况[EB/OL]. (2019-08-29)[2020-10-05]. http://www.cssn.cn/dubao/201908/t20190829_4963940.shtml.

② 新中国成立以来我国图书出版业发展数据分析[EB/OL]. (2020-07-29)[2020-10-05]. https://www.sohu.com/a/410343913_488898.

③ 2018 年新闻出版产业分析报告综述[EB/OL]. (2019-08-30)[2020-10-05]. https://www.sohu.com/a/337496994_488898.

来看，全球旅游 GDP 增长与全球 GDP 的增长情况相似，总体增长速度超过世界经济增长速度（见图 1-7）。

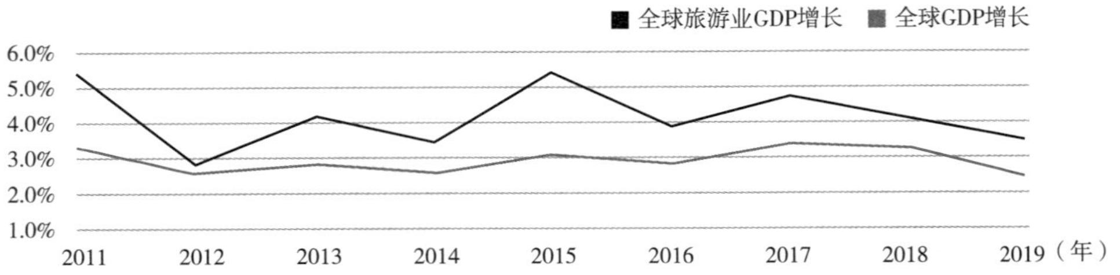

图 1-7　2011—2019 年全球旅游业 GDP 及全球 GDP 增长率

资料来源：世界旅游业理事会（WTTC）。

2019 年全球旅游总人次（包括国内旅游人次和出入境旅游人次）为 123.1 亿人次，比上年增长 5.38 亿人次，同比增长 4.6%，增速较 2018 年上升 0.9 个百分点（见图 1-8）。

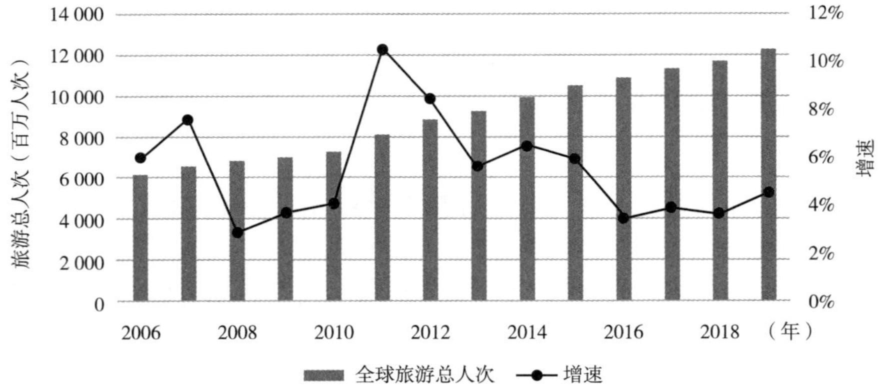

图 1-8　2006——2019 年全球旅游总人次及其增速

资料来源：《世界旅游经济趋势报告 2020》。

国内旅游与国际旅游之间存在显著差异。2018 年全球国内旅游（过夜游客）达 90 亿人次，其中超过 50%来自亚太地区。2019 年全球国内旅游为 109.4 亿人次，增速为 4.7%，比 2018 年增速高 1 个百分点。截至 2019 年，全球旅游支出的大部分仍由国内旅游产生，占全球总支出的 71.3%，其余 28.7%来自国际游客。从世界范围来看，国内旅游支出是国际旅游的 6 倍多。

五大区域的旅游经济发展差异明显。其中，欧洲的入境旅游增速放缓，领先优势逐渐缩小。亚太地区国内旅游人次增速、国内旅游收入增速，以及旅游总收入占 GDP 比重的增速均排名第一。美洲国内旅游人次长期平稳低速增长，入境旅游收入增速及旅游总收入占 GDP 的比重均呈下降趋势。中东和非洲的旅游市场份额极小，二者接待入境旅游人次之和不足全球入境旅游总人次的 1/10，且其发展不稳定。①

① 资料来源：《世界旅游经济趋势报告 2020》。

1.1.5 数字经济助力全球文化产业发展，催生出新的文化业态

1.1.5.1 科技赋能艺术，演出产品呈现高投入、强视觉和技术融合态势，数字化演出将成为国际演出市场竞争的蓝海领域

近年来的演出产品纷纷开始追求舞台视觉效果以及现场体验感受。例如，2017 年张艺谋导演推出艺术表演《对话・寓言 2047》，将现代科技与中国古老的非遗文化相结合，在全球艺术家与科技的碰撞中产生共鸣，聚焦于"意识观念"的探讨。2019 年《对话・寓言 2047》第三季中表现青海民歌的章节《花儿・影》通过诺亦腾 Perception Neuron PRO 动捕与威亚系统，将舞者融入舞台的光影空间中，舞台上的数字视觉效果以实时采集的银河星图为蓝本，结合舞者身上心跳感应器等设备产生的实时数据，呈现出优雅的流体化效果。

5G 信息技术、云计算、物联网、AR/VR 等新技术的发展与成熟，给观众带来多感官的全新体验。越来越多的国家与地区开始尝试"演出+科技"的模式，通过运用高科技手段，给观众带来全新的视听体验。例如，珠海长隆剧院剧目《龙秀》，运用 270 度全景式环形舞台、三大环绕水道、长度超过 250 米的 360 度高空吊挂环形轨道、空中升降设施、空中飞行轨道及隐藏式飞行器等高科技设备打造出不同以往的立体水陆空的演出效果。此外，电子票务也极大地适应与方便了当代人的社会生活习惯。

随着疫情防护常态化，线下演出活动或主动或被动地尝试线上演出形式，更多的企业和公司加入国际演出市场的竞争之中，国际数字演出市场由原来的几大演艺公司垄断竞争逐渐趋向自由竞争，为国际演出市场的发展带来新的可能。而伴随着数字媒介技术的不断革新及 5G 信息传播技术的不断突破，线上演出也逐渐显露出优势，逐步发展为一个亟待开发的蓝海领域。

1.1.5.2 互联网创新电影制作发行方式，全球电影产业改变势在必行

2020 年，全球电影产业的发展因一场突如其来的疫情而面临巨大的波动。影院关门，国内原本热闹的春节档无限延期，使得正在经历影视寒冬的电影产业更是雪上加霜。在这样的境况之下，一些影片独辟蹊径，放弃院线，选择在线上映。继《囧妈》在互联网平台进行免费播映后，《肥龙过江》《大赢家》纷纷选择网络平台开放点播。不仅国内部分电影放弃线下选择线上，好莱坞影片《魔发精灵 2》也宣布在网络平台开放点播。5G、虚拟现实、3D 等技术的发展和变革，将给未来全球电影市场的发展带来更多的可能性。

1.1.5.3 信息技术促进数字出版，有声书市场迎来新风口，"耳朵经济"逐步走红

随着 5G 时代到来，数字技术与传统出版产业深度融合，催生出慕课等线上教育平台以及数字艺术展示、有声读物等数字出版产业。据中国新闻出版研究院统计，2018 年我国有近三成人有听书习惯，一个庞大的市场正在使有声书成为新的风口。第十七次国民阅读调查报告显示，2019 年我国有三成以上（31.2%）国民有听书习惯。用户的喜爱也让"耳朵经济"成为热词。此外，国外的出版方也注意到了有声读物的发展机遇，开始频频

发力。Hoopla 作为一家成立时间不长的新公司,通过向图书馆提供有声书,已在业内小有名气。目前,Hoopla 拥有 1.3 万种有声书,并且每月上新 1 000 种。美国境内,与 Hoopla 合作的图书馆多达 100 家,而且只要安装该公司的系统,就不再收取版权费用,这对大多数图书馆而言都有很强的吸引力。①

1.1.5.4　移动阅读市场规模增加,发展潜力巨大

据不完全统计,2019 年中国移动阅读市场规模达到了 204.9 亿元,比上年增长 22.4%②。移动阅读、社会化阅读作为一种新的阅读方式,受众普及率越来越高,已经深刻改变了人们的学习方式、工作方式与生活方式。移动阅读在 2009 年开始兴起,第十七次全国国民阅读调查数据表明,2019 年中国成年人手机阅读率已达到 76.1%,同比上升 2.3 个百分点,电子阅读器、平板电脑这两种移动终端的阅读接触率都呈增长态势,分别上升了 4.0 和 0.5 个百分点。移动阅读在内容运营、阅读终端、商业模式上的创新发展,也充分展现出移动出版这一新兴产业的蓬勃生机。

1.1.5.5　5G 推动移动游戏行业变革,云游戏趋势加速,VR 游戏深度发展

云游戏技术正在彻底改变游戏行业,带来了数字游戏分发和消费方式的巨大变化。云计算(cloud computing)有望重塑在线游戏行业,为应用程序开发人员和内容提供商创造新的机会,并推动传统游戏产品的重要变革。基于移动云的游戏服务有望在短期到中期获得青睐。同时,5G 技术以超低延迟响应能力、更快的下载和上传速度等特性,将推动移动游戏行业的变革。大多数人对虚拟现实(VR)的最初体验可能是在游戏中获得的。过去,增强现实(AR)被认为是虚拟现实在游戏领域的突破口,2016 年 7 月推出的《精灵宝可梦》就被视为增强现实游戏的标杆性代表作。2020 年对于 VR 来说是意义重大的一年,这主要是由于 VR 版《半衰期:爱莉克斯》(*Half-Life: Alyx*)的发布。这款游戏的物理环境设置真实、关卡设计巧妙、故事剧情流畅,被誉为“来自未来的游戏”和“VR 界唯一的 3A 游戏”。玩家们对《半衰期:爱莉克斯》的热衷推动了 Oculus 销量的飙升,使人们看到了虚拟现实游戏的未来前景。未来 5G 技术将进一步扩大虚拟现实的潜力,推动游戏娱乐与教育领域的深度融合。

1.1.5.6　艺术品在线交易市场份额逐年增加,社交媒体对艺术品市场交易的影响日益增长

2019 年在线艺术品市场的销售额估计为 329.32 亿元人民币,比 2018 年的 316.8 亿元人民币增长了 4%(见图 1-9)。值得注意的是,佳士得(Christie's)、苏富比(Sotheby's)和菲利普斯(Phillips)的纯网上拍卖在 2020 年上半年创造了 25.28 亿元人民币的市值,比 2019 年同期高出 5 倍多。新冠肺炎疫情迫使 2020 年成为线上艺术品交易实现突破的一年,随着实体艺术品拍卖交易地点的关闭,在线交易成为该行业大部分地区唯一的促销和销售渠道。

---

① 探秘国际有声书市场产业现状及发展前景[EB/OL].(2016-05-16)[2020-10-05].https://www.sohu.com/a/75544300_362133.

② 资料来源:《2019 年中国移动阅读发展趋势研究报告》。

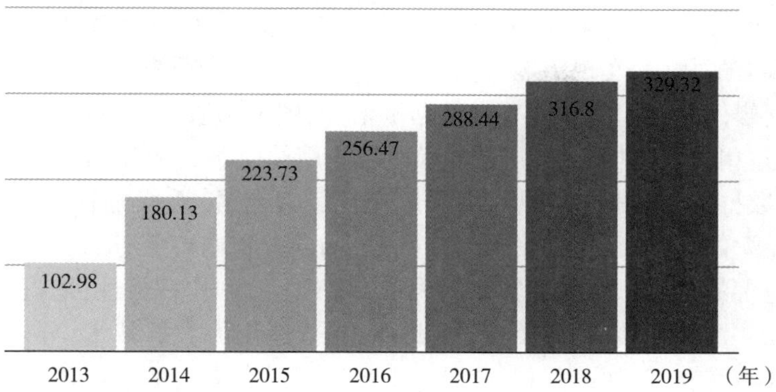

图 1-9　2013—2019 年艺术品线上交易额变化（单位：亿元）

2017 年，Instagram 取代 Facebook 成为艺术界首选的社交媒体渠道，并在很短的时间内超越其他社交媒体平台。2019 年 1 月，Instagram 的月活跃用户超过了 10 亿（高于 2017 年 1 月的 8 亿）。2019 年，34%的受访者表示，社交媒体影响了他们购买艺术品时的决策，比 2018 年的 32%和 2017 年的 29%有所上升。67%的受访者表示，艺术家和工作室的帖子在购买艺术品时具有最大的影响力。68%的受访者表示，艺术家画廊的社交媒体帖子在购买艺术家的艺术品时具有最重要的意义。

1.1.5.7　音乐流媒体（尤其是付费订阅流媒体）迅速发展，唱片公司对流媒体订阅服务提供商的依赖度不断提高

数字音乐产业中不容小觑的付费订阅流媒体收入开始成为推动全球录制音乐收入增长的核心驱动力。2019 年，全球所有市场在流媒体领域都实现了连续两年的增长。全球主流市场的流媒体收入涨幅为 22.9%，总收入达到 114 亿美元，目前占整个市场的 56.4%，这是流媒体收入首次占全球录制音乐收入一半以上的市场份额。据统计，增长了 24.1%的付费订阅音频流媒体收入是推动流媒体收入增长的主要因素。

IFPI《2019 年全球音乐市场报告》指出，唱片公司对声田（Spotify）、亚马逊（Amazon）和苹果音乐（Apple Music）等流媒体订阅服务提供商的依赖度不断提高。2019 年付费订阅流媒体收入增长率为 24.1%，占唱片公司所有唱片收入的 40%以上。同时，比 2018 年增长了 34%的全球 3.41 亿付费流媒体用户，也成为唱片公司和流媒体订阅服务提供商们眼中有待开发的超级市场。

1.1.5.8　以数据为驱动的文化产品精准营销模式逐步形成

随着数字技术的广泛应用，文化产品供应端和消费端的对接压缩了众多中间环节的存在空间，信息不对称不再是令消费者陷入被动的因素，同类文化产品性能和价格在数字平台上比较透明地呈现在消费者面前，他们很容易获得完善的信息以选择合适的品牌和服务商，消费者的地位进一步提升。企业可以花更多的精力去打磨产品，把研究客户需要放在营销策略的首位，提高文化产品的性价比和客户黏性。网络用户在社交网络、电商平台和视频网站的每一个虚拟场景留下的痕迹都有价值，把它们拼凑起来就能描绘

出一个比较详细立体的用户画像。通过大数据分析能够根据年龄区间、性别、收入水平、消费偏好和近期需求等要素将潜在消费者划分成一些类别,有针对性地提供个性化产品,使营销做到有的放矢,实现精准营销的目标。

例如,社交媒体的兴起使得消费者数据量增加,图书出版商可以深入了解消费者、发行人和其他利益相关者数据。传统出版商可以利用社交平台数据,辅助图书选题策划;细分个性用户数据,开展图书精准营销;跟踪用户反馈数据,延长图书 IP 价值链;深度挖掘数据,拓展蓝海内容产品;整合平台用户数据,构建知识内容服务。随着数字技术的逐渐成熟,越来越多的音乐行业借助数据的力量,提高艺人创作积极性,挖掘出了市场中未被发掘的价值,并重塑了整个行业结构。此外,充分运用大数据技术,分析消费者行为,有助于实施精准营销。例如,声田和腾讯 QQ 音乐通过其强大的流媒体音乐平台可以轻而易举地获得用户数据,包括歌曲点击率、满意度、用户偏好等,基于此数据,数字音乐平台可以反向帮助用户在极为丰富的互联网音乐中选择和发现他们想要的音乐产品。

1.1.5.9 全球视频点播市场规模增长放缓,用户逐渐趋向饱和

2019 年,全球视频点播市场规模约为 327 亿美元,到 2024 年将以 4.1%的复合年增长率增长,占数字媒体市场的 21.3%。它是仅次于电子游戏的第二大市场,美国、欧洲和中国共占全球视频点播市场的 75.5%。全球视频点播市场主要是由视频流的快速持续增长推动的,而当前视频下载和按次付费则呈现持续但缓慢的增长,用户逐渐趋向饱和。

1.1.5.10 全球在线视频市场快速崛起

在线视频已经成为人们满足信息和娱乐需求的重要手段,网络视频正迅速获得巨大的人气。短视频已成为网络视听行业重要的业务板块,成为互联网行业的流量担当。在 2018 年移动互联网总使用时长增量中,短视频占了 33.1%,短视频月总使用时长同比上涨 1.7 倍,短视频成为日益重要的内容类型。截至 2019 年 1 月,抖音国内日活跃用户(DAU)已经突破 2.5 亿,月活跃用户(MAU)突破 5 亿。

随着短视频的火爆,更多的资本开始注入短视频领域。新的短视频软件如雨后春笋般不断涌现,而各大短视频软件必将进行一波“争抢用户”的大战。市场竞争激烈,老牌短视频软件要在内容上不断革新,才能赢得更大的市场。

1.1.6 文化、旅游与科技融合发展是国际旅游市场发展趋势

1.1.6.1 数字旅游成为旅游产业发展的新模式

旅游数字化的发展主要体现在充分利用现有资源和网络平台技术,加强整合分散的应用系统和信息资源,突破旅游资源利用和共享的障碍,提升旅游数字化管理和网络化服务水平上。同时,新冠肺炎疫情正在成为旅游业追求创新和新技术集成的一个意想不到的催化剂,数字技术的采用和消费如火如荼。通过物联网和机器学习,数字技术已成为旅游经济的推动力。这些技术为旅游业提供连接的、个性化的和集成的客户体验奠定了基础。可以说,数字旅游正通过多种技术手段的结合改变传统旅游模式,促进旅游行业转型升级。

1.1.6.2　全域智慧旅游是未来旅游发展的大趋势

全域智慧旅游是全域旅游与智慧旅游的结合和延伸，二者相辅相成，是未来旅游发展的大趋势。通过一个接入程序，游客在线上即可完成路线规划、门票预订以及导航、导游、导览、导购等“吃住行游购娱”综合服务，一部手机走遍全国将成为现实。同时，基于大数据、物联网技术，政府旅游管理部门搭建全域智慧旅游监管平台，通过联通多个监管部门，能够对旅游区域进行实时监控，实现“全域+景区”综合分析、统计和管理。对于企业而言，平台提供了更多元的线上线下客源以及营销渠道，并将其与同一产业链的产品进行了串联整合。此外，企业所提供产品与服务的精准度、层级等也将有所提升。总而言之，全域智慧旅游平台将推动直接为游客提供智慧化的综合服务，引导消费转型升级，促进数据资源共享，加速产业数字化转型，实现生态共建的全域旅游数字生态共同体。

1.1.6.3　线上线下拓展旅游体验

线上种草、线下体验正成为旅游体验新模式。线上活动推动虚拟与现实交互时代正在到来。未来的数字旅游将形成线上体验和线下感受为一体的发展模式，在主题、场景和舞台方面带给游客的不再是单一感受，而是完全参与和沉浸式体验。线上旅游体验在向人们展示旅游景点特色、拓展感官体验、实现互动交流的同时，也让人们对真实的线下旅游体验产生浓厚兴趣，一定程度上能够推广和刺激线下旅游消费。而在线下旅游时，结合移动可穿戴设备等数字化手段，可以丰富和增强真实旅游体验感。

1.1.6.4　可持续旅游的增长趋势显著

随着全球气候变化问题日益严峻，可持续性发展也备受关注，新冠肺炎疫情更加增强了人们的环境意识。由于游客希望在旅行中发挥积极的作用，因此生态旅游、可持续旅游的增长趋势显著。在 TrekkSoft 发布的《2018 年旅游趋势报告》中，生态旅游是最受游客欢迎的旅游项目之一。在这种情况下，可持续的商业实践将成为旅游业强劲增长战略的核心。

1.2　中国对外文化直接投资现状、问题和对策

自从 2009 年国务院颁布《文化产业振兴规划》以来，文化产业地位在我国逐步上升，已成为国家战略性产业之一。2012 年，《国家“十二五”时期文化改革发展规划纲要》中提出鼓励具有竞争优势和经营管理能力的文化企业开展对外投资。2013 年，习近平主席提出“一带一路”倡议，促进了我国对“一带一路”沿线国家的对外文化直接投资。2017 年，《国家“十三五”时期文化发展改革规划纲要》中提出发展对外文化贸易和投资，培育对外文化贸易主体，鼓励和引导各种所有制文化企业参与文化产品和服务出口，加大内容创新力度，打造外向型骨干文化企业。文化企业“走出去”的路径包括文化贸易和境外直接投资。文化贸易通过文化产品和服务的跨国流动展示一国的文化内涵，能够反映当代中国人民的精神风貌和生活方式。境外直接投资能够让中国文化企业在东道国拥有从事文化经营活动的主体，可以更直接、更有效地传播中国文化，为中国文化产品与服务

“走出去”创造适宜的市场环境,提高文化“走出去”的广度和深度。

1.2.1　中国对外文化直接投资发展特征

1.2.1.1　起步晚,投资规模小,投资增速快

我国文化产业发展起步较晚,最近十多年国家对文化产业的重视促进了对外文化直接投资的发展。从表 1-5 可以看出,2008 年金融危机后我国文化领域对外投资流量和存量都呈增长态势,尤其是 2013 年“一带一路”倡议提出后,中国企业对外文化投资快速增长:2015 年中国对外直接投资涵盖的国民经济 19 个行业大类中,文化、体育和娱乐业是投资增长最快的领域;2015 年对外直接投资额达 17.5 亿美元,同比增长 236.6%,占当年对外直接投资比重为 1.2%。但是在对外投资快速增长的背景下,也出现了一些企业开展非主业、非理性的大额对外投资情况,投资领域包括房地产、酒店、影城、娱乐业和体育俱乐部等。为进一步引导和规范境外投资方向,推动境外投资持续合理有序健康发展,有效防范各类风险,2017 年 8 月国家发展改革委、商务部、人民银行和外交部发布了《关于进一步引导和规范境外投资方向的指导意见》,房地产、酒店、影城、娱乐业、体育俱乐部等被列为限制开展的境外投资。因此,受政策影响,2017 年后中国对外文化投资大幅回落。

表 1-5　2009—2018 年中国对外文化直接投资　　（单位:亿美元）

年份	对外直接投资存量			对外直接投资流量		
	文化体育娱乐业	投资总额	文化体育娱乐业占比	文化体育娱乐业	投资总额	文化体育娱乐业占比
2009	1.4	2 457.6	0.10%	0.20	565.3	0.00%
2010	3.5	3 172.1	0.10%	18.6	688.1	2.70%
2011	5.4	4 247.8	0.10%	1.0	746.5	0.10%
2012	7.9	5 319.4	0.10%	2.0	878.0	0.20%
2013	11.0	6 604.8	0.20%	3.1	1 078.4	0.30%
2014	16.0	8 826.4	0.20%	5.2	1 231.2	0.40%
2015	32.5	10 978.6	0.30%	17.5	1 456.7	1.20%
2016	79.1	13 573.9	0.60%	38.7	1 961.5	2.00%
2017	81.2	18 090.4	0.40%	2.6	1 582.9	0.20%
2018	126.6	19 822.7	0.60%	11.7	1 430.4	0.80%

资料来源:根据商务部发布的历年中国对外直接投资统计公报整理。

虽然近年来我国对外文化直接投资增速较快,但实际规模却十分有限,从表 1-5 可知,我国对外文化直接投资存量在过去十年中平均占比不到 0.36%,2018 年最高达到 0.6%。其原因主要是我国文化企业普遍规模小,海外文化投资资金需求大,融资门槛较高,而我国文化企业融资渠道单一,限制了我国文化企业“走出去”效果。

1.2.1.2 境内参与文化投资企业与境外投资设立文化企业数量双增加

在2012年至2018年期间,我国境外设立的文化相关类企业数量不断增加,从2012年的162家累计增加至2018年的546家(见图1-10),分别占中国境外企业总数量的0.7%和1.3%。同期中国境内参与对外文化投资的企业数量也整体上升,尽管2012年到2013年有所下降,从101家下降到81家,但是"一带一路"倡议提出后的5年里,中国文化企业"走出去"的步伐持续加快,对外文化贸易和投资增长迅速,境内参与对外文化投资的企业从2014年的109家逐步上升到2018年的389家(见图1-11)。

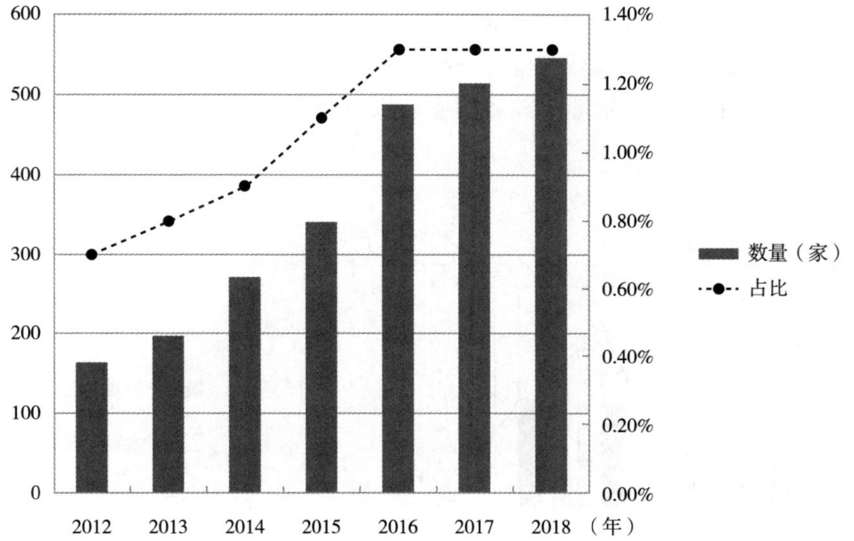

图1-10 2012—2018年中国境外投资设立文化企业的数量及占比

资料来源:根据商务部发布的历年中国对外直接投资统计公报整理。

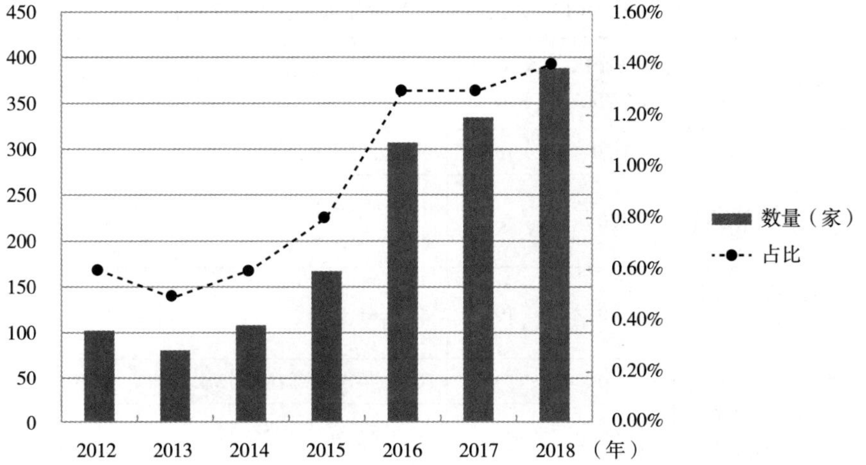

图1-11 2012—2018年中国境内对外文化投资企业数量及占比

资料来源:根据商务部发布的历年中国对外直接投资统计公报整理。

1.2.1.3 "一带一路"倡议提出后中国文化企业海外并购活跃

2013 年中国企业跨国并购中，文化/体育和娱乐业有 8 起，涉及并购金额 4.8 亿美元，在所有的对外并购中占比为 0.9%。"一带一路"倡议提出之后，我国文化企业在海外并购表现出前所未有的活力（见图 1-12），2014 年中国企业对外并购中，文化/体育和娱乐业有 11 起，涉及并购金额 1.0 亿美元，在所有的对外并购中占比为 0.2%，占文化/体育和娱乐业对外投资总额的 19%，说明文化/体育和娱乐业的对外投资形式以绿地投资为主、并购为辅。2016 年，中国企业海外并购规模已跃居世界第一位，文化企业海外并购 22 起，并购金额 44.1 亿美元，占当年中国海外并购总额的 3.3%。2016 年 1 月，万达集团宣布以 35 亿美元收购美国传奇影业公司。表 1-6 列出了 2016 年文化/体育和娱乐业重大投资项目，并购主要发生在影视制作、院线、游戏和体育俱乐部领域。2017 年，房地产、酒店、影城、娱乐业和体育俱乐部等领域的境外投资被限制后，中国企业在海外的文化并购类项目大幅度减少。

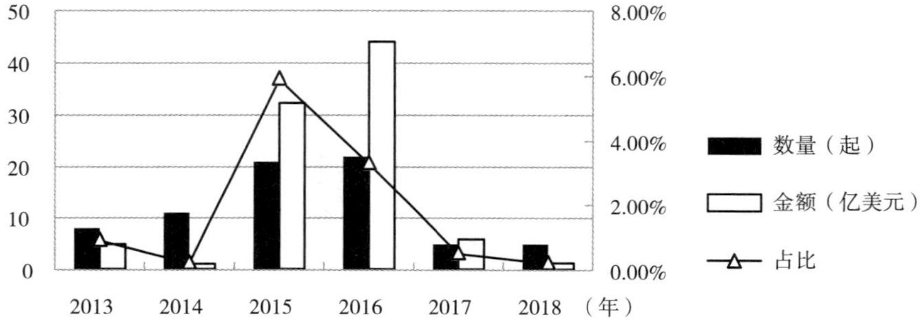

图 1-12　2013—2018 年中国企业文化/体育和娱乐业海外并购项目数量、金额及占比

资料来源：根据商务部发布的历年中国对外直接投资统计公报整理。

表 1-6　2016 年文化/体育和娱乐业重大投资项目

投资者	投资金额（亿美元）	股权比例（%）	交易对象	投资领域	国家
大连万达	35.0	100	美国传奇影业公司	影视	美国
嘉视年华影视制作有限公司	5.0	—	美国迪克·库克工作室（Dick Cook Studios）	影视	美国
上海中技投资控股股份有限公司	3.0	100	英国 Jagex 公司	游戏	英国
联合睿康集团	1.0	100	英超的阿斯顿维拉俱乐部	体育	英国
中国光大集团和暴风集团	6.6	65	英国体育媒体服务公司 MP & Silva	体育媒体	英国
苏宁	3.1	69	意大利国际米兰俱乐部	体育	意大利

续表

投资者	投资金额（亿美元）	股权比例（%）	交易对象	投资领域	国家
腾讯	86	84	芬兰 Supercell 游戏公司	游戏	芬兰
大连万达	12.1	100	英国 Odeon and UCI Cinemas	影视	英国
大连万达	11.6	—	美国连锁影院运营商 Carmike Cinemas	影视	美国
云毅国凯	1.9	100	英国西布罗姆维奇公司（West Bromwich）	体育	英国
IDG 技术创业投资基金	1.1	20	法国奥林匹克里昂足球俱乐部（Olympique Lyonnais）	体育	法国
中国文投控股股份有限公司	1.4	75	英国特效制作公司Framestore	影视	英国

注："—"表示数据缺失，下表同。

资料来源：China Global Investment Tracker 数据库。

1.2.1.4 中国内地对外文化投资主要流向中国香港、欧盟、美国和东盟四个区域

中国内地文化/体育和娱乐业类对外直接投资主要流向中国香港、欧盟、美国和东盟这四大区域，2012—2018 年文化类投资向这四个区域集中的趋势越来越显著，2017 年流向这四个区域的资金总额占中国内地文化/体育和娱乐业对外投资总额的 98.2%（见表 1-7），这说明中国内地文化/体育和娱乐业对外投资对个别发达经济体的市场依存度过高，导致抗风险能力较差，不利于进一步扩大中国文化全球范围内辐射力、渗透力和影响力。中国内地对欧盟的文化类投资晚于中国香港、美国和东盟，尽管这四个区域是中国内地文化类资本的目标市场，但每年流向这四个区域的中国文化类投资在中国内地对外投资总额中占比较小。

表 1-7　2012—2018 年中国内地文化/体育和娱乐业类对外投资流向

（单位：万美元）

年份	指标	中国香港	欧盟	美国	东盟	合计
2011	流量	1 665	—	4 582	887	7 134
	比重	0.1%	—	2.5%	0.2%	68.0%*
2012	流量	10 637	—	568	308	11 513
	比重	0.2%	—	0.1%	0.1%	58.6%*
2013	流量	7 928	666	2 343	—	10 973
	比重	0.1%	0.2%	0.6%	—	35.3%*
2014	流量	25 485	2 369	6 880	980	35 714
	比重	0.4%	0.2%	0.9%	0.1%	68.8%*
2015	流量	77 857	1 495	37 514	1 765	118 631
	比重	0.9%	0.3%	4.7%	0.1%	67.9%*

续表

年份	指标	中国香港	欧盟	美国	东盟	合计
2016	流量	130 595	45 059	186 555	3 149	365 358
	比重	1.1%	4.5%	11.0%	0.3%	94.4%*
2017	流量	13 254	8 736	1 788	1 748	25 526
	比重	0.1%	0.9%	0.3%	0.1%	98.2%*
2018	流量	96 723	3 605	11 211	—	111 539
	比重	1.0%	0.4%	1.5%	—	95.3%*

注:比重是指文化投资在中国内地对各区域直接投资中的占比;"*"指中国内地对四大区域文化投资占中国内地对外文化投资总额的比重。

资料来源:根据商务部发布的历年中国对外直接投资统计公报整理。

1.2.2 中国对外文化直接投资重大项目状况

美国企业研究所和美国传统基金会发布的"中国全球投资跟踪"数据库(China Global Investment Tracker),收集整理了2005年以来中国企业对外投资额超过1亿美元的项目(以下简称为"重大项目")信息,包括投资方式(绿地投资、并购还是工程承包)、投资额、投资主体、投资目的地、投资行业、投资时间、股权比例以及投资是否出现问题①等内容。该数据库是目前唯一公开介绍中国企业对外投资与工程承包项目信息以及项目是否出现问题的综合数据集。本书基于该数据库分析中国对外文化投资重大项目的发展状况。

2005—2019年54家中国企业启动了159起重大文化投资项目,2005—2012年平均每年发生3起左右,涉及金额为2亿~8亿美元不等。2013—2016年重大直接投资项目数量有了明显上升,其中2016年达到峰值,共有41起,涉及金额超过481亿美元。

随着我国对外文化直接投资快速增长,在投资过程中也出现了投资缺乏管控规划、重复投资、管理和经营不善等诸多问题,不仅造成一定经济损失,引发纠纷与矛盾,还有损中国国际形象。因此,从2016年底到2017年初,为了防范短期内对外投资增速过快带来的潜在系统风险,商务部对境外投资加强了真实性和合规性审查,引导企业审慎理性投资。2016年之后重大直接投资项目数明显回落,投资逐渐恢复理性。

1.2.2.1 重大海外文化投资项目的投资方式以并购为主

2007年以来跨国并购是中国对外文化投资的主要方式(见图1-13),2007—2019年我国对外文化投资三种投资方式的规模差异明显:除2013年并购金额小于绿地投资和其他形式的投资,其他年度并购方式涉及金额最大。

跨国并购具有四个优点:一是大大节省了建立新公司所需的时间和精力,避免因为东道国政府相关法律环境等因素影响公司成立;二是能够迅速获取目标企业现成资源和市场份额,有效跨过各种进入壁垒;三是可利用目标企业渠道进行融资,弥补国内融资渠

① 当非商业因素干扰投资,导致项目搁浅时,该笔投资交易即被视为问题投资。

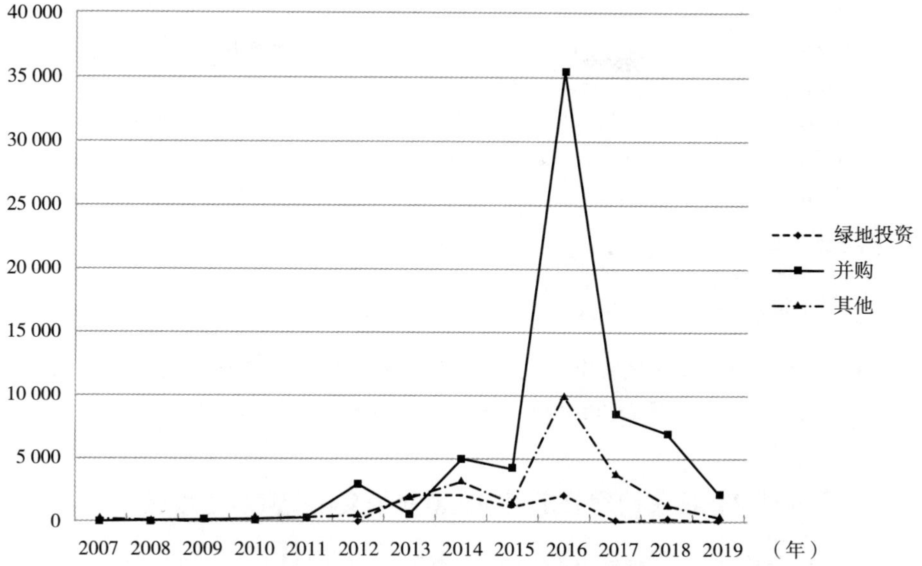

图 1-13 2007—2019 年中国重大对外文化投资项目金额（单位：百万美元）

资料来源：China Global Investment Tracker 数据库。

道缺乏弹性等劣势，降低投资风险和成本；四是通过跨国并购协同效应，还能获取规模经济效益和可能的溢出效益。因此，随着中国文化“走出去”步伐加大，并购必然成为首选的投资方式。例如，万达集团不断并购海外院线和影视制作公司，使得它在较短时期里获得了可观的海外市场和国际知名度，快速实现了规模经济，迅速完善了在影视领域中的产业链布局。

1.2.2.2 重大文化投资项目的投资主体以大型民营企业为主导

2007—2019 年参与 1 亿美元以上对外文化投资项目的中国企业共有 75 家，其中 21 家国有企业、54 家民营企业，两类投资主体投资规模也有差距（见图 1-14）。2007 年以来民营企业的重大对外投资项目累计投资金额达到 713.6 亿美元，而国有企业的累计投资金额大约为 309.8 亿美元，前者规模是后者的 2.3 倍左右，多数年份民营企业的投资规模都明显高于国有企业。

2013 年以来，在“一带一路”倡议下，国有企业对沿线国家文化投资略高于民营企业，有 10 家国有企业参与对沿线国家投资，总共启动 36 个重大投资项目，涉及金额达 116.6 亿美元；16 家民营企业启动 14 个投资项目，所涉金额共计 114.2 亿美元。而对非沿线国家投资，国有企业投资表现就显得十分有限。例如，在对欧美等发达国家投资过程中，14 家国有企业参与了 27 个项目，总投资金额为 193.2 亿美元；而 42 家民营企业参与了 80 个投资项目，总投资金额达 599.4 亿美元。由此可见，国有企业对外文化投资更多是政策导向型，而我国民营企业对外文化投资区域选择主要受到东道国文化产业和经济发展水平正向影响，投资以市场为导向。

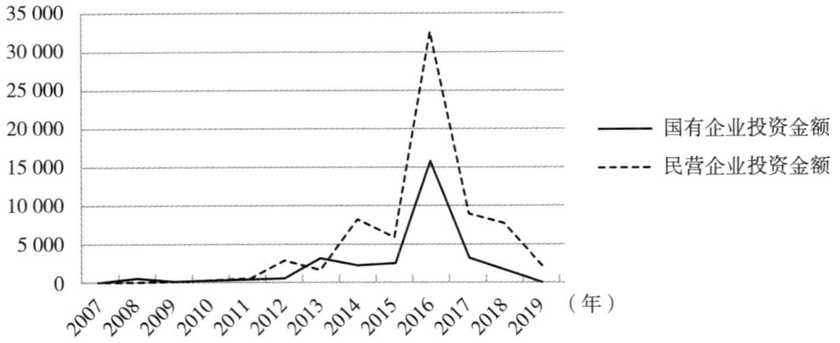

图 1-14　2007—2019 年中国重大对外文化投资项目不同主体投资金额（单位：百万美元）

资料来源：China Global Investment Tracker 数据库。

1.2.2.3　重大对外文化投资地理分布集中在欧美等文化产业发达地区

2007—2019 年中国重大对外文化直接投资项目主要投资目的地是欧洲与美国，分别有 44 起和 43 起，涉及金额约 425 亿美元和 348 亿美元，各自占中国文化投资总额的 46.88%和 38.38%（见图 1-15）。东亚、西亚、北美（除美国外）和澳大利亚等地区也是中国对外文化投资目的地。

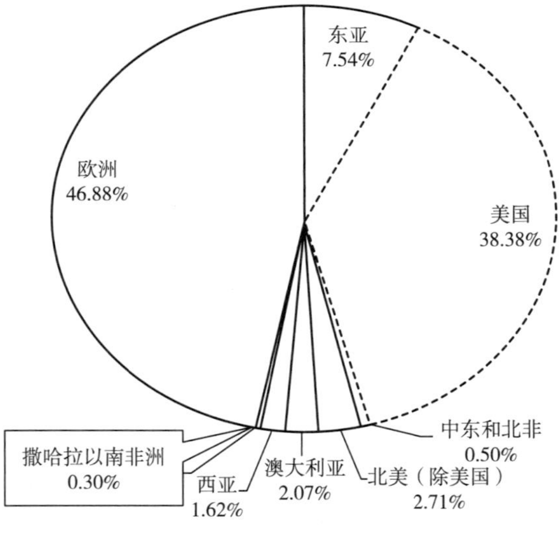

图 1-15　2007—2019 年中国重大对外文化投资项目金额各目的地占比

资料来源：China Global Investment Tracker 数据库。

1.2.2.4　“一带一路”倡议提出后重大对外文化投资项目显著增加

2013 年 9 月和 10 月，习近平主席分别提出“共建丝绸之路经济带”和“共建 21 世纪海上丝绸之路”倡议后，中国重大对外文化直接投资从倡议提出前的 30 个项目（2007 年 1 月至 2013 年 8 月）增加到 129 个项目（2013 年 9 月至 2019 年 5 月），项目数量增加了

330%，投资总金额从倡议提出前的 100.8 亿美元增加到 923.5 亿美元（见图 1-16）。这说明“一带一路”倡议具有显著的投资促进效应，促进了中国文化企业“走出去”参与文化贸易和合作，促进了中外文化交流。

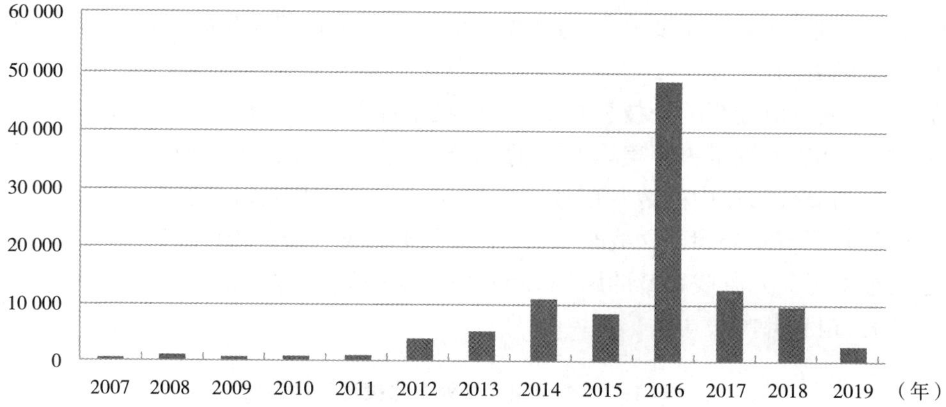

图 1-16 “一带一路”倡议提出前后中国重大对外文化投资金额（单位：百万美元）

资料来源：China Global Investment Tracker 数据库。

1.2.2.5 重大对外文化投资项目主要投向旅游业和游戏行业

2007—2019 年投资额超过 1 亿美元的 159 起重大对外文化投资项目中，投资主要涉足游戏、社交、影视、体育、旅游等 9 个领域。其中，旅游行业 55 起，占项目总数的 34.59%，涉及金额 427.8 亿美元，占比为 41.8%（见图 1-17）；游戏行业 15 起，涉及金额 167.7 亿美元，占比 16.39%；影视和体育领域都是 11 起，金额分别是 77.4 亿美元和 83.4 亿美元。尤其是 2017 年中国收紧境外投资政策前，旅游行业的并购风生水起，“并购”成为 2016 年酒店行业发展的关键词，实力雄厚的国内企业通过资本运作方式开展国际化扩张，比如开元酒店集团收购荷兰假日酒店、中国人寿收购喜达屋、海航收购希尔顿酒店集团等。

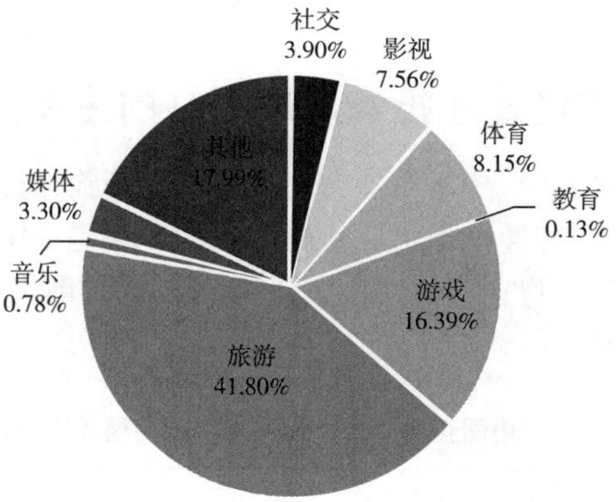

图 1-17 2007—2019 年中国重大对外文化直接投资金额各行业占比

资料来源：China Global Investment Tracker 数据库。

在全球数字经济快速发展背景下,我国文化企业海外扩张步伐进一步加快。在重大投资项目中,万达集团、阿里巴巴和腾讯三家企业是主要投资者。万达集团重点投资海外影视行业、酒店业和体育行业等。阿里巴巴海外布局围绕电商展开,2014 年以来阿里巴巴海外投资开始涉足文化产业,如社交应用、手机游戏等诸多领域,自 2014 年起有 6 次超过 1 亿美元的对外文化投资项目,其中游戏领域 3 个项目共 3.8 亿美元,社交领域 3 个项目共 5.17 亿美元。

腾讯是亚洲市值最高的科技公司之一,按收入计算,腾讯已成为全球最大的游戏发行商,超过了艺电、动视暴雪等美国知名游戏公司。腾讯之所以能够在游戏行业取得这一地位,既因为该公司在中国游戏市场占据主导地位,更因为腾讯通过一系列跨国并购交易,积极与外国游戏公司建立战略联盟,布局全球游戏市场。2011—2018 年,腾讯共完成 10 起超过 1 亿美元游戏领域的跨国并购(见表 1-8),并购对象主要是游戏开发实力强大的美国公司和韩国公司。

表 1-8 腾讯重大海外文化投资项目

年份	地点	并购标的	主营业务	股权比例(%)	金额(亿美元)
2011	美国	Riot Games	游戏	84	4.0
2012	新加坡	Level Up International	游戏	67	3.48
2012	美国	Epic Games	游戏	40	3.3
2013	美国	Activision	游戏	6	3.5
2014	韩国	CJ Games	游戏	28	5.0
2016	芬兰	Supercell	游戏	84	86.0
2017	美国	Snapchat	社交	12	22.4
2017	瑞典	Spotify	音乐	10	8.0
2018	美国	Skydance	影视	10	1.5
2018	法国	Ubisoft	娱乐	5	4.6

资料来源:China Global Investment Tracker 数据库。

1.2.3 中国对外文化直接投资发展面临的主要问题

我国文化产业发展起步晚,缺乏海外文化直接投资经验,对海外文化投资风险缺乏系统认识,因此出现一些非理性投资和重复投资。表 1-9 是 2011 年以来文化领域发生的 1 亿美元规模以上的问题投资项目,探讨项目搁浅成因有助于认清我国对外文化投资所面临的主要风险与挑战。

表 1-9 中国企业对外文化投资中的问题投资项目

年份	投资主体	投资金额(百万美元)	投资标的	投资领域	东道国
2011	中国航空工业集团有限公司	500	科伦坡中航广场项目	旅游	斯里兰卡

续表

年份	投资主体	投资金额（百万美元）	投资标的	投资领域	东道国
2011	中坤集团	200	格里姆斯塔迪尔地区生态旅游项目	旅游	冰岛
2011	海航集团	440	NH Hotels	旅游	西班牙
2013	复星集团	740	Club Med	旅游	法国
2014	复星集团	1 200	Hellinikon	旅游	希腊
2015	中国建筑股份有限公司	3 500	Baha Mar	旅游	巴哈马
2016	暴风集团与光大资本	660	MP & Siva	影视	英国
2016	安邦	780	Blackstone	旅游	美国
2016	安徽鑫科新材料股份有限公司	350	Midnight Investments	影视	美国
2017	中欧体育	280	AC Milan	体育	意大利
2017	万达集团	1 000	Dick Clark Productions	影视	美国
2019	北京昆仑	150	Grindr	社交	美国

资料来源：China Global Investment Tracker 数据库。

1.2.3.1 中国文化企业境外直接投资经验不足

境外直接投资，尤其是以并购形式进行的境外直接投资，面临着巨大的法律风险和投资风险。对于境外并购文化企业而言，最大的法律风险是交易审批风险，各国几乎都对外国公司并购本国文化企业设置了前置审查程序，由于文化属于意识形态范畴，各国对外国企业并购本国文化企业审批标准难以准确界定，而且对于来自不同意识形态国家的外国企业审核标准并不一致，所以交易审批风险较大。

投资风险主要是因为不能判断交易标的资产价值而引发的交易风险。作为智力密集型产业，文化企业的价值通常在于员工创造力，但是员工稳定性及创意和创造力的持续性都是难以准确预期的，这无疑给文化企业境外并购带来更大的交易风险。万达集团在初次试水境外文化产业并购时选择影院经营商 AMC 作为并购标的，很重要的一个原因是 AMC 的核心价值在于电影院和电影银幕等有形资产，这让万达集团可以更准确地评估其公司价值并能够在并购后持续管理控制这些资产。若要并购一家以编剧、导演、演员、制片人等人员的创造力为核心价值的电影制作公司，价值判断和持续控制难度都会大幅增加。

1.2.3.2 中国企业在海外并购受到的政治干预和阻力增加

在全球贸易保护主义重新抬头的今天，海外并购中目标公司所在国政府对外资并购的安全审查是企业应该关注的重要风险点。中国国有企业的政府背景更容易招致东道国政府对其并购目的的怀疑，使得简单的商业活动附以浓重的政治色彩。政治上的影响不仅仅包括禁止收购令，在获得许可过程中所耗费的时间也足以对并购效率产生极大影响:由于并购往往与标的企业的经营状况相关,将要被并购的利好消息及长时间内大环境的变动都会给标的企业以喘息时间,增大其拒绝收购的风险,同时也会因吸引更多竞争者而导致收购竞争加剧。

美国近年来不断以国家安全以及战略产业保护等名义,阻挠针对中国企业在美国市场进行的投资并购等正常商业活动,成为我国企业在美投资失败的主要原因。2016 年 12 月,安徽鑫科新材料公司宣布收购美国 Voltage Pictures 公司,交易额为 3.5 亿美元。Voltage Pictures 是著名电影《拆弹部队》的制作方,交易一旦成功,对于中国的影视行业无疑有着很大的促进作用。但是,由于美国政府强烈干预,最终此笔交易宣告失败。2017 年,万达集团为完善自己的影视领域产业链布局,想通过收购 Dick Clark Productions 集团进入电视制作领域,万达集团频繁在美并购操作引起了美国政府对于其交易的特别关注,增加了收购难度。2019 年,由于担忧威胁美国国家安全,美国外资投资审查委员会要求昆仑万维公司出售此前全资收购的社交网站 Grindr。

1.2.3.3 对并购市场和公司信息了解不够

近年来我国企业大力开展海外文化投资,受文化和语言习惯影响,在工作过程中,可能对当地法律条文在理解和解读上存在偏差,尤其是对新进入的外国市场,受各方面客观条件限制,难以及时全面了解当地法律法规以及与经营管理相关的政策规定,对潜在经济风险调查分析不全,或未能完全识别风险,就有可能发生包括征收国有化、禁止或限制汇兑、撤销许可、经济结构调整等在内的一系列外部经济风险。特别是在规模较大的对外文化投资过程中,信息不对称会严重影响交易成本,提高投资风险,造成交易失败,有时甚至会构成商业欺诈,给中国投资者造成巨大损失。

2016 年,暴风集团与光大资本及它们的关联方通过发起设立产业并购基金方式,以 6.6 亿美元收购欧洲体育版权代理公司 MP & Siva 股东持有的 65%的股权,不久 MP & Siva 宣告破产,投资巨款打了水漂,招商银行等金融机构也被卷入旋涡。最终光大集团、暴风集团等以商业欺诈罪名对 MP & Siva 提起诉讼,结果也只是分得公司的剩余资产,未能实现两家公司最初的投资目标。

1.2.3.4 文化企业融资困难

对外文化投资对资金的需求量大,融资是许多国内企业能否成功实现对外投资的基本要求和关键要素。由于国内文化产业市场化不足,企业大多依靠申请程序较为烦琐、耗时较长的政府文化投资基金或政策性贷款等进行融资,这对于一些有着较迫切融资需求的企业来说不适用,在一定程度上也限制了中国企业海外文化投资的规模。还要注意的是,国内信贷机构对文化企业提供信贷的门槛较高,文化企业在向银行等国内信贷机构申请贷款时无法用版权进行抵押,也没有实体资产能够进行抵押,因此经常陷入融资困境。

1.2.3.5 文化企业缺乏国际化经营人才

人才是第一资源。推动中华文化“走出去”,没有一批专门的人才是根本无法实现的。在对外文化投资这样一个涉及面广、专业性要求高的领域,缺乏高精尖的国际化人才队伍仍然是我国开展文化投资的困境之一；高昂的人工成本还会加大对外文化直接投资风险。虽然我国一些高校设立了文化投资相关专业与课程对人才进行理论方面针对性培养，但缺乏与国际接轨的全方位人才培养体系及教育资源，不能满足中国文化投资领域对人才的现实需求。因此，我国需要加大力度培养专门性文化投资人才，尤其是要培养那些熟悉重点投资目标国家法律、文化传统与行业规范等的专业人才。

1.2.4 促进中国对外文化直接投资发展的对策

1.2.4.1 政府完善对外文化投资战略规划与政策支持

国家层面要做好中国对外文化投资战略布局，确定文化投资在中国对外直接投资中的地位，并据此制定具体详尽的发展规划和促进政策，推进我国文化投资体制改革，完善包括融资、知识产权等在内的海外文化投资政策支持体系，做到有规划投资、有目的投资、有重点投资和有成效投资。拓宽对外文化投资政策的适用面并保障政策的连续性和通用性，提升我国对外文化投资效率和管理水平。

1.2.4.2 企业制定并购战略规划，合理选择并购目标，理性投资

我国一些文化企业对海外并购往往缺乏完整的战略规划，不以自身财务情况选择交易对象，非理性交易、仓促交易、整合无规划等自身问题常常是导致交易失败的成因。因此，企业应该规划好长远目标，预期海外文化投资最终是否能够满足企业自身的目的，以双赢为合作交易基础，然后依据企业自身情况及东道国经济和政治因素进行风险评估，谨慎展开对外文化投资工作。

1.2.4.3 做好投资前的调研，强化国家风险识别和评估

在海外项目启动立项和投标前，应开展前期市场调研和项目考察，并通过驻外使领馆、经商处、合作伙伴和竞争对手等渠道尽可能多地获取相关信息。通过风险信息的持续收集，建立风险信息库并进行更新，以加强国家风险识别。同时，借助和综合利用外部资源的国家风险评估结果，例如中国出口信用保险公司的国家风险评级和分析报告，世界主要评级机构如标准普尔公司、穆迪投资者服务公司和惠誉国际信用评级公司等的主权信用评级报告等，结合企业自身、项目所在国和项目的实际情况，客观分析和判断国家风险。

政治风险因素常常对中国海外文化投资有着决定性的影响，因此，企业在涉及用户隐私的社交媒体行业和与知识产权相关的行业进行投资时，可在交易前参考与审查机构的磋商情况，衡量是否可以将交易继续推进下去，以此来降低投资风险。

1.2.4.4 推动文化企业融资方式改革

我国应推动文化投资融资方式改革，完善无形资产评估及抵押贷款制度，丰富融资渠道，鼓励民间企业组成投资集团参与文化投资，并按照严格明确的比例分红，激发民间资本活力，分散投资风险，发挥市场化作用，帮助解决中国企业对外投资中的融资困难。海外并购的融资方式应采用多种方式组合的方法，以降低收购方的财务风险和资金压

力，提高资金到位的效率。以复星集团收购地中海俱乐部为例，其海外并购融资采取了成立合资公司、灵活运用保险资产和子公司委托贷款等多种形式，降低了企业筹资的财务成本，提高了资金筹集的规模和速度，同时将对母公司资本结构和日常经营的影响降到了最小。

1.2.4.5 加大国际化经营人才培养力度

对外文化投资涉及内容广泛，信息不对称程度较高，交易难度较大，培养好相关的国际化专业性人才是推动我国对外文化投资发展的重要动力。一方面，建立健全人才培养的支撑体系，加强对熟悉国际贸易和国际投资规则等专业知识人才的培养，建设一支高素质的人才队伍，助推中国文化企业“走出去”。另一方面，要善于借用“外脑”，特别关注具有世界眼光、宽广胸怀的高级人才，加强文化领域智力、人才和技术的引进工作，坚持以我为主、为我所用，推动中华文化走向世界。

参考文献

[1]葛顺奇，林乐，陈江滢．中国企业跨国并购与东道国安全审查新制度[J]．国际贸易，2019(10)：49-57.

[2]金刚，沈坤荣．中国企业对“一带一路”沿线国家的交通投资效应：发展效应还是债务陷阱[J]．中国工业经济，2019(9)：79-97.

[3]太平，李姣．中国对外直接投资：经验总结、问题审视与推进路径[J]．国际贸易，2019(12)：50-57.

[4]赵先进，段慧敏．由万达集团收购 Dick Clark Productions 集团失败案例引发的思考[J]．对外经贸实务，2018(10)：74-77.

[5]DEREK SCISSORS. China's Global Investment in 2019：Going Out Goes Small [R]. American Enterprise Institute，2020.

[6]JULAN DU，YIFEI ZHANG. Does One Belt One Road initiative promote Chinese overseas direct investment[J]. China Economic Review，2018，47(2)：189-205.

2 国际演出市场

摘要

从一般意义上说,国际市场是各个国家和地区之间,在国际分工的条件下,按照一定的规则,从事以经济、技术、信息、劳务和金融活动为内容的综合。国际市场是在世界经济发展过程中,随着民族、国家和地区之间的往来以及不断竞争的过程中建立起来,是商品交换在空间范围上扩展的产物。从18世纪到19世纪中叶,一般产品的国际市场伴随着西方国家的殖民扩张而逐渐形成。

与一般产品的国际市场相比,文化产品国际市场在形成上要晚很长时间,而法国、加拿大等众多主张文化例外、文化多样性的国家,时至今日在文化产品的诸多领域仍然存在贸易壁垒。从某种程度上说,文化产品的国际市场的形成至今仍然在各方力量的不断冲突、拉扯与摩擦中艰难前行。

按照文化产品的国际市场分类,国际演出市场目前尚无公认的权威界定,大部分研究者将其视为全球化趋势下各国国内演出市场的扩张。根据中国传媒大学出版社出版的《国际文化市场概论》中对于国际演出市场的定义,"国际演出市场一方面是各国国内演出市场在空间范围上扩展的产物,即演出产品的交换关系突破了一国的界限,演艺产业链要素的跨国化活动日益频繁;另一方面是演出创作不再以单纯的国别概念出现,在演出内容、形式以及演出主体上都出现了跨国式的合作和竞争"。

本章从国际演出市场的发展概况、市场分析入手,着眼于21世纪的新媒体数字化的潮流趋势,探析目前国际演出市场的发展现状、市场特征及未来的发展趋势。对比分析在国际演出的大环境下,中国、欧美、日韩等不同演出市场的差异性发展。同时,结合国际旅游演出市场这样一个特殊的门类,就其发展现状、市场特征以及发展趋势进行讨论。作为旅游业与演出业相互渗透的文化产物,旅游演出在丰富景区文化内涵、提升旅游地形象、促进地方经济发展等方面具有多重作用。最后本章选择主要国际演出市场具有代表性的案例进行逐一分析。

2.1 国际演出市场发展概况

2.1.1 国际演出市场简介

2.1.1.1 国际市场概念

国际市场是各个国家和地区之间,在国际分工的条件下,按照一定的规则,从事以经济、技术、信息、劳务和金融活动为内容的综合。国际市场是在世界经济发展过程中,随着民族、国家和地区之间的往来以及不断竞争的过程中建立起来的。不同的国家在政治、经济、文化和自然环境中都存在着明显的差异，这不仅决定了国际市场的存在方式，也在很大程度上决定了国际市场上商品、资本和服务的流向。

2.1.1.2 演出市场概念

在当今文化产业的宏观语境下，演出并不仅仅是指简单的“表演”活动，而是一个完整的、一系列的活动过程。这个过程汇总了多种要素，这些要素相互结合，共同构成演出的全部内容。从组成要素来看，演出一般包括：演出的组织者与表演者、演出节目、演出受众、演出时间、演出地点和场所。演出市场是文化消费发展到一定阶段的产物，是当今文化市场的重要组成部分之一。所谓演出市场，是指演出活动在交换过程中形成的各种关系的综合。它既包括有形的演出场所、演员和观众，也包括参与演出活动的主体（演员、演出经营者、演出消费者）之间的关系。随着世界经济的全球化发展，世界通信、交通技术的飞速进步，传统市场的范围急剧扩张，演出市场也突破了地域限制，成为国际劳务服务市场的构成部分。

根据美国政府为确定商业机构主营业务建立的标准产业分类码（Standard Industrial Classification，SIC）分类，演出市场属于 11 大类中的服务业类别之一。表演艺术行业主要包括为文化、娱乐和业余爱好活动提供设施或服务的机构，例如提供现场表演或活动，包括独立艺术家和表演艺术公司、作家和表演者以及体育及艺术推广机构。

独立艺术家和表演艺术公司，包括独立艺术家、作家、表演者和表演艺术公司的附属部分；独立艺术家、作家和表演者，包括参与表演艺术作品、创作艺术和文化作品以及为这些作品提供必要的技术专长的独立个人。独立艺术家是表演和创作艺术作品的个体经营者，通常为音乐团体、剧院、表演艺术公司、画廊、广告公司、新闻机构、喜剧俱乐部和电视制作人提供服务；表演艺术公司，包括戏剧公司和宴会剧院、舞团、音乐团体以及其他表演艺术公司。表演艺术是由合作者或表演者在观众面前现场表演的艺术实践形式。现场戏剧表演包括音乐剧、歌剧、戏剧、喜剧、哑剧和木偶剧。这些艺术形式可以是自发的、一次性的、持续的、即兴的、有或没有剧本的表演。表演者、观众、剧场空间、服装、道具、灯光、声音等设计方面是一个表演艺术机构的主要元素。而表演艺术公司可以选择是否在自己的场地进行演出。体育及艺术推广机构组织、推广和管理现场艺术作品表演、体育赛事和其他赛事，如州博览会、县博览会、农业博览会、音乐会和节日；管理并提供工作人员运营竞技场、体育场、剧院或其他相关设施，以便出租给其他赞助商。体育和艺术推广公司的客户包括独立艺术家和表演艺术公司。体育和艺术推广者可以拥有自己的设施，也可以在他人管理的设施中经营。计划、物流和运营是这些推广者的主要工作。其他部分包括市场营销、合同谈判和志愿者管理。这些公司从门票、注册、会员资格和参与活动中获得收入。体育赛事还通过与公司和其他组织合作获得赞助权，或通过商品销售和授权产品来获得收入。

2.1.1.3 国际演出市场

从一般意义上说，国际市场是商品交换在空间范围上扩展的结果，它表明商品交换关系突破了一国界限后在不同国家之间进行。从 18 世纪到 19 世纪中叶，一般产品的国际市场伴随着西方国家的殖民扩张而逐渐形成。与一般产品的国际市场相比,文化产品国际市场的形成在时间上要晚许多年,并且法国、加拿大等众多主张文化例外、文化多样性的国家,时至今日在文化产品的诸多领域仍然存有贸易壁垒。从某种程度上说,文化产品的国际市场的形成至今仍然在各方力量的不断冲突、拉扯与摩擦中艰难前行。

具体到国际演出市场,目前尚无公认的权威界定,大部分研究者将其视为全球化趋势下各国国内演出市场的扩张。根据中国传媒大学出版社出版的《国际文化市场概论》中对于国际演出市场的定义,"国际演出市场一方面是各国国内演出市场在空间范围上扩展的产物,即演出产品的交换关系突破了一国的界限,演艺产业链要素的跨国化活动开始频繁;另一方面是演出创作不再以单纯的国别概念出现,在演出内容、形式以及演出主体都出现了跨国式的合作和竞争"①。

针对国际演出市场产品链以及产业链构成,我们仍然以传统演艺产业链模型为基础进行分析说明。传统演艺产业链模型中的上游——演艺团体与个人,在国际演出行业中仍然是国际演出产品的主要生产制作方,而在国际演出市场中为了保证巡演的上座率和销售额,通常选择的演出产品都集中于经典的或具有鲜明文化特色的演出产品,即已经在本地进行了一轮或多轮巡演并获得较好反响的演出。从这一角度来看,在国际演出行业中,演出的生产制作与市场营销推广具有较强的交织性。而传统演艺产业链模型中的下游——现场观摩与服务,在国际演出行业产业链中的体现也具有一定的特殊性。在国际演出行业中为观众提供演出产品及服务的下游企业包括当地剧院(团)以及艺术场馆,或具有场地的艺术活动承办机构。不同于传统演艺产业链中,上、中、下游企业具有较明显的重叠性,演出剧院(团)可以同时作为演出产品的生产制作者、营销推广方以及最终为观众提供演出服务,一个企业即可实现产品完整的制作流程。在国际演出行业中,企业各自的功能职责更为独立和聚焦,而企业与企业之间的联系与合作则愈加密切,一个企业很难独立地完成整个国际演出产品的制作、营销与巡演。

国际演出市场与国家内部演出行业推广原则是相通的,即"好的艺术+好的推广",综观国际演出市场推广的成功案例,基本要素可总结为以下几个方面:第一,优秀的艺术品质。优秀的艺术品质是商业演出的基本保证。在国际演出市场上,演出产品要获得广泛的认可,一是需要质量,特别是国际国内市场都可以接受的艺术形式、艺术题材,二是需要文化底蕴,文化底蕴是蕴含在演出产品中的独特的历史文化沉淀。第二,具有亲和力的演出方式。在演出过程中,表演者要能够与观众产生心灵上的沟通,尽管每一场演出所面对的观众群可能截然不同,但观众所认同的是演出所带来的独特的精神享受,舞台上的喜怒哀乐、悲欢离合唯有与观众产生情感上的共鸣才能紧紧抓住观众。第三,优良的演出包装(也就是演出的营销与推广)。在现代高度发达的商品经济时代下,演出的营销与推广已经成为演出节目的一个重要的生产制作环节,其主要原因就是在世界通信技术、传媒技术日新月异、更新迭代的形势下,媒体已然成为人们生活的一部分。优良的产品包装以及营销活动在媒体宣传的配合下,会形成强大的营销攻势,从而有效地促进商品的销售。第四,成熟的商业运作机制。演出从创意构建开始,到舞台呈现,到最后的巡回演出,各个环节都体现出商业的需要。通过综合目标定位、吸引媒体的演出包装、调动

---

① 李怀亮,方英. 国际文化市场概论[M]. 北京:中国传媒大学出版社,2014.

观众情绪的舞台风格、配合默契的团队所提供的专业服务,共同形成强大的市场运作力量,以扩大演出产品的影响力。第五,可以跨越文化背景的差异。文化背景差异是国际演出所要面临的重要挑战,不同国家和地区的人民文化习俗、审美标准以及欣赏习惯各不相同,因此国际演出组织者或推广商不能盲目地依据个人判断做决策,认为一个国际演出在一个国家或地区受欢迎,在其他国家和地区也会一样地受欢迎。

2.1.2 国际演出市场发展现状

2.1.2.1 国际演出市场细分

根据 Kentley Insights 公司发布的表演艺术市场分析报告①中针对国际艺术市场的细分,国际演出市场主要包括独立艺术家和表演艺术公司以及体育和艺术推广商。Kentley Insights 公司发布的 2018 年艺术市场全球简报显示,2017 年,独立艺术家和表演艺术公司是艺术市场中占比最大的部分,占市场的 55%(见图 2-1),价值约为 2 520.4 亿美元。其中包括个人演员、演艺团体或艺术家、娱乐团体和其他舞台表演团体。体育和艺术推广商是艺术市场的第二大部门,占市场的 34%,总值约为 1 570.3 亿美元,包括戏剧、舞蹈、歌剧、传统表演艺术、视觉艺术、展览和文化活动以及所有其他现场戏剧制作和表演。

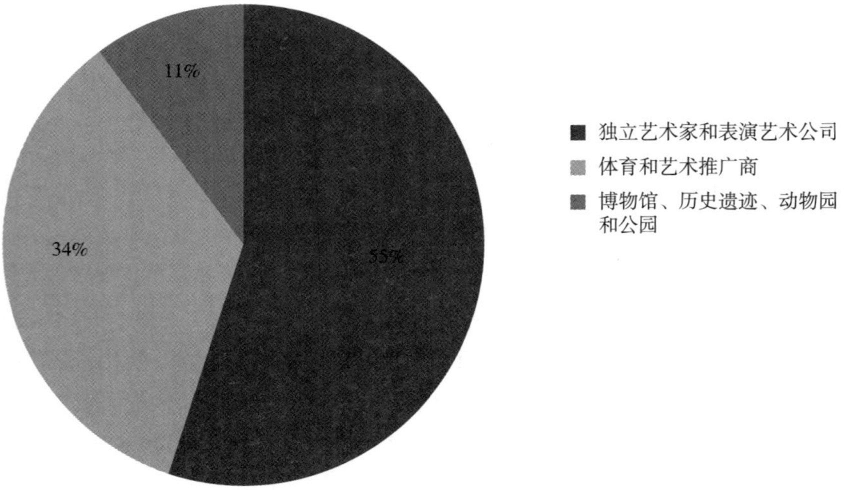

图 2-1 2017 年国际艺术市场细分饼状图

资料来源:国际游乐园和景点协会(IAAPA)。

由于许多发展中国家可支配收入的增加以及客户对演出市场兴趣的增加,国际演出市场出现了小幅度增长,从 2013 年的 3 946 亿美元增长到 2017 年的 4 571 亿美元(见图 2-2),复合年增长率为 3.7%。

① TBRC Business Research Pvt Ltd. [EB/OL]. https://www.marketresearch.com/Business-Research-Company-v4006/Arts-Global-Briefing-12397477/.

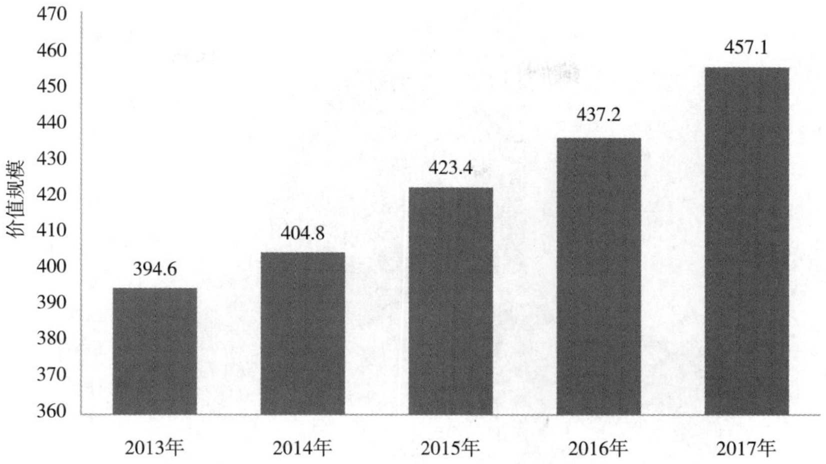

图 2-2　国际演出市场 2013—2017 年市场规模变化(单位:十亿美元)

资料来源:Kentley Insights 2018 年艺术市场全球简报。

2. 1. 2. 2　国际演出市场地理区域和国家比较

由表 2-1 可知,北美地区是 2017 年国际演出市场最大的区域,市场价值为 1 680. 2 亿美元,市场份额全球占比为 36. 76%。这可归因于其具有较高的可支配收入及大量人口现场观演需求。亚太地区是第二大地区,市场价值为 1 031. 1 亿美元,占 22. 56%的市场份额。非洲地区的市场价值为 145. 2 亿美元,市场份额占比为 3. 18%。这可能是源于该地区可支配收入低、恐怖袭击发生率高以及政治格局不稳定等因素。

表 2-1　2017 年国际演出市场地理区域份额以及市场价值

地区	地区份额	市场价值(十亿美元)
北美地区	36. 76%	168. 02
亚太地区	22. 56%	103. 11
西欧地区	22. 21%	101. 49
南美地区	6. 94%	31. 73
东欧地区	4. 21%	19. 25
中东地区	4. 14%	18. 93
非洲地区	3. 18%	14. 52

资料来源:国际游乐园和景点协会(IAAPA)、经济合作与发展组织、欧盟统计局。

2017 年,美国是演出市场最大的国家,市场价值约为 1 386. 5 亿美元,占市场份额的 30%。中国为国际演出市场的第二大国家,为 433. 1 亿美元,占 10%的市场份额。澳大利亚最小,为 45. 1 亿美元,市场份额为 1%(见图 2-3)。

总体上来看,在日趋开放的国际市场环境下,国际演出市场基本呈现稳步增长的趋

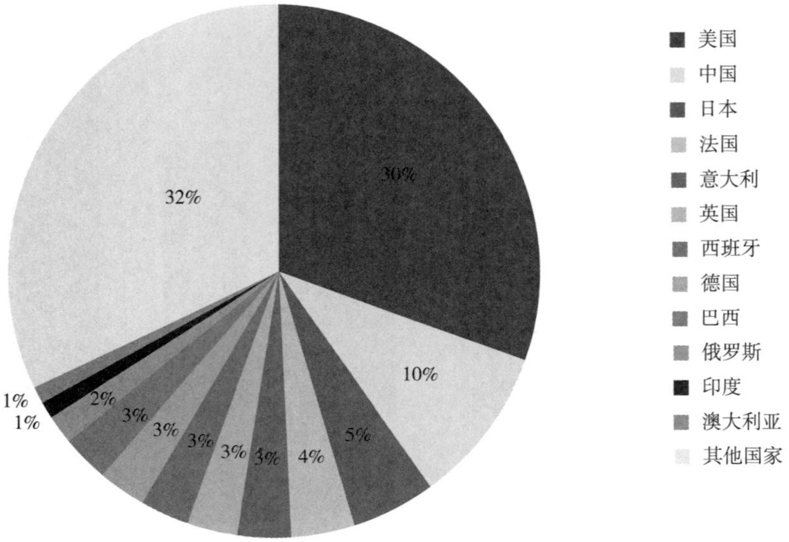

图 2-3　2017 年国际演出市场各国家份额

资料来源：国际游乐园和景点协会（IAAPA）。

势，其中商业性演出表现较为突出，尤其是以音乐类为代表的巡演活动。从国际地域市场来看，美国在整个国际演出市场中的综合比重都较为突出，中东欧与非洲地区比重相当，而以中国、日本和韩国为代表的亚洲未来的发展潜力较大。从国际细分市场来看，以伦敦戏曲和纽约百老汇为代表的演艺集聚区的细分市场规模较为强势，依然以大型舞台剧和音乐剧为主要剧目；此外，大量与旅游、庆典以及主题乐园相结合的演出节事，正成为诸多国家细化演出市场的重要依据。在对外演出方面，巡回演出和传统剧目输出仍是大部分国家参与国际演出市场竞争的主要方式。

2.1.3　国际演出市场特征

2.1.3.1　国际演出市场垄断竞争格局开始松动

在经济学中，按照市场的竞争程度强弱可将市场划分为四种主要类型，即完全竞争市场、垄断竞争市场、寡头市场和垄断市场。在文化市场领域，根据文化市场主体在某一商品市场中竞争与垄断程度的不同，也可以将文化市场划分为四种结构类型：完全竞争性市场结构、垄断竞争性市场结构、寡头垄断性市场结构和完全垄断性市场结构。[①] 在国际演出市场中，演出产品之间存在内部差别，部分企业可以在某种差异化类型的演出市场中形成垄断地位，但其他演出产品对某种类型的演出产品也会形成替代效应，这一替代性促使演出市场中存在激烈的竞争。[②] 海尔布伦在其《艺术文化经济学》一书中指出，在表演艺术产业中，百老汇能够恰如其分地被称为垄断竞争者。在每个演出季度中会上

① 顾江．文化产业经济学［M］．南京：南京大学出版社，2007.

② 李怀亮，方英．国际文化市场概论［M］．北京：中国传媒大学出版社，2014.

演 30 余部戏剧和音乐剧,而这些演出产品彼此之间自然就形成了对观众的竞争。① 然而,每家公司对自己的演出定价时都是考虑平衡成本的问题,其产品的定价并不由市场决定,而是由公司自由确定。演出市场的垄断竞争内容就是各种演艺产品之间的互补和替代关系。

受新冠肺炎疫情的影响,2020 年 1—3 月,中国已取消或延期演出近 2 万场,占第一季度总场次的 80%以上,直接票房损失约 20 亿元人民币。与其相关的场馆租赁、宣传营销制作等市场损失更是巨大。3 月中旬,国家大剧院、保利剧院、上海大剧院等演艺机构纷纷发布公告,取消 4 月所有演出活动,开放时间根据疫情发展形势另行通知。与此同时,美国百老汇、英国伦敦西区、阿维尼翁戏剧节、爱丁堡国际艺术节以及全球大多数知名表演团体也纷纷取消了已有演出计划。诸多国际巡演计划也被取消或延期,比如精灵(Pixies)、十一月(THE NOVEMBERS)、佐藤康夫、法语音乐剧集锦音乐会等巡演陆续被取消,立陶宛国家话剧院演出的话剧《致命罗基斯》巡演计划已延期至 2021 年。Kentley Insights(肯特利洞察)公司发布的表演艺术市场分析报告指出,2017 年全球艺术市场中前五大演出竞争对手占总市场的 0.7%,包括太阳马戏团、巴黎歌剧院芭蕾舞团、世界摔跤娱乐公司、大都会歌剧院协会和芝加哥抒情歌剧院。而面对疫情冲击,几大演出公司也面临更大的运营挑战和成本困境。2020 年 3 月 19 日,世界歌剧演出的殿堂,同时也是全美国预算最高的殿堂级演出艺术机构——大都会歌剧院协会有限公司(Metropolitan Opera Association Inc.,以下简称大都会歌剧院),宣布援用"不可抗力"条款,临时解聘了所有的交响乐团、合唱团及舞台工作人员,削减管理层薪水,并取消 2019—2020 年乐季剩下的全部演出活动。大都会歌剧院不幸成为疫情之下美国第一个大规模解聘降薪的艺术机构,震动了美国乃至全球的演出行业。

而随着疫情防护常态化,线下演出活动或主动或被动地开始积极尝试线上演出形式,而线上演出对于国际演出市场而言更不失为一场机遇。例如,柏林爱乐音乐厅在停止演出和参观之后,率先决定于 2020 年 3 月 12 日进行闭门演出,并向全球观众免费开放数字音乐厅线上直播;英国国家剧院"国家剧院现场"(National Theatre Live,NT Live)在疫情期间首次推出线上限时免费剧目资源,2020 年 4 月 9 日至 16 日播出的布里斯托老维克剧院版《简·爱》,上线五天便在哔哩哔哩网站(下文简称 B 站)达到 34 万观演人次。更多的企业和公司加入国际演出市场的竞争之中,国际演出市场也逐渐衍生出更为新兴的行业生态。面对数字化演出,国际演出市场竞争格局由原几大演艺公司垄断竞争再次逐渐趋向自由竞争。

2.1.3.2 演出产品在国际市场受文化折扣的影响

在电影市场,全球最高票房的电影往往集中于文化折扣度较低的"高概念"电影,即具有视觉形象的吸引力、充分的市场商机、简单扼要的情节主轴与剧情铺陈以求大多数观众的理解与接受的电影。所谓"高概念"是指以美国好莱坞为典型代表的程式化的电影制作模式,本质上是一种营销指导创意的电影生产方式及后续的市场运作。同样,在

---

① 詹姆斯·海尔布伦,查尔斯 M 格雷. 艺术文化经济学)[M]. 2 版. 詹正茂,等译. 北京:中国人民大学出版社,2007.

国际演出市场上，收入最高的也是能够打破文化接受障碍、易于被全球观众接受的音乐类和动作类产品。目前，全球范围内各类型演出产品所占份额尚无权威的统计，接下来主要以中国国内演出市场年度报告中的数据信息为例。

根据中国演出行业协会发布的《2018 中国演出市场年度报告》，2018 年专业剧场演出 10.15 万场，票房收入 79.61 亿元人民币；旅游演出 6.31 万场，票房收入 37.47 亿元人民币；演艺场馆驻场演出 45.47 万场，票房收入 25.28 亿元人民币；大型演唱会、音乐节演出 0.26 万场，票房收入 39.85 亿元人民币。[①] 横向对比来看，专业剧场演出平均每场票房收入为 7.84 万元人民币，旅游演出平均每场票房收入为 5.94 万元人民币，演艺场馆驻场演出平均每场票房收入为 0.556 万元人民币，大型演唱会、音乐节演出平均每场票房收入为 153.27 万元人民币。演出主要市场类型报告显示，观众人数最多的前三位分别为音乐类、话剧类和戏曲类，分别为 772.8 万人、503.62 万人和 353.25 万人。文化折扣度较低的音乐类型演出观众人数最多，而话剧类演出放在全国市场进行考量，也主要是以普通话为主要表现形式。排在第五位的舞蹈类演出，主要是以人体动作作为表现方式，相比于其他演出类别具有先天的国际交流优势。舞蹈类演出在国际演出市场中也在逐年增加，Kentley Insights 公司发布的数据显示，2017 年全球艺术市场前五大演出公司中就有巴黎歌剧院芭蕾舞团。进一步结合演出产品的票价、演出类型的收入对比来看，文化折扣度较低的演出产品所占份额和比例更大。例如，演唱会的平均票价与曲艺类平均票价相差十几倍，在票价较高的演出类型中，演唱会、音乐类、歌舞、音乐剧等都属于文化折扣度较低的产品类型。

2.1.4 国际演出市场发展趋势

2.1.4.1 高投入、强视觉、技术融合的演出产品或将成为未来重要趋势

新媒体时代的到来，对于电影、演出等传统文化产品提出了严峻挑战。近年来电影开始走向大投入、大导演、大效果的“大片”制作之路，无论是《2012》《阿凡达》《星际穿越》，或是漫威宇宙电影系列等，都在刻意地营造令人震撼的视觉效果，以强大的视觉冲击力为观众提供更刺激的观演体验，从而实现差异化竞争。

近年来的演出产品，也纷纷开始追求舞台视觉效果以及现场体验感受。例如，张艺谋导演 2017 年创作的跨界融合舞台作品《对话 · 寓言 2047》，这一系列将现代科技与中国古老的非遗文化相结合，在全球艺术家与科技的碰撞中产生共鸣，聚焦于“意识观念”的探讨。2019 年，《对话 · 寓言 2047》第三季中表现青海民歌的章节《花儿 · 影》，通过诺亦腾 Perception Neuron PRO 动捕与威亚系统，将舞者融入舞台的光影空间中，舞台上的数字视觉效果以实时采集的银河星图为蓝本，结合舞者身上心跳感应器等设备产生的实时数据，呈现出优雅的流体化效果。舞者在空中的舞蹈如同浸入这条由群星构成的河流之中。舞者的动作采集全部由诺亦腾 Perception Neuron PRO 完成，部署在身体上的 17 个传感器节点记录她的每一个舞姿。动捕数据最终汇总至视效程序之中，产生带有实时

① 中国演出行业协会. 2018 中国演出市场年度报告[EB/OL]. (2019-07-25). https://mp.weixin.qq.com/s/pOufpUVni8RbV-j86Eyh-g.

交互感的视觉效果。在舞者与观众之间是一块全息投影巨幕,投映出随着舞者的动作产生变化的粒子效果。在舞者后方还安置了两台机械臂,分别控制一块 LED 巨屏。通过它们的开合自由运动,如同一扇窗户一样将舞台空间打开、延展。通过全息投影与 LED 屏幕之间的动静变化,营造出丰富的空间感与沉浸感,带来超越传统舞台表演的强大感染力。

2.1.4.2 数字化演出或将成为国际演出市场竞争的蓝海

文化经济学领域的重要学者威廉·鲍莫尔与鲍恩在合著的《表演艺术:经济学的困境》(*Performing arts: The Economics Dilemma*)中指出,相较于社会经济中的"进步部门"(progressive sector),统计数据证实表演艺术、教育、医疗等服务性"停滞部门"的单位成本增长速度会远超过市场通胀率,这就造成了表演艺术组织收入与支出之间出现"收入差"(income gap)。在此研究基础上,围绕表演艺术的"成本弊病"理论开始浮现,并持续受到诸多研究者的讨论。例如,艾伦·皮考克(Allan Peacock)认为现代表演中的技术更新可能带来演出成本的降低;詹姆斯·海尔布伦(James Heilbrun)认为媒介传播技术的应用可能会推动艺术组织收入快速增长,从而改善"成本弊病"的状况。

国际演出市场一直以来都是垄断性竞争市场,究其成因,很大一部分是由于国际演出产品的成本开支极高。相较于电影和电视市场,演艺产品的资金回收周期一般维持在 1~2 年,同样,国际演出市场在整个文化经济中的比重和产值都略低。而随着新冠肺炎疫情的影响,许多演出公司或机构主动或被动地开展线上演出,更积极地尝试数字化演出形式。而数字化线上演出的出现并非始于此次疫情,早在 2006 年,美国纽约大都会歌剧院就开始尝试歌剧现场直播,并创造了 3 100 万美元的收入。伴随着数字媒介技术的不断革新和 5G 信息传播技术的不断突破,线上演出也逐渐显露出了其优势,逐步发展为一个亟待开发的蓝海。

2.2 主要国际演出市场分析

2.2.1 概述

2.2.1.1 国际演出市场的形成

世界各国在政治、经济、文化和社会等方面千差万别,随着世界经济的全球化发展,这些差异带来了跨国贸易,市场的范围超越了传统区域限制,国际市场在不同国家、民族和地区之间的交易往来以及不断竞争的过程中建立起来。

演出市场是文化消费发展到一定阶段的产物,同时也是劳务服务市场的构成部分。《国际文化市场概论》①一书指出:所谓演出市场是指演出活动在交换过程中形成的各种关系的总和,包括演出场所、演员和观众、演出活动主体之间的各种关系的总和。

然而,目前对于国际演出市场的概念尚未有权威界定,人们大都将其视为全球化趋势下各国国内演出市场的扩张,主要分为以下两大推动因素:首先,随着经济的不断发展

① 李怀亮,方英. 国际文化市场概论[M]. 北京:中国传媒大学出版社,2014.

和全球化进程的不断推动,世界各地对于精神文化的需求日益增加;其次,由于世界通信和交通技术的飞速发展,不同国家或地区之间的距离得以拉近,在演艺产业链中,以国际演出节庆为代表的跨国式活动开始频繁发生。

2.2.1.2 国际演出市场发展综述

国际演出市场经历了两个不同的发展阶段:一是从第二次世界大战之后到苏联解体阶段;二是从 20 世纪 90 年代至今。①

(1)第二次世界大战之后,国际演出市场初具雏形。随着第二次世界大战的结束,各国经济社会逐渐复苏正常秩序,演艺集团开始恢复演出业务,对外演出逐渐频繁。1957年,美国艺术表演主办者协会成立,成为国际演出市场开始形成的一面重要旗帜。国际性演出行业协会的出现,为国际演出市场的形成与发展提供了重要的推动力量。然而,受当时国际政治经济格局的影响,在冷战时期,国际演出活动逐渐陷入美国和苏联两大阵营内部的封闭意识形态的竞争,彼此对立抵制。该时期,演出内容的创作与编排并不以各艺术机构为核心,而是以为国家的意识形态服务作为目标,演出市场带有大量政治色彩,集中表现为资本主义与社会主义两大政治阵营的冲突与对立。

(2)冷战结束后,国际演出市场日益繁荣。伴随着东欧剧变、苏联解体,美国在国际社会的话语权日益扩大,并开始以领导者的姿态将其所倡导的文化传播到世界各地。20世纪 80 年代和 90 年代,意识形态对表演艺术的束缚开始松动,流行音乐、街头艺术等演出形式也开始在社会主义国家出现。步入 21 世纪以来,国际演出市场展现出空前繁荣的局面。一方面,大制作的舞台剧走向世界舞台中央,各大演出制作公司、艺术专业院校和政府文化部门不断加大投入,希望能在国际演出市场中拥有一席之地;另一方面,作为文化领域重要的业态形式,演出产业与互联网、数字化、大数据、云计算等新技术之间融合创新,转换发展成为全世界的关注热点和发展趋势。演出的对外贸易也从单一的剧目输出逐渐开始向版权交易、本土化合资运营等多个方面转化。

2.2.1.3 主要国际演出市场

从各国家或地区演艺产业的形成与发展历程来看,北美和欧洲占据整个国际演出市场的 55%(见图 2-4),而美国占据了整个北美演出市场将近七成的比重;在整个欧盟地区,英国和德国的商业性演出活动占比较高;而在亚洲地区,中国、日韩的演出活动比较集中。因此,国际主要的演出市场大体可以分为以下四个地区:中国市场、日韩市场、美国市场和英国市场。

(1)中国演出市场。《中华人民共和国文化和旅游部 2018 年文化和旅游发展统计公报》显示:截至 2018 年末,全国艺术表演团体有 17 123 个;全年演出 312.46 万场,比上年增长 6.4%;国内观众达 13.76 亿人次,增长 10.3%。演艺市场总体经济规模达到 469.22亿元,未来发展潜力较大。②

---

① 李怀亮,方英. 国际文化市场概论[M]. 北京:中国传媒大学出版社,2014.

② 中华人民共和国文化和旅游部 2018 年文化和旅游发展统计公报[EB/OL]. http://www.gov.cn/xinwen/2019-05/30/content_5396055.htm.

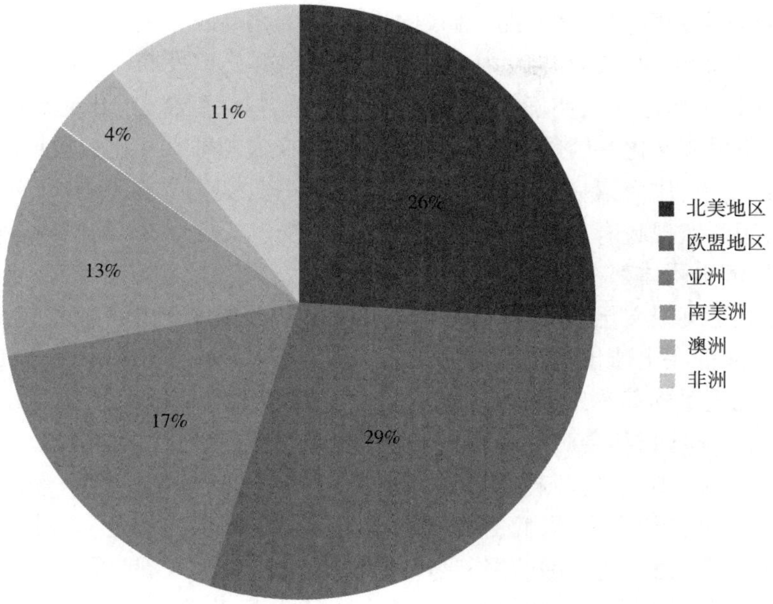

图 2-4　国际演出市场各大洲的区域比重

资料来源:国际游乐园和景点协会。

(2)日韩演出市场。日本和韩国同为亚洲国家,一衣带水,联系十分紧密。以“日本动漫”和“韩剧”为代表的文化艺术形式为他们在国际上赢得了更广阔的发展空间和演艺市场。

(3)美国演出市场。在足够多元化的文化背景与雄厚的经济实力的支持下,一直以来,美国的演出市场都在国际领域处于较为强势的地位。美国于 1957 年成立了美国艺术表演主办者协会,又于 1965 年成立了国家艺术基金会。早在 21 世纪初,美国的演艺娱乐产业总值就达到了 1 819 亿美元。

(4)英国演出市场。作为历史悠久的古老欧洲国家之一,英国从古至今一直有着非常丰富多样的艺术表现形式。早在文艺复兴时期,英国就是整个欧洲地区的表演艺术中心。两次世界大战结束之后,随着经济复苏和产业升级,英国的演出市场正在其创意产业宏观战略的指引下逐步发展壮大。

2.2.2　主要国际演出市场的发展现状

2.2.2.1　主要国际演出市场 PEST 分析①

对国际演出市场进行 PEST 分析,实则就是对目前市场的政治、经济、社会、技术等宏观环境展开研究,从而确定这些宏观因素对剧院(团)所带来的影响与变化。

(1)政治环境。近年来,中国中央及地方政府出台并实施了多项有关政策,从党的十七大到十九大,数十年间,我国的文化发展经历了从繁荣到强国再到自信的过程,由此可

① PEST 为一种企业所处宏观环境分析模型,其中的 P 是政治(Politics),E 是经济(Economy),S 是社会(Society),T 是技术(Technology)。

见,文化产业和文化事业在国民经济中的地位正稳步提升。新时期,我国正努力贯彻对外开放的基本国策,随着“一带一路”建设的不断深入,各地的文化艺术日益繁荣,演出团体也如雨后春笋般出现。2020 年,中央文改领导小组办公室发布了《关于做好国家文化大数据体系建设工作通知》,明确提出要推进文化和科技深度融合,开展包括中国文化遗产标本库、中华民族文化基因库、中华文化素材库等在内的国家文化大数据体系建设。

在国际市场中,作为第一个对文化进行立法的国家,美国早在 1965 年就成立了国家艺术基金会,用于实现政府对演出产业的支持与帮扶。长期以来,美国的营利性演出组织和非营利性演出团体都在政策的指引下取得良好发展。而英国在 1997 年布莱尔政府上台之后,创立了英国文化、媒体和体育部(DCMS),并设置了创意产业工作组,全力推进英国的创意产业。在全球化的竞争局面之下,日本先后颁布了《21 世纪文化立国方案》《有关振兴文化艺术的基本方针》和《日本文化产业战略》等纲领性文件,除此之外,日本的艺术院直属文化厅每年会对本地的文化艺术表演组织提供补贴和帮助。

(2)经济环境。21 世纪以来,我国人均 GDP 逐年攀升,国民生活水平逐步提高。随着国家的发展和社会的进步,人们的物质生活得到相当程度的满足,人民群众对精神生活的追求日益提升,对文化产品的需求与日俱增,文化产业的发展日渐兴盛。

2004 年,国家统计局发布的文化产业统计数据显示,我国文化产业增加值年均增长已超过 20%,远远高于同期 GDP 增长速度。与此同时,在欧美国家,目前文化产业已经超过第一产业和第二产业的规模,形成了社会化、规模化、跨国化、全球化的格局,成为部分西方国家经济发展的新的增长点和重要支柱。

由此可见,在较好的经济形势下,一方面,民众的文化娱乐支出比重不断增长,文化消费时间逐渐增多,对文化产品选择的自主性日益增强,并逐渐向高层次的精神文化需求转移;另一方面,各演出组织也更有能力去开拓和创作更加优秀的跨文化的演出作品。

(3)社会环境。由于新冠肺炎疫情在全球范围内的大面积暴发,2020 年传统演艺行业受到前所未有的冲击。线下演出被迫取消或延期,多数艺术场馆暂停营业。中国演出行业协会的统计数据显示,2020 年前三个月,全国范围内已取消或延期的演出超过 2 万场,造成直接票房损失约 24 亿元人民币。全球范围内线下演出的损失更是不言而喻。

线下演出的停摆正在倒逼线上演出快速发展。因此,在新时期数字化演出或将成为市场发展的新热点,这是一个待开发的蓝海市场,存在着无限可能。在新的时代背景下,世界各国应在全力做好线下演出的同时,投入一定的资金与人力抢占开发线上演出市场的先机,毕竟传统观演习惯根深蒂固,短时间内难以打破,新观演习惯的培育与形成仍需一定的时间。

(4)技术环境。随着科学技术的不断发展,现代科技为人们的日常生活带来了翻天覆地的变化。这种变化不仅仅体现在衣、食、住、行等层面,表演艺术的服装、道具、舞美、演出形式等也正随之变得更加多元化。

2020 年初暴发的新冠肺炎疫情,限制了人们外出的脚步,世界各地的剧院、剧团纷纷宣告停止演出。但是科技在这个时候发挥了极大的作用,并给艺术爱好者们带来了新的希望,部分剧院、剧团和美术馆,推出了线上观剧和线上 3D 看展的“云”模式。由此可见,现如今在技术的大力支持下,连空间都不足以成为人们与表演艺术接触的障碍。

5G 时代的到来,势必将会对剧团的运营又一次产生技术层面的影响,加之 MR 混合现实、虚拟现实、增强现实等科技手段的发展与成熟,越来越多的地区与国家开始演出数字化的尝试。

2.2.2.2 主要国际市场特征

演出节目本身就是一种融通世界的语言,对艺术作品的欣赏需要是人类的共性。目前的国际演出市场主要具有以下特征:

(1)民族的才是世界的。黑格尔说:“真正不朽的艺术作品是一切时代和一切民族共赏的。”对于国际演出市场而言,亦是如此。凡事世界的,都是民族的;反之,能够从民族走向世界的演出,都是优秀且具有普遍价值的。例如,经典舞台剧《茶花女》《罗密欧与朱丽叶》《西厢记》等。

(2)跨越文化背景差异。文化背景差异是各地区优秀作品走向国际演出市场的一大障碍,由于不同地域人们审美标准和欣赏习惯千差万别,因此演出发起人或是组织者必须要慎重考虑剧目的创作和活动的安排,在一个国家和地区受欢迎的节目在其他文化语境下不一定依旧受欢迎。

(3)高雅艺术与流行艺术并驾齐驱。在现今的国际演出市场中,不仅存在以古典芭蕾、交响乐为代表的传统高雅艺术的演出,各时期应运而生的流行文化艺术形式也纷纷走向大众。从美国的街头嘻哈文化风靡全球,到日本的二次元演出流入欧美地区,在全球化语境下,高雅艺术和流行艺术在国际舞台上并驾齐驱。与此同时,在当今的国际演出市场上,为顺应时代发展和受众需求,曾经处于象牙塔尖的高雅艺术也逐渐变得更加“接地气”。演出策划公司和制作人开始注重演出的营销策划工作,为不同的演出制定宣发方案,打造明星艺术家,形成品牌效应。

(4)实现科技与艺术的跨界融合。21 世纪以来,数字文化产业成为传统文化事业、文化产业转型升级的必然宏观趋势。2017 年,我国数字文化产业增加值为 1.03 万亿~1.19 万亿元人民币,总产值为 2.85 万亿~3.26 万亿元。2019 年 8 月,由国务院发展研究中心和中国社会科学院中国文化研究中心联合主办的国内首份数字文化产业报告发布,该报告指出数字文化产业处于爆发式增长前夜。

传统演出模式在新技术的激发下焕发了新的活力和潜力,以数字化创演为代表的复合型议题亟待破冰。在“互联网+”时代背景下,艺术与演艺产业也亟待技术革新,从而推动建设体现新科技的剧场及舞台,支持数字艺术、交互体验、观演互动、智能演艺、舞台灯光和音响机械技术等领域的研发创新和装备提升。由此,国际市场演出的观演渠道和传播平台才能变得更加开阔。

(5)市场竞争具有特殊性。经济学将市场竞争划分为四种类型,而现今的国际演出市场可归为垄断市场竞争一类。在文化市场中,垄断竞争市场的特点在于:由于不同的文化产品之间存在差别,不同企业就可以凭借这种差别在偏好该产品的消费群体中形成垄断地位。[①] 但是同类文化产品之间的产品替代性又促使演出市场展开激烈竞争。比如,歌舞团、交响乐团、音乐剧公司、旅游演艺团体等机构之间都是竞争关系,他们提供的产品尽管各不相同,但是又都可以作为娱乐形式而被替代品替代。因此,市场竞争的特

---

① 李怀亮,方英. 国际文化市场概论[M]. 北京:中国传媒大学出版社,2014.

殊性就体现在垄断竞争存在于各个演出产品之间互补和替代的关系中。

(6)成熟的商业运作机制。成熟的商业运作机制具体表现在优秀的艺术品质、演出市场的营销模式和优良的演出包装三个方面。首先,优秀的艺术品质是商业演出的基本保证。在国际演出市场上,一是需要质量,特别是国际通认的艺术形式、艺术题材;二是需要文化底蕴,即蕴含在演出产品中的独特历史文化沉淀。其次,演出从创意开始到最后的巡回演出,各环节都体现出商业的需要。准确的目标定位、吸引媒体的演出包装、调动观众情绪的舞台风格、配合默契的演出经纪人提供细致入微的专业服务共同形成强大的市场运作力量。最后,优良的演出包装已经成为现代演出节目的一个生产制作环节,其主要原因是随着世界通信技术、传媒技术的进步,电视等媒体已成为人们生活的一部分,优良的包装在各种媒体的配合下,能造成强大的营销攻势,不论商业性的市场营销还是公众社会舆论,都需要有优良的演出包装作为基础。

2.2.2.3 主要演出市场细分

日本主要有以宝冢剧团、四季剧团为代表的成熟演出制作团体;中国的演出形式多样,演出产业正蓬勃发展;欧美地区演出产业历史悠久,以伦敦西区和美国百老汇为代表,以大型舞台剧和音乐剧为主要剧目,同时结合旅游、庆典及主题乐园等节事活动。

(1)日本:“演出制作机制完善+明星制效应+文化产权保护”。日本演出市场中有四大优秀的本土演出公司,他们都拥有专业演出制作团队,并在多个地区设立专属剧场。完善的演出生产链使得日本的大型演出能够持续地进行规模化经营。此外,在版权保护层面,日本政府十分重视文化产业的知识产权问题。如图 2-5 所示,相关部门每年都会将预算的 50%以上投入到文化产权保护中去。

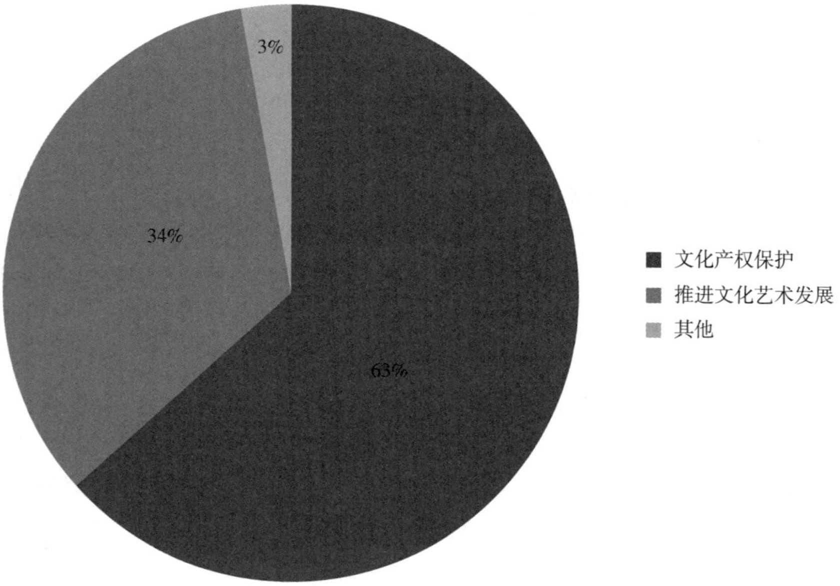

图 2-5　日本版权保护投入比重

资料来源:日本文化厅。

(2)中国:“演出形式多元+文化艺术底蕴深厚+政府对文化产业的大力支持”。中国是一个拥有五千年历史的文明古国,拥有得天独厚的文化艺术资源。同时,中华文明包容性极强,在大力发展文化艺术的号召下,政府大力出资扶持优秀的文艺作品,近年来各地原创艺术作品和跨文化艺术合作交流层出不穷,演出市场总体经济规模不断攀升(见图 2-6)。以乌镇戏剧节、大凉山戏剧节、北京国际舞蹈双周为例,中国文化正以积极的姿态面向国际市场。

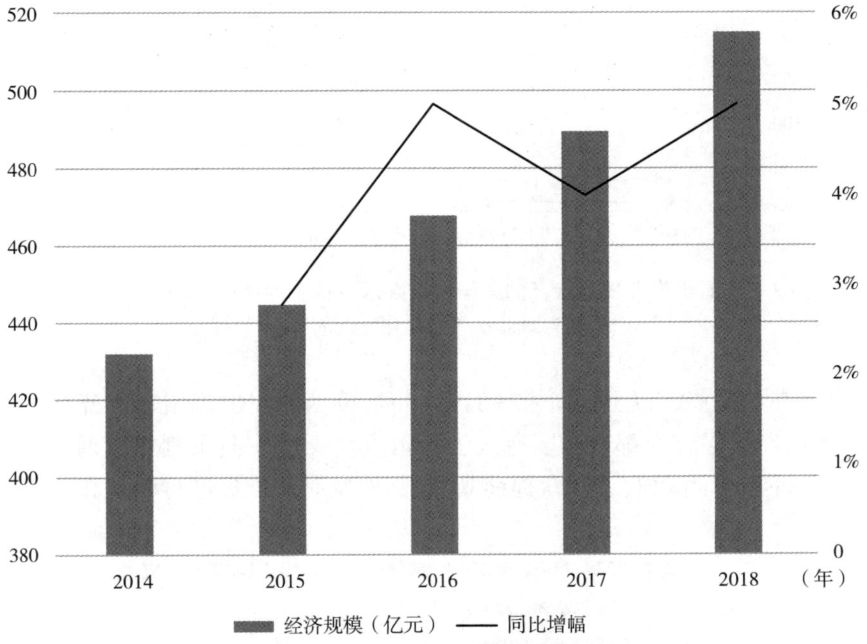

图 2-6　2014—2018 年我国演出市场总体经济规模情况

资料来源:中国演出行业协会。

(3)美国:“演出创新+价值观输出+大众传媒影响渗透”。美国演出市场的演出类型齐全,并且其表演团体水平卓越。与此同时,美国以专业剧场为核心,多种演出形式协同发展,将城市驻演与国际巡演相结合,演艺娱乐长期实现持续增长。由表 2-2 可见,美国演艺娱乐产业在近 50 年间产值规模持续增加,与此同时,其演艺娱乐机构平均产值呈现加速增长的趋势(见图 2-7)。

表 2-2　1967—2007 年间美国演艺娱乐产业发展状况

	1967 年	1977 年	2002 年	2017 年
演艺娱乐产值(亿美元)	83	211	1 409	6 138
机构数(千家)	112	177	110. 30	124. 62

资料来源:美国联邦统计局。

(4)英国:“设施齐全+重点城市展演+文化旅游演艺”。在英国的演出娱乐花费支出中,英格兰地区占比最大,其中伦敦、曼彻斯特、伯明翰等地是主要的演出消费地区,其娱

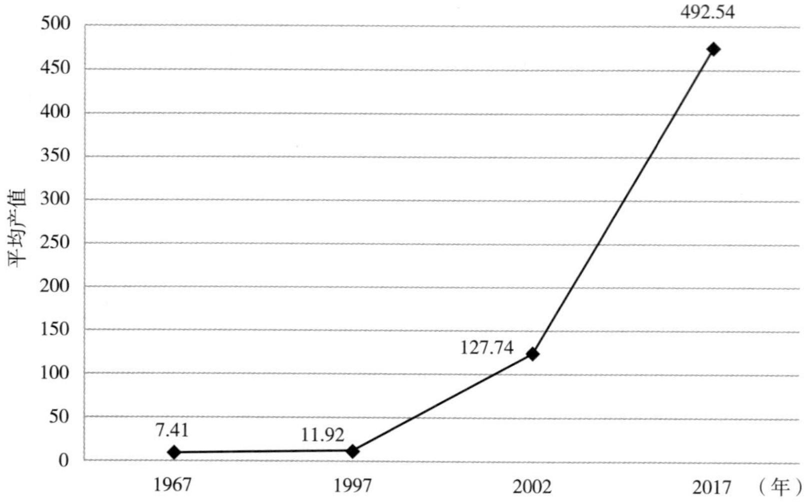

图 2-7 基于产业发展状况的美国演艺娱乐机构平均产值(单位:万美元)

资料来源:美国联邦统计局。

乐消费支出均在 1 亿英镑以上(见图 2-8)。同时,英国的演出机制非常齐全,演职人事、演出销售、演出经纪等方面都有专职专人进行负责。英国在演出制作时通过“试演”“预演”以及“非定本”三个流程,让观众提前观看,从而及时对剧目进行调整和修改。

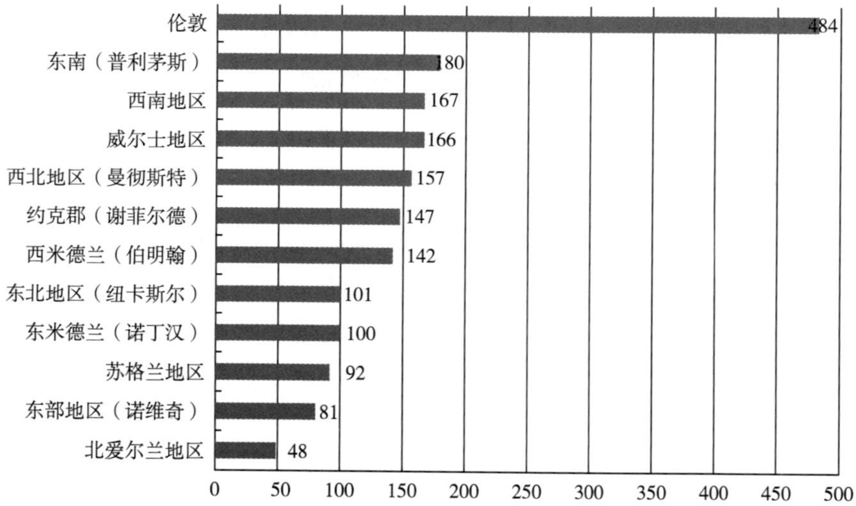

图 2-8 2010 年英国各地区演出娱乐消费支出(单位:百万英镑)

资料来源:英国文体部。

2.2.3 总结

不同于一般市场上的产品,演出具有自身的特殊性,演出产品国际市场的形成也较晚。时至今日,只有欧美、亚洲等地区少数国家在国际演出市场上占据较大比重,很多主张文化例外的国家和经济文化较为贫瘠的地区在演出的跨国贸易上仍存在障碍。因此，演出产业的国际市场仍然没有完全成熟，仍在各方力量的冲突与摩擦中发展。或许，这对任何国家或地区来说既是机遇也是挑战。

2.3 国际旅游演出市场分析

近年来，随着全球经济水平的稳步增长，人们对于生活质量有了更高的追求，休闲娱乐的需求明显增强，旅游业作为兼顾娱乐与文化双重体验的休闲方式得到快速发展。而旅游演艺作为旅游业与演出业相互渗透的产物，具有丰富景区文化内涵、提升旅游地形象、促进地方经济发展的多重作用，因此越来越受到各国的重视。

2.3.1 旅游演出的相关概述

2.3.1.1 定义

旅游演出一般指旅游演艺。实际上，旅游演艺的概念源于我国，它是由我国独创的一种文化和旅游跨产业融合的综合性产物。其既具备传统演出作品的部分特点，又有着特定的服务对象与演出地点，因此有关定义众说纷纭。《旅游演艺的发展历程及其对旅游业的影响》一文中给出了一个较为全面的定义："旅游演艺则是从旅游者的角度出发，依托著名旅游景区景点，表现地域文化背景、注重体验性和参与性的形式多样的主题商业表演活动。在旅游景区现场进行的各种表演活动，以及在旅游地其他演出场所内进行的，以表现该地区历史文化或民俗风情为主要内容，且以旅游者为主要欣赏者的表演、演出活动，统称为旅游演艺。"①

2.3.1.2 发展历程

国内旅游演艺的出现最早可以追溯至20世纪80年代中期，深圳华侨城集团在其开发的文化旅游主题园区中推出了大型驻场演艺节目，其针对的主要受众为购票入园的游客。这一模式创新收获了大量好评，更成为华侨城文化旅游产品的竞争力要素。其后，陕西、北京等具有雄厚文物资源的省份、城市纷纷开始发展旅游演艺。陕西省歌舞剧院精心打造的《仿唐乐舞》和《唐·长安乐舞》等一批旅游演艺产品，成为我国最早的文化遗产演绎型旅游演艺品牌，为开拓旅游市场做出了积极贡献；进入21世纪之后，国内旅游景区大型演艺活动风起云涌，各地陆续推出的品牌项目，如杭州的《宋城千古情》、广西的《印象·刘三姐》、云南的《印象·丽江》、杭州的《印象·西湖》、湖北的《盛世峡江》等，均成为旅游业发展的亮点和时尚。②

与国内旅游演出略有不同，国外市场现有的知名旅游演出项目，如美国百老汇、英国伦敦西区的演出等，其虽历时久远，但最初并不是为旅游业所设立的，而是出于其场地或文化艺术发展的需要，后因品牌的成功打响和知名度的积累，而逐渐发展成对观众具有

---

① 刘艳兰．旅游演艺的发展历程及其对旅游业的影响[J]．科技广场，2009(08)．

② 刘艳兰．旅游演艺的发展历程及其对旅游业的影响[J]．科技广场，2009(08)．

吸引力的旅游演艺。越来越多的旅客在旅游的时候选择参与到这些演艺项目的观演活动中,部分游客甚至专程为观赏某一旅游演艺项目而进行一次旅游。

2.3.2 市场发展现状

2.3.2.1 市场环境分析

(1)政治环境。文化作为各国一项综合竞争国力,其相关发展日益受到关注与重视。旅游演出作为文旅结合的重要产物,也成为各国争相发展的领域。

世界各地文化旅游存在差异化管理特点。在自身文化资源特色的基础上,美国更倾向于自由、开放的管理模式,即鼓励地方及产业自主发展,联邦政府给予必要的政策引导及经济补助;欧洲地区则是通过合作框架或者政策性引导措施的出台,鼓励国家或是内部城市间的合作与联合,继而强调欧盟整体在国际上的竞争地位;日韩等亚洲国家则是通过突出发展自身在资源、交通或产业等某些方面的优势条件来扬长避短。[①]近年来,我国也出台了一系列文化和旅游相关政策,如 2019 年文化和旅游部印发的《关于促进旅游演艺发展的指导意见》,这些相关政策(见表 2-3)不仅深化了文化和旅游机构的改革,更为旅游演艺的进一步发展带来了新资源、新理念、新机遇。

表 2-3 国家促进休闲化旅游及演艺市场政策

法案	日期	内容
《关于促进旅游演艺发展的指导意见》	2019 年 4 月	着重从四个方面引导和规范,一是将推进旅游演艺的转型升级作为首要任务,二是紧紧围绕国家战略明确发展重点,三是把规范有序作为发展旅游演艺的重要基础,四是提出一批支持旅游演艺发展的政策措施
《国务院办公厅关于促进全域旅游发展的指导意见》	2018 年 3 月	推动剧场、演艺、游乐、动漫等产业与旅游业融合开展文化体验旅游
《国家发展改革委、国家旅游局关于实施旅游休闲重大工程的通知》	2016 年 12 月	重点引导企业自驾车/房车旅游、邮轮/游艇旅游、温泉旅游、滑雪旅游、体育旅游、森林旅游、海洋旅游、研学旅行、健康旅游、旅游小城镇、城镇特色旅游街区、旅游演艺、国际特色旅游目的地、环城游憩带等休闲度假产品配套设施建设项目
《国务院办公厅关于进一步促进旅游投资和消费的若干意见》	2015 年 8 月	大力开发休闲度假旅游产品,鼓励城市发展休闲街区、城市绿道、骑行公园、慢行系统,拓展城市休闲空间;支持重点景区和旅游城市积极发展旅游演艺节目,促进主体公园规范发展

① 国内外典型旅游文化案例分析[EB/OL].(2016-10-25)[2020-08-23].https://wenku.baidu.com/view/e209d10cfd4ffe4733687e21af45b307e871f927.html.

续表

法　　案	日期	内　　容
《国家旅游休闲纲要(2013—2020年)》	2013年2月	目标城乡居民旅游休闲消费水平大幅增长,让健康、文明、环保的旅游休闲理念成为全社会的共识,国民旅游整体质量显著提高,与小康社会相适应的现代国民旅游休闲体系基本建成
《关于构建合理演出市场供应体系、促进演出市场繁荣发展的若干意见》	2008年1月	拓宽演出市场融资渠道,鼓励社会资本投资演出产业,允许适度引进外资进入国内演出市场,大力扶持民营表演团体发展

(2)经济环境。首先,全球经济稳步攀升。21世纪以来,各国间的贸易交流不断增加,人类生活水平大幅提升。自2000年起(除2009年外),世界GDP增长率皆在零以上(见图2-9),宏观经济呈良好发展态势。

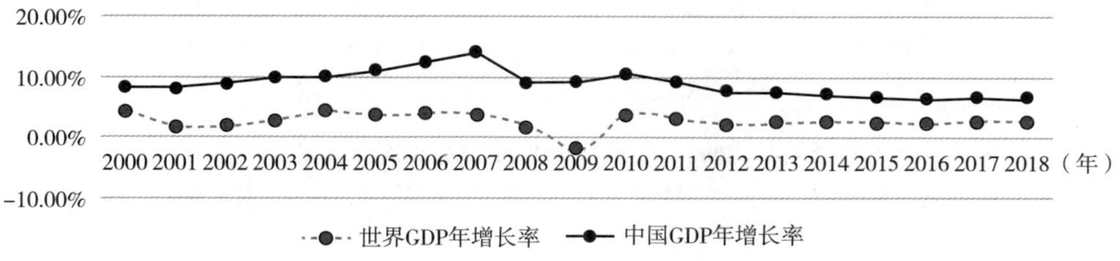

图2-9　2000—2018年世界及中国GDP年增长率

资料来源:《世界旅游经济趋势报告(2019)》。

其次,全球旅游经济继续保持增长,增速小幅波动(见图2-10)。2019年,世界旅游城市联合会(WTCF)与中国社会科学院旅游研究中心(TRC-CASS)共同发布的《世界旅游经济趋势报告(2019)》显示,2018年全球旅游总人次达121.0亿人次,增速为5.0%;全球旅游总收入达5.34万亿美元,较上年增长0.5万亿美元,增速为3.1%。长期来看,全球GDP增速与全球旅游总收入增速的差距在逐步缩小。

最后,经济快速增长阶段,个人娱乐消费占比将提升。随着人均GDP的增长,人们的经济支出从单一的吃住方面,逐步向娱乐、教育等多方面拓展延伸。旅游演艺作为兼具娱乐与文化双重特质的景区特色文化体验,深受游客喜爱,其在居民消费支出中的比重提升较明显。2019年,我国旅游演艺行业增速最猛,同比上升9.58%,票房收入为73.79亿元,直逼剧场的84.03亿元。旅游演艺观众人次增幅达21.3%,2014—2018年复合增速达24%。而市场需求的激增,也使得投资者纷纷涌入,旅游演艺业得到快速发展。①

(3)社会环境。就社会环境而言,国际形势稳定,各国之间贸易交流加强,整体社会大背景有益于推动旅游演出的进一步发展。

引领消费升级的主力军更新换代。《2018中国居民消费升级报告》指出,中产阶级

① 世界旅游经济趋势报告(2019)(简版)[EB/OL].(2019-01-21)[2020-08-24].https://www.sohu.com/a/290530381_100045215.

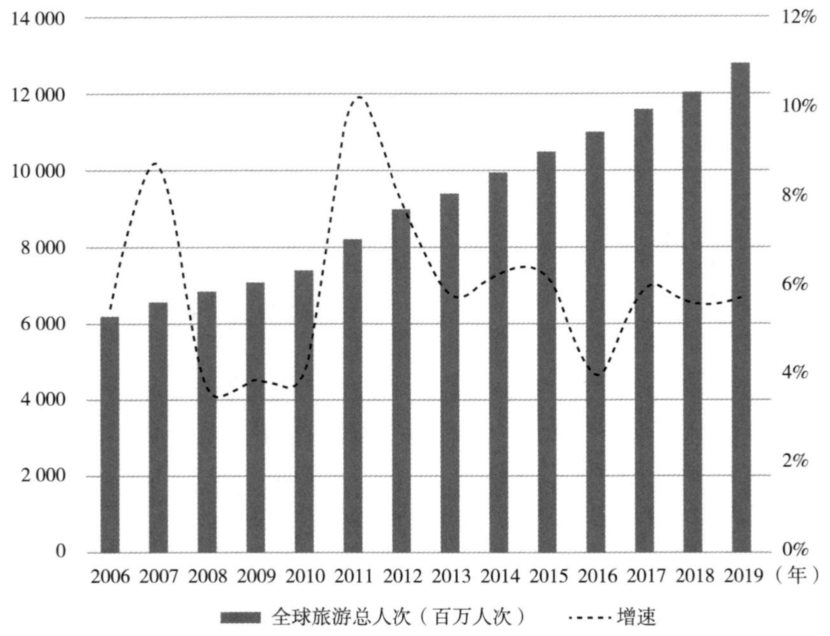

图 2-10　2006—2019 年全球旅游总人次及其增速

资料来源：世界银行国民经济核算数据和经济合作与发展组织的国民经济核算数据文件。

和年轻群体具有较高的品位和对品质的追求以及较高层次的文化水平，正在成为引领消费升级的主力军。当前中国 25～34 岁主力消费人群占总人口的比例超 30%。①

而新消费群体的崛起，又代表着消费需求及群体文化的迭代更新，这对于社会群体新消费习惯的培养与形成有着极大的推动作用。2019 年，马蜂窝旅游网发布的《旅游账单 2.0：全球旅游消费报告 2019》显示，文化旅游深受游客喜爱，成为新的旅游趋势，旅游演艺、博物馆、人文气息浓厚的景点等成为年轻游客新的热门项目。

（4）科技环境。在线购票、互联网信息检索，高铁、飞机多种出行方式，科技进步助力旅游业的快速发展，都对旅游演出管理、体验、服务、营销等各个方面都产生了极大的影响。而 5G 信息技术、云计算、物联网、AR/VR 等新技术的发展与成熟，给观众带来多感官的全新体验。越来越多的地区与国家开始尝试“旅游演出+科技”的模式，甚至在多地出现了创新型的产物，科技与旅游演出的跨界融合成为常态化发展。例如，珠海长隆剧院剧目《龙秀》，运用 270 度全景式环形舞台、三大环绕水道、超过 250 米长的 360 度高空吊挂环形轨道、空中升降设施、空中飞行轨道及隐藏式飞行器等高科技设备打造出了不同以往的立体水陆空的演出效果。此外，《禅宗少林·音乐大典》《宋城千古情》都运用高科技手段，全新升级原有演艺项目，吸引了大量游客。②

① 年轻人群正成为引领消费升级的主力军[EB/OL].（2018-04-10）[2020-08-25].http://finance.china.com.cn/consume/20180410/4597237.shtml.

② 2019 年中国旅游演艺发展趋势：主题公园、实景演艺、城市剧场演艺等演艺模式分析[EB/OL].（2019-10-30）[2020-08-22].http://www.chyxx.com/industry/201910/799540.html.

2.3.2.2 市场特征

(1)受经济影响大,具有明显的周期性。旅游演艺作为旅游产业的子产业,与旅游市场具有高度相关性,因而受经济状况影响大,且会随宏观经济的波动而呈现周期性波动。旅游演艺作为人类娱乐休闲的一种方式,并不是人们生活所必需的选项。这意味着当经济状况不景气时,以旅游市场为重要基础的旅游演艺市场也将面临萎缩的可怕困境。纵使在经济稳步上升的时代背景下,旅游演艺也会随着旅游市场的淡旺季波动而呈现明显的周期性。

(2)年轻群体逐渐成为新消费主力军。年轻人作为社会的新鲜血液,是引领社会发展的核心主干。当下年轻群体人口数量占比越来越大。根据联合国发布的人口调查统计数据,“Z 世代”(出生于 2001 年以后的人群,在中国通常被称为“00 后”)人口将在 2019 年超过“千禧代”(出生在 1980—2000 年的人群,在中国通常被称为“80 后”“90 后”),占全世界 77 亿人口的 32%,成为人口最多的一代人。①而这一批伴随着互联网同步成长起来的“Z 世代”青年,其消费习惯和休闲娱乐偏好也有所不同。2020 年马蜂窝旅游网发布的《后疫情时代的“新旅游”——“Z 世代”旅游消费变化报告》显示,“Z 世代”正在成为消费升级的主力军,每月可支配工资达 3 501 元。更有机构预测,2020 年之后“Z 世代”将占据整体消费力的 40%。

(3)各地区市场偏向性不同,与地方文化紧密相关。综观全球的旅游演出市场,按地区可将其大致划分为欧洲市场、亚洲市场及美洲市场,但实际上由于地理位置、民俗风情、人文环境等因素存在差异,各地区市场在偏向性方面有所区别。如亚洲地区,由于国家众多、面积庞大,有着丰富多样的自然风光、风俗习惯、人文素养等地方特色文化可发掘,有岛国文化、有海峡文化、有热带风光,更有城市风尚,再加上人口众多,亚洲的旅游市场多偏向于实景演出和主题公园演出。而欧盟地区的艺术发展历史悠久且在世界享有盛誉,因此其更偏向于发展剧院类旅游演出和节庆类旅游演出。

(4)IP 仍是最大的增长驱动力。以北美地区为例,AECOM(艾奕康公司)联合主题娱乐协会(Themed Entertainment Association,TEA)共同发布的《2018 全球主题公园和博物馆报告》显示,北美区域内逾 600 万的游客量涨幅主要归功于迪士尼集团、环球影城娱乐集团和海洋世界娱乐集团这三家位于榜单前列的主题公园集团。同样,在欧洲,默林娱乐集团位于意大利的加达云霄乐园新增了“小猪佩奇”景点,该景点以当今最流行的同名儿童电视节目中的卡通角色为设计灵感,并成为该公园游客量增至 290 万的核心引擎。②由此可见,像哈利·波特、迪士尼这种超级大热 IP 对于游客具有极大的影响力和吸引力。因此,要始终保持旅游演出的热度,实现其长效运营,各大演出制作团队需要不断挖掘 IP。

2.3.2.3 产品细分

根据现阶段国际旅游演出市场的现实情况,可将其提供的主要产品大致划分为实景

---

① 明年全球“Z 世代”人数将超过“千禧代”,最新研究称他们更理性[EB/OL].(2018-08-28)[2020-08-24].https://baijiahao.baidu.com/s?id=1610018614576742449&wfr=spider&for=pc.

② AECOM,TEA.2018 年全球主题公园和博物馆报告[EB/OL].(2019-06-06)[2020-08-22].http://www.199it.com/archives/888679.html.

类旅游演出、主题公园类旅游演出、剧院类旅游演出、节庆类旅游演出。

(1)实景类旅游演出。实景类旅游演出通常位于旅游景区,是指以自然风景、旅游景点为演出场地或充当舞台背景,以当地文化、民俗为主要内容,依托于当地资源建设开发的一类极具地方特色的旅游演出。此演出模式由中国独创,也是中国旅游业向人文旅游、文化旅游转型的特殊产物。中国山水实景演出的创始人为梅帅元,代表作有山水系列、印象系列及寻梦系列大型实景演出。

由于此类演出方式依托于自然环境,将民俗文化和著名景点紧密结合,常在露天环境下进行演出展示,因此易受天气等因素的影响,具有一定的不稳定性,碰到天气不佳的时候便需要调整演出计划。

(2)主题公园类旅游演出。主题公园类旅游演出常指专门为主题公园量身定制并在其园区内进行表演,通过演出与游园优势互补、共同打造的复合型旅游演出项目。此类演出多注重娱乐性和互动性,在艺术性的考虑和平衡上有一定的放宽,如国内深圳华侨城集团的大型综合秀《金面王朝》以及杭州宋城集团打造的《宋城千古情》就是典型的主题公园旅游演出;此外,在世界范围内享有盛誉的迪士尼主题乐园,也有着由各类热门 IP 衍生而来的各样式多种类的演出剧目。

由于一般的主题公园配备多种游玩设施,因此旅游演出通常只作为园区配套的辅助性项目,起到为园区增添氛围、分散游客的作用。再者,主题公园往往具有自己的品牌或主题,其园区内的演出也是基于这些特定的文化背景、主题或热门 IP 衍生而来的,其中那些体量相对较小、投入成本较低的剧目还需不定期进行更新,如迪士尼乐园的演出会根据节日如(春节、万圣节)进行调整。

(3)剧院类旅游演出。顾名思义,剧院类旅游演出是指在固定剧场进行的,以著名旅游中心区为依托的演出类型。在国内,一般由各大旅游城市推出能够展示当地文化特色的剧场演出项目来吸引游客,如云南昆明的《云南映像》、北京十三陵景区盛得剧场《万历选妃》等,以达到延长旅客停留时长、丰富旅客景区体验、拉动景区经济增长的目的,而剧场仅是演出项目的承载体。

但国外的剧场类旅游演出略微区别于国内。其更多倾向于演出场地本身具有一定知名度,即演出场地就是地标性建筑,除经典剧目外,其场地推出的其他作品也可能成为游客或观众的观演内容。其运作模式是以特色品牌形成规模性影响,在受众心中建立起专属形象或记忆点,如美国百老汇大道、英国伦敦西区等,以其权威性的形象存活于观众内心,吸引观众前去旅游。同时,稳定的地标形象及场地所固有的知名度又能助力新剧目的推出与发展,始终保持场地对观众的吸引力,与观众之间形成持续稳定的关系,使之成为旅游消费者完成日间游览后的另一种精神享受和文化观摩,增加了旅游环节的人文内涵和吸引力,在不断促成游客重游的同时,吸纳新游客。这一模式成功运行多年,已成为国外演艺业与旅游业有效合作的典型模式。

(4)节庆类旅游演出。节庆类旅游演出则是指以知名节日庆典为背景吸引观众旅游观光、参与观演的演出活动类型,如英国爱丁堡国际艺术节、中国乌镇戏剧节、巴西狂欢节等。此类型旅游演出具有周期性、时效性及主题性,即一般的国际知名节日庆典活动多围绕某一或某些主题为核心展开,以年度为单位,一年一次或几年一次,每届时长维持在两天及以上,部分甚至达到数月。

由于节庆类旅游演出的种类繁多、内容丰富、形式多样,因此受众人群较为广泛,易形成规模效应,吸引大量游客前往。如爱丁堡国际艺术节每年 8 月于英国爱丁堡举办,为期近一个月,囊括音乐、舞蹈、戏剧、平面艺术等多种艺术门类。除此之外,更有军乐游行、国际电影节、爵士与蓝调音乐节、书展等活动。每年的艺术节期间,爱丁堡的观光游客人数都将达到一年中的顶峰。

2.3.2.4 影响因素

影响旅游演出市场发展的因素可分为宏观层面及微观层面两类。

宏观层面主要与经济发展、政策扶持、国际关系、跨文化传播四个方面有关。首先,整体的经济发展态势及预判情况,会造成市场需求量不同程度的变动,从而影响演出场次及票房收入;其次,各国对于旅游业、旅游演艺业及出入境管理的政策制定与实施,也将影响游客数量,进而影响旅游演出观演数量;再次,国与国之间、地区与地区之间,乃至整体国际局势的稳定和谐发展,都有利于促成群众跨境、跨国的旅游及旅游观演;最后,特色旅游文化的跨文化传播与推广情况,将造成不同文化背景的游客对演出内容存在差异化理解及传播。

而微观层面的影响因素则囊括更多,内至演出品牌效应、演出时长、演出质量、演出票价、演出信息覆盖率,外到游客空余时间、游客消费习惯、天气状况、交通便利程度等,都将影响市场的发展。

2.3.2.5 观众细分

现阶段,旅游演出市场的受众可按观演目的划分为以旅游为主要目的的游客和以观演为主要目的的游客两大类。以旅游为主要目的的游客往往采取跟团或自驾两种形式,自驾游客又分为计划型与非计划型。计划型游客一般会在旅行开始之前有针对性地查询相关攻略,从而制订相应的旅游计划;而非计划型游客则更多抱着度假休闲的心态旅游,因此不会尝试制订过多的计划行程,而是随到随行。

郑新文在《艺术管理概论》一书中将受众按演出参与程度划分为忠实观众、经常观众、偶尔观众及潜在观众四类。忠实观众具有稳定的观演需求,会主动检索查询信息,并尝试出席大量演出活动;经常观众则会定期出席演出活动;偶尔观众则会因某些感兴趣的内容出席演出活动;潜在受众则是指对演出活动有兴趣,但由于某些原因未能购票出席活动。

由此可见,把观演作为旅游主要目的的游客,目的清晰明确,常为旅游演出的忠实观众;而跟团游客和计划型自驾游客,出于旅游团和旅游攻略的推荐,是可能出席演出活动的经常观众;而非计划型自驾游客由于旅游行程安排较为随意,具有不稳定性,因此是旅游演出可接触到的偶尔观众;最后,艺术、文化、演出、旅游爱好者及从业人员,甚至是景区周边的居民都是旅游演出市场所可能覆盖的潜在受众群体。

2.3.3 未来趋势与可能

2.3.3.1 科技赋能,升级在线

正如前文在科技环境部分所提到的,现阶段 5G 信息技术、云计算、物联网、AR/VR

等新技术的发展与进步促进了旅游演艺的发展。“旅游演出+科技”的模式，通过对高科技手段的运用，给观众带来了全新的升级体验。此外，电子票务也极大地适应与方便了当代人的社会生活习惯。

从更长远的角度来看，科技对于旅游演艺的赋能具有更大的可能性。首先，旅游演出大数据库得以建立。太阳马戏团在这方面具有较为成功的示范作用。其有专属的人才数据库，每年进行补充更新，当进行产品研发时，可通过数据库在全球范围内选择最合适的人才来完成项目。此外，更具有强大的数据资料库，内容涵盖图书、录像、图片等，有专门的学者和研究员负责调查与研究行业发展现状以及未来趋势，以保证自身的长效发展。其次，数字化也是旅游演出的一个发展新思路。传统旅游演出受经济、环境等因素制约，而现阶段的电子票务仅适应了当代人的生活习惯，尚未起到转变或引领消费的根本作用。因此，升级在线发展模式，进行旅游演出数字化尝试，也为实现产业链延伸、价值延展提供了新的可能性。

2.3.3.2 搭建平台，联盟发展

在全球化发展的大社会背景下，各地旅游演出市场并驾齐驱、同步发展，但由于地区间形势各异，且质量参差不齐，单一势力往往难以抵挡激烈的市场竞争和瞬息万变的市场环境。传统演出行业的院线制与区域联盟式发展模式为旅游演出提供了参考。院线制模式倾向于自身没有充足发展实力的小微企业申请加入或被并入院线体制内，由核心企业运用自身雄厚的资源和成熟的管理经验对其实施标准化、统一化的管理，通过共通的管理体制，打造内部资源共享与协调的有利环境，从而实现双方共赢；而区域联盟的发展模式也是通过搭建共通的公共平台，实现加盟成员之间的资源、资本、信息等内容的交流、交换与交易。总之，通过整合多方力量，不仅有助于行业内部优质资源的流动与传播，更能突破行业的地域性限制，从而实现全域性协同发展。

2.4 案例

在日趋开放的国际市场环境下，国际演出市场基本呈现了稳步增长的趋势。从国际地域市场来看，国际演出市场主要分为中国市场、日韩市场、美国市场以及英国市场四个部分。本节将选择各市场具有代表性的案例进行逐一分析。

2.4.1 中国市场

中国是一个拥有五千年历史的文明古国，拥有得天独厚的文化艺术资源。同时，中华文明包容性极强，在大力发展文化艺术的号召下，政府大力出资扶持优秀的文艺作品，近年来各地原创艺术作品和跨文化艺术合作交流层出不穷。以乌镇戏剧节、大凉山戏剧节、北京国际舞蹈双周为例，中国正以积极的姿态面向国际市场。

2019 年乌镇戏剧节开幕大戏是由苏维埃榜样剧院带来的《三姊妹》，该剧导演由俄罗斯戏剧导演中的佼佼者尤里·布图索夫担任。除此之外，为了体现戏剧节的开放性与包容性，2019 年的乌镇戏剧节分别在各个演出单元、特邀剧目、青年竞演、小镇对话中包含了大量国际性的剧目和论坛，包括：水剧场的来自波兰的《精灵女王》和来自希腊的《特

洛伊女人》,学院单元的来自澳大利亚莫纳什大学表演艺术学院的《宽恕》,小镇对话单元的《德国剧院体系——世界上独一无二》《狄俄尼索斯的回归——特佐普洛斯的方法》等。

2.4.2 日韩市场

提到日本演出行业,第一时间就会让人想起“四季剧团”。日本四季剧团成立于1953年,成立初期,其演出以20世纪法国剧作家让·季洛杜和让·阿努伊创作的法国现代戏剧为主,很多演出上座率极低。在这种举步维艰的情况下,浅利庆太敏锐把控市场,从20世纪70年代起,将演出的重点逐步转向音乐剧市场,并确立了以上演音乐剧为主要内容的演出宗旨。四季剧团完全不同于西方音乐剧创作、制作、运作及演出协同分工的“全产业链”,而是凭一己之力生生打造出一个剧团的“全产业链”,采取了“综合经营方式”,实现了四季剧团的企业大型化与多样化,涉及创作(改编)、制作、演出、管理、技术和服务等方方面面,同时兼顾西方著名音乐剧的“在地化”与“本土化”。在这个过程中,四季剧团既有《剧院魅影》那样的严格复制,也有《猫》剧的因地制宜。前者以忠实于原版的极高“还原度”著称;后者通过细致的解构与重构,更为剧迷们生成种种熟悉的陌生感①。到2018年东京新的圆形剧场建立时,四季剧团已经在全国各地兴建过12座独立“猫剧场”,此处专用剧场也是演出过该剧的第24处剧场②。

四季剧团的成功是多方面共同促成的。一是在剧目的选择上,四季剧团基本遵循了“叫好又叫座”的标准。从1963年引进百老汇《西区故事》,1983年四季剧团第一次演出了《猫》,1988年演出了《歌剧魅影》,再到1995年第一次与迪士尼合作,四季剧团始终保持着“合家欢型”演艺企业的形象定位,也正是因为这些剧目的保障,四季剧团才走向成功。二是四季剧团的受众定位与票务营销。四季剧团每年300万的客流量中,女性占据了绝大部分。剧团的大部分演出是在工作日的白天进行,为有大量闲暇时间的日本家庭主妇提供了休闲娱乐的机会与途径。同时,四季剧团将晚场演出的时间定在晚间六点半而不是七点半,其目的也是为观看演出的工薪阶层在看完演出后有时间回家。三是四季剧团的演员们。四季剧团一共有550多位演员,每一位演员在走上舞台之前都进行了成体系的培训。为了更好地发掘演员的能力,四季剧团大多数情况下都招募“全新”的演员,而不是具有丰富舞台经验的成熟演员,四季剧团一直在培养属于自己的演员。

2.4.3 美国市场

美国演出市场的演出类型齐全,并且其表演团体水平卓越。与此同时,美国以专业剧场为核心,多种演出形式协同发展,将城市驻演与国际巡演相结合,使得演艺娱乐产值实现持续增长。提到美国的演出市场,百老汇绝对是不可忽略的重要组成部分。最初的“百老汇区”是指沿着百老汇大道从曼哈顿西41街的德兰德剧院往北至西53街的百老汇剧场剧院。而随着历史文化再次演进变迁,现今Broadway(百老汇)不仅是一条贯穿纽约曼哈顿岛南北向的马路,更是剧院或是欣赏戏剧的代名词。百老汇戏剧产业园区从1880年起到现今已有140年历史,其间经历了两次世界大战。20世纪以来,新生代的崛

---

① 慕羽.2020四季剧团音乐剧艺术与产业一瞥(二):西方音乐剧的日本“本土化”[J].歌剧,2020(04):68-73.

② 王翔浅.艺术与经营的奇迹——浅利庆太和他的四季剧团[M].修订版.北京:中国戏剧出版社,2018.

起，摇滚乐等新文化的出现，广播、电影、电视、互联网等各种工程科技迅猛发展，其他各种体育娱乐活动的兴盛，都对百老汇产生过强烈冲击，也使其发展经历了两次兴衰起伏。百老汇在每个历史时期都向全世界展示着不同的魅力，并映射出与之相对应的美国精神：20 世纪 30 年代的《万事皆空》、40 年代的《俄克拉荷马》、60 年代的《芝加哥》、80 年代的《猫》、90 年代的《为你疯狂》和 21 世纪的《妈妈咪呀》等誉满全球。以这些时代标杆为代表的一系列百老汇剧目的成功演出，带动了整个百老汇剧院区的戏剧、演出、旅游、消费等众多文化产业，带动着纽约相关行业发展并提供了大量就业岗位，在经济效益和美国精神及文化传播两方面屡创佳绩。可以说，美国百老汇已毫无悬念地成为当今世界商业演出的典范之一①。以 2014—2015 年度演出季为例，百老汇为纽约经济贡献了 125.7 亿美元，其中占比较大的是超过 98 亿美元的将百老汇作为去纽约旅游理由的游客的各种消费支出，仅剧院和演出团体制作演出的支出就为纽约提供了超过 27 亿美元的收入。

百老汇戏剧除了在文化输出与商业效益上获得成功，也在与其他大型品牌、平台的合作中不断成长。无论是百老汇与好莱坞共同打造的《马戏之王》，还是 2020 年百老汇与迪士尼合作上线的《汉密尔顿》，都是打破壁垒、跨界合作的成功典范。

2.4.4 英国市场

“英国国家剧院现场”(National Theatre Live，NT Live)是英国国家剧院自 2009 年开始的一个开创性项目，旨在通过高清放映的形式向英国以及全球呈现当今世界舞台上最优质的作品，把有限的优质戏剧资源以神奇的光影手段重现，让全球的观众可以通过银幕观看到好的戏剧，最大限度地还原了戏剧演出现场的精彩魅力，并以强大的技术手段和镜头语言为其赋予了更强烈的表现张力。从启动到 2016 年的 7 年间，英国国家剧院的“国家剧院现场”项目在全世界获得了蓬勃发展，通过对演出进行高清拍摄与转播，推出了 40 多部作品，约有 550 万观众在 2 000 个场所观看了演出。

NT Live 率先推出的是海伦・米伦主演的《费德拉》，原作者为 17 世纪法国新古典主义剧作家拉辛。据说当时就有约 5 万名观众在英国内外 200 多个电影院观看。但在最初的阶段，NT Live 的形式并没有被认可，更多的人认为戏剧真正的现场魅力在于无法拷贝。随着数字化技术的不断成熟，以及英国国家剧院对 NT Live 的持续发展，放映质量不断提高，越来越多的受众跟随着摄像机，进入不同的剧场空间观看直播演出，NT Live 吸引和培养了一大批高品位的戏剧观众，尤其是年轻观众②。

2015 年，以中英文化交流年为契机，NT Live 系列放映活动在中国开启，先后在包括上海在内的 18 个城市的 26 个影剧院播放 400 场，吸引观众超过 8 万人次。而此次疫情的到来，更是让 NT Live 系列一度成为线上限时播映的热门选择。

2.4.5 小结

在全球化的国际背景下，突破空间限制的演出活动呈现及交换和突破组织形式的演

---

① 李怀亮，葛欣航．美国文化全球扩张和渗透背景下的百老汇[J]．红旗文稿，2016(13)：34-37.

② 费春放．风靡全球的 NTLive 到底给戏剧带来了什么？[N]．文汇报，2016-11-04(011).

出创作、演出传播共同构成了国际演出市场。国际演出市场的发展通过长期的社会经济积累和需求升级而演变至今。今天,国际演出市场仍处于变幻莫测的发展之中,而处于市场中心的我们,应顺应历史,坚持创新,带领更多艺术作品走出国门,在世界舞台上积极交流。

参考文献

[1]艾奕康,主题娱乐协会:2018 年全球主题公园和博物馆报告[EB/OL].(2019-06-06)[2020-08-22]. http://www. 199it. com/archives/888679. html.

[2]陈林茜. 旅游演艺发展趋势分析[J]. 艺术评鉴,2020(11):181-184.

[3]费春放. 风靡全球的 NTLive 到底给戏剧带来了什么[N]. 文汇报,2016-11-04(011).

[4]高晗. 国产电影明星制的发展状况研究[D]. 郑州:河南大学,2015.

[5]顾江. 文化产业经济学[M]. 南京:南京大学出版社,2007.

[6]国际演出市场概述[EB/OL].(2019-03-29)[2020-08-25]. https://wenku. baidu. com/view/36716daeec630b1c59eef8c75fbfc77da369974f. html? fr=search-4.

[7]国内外典型旅游文化案例分析[EB/OL].(2016-10-25)[2020-08-23]. https://wenku. baidu. com/view/e209d10cfd4ffe4733687e21af45b307e871f927. html.

[8]关于我国演出市场现状的分析与思考[EB/OL].(2016-02-10)[2020-08-26]. http://www. docin. com/p-1453678549. html.

[9]李怀亮,方英. 国际文化市场概论[M]. 北京:中国传媒大学出版社,2014.

[10]李怀亮. 国际文化市场呈现十大特点[N]. 经济日报,2018-12-27(016).

[11]李怀亮,葛欣航. 美国文化全球扩张和渗透背景下的百老汇[J]. 红旗文稿,2016(13):34-37.

[12]刘伟,吴雅丽. 美国政府对国际旅游的政策(摘译)[J]. 旅游学刊,1988(01):73-76.

[13]李幼常. 国内旅游演艺研究[D]. 成都:四川师范大学,2007.

[14]刘艳兰. 旅游演艺的发展历程及其对旅游业的影响[J]. 科技广场,2009(08):32-34.

[15]慕羽. 2020 四季剧团音乐剧艺术与产业一瞥(二):西方音乐剧的日本"本土化"[J]. 歌剧,2020(04):68-73.

[16]明年全球"Z 世代"人数将超过"千禧代",最新研究称他们更理性[EB/OL].(2018-08-28)[2020-08-24]. https://baijiahao. baidu. com/s? id=1610018614576742449&wfr=spider&for=pc.

[17]年轻人群正成为引领消费升级的主力军[EB/OL].(2018-04-10)[2020-08-25]. http://finance. china. com. cn/consume/20180410/4597237. shtml.

[18]任彦霖. 论中国文化创意产业发展的国际竞争力[J]. 湖北农机化,2020(05):36.

[19]孙文斌. 全球化背景下的文化贸易态势[J]. 商业文化,2018(25):9-13.

[20]吴岛．欧洲文化差异对国际市场营销的影响及其对策[J]．商场现代化，2017(06):89-90.

[21]魏红．美国的意识形态输出及其对我国文化外交的启示[J]．经营与管理，2018(08):14-16.

[22]魏海香．论美国文化国际影响力模式及其特点[J]．新闻传播，2019(04):4-5.

[23]王翔浅．艺术与经营的奇迹——浅利庆太和他的四季剧团[M]．修订版．北京：中国戏剧出版社，2018.

[24]郑新文．艺术管理概论[M]．上海：上海音乐出版社，2018.

[25]杨小明，张洪波，邓明艳．区域旅游演艺产品可持续发展研究——以云南丽江为例[J]．云南社会科学，2016(05):90-94.

[26]中国演出行业协会：2018 中国演出市场年度报告[EB/OL].(2019-03-29)[2020-08-25]. https://mp.weixin.qq.com/s/pOufpUVni8RbV-j86Eyh-g.

[27]中华人民共和国文化和旅游部 2018 年文化和旅游发展统计公报[EB/OL].(2019-05-30)[2020-08-25]. http://www.gov.cn/xinwen/2019-05/30/content_5396055.htm.

[28]郑荔鲤．中国音乐与演艺产业发展报告(2018)[R]//罗昌智．两岸创意经济研究报告(2019)．北京：中国社会科学文献出版社，2019:15.

[29]詹姆斯·海尔布伦，查尔斯 M 格雷．艺术文化经济学[M].2 版．詹正茂，等译．北京：中国人民大学出版社，2007.

[30]郑婷婷．我国演艺文化产业时空演变发展研究[D]．大连：辽宁师范大学，2018.

[31]张希月，虞虎．传统文化旅游演出细分市场特征与市场策略[J]．企业经济，2019,38(11):63-71.

[32]郑宇．中日韩创意产业贸易竞争力比较研究[D]．武汉：华中科技大学，2018.

[33]世界旅游经济趋势报告(2019)[EB/OL].(2019-01-21)[2020-08-24]. https://www.sohu.com/a/290530381_100045215.

[34]2019 年中国旅游演艺发展趋势：主题公园、实景演艺、城市剧场演艺等演艺模式分析[EB/OL].(2019-10-30)[2020-08-22]. http://www.chyxx.com/industry/201910/799540.html.

3 国际电影市场

3.1 国际电影市场发展概况

3.1.1 国际电影市场票房格局

2019 年,全球各国上映影片的票房市场达 422 亿美元,除去北美地区,其他地区票房市场为 308 亿美元,占总票房市场的 73%,比 2018 年增长了 30 亿美元(首次超过 30 亿美元),上升 1 个百分点。2019 年,北美地区以外的三大票房市场分别是中国(93 亿美元,包括在线票务费)、日本(24 亿美元)和韩国(16 亿美元)。韩国在 2019 年超越英国,达到第三的位置。国际票房市场的前 20 名与 2018 年基本一致,排名略有变动。

根据美国电影协会按照地理位置对全球电影市场的划分,以北美地区,欧洲、中东和非洲地区,亚太地区,拉丁美洲地区作为四大研究区域。2019 年,北美票房市场为 114 亿美元,较 2018 年的纪录高点下降 4%(2018 年北美票房 119 亿美元,是北美票房创纪录的一年),与 2016 年的高点持平。与 5 年前相比,北美票房以外的国际市场增长了 10%。同期全球票房市场增长了 8%。欧洲、中东和非洲(EMEA)的票房市场以美元计算比 2018 年增长了 2%,这是由德国(增长 9%)、意大利(增长 9%)和俄罗斯(增长 7%)推动的。2019 年,欧元和卢布对美元贬值,以当地货币计算,这些国家增长幅度更大。2019 年,拉丁美洲的美元票房市场增长了 3%,墨西哥和巴西的美元票房分别增长了 13%和 5%。2019 年,亚太地区票房市场(178 亿美元)较 2018 年增长 4%(见图 3-1)。增长的主要推动力是日本,以美元计算的票房市场增长了 19%。另外,印度增长了 4%,中国增长了 1%,以当地货币计算,这两个国家的增长幅度都很大①。在 2015—2019 年全球电影四大区域市场中亚太地区增长优势明显,较 2018 年增长 4%,较 2015 年增长达 22%,成为世界票房增长的重要贡献力量。

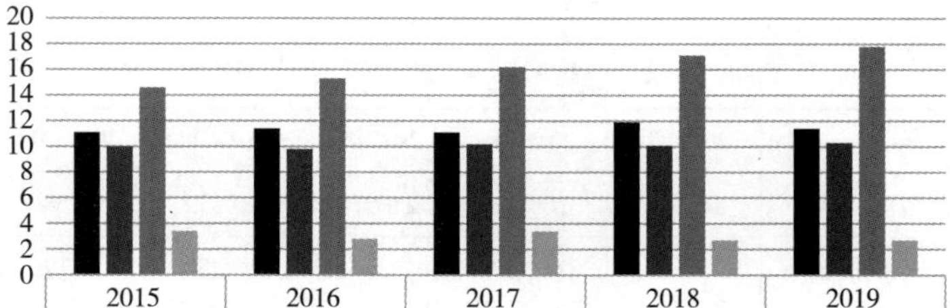

	2015	2016	2017	2018	2019
■北美地区	11.1	11.4	11.1	11.9	11.4
■欧洲、中东及非洲	10	9.8	10.2	10.1	10.3
■亚太地区	14.6	15.3	16.2	17.1	17.8
■拉丁美洲地区	3.4	2.8	3.4	2.7	2.7

图 3-1　按地区划分的国际票房市场(单位:十亿美元)

资料来源:Theme Report 2019,MPAA。

① Theme Report 2019,MPAA.

3.1.2 国际电影市场银幕格局

2019 年,全球影院总银幕数增长了 7%,增幅超过 20 万,这是由于亚太地区持续两位数的增长(+12%)。到 2019 年底,几乎全世界的电影院屏幕都是数字化的(97%),与 2018 年一致(见图 3-2)。

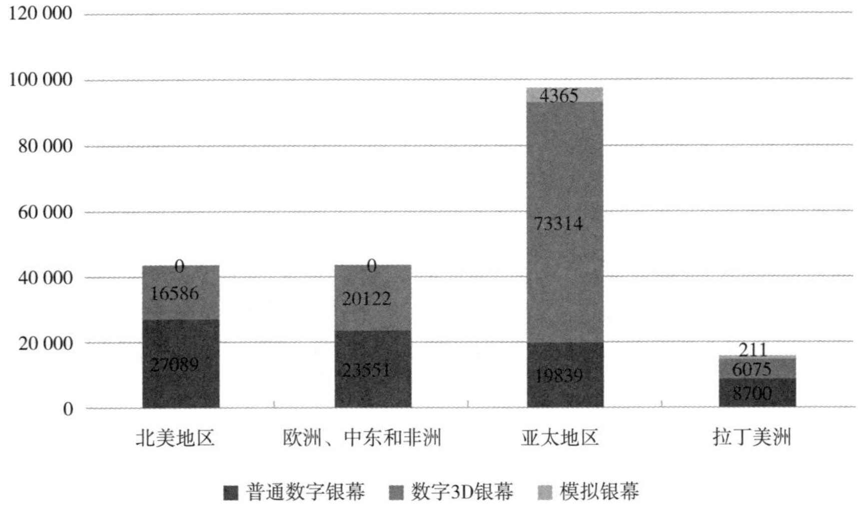

图 3-2 2019 年全球电影银幕(单位:个)

资料来源:Theme Report 2019,MPAA。

2019 年,全球数字 3D 屏幕数量超过 11.6 万块,与 2018 年相比增长了 9%。它们占全球所有数字屏幕的 59%。2019 年,亚太地区和拉丁美洲地区的数字 3D 屏幕数量都增长了 6%。亚太地区的 3D 数字屏幕数量与数字屏幕的比例仍然最高——亚太地区 3/4 以上的数字屏幕是 3D 屏幕(见表 3-1)。在 2019 年全球总票房市场中,3D 技术占 15%,与 2018 年相似。2019 年全球 3D 票房市场总额 65 亿美元,与 2018 年相比下降 4%。亚太地区在 2019 年 3D 票房市场增长了 1 个百分点,但北美地区(下降 21%)领衔的其他地区的票房下降抵消了这一增长[①]。

表 3-1 2015—2019 年全球 3D 数字屏幕 (单位:个)

地区	2015 年	2016 年	2017 年	2018 年	2019 年	2019 年较 2015 年增长率
北美地区	16 441	16 744	16 978	16 972	16 586	38%
欧洲、中东和非洲	17 580	18 278	18 971	20 476	20 122	46%
亚太地区	36 146	42 429	51 661	62 937	73 314	79%
拉丁美洲	4 897	5 368	5 619	5 818	6 075	41%
总计	75 065	82 819	93 229	106 203	116 097	59%
2019 年较 2018 年的变化	16%	10%	13%	14%	9%	

资料来源:Theme Report 2019,MPAA。

① Theme Report 2019,MPAA

近几年,全球电影市场2D和3D银幕数量一直保持稳定增长的态势。在全球十大银幕数量国家中(见表3-2),中国增长速度迅猛,2017年银幕数量超过美国,成为全球银幕数量第一大国。北美地区的银幕数量变化较小,发展稳定。印度和中国成为全球银幕数量增长的重要力量。

表3-2　2015—2019年全球十大银幕数量市场　　(单位:个)

排名	市场	2015年	2016年	2017年	2018年	2019年	年增长率	
							5年	1年
1	中国	31 627	41 179	50 776	60 079	69 787	211.90%	16.20%
2	美国和加拿大	43 661	43 531	43 500	43 459	44 283	0.40%	1.90%
3	印度	9 500	9 481	9 530	9 601	9 527	0.10%	-0.80%
4	墨西哥	5 977	6 225	6 633	7 024	7 493	5.80%	6.70%
5	法国	5 741	5 842	5 913	5 983	6 114	1.60%	2.20%
6	俄罗斯	3 994	4 376	4 805	5 341	5 597	8.80%	4.80%
7	意大利	5 053	5 104	5 315	5 205	5 385	1.60%	3.50%
8	德国	4 692	4 739	4 803	4 849	4 961	1.40%	2.30%
9	英国	4 046	4 150	4 264	4 340	4 395	2.10%	1.30%
10	西班牙	3 588	3 554	3 618	3 589	3 695	0.70%	3.00%
合计		152 142	163 928	171 755	186 859	200 954	7.10%	7.50%
世界增长率		7%	7.70%	4.80%	8.80%	7.50%	7.10%	7.50%
前十位增长率		5.80%	8.70%	8.60%	7.40%	7.90%	8.10%	7.90%
除去中国和印度的全球前十位增长率		1.40%	1.00%	1.70%	1.20%	2.70%	1.60%	2.70%

资料来源:Focus 2020,World Film Market Trends。

3.1.3　国际电影市场观影格局

2019年,北美地区票房市场为114亿美元,较2018年119亿美元的纪录高点下降4%,与2016年的高点持平。同时,相较于2018年,观影人数和电影票数量(12.4亿张)也下降了5%。在过去10年,北美地区市场的观影人数一直在12.4亿至13.6亿之间浮动。从全球电影市场的平均观影人次来看,北美地区电影市场人均观影次数高,虽有些许波动,但是始终保持在3.5人次及以上。

2019年北美地区人均观影次数为3.5,相较于2018年也下降了5%,并为10年来最低。按照国家划分,2019年全球十大观影市场由高到低依次为中国、印度、美国和加拿大、墨西哥、韩国、俄罗斯、法国、日本、巴西、英国(见表3-3)。其中中国电影市场观影人次增幅最大,北美观影市场则最为成熟。

表 3-3　2015—2019 年全球十大观影市场　（单位：百万人）

排名	市场	2015 年	2016 年	2017 年	2018 年	2019 年	年增长率	
							5 年	1 年
1	中国	1 260	1 370	1 620	1 720	1 727	8. 20%	0. 40%
2	印度	2 073	1 860	1 429	1 463	1 561	-6. 80%	6. 70%
3	美国和加拿大	1 321	1 315	1 240	1 304	1 242	-1. 50%	-4. 80%
4	墨西哥	286	321	338	320	342	4. 60%	6. 90%
5	韩国	217	217	220	216	227	1. 10%	4. 80%
6	俄罗斯	174	193	212	200	219	6. 00%	9. 50%
7	法国	205	213	209	201	213	0. 90%	5. 90%
8	日本	167	180	174	169	195	4. 00%	15. 20%
9	巴西	173	184	181	163	176	0. 50%	8. 20%
10	英国	172	168	171	177	176	0. 60%	-0. 50%
合计		7 498	7 560	7 347	7 482	7 644	0. 50%	2. 20%
世界增长率		12. 40%	0. 80%	-2. 80%	1. 80%	2. 20%	0. 50%	2. 20%
前十位增长率		13. 10%	-0. 40%	-3. 80%	2. 40%	2. 40%	0. 10%	2. 40%
除去中国和印度的前十位增长率		5. 90%	-2. 80%	-10. 30%	1. 00%	3. 20%	-2. 40%	3. 20%

资料来源：Focus 2020，World Film Market Trends。

3. 1. 4　国际电影市场生产格局

近年来，全球电影产量总体保持向上向好的发展态势。全球十大电影生产市场格局基本稳定，同一国家在不同年份之间产量会出现上下浮动的情况，但总体变化不大。2018 年是较为特殊的一年，全球十大电影生产市场的总产量下降了 1. 6%（见表 3-4），主要原因是印度影片生产数量下降。印度作为全球第一大电影生产市场，其生产数量的变化会对全球电影市场的生产格局产生影响。2019 年，同样因印度影片生产数量的大幅提升，从而带来电影市场增长率的大幅提升。

表 3-4　2015—2019 年按故事片产量划分的全球十大市场　（单位：部）

排名	市场	2015 年	2016 年	2017 年	2018 年	2019 年	年增长率	
							5 年	1 年
1	印度	1 845	1 903	1 986	1 813	2 446	7. 30%	34. 90%
2	中国	686	944	970	1 082	1 037	10. 90%	-4. 20%
3	美国	732	788	812	808	814	2. 70%	0. 70%
4	日本	581	610	594	613	689	4. 40%	12. 40%
5	韩国	232	339	494	454	502	21. 30%	10. 60%
6	意大利	185	224	235	273	325	15. 10%	19. 00%
7	法国	300	283	300	300	301	0. 10%	0. 30%

续表

排名	市场	2015 年	2016 年	2017 年	2018 年	2019 年	年增长率	
							5 年	1 年
8	德国	236	256	247	247	265	2. 90%	7. 30%
9	阿根廷	185	200	220	238	265	9. 40%	11. 30%
10	西班牙	254	254	279	264	263	0. 90%	-0. 40%
合计		7 648	7 893	8 026	7 895	8 652	3. 10%	9. 60%
世界增长率		2. 60%	3. 20%	1. 70%	-1. 60%	9. 60%	3. 10%	9. 60%
前十位增长率		0. 10%	10. 80%	5. 80%	-0. 70%	13. 40%	7. 20%	13. 40%
除去中国和印度的前十位增长率		2. 30%	9. 20%	7. 70%	0. 50%	7. 10%	6. 10%	7. 10%

资料来源:Focus 2020,World Film Market Trends。

3.1.5 国际电影市场发展格局

3.1.5.1 全球电影市场保持微增态势,北美电影市场趋于饱和

2010—2019 年,全球电影票房收入总体保持增长趋势,但增速不稳,呈现波动。美国电影协会的数据显示(见图 3-3),2017 年,在中国电影市场回暖等因素的影响下,全球电影票房收入为 409 亿美元,较 2016 年增长了 4. 1%,增速较 2016 年有明显提升;2018 年,尽管全球电影票房收入再创新高,但增速再次下滑至 2. 2%。随着亚太地区票房市场贡献的不断增加,2019 年,全球电影票房达 422 亿美元,较 2018 年增长了 1%。近十年来,全球电影市场一直呈现增长的态势,增长率最高值为 2015 年的 7. 4%,最低值为 2016 年的 0. 5%。

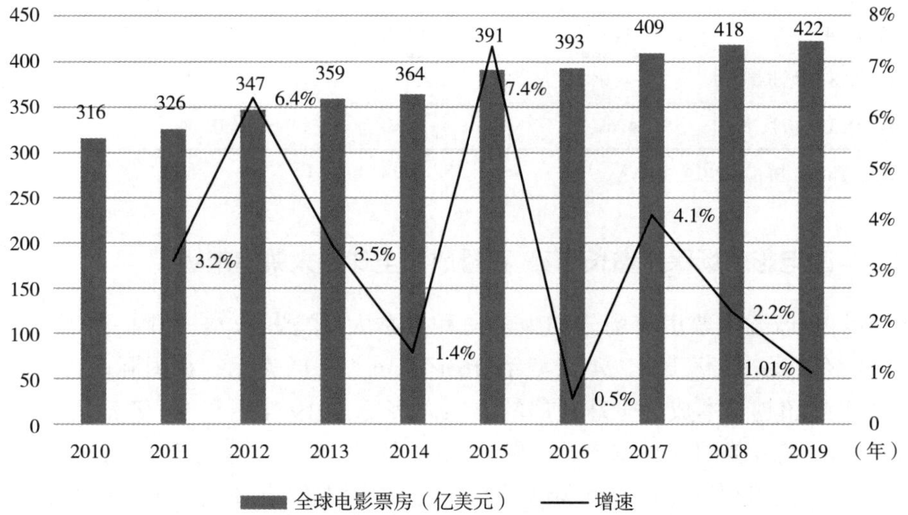

图 3-3　2010—2019 年全球电影市场票房收入情况及同比增速

资料来源:根据公开数据资源整理。

北美地区作为全世界最成熟的电影消费市场，在全球票房总额逐渐增长的大环境之下变化不大，已经连续多年票房总额超过 110 亿美元。2015—2019 年的票房依次为 111 亿美元、114 亿美元、110 亿美元、119 亿美元、114 亿美元。回看北美电影市场近几年的票房表现，北美地区的票房成绩处于较为稳定的区间，在 110 亿～120 亿美元的范围内上下波动。其中，2018 年的票房为近几年的最高纪录 119 亿美元。北美地区在全球电影市场的地位凸显，为全球票房贡献出比较大的力量。2015—2019 年，北美地区在全球电影市场中分别占比 28%、29%、27%、28%、27%，均超过全球票房的 1/4。

3.1.5.2 亚太地区电影市场发展潜力巨大，为全球电影市场发展注入新活力

自 2013 年后，北美地区几乎处于停滞状态，欧洲、中东及非洲的电影票房在波动向下，而中国、俄罗斯等新兴电影市场成为全球电影票房增长引擎，促使亚太地区于 2013 年首次超越了北美和欧洲、中东及非洲地区，成为全球最大票仓（见表 3-5）。而拉美地区尽管近年来增长迅速，但由于市场规模较小，在全球电影业中仍处于从属位置①。

从目前来看，美国电影的世界霸主地位依旧牢固，但值得欣喜的是，中国、印度、日本、韩国等亚洲国家电影市场发展势头强劲，展现出新的活力，成为全球电影市场发展的新引擎。

表 3-5　按地区划分的 2013—2019 年国际票房市场　（单位：十亿美元）

年份	北美地区	欧洲、中东及非洲	亚太地区	拉美地区
2013 年	10.9	10.9	11.1	3
2014 年	10.4	10.6	12.4	3
2015 年	11.1	10	14.6	3.4
2016 年	11.4	9.8	15.3	2.8
2017 年	11.1	10.2	16.2	3.4
2018 年	11.9	10.1	17.1	2.7
2019 年	11.4	10.3	17.8	2.7
2019 年较 2018 年增长率	-4.0%	2.0%	4.0%	3.0%
2019 年较 2013 年增长率	4.6%	-5.5%	60.4%	-10.0%

资料来源：Theme Report 2019，MPAA。

3.1.5.3 中国电影市场保持增长态势，有望成为全球最大票房市场

2019 年，全球五大票房市场分别为美国和加拿大、中国、日本、韩国、英国，票房总额分别为 114 亿美元、93 亿美元、24 亿美元、16 亿美元、16 亿美元。在国际电影市场中，中国自 2012 年起超越日本成为全球票房的第二大市场，2019 年更以 93 亿美元遥遥领先于第三名的日本，逼近美国和加拿大（见图 3-4）。从 2015 年以来北美市场和中国市场的增长速度和变化趋势来看，北美市场增长疲软，而中国电影市场则表现出强劲的增长力，

① 2019 年全球电影行业市场现状与发展趋势[EB/OL].（2019-09-09）[2020-08-01] https://www.sohu.com/a/339807485_473133.

不管是在观影总人数还是平均观影人次方面都还有很大的增长空间,在未来有望超越北美成为全球最大的电影票房市场。

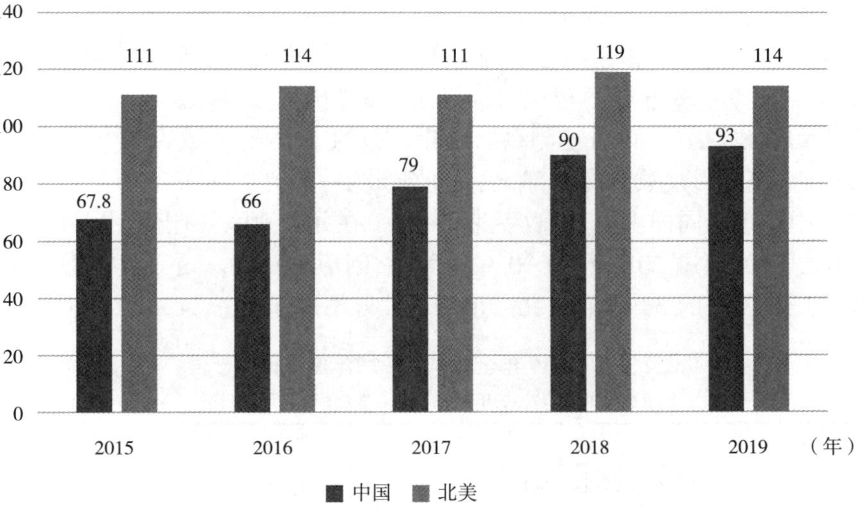

图 3-4　2015—2019 年中国与北美电影票房对比(单位:亿美元)

资料来源:根据公开数据资源整理。

3.1.5.4　欧洲国家竭力保护本国市场,但仍未摆脱对美国电影的依赖

从市场格局来看,美国电影一直是欧洲电影的最大威胁。为了应对美国带来的文化入侵,法国等欧洲国家相继推出"文化例外"政策。欧洲电影市场稳步发展,在全球电影市场中所占份额虽然略有波动,但始终保持在 20%以上。2017—2018 年欧洲电影市场票房总收入与观影总人次均有小幅增长,这一增长主要归功于一些本土影片的成功。但是,在欧洲各国保护本国市场的同时,欧洲电影市场对好莱坞国际大片依然存在一定的依赖性,欧洲主要国家中占据电影市场票房收入前列的大部分影片仍为好莱坞大制作影片,本土制作也从 2017 年起失去了大幅增长的后劲。

2019 年,28 个欧盟成员国的电影上座率猛增 5. 3%,观影人数达到 10 亿人以上,相比 2018 年增加了 5 100 万人,也是自 2004 年以来在欧盟所记录的最好成绩。总票房收入在 2018 年跌破 70 亿欧元后也出现反弹,增长 5. 2%,达到 71. 3 亿欧元(78. 9 亿美元)。欧盟票房的飙升几乎完全是受美国大片的强劲表现推动的,因为欧洲电影和在欧洲制作的电影随着美国影片的到来而实际上映量下降。因此,美国电影的市场份额估计从 62. 6%上升到 68. 7%,为 2013 年以来的最高水平;而欧洲电影在欧盟的市场份额从 29. 2%下降到 25. 7%,为 2005 年以来的最低水平①。

3.1.5.5　迪士尼成绩亮眼,成为全球电影市场最大赢家

2019 年,迪士尼公司影片共拿下了 111. 191 亿美元票房,大幅度刷新其在 2016 年创

① Focus 2020, World Film Market Trends.

下的 76.053 亿美元纪录,成为第一个自然年内连续拿下 90 亿美元、100 亿美元、110 亿美元票房的发行商。其中北美地区 37.648 亿美元同样打破了迪士尼自身于 2018 年创下的 30.923 亿美元纪录,也是自 2016 年以来第三度破 30 亿美元纪录;而海外收入 73.543 亿美元超过了自身 2016 年保持的 46.044 亿美元纪录。如果综合计算福斯(现为"20 世纪影业")旗下的影片,其总票房将会攀升至 131.517 亿美元(北美 43.283 亿美元加海外 88.234 亿美元),差不多占据了全球市场近 1/3 的份额。影片方面,《复仇者联盟 4》以 27.98 亿美元成绩打破了《阿凡达》保持 10 年之久的影史纪录,成为 2019 年的最大赢家。而全球破 10 亿美元影片数共有 9 部,也是历年最多,其中 7 部来自迪士尼①。全球前十位票房电影中迪士尼同样占据 7 席(见表 3-6)。在北美地区,迪士尼出品的电影票房收入达到 38 亿美元,超过 2018 年的 30.9 亿美元,创历史新高。这一数字占 2019 年北美电影市场票房总收入的 33%以上,北美市场制片方格局稳定。

表 3-6 2019 年全球电影票房年度排行前十位

(统计时间:2019 年 1 月 1 日—2020 年 1 月 9 日)　　　　(单位:亿美元)

排名	影片	发行商	全球票房
1	复仇者联盟 4:终局之战	迪士尼	30
2	狮子王	迪士尼	16.6
3	冰雪奇缘 2	迪士尼	14
4	蜘蛛侠:英雄远征	索尼	11.3
5	惊奇队长	迪士尼	11.3
6	玩具总动员 4	迪士尼	10.7
7	小丑	华纳	10.7
8	阿拉丁	迪士尼	10.5
9	星球大战 9:天行者崛起	迪士尼	10.3
10	速度与激情:特别行动	环球	7.6

资料来源:2019 年全球 8 大电影市场票房榜。

同时,迪士尼先后并购了美国广播公司、福克斯、皮克斯动画、漫威、卢卡斯影业,不断拓展产业链。2019 年 3 月,迪士尼又完成了对 21 世纪福克斯的收购,从而改变了原有的电影市场格局,好莱坞六大变五大,并开始呈现阶梯化的产业格局。

3.2 国际主要电影市场分析

3.2.1 北美电影市场

3.2.1.1 北美电影市场票房情况

2019 年,北美地区票房市场为 114 亿美元,较 2018 年 119 亿美元的纪录高点下降

① 星耀影业 .2019 年全球八大电影市场票房榜[EB/OL].(2020-03-11)[2020-08-01].https://mp.weixin.qq.com/s/D_Rij-yJBzx3YtZMj1O6fQ.

4%,与 2016 年的票房总额相等,仍然是北美地区有记录以来的第二高水平。2019 年北美地区的票房冠军是改编自漫威漫画的《复仇者联盟 4:终局之战》,以 8. 58 亿美元纪录高居票房榜首,成为该地区有史以来票房第二高的影片,超过迪士尼公司翻拍的《狮子王》(5. 43 亿美元)和《冰雪奇缘 2》(4. 3 亿美元),具体见表 3-7。

表 3-7　2019 年北美票房排行榜前十名影片　　(单位:亿美元)

排名	影片	票房
1	复仇者联盟 4:终局之战	8. 58
2	狮子王	5. 43
3	玩具总动员 4	4. 34
4	冰雪奇缘 2	4. 3
5	惊奇队长	4. 26
6	星球大战 9:天行者崛起	3. 9
7	蜘蛛侠:英雄远征	3. 9
8	阿拉丁	3. 55
9	小丑	3. 334
10	小丑回魂 2	2. 11

资料来源:BOX OFFICE MOJO。

3. 2. 1. 2　北美电影市场生产情况

北美地区的故事片产量位列全球第三位,2015—2019 年生产的故事片产量依次为 732 部、788 部、812 部、808 部、814 部,2019 年生产的故事片数量相较于 2018 年增长了 0. 7%。2019 年,美国共生产了 814 部预算超过 100 万美元的电影,高于 2018 年的 808 部。在加拿大,2018—2019 财年期间,制作了 119 部故事片,高于 2017—2018 财年的 112 部,总制作投资达 3. 37 亿加元(2. 54 亿美元),比上一年增长 24. 8%①。

3. 2. 1. 3　北美电影市场观影情况

伴随着票房的下降,2019 年北美的观影人次也下降到了 12. 4 亿,与 2018 年 13 亿观影人次相比下降了 5%,为 1995 年以来的第二低水平。近 10 年来,北美每年的观影人数一直处于 12. 4 亿至 13. 6 亿之间。2019 年,超过 3/4(76%)的两岁或两岁以上的北美地区人口,即 2. 68 亿人,至少去电影院看一次电影,人数略高于 2018 年。2019 年,典型的电影观众每年购买 4. 6 张电影票,低于 2018 年的 5. 0 张。11%的美国和加拿大人口是经常看电影的人,他们每月看一次或更多,这些人购买了 47%的电影票;超过一半的人口是偶尔看电影的人(54%),他们购买了 51%的门票;剩下的 2%的票卖给了不常看电影的人(占总人口的 11%)。2019 年,经常看电影的人达 4 000 万,与 2018 年相比略有下降。②

---

① Focus 2020, World Film Market Trend.

② Theme Report 2019, MPAA.

3.2.2 欧盟电影市场

3.2.2.1 欧盟电影市场概况

前文也已经提到,2019 年,28 个欧盟成员国的电影上座率猛增 5.3%,观影人次达到 10 亿以上。这比 2018 年增加了 5 100 万人,也是自 2004 年以来欧盟取得的最好成绩。总票房收入在 2018 年跌破 70 亿欧元后也出现反弹,增长 5.2%,达到 71.3 亿欧元(78.9 亿美元)(见图 3-5)。

图 3-5 2015—2019 年欧盟的观影人次和总票房

资料来源:Focus 2020,World Film Market Trends。

同时,欧盟电影产量继续保持其长期的增长趋势,预计在欧盟生产的影片数量将从 1 807部增加到 1 881 部,细分为 1 135 部故事片(60%)和 746 部特色纪录片(40%)。制作活动受到越来越多国际合拍片和特色纪录片的推动而不断增加。2019 年欧盟观影人数达 10.05 亿,票房总额为 71 亿欧元①。在欧盟电影市场上,欧盟影片的生产数量虽不断增加,但美国影片对其带来的影响仍不容小觑,2019 年,欧盟电影市场上观影人次最多的前十部影片主要为美国影片(见表 3-8)。

表 3-8 欧盟 2019 年观影人次最多的前十部影片 (单位:人次)

排名	影片	国家	观影人次
1	狮子王	美国/英国	48 674 126
2	复仇者联盟 4:终局之战	美国	41 037 910

① Focus 2020,World Film Market Trend.

续表

排名	影片	国家	观影人次
3	小丑	美国	34 644 144
4	冰雪奇缘 2	美国	31 644 426
5	玩具总动员 4	美国	22 451 398
6	星球大战 9:天行者崛起	美国	20 194 060
7	阿拉丁	美国	18 106 274
8	惊奇队长	美国	17 744 592
9	蜘蛛侠:英雄远征	美国	14 897 988
10	好莱坞往事	美国/中国/英国	14 828 172

资料来源:Focus 2020,World Film Market Trends。

在银幕发展情况方面,欧盟成员国中,法国、意大利、德国、英国(原欧盟成员国)、西班牙 5 个国家的银幕数量位居前五,5 个国家之间的银幕数量相差较少。排名第五的西班牙与排名第六的波兰之间呈现巨大落差,其后国家之间相差不大(见图 3-6)。

在数字银幕的普及率上,法国、德国、英国、荷兰、奥地利、芬兰、比利时、爱尔兰、丹麦、保加利亚、卢森堡、塞浦路斯 12 个国家均达到了 100%,其余国家,如西班牙、瑞典等 16 个国家的数字屏幕普及率尚不足 100%。

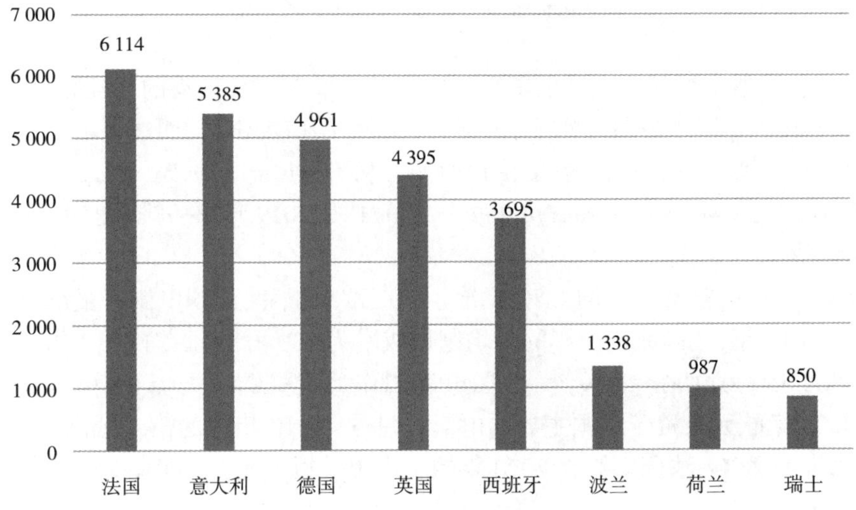

图 3-6　按照国家划分的欧盟 TOP8 银幕数量(单位:个)

资料来源:Focus 2020,World Film Market Trends。

3.2.2.2　法国

2019 年,法国电影上座率达到 1966 年以来的第三高水平,票房收入增长 5.9%,观影人次达到 2.13 亿,较 2018 年上涨 6%,这是连续第六年观影人次超过 2 亿(见图 3-7)。

随着平均票价从 6.64 欧元增至 6.79 欧元，票房收入增长 8.3%，达到 14.5 亿欧元，创历史最高水平。法国 2018 年票房收入达 13.37 亿欧元，较 2017 年的 13.81 亿欧元下降了 0.44 亿欧元，降幅为 3.19%，2019 年重拾升势；2018 年观影人次 2.01 亿，较 2017 年 2.09 亿的观影人次下降了 0.08 亿，降幅为 3.83%。在票价方面，法国 2017—2019 年的票价也在不断上涨。

图 3-7　2015—2019 年法国的观影人次和总票房

资料来源：Focus 2020，World Film Market Trends。

2019 年法国票房增长完全是由美国电影票房激增 32.3%推动的，美国影片的票房占有率达到了 1957 年以来的最高水平，占据了 55.2%的市场份额，而法国电影的市场份额则从 39.5%下降到了 34.8%，《岳父岳母真难当 2》（*Qu'est-ce qu'on a encore fait au Bon Dieu?*）和《我们终将在一起》（*Nous finirons ensemble*）是 2019 年票房排名前 20 名中仅有的两部法国作品①。

2019 年，法国国家资助机构 CNC 批准了 301 部故事片，法国电影产量继续保持在较高的水平。2019 年，法国原创电影的平均制作成本为 380 万欧元，而 2018 年为 400 万欧元，2016 年为 550 万欧元。2019 年，法国电影制作总投资继续下降 0.8%，至 11.2 亿欧元，其中 9.03 亿欧元投资于法国主导的电影，这是过去 10 年中的第二低水平②。而由于新冠肺炎疫情的影响，法国电影在 2020 年的生产规模很可能会创下新低。

3.2.2.3　德国

2018 年，德国进入 10 年来最严重的经济衰退期，票房和观影人次大幅下跌，票房收入达 8.99 亿欧元，相较 2017 年票房 10.56 亿欧元下降了 1.57 亿欧元，降幅达 14.87%；2018 年观影人次 1.05 亿，相较 2017 年的 1.22 亿下降了 0.17 亿，降幅达 13.93%；2018

① Focus 2020，World Film Market Trends.

② Focus 2020，World Film Market Trends.

年平均票价 8.56 欧元，相较 2017 年的 8.66 欧元下降了 0.1 欧元，降幅为 1.15%[①]。

在经历了 2018 年异常糟糕的一年后，2019 年德国电影上座率在一定程度上有所回升，入场人数从 1.054 亿攀升至 1.186 亿。然而，这仍然是自 1990 年德国统一以来第二低的结果。票房收入也反弹至 10.2 亿欧元，较 2018 年增长 13.9%，平均票价回升至 8.63 欧元。Comscore（康姆斯克）的完整统计数据显示，2019 年度德国票房为 9.64 亿欧元，比 2018 年的 8.39 亿高出 14.9%，但距离历史最高点 2017 年的 9.99 亿欧元仍然落后 3.6%。

在连续两年下降之后，德国首次上映的电影数量从 576 部增加到 606 部。尽管有两部本土影片——《完美的陌生人》（*Das perfekte Geheimnis*）、《这个男孩必须被释放》（*Der Junge muss an die frische Luft*）进入前 10 名，但德国电影的市场份额从 23.5% 微降至 21.5%。2019 年，有 5 部观影人次超过 400 万，而 2018 年没有一部电影成功实现这一目标。

影片发行方面，德国全年共发行 860 部新电影并重映了 733 部老电影。本土电影市场占比下滑，2019 年和 2018 年的市场份额分别为 17.9% 和 19.9%[②]。影片生产方面，德国故事片产量从 2018 年的 247 部增加到 2019 年的 265 部，包括少数民族合拍影片。这一增长主要源于百分百德国本土影片数量的增加，从 144 种增加到 179 种[③]。年度单片票房和观影人次冠军分别为《星球大战 9》和《冰雪奇缘 2》。

3.2.2.4 意大利

2019 年，意大利的观影人次较之 2018 年的 9 170 万人次（1995 年以来票房最低水平）上升了 13.9%，达到了 1.044 亿人次。总票房收入增长了 15.3%，达到了 6.68 亿欧元，平均票价略有上升，增至 6.40 欧元。意大利票房的增长主要是受美国大片相对强劲的表现推动的，美国影片的市场份额从 2018 年的 60.0% 上升到 2019 年的 64.3%。尽管意大利本土电影的观影人次也有所增加，但由于增幅较小，所以意大利本土电影的市场份额反而从 23.0% 下降到了 21.6%。2019 年共有 4 部意大利本土电影观看人次超过 100 万，其中三部跻身前 20 名。2019 年，意大利故事片产量继续增长至 325 部，创历史新高[④]。

意大利本土制作电影的票房上涨了 5.39%，市场份额稍有下跌，但依然守住了 20% 的“底线”，为 21.22%。以市场份额计算，迪士尼占 26.8%，华纳兄弟以 21.7% 位居第二。在意大利电影市场上，2019 年，亚洲各国都出了一部少见的高票房影片，日本的《龙珠超：布罗利》拿下 245 万欧元的票房收入，韩国的《寄生虫》票房收入 194 万欧元，中国的《猫与桃花源》虽发行乏力，但依然有 55 万欧元[⑤]。

---

① 2018 年全球电影市场一览[EB/OL].（2019 - 02 - 28）[2020 - 08 - 01]. https://mp.weixin.qq.com/s/M9tPgDerlohOQvFONdAkjQ.

② 全网最全！2019 年全球 30 大电影市场票房榜[EB/OL].（2020 - 01 - 30）[2020 - 08 - 01]. https://www.sohu.com/a/369693249_99994854.

③ Focus 2020, World Film Market Trends.

④ Focus 2020, World Film Market Trends.

⑤ 全网最全！2019 年全球 30 大电影市场票房榜[EB/OL].（2020 - 01 - 30）[2020 - 08 - 01]. https://www.sohu.com/a/369693249_99994854.

3.2.2.5 西班牙

2019 年,西班牙观影人次达到 2009 年以来的最高水平,较上一年增长了 6.1%,达到 1.049 亿人次。西班牙电影观影人次在 2013 年创下 7 690 万的历史新低之后,便开始进入复苏阶段,2019 年仍然保持了这一趋势。尽管电影平均票价出现微跌,下降到了 5.86 欧元,但由于观影人次的增加,2019 年西班牙电影票房收入还是增长了 5.0%,达到 6.15 亿欧元。西班牙票房的增长主要是由于迪士尼的出色表现,在 2019 年的票房前十大影片中,有 7 部是迪士尼制作的。相比之下,西班牙本土电影的观影人次下降了近 9%,导致全国市场份额从 17.6%下降到 15.1%,这是 2013 年以来的最低值。只有 4 部本土电影(还包括 3 部外国电影的翻拍),即《父亲只有一个》(*Padre no hay más que uno*)、《我随时都可以离开》(*Lo dejo cuando quiera*)、《战争未了》(*Mientras dure la guerra*)、《如果我是有钱人》(*Si yo fuera rico*)售出了 100 多万张门票,并进入了前 20 名,而几部获奖的西班牙影片包括佩德罗·阿尔莫多瓦的《痛苦与荣耀》(*Dolor y gloria*)、奥利弗·拉克斯的《大火将至》(*O Que Arde*)和埃特尔·阿瑞吉的《无尽的战壕》(*La trinchera infinita*)并未能吸引到数量可观的观众。2019 年,西班牙电影制作活动保持稳定,共有 263 部电影通过了该国电影管理机构 ICAA 的审批①。

3.2.2.6 英国

2018 年,英国观众对电影的热情达到了一个新的高度,上座率达到近 50 年来的最高水平。在英国上映的所有影片中,约 27%来自美国(不包括英国合拍影片),这些影片约占总票房收入的 51%。英国电影(包括合拍影片)在上映影片中占 25%(2017 年为 21%),票房占 46%;其中英国独立电影的影片数量占比约为 23%(2017 年为 18%),票房占比约为 13%(2017 年为 10%),是有记录以来的第二高份额(见表 3-9)。2018 年,来自英国和美国以外地区的电影占发行量的 48%(低于 2017 年的 54%),但仅占收益的 2.6%(低于 2017 年的 5%)。

表 3-9 2018 年英国上映影片的来源国

原产国	上映次数	上映次数占比(%)	总票房(百万英镑)	总票房占比(%)
美国	212	26.9	668.8	51.3
英国(与美国大制片厂合作)	15	1.9	429.8	32.9
英国(独立)	182	23.1	171.8	13.2
全英国	197	25	601.6	46.1
其他欧洲	152	19.3	14.4	1.1
印度	158	20.1	15.6	1.2
世界其他地区	68	8.6	4.4	0.3
总计	787	100	1 304.8	100

资料来源:Focus 2020, World Film Market Trends。

① Focus 2020, World Film Market Trends.

2018 年,英国上映了 39 部 3D 电影,3D 放映收入为 4 300 万英镑(截至 2019 年 2 月 21 日)。尽管发行数量较 2017 年的 37 部略有增加,但 3D 放映的收入不到 2017 年 3D 放映收入 8 800 万英镑的一半。2018 年 3D 电影票房占总票房 3%,而 2017 年为 6%。39 部 3D 影片全部以 3D 和 2D 两种格式发行①。

相较于 2018 年,英国 2019 年的观影人次下降了 0.5%,观影人次为 1.76 亿。英国 2019 年电影总票房收入为 12.5 亿英镑,与 2018 年相比票房收入下降了 2.5%,是近几年来票房降幅较大的一年(见表 3-10)。平均票价继续从 7.24 英镑降至 7.12 英镑,被视为英国本土影片的国际合拍片的市场份额从 33.1%微升至 33.3%。与此同时,英国独立电影的市场份额也从 11.7%上升到 13.0%,英国电影的市场份额累计达到 47.1%,这是自 2001 年有记录以来英国本土电影市场份额最高的一次。

表 3-10　2009—2019 年英国电影市场票房趋势

年份	总票房(百万英镑)	上年变动(%)	自 2009 年以来变动(%)
2009	944	—	—
2010	988	4.7	4.7
2011	1 040	5.3	10.2
2012	1 099	5.7	16.4
2013	1 083	-1.5	14.7
2014	1 063	-1.8	12.6
2015	1 242	16.8	31.6
2016	1 228	-1.1	30.1
2017	1 279	4.2	35.5
2018	1 282	0.2	35.8
2019	1 250	-2.5	32.4

资料来源:Focus 2020, World Film Market Trends。

根据英国电影协会(BFI)的中期数据,英国电影作品数量继续下降,2019 年共有 187 部英国故事片(包括外来投资影片)开拍,而 2015 年这一数字为 361 部。相比之下,英国电影制作支出攀升至 195 亿英镑,较 2018 年增长 6%,创历史第二高水平。2020 年第一季度停产前数据显示,外来投资继续繁荣(增长 40%),而本土电影资金投入与 2019 年第一季度相比大幅下降 72%。

3.2.3　东亚电影市场

3.2.3.1　日本

根据日本电影制作者联盟发布的官方数据,2019 年日本观影人次约为 1.95 亿,比前一年增长 15.2%;全年票房收入 2 611.8 亿日元(约 23.9 亿美元),相比前一年增长

① Focus 2020, World Film Market Trends.

17.4%。日本电影市场总票房2019年创造了新纪录,这是从2000年有官方数据统计以来的最高票房,比此前票房最高年份2016年的2 355亿日元还多出250多亿日元(见图3-8)。与邻国韩国相比,2019年韩国观影总人次达2.27亿(创历史新高),票房总收入约16.5亿美元。日本观影人次虽不及韩国,但由于票价贵,票房总收入超过韩国。

2019年电影票房的增长是几部电影表现强劲的结果,其中四部影片的票房超过了100亿日元(9 180万美元)。全国市场份额保持稳定,日本本土电影占票房收入的54.4%。在2019年票房收入最高的10部电影中,有6部是动画电影,其中日本本土动画电影《天气之子》以1 050万的观影人次拔得头筹。其他国内热门影片包括《名侦探柯南》和《哆啦A梦》的最新系列等。迪士尼取得不俗的成绩,在观影人次前五名中赢得了3个席位:《冰雪奇缘2》(950万名观众)、《阿拉丁》(910万名)和《玩具总动员4》(750万名)。

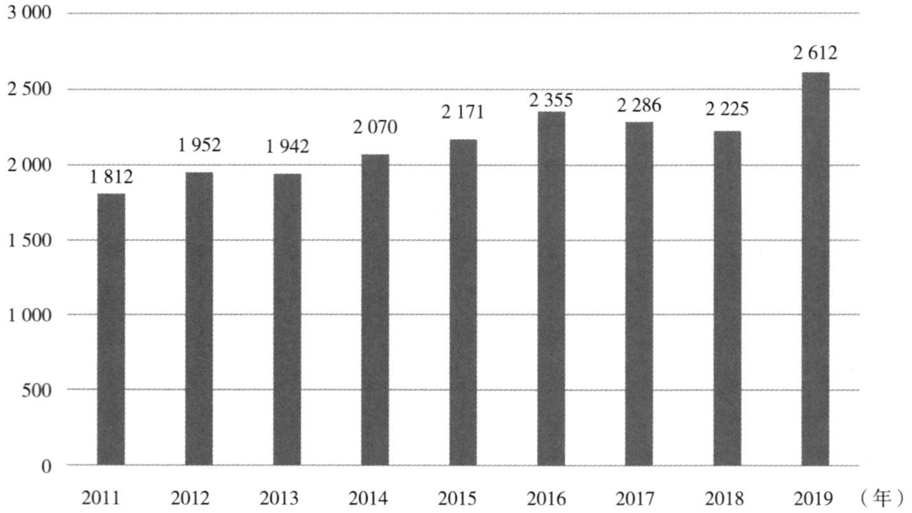

图3-8 2011—2019年日本年度票房总额(单位:亿日元)

资料来源:根据公开资料整理。

2019年,日本电影平均票价为1 340日元(约86元人民币),较前一年的1 315日元又贵了25日元,创造历史新高,远高于2019年中国内地39元人民币的平均票价,也高于北美9.16美元(64元人民币)的平均票价。日本自2015年平均票价突破1 300日元后,票价连年上涨,而2019年的涨幅尤其大。这一方面是因为以3D、4DX、IMAX、杜比音效等技术放映的电影比例增多拉高了平均票价;另一方面,2019年以东宝为代表的主流商业院线也提高了标准票价。

2019年,日本银幕数3 583块,较前一年增长22块。上映影片1 278部,其中本土影片689部,进口影片589部;总数比2018年多86部,本土电影和进口影片的上映数量均有所上涨。2019年,日本本土电影的市场份额为54.4%,进口电影占比为45.6%,与前一年的情况差别不大。2018年本土电影占比为54.8%,进口电影占比为45.2%(见图3-9)。这也意味着,在没有本土政策保护的环境下,日本的本土电影连续第12年击败了进口片。

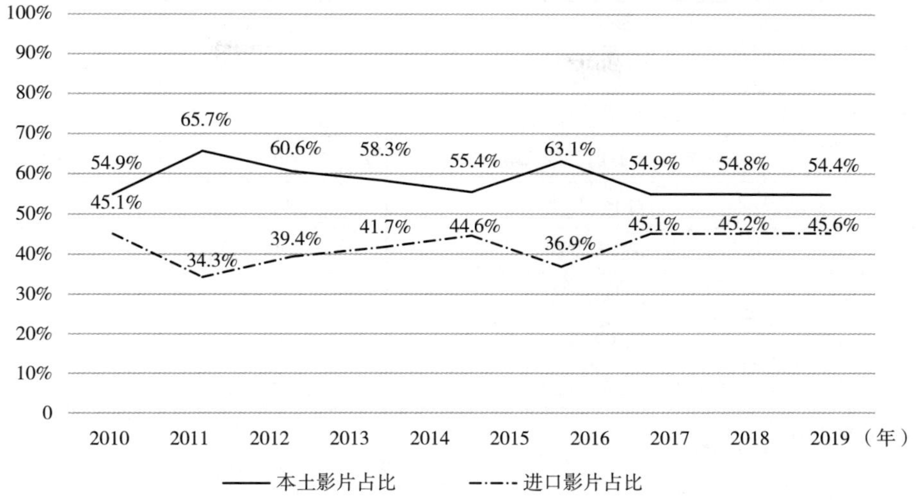

图 3-9　2011—2019 年进口片与本土片占比情况

资料来源：根据公开数据整理。

在电影票房排行前十名中，进口片占据 6 席，本土片只占 4 席。尽管从总体上来看，本土电影的票房总额超过进口电影，不过在头部票房大户的竞争中，本土电影仍处于劣势。这一情况从 2015 年以来皆是如此。前十部进口片中，除了《神奇动物：格林德沃之罪》由华纳发行外，其他 5 部都来自迪士尼。在全球其他市场呼风唤雨的漫威超级英雄大片在日本并不具备压倒性优势，但是《冰雪奇缘 2》《阿拉丁》这样的歌舞音乐作品非常受欢迎。从类型上看，动画依旧占据了压倒性优势。票房前十名的影片中，不算真狮版《狮子王》的话，有 5 部动画作品。

2019 年，日本全国电影上映数量也跃升至历史新高，达到 689 部，相比之下，2018 年为 613 部。根据日本动画协会（AJA）的数据，2018 年，日本本土动漫产业连续第九年增长，总价值达到 2. 18 万亿日元（约合 200 亿美元），海外销售额持续增长。2019 年，日本首次推出试点制片奖励计划，向在该国拍摄的外国影视作品提供高达合格支出 20%的税收抵免①。在本土发行公司方面，日本电影市场上依旧是东宝一家独大，除了《航海王：狂热行动》等 3 部电影来自东映外，其他几部都由东宝发行（《王者天下》由东宝和索尼联合发行）②，具体见表 3-11。

表 3-11　2019 年日本市场本土电影票房前十名

排名	影片	票房（亿日元）	日本发行方
1	天气之子（上映中）	140. 6	东宝
2	名侦探柯南：绀青之拳	93. 7	东宝

① Focus 2020，World Film Market Trends.

② 悄然之中，日本笑傲了批片市场　2019 日本影市及内地引进日片回顾［EB/OL］.（2020-02-07）［2020-08-01］. https://www. sohu. com/a/371183725_120490186.

续表

排名	影片	票房(亿日元)	日本发行方
3	王者天下	57.3	东宝/索尼
4	航海王:狂热行动	55.5	东映
5	哆啦 A 梦:大雄的月球探险记	50.2	东宝
6	假面饭店	46.4	东宝
7	龙珠超:布罗利	40	东映
8	飞翔吧! 琦玉	37.6	东映
9	首相失忆了	36.4	东宝
10	精灵宝可梦:超梦的逆袭·进化	29.8	东宝

资料来源:时光网。

3.2.3.2 韩国

(1)韩国电影市场概况。在韩国电影发展历程中,2019 年可以说是具有里程碑意义的一年,这一切皆源于一部影片《寄生虫》。自 2019 年 5 月在戛纳主竞赛单元首映后,影片《寄生虫》获得了 200 多项海外电影奖项,更在第 92 届奥斯卡颁奖礼上获得 6 项提名,并最终赢得最佳影片、最佳导演、最佳原创剧本、最佳国际影片 4 项大奖。

2013 年,韩国电影观影人数首超 2.1 亿,此后至 2018 年的 6 年间观影人数虽有些许波动,但一直维持着相似的水平。2019 年,韩国电影上座率创历史新高,入场人数较上年增长 4.8%,达到 2.267 亿人次。票房收入也飙升至 1.914 万亿韩元(16.4 亿美元),较 2018 年增长 5.5%①。在电影票价方面,韩国电影票价一直低于外国电影市场票价和全球电影市场的平均票价,同时自 2013 年以来一直呈现上升态势,且 2018 年增幅较大(见图 3-10)。

(2)韩国电影市场结构。在韩国电影业的发展历程中,离不开大资本的身影。目前,韩国有四大电影公司,分别为 CJ Entertainment、Showbox 影业、乐天娱乐、N. E. W. 影业,它们垄断着韩国电影市场。韩国头部四大电影公司几乎覆盖了韩国电影产业的上、中、下全产业链条。2018 年,电影放映市场的集中度与上一年几乎相同。居于电影票房收入第一位的 CGV 的占有率为 49.3%,第二位乐天电影院为 28.9%,第三位 Megabox 为 18.7%。除此之外的其他剧场 CinQ 链和其他独立剧场为 3.1%,赫芬达尔—赫希曼指数(HHI)为 3 610,与 2017 年相同(见表 3-12)。电影振兴委员会至今为止判断电影放映市场的集中度时,并没有区分多厅影院的直营馆和加盟馆,这是考虑到韩国电影市场中多厅影院的绝对影响力。但是严格来说,加盟馆与直营馆为不同的法人,根据指标的严格定义,在计算 CRn 和 HHI② 时,加盟馆的票房收入应该予以剔除。

① Focus 2020, World Film Market Trends.

② 用以反映市场结构的测量指标,行业集中度(Concentration Ration, CRn)和赫芬达尔—赫希曼指数(Herfindahl-Hirschman Index, HHI)。

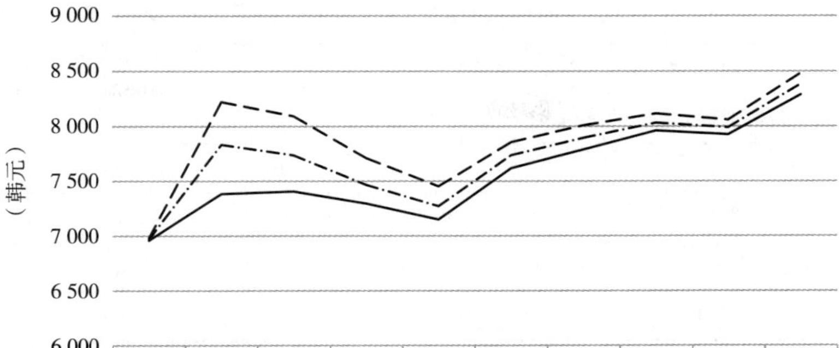

	2009年	2010年	2011年	2012年	2013年	2014年	2015年	2016年	2017年	2018年
—— 韩国电影门票	6 960	7 384	7 406	7 295	7 149	7 619	7 789	7 961	7 925	8 286
— — - 外国电影门票	6 980	8 222	8 093	7 711	7 453	7 857	8 009	8 115	8 058	8 483
—·—·· 平均票价	6 970	7 834	7 737	7 466	7 271	7 738	7 895	8 032	7 989	8 383

图 3-10　2009—2018 年电影票价

资料来源：2019 年度韩国电影年鉴。

表 3-12　2014—2018 年韩国电影上映市场集中度

公司	2014 年	2015 年	2016 年	2017 年	2018 年
CGV	50.7%	50.6%	49.7%	48.7%	49.3%
乐天电影院	28.6%	29.9%	30.1%	30.0%	28.9%
Megabox	17.4%	16.6%	17.3%	18.3%	18.7%
小计（CR3）	96.7%	97.1%	97.1%	97.0%	96.9%
HHI	3 695	3 732	3 680	3 610	3 610

资料来源：2019 年度韩国电影年鉴。

与放映市场相比，发行市场的市场集中度相对较低。2018 年韩国整个电影发行市场的 CR1 为 16.9%，CR3 为 44.3%（见表 3-13）。作为参考，CR5 和 CR10 分别是 62.8%和 92.0%。HHI 为 1 030，比 2017 年有所增加。另外，就韩国本土电影发行市场而言，2018 年的 CR1 是 25.8%，CR3 是 69.5%，分别比 2017 年提高了 0.6 个百分点和 5.7 个百分点。可以看出，比起韩国整个电影发行市场，2018 年本土发行市场集中度更高，HHI 是 1 871，比 2017 年有所提高（见表 3-14）。

表 3-13　2014—2018 年韩国整体电影发行市场集中度

公司占有率及 HHI	2014 年	2015 年	2016 年	2017 年	2018 年
销售额第一位的发行公司占有率（CR1）	24.6%	22.5%	17.0%	15.0%	16.9%
销售额前三位的发行公司占有率（CR3）	48.2%	51.4%	43.1%	36.9%	44.3%
销售额前五位的发行公司占有率（CR5）	68.5%	69.8%	63.3%	55.4%	62.8%
销售额前十位的发行公司占有率（CR10）	89.5%	94.2%	91.2%	87.9%	92.0%
HHI	1 221	1 268	1 054	864	1 030

表 3-14　2014—2018 年韩国本土电影发行市场集中度

公司占有率及 HHI	2014 年	2015 年	2016 年	2017 年	2018 年
销售额第一位的发行公司占有率(CR1)	37.2%	40.5%	27.4%	25.2%	25.8%
销售额前三位的发行公司占有率(CR3)	71.6%	86.7%	69.7%	63.8%	69.5%
销售额前五位的发行公司占有率(CR5)	86.5%	94.3%	83.8%	87.8%	88.8%
销售额前十位的发行公司占有率(CR10)	95.7%	98.0%	97.4%	96.6%	98.0%
HHI	2 149	2 881	1 838	1 692	1 871

(3)韩国电影海外销售。2018 年,韩国的外交政治情况对韩国电影海外销售造成了很大的打击。2018 年,包括电影产品出口及服务出口在内的韩国电影海外销售额为 8 036.4万美元,同比减少了 32.3%。从韩国电影的出口业绩来看,亚洲每年都是韩国电影最主要的出口市场。2018 年,韩国电影产品对亚洲地区的出口额为 2 792.4 万美元,占总出口额的 67%,而同期对北美地区的电影出口额比 2017 年减少了 32.8%,降幅明显。2018 年,中国台湾首次成为韩国电影海外出口的第一大目的地区,中国香港也罕见地排在了第二位。韩国电影传统的主要出口目的国日本和中国分别排在第三和第四位。韩国电影对广义的泛中华圈(中国内地、中国香港、中国台湾、新加坡)的出口比重达到了 48.2%,再次证明了中华圈是韩国电影出口的主要市场。2018 年,韩国电影服务出口总额为 715.3 万美元,比 2017 年增加了 2 倍以上。①

(4)韩国电影市场院线。根据 2018 年 12 月 31 日的统计数据,韩国电影院数量为 483 个,比前一年增长了 6.9%,增加了 31 个,银幕数为 2 937 张,比前一年增长了 6.2%,其中 3D 银幕 1 048 张,4D 银幕 44 张,IMAX 银幕 17 张。与此同时,韩国电影院的座位数也增加了 11 983 个,达到了 449 765 个(见表 3-15)。2018 年全国 483 个影院中的 79.5%,即 384 个影院是多厅影院。从银幕数来看,全国 2 937 张屏幕中的 93.8%,即 2 756 张银幕属于多厅影院,多厅影院接待了 97.6%的观影人次,创造了 98.3%的票房收入。

表 3-15　2009—2018 年韩国电影市场院线情况　　(单位:个)

年份	影院数	屏幕数	座位数
2009	305	2 055	360 796
2010	301	2 003	349 640
2011	292	1 974	341 905
2012	314	2 081	358 659
2013	333	2 184	349 669
2014	356	2 281	372 361
2015	388	2 424	398 702
2016	417	2 575	421 036

① 资料来源:2019 年度韩国电影年鉴.

续表

年份	影院数	屏幕数	座位数
2017	452	2 766	437 782
2018	483	2 937	449 765

资料来源:2019 年度韩国电影年鉴。

3.2.4 “一带一路”沿线国家电影市场

3.2.4.1 “一带一路”沿线国家电影发展背景

2013 年 9 月,习近平总书记在哈萨克斯坦发表演讲《弘扬人民友谊 共创美好未来》,首次提出共同建设“丝绸之路经济带”构想;同年 10 月,习近平总书记在访问印度尼西亚时发表演讲《携手建设中国—东盟命运共同体》,首次提出共建 21 世纪“海上丝绸之路”构想。以共商、共建、共享为原则的“一带一路”倡议提出以来,在各方共同努力下,政策沟通范围不断拓展,设施联通水平日益提升,经贸和投资合作又上新台阶,资金融通能力持续增强,人文交流往来更加密切,一批具有标志性的早期成果开始显现,参与国得到了实实在在的好处①。

中国电影产业不仅是我国经济的重要组成部分,更是我国文化产业的重要组成部分。中国影视“走出去”是助力中国文化“走出去”的重要一环。“一带一路”倡议不仅助力中国电影走出国门,更为“一带一路”沿线国家提供了合作和交流的平台。目前,通过国与国之间的合作,已经取得了阶段性成果,推出了一批影视精品,如中印合拍电影《功夫瑜伽》、中捷合拍动画片《熊猫和小鼹鼠》、中俄合拍电视剧《晴朗的天空》、中英合拍纪录片《孔子》等。在未来,随着“一带一路”倡议的进一步推进,各国之间不仅要实现影片的交流与合作,更要实现各国电影人之间的跨国交流与学习,促进沿线国家之间的相互了解和彼此合作。本部分将对“一带一路”沿线主要国家的电影市场发展情况进行梳理,以更好地了解和掌握国际电影市场的发展情况,助力中国电影“走出去”。

3.2.4.2 印度

(1)印度电影基本概况。当今,印度已是无可争议的世界电影大国,印度电影被称为“印度的好莱坞”。然而,印度电影并非等同于宝莱坞(Bollywood),还分布着考莱坞(Kollywood)、托莱坞(Tollywood)、莫莱坞(Mollywood)和桑达坞(Sandalwood)等四大电影产业基地,各地区的语言体系、电影风格、观众规模,以及电影消费模式都不尽相同,因此,各产业基地的电影产量与品质也存在较大差异。近些年,五大电影基地为印度贡献出一批品质较高的影片,包括了宝莱坞的《贫民窟的百万富翁》(*Slumdog Millionaire*,2008)、《三傻大闹宝莱坞》(*3Idiots*,2011)、《摔跤吧! 爸爸》(*Dangal*,2017)等现象级影片。这些影片折射出印度的社会文化现实,彰显出印度电影工业的发展水准。几大电影基地在博弈中成长,形成了印度的电影工业体系,塑造了印度电影的独特品牌,并奠定了

① 熊丽,顾阳. “一带一路”建设 6 年来取得丰硕成果[N]. 经济日报,2019-09-08.

印度电影的国际地位①。

(2)印度电影票房市场。2019 年,印度电影票房收入较上一年增长 12.8%,达到 1 152亿卢比(16 亿美元),原因是印度多部印地语作品(宝莱坞)和美国大片的成功。2019 年,印度本土电影再次以 87%的市场份额主宰印度票房。尽管印地语电影只占上映影片的 14%,但印地语电影的收入却创下了有史以来最高的票房收入,占据了印度电影票房 43%的市场份额。排名前 10 位的印地语电影创造了 52%的印地语票房,其中动作惊悚片《战争》以 4 530 万美元的票房收入成为当年的票房冠军。其他地区语言的印度电影占票房收入的 44%,相比之下,美国和国际影片只创造了 13%的电影票房。超级英雄电影《复仇者联盟 4:终局之战》以 4 420 万美元的票房成为印度有史以来票房最高的好莱坞影片。

根据中央电影审批委员会(Central Board of Film certification)的数据,2019 年,印度获批上映的本土故事片数量达到 2 446 部,高于 2018 年的 1 813 部②。

(3)印度电影产业格局。截至 2019 年底,全印度约有 100 家电影制片厂、1.3 万家影院、500 多种电影杂志,以及 30 万电影从业人员,形成了自身庞大的电影工业体系。在生产规模方面,印度多年来雄踞世界电影产量大国第一宝座,每年影片生产数量超过1 500 部,电影票房收入持续上涨。自 2012 年印度电影产量迈入 1 500 部大关以来,近 5 年印度电影生产总体保持向好的发展态势,2018 年的产量达到 1 813 部。

从院线发展情况看,印度院线经过多次整合并购,目前保持了“四大”院线的格局,分别是 PVR 院线(748 块银幕)、INOX 院线(557 块银幕)、Carnival 院线(450 块银幕)、Cinepolis 院线(360 块银幕)。其中,自 2013 年以来,作为印度第一家引入 4DX 系统的院线,PVR 院线连续多年获评最值得信赖和最具吸引力的娱乐放映品牌③。

(4)印度电影观影情况。印度是人口大国,电影又是印度国民最重要的娱乐手段之一,电影政策和文化消费需求驱动了印度人旺盛的观影热情,印度观影规模全球第一,年观影人次 20 多亿。然而,从近 5 年的人均观影数值波动情况看,印度的人均观影次数呈现衰减态势,从 2014 年的人均 2 次降至 2018 年的 1.5 次(中国人均观影数据则从 0.61 次升至 1.2 次),这与近年来娱乐手段的增多不无关系④。

虽然印度全民观影氛围浓厚,但由于印度人民总体收入水平较低,印度电影执行低价政策,因此全球第一的观影人次并未能带来与之相匹配的高票房。此前电影票中还包含了 20%~60%不等的娱乐税,而在印度各地区对本国影片降低甚至取消了该税后,印度电影票价总体进一步降低。2016 年,印度电影平均票价为 47 卢比(约 4.7 元人民币),远低于中国平均票价 33 元人民币。印度的中产阶级人口有 0.5 亿~1 亿,完全可以支付得起 150~250 卢比的电影票(15~25 元人民币),但多年来印度政府还是限制了很多地区

① 慕玲,张新阳. 国家形象与产业驱动:基于 2014—2018 年印度电影产业发展观察[J]. 北京电影学院学报,2019(09):49-57.

② Focus 2020,World Film Market Trends.

③ 慕玲,张新阳. 国家形象与产业驱动:基于 2014—2018 年印度电影产业发展观察[J]. 北京电影学院学报,2019(09):49-57.

④ 慕玲,张新阳. 国家形象与产业驱动:基于 2014—2018 年印度电影产业发展观察[J]. 北京电影学院学报,2019(09):49-57.

的最高票价不得超过 120 卢比(约 12 元人民币)。在观众数量众多的二、三线城市和农村地区,尤其是南方地区,外墙贴满海报的传统单银幕影院仍是主流,票价会更低①。

3.2.4.3 俄罗斯

俄罗斯票房在 2019 年出现反弹,影院上座率跃升 9.5%,观影人次达到创纪录的 2.19 亿人次,连续第三年稳坐欧洲观影人次第一的宝座。电影总票房增长了 10.3%,达到 555 亿卢布。这是俄罗斯近期历史上以本币计算的最高票房成绩。但以美元计算的话,电影票房仍远低于 2010—2014 年的水平。与其他欧洲市场一样,美国大片的强劲表现推动了俄罗斯电影票房增长。2019 年俄罗斯本土电影的市场份额从创纪录的 28.9%下降到 23.1%,但仍然是近年来的第三高水平。2019 年,共有 3 部俄罗斯影片跻身前二十强:战争动作片《T-34》,紧随其后的是两家当地喜剧特许经营公司的《决赛》和《警察贵宾》,而 2018 年则有 5 部。

俄罗斯电影生产数量(包括地区电影)创下了历史新高,从 2018 年的 139 部增至 2019 年的 177 部,这是近年来的最高产量。这要归功于国家电影基金会和文化部对具有较大商业潜力电影的制作和发行提供的财政资金支持。此外,俄罗斯大亨罗曼 · 阿布拉莫维奇(Roman Abramovich)的私人电影基金 Kinoprime 于 2019 年开始运营,其 2019—2021 年的预算为 1 亿美元。该基金支持俄罗斯主流及艺术电影,同时也支持带有俄罗斯风格的国际和英语电影项目②。

3.2.4.4 波兰

2019 年是波兰电影业发展趋势强劲的一年。影院上座率连续第六年保持增长,并创下 6 060 万观影人次的历史新高,较 2018 年增长 1.5%。这是 1989 年以来的最高水平。由于平均票价稳定在 18.9 兹罗提(约 4.9 美元),电影票房总收入连续第三年超过 10 亿兹罗提(约 2.98 亿美元),较 2018 年增长了 1.8%。与 2018 年电影上座率激增是由波兰本土电影推动不同,2019 年是美国影片的强劲表现推动波兰票房创下新高。虽然没有达到 2018 年的纪录水平,但波兰本土电影仍然表现出色。在喜剧续集 *Miszmasz czyli Kogel Mogel* 3 和政治剧《政治》(*Politika*)的带动下,2019 年,波兰共有四部电影跻身前十大电影之列,全国市场份额达到 28.2%,为 2011 年以来的第二高水平。

波兰电影研究所(PISF)以及 12 个地区基金对波兰的电影制作提供了支持。为了促进电影生产活动,波兰政府在 2019 年初推出了 30%的现金返还制度,并在第一年支持了 26 个项目,约 1 300 万美元③。

3.2.4.5 土耳其

与大多数其他欧洲市场相比,土耳其 2019 年票房大幅下滑,观影人次从 2018 年的 7 040万下降到 5 940 万,下降了 15.6%,为 2013 年以来的第二低水平。但是由于通货膨

---

① 微影数据研究院. 史上最全!印度电影市场报告,每张图表都值得收藏[EB/OL].(2017-05-11)[2020-08-01]. https://zhuanlan.zhihu.com/p/26839382.

② Focus 2020,World Film Market Trends.

③ Focus 2020,World Film Market Trends.

胀的原因,土耳其平均电影票价上涨了 29%,由此电影票房总收入反而增长了 9%,达到了 9.77 亿土耳其里拉的历史新高。然而,由于土耳其里拉汇率在 2019 年出现了明显贬值,如果以美元计的话,电影总票房则下降了 7%,为 1.72 亿美元。这种下降源于一系列因素,包括该国艰难的经济和政治形势、票价的强劲上涨以及本土电影的观影人次出现了高达 24%的下降幅度。虽然和其他欧洲国家市场一样,美国大片在土耳其电影市场上的表现也很出色,却无法弥补土耳其本土电影观影人次下降造成的票房流失。土耳其本土电影的市场份额从 63.4%的历史最高点下降到了 56.9%,尽管如此,土耳其仍然是欧洲市场中本土电影市场份额最高的国家。

2019 年共有 155 部土耳其电影上映,比 2018 年少了 25 部,但是当年制作的电影作品达到 180 部,创下了历史新高。土耳其新的电影法于 2019 年中生效,除了设立委员会来评估支持申请外,新法律还禁止将电影票与爆米花或其他商品一起捆绑销售,并对放映前和放映期间播放商业广告的时间进行了限制①。

3.3 中国电影产业"走出去"

3.3.1 中国电影市场发展概况

3.3.1.1 中国电影票房市场

中国电影市场作为世界第二大电影市场,发展稳定,已成为世界电影发展的重要力量。国家电影局公布的数据显示,2019 年全国电影总票房 642.66 亿元(包含服务费),同比增长 5.4%,增速放缓,其中本土电影总票房 411.75 亿元,同比增长 8.65%,市场占比 64.07%。全年过亿元影片 88 部,其中国产电影 47 部,突破 10 亿元票房的影片 15 部,突破 20 亿元票房的影片 6 部。在票房破 10 亿元的影片中,国产影片 10 部,国外影片 5 部;在票房破 20 亿元的影片中,国产影片 4 部,国外影片 2 部(见表 3-16)。

表 3-16 2010—2019 年中国内地票房过亿元影片数量 (单位:部)

年份	票房过亿元影片数量	票房过亿元国产影片数量	票房过亿元进口影片数量
2010	27	17	10
2011	38	21	17
2012	43	21	22
2013	62	35	27
2014	66	36	30
2015	81	47	34
2016	84	43	41
2017	92	51	41

① Focus 2020, World Film Market Trends.

续表

年份	票房过亿元影片数量	票房过亿元国产影片数量	票房过亿元进口影片数量
2018	82	44	38
2019	88	47	41

资料来源:根据公开资料整理。

2019 年的中国全年票房前十名影片中,国产影片占 8 部,分别为《流浪地球》《哪吒之魔童降世》《我和我的祖国》《中国机长》《疯狂的外星人》《飞驰人生》《烈火英雄》《少年的你》;进口影片 2 部,是历年来进口片所占比例最低的一年。电影票房前五位中,国产影片占了 4 部,进口影片 1 部,表现突出(见表 3-17)。动画片《哪吒之魔童降世》以 50.02 亿元高居票房榜首,第二名则为科幻片《流浪地球》。2019 年对于中国电影市场的发展来说可谓是非常特殊的一年,在这一年,中国电影不仅在体量上不断增长,同时在类型上也不断丰富。《哪吒之魔童降世》让人们看到了国漫崛起,《流浪地球》的上映使得 2019 年被称为“科幻元年”,让人们看到国产科幻片和国产动画片在未来的发展潜力。

表 3-17　2019 年票房前十名国产电影情况　(单位:万元)

排名	影片	票房(万元)
1	哪吒之魔童降世	500 200
2	流浪地球	468 100
3	我和我的祖国	312 300
4	中国机长	290 300
5	疯狂外星人	221 200
6	飞驰人生	172 600
7	烈火英雄	170 200
8	少年的你	155 600
9	扫毒 2:天地对决	131 100
10	攀登者	109 500

资料来源:根据公开资料整理。

2019 年,中国电影市场“二八定律”依然明显,市场两极化现象仍未改善。年度票房排名前六的影片,即票房超过 20 亿元的影片就贡献了全年电影票房的 36.9%,相较于 2018 年度的占比有所上升,而票房 1 000 万元以下的电影仅贡献了 0.8%的票房(见表 3-18),电影市场的头部效应持续增强①。

表 3-18　2017—2019 年三大票房区间票房分布情况　(单位:%)

年度	20 亿元以上	1 000 万~20 亿元	1 000 万元以下
2017 年	18.5	80.5	0.8

① 刘汉文,陆佳佳. 2019 年中国电影产业发展分析报告[J]. 当代电影,2020(02):15-26.

续表

年度	20 亿元以上	1 000 万~20 亿元	1 000 万元以下
2018 年	29.9	69.2	0.9
2019 年	36.9	62.3	0.8

资料来源:2019 年中国电影产业发展分析报告。

3.3.1.2 中国电影生产市场

相较于 2018 年,2019 年度国产电影总产量略有下降,2019 年全年共生产电影故事片 850 部,同比下降 5.8%;动画影片 51 部,科教影片 74 部,纪录影片 47 部,特种影片 15 部,这四类影片数量同比 2018 年增长 3.9%;全年电影总计 1 037 部,同比 2018 年度下降 4.2%①(见图 3-11)。

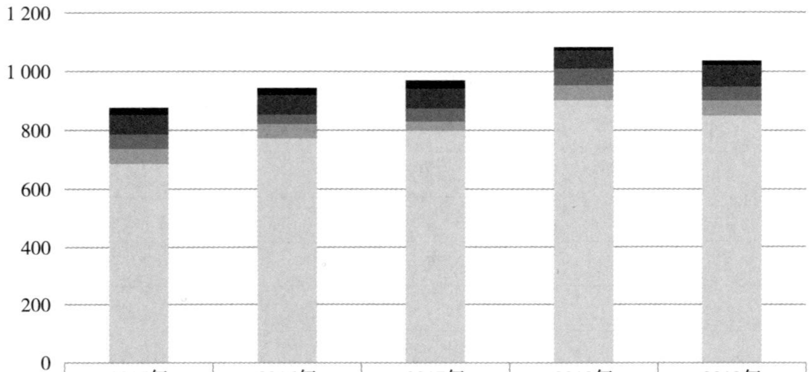

	2015年	2016年	2017年	2018年	2019年
特种影片	24	24	28	11	15
科教影片	67	67	68	61	74
纪录影片	49	32	44	57	47
动画影片	51	49	32	51	51
故事片	686	772	798	902	850

图 3-11 2015—2019 年国产影片生产情况(单位:部)

资料来源:国家电影局。

3.3.1.3 中国电影院线市场

国家电影专资办的统计数据显示,截至 2019 年底,全国影院数量为 12 408 家。随着我国影院数量规模的持续提升,我国电影院银幕总数量也在不断增长,截至 2019 年底,全国银幕数量达到 69 787 块,全年新增银幕 9 708 块,居世界第一位,平均每天增加 27

① 史竞男.2019 中国电影亮出"成绩单":642.66 亿元票房创新高[EB/OL].(2019-12-31)[2019-08-01].http://www.xinhuanet.com/ent/2020-01/02/c_1125413285.html.

块,同比增幅达 16.1%。但从增速来看,近年来,我国银幕数量增速呈现下降趋势①(见表 3-19)。其中特殊厅迎来消费升级,IMAX 总票房达到 24.7 亿元,CGS 中国巨幕票房也刷新了纪录,覆盖 100 部影片,约占全年新片的 1/5。从影院数量来看,截至 2019 年底,拥有影院数量前十的院线分别为广东大地、中影数字、南方新干线、红鲤鱼、上海联和、万达、中影星美、横店、广州金逸以及华夏联合。其中,广东大地以 1 163 家影院排名第一;中影数字和南方新干线紧随其后,影院数量分别为 915 家和 871 家②。

表 3-19　2012—2019 年中国电影影院建设情况

年份	银幕数(块)	新增银幕(块)	银幕数同比增幅(%)
2012	13 118	3 832	41.27
2013	18 195	5 077	38.7
2014	23 592	5 397	29.66
2015	31 627	8 035	34.06
2016	41 179	9 552	30.2
2017	50 776	9 597	23.3
2018	60 079	9 303	18.3
2019	69 787	9 708	16.1

资料来源:根据公开数据资源整理。

2019 年,全国共有 10 条院线票房收入达到 20 亿元以上,相比 2018 年增加一条,但是不少院线票房收入同比 2018 年却呈下降趋势。2019 年,票房排名前十的院线中只有万达电影院线、广东大地院线、横店院线和北京华夏联合院线年度票房较 2018 年有所提升,其他几条院线票房则均呈下降趋势(2019 年具体排名见表 3-20)。2015—2018 年中国院线共计 48 条,2019 年增加 2 条,博纳影业、华人文化相继入场,共计 50 条。这两家院线分别位列 2019 年全国电影院线票房第 27 名和第 37 名。

表 3-20　2019 年全国院线电影票房前十情况

排行	院线名称(简称)	票房(元)	场次(场)	观影人次(人)
1	万达电影	8 878 352 742.18	9 329 392	209 513 436
2	广东大地	6 231 641 062.36	10 351 454	174 202 618
3	上海联和	5 090 824 998.37	6 404 083	128 370 502
4	中影南方新干线	4 627 687 147.78	7 643 784	127 105 212
5	中影数字	4 482 790 753.66	7 477 587	123 505 440
6	中影星美	3 382 215 045.44	4 735 627	6 493 441

① 李颖诗.2019 年中国电影行业发展现状与竞争格局分析 院线规模再创新高[EB/OL].(2020-02-03)[2020-08-01].https://www.qianzhan.com/analyst/detail/220/200122-f6ff2c7c.html.

② 李颖诗.2019 年中国电影行业发展现状与竞争格局分析　院线规模再创新高[EB/OL].(2020-02-03)[2020- 08-01].https://www.qianzhan.com/analyst/detail/220/200122-f6ff2c7c.html.

续表

排行	院线名称(简称)	票房(元)	场次(场)	观影人次(人)
7	广州金逸珠江	3 143 904 314. 20	4 344 529	82 343 207
8	横店院线	2 702 342 150. 00	4 519 829	78 322 577
9	幸福蓝海	2 519 780 259. 17	3 617 582	69 056 983
10	北京华夏联合	2 346 688 928. 25	3 731 121	64 276 105

资料来源:2019 年中国电影产业发展分析报告。

从市场集中度来看,北美市场上 AMC、Regal、Cinemark 三大院线的市场占有率为 50%,英国市场 CR3 为 70%。我国国内市场头部院线票房市场集中度偏低(见图 3-12),兼并重组或成未来发展趋势。

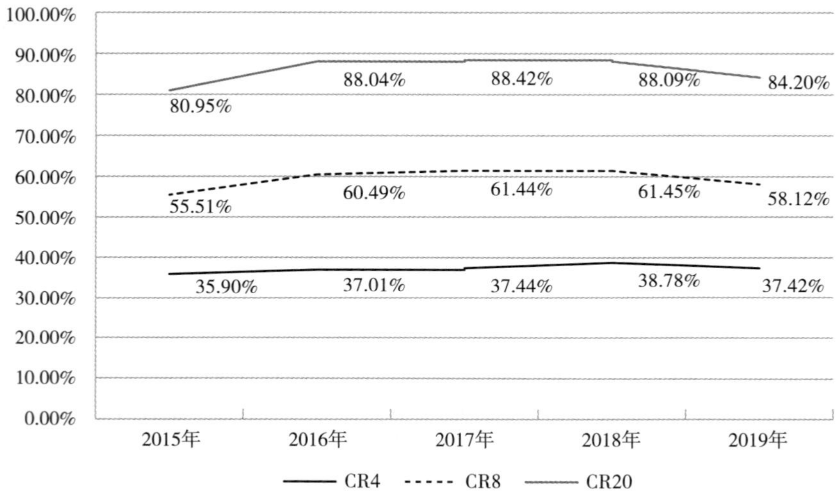

图 3-12　2015—2019 年中国院线集中度情况

资料来源:猫眼研究院。

3. 3. 1. 4　中国电影观影市场

随着人们生活水平的提升和院线基础设施的完善,中国电影市场的观影人次也迎来小幅增长。2019 年,中国城市院线观影总人次达 17. 27 亿,同比微增 0. 52%(见图 3-13),增速创历史新低。院线场均观影人次也呈下降趋势,高频观影人群的占比也从 2017 年的 5. 1%和 2018 年的 3. 8%持续降低至 2. 8%。

同时,在四大档期的拉动下,越来越多的低频观影人群也开始走进电影院。四线城市在非档期的票房占比持续提升,同时三、四线城市平均票价涨幅也超过一、二线城市,潜藏的市场红利持续释放①。猫眼研究院的数据显示,在年龄方面,2019 年,国内平均观

① 猫眼研究院 . 2019 年中国电影市场数据洞察[EB/OL]. (2020-01-03)[2020-08-01]. https://mp. weixin. qq. com/s/Y93jy7Wg-XlDTZp4Dkoq1g.

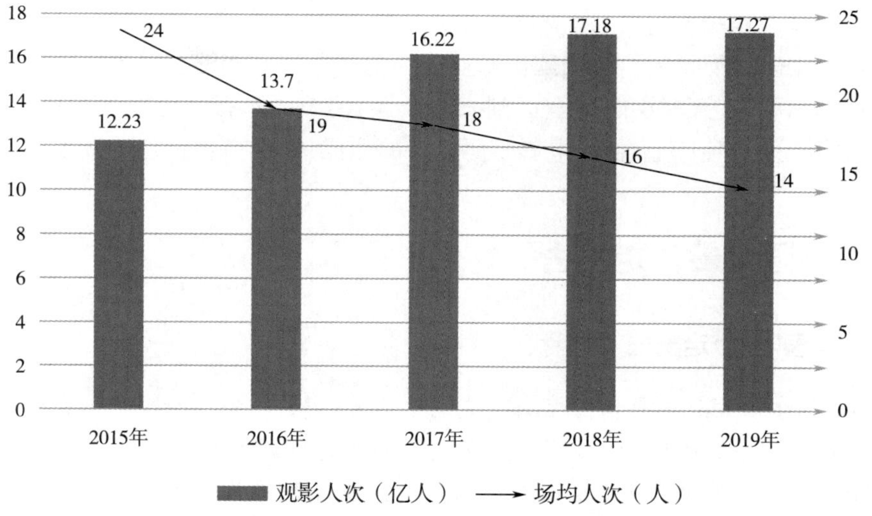

图 3-13　2015—2019 年度观影总人次及场均观影人次

资料来源:猫眼专业版。

影年龄首次达到 29 岁,国内 30~34 岁更具消费力的观众占比超过 19~24 岁年轻观众,成为新观影主力群体。同时,2019 年近一半的人一年只看一次电影,说明中国电影市场还有很大的发展空间。

相较于欧美等国成熟的电影市场,中国观众的观影频率还较低。随着电影基础设施建设的不断完善,以及在线票务平台的不断发展,中国电影市场在未来仍将是世界电影市场增长的重要力量。在电影票价方面,互联网时代的大面积票补时期结束之后,我国电影市场的平均票价呈现上升趋势,从 2017 年的票价低点 32.3 元开始反弹上升,2018 年票价为 32.9 元,2019 年票价达 34.4 元。

3.3.1.5　互联网影视公司入局影视

近年来,互联网公司入局影视可谓屡见不鲜,越来越普遍,如美国的亚马逊、谷歌、苹果,以及发展迅猛的流媒体平台 Netflix 等。在中国,从最早的乐视到 BAT 三大巨头,再到小米、豆瓣、58 同城等互联网公司都纷纷入局影视。2014 年更被业界称为互联网巨头全面进军电影产业的“元年”。

2019 年可谓是互联网公司入局影视的高光时刻。《流浪地球》《哪吒之魔童降世》等爆款频出,在影片背后,除了乐创文娱、万达、华谊、博纳、光线传统五大民营公司的身影之外,猫眼、腾讯影业、阿里影业频频出现在出品方的行列。2019 年,腾讯影业不仅参与了票房前二十位中聚焦家国情怀的爆款《流浪地球》和弘扬时代主旋律的献礼片《我和我的祖国》等,还参与出品了《南方车站的聚会》《邻里美好的一天》等不乏人文关怀的影片,以及《我为你牺牲》这种现实主义题材作品。天津猫眼微影文化传媒公司 2019 年全年更是出品了 28 部影片,其中不乏《流浪地球》《攀登者》等高票房影片。

同时,坐拥淘票票及优酷双平台的阿里影业在 2019 年更是风光无限,在国产前二十位影片中,不仅有与博纳联手推出的《烈火英雄》《中国机长》《我和我的祖国》等主旋律影片,还有喜剧片《飞驰人生》《新喜剧之王》和文艺片《少年的你》等。在国际上,阿里影业联合出品、华夏电影发行的《绿皮书》,更是折桂第 91 届奥斯卡最佳影片、最佳原创剧本及最佳男配角三项重磅大奖,使阿里影业成为全球第一家能够获得奥斯卡最佳影片的影视互联网公司。在互联网时代全面到来的今天,传统电影行业也在摸索中求变,互联网企业的深度介入,使产业融合、电影长尾经济的形成、电影衍生价值的开发等变得唾手可得。

3.3.2 中国电影“走出去”

3.3.2.1 中国电影“走出去”的现状

(1)依托国家政策,对接国际市场。党的十八大以来,一系列鼓励中国文化“走出去”的政策相继出台,从《关于加快发展对外文化贸易的意见》到《关于进一步加强和改进中华文化“走出去”工作的指导意见》,文化“走出去”战略正成为我国文化强国建设和增强国家文化软实力的必由之路,在新的时代背景下也被赋予了全新的意义。随着“一带一路”建设的推进,“走出去”战略也进入了一个新的发展阶段,即不仅仅是中国企业“走出去”,而且需高度重视和推动中国优秀文化以及先进发展理念等“软力量”“走出去”。“一带一路”倡议助力中国优秀国产电影走出国门、走向国际。2015 年 3 月,国家发展改革委员会、外交部、商务部联合发布《推动共建丝绸之路经济带和 21 世纪海上丝绸之路的愿景与行动》,其中的一项重要举措就是:“沿线国家间互办文化年、艺术节、电影节、电视周和图书展等活动,合作开展广播影视剧精品创作及翻译。”2016 年,国家电影事业发展专项资金管理委员会发布《关于奖励优秀国产影片海外推广工作的通知》,主张为走向海外的优秀国产电影提供丰厚的奖励,从而引导制片单位生产更多的优秀电影并在海外市场的竞争中获得更好的成绩①。在政策的多方助推之下,中国电影“走出去”的步伐也不断加快。国产电影的海外票房也不断上升。国家还出台影视出口服务“零关税”的政策,激发企业推动中国影视“走出去”的积极性。

从 2016 年开始,有关部门启动了“中国电影普天同映”计划,中国电影在搭建海外推广平台上取得了重大突破。经过几年来的精心实施,目前已经与北美、欧洲、澳大利亚、新西兰的主流院线和重点影院达成合作协议,推动了《西游记之三打白骨精》《红海行动》《流浪地球》等影片在海外同步发行,由华人观众向国外观众进行逐步辐射。通过实施这个工程,电影“走出去”在搭建平台、译制补贴、出口奖励、人才培养等方面进行了较好的探索②。

(2)借助互联网平台,扩展影片发行渠道。电影节一直以来是中国电影“走出去”的重要渠道之一,上海国际电影节、北京国际电影节、丝绸之路国际电影节、海南岛国际电影节、平遥国际电影展、亚洲文明对话之亚洲影视周等一系列电影展的影响力不断扩大。同时,一系列国际电影节也成为中国电影走向世界舞台的重要平台,比如柏林国际电影

---

① 陈杰.“一带一路”背景下中国电影走出去的机遇与挑战[EB/OL].(2020-04-20)[2020-08-01].https://wenyi.gmw.cn/2020-04/20/content_33754778.htm.

② 刘汉文.中国电影走出去:困境透析与路径优化[J].电影评介,2019(17):16-18.

节、戛纳国际电影节、威尼斯国际电影节、东京国际电影节、釜山国际电影节等。

近年来,国内电影企业“走出去”热情高涨,除了传统的电影节和影展渠道,开始更多地依靠商业渠道进入国外市场,而国外专注中国电影发行的公司越来越多。随着互联网的发展,中国电影“走出去”从单一的院线发行变成线上线下平台结合发行,有的甚至和国内同步上映。据媒体报道,2019 年国庆前夕,影片《决胜时刻》《银河补习班》通过移动电影院北美版(Smart Cinema USA)在北美实现了与国内院线同步上映,引发海外观影热潮。未来,互联网发行也将成为趋势,越来越多的国外观众将在网上欣赏到中国电影作品①。

同时,网络大电影的火爆及流媒体平台 Netflix 的发展,也为电影由线下影院转移到线上平台提供了可能,使得海外发行的渠道更加多元。技术的发展为电影的发行及放映提供了更多的可能。从 2019 年开始,我国着手推动移动电影院的海外布局。从欧洲到北美,从《四个春天》《暴裂无声》《阳台上》等国产口碑文艺片到《哪吒之魔童降世》《中国机长》《银河补习班》《我不是药神》等爆款商业大片,移动电影院正在把数以百计的多种类的中国电影送到世界各地。2020 年 6 月,在富川国际奇幻电影节上,通过移动电影院平台,电影节实现了韩国首次在线放映优秀中国电影。韩国正在通过移动电影院引进更多优秀的中国电影。今后实体影院和线上影院并驾齐驱的时代终会到来,而移动电影院将在其中发挥巨大的推动作用②。

(3)跨国合作制片,融入海外市场。当前正处于中国电影走向世界、探索中国电影产业持续发展新驱动力的历史节点。以前中国电影“走出去”是单向诉求,并没有对全球电影市场真正开放自己,而是通过极为有限的海外发行资源,比较艰难地将国产电影带出去,成效并不明显。直到中国电影开始发展中外合拍这一制片模式,才有机会借鉴外方专业投资制作理念,理性地借用外方的全球发行资源,深度融合中西方文化,通过讲述中国故事,最终探索为世界电影观众和全球电影市场拍摄电影。从“协拍”到“合拍”、从“文化软实力输出”到“中国电影全球化战略”,再到“为世界讲述中国故事”,以上每个阶段都具备一个共同的特征,即中外合拍作为中国电影与国际接轨的主要渠道之一,担负着中国电影“走出去”的重任③。其实中外合作进行电影拍摄由来已久,从 20 世纪 80 年代后期的中美合拍片《末代皇帝》,到 21 世纪初的中美合拍片《卧虎藏龙》,再到 2016 年的《功夫熊猫》,都获得了观众的广泛认可。在“一带一路”倡议之下,中国和丝路沿线国家的电影合作迎来了新的发展机遇,《大唐玄奘》《功夫瑜伽》《唐人街探案》等一系列合拍影片带来了合拍高潮。

当下,合拍的协作方范围也不断扩大,除了美国之外,进一步扩展到英国、加拿大、法国、韩国、蒙古国、越南,以及哈萨克斯坦、伊朗等“一带一路”沿线国家。例如,由中国导演贾樟柯监制的三部电影《时间去哪儿了》《半边天》和《邻里》,即由“金砖国家”——中国、俄罗斯、印度、巴西、南非——五方合拍④。在中国电影融入海外市场的过程中,合拍

---

① 胡祥 . 中国电影:既要“走出去”更要“走进去”[N]. 人民日报,2019-11-08.

② 常宁 . 中国电影“走出去”的又一里程碑 移动电影院即将正式落地韩国[EB/OL]. (2020-06-19)[2020-08-01]. http://www. xinhuanet. com/culture/2020-06/19/c_1126137016. htm.

③ 王凡 . 中外合拍与中国电影走出去[N]. 中国电影报,2020-02-05(009).

④ 李震,杜庆霞 . 影像中的人类命运共同体——中外合拍片的跨文化传播策略刍议[N]. 中国艺术报,2020-03-23.

片已经成为中国电影发展、融合和“走出去”的重要途径。在进行跨国合拍的过程中,不仅要实现商业价值,更要借此机会积累电影制作经验,加快中国电影全球化叙事的步伐,提升中国电影文化主体性和全球化叙事能力,不断壮大我国电影市场的力量。

(4)资本导向,民营企业出海。除了合拍这一全面融入全球电影工业体系的路径之外,依托国内资本市场的力量开拓海外电影市场的价值也日益凸显。近 20 年来,中国互联网在创造中国奇迹和弯道超车的过程中积累了丰富的电影与互联网连接的平台优势、用户优势和资本优势,阿里巴巴、腾讯、百度等中国互联网巨头近年来纷纷布局电影产业,并依托其资本实力、用户资源、平台赋能优势迅速融入全球电影产业链之中①。电影“走出去”不仅涉及电影内容本身,同时还依赖于渠道、政策、资本等外部力量,它是一个完整的生态。资本权力一定程度上会左右内容的导向。

近年来,中国电影资本力量不断增长,海外并购事件频发,要抓住这个机遇,将资本话语权逐渐过渡到电影话语权。在渠道拓展上,建立多渠道并举的对外策略:一是海外院线的拓展和争夺,加强以投资并购为手段对海外商业电影院线的收购,同时加强对东南亚、拉丁美洲、非洲、中亚和西亚等后发展国家和地区的院线投资建设;二是依托 BAT 等互联网企业在全球互联网视频领域的布局,占据互联网影视传播和消费的入口;三是加强全球数字电视基础设施和网络的布局,占据数字电视播放影视内容的终端优势;四是依托近年来中国移动手机硬件走向全球的优势和全球移动互联网浪潮趋势,将中国电影内容与华为、联想、小米手机在全球的布局结合起来,实现软硬结合;五是发挥好电影外交和各类国际性电影节等公益放映渠道资源,让电影借力国家外交和对外文化政策机遇,推动电影文化“走出去”②。

近年来,资本成为电影市场越来越不能被忽视的力量,从早期万达影业的海外布局,到 BAT 互联网影业发展得如火如荼,都让人们看到在市场经济环境下,资本对于电影产业发展的助推作用。早在 2010 年,万达便开始与 AMC(American Multi-Cinema,美国电影院线)股东和管理层就并购的相关事宜进行交涉;经过两年的谈判,万达在 2012 年 9 月正式宣布成功完成对 AMC 的 100%股权并购,此次并购总交易金额达 26 亿美元。2015 年 11 月,万达电影院线股份有限公司以 22.46 亿元完成收购英国公司 HG ANZ 持有的 HG Holdco 100%股权以及 7 000 万澳元的债权,百分之百控股持有澳大利亚第二大电影院线 Hoyts。2016 年 1 月,万达以不超过 35 亿美元的现金收购美国传奇影业公司 100%的股份。万达的一系列动作都是其国际化之路的一部分,更是中国电影“走出去”的重要企业力量。

与民营影视公司通过海外并购“攻占”院线不同,互联网影视公司则是进入电影的上游环节——制片,通过出品和发行来融入和改变电影市场的格局。阿里巴巴影业、猫眼、腾讯影业等在电影市场的成绩,更让人们进一步意识到互联网公司已入局影视,且正在渐渐改变着国内电影市场格局,甚至在未来将进一步改变国际电影市场的格局。阿里巴巴影业出品的《绿皮书》正是最有力的说明。

电影产业的国际化布局也成为民营电影企业业务拓展的新方向。如华谊兄弟与美

① 肖怀德. 从电影大国到电影强国——中国电影走出去战略问题初探[J]. 未来传播,2019,26(02):102-109.

② 肖怀德. 从电影大国到电影强国——中国电影走出去战略问题初探[J]. 未来传播,2019,26(02):102-109.

国STX娱乐公司开展深度合作，双方进行联合投资、拍摄、发行，除享有部分合作影片在大中华地区（包括中国内陆、中国香港、中国澳门、中国台湾、新加坡）的发行权外，华谊兄弟还将享有所有合作影片的全球收益分账并按份额享有著作权。另一老牌公司博纳影业也在努力叩开好莱坞的大门。2015年11月，博纳影业以2.35亿美元投资二十世纪福克斯长期的融资合作伙伴——美国TSG娱乐金融①。

3.3.2.2 中国电影“走出去”面临的问题

（1）“走出去”步伐加快，影响力需进一步提升。2019年，华人影业在北美发行了《流浪地球》《飞驰人生》《我和我的祖国》等11部中国电影，截至12月28日票房总额超过1 066万美元，大幅超过2018年发行5部中国电影、票房总额73万美元的成绩。另一家中国电影发行商Well Go USA发行了《哪吒之魔童降世》《少年的你》《叶问4》等14部中国电影，票房总额超过984万美元，比上一年9部电影、401万美元总票房的表现亦有显著提升。

据猫眼票房统计数据，2019年中国票房榜冠军《哪吒之魔童降世》和亚军《流浪地球》在国内分别创下50亿元人民币和46.7亿元人民币的惊人成绩。但这些在国内“叫好又叫座”的影片闯滩北美却表现不甚理想。《流浪地球》虽然拿下近5年来中国电影在北美的最高票房收入，但也只有587万美元，只占其全球总收入的0.8%。《哪吒之魔童降世》的北美票房总额为370万美元，只占其全球票房的0.5%。

由于号召力主要局限于华人圈，中国电影在北美基本是有限上映，集中在华人人口相对较多的城市，且放映点很少超过百家。在国内热映的电影，很容易在北美华人圈掀起观影热潮，但其总体票房很难有较大突破。同时，北美电影市场竞争激烈，几乎被以迪士尼为首的五大公司垄断。从舆论和业内评论来看，相对于百年好莱坞，中国电影工业在剧本、拍摄、导演能力和演员号召力等方面仍存在较大差距。

可以看出，中国电影“走出去”还存在一些突出问题，如适合“走出去”的作品不多、因文化背景隔阂带来的文化折扣、海外影响力有限等问题。因此，中国电影要想在国外拥有一席之地，就必须在立足本土独特文化背景的基础之上，发掘出不同文化背景之下所共同关注的话题，减少文化折扣，同时在电影制作技术和手法上下功夫，提升受众在影片上的观感。这样才能在走向海外市场的过程中不断提升自身的影响力，真正实现“名利”双收。

（2）缺乏具有国际竞争力的市场主体。近年来，中国电影“走出去”的步伐虽在加快，但是相较于欧美国家的电影生产机构来说，技术、内容、运作方面都存在明显的不足。虽然国内注册从事电影制片的企业达到2 000多家，但是市场一线制片企业只有十几家，更没有达到“好莱坞五大”级别的资本实力雄厚、产业链布局完善、规模庞大的大型传媒集团。近年来一些国有龙头电影企业票房成绩不尽如人意，落后于市场化民营企业。中国企业内功不强，很难同欧美跨国电影企业在国际市场竞争②。

民营企业虽发展迅猛，但是相对于起步早、专业化程度高的国外制片机构来说，中国电影的国际市场主体仍存在体量小、经验少、制作水平低等问题。因此，推动中国电影

① 华谊兄弟研究院．中国电影企业国际化报告（2015）从影片“走出去”到企业“走出去”[EB/OL].(2015-12-29)[2020-08-01]. http://news.mtime.com/2015/12/29/1550768.html.

② 段炳德．电影产业“走出去”应着力激发市场主体活力[EB/OL].(2015-06-24)[2020-08-01]. http://www.ce.cn/culture/gd/201506/24/t20150624_5725563.shtml.

"走出去"的重中之重就是要不断激发市场主体活力,推动电影产业体制机制的进一步改革,培养更能适应国内外市场生存发展的多元化市场主体,营造自由、开放、竞争有序的市场格局,助力我国电影企业发展壮大,提升国际市场竞争力,并努力在世界电影市场的竞争格局中占有一席之地。

(3)国际电影市场专业人才匮乏。中国电影"走出去"还需补齐"专业人才""质量提升""语言翻译"三大短板①。看似是三个问题,其实归根结底都将落在"人才"二字之上。产业的发展离不开人才。影视行业作为创造性产业的一部分,不仅涉及艺术,更与经济、法律、技术等多个方面相关联,同时在项目的整个运作过程中,又涉及项目定位、策划、创作、营销、宣传发行等一系列环节,每个环节都需要有大量的专业人才参与。影片的甄选、营销、翻译、发行等多个环节需要多方人才参与,相关从业人员不仅要了解国内市场,更要了解国际市场,以保证文化产品成功"落地"。

相对于欧美等国家来说,中国电影产业的国际化进程起步较晚,对国际市场缺乏深入的了解和掌控能力,一直处于弱势地位,在全球市场的多方人才方面更是存在缺口。因此,在中国电影"走出去"的过程中,出现国内票房市场火爆、国际市场票房反响平平的现象。近几年随着影视行业的高速发展,文化"走出去"趋势不可避免。企业和市场对于国际高端人才的需求越发强烈,尤其是对具备国际影视制作能力、发行能力、营销能力的人才的需求急剧上升。但目前,中国影视行业队伍素质参差不齐,中国文化要成功走向世界,亟须从专业水平和专业队伍建设方面开展影视科创教育培训②。只有做好人才方面的建设,培养出多方位人才,才能实现国内影视剧市场和国外影视剧市场的对接,架好国产电影走出国门的桥梁。

3.4 案例分析:华狮影业和华人影业

3.4.1 华狮影业

3.4.1.1 华狮影业简介

华狮影业(China Lion)由蒋燕鸣于 2010 年 10 月创立,由悉尼总部的业内资深人士米克·罗宾斯(Mick Robbins)领导,是澳大利亚、新西兰、北美和英国的中文电影国际发行商,也是海外市场专门从事华语片发行的中国公司。公司总部设立于美国加州洛杉矶,并在多伦多、悉尼、北京、奥克兰等地均开设分部。

2011 年 10 月 31 日,华谊兄弟传媒股份有限公司及博纳影业集团共同参股北美华狮电影发行公司,双方各自占华狮 20%的股份,进一步推进中国电影在国际市场的同步上映,扩大华语电影的发行领域。该公司发行的首部电影为华谊兄弟出品的《唐山大地震》,其后还同步发行过《非诚勿扰 2》《我知女人心》等多部中国电影。

① 张漫子. 中国电影"走出去":三大短板亟待补齐[EB/OL]. (2019-04-22)[2020-08-01]. http://www.xinhuanet.com/ent/2019-04/22/c_1124397029.htm.

② 袁琳. 浅析中国电视剧"走出去"的机遇和挑战[J]. 视听,2017(09):38-39.

华狮影业的策略是确保不断增长、屡获殊荣的最佳中国影片在澳大利亚和新西兰的电影院每天上映。华谊兄弟、万达影业、光线影业、博纳影业、发行工作室、安乐影业、帝王影业等中国内地及中国香港最大的电影公司和制片公司都与华狮影业有着长期而成功的合作关系,华狮影业以支持中国电影和中国电影制片人而自豪①。

3.4.1.2 华狮影业海外发行情况

(1)切入海外院线。华狮电影发行公司是首家在国际市场上同步发行华语电影的发行公司,并已经与北美主流院线 AMC 签订合约,是 AMC 放映华语片的独家供片方,常年在北美同步发行华语电影。同时与各地成熟的主流院线进行独家合作是华狮做海外发行的固定策略。目前,公司与加拿大的 Cineplex、英国的 Odeon,以及澳洲的 Event、Village 等主流院线都已达成类似合作协议。每年在美国、加拿大、英国地区上映超过 15 部华语院线电影,目前,华狮影业已经发行了近百部优秀的华语院线电影。

在主流商业院线之外,华狮也在寻求与艺术院线的合作。在海外市场上,非热门华语片在艺术影院可以进行更长线的发行,宣传成本也更低。根据华狮影业与 AMC 的协议,华狮发行的华语电影可以在 AMC 的主流影院上映两周之后,进入艺术影院做第二轮放映②。

(2)保底分账模式。在影片类型的选择上,华狮影业以华语地区的本土电影为主,目前相对更青睐一些中小制作,尤其是现代题材的作品。从运营的角度看,华狮影业选择此类电影的原因在于此类影片的保底费用较低,一般只有几万美元,一些文艺片甚至不要求保底。在影片发行过程中,华狮影业和国内片方的合作一般采取保底分账的模式,利润分成五五开。2011 年,博纳影业和华谊兄弟参股华狮影业,在具体项目合作中,在同等价位与条件下,华狮影业拥有这两家公司电影海外发行的合作优先权③。

(3)利润空间狭小。华狮影业头上的光环虽然吸人眼球,但是其发展之路也充满坎坷和未知。国内电影市场虽发展火热,但是华语片在国际市场上的接受度并不理想,市场份额极小。因观影习惯、文化折扣等众多因素的影响,海外主流观众对华语片的了解较少,对类型、题材的接受程度也比较受限,古装片、功夫片是华语片出口的主要类型。华狮影业在海外发行的过程中不仅要面对海外受众的观影偏好、文化差异,同时,利润空间狭小。在北美电影市场,片方从影院票房中提成的比例约为 48%,除去片方的保底以及宣传、发行等成本,北美市场发行一部影片票房要达到 20 万美元,发行公司才会有盈利的空间。但是真实的市场情况是,在华狮影业已经发行过的华语片中,北美票房超过 20 万美元的影片尚且不到 1/4。同样的情况也出现在加拿大、澳大利亚、新西兰等海外市场之上。未来,华狮影业的海外发行之路还有许多未知,需要进行不断的探索。

3.4.2 华人影业

3.4.2.1 华人影业简介

华人影业(CMC Pictures)是华人文化集团(CMC Inc.)旗下的电影平台,主要从事真

---

① 华狮影业官网. https://www.chinalion.com.au/aboutchinalion.

② 马巍. 华狮电影"抄底"华语电影海外发行[N]. 综艺报,2012-06-10.

③ 马巍. 华狮电影"抄底"华语电影海外发行[N]. 综艺报,2012-06-10.

人电影和动画电影的开发、制作、营销、推广、国内和国际发行,是一家覆盖全产业链的综合电影公司。华人影业的合作伙伴包括本地顶级电影人、好莱坞大型制片公司以及世界各地经验丰富的制片人和导演,其致力于制作和发行高质量的本地和国际电影,满足中国和全球市场的需求。

华人文化集团公司是 2015 年 10 月由黎瑞刚先生创立的国内领先的综合性传媒娱乐集团,专注于各种品类的高质量文娱内容开发,纵贯线上线下运营,覆盖电影、电视剧(网剧)、综艺、游戏、财经媒体、纪录片、短视频、时尚与生活方式、演唱会、剧院演艺、影院、线下主题娱乐、活动节展、室内外主题乐园、体育、音乐、艺人经纪、文旅地产等领域,打造了具有领先优势的实力板块组合和战略资源生态。2018 年 7 月,华人文化集团获 A 轮融资 100 亿元,并由华人文化控股集团更名为现在大家所知的华人文化集团。华人文化集团的主要投资人包括腾讯集团、阿里巴巴集团、元禾控股、万科集团、招银国际资本等。

华人影业制作和发行了许多商业上和口碑上都很成功的电影,包括《巨齿鲨》《闯入者》《痞子英雄 2:黎明升起》《匆匆那年》《丁丁历险记》《谜城》《冰河追凶》等。华人影业的分销和营销网络覆盖五大洲 103 个国家的 281 个城市。华人影业还成功在海外发行了 50 多部中国顶级电影,包括《流浪地球》《战狼 2》《哪吒之魔童降世》《我和我的祖国》,是中国最大、最具影响力的电影公司之一,也是全球最大、领先的中文电影海外发行平台①。

3.4.2.2 华人影业牵手华狮影业,打造全球电影发行平台

2016 年 1 月,华人影业投资华狮影业,并共同搭建国产电影全球发行平台“中国电影,普天同映”,3 个月后该项目正式启动。“中国电影,普天同映”平台的搭建是助力中国电影“走出去”的重要举措。此次华人影业联合华狮电影推广的计划,更多采用市场的方式,与海外院线和影院进行票房分账,并且在影片的选择上,更多强调的是中国的商业电影,而非单纯利用“艺术片参展”等形式推广国产影片。

华人文化控股集团董事长黎瑞刚表示:“我们采用完全市场化的做法,与海外院线和影院进行票房分账。我们将首先在海外华人聚居地同步上映国产影片,以此为海外发行的切入口,带动外国观众聚焦中国电影,逐步形成可控的发行网格和渠道,建立起国际认同的标准和体系,使中国电影在全球范围同步上映成为常态,让中国电影充分参与到国际市场竞争中。”②

3.4.3 国产片海外发行存在的问题

3.4.3.1 海外发行公司少,且发行实力较弱

发行环节是中国电影“走出去”必不可少的环节,也是华语片走出国门的薄弱环节。与国内票房相比,华语片海外票房成绩都不是很理想,发行商是影片票房的一大因素。华语片的发行大致可分为两种:一种是与国外电影公司合作,在出海的过程中借助海外

① 华人影业官网. https://cmc-pictures.com/.

② 李根. 华人文化与华狮电影共建国产电影全球发行平台[EB/OL].(2016-01-15)[2020-08-01]. http://m.haiwainet.cn/middle/3541839/2016/0115/content_29556860_1.html.

发行公司;另一种则是依靠国内资本参股的发行机构,如华狮影业和华人影业。

好莱坞“五大”及其附属公司的实力最为强劲。它们发行的影片类型多样,地域遍布全球,针对的受众不局限于某一类人群。在国外取得相对优异票房成绩的中国影片,基本背后倚靠的都是索尼(Sony)、哥伦比亚(Columbia)这样的公司。可以说,如果没有米拉麦克斯影业(Miramax Films),就不会有《英雄》在北美创造的票房神话;没有福克斯和环球影业,同样不会有《功夫熊猫3》和《雪人奇缘》在海外多个国家上映发行。好莱坞公司与中国电影公司的深度合作,确实让中国影片走得更远①。与国外资本庞大、实力雄厚的传媒集团相比,我国海外发行公司的实力确实较弱,但是华狮影业和华人影业正在不断地做出努力。

目前来看,相较于 The H Collective(以下简称 THC)、Well Go USA 和 Warner Bros. 等拥有多年海外发行经验,对于点映、试映、扩映、宣传以及奖项营销等方面都有成熟规范手段,资源遍布全球的老牌海外发行公司,华狮影业和华人影业的根基并不牢固,成立时间较短,资源并不丰富,甚至经验也颇为有限。

成立于2010年10月的华狮(China Lion),截至目前共参与发行了95部影片,是我国影片出海的重要一脉(见表3-21)。尽管发行影片的票房成绩一般,但它针对海外华人独立自主地发行,可以实现和国内市场同步发行上映,且和西方主流院线进行票房分账,而非买断发行。北美华狮自行摸索建立的电影海外发行渠道,虽然并不完善,但无疑为中国布局海外发行开了一个好头。当前,华狮的业务已经拓展到大洋洲和欧洲等地,呈现出不错的发展势头。

表3-21　华狮影业发行全部影片前十名

排名	影片	票房总额(美元)	海外首映时间
1	芳华	1 891 956	2017年12月15日
2	老炮	1 415 450	2015年12月24日
3	夏洛特烦恼	1 293 626	2015年10月9日
4	前任3:再见前任	838 959	2017年12月29日
5	火锅英雄	779 818	2016年4月1日
6	心花路放	777 896	2014年10月3日
7	从你的全世界路过	744 541	2016年9月30日
8	比悲伤更悲伤的故事	722 669	2019年3月15日
9	西游记之三打白骨精	709 982	2016年2月5日
10	嫌疑人X的献身	686 435	2017年3月31日

资料来源:根据公开数据资源整理。

华人文化全资控股的华人影业入局很晚,2016年才在国家电影局支持下得以成立。不过,虽然成立时间较短,但其负责海外发行的项目却很有分量,《流浪地球》《我和我的

① 张一瓜.《雪人奇缘》北美夺冠的背后,如何看待华语电影海外发行[EB/OL].(2019-10-11)[2020-08-01] https://www.thepaper.cn/newsDetail_forward_4642789.

祖国》皆在其中(见表 3-22)。

表 3-22　2019 年华人影业发行影片前五名　　(单位:美元)

排名	影片	票房总额	海外首映时间
1	流浪地球	5 875 487	2019 年 2 月 5 日
2	我和我的祖国	1 553 116	2019 年 10 月 1 日
3	扫毒 2:天地对决	609 461	2019 年 7 月 12 日
4	反贪风暴 4	326 711	2019 年 4 月 4 日
5	过春天	90 896	2019 年 3 月 15 日
合计	8 455 671		
平均票房	1 691 134. 2		

资料来源:根据公开数据资源整理。

华人影业当前处于起步阶段,针对的受众是华人社群。不过,它的“三步走”战略显示了它的野心:第一步,在海外的华人区形成稳定长期的放映;第二步,希望在华人区形成海外本土观众对中国电影的持续关注和观影的兴趣;第三步,完成整个全球发行渠道与营销网络的搭建①。

3. 4. 3. 2　下游影院数量有限,市场尚未打开

对比来看,印度电影的海外发行主要依靠印度公司。其中,Eros International(以下简称 Eros)、Yash Raj Films(以下简称 Yash Raj)和 UTV Communications(以下简称 UTV)是印度三大电影公司,分别成立于 1977 年、20 世纪 70 年代和 1990 年(2011 年,UTV 被迪士尼以 2. 97 亿美元收购)。截至目前,Eros 共计发行了 217 部影片,票房总计为 1. 4 亿美元;Yash Raj 发行了 55 部影片,票房总计为 7 925 万美元;UTV 则发行了 96 部影片,票房总计为 8 929 万美元。华狮影业和华人影业与之相比,无论是在发行数量上还是在票房成绩上,都相形见绌。

相关资料显示,印度海外发行公司之所以能够将印度影片发行成功,且影响力不断扩大,主要在于印度海外发行公司对当地影院数量的拓展。从最初的几十个影院播放印度影片,到如今 200 多以至 300 多家影院放映印度电影,实现了印度影片在海外市场的规模化。反观中国海外发行公司目前在海外所合作或拥有的影院数量,最多只有几十家,远远不敌印度海外发行公司,更不要说好莱坞公司背后数千家影院的资源了。除了影院数量优势,印度海外发行公司与海外新媒体平台的深度合作,也是助力印度电影走向海外的原因之一②。

3. 4. 3. 3　未能打破海外华人圈层,外国受众群小

华狮影业总裁蒋燕鸣曾透露,在北美地区放映中国电影,外国观众的比例仅在 15%

① 张一瓜 .《雪人奇缘》北美夺冠的背后,如何看待华语电影海外发行[EB/OL]. (2019-10-11)[2020-08-01] https://www. thepaper. cn/newsDetail_forward_4642789.

② 张一瓜 .《雪人奇缘》北美夺冠的背后,如何看待华语电影海外发行[EB/OL]. (2019-10-11)[2020-08-01] https://www. thepaper. cn/newsDetail_forward_4642789.

左右，同时，国产影片在海外不属于大众化的娱乐产品，其发行的电影，还是主要针对海外华人，通过华人的观赏来带动国外观众来观影。因此，文化差异带来的文化折扣是华语电影“走出去”面临的重要难题，也是需要海外发行机构不断去克服的问题。

时任中国国家新闻出版广电总局电影局副局长的栾国志曾指出，当前的中国影片“走出去”可以概括为“三多三少”，即中国影片产量多但“走出去”少；中国影片参加国外公益性活动多但进入商业院线少；中国影片进入国外艺术院线、华人院线多但进入主流院线少①。目前来看，中国国产片的故事情节、表现形式及镜头语言尚不易被外国人接受，同时海外发行渠道有限，进入主流院线的机会少。因此，面对国内电影市场取得骄人成绩的同时，也应该看到我国电影发展中所存在的问题。在未来，在不断满足海外华人日益增长的观影需求的基础上，还需要发掘出不同国家人群对于中国影片的兴趣点，助力中国影片在国际市场上乘风破浪。

参考文献

[1]常宁．中国电影“走出去”的又一里程碑 移动电影院即将正式落地韩国[EB/OL].(2020-06-19)[2020-08-01].http://www.xinhuanet.com/culture/2020-06/19/c_1126137016.htm.

[2]陈杰．“一带一路”背景下中国电影走出去的机遇与挑战[EB/OL].(2020-04-20)[2020-08-01].https://wenyi.gmw.cn/2020-04/20/content_33754778.htm.

[3]段炳德．电影产业“走出去”应着力激发市场主体活力[EB/OL].(2015-06-24)[2020-08-01].http://www.ce.cn/culture/gd/201506/24/t20150624_5725563.shtml.

[4]胡祥．中国电影：既要“走出去”更要“走进去”[N].人民日报，2019-11-08.

[5]李根．华人文化与华狮电影共建国产电影全球发行平台[EB/OL].(2016-01-15)[2020-08-01].http://m.haiwainet.cn/middle/3541839/2016/0115/content_29556860_1.html.

[6]李颖诗．2019年中国电影行业发展现状与竞争格局分析 院线规模再创新高[EB/OL].(2020-02-03)[2020-08-01].https://www.qianzhan.com/analyst/detail/220/200122-f6ff2c7c.html.

[7]李震，杜庆霞．影像中的人类命运共同体——中外合拍片的跨文化传播策略刍议[N].中国艺术报，2020-03-23.

[8]刘汉文．中国电影走出去：困境透析与路径优化[J].电影评介，2019(17)：16-18.

[9]刘汉文，陆佳佳．2019年中国电影产业发展分析报告[J].当代电影，2020(02)：15-26.

[10]卢扬．国产片立足海外市场还需迈三道槛[N].中国文化报，2016-02-22(006).

① 卢扬．国产片立足海外市场还需迈三道槛[N].中国文化报，2016-02-22(006).

[11]马巍．华狮电影“抄底”华语电影海外发行[N]．综艺报,2012-06-10.

[12]慕玲,张新阳．国家形象与产业驱动:基于 2014—2018 年印度电影产业发展观察[J]．北京电影学院学报,2019(09):49-57.

[13]史竞男．2019 中国电影亮出“成绩单”:642.66 亿元票房创新高[EB/OL].(2019-12-31)[2019-08-01].http://www.xinhuanet.com/ent/2020-01/02/c_1125413285.html.

[14]王凡．中外合拍与中国电影走出去[N]．中国电影报,2020-02-05(009).

[15]肖怀德．从电影大国到电影强国——中国电影走出去战略问题初探[J]．未来传播,2019,26(02):102-109.

[16]熊丽,顾阳．“一带一路”建设 6 年来取得丰硕成果[N]．经济日报,2019-09-08.

[17]袁琳．浅析中国电视剧“走出去”的机遇和挑战[J]．视听,2017(09):38-39.

[18]张漫子．中国电影“走出去”:三大短板亟待补齐[EB/OL].(2019-04-22)[2020-08-01].http://www.xinhuanet.com/ent/2019-04/22/c_1124397029.htm.

[19]张一瓜．《雪人奇缘》北美夺冠的背后,如何看待华语电影海外发行?[EB/OL].(2019-10-11)[2020-08-01].https://www.thepaper.cn/newsDetail_forward_4642789.

[20]2019 年全球电影行业市场现状与发展趋势[EB/OL].(2019-09-09)[2020-08-01].https://www.sohu.com/a/339807485_473133.

[21]星耀影业．2019 年全球 8 大电影市场票房榜[EB/OL].(2020-03-11)[2020-08-01].https://mp.weixin.qq.com/s/D_Rij-yJBzx3YtZMj1O6fQ.

[22]2018 年全球电影市场一览[EB/OL].(2019-02-28)[2020-08-01].https://mp.weixin.qq.com/s/M9tPgDerlohOQvFONdAkjQ.

[23]全网最全! 2019 年全球 30 大电影市场票房榜[EB/OL].(2020-01-30)[2020-08-01].https://www.sohu.com/a/369693249_99994854.

[24]悄然之中,日本笑傲了批片市场 2019 日本影市及内地引进日片回顾[EB/OL].(2020-02-07)[2020-08-01].https://www.sohu.com/a/371183725_120490186.

[25]韩国电影振兴委员会．2019 年度韩国电影年鉴．

[26]微影数据研究院．史上最全! 印度电影市场报告,每张图表都值得收藏[EB/OL].(2017-05-11)[2020-08-01].https://zhuanlan.zhihu.com/p/26839382.

[27]猫眼研究院．2019 年中国电影市场数据洞察[EB/OL].(2020-01-03)[2020-08-01].https://mp.weixin.qq.com/s/Y93jy7Wg-XlDTZp4Dkoq1g.

[28]华谊兄弟研究院．中国电影企业国际化报告(2015)从影片“走出去”到企业“走出去”[EB/OL].(2015-12-29)[2020-08-01].http://news.mtime.com/2015/12/29/1550768.html.

4 国际图书出版市场

4.1 国际图书出版市场发展现状

4.1.1 国际图书出版市场格局分布

4.1.1.1 全球主要市场分布

从全球主要市场分布来看，2019 年全球出版市场集中度较高。其中，美国、中国、德国、英国、日本和法国为全球主要图书市场，其出版份额分别为 29%、17%、8%、5%、5%和 3%（见图 4-1）[①]。

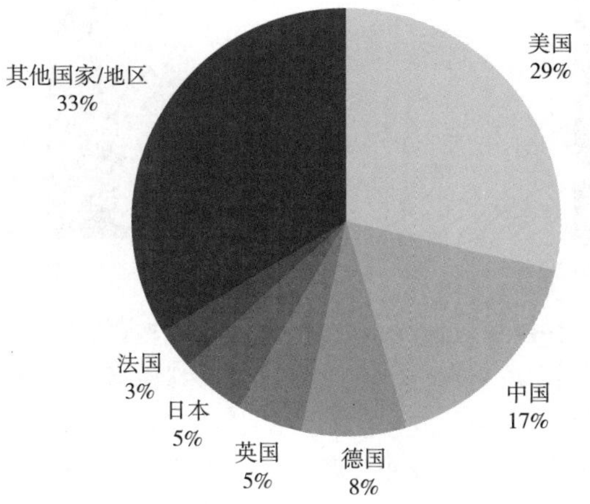

图 4-1　2019 年全球主要出版市场分布

具体而言，美国是全球最大的出版市场，自 2013 年以来，美国纸质图书销量连续 6 年保持上涨，但涨幅较小。2018 年，美国纸质图书总销量为 6.96 亿册，较 2017 年的 6.87 亿册增长 1.3%，增长主要归功于成人非虚构类图书的强劲表现。此外，2009—2014 年，美国电子书营销占比从 3%增加到 23%。然而从 2014 年开始，美国电子书遇到销售"瓶颈"，其销售量远落后于纸质书，营销占比下降至 15%。特别是在 2015 年以后，美国图书市场的电子书销售量持续下降。根据美国出版商协会 2018 年 5 月份发布的报告，2018 年第一季度美国出版商总收入总体增长 6.2%，其中按照出版形式来看，电子书收入排在平装书和精装书之后，成为出版商收入的第三大来源，然而与 2017 年同期相比，电子书

① 2018—2019 年全球及中国图书出版行业发展现状、趋势及未来展望：行业进入成熟期，中国是增长最快的头部市场[EB/OL].（2019-10-09）[2020-10-05]. http://www.chyxx.com/industry/201910/790813.html.

收入下降了 3. 2%,远低于精装书与平装书的同期收入。2020 年,受到新冠肺炎疫情的影响,电子书销售开始有所回升。①

在全球主要的图书市场中,中国图书市场是唯一保持稳定增长的。2018 年,全国共出版图书、期刊、报纸、音像制品和电子出版物 465. 27 亿册(份、盒、张),较 2017 年下降 4. 11%。其中,出版图书 100. 09 亿册(张),增长 8. 28%,占全部数量的 21. 51%;期刊 22. 92 亿册,下降 8. 03%,占 4. 93%;报纸 337. 26 亿份,下降 6. 96%,占 72. 49%;音像制品 2. 41 亿盒(张),下降 5. 74%,占 0. 52%;电子出版物 2. 59 亿张,下降 7. 99%,占 0. 56%。全国出版图书、期刊、报纸总印张为 1 937. 18 亿印张,与上年相比,下降 4. 14%。② 同时,图书出版产业规模也日益扩大,整体实力显著提升。2018 年,图书出版营业收入在新闻出版八个产业类别中增速第一,图书出版营业收入增长 6. 6%,利润总额增长 2. 8%(见图 4-2),对国民经济发展贡献显著。③

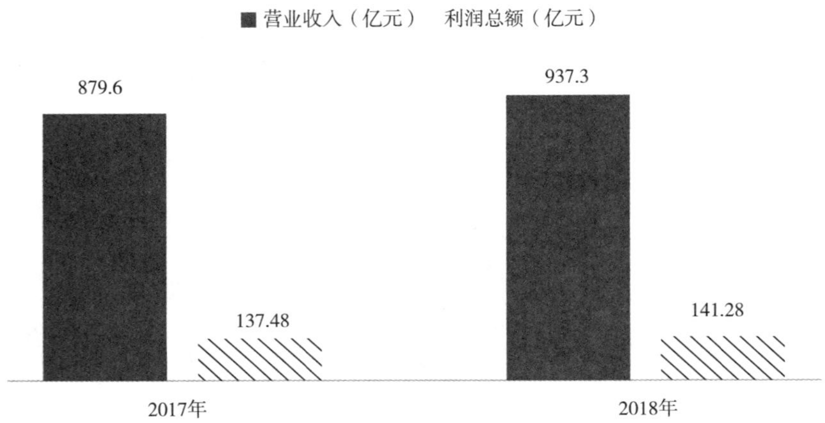

图 4-2　2017 年、2018 年中国图书出版业重要经济指标发展趋势

资料来源:《新中国成立以来我国图书出版业发展数据分析》,出版参考。

德国图书市场相对平稳。2017 年,德国图书市场销售额为 91. 31 亿欧元,与 2017 年基本持平,较 2016 年下降 1. 6%。2013—2017 年,德国图书购买者下降了 640 万人,较 2016 年减少了 230 万人。从图书销售渠道来看,德国图书市场最主要的销售渠道依然是实体书店,2017 年,实体书店实现销售额共计 43 亿欧元,占整个市场销售额的 47. 1%;其次是出版社直销渠道(指面对企业和机构用户的直接销售),2017 年销售额为 19. 4 亿欧元,占整个市场销售额的 21. 3%;包含实体书店在线销售平台在内的互联网销售渠道全年销售额为 17. 1 亿欧元,占比 18. 8%,位居第三。此外,邮寄、百货渠道、俱乐部渠道 2017 年的销售额分别为 1. 3 亿欧元、1. 3 亿欧元和 0. 3 亿欧元。值得

---

① 许惟一. 全球出版业报告 | 美国出版市场:电子书稳步发展 有声书增长迅速[EB/OL]. (2019-09-03)[2020-10-05]. https://mp. weixin. qq. com/s/E1iAlzYD2Od8-2hD2uJR0g.

② 中国社会科学网. 2018 年全国新闻出版业基本情况[EB/OL]. (2019-08-29)[2020-10-05]. http://www. cssn. cn/dubao/201908/t20190829_4963940. shtml.

③ 出版参考. 2018 年新闻出版产业分析报告综述[EB/OL]. (2019-08-30)[2020-10-05]. https://www. sohu. com/a/337496994_488898.

注意的是，近年来在互联网书店以及电子书市场的冲击下，德国实体书店（不含在线业务）的销售额和销售占比呈不断下降趋势，2014 年德国实体书店销售额为 45.8 亿欧元，占整个图书市场的 49.2%；2017 年德国实体书店销售额为 43.0 亿欧元，占整个图书市场的 47.1%。从新书品种数来看，2017 年德国出版社的新书品种进一步下滑至 72 499 种，较 2016 年减少 321 种。①

2018 年，英国出版商通过出售图书、期刊和版权等，总销售额达到约 60.52 亿英镑，同比减少 1.7%。虽然相比 2014 年增加约 19%，但这是英国出版业 4 年以来的首次下降。其中，纸质版总销售额为 34.23 亿英镑，同比减少 5.3%，占 2018 年英国出版业总销售额的 57%；电子版总销售额为 26.30 亿英镑，同比增加 3.4%，占 2018 年英国出版业总销售额的 43%。同时，2018 年英国图书、期刊和版权的国际销售额为 35.41 亿英镑，同比增加 0.3%；而国内总销售额相比 2017 年有所减少，为 23.50 亿英镑，同比减少 3.4%。②

日本图书市场于 2017 年出现历史上最大的负增长，出版图书 7.31 万种，同比减少 2.6%；图书销量为 5.92 亿册，同比减少 4.2%；总销售额为 7 152 亿日元，同比下降 3.0%。③

法国图书市场 2018 年依旧呈现疲软状态，图书销售额继续下降。2018 年销售额为 26.7 亿欧元，较 2017 年下降 4.38%；图书销量从 2017 年的 4.3 亿册降至 4.19 亿册，降幅为 2.52%。如不包含版权转让收入，图书市场实际销售收益为 25.25 亿欧元，较 2017 年下降 4.88%。2018 年版权转让收入为 1.45 亿欧元，较 2017 年增长 5.39%。值得说明的是，电子游戏、视频等新兴文化消费方式和社交媒体的快速发展都抢占了读者更多的时间，进而影响了图书市场。④

图 4-3 至图 4-5 显示了主要国家 2017 年图书销售额、出口额及出版种数。

从销量增长率来看，图书市场呈正增长的国家有美国、巴西、澳大利亚、爱尔兰，而其他国家则主要呈同比下降趋势。对比 2016 年，2017 年澳大利亚、新西兰、印度、南非、美国、英国、巴西、爱尔兰、意大利、西班牙的销量同比增长率分别为 0.7%、-6%、-5%、-4.8%、2.6%、-1.3%、9.7%、2%、-2.9%、-5.1%。⑤

从类别细分来看，新冠肺炎疫情期间，电子书在全球出版市场所占份额有所增加。到 2026 年，全球电子书市场预计将达到 287.3 亿美元，在 2018—2026 年的复合年增长率预计达到 6.8%。电子书是由文本、图像和表格形式组成的电子图书或数字图书，以电子方式出版，可以在智能手机、电子阅读器和平板电脑等电子设备上阅读。近年来，一些供

---

① 一文了解德国图书市场情况 实体书店销售额及销售占比不断下滑[EB/OL].(2018-10-23)[2020-10-05].https://www.qianzhan.com/analyst/detail/220/181022-1761177a.html.

② 最新国际报告|英国出版业 2018 年发展状况如何[EB/OL].(2019-07-20)[2020-10-05].http://www.cpp114.com/news/newsShow_269933.htm.

③ 国际出版业发展的新动向与新变化[EB/OL].(2019-06-17)[2020-10-05].https://www.chinaxwcb.com/info/553594.

④ 全球出版业报告|欧洲出版市场：喜忧参半 版权输出可圈可点[EB/OL].(2019-09-05)[2020-10-05].https://mp.weixin.qq.com/s/TllWBTumMylpDbEEmhjJ5A.

⑤ 2016—2017 年全球以及中国图书市场详细数据分析[EB/OL].(2017-08-28)[2020-10-05].https://www.sohu.com/a/167974510_826762? qq-pf-to=pcqq.c2c.

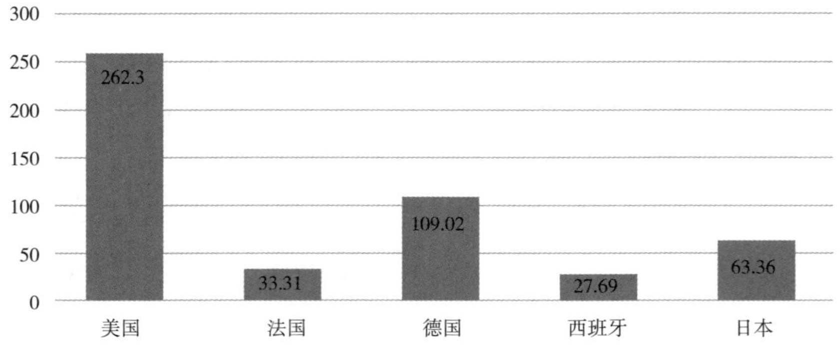

图 4-3　2017 年各国图书销售额对比(单位:亿美元)

资料来源:范军. 国际出版业发展的新动向与新变化[N]. 中国新闻出版广电报,2019-06-17。

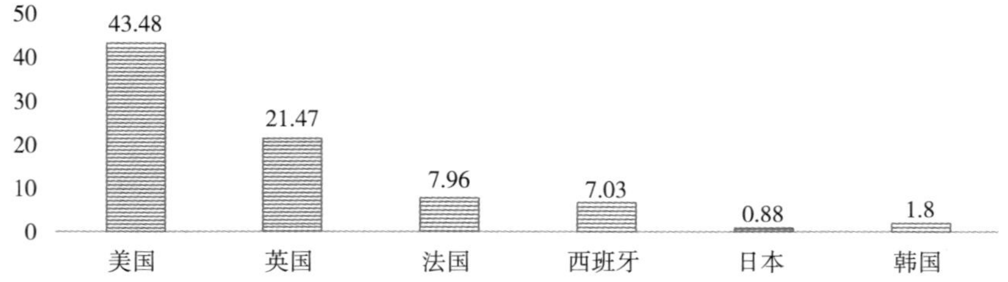

图 4-4　2017 年各国图书出口额对比(单位:亿美元)

资料来源:范军. 国际出版业发展的新动向与新变化[N]. 中国新闻出版广电报,2019-06-17。

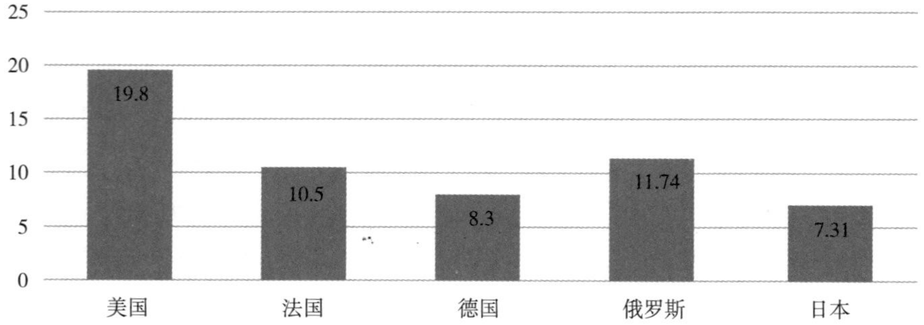

图 4-5　2017 年各国图书出版种数对比(单位:万种)

资料来源:范军. 国际出版业发展的新动向与新变化[N]. 中国新闻出版广电报,2019-06-17。

应商优化了电子书格式化技术,还有一些出版商专注于电子书文件大小压缩,使他们的客户能够轻松下载电子书并以最低的配置要求阅读它。除了技术提高以外,全球各国政府的环保运动,特别是为了节省树木而致力于减少纸张的使用,也进一步增加了对电子书的需求。诸如智能电话和平板电脑之类的便携式可读设备的数量增加、数字教育和交互式学习系统的出现以及对环境保护的日益关注等因素也推动了电子书市场的增长。此外,发展中国家的互联网和移动设备的普及有望为电子书市场提供新的增长机会。

在电子书市场上,乐天图书公司(Rakuten Kobo Inc.)、亚马逊公司(Amazon.com Inc.)、巴诺书店(Barnes & Noble)和苹果公司(Apple Inc.)等老牌公司都已占据一席之地。而五大图书出版商也对提高电子书的市场份额发挥了重大作用,它们分别是哈珀柯林斯出版社(HarperCollins)、企鹅兰登书屋(Penguin Random House)、西蒙与舒斯特出版社(Simon & Schuster)、麦克米伦出版社(Macmillan)和阿歇特出版社(Hachette)。各大出版社都在支持电子书市场,从而加速其增长速度。例如,印度企鹅兰登书屋和印度哈珀柯林斯出版社已经与亚马逊的 Kindle 合作,建立了自己的独家电子书商店。这些举措和合作给电子书市场带来了巨大的增长机会。

从图书类型来看,畅销书成为拉动产业的中坚力量。尽管像 J.K. 罗琳(J.K. Rowling)的《哈利·波特》(*Harry Potter*)系列等超级畅销书并不是年年都有,但从 2017 年各国图书销售情况来看,畅销书的表现为国际出版市场增添不少亮点。小说类图书一直是各国畅销榜单上的常客。阿莫尔·托勒斯(Amor Torres)的《莫斯科的绅士》(*A Gentleman in Moscow*)和科尔森·怀特黑德(Colson Whitehead)的《地下铁道》(*The Underground Railroad*)在美国图书排行榜上位列前两名,分别占榜长达 41 周和 30 周之久。在福尔摩斯诞生地的英国,悬疑惊悚读物在读者的心中依然占有很重要的位置,加拿大作家莎丽·拉佩娜(Sally Lapena)的《隔壁的那一对夫妇》(*The Couple Next Door*)、丹·布朗(Dan Brown)的《起源》(*Origin*)以及克莱尔·麦金托什(Claire Mackintosh)的《我看见你》(*I See You*)等悬疑惊悚题材的小说表现十分抢眼。2017 年最受西班牙读者青睐的小说仍是西班牙本土作家的作品。费尔南多·阿兰布鲁(Fernando Alambru)的《祖国》(*Motherland*)聚焦西班牙巴斯克地区和恐怖组织"埃塔",在畅销书排行榜上位列第一,成为年度最受欢迎的作品。此外,风靡全球的英国作家肯·福莱特(Ken Follett)的《圣殿春秋》(*Temple Spring and Autumn*)等外国文学作品也榜上有名。2017 年日本畅销榜上值得一提的是村上春树(Haruki Murakami)的长篇小说《刺杀骑士团长(全二册)》(*Captain of the Assassins* (*Volume* 2))。由于该书涉及南京大屠杀等历史事实,在日本国内外引起了强烈反响。在非小说类图书中,不仅宗教类、励志类、生活类读物颇受读者喜爱,科学、政治、社会学等相对严肃的图书也引得民众青睐。如曾与特朗普一争高下的希拉里·克林顿所著的《何以致败》(*What Happened*)、比尔·奥雷利(Bill O'Reilly)与马丁·杜加尔德(Martin Dugard)合著描写第二次世界大战期间美日之战的《干掉太阳旗》(*Killing the Rising Sun*)、阿尔·弗兰肯(Al Franken)的回忆录《参议院的巨人》(*Giant of the Senate*)等政治类图书。2017 年,同名电影热映也对图书销售发挥了巨大影响,阿加莎·克里斯蒂(Agatha Christie)的《东方快车谋杀案》(*Murder on the Orient Express*)、斯蒂芬·金(Stephen King)的《死光》(*It*)、宝拉·霍金斯(Paula Hawkins)的《火车上的女孩》(*The Girl on the Train*)和李·查尔德(Lee Child)的《永不回头》(*Never Go Back*)等图书的出版商在好莱坞的推动下赚得盆满钵满。2017 年奥斯卡获奖影片《隐藏的人物》(*Hidden Characters*)同样改编自小说《隐藏的数字》(*Hidden Figures*),该书在美国平装书排行榜上停留长达 30 周。随着人们对生活品质要求越来越高,饮食健康题材的图书也十分畅销。2017 年登顶英国畅销书榜的就有英国著名烹饪类图书出版人杰米·奥利弗(Jamie Oliver)的《五种食材的简易食谱》(*5 Ingredients-Quick & Easy Food*)。该书纸质版销量达到 71.6 万册,实现了线上粉丝到线下消费者的转换。在畅销书大行其道的同时,曾经一度风靡的涂色类图书风光不再，在榜单上也很难寻其踪影。①

4.1.1.2 市场展望

从市场展望来看，预计全球图书出版商市场将从 2019 年的 928 亿美元下降到 2020 年的 859 亿美元，复合年增长率为-7.5%。下降的主要原因是由于新冠肺炎疫情的暴发和影响导致各国经济放缓。预计市场将从 2021 年开始恢复，会以 2%的复合年增长率增长，并在 2023 年达到 914 亿美元（见图 4-6）。

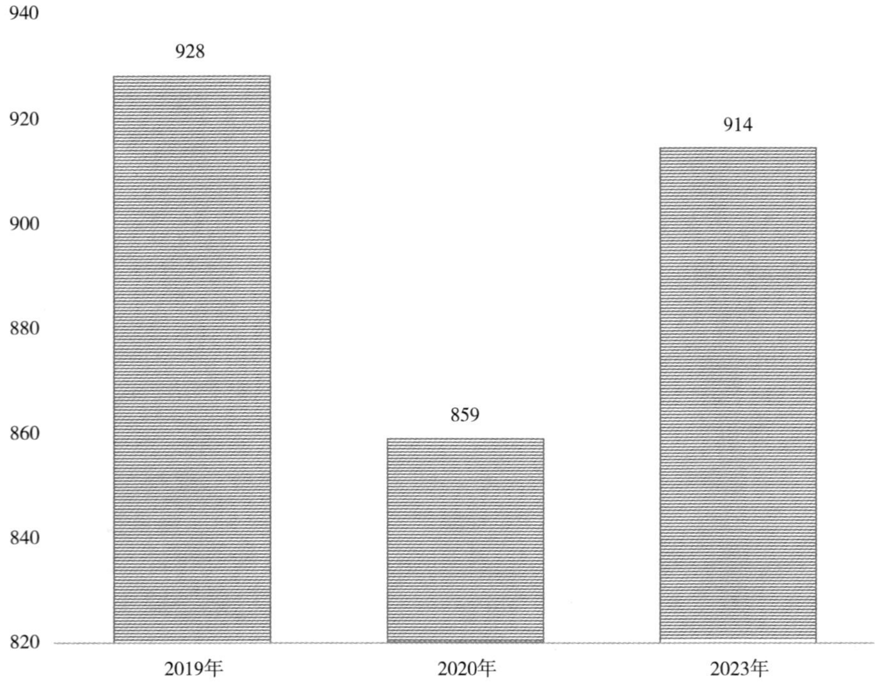

图 4-6 2019 年、2020 年、2023 年全球图书出版商市场价值（单位：亿美元）

资料来源：Book Publishers Global Market Report 2020-30: COVID-19 Impact and Recovery, Research And Markets. com, May 2020。

亚太地区是全球图书出版商市场中最大的区域，占 2019 年市场的 34%；北美是第二大地区，占全球图书出版商市场的 34%；非洲是全球图书出版商市场中最小的地区。具体而言，关于 2018—2023 年全球图书出版收入复合年增长率的数据显示，全球所有地区都将出现增长，其中亚太地区将最为迅猛，图书收入的复合年增长率将达到 1.9%，超过拉丁美洲和北美洲 1.7%和 1.3%的复合年增长率，而欧洲、中东、非洲的复合年增长率仅为 0.3%（见图 4-7）。

① 国际出版业发展的新动向与新变化[EB/OL].(2019-06-17)[2020-10-05]. https://www.chinaxwcb.com/info/553594.

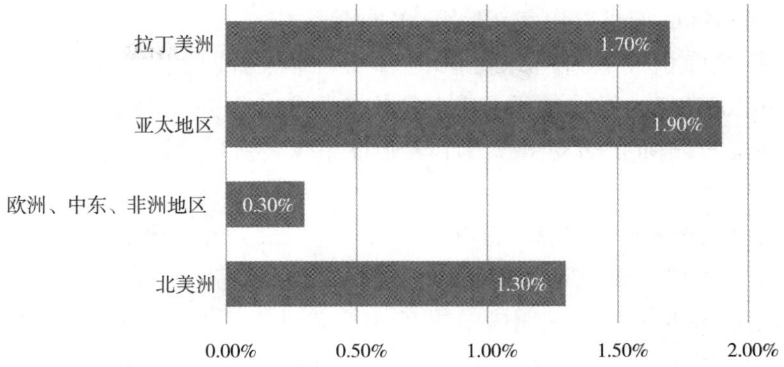

图 4-7 按地区划分的 2018—2023 年全球图书出版收入复合年增长率

资料来源:Compound annual growth rate of global book publishing revenue between 2018 and 2023, by region, Amy Watson, October 2019。

4.1.2 国际图书出版市场发展趋势

4.1.2.1 新冠肺炎疫情背景下,国际图书出版市场的影响和复苏

受新冠肺炎疫情的影响,预计全球图书出版商市场将从 2019 年的 928 亿美元下降到 2020 年的 859 亿美元,复合年增长率为-7.5%。下降的主要原因是新冠肺炎疫情使得各国的经济放缓。

疫情对 2020 年图书出版业造成的影响是全方位的,包括图书宣传活动推迟、实体营业关闭、各出版机构纷纷出台救援计划、开放电子资源等。

疫情对图书营销宣传推广活动产生了诸多影响。例如:企鹅兰登书屋宣布将退出美国纽约国际书展(BookExpo)及漫画展(BookCon)。此前,书展主办方曾宣布活动将按原计划在 2020 年 5 月底举行,企鹅兰登书屋在声明中援引纽约市政府的倡议,“尽量减少活动规模和人员聚集”,并表示将“以其他方式保持与书商、图书馆和读者的联系”。此外,加勒比文学节(NGC Bocas Lit Fest)在官网发布声明,将把活动推迟至 9 月 18 至 20 日举行。加勒比文学节每年 4 月在特立尼达和多巴哥的西班牙港举行,是加勒比地区最受欢迎的文学节。美国书商协会宣布,将把原定于 4 月 25 日的独立书店日(Independent Bookstore Day)推迟举行。独立书店日项目主持萨曼莎·舒奇(Samantha Schoech)宣称将与咨询委员会及美国书商协会会面,为独立书店日制订新的计划。2019 年,580 家独立书店参加了此活动,许多城市和地区举办了与此相关的各种竞赛和促销活动。企鹅兰登书屋和英格拉姆图书公司(Ingram)担任活动的主要赞助方。除此之外,澳大利亚书商大会也随之推迟。疫情后,澳大利亚维多利亚州政府称不得在室内举行超过 100 人聚集的活动。因此,原定于 6 月 21 至 22 日举行的澳大利亚书商大会以及之后的图书订货会都被推迟。明尼苏达图书奖颁奖礼(Minnesota Book Awards)也被取消。明尼苏达图书奖在官网发布声明,取消原定于 4 月 28 日举行的颁奖典礼,团队正在商议其他颁奖方式,已售出的门票将会被全额退款。原定于 4 月及 5 月于加拿大蒙特利尔举行的弗莱文学节

(Frye Festival)及蓝色都市文学节(Blue Metropolis)也都被取消。部分活动改为在线上举行,如专为儿童举办的创意工作室,以及书单推荐等。

虽然许多书展由于疫情取消,但也有活动因疫情诞生。美国的图森图书节(TucsonFestival of Books)被取消后,三位童书作者联合举办了"无处不在童书节"(The Everywhere Book Festival),活动于5月1至2日在线上举行,有50余位童书作者和插画师参与。

疫情也对书店经营产生了诸多影响。例如:美国最大连锁书店半价书店(Half Price Books)关闭了全美126家门店,约有3 000名员工受到影响。此外,加拿大最主要的连锁书店之一英迪戈(Indigo)宣布关闭国内所有书店,停业至3月27日,其中包括88家大型品牌超市及111家小型门店。美国图书馆协会(American Library Association)也呼吁关闭所有图书馆,同时承诺将与相关集团一起,尽力保障图书馆员工在停工期间享有全额工资和健康保险。

为了缓解疫情造成的影响,各国出版商及相关机构纷纷开展自救活动,美国书商协会向美国图书业慈善基金会捐赠100万美元,法国出版商出台拯救独立书店措施,各出版机构和高校等也开放其数据库,进行资源共享,预计国际图书出版市场复苏即将出现。①

4.1.2.2 社交媒体兴起与消费者数据量增加

社交媒体的兴起和消费者数据量的增加正在推动图书销量的增长和出版业业务创新。图书出版商可以深入了解其消费者、发行人和其他利益相关者数据,因而大力投资内部数据。例如,Next Big Sound 的 Next Big Book 应用程序为出版行业提供了一个风向标,它定期利用销售、宣传活动、社交媒体和网络趋势数据来提供图书的内容信息,并且突出其中最具影响力的因素,如社会信号、图书参观、价格和作者。

大数据也被用于"动态定价"和根据观众历史购买记录进行推荐。社交媒体时代传统出版业发生大变革,用户变得至关重要。传统出版商利用社交媒体用户数据通常会采取以下几条路径和技巧:利用社交平台数据,辅助图书选题策划;细分个性用户数据,开展图书精准营销;跟踪用户反馈数据,延长图书IP价值链;进行深度数据挖掘,拓展蓝海内容产品;整合平台用户数据,构建知识内容服务。

4.1.2.3 信息技术促进数字出版

随着5G时代到来,数字技术对传统文化产业进行了产业化运作和改造,如慕课等线上教育平台和数字艺术展示、有声读物等数字出版。

当下社会,每个人都在谈论音频。无论上下班路上、做家务时,还是运动中,越来越多的人以听书为伴。从网络小说到经典名著,一本本图书化作声波传入亿万读者耳朵。据中国新闻出版研究院统计,2018年,我国有近三成人有听书习惯,一个庞大的市场正在使有声书成为新的风口。第十七次国民阅读调查报告显示:2019年,我国有三成以上

① 书展取消、书店停业,疫情下国际出版业的动荡与自救[EB/OL].(2020-03-19)[2020-10-05].https://mp.weixin.qq.com/s/h76VvFAHGLa1sPFyR5VDew.

(31.2%)国民有听书习惯。用户的喜爱也让“耳朵经济”成为热词。2019年,中国网络音频行业市场规模为175.8亿元,同比增长55.1%,用户规模达4.9亿。在激烈的市场竞争中,想要打造兼具经济效益、社会效益、文化效益的有声书阅读产品,需要出版社、有声书平台、音频工作坊、主播在内的业界具备精品意识,不断推动有声书产品的精耕细作。[①]

国内外的出版方也注意到了有声读物的发展机遇,开始频频发力。比如,接力出版社目前已在纸质书基础上开发了500余种有声书,覆盖少年儿童、大学生、白领等读者群体。2018年上线的《小天鹅睡前故事》《我的野生动物朋友》等有声书产品,受到读者好评。接力出版社副总编辑马婕说,目前有声书的盈利能力虽然还不及纸质书,但是已远远超过2017年之前的营收,甚至与电子书的盈利能力比肩。《平凡的世界》有声书,在喜马拉雅上的播放量已超过3 300万次,上千读者给出了满分评价。“纸质版《平凡的世界》累计售出了1 000多万套,像这样‘自带流量’的头部图书,其有声版上线后也迅速成了头部产品。”出品方负责人黎遥说。中国出版集团整合旗下人民文学出版社等丰富出版资源,在喜马拉雅已上线300多种有声书产品,收获了40多万粉丝。人民文学出版社还搭建“人文读书声”有声小站,实现听书、看书、看视频等多种阅读方式的融合,已积累约5万用户。[②] Hoopla作为一家成立时间不长的新公司,通过向图书馆提供有声书,已在业内小有名气。目前,Hoopla拥有1.3万种有声书,并且每月上新1 000种。美国境内,与Hoopla合作的图书馆多达100家,而且只要安装该公司的系统,就不再收取版权费用,这对大多数图书馆而言具有很强的吸引力。[③]

随着有声书创作和发行的普及,2020年将有更多有声书进入市场。而有声书的营销对作家来说仍然是一个挑战,随着市场竞争越发激烈,有效营销将变得更加重要。预计未来会有更多独立作者投资出版有声读物。

4.1.2.4 出版行业的利基市场涌现

近几年,在较大的细分市场中寻找小众圈层,通过识别较大市场中新兴的或未被发现的利基市场而发展业务是独立出版业务中的关键一环。

比如童书、电子书等,都是全球图书市场发展最迅速的品类,也是最受读者关注的图书类型。美国市场调查机构NPD的商业发展执行总监克里斯汀·麦克莱恩(Kristen McLean)表示,2018年美国童书的销售表现依旧保持稳定,尽管童书整体销售量同比下降3%,但是销售量排名前100名的畅销童书销售量增长了23%。近几年,被改编成电影、电视剧的童书销售量更是不断上涨。2018年十大著名青少年小说作家中,有3位新人作家的作品被改编成电影,这些作家分别是安吉·托马斯(Angie Thomas)、韩珍妮(Jenny Han)和贝奇·艾伯特利(Becky Albertalli)。在剩下的7位作家中,约翰·格林(John Green)、卡桑德拉·克莱尔(Cassandra Clare)、苏珊·依·辛顿(S. E. Hinton)、露易

---

① 有声书行业优势显现:三成以上国民有听书习惯 Z世代用户占比第一[EB/OL].(2020-08-05)[2020-10-05]. https://baijiahao.baidu.com/s?id=1674142785758941091&wfr=spider&for=pc.

② 书,尽情听 越来越多出版社配套推出有声书,越来越多专业人士参与制作[EB/OL].(2020-07-06)[2020-10-05]. https://www.sohu.com/a/406033986_359232.

③ 探秘国际有声书市场产业现状及发展前景[EB/OL].(2016-05-16)[2020-10-05]. https://www.sohu.com/a/75544300_362133.

丝·劳瑞(Lois Lowry)和马克斯·苏萨克(Markus Zusak)的作品也均被改编成电影。根据英国出版商协会发布的2018年度出版产业报告,从图书类型看,2018年童书的销售额为3.68亿英镑,同比上涨了2.7%,是当年各类别图书中涨幅最大的类别。在日本遭遇图书市场“瓶颈期”时,童书的利基市场也发挥了重大作用。专门出版儿童读物的出版社超过180家,福音社、白杨社、小熊社、童心社等在童书出版方面尤其出名。根据日本出版协会出版科学研究所发布的《出版指标年报(2019)》,2018年童书的销售量为5.712 9亿册,整体表现平稳。①

随着越来越多的年轻读者进入电子书市场,电子书的销量势必会增加。因为几乎所有的年轻人每天都在使用数字设备,所以比起阅读纸质书长大的年长读者来说,转向电子书将是一个更加无缝的过渡。由此可见,尽管有声读物备受关注,但电子书销量和版税仍是大多数成功作家的主要收入来源。

2020年,知识付费的普及也成了大势所趋,当下越来越多的人熟练地使用软件Patreon来确保预售的销量,并使用软件Substack来为时事通讯内容征集订阅。独立开发者可以从图书馆中赚取更多的钱,也会有更多作者开始利用电子游戏和未知渠道的授权机会。书籍不再被视为单一个体,而是承载着其他多种格式的资产。随之,知识产权出售的机会会暴增。

4.1.2.5 市场分化促使精准锁定目标受众

2020年,随着竞争的加剧以及独立作者和创造性方法的不断发展,更多的合作营销也将出现。为了应对日益加深的市场分化,作家们已经开始着眼于协作营销,比如交换电子邮件收件人列表和品牌衍生品。更多的作家正在融合互助、联合出品,以加快更新书目的进程。因此,利润共享变得越来越容易。更多的作者进行联合,而通过共享的模式相比独立工作提高了赚钱的速度。

合作策略变得日益重要。原因是每位流量作家的背后都拥有巨大的粉丝基础,而精准锁定目标受众很重要。作者的电子邮件列表变成了一种有价值的资产。电子邮件列表是相关从业人员真正的营销渠道,一旦有了读者的电子邮件,就有了一个便捷、低廉的渠道,读者在被邮件邀请的情况下可以选择加入其中。同时,作者的电子邮件列表也是一个吸引合作方的有效方式,作者的列表越大,就会有越多的合作方想与之合作,因为可以吸引你的读者的注意力。但是,电子邮件的有效运营也是具有挑战的;Gmail和其他收件箱提供商会继续清理他们用户的收件箱,优质的内容才会得到更多的青睐,保持干净的邮件列表和吸引订阅者的注意力变得越来越重要。

4.1.2.6 品牌页面自然覆盖率降低,推动广告投放诉求上升

Facebook(脸书)首席执行官马克·扎克伯格(Mark Zuckerberg)在2018年宣布,品牌页面的自然覆盖率②将下降,并且在过去两年中一直表现出这一趋势。在亚马逊上也能

① 全球图书报告|童书市场:整体表现优异 经典持续热销[EB/OL].(2019-09-11)[2020-10-05].https://mp.weixin.qq.com/s/FJOkkNaWvwzbQnO1nXfmIw.

② 根据Facebook的算法自然推送给用户的概率。

观察到类似的趋势，亚马逊上不支付广告费就能被曝光的可能性正在下降，这将会导致收入的大幅下降，原来的版面被广告轮播取代。在线广告在很多行业中变得更加普遍，必须通过广告来竞争。随着自助出版的增长和品牌页面自然覆盖率的下降，在出版行业也会看到同样的情况。

随着品牌页面的自然覆盖率下降，付费进行广告投放成为一种诉求，加之协作的日益流行，亚马逊、谷歌和 Facebook 等大型公司越来越依赖广告资金，他们失去了免费提供广泛覆盖范围的动力。这意味着博客、Facebook 和亚马逊图书清单将显示较少的免费视图。如果品牌想要在 Facebook 上吸引额外的关注，那么最好是付费给发布商或影响者，通过他们的页面制作一个品牌内容的帖子，然后付费推广该帖子作为广告。

4.1.2.7 五大出版商通过 Kindle Unlimited（无限制）服务促进销量

哈珀柯林斯出版社、企鹅兰登书屋、西蒙与舒斯特出版社、麦克米伦出版社和阿歇特出版社五大出版商将通过使用 Kindle Unlimited 服务来利用亚马逊的影响力。合理之处在于，一些粉丝基础量大的图书已经可以在电子设备 Kindle 上无限制地下载。吸引读者参加这一系列活动是一种盈利可观的方式，而且没有人能比这五大公司拥有更多的 IP 系列图书作品。例如，西蒙与舒斯特出版社拥有世界上最著名的作家资源，包括玛丽·希金斯·克拉克（Mary Higgins Clark）、多丽丝·卡恩斯·古德温（Doris Kearns Goodwin）和大卫·麦卡洛（David McCullough）等。哥伦比亚广播公司（CBS）独家掌管西蒙与舒斯特出版社时，该公司通过在美国《60 分钟》（60 *minutes*）电视新闻节目中预定作者来创造协同效应，该节目探索了适时和具有挑衅性的题材。此外，哥伦比亚广播公司还利用西蒙与舒斯特出版社与美国恐怖小说家斯蒂芬·金（Stephen King）的合作关系拍摄了《穹顶之下》等电视剧。

4.1.3 国际图书市场主要出版集团

4.1.3.1 美国：约翰·威利父子出版公司（John Wiley & Sons）

约翰·威利父子出版公司（John Wiley & Sons，Inc.）是一家大型跨国出版公司。该公司 1807 年由查尔斯·威利（Charles Whiley）创办于纽约，总部位于新泽西州。威利公司专注于学术和教材出版，目前的纸质和数字出版业务包括图书、期刊、百科全书等，同时还提供在线教学服务[①]，并配套有基础教育教程、继续教育教材等。2020 年营收约为 18.31 亿美元[②]。

威利出版公司拥有超过 200 年的历史，创始人查尔斯·威利于 1826 年去世后，儿子约翰·威利继承公司，公司随后更名为 Wiley，1876 年获得现名 John Wiley。

1989 年，Wiley 收购了生命科学出版商 Liss[③]；1996 年，公司收购了德国科技出版商 VCH；1997 年，Wiley 从 Thomson Learning 收购了专业出版商 Van Nostrand Reinhold；1999

---

① 资料来源：New Data from Wiley and University of Phoenix Pilot Informs Asynchronous Online Learning for Mathematics，August 2020.

② 资料来源：Wiley Reports Fourth Quarter and Fiscal Year 2020 Results，June 2020.

③ Alan R Liss. Manhattan Publisher[N]. The New York Times. 1992-08-25.

年，培生集团的 Jossey-Bass 也被 Wiley 收购。

(1)图书品牌与合作关系。Wiley 的专业品牌包括 For Dummies，Jossey-Bass，Pfeiffer，Wrox Press，J. K. Lasser，Sybex，Fisher Investments Press 和 Bloomberg Press。STMS 业务也称为 Wiley-Blackwell，它是在 2007 年 2 月收购 Blackwell Publishing 后成立的。品牌包括 The Cochrane Library 和 1 500 多种期刊。

Wiley 与包括 Microsoft、CFA 研究所、美国烹饪学会、美国建筑师学会、国家地理学会和电气与电子工程师学会(IEEE)在内的合作伙伴建立了出版联盟。Wiley-Blackwell 还代表 700 多个专业和学术团体的合作伙伴出版期刊，其中包括纽约科学院、美国癌症学会、生理学会、英国生态学会、美国解剖学家协会、社会问题心理学研究会、伦敦政治经济学院、这使其成为全球最大的社会出版商①。

Wiley 与 GreyCampus 合作，围绕大数据和数字素养提供专业的学习解决方案。威利(Wiley)还与其他五家高等教育出版商合作创建了 CourseSmart，这是一家公司开发的网站，可以在一个通用平台上销售 eTextbook 格式的大学教科书②。Wiley 于 2002 年与法国出版商 Anuman Interactive 建立了合作伙伴关系，以推出一系列改编自 For Dummies 系列的电子书。2013 年，威利(Wiley)与美国图形学会(American Graphics Institute)合作创建了在线教育视频和电子书订阅服务，称为"数字教室"③。

随着数字技术和传统印刷媒体的整合，Wiley 表示在不久的将来，其客户将能够搜索其所有内容，而不必考虑原始媒体，并以选择的格式组装定制产品④。Web 资源还在公司的各种业务中实现了新型的出版商—客户交互。

(2)开放权限。2016 年，Wiley 与开放获取出版商 Hindawi 开始合作，以帮助将九种 Wiley 期刊转换为完全开放获取期刊。2018 年，公司发布了进一步的公告，表明 Wiley-Hindawi 将合作推出另外四种新的完全开放获取期刊⑤。

2019 年 1 月 18 日，Wiley 与 DEAL 项目签署了一项合同，开始为 700 多家学术机构开放对其学术期刊的访问⑥。这是出版商与领先的研究国家(德国)之间就开放获取科学研究达成的第一份合同。

4.1.3.2 美国：哈珀柯林斯公司(HarperCollins)

HarperCollins Publishers LLC 是世界上第二大的出版公司，总部位于纽约，是新闻集团(News Corp)的子公司。哈珀柯林斯在美国、加拿大、英国、澳大利亚、新西兰、印度和中国均设有出版集团。

哈珀柯林斯由詹姆斯和约翰·哈珀(James and John Harper)兄弟于 1817 年在纽约市以 J. 和 J. Harper 为名创立，后来改名为 Harper&Brothers。1990 年，哈珀柯林斯出版集团被新闻集团购入，并与英国的威廉柯林斯出版社合并，从而形成世界性出

① 资料来源：Rittenhouse Quarterly Report . Rittenhouse Book Distributors. 2008.

② https://www. vitalsource. com/.

③ Wiley. American Graphics Institute Launch the Digital Classroom[N]. Publishers Weekly，2013-03-19.

④ 资料来源：2006 Annual Report. John Wiley & Sons. 2006.

⑤ 资料来源：STM Publishing. Wiley and Hindawi expand open access publishing collaboration. October 25，2018.

⑥ Kupferschmidt，Kai. Groundbreaking deal makes large number of German studies free to public[N]. Science. 2019-01-18.

版巨头。

哈珀柯林斯已有200年的历史,在全球范围内拥有120多个品牌,其中大部分都位于美国①。柯林斯仍然是一个品牌,主要出版野生动植物和自然历史书籍、田野指南以及基于英语库(Bank of English,一个收录当代英语文本的大型语料库)的英语词典和双语词典。2013年2月8日,公司宣布柯林斯非小说版本的某些部分将与HarperPress版本合并,形成新的威廉·柯林斯版本②。柯林斯公司每年以16种语言出版大约10 000本新书,并拥有超过200 000种图书的印刷和数字目录。哈珀柯林斯的著作涉及数十种类型,其作者包括诺贝尔奖、普利策奖、国家图书奖、纽伯里和卡德科特奖章以及曼布克奖的获得者。

哈珀柯林斯公司自合并以来一直在挑选新的作者。哈珀最初出版的图书包括马克·吐温、勃朗特姐妹等的著作。柯林斯最初发表的作家包括H. G. Wells和Agatha Christie。哈珀柯林斯在1990年被Unwin Hyman收购时,还获得了J. R. R. Tolkien作品的出版权。哈珀柯林斯出版的书籍包括霍比特人、指环王、柯林斯字典系列、炼金术士等。

哈珀柯林斯认为作者及其工作是公司的核心,公司的任务在于为作者提供编辑、营销、书商合作以及洞察读者和消费者行为。哈珀柯林斯始终站在创新和技术进步的最前沿,还使用数字技术来创造独特的阅读体验并扩大作者的影响力。

4.1.3.3 日本:小学馆(SHOGAKUKAN Inc.)

株式会社小学馆(SHOGAKUKAN Inc.)是日本最大的综合性出版社之一,也是日本主要的漫画出版社之一,它同讲谈社和集英社并称日本出版界的三巨头和漫画三雄。创始之初,小学馆主要经营各种小学教学用期刊,现已发展成为兼营图书、期刊、漫画、工具书、电子书等多类出版物的大型出版公司。小学馆平均每年出版60余册杂志、8 000多本图书,1.3万余部漫画书,800多本杂志以及4 000余部DVD③。截至2020年,小学馆的雇员为694名④,营业额为977.47亿日元⑤。

近年来,亚洲各国以及美国、欧洲各国的40多家出版社翻译出版了小学馆的图书。

小学馆总部位于日本东京都千代田区的一桥,截至2009年9月,有雇员816人。小学馆与集英社、白泉社等出版社一起成立了一桥出版集团(以出版社所处地命名),成为日本最大的出版集团之一,与音羽集团(以地处音羽的讲谈社为核心)、角川集团(以角川书店为核心)、新潮社齐名。图书、杂志和漫画是小学馆的三大主营业务。

小学馆出版的图书包括图画书、指南读物、字典、百科全书、文学读物等。其出版的杂志包括学习类杂志、教师用杂志、一般杂志和漫画杂志。小学馆拥有众多声名显赫的漫画作者,如藤子不二雄、高桥留美子、青山刚昌、安达充、山崎十三、柴门文、浦泽直树、田村由美、吉田秋生、筱原千绘、斋藤千穗、渡濑悠宇、高桥真、椎名高志、结城正美、洼之内英策、樫本学、山本智、曾山一寿、中原杏等。小学馆旗下的漫画期刊包括少年

---

① 资料来源:Marcus,Leonard S. Dear Genius: The Letters of Ursula Nordstrom HarperTrophy: New York,1998.

② http://corporate. harpercollins. com.

③ https://shogakukan. asia/about-us/.

④ https://www.shogakukan. co. jp/company/history.

⑤ https://ja. wikipedia. org/wiki.

SUNDAY、少女 *COMIC*、*YOUNG SUNDAY*、*Big Comic Spirits*、*Sunday GX*、*PETIT COMIC* 等。

小学馆出版的漫画作品主要有:《龙珠》《海贼王》《火影忍者》《圣斗士星矢》《幽游白书》《足球小将》《浪客剑心》《灌篮高手》《死亡笔记》《银魂》《北斗神拳》《名侦探柯南》《机器猫》《流星花园》《犬夜叉》等。

小学馆还致力于开发多元化的漫画产品,如游戏软件、影视作品等。小学馆在《哆啦A梦》《名侦探柯南》《宠物小精灵皮卡丘》等动漫作品的影视改编及衍生产品的著作权使用费上获得了可观的收益。

在漫画的海外业务拓展方面,小学馆与集英社共同构建海外机构,携手扩展海外事业。VIZ Media 是小学馆和集英社共同出资在北美成立的子会社,目前该社在北美的日本漫画翻译出版业务已经拥有了压倒性的市场占有率。2007 年 1 月,两社在欧洲建立子会社 VIZ Media Europe。2008 年 6 月,集英社向小学馆旗下的小学馆制作公司(Shogakukan Production)投资,购买其 3%的股份,并将原公司更名为"小学馆—集英社制作公司"(Shogakukan-Shueisha Productions,Co. ,Ltd.)。2009 年 8 月,集英社和小学馆及小学馆—集英社制作公司共同宣布,联合收购两家在欧洲领先的日本动漫发行和授权公司——Kaze S. A. S. 和 Anime-Virtual S. A. 。集英社和小学馆希望借助此次收购,构建日本动漫娱乐在欧洲市场的多媒体发行能力,促进欧洲业务的发展①。

小学馆通过设立奖项推动出版业的发展并开拓其社会影响。由其设立的奖项主要有:①小学馆儿童出版文化奖(Shogakukan Children's Publication Culture Award),面向针对儿童和青少年的图画书、故事书、文学作品、图示指南书、字典等出版物。②小学馆漫画奖(Shogakukan Comics Award),设立于 1955 年,是日本漫画界的权威奖项。分为儿童漫画、少年漫画、少女漫画、一般漫画四个类型,分别针对以幼儿及小学生为主要对象、以国高中少年为主要对象、以国高中少女为主要对象以及以一般成人为主要对象的漫画作品。它是日本历史最悠久的漫画奖。

4.1.3.4 德国:霍尔茨布林克集团(Holtzbrinck)

霍尔茨布林克出版集团(Verlagsgruppe Georg von Holtzbrinck)是一家总部位于斯图加特的德国私人持股公司。出版者周报(Publisher Weekly)2015 年的报告②数据显示,2015 年,该公司将其 Macmillan 科教机构的大部分业务(包括 Nature Publishing Group)与 Springer Science + Business Media 合并,创建了 Springer Nature 公司③。Holtzbrinck 拥有合并后公司 53%的股权。

Holtzbrinck 旗下包括自然科学、时代周刊等,以及基金与投资七项业务。除在 DIE ZEIT 中持有的股份外,对报纸资产的撤资已于 2011 年完成。2012 年,集团完全重组,组

---

① Alverson,Brigid. Hachette and Kadokawa Partner on Manga and Graphic Novels[N]. Publishers Weekly,2016-05-13.

② The World's 57 Largest Book Publishers,2015[EB/OL].(2015-06-06). https://www. publishersweekly. com/pw/by-topic/international/international-book-news/article/67224-the-world-s-57-largest-book-publishers-2015. html.

③ Bray Chad. Publisher of Nature and Scientific American to Form Joint Venture[N]. The New York Times. 2015-01-15.

成了三个部门，分别负责科教、出版和数字投资，进一步巩固了集团的战略方向①。2015年，与 Springer Science+Business Media 的合资，成为一个难得的机遇，将两家市场上最具影响力的专业学术和消费类图书出版社迅速合并在一起，进一步证明了集团在科学领域的国际影响。

该集团最初是由乔治・冯・霍尔茨布林克（Georg von Holtzbrinck）于 1948 年创立的一家德国书友俱乐部。20 世纪 60 年代，它购买了两家德国出版公司 Droemer Kindle Rowohlt 和 S. Fischer Verlag。1985 年，又收购了 Holt Rinehart 和 Winston 的零售图书部门，并将其命名为 Henry Holt Book Company。一年后，该公司以 5 260 万美元的价格收购了《科学美国人》杂志。1994 年，它从退休的小罗杰・斯特劳斯手中购买了 Farrar Straus&Giroux 的多数股权。一年后，它购买了 Macmillan 集团 70%的多数股权，又在 1999 年购买了剩余的股份。

2019 年，Holtzbrinck 的年销售额为 15 亿欧元。其中的 39%来自新闻报纸、消费图书，61%来自教育和学术出版。在全球市场中，23%的销售额在德国，37%在北美，14%在欧洲其他地区（不含英国），13%在亚洲，5%在英国②。该公司 2005 年的税前利润为 1. 42 亿欧元，共有 5 302 名员工，在全球范围内拥有 100 个办事处。

Holtzbrinck 致力于科学、教育和阅读文化的进步，所有这些都是人类未来的基础。激发创造力并赋予企业家权力，是创造持久作品、新颖工具和有意义网络的基础。Holtzbrinck 出版集团具有强烈的企业家精神，专注于质量和影响力，为在瞬息万变的数字环境中取得成功铺平了道路。

作为德国领先的出版集团，Holtzbrinck 每周都有超过 200 万的读者群，并且拥有 1200 万用户网络。Holtzbrinck 的企业投资也值得一提，Holtzbrinck Ventures 被《商业洞察》（*Business Insider*）评为欧洲第二大风险投资机构，Holtzbrinck 与具有战略意义的重要领域的企业合作，并紧贴最新的技术、创新和商业模式趋势。Holtzbrinck 认为，探索新的创业领域是集团发展的关键。

4. 2　国际图书出版市场国别比较

4. 2. 1　美国图书出版市场

4. 2. 1. 1　美国图书出版市场现状

美国出版业水平居世界前列。美国人口虽只有 3. 2 亿，但出版社数量众多，年出书量与中国相当，人均阅读量是中国的 8～10 倍，其图书出版业在世界图书出版产业格局中一直占有举足轻重的地位，自 20 世纪 90 年代初起，美国一直稳居世界图书出版的霸主地位。

全球出版市场集中度较高，美国、中国、德国、英国、日本和法国为前六大图书市场，

---

① https://www.holtzbrinck.com/about/#facts-figures.

② https://www.holtzbrinck.com/about/#facts-figures.

出版份额分别为 29%、17%、8%、5%、5%和 3%,六大出版强国占据全球图书市场份额的 67%。目前全球出版行业已基本进入成熟期,除中国外,其余主要出版市场增速进入相对平稳、略有波动的阶段。其中,美国是全球最大的出版市场,2018 年出版业整体销售净收入为 258. 2 亿美元,同比下降 1. 56%,已连续 4 年小幅下滑。按照美国图书出版界的传统,图书分为硬皮书(hardcover)、贸易纸皮书(trade paperback)和大众市场纸皮书(mass market paperback)三类。有关美国图书出版、流通的政策研究、市场调查等大都以此分类为依据。

4. 2. 1. 2　内容:大众出版是图书市场的稳定器,少儿及非虚构是最重要品类

国际出版商协会(IPA)将图书出版市场分为大众出版、教育出版、SAS 专业出版三大类,其中大众出版市场可进一步细分为虚构、非虚构和少儿图书三大类别。对多数国家而言,大众出版是占比最高、增速最快的品类,是维持整体出版市场规模稳定的主要动力。而从大众出版的细分品类看,非虚构类及少儿类是份额最大,且推动大众出版增长的最重要类型。

美国大众出版占比超过 60%,是图书市场唯一增长的品类。2018 年美国图书市场中大众出版、高等教育、基础教育、专业出版、大学出版的收入分别为 16. 19 亿美元、3. 69 亿美元、3. 46 亿美元、2. 15 亿美元、0. 27 亿美元美元,占比分别为 62. 7%、14. 3%、13. 4%、8. 3%、1. 0%。从增长趋势来看,2018 年大众出版、高等教育、基础教育、专业出版、大学出版的增速分别为 1. 5%、-7. 3%、-4. 4%、-8. 5%、-6. 9%,大众出版逆势增长,而且是行业中唯一增长的品类。

4. 2. 1. 3　渠道:线上销售成为主流,但实体书店仍保有重要份额

从全球头部市场的销售渠道看,线上书店已普遍成为图书零售的主流渠道。以亚马逊为代表的线上销售渠道,凭借其宽品类、低折扣的优势持续扩大销售份额。2015—2017 年,美国纸质书在亚马逊的线上销量分别为 2. 46 亿册、2. 8 亿册和 3. 13 亿册,在亚马逊的图书销售份额中的占比分别为 38%、42%和 46%,显著超过巴诺书店、独立书店及大型超市等其他线下渠道销售份额。此外,对中国图书零售市场而言,线上渠道销售码洋自 2016 年起超过线下,且销售码洋增速始终保持在 20%以上,是拉动整体销售码洋增长的主要动力。

但是,线下书店凭借其不断转型升级积极迎合消费需求,并提供更优质的阅读体验,在渠道端仍保持重要份额。截至 2017 年,巴诺书店在美国纸质书销售渠道中的占比为 23%,同比下降 1%,下滑幅度有所减少;同时,具有特色的独立书店的销售份额始终保持在 6%。

4. 2. 1. 4　产品形态:电子书占比逐步下降,与纸质书价格差距缩窄

图书出版的载体主要分为纸质书、电子书、有声书。从销售额来看,美国三类出版方式的占比依次为 79%、14%、7%,英国三类出版方式的占比依次为 87%、11%、2%。纵向来看,纸质图书仍占核心地位,电子书占比在提升后已逐步稳定甚至出现下滑。2014—2018 年,英国电子书销售额占比由 12. 65%下降至 10. 82%,市场份额较为稳定,略微下

滑。而美国同期电子书销售额占比分别则由 23.53%下降至 14.08%。

电子书占比下滑的原因在于其与纸质书价格差距的缩小。2014 年,亚马逊与五大出版社达成代理协议,把电子书籍的定价权转让给大型出版社。电子书重新实行代销制度,电子书价格逐年上升,价格增长幅度大于纸质书。在新的机制下,美国电子书的单本定价从 9.99 美元提高到 14.99 美元。这一价格和纸质书相比失去了低价优势,降低了电子书对普通用户的吸引力。而纸质书凭借更好的阅读体验逐步再度获得市场,占比逐渐提升。

目前美国图书发行主要依靠连锁书店和超大型书店。专业图书以邮购为主,大众图书、纸皮书和儿童读物以零售市场为主。以亚马逊公司为首的网上书店自 20 世纪 90 年代后期开始风靡美国,网上书店零售额目前在全美图书零售市场所占的份额逐年上升。

4.2.2 加拿大图书出版市场

4.2.2.1 加拿大图书出版市场现状

加拿大幅员辽阔,人口稀少,已经很小的图书市场又被继续分割成英语区与法语区。英语图书出版与法语图书出版两个体系虽有交集,但各自相对独立发展。魁北克省作为加拿大最大的省份,有 700 万人口,是加拿大最大的法语区与法语出版业集中地。加拿大法语出版商与法国出版业联系紧密。加拿大的英语图书出版中心位于安大略省,尤其集中在靠近世界出版中心纽约的多伦多市。加拿大约 70%的英语图书出版公司位于多伦多。

加拿大本国的出版业面临来自英国、美国等出版强国的竞争。历史、地域、人口构成等因素的共同作用,造就了加拿大非常独特的出版产业。作为前大英帝国的殖民地,加拿大的文化与英国在血缘上有难以分割的联系;而作为美国的近邻,加拿大文化又不可避免地受到这个世界上最大的文化超级大国的影响;同时,作为一个移民国家,加拿大生活着来自世界各个角落的人群,多元文化融洽共生,对主流文化进行着不断的弱化与撞击。这些特点使得加拿大出版商面临巨大的竞争压力:本土市场原本已经很小,来自美国与英国这两个超级出版大国的图书,因为没有语言的阻隔,源源不断地流入加拿大。这些图书大多出自国际性的出版集团,全球读者共同分摊生产成本,书价相对低廉,又拥有雄厚的宣传资金,在竞争中自然占据上风,使加拿大本土图书处于极端不利的地位。为赢得读者,加拿大出版商不得不降低定价,以牺牲利润来争夺市场。

4.2.2.2 加拿大出版机构

加拿大图书出版产业一直受到美、英跨国公司垄断控制的影响,美国的兰登书屋、哈珀柯林斯与英国的培生等 30 家跨国公司占有加拿大图书销售市场的绝对份额。2006 年,加拿大本土出版商的市场份额急剧下降,仅占整个市场份额的 30%,而外资出版机构占 70%。由此可见加拿大出版产业的被动与薄弱,以及外资公司对其图书市场的绝对垄断与控制。这些公司的主要业务在于分销其母公司在美国或英国生产的图书,同时开发与占领加拿大当地的出版市场。凭借雄厚的资金作为后盾,这些公司在出版加拿大本土作家的作品时,具有加拿大出版商无法抗衡的实力。

加拿大本国控制的主要大型出版社有:麦克莱伦与斯图尔特出版公司、综合出版公司、加拿大麦克米伦出版公司、菲茨亨利与怀特赛德出版公司、加拿大平原研究中心、多伦多大学出版社、Annick 出版公司、Pembroke 出版公司等。加拿大供应与服务部下属的加拿大政府出版中心,是唯一的政府出版机构。

加拿大总共有 170 家法语图书出版商,多数都是小公司。主要集中在魁北克和新不伦瑞克,每年出版新书 4 500 种。加拿大出版的法语图书的销售额每年是 2 亿加元,在魁北克销售的法语图书中,只有 30%是当地出版的。中小学校的教材出版在加拿大法语出版业中占有重要位置。

4.2.2.3 加拿大政府的作用

加拿大政府把出版产业看作生产文化认同的意识产业。为了保护本国出版业,保持加拿大文化的相对独立性与完整性,自 20 世纪 60 年代以来,加拿大政府开始制定扶持本国文化产业的各项政策,对出版商采取直接资金投入、减免税收、间接资助作家与翻译家等政策,大力发展本土出版业。同时,加拿大政府制定了严格的规定,控制外资出版业在加拿大本土的发展。加拿大管理与支持出版产业的核心机构是加拿大文化遗产部和加拿大文化艺术理事会。

加拿大文化遗产部(Canadian Heritage)下属的出版政策与项目部负责联邦政府对于加拿大图书出版业的资金资助与出版政策制订,其主要目的在于培养与扶持一个经济上较为成熟与独立的图书出版产业。其最重要的手段是通过"图书出版业发展项目"向加拿大本土出版业注入资金。该项目包括四个分支:①对于出版商的直接资助;②对于图书供销系统技术开发的投资;③对于图书出版行业协会与组织的资金投入;④对于加拿大出版商开发国际市场的大力扶持。

加拿大文化艺术理事会(Canada Council for the Arts)是另一个重要的政府出版资助机构。与文化遗产部不同,该理事会的资助旨在扶持与发展加拿大本土文化,发放资助的标准倾向于对于文化贡献上的考量。其中的翻译基金为海外出版商翻译出版加拿大作家的诗歌、小说、戏剧、儿童文学以及非虚构作品提供经济资助,负责提供翻译费用的 50%。

除此之外,加拿大政府还有多项扶持本国文化产业发展的计划适用于出版业。这些计划对于出版加拿大图书的海外出版商也有间接帮助,例如加拿大国外事务与国际商务部的"海外推广项目"。海外出版商如购买了由加拿大出版商出版的加拿大作家的图书,该项目将提供一半的经济资助,帮助该作家前往海外出版国宣传推广自己的作品。

除了联邦政府的资助之外,加拿大各省另有出版资助方案,以及版权法案和外国投资管制的相关规定配合资助计划,推进与保护加拿大本土出版商的发展利益。项目的实施限制了外资的比例和全球公司进一步兼并加拿大出版公司的可能。

从 1992 年 8 月 12 日美国、加拿大及墨西哥三国签署的一项三边自由贸易协定——《北美自由贸易协定》来看,尽管协定决定自生效之日起在 15 年内逐步消除贸易壁垒、实施商品和劳务的自由流通,以形成一个拥有3.6亿消费者,每年国民生产总值超过6万亿美元的世界最大的自由贸易集团,但该协定的总则规定,墨西哥的石油业、加拿大的文化产业以及美国的航空与无线电通信投资将受到明确限制。这也说明加拿大政府管制图书出版产业的决心与力度。

加拿大于1924年颁布版权法,1928年加入《伯尔尼公约》,1952年加入《世界版权公约》。其国际标准书号,语区号为0(英文图书)和2(法文图书)。

4.2.2.4 加拿大图书出口

在政府的大力扶持下,加拿大图书出口快速增长。加拿大图书在国际市场上最具声望的是小说,已有多部作品获得英国布克奖。同时,该国的儿童文学、青少年图书、环境类图书、北美土著人研究图书等,在国际市场上也颇具声名。

传统上,美国与西欧是加拿大图书的主要出口市场。美国因为地缘、语言文化关系,是加拿大图书的最大海外市场。加拿大出版商一般直接将成品图书销往美国。第二大市场是西欧诸国,其中,法国、英国与德国是最大的三个市场。

4.2.3 英国图书出版市场

4.2.3.1 英国图书出版市场现状

英国"脱欧"是2017年欧洲最主要的事件。早在2016年6月,经英国全民公投,英国决定退出欧盟,尽管"脱欧"大势已定,但其争论一直没有停止过。这也为2017年图书出版业的发展带来一定契机。2017年英国图书总销售额达到近几年的峰值,为36.61亿英镑,纸质图书总销售额为31.2亿英镑,同比增长4.8%。其中,纸书国内销售额为17.6亿英镑,同比增长2.3%。此后,电子书开始稳步增长。①

从市场价值看,2018年,英国出版商通过出售图书、期刊和版权等,总销售额达到约60.52亿英镑,同比2017年减少1.7%。虽然相比2014年增加约19%,但这是英国出版业4年以来的首次下降。其中,纸质版总销售额为34.23亿英镑,同比减少5.3%,占2017年英国出版业总销售额(61.59亿英镑)的57%;电子版总销售额为26.30亿英镑,同比增加3.4%,占2017年英国出版业总销售额(61.59亿英镑)的43%。将目光聚焦到英国图书销售,2018年英国图书总销售额为36.03亿英镑,同比下降3.7%。从图书类型看,2018年英国出版业虚构类、非虚构类、学术类电子书销售额分别上涨了3.9%、10.0%、6.5%。从国内和国际两个市场角度看,2018年英国图书、期刊和版权的国际销售额为35.41亿英镑,同比增加0.3%;而国内总销售额相比2017年有所减少,为23.50亿英镑,同比减少3.4%。②

---

① 国际出版业发展的新动向与新变化[EB/OL].(2019-06-17)[2020-10-05]. https://www.chinaxwcb.com/info/553594.

② 全球出版业报告|英国出版市场:销售四年首降 有声书或成"解药"[EB/OL].(2019-09-04)[2020-10-05]. https://mp.wenxin.qq.com/s/fDjfXwsYXrQ12RTpNKIGcg.

4.2.3.2 英国的童书利基市场

报告显示,2018 年英国纸质书销售额相比上年有所减少,这是虚构类、教材、英语教学类、学术类图书销售额整体下降导致的。非虚构类图书销售额与上年基本一致,童书同比上升 2.9%,达到 3.51 亿英镑。其中,非虚构类图书销售额所占市场份额最多,为 30%,其次是学术类(28%)、虚构类和童书(分别占 12%)、教材(10%)及英语教学类(9%)。在销量方面,非虚构类图书、童书、教材的销量同比上升,虚构类、英语教学类和学术类图书销量则有所下降。其中,非虚构类图书售出约 2.07 亿本,占据最大的销量份额(32%),其次是童书(29%)、虚构类(17%)、英语教学类(9%)、教材(7%)和学术类图书(6%)。2018 年英国平均每本图书售价为 4.52 英镑,同比下降 6.1%,降幅明显。①

4.2.3.3 英国的有声书市场

2018 年,在有声书销售额上涨的推动下,电子书总销售额同比增加了 4.6%,达到 6.53 亿英镑。② 随着有声读物数量的不断增加,有声读物的质量也出现了显著提高。人们选择以一种适合新技术的方式来享受和保存书籍,英国出版业继续满足了消费者对图书永无止境的需求,在数字领域的投资正在取得回报,它推动了增长,满足了读者在任何时候都能以自己的格式阅读图书的需求。

电子书包括可下载有声书、消费性电子书、非消费性电子书(如教育学术等领域)、网上订阅服务和其他类型。2018 年,虽然消费性电子书和网上订阅服务销售额分别同比下降 2.0%和 0.8%,但销售额占比 42.8%的可下载有声书和占比 13.7%的非消费性电子书两项销售额的大幅增长,拉动英国电子书总销售额也实现同比上涨,达到 6.53 亿英镑,同比增长 4.6%。2014—2018 年,消费性电子书销售额下降了 19.5%,有声书、非消费性电子书、网上订阅服务的销售额分别上涨了 193.7%、24.3%、15.1%。同时,消费性电子书的市场份额从 51%下降到了 38%,有声书从 4%上升到了 11%,非消费性电子书从 18%上升到 21%,网上订阅服务从 24%上升到了 26%。③

4.2.3.4 国内外市场总体平稳

2018 年,英国国内图书销售额同比下降了 4.7%,为 20.26 亿英镑。其中纸质书销售额为 16.32 亿英镑,同比下降 7.2%;电子书销售额为 3.94 亿英镑,同比增长 7.6%。虽然童书和英语教学类图书销售额同比略有上升,但仍无法弥补虚构类、非虚构类、教材和学术类图书销售额的下降。从市场份额看,占比 32%的非虚构类图书依然是市场占比最大的类别,占比 28%的学术类图书紧随其后,再次是占比 19%的虚构类、12%的童书、8%的教材和 1%的英语教学类图书。同时,2018 年英国图书出口总额为 15.77 亿英镑,同比

① 全球出版业报告|英国出版市场:销售四年首降 有声书或成"解药"[EB/OL].(2019-09-04)[2020-10-05].https://mp.weixin.qq.com/s/fDjfXwsYXrQl2RTpNKIGcg.

② 全球出版业报告|英国出版市场:销售四年首降 有声书或成"解药"[EB/OL].(2019-09-04)[2020-10-05].https://mp.weixin.qq.com/s/fDjfXwsYXrQl2RTpNKIGcg.

③ 最新国际报告|英国出版业 2018 年发展状况如何[EB/OL].(2019-07-20)[2020-10-05].http://www.cpp114.com/news/newsShow_269933.htm.

下降了 2.5%。其中纸质书出口额为 13.17 亿英镑,同比下降 3.1%;电子书出口额为 2.60 亿英镑,同比上升 0.3%。电子书出口额占出口总额的 16%,近 5 年基本保持一致。

总体来说,虚构类、非虚构类图书和童书的出口额同比均有上升,教材、英语教学类、学术类图书出口额则有所下降。其中,学术类图书在出口市场中占比最大,为 34%,其余依次为占比 20%的非虚构类、16%的英语教学类、13%的虚构类图书、9%的教材和 7%的童书。①

4.2.4 德国图书出版市场

4.2.4.1 德国图书出版市场现状

2017 年德国图书出版品种约 8.3 万种,为 10 年来的最低点;图书总销售额为 91.3 亿欧元,同比下降 1.6%,购书群体数量也持续下降。对德国图书市场的现在和未来产生主要影响的因素有如下几点:第一,电子书的固定价格问题;第二,为了保护数字出版零售商,欧盟委员会提议打破欧盟境内的数字市场壁垒,执行"单一数字市场"战略,但这一提议被搁置;第三,欧洲法院关于版权之争的决议。②

德国对国民阅读培养的重视,使得人口仅 8 000 余万的德国长期以来位居全球第二大图书市场的宝座,仅次于美国。2017 年在德国图书市场不景气以及中国图书市场快速发展的情况下,中国以 803.2 亿元的图书零售额超越德国成为第二大图书市场。从市场价值看,2017 年德国图书市场销售额为 91.31 亿欧元,较 2016 年下降 1.6%。2013—2017 年德国图书购买者减少了 640 万,仅 2016 年就减少了近 230 万人。

从图书销售渠道看,德国图书市场最主要的销售渠道依然是实体书店,2017 年实体书店实现销售额共计 43 亿欧元,占整个市场销售额的 47.1%。其次是出版社直销渠道(指面对企业和机构用户的直接销售),2017 年销售额为 19.4 亿欧元,占整个市场销售额的 21.3%;包含实体书店在线销售平台在内的互联网销售渠道全年销售额为 17.1 亿欧元,占比 18.8%。近年来在互联网书店以及电子书市场的冲击下,德国实体书店(不含在线业务)的销售额和销售占比均呈不断下降趋势,2014 年德国实体书店销售额为 45.8 亿欧元,占整个图书市场的 49.2%;2017 年德国实体书店销售额为 43.0 亿欧元,占整个图书市场的 47.1%。③

4.2.4.2 德国的版权贸易

值得注意的是,在全球经济萧条的背景下,2017 年德国版权输出品种共计 7 856 种(见图 4-8),同比增长 7.5%,创 2011 年以来新高。其中旅游类图书是 2017 年版权贸易增长的最大亮点,版权输出达 72 种,比 2016 年增加了 63.6%;非虚构类图书共计 849 种,增长

---

① 最新国际报告|英国出版业 2018 年发展状况如何[EB/OL].(2019-07-20)[2020-10-05].http://www.cpp114.com/news/newsShow_269933.htm.

② 国际出版业发展的新动向与新变化[EB/OL].(2019-06-17)[2020-10-05].https://www.chinaxwcb.com/info/553594.

③ 柯素芳.一文了解德国图书市场情况 实体书店销售额及销售占比不断下滑[EB/OL].(2018-10-23)[2020-10-05].https://xw.qianzhan.com/analyst/detail/220/181022-1761177a.html.

36.5%;教材和学习类图书达 288 种,增长 35.8%;最大的版权输出种类依然是儿童和青少年类图书,占比 38.7%,输出品种数量从 2016 年的 2 883 种增加到 2017 年的 3 037 种。中国出版社依然是德国同行最重要的合作伙伴,2017 年购买的版权数量达 1 261 种。①

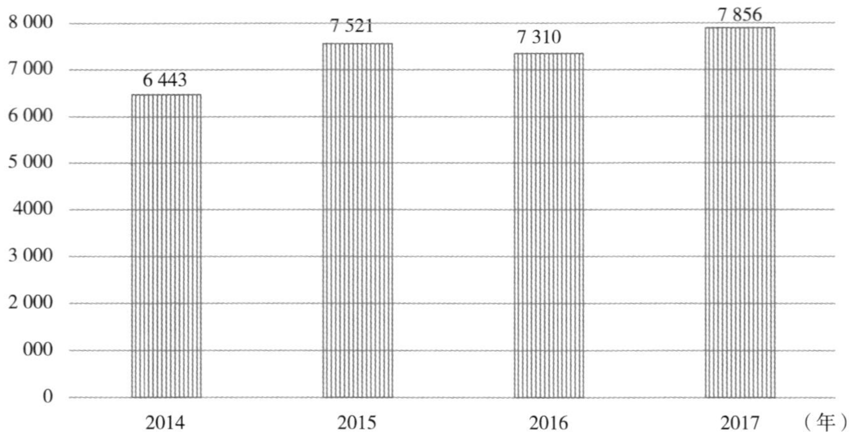

图 4-8　2014—2017 年德国版权输出品种数量及其变化趋势(单位:种)

4.2.4.3　德国的新书品种呈下滑趋势

近年来德国出版社的新书品种呈不断下降趋势,在经历了 2014 年的谷底后曾于 2015 年增长至 76 547 种,而 2016 年再次以 5%的降幅减少至 72 820 种。品种减少的最重要原因是专业类图书的减产,如 2016 年艺术和休闲类图书品种减少 1 741 种,历史地理类减少 1 044 种,社科类减少 1 147 种,科技医学类减少 651 种。

2017 年德国出版社的新书品种进一步下滑至 72 499 种,较 2016 年减少 321 种。其中少儿类新书为 8 752 种,较 2016 年减少 209 种;虚构类图书则表现良好,从 2016 年的 13 891种增加至 14 273 种。②

4.2.4.4　德国的电子书销量上升但销售额减少

2017 年德国的电子书销售数量(不含教材和专业书籍)比 2016 年增加 100 万册,达 2 910 万册,增长率为 3.9%。每位购书者平均购买 8.3 册,购买数量比上一年提升了 12.6%。但电子书的总销售额比上一年减少了 1.4%。销售额减少的原因有两个,第一个原因是购书者偏爱价格较低的图书品种,因此电子书的售价继续呈下降趋势,2017 年环比下降了 5.1%,平均价格为每册 6.38 欧元;第二个原因是购书者数量减少了 7.7%,从 2016 年的 380 万人下降到 2017 年的 350 万人。2017 年电子书销售额在整个图书市场

① 柯素芳. 一文了解德国图书市场情况　实体书店销售额及销售占比不断下滑[EB/OL]. (2018-10-23)[2020-10-05]. https://xw.qianzhan.com/analyst/detail/220/181022-1761177a.html.

② 柯素芳. 一文了解德国图书市场情况　实体书店销售额及销售占比不断下滑[EB/OL]. (2018-10-23)[2020-10-05]. https://xw.qianzhan.com/analyst/detail/220/181022-1761177a.html.

中的占比依然是4.6%。[①]

4.2.5 意大利图书出版市场

4.2.5.1 意大利图书出版市场现状

意大利出版商协会(Associazione Italiana Editori)公布的数据显示:受新型冠状病毒肺炎疫情影响,意大利国内图书市场销售受到较大冲击,整体销售额下滑25%,在受疫情影响较为严重的伦巴第大区、威尼托大区和艾米利亚·罗马涅大区,图书销售额下降70%以上。2020年,意大利出版商协会与图书数据机构尼尔森(Nielsen)共同发布了意大利图书市场2019年的相关数据。数据显示,意大利出版商帮助出版业实现增长,自2010年以来,意大利通过贸易渠道获得的销售额首次实现增长,达到15亿欧元,增长率为3.4%,包括图书馆、大众零售和在线商店;实体图书出口额为9 010万欧元,同比增长3.4%。在过去10年里,意大利市场的图书在线销售份额从3.8%上升到26.7%。按细分类别看,意大利出版商图书销售额获得提高。成人虚构类图书销售额达2.059亿欧元,同比增长7.3%;销售量为1 380万册,同比增长6.2%。成人非虚构类图书销售额达2.613亿欧元,同比增长9%;销售量为1 040万册,同比增长5.1%。青少年虚构类图书销售额达2.467亿欧元,同比增长3.4%;销售量为2 090万册,同比增长2.9%。[②]

4.2.5.2 意大利数字阅读氛围浓郁

2018年底至2019年初,意大利多家著名书店陆续关门,其中包括米兰尼瓜尔达医院书店、西西里岛拉古萨市保利诺书店和都灵的巴黎公社书店。最近倒闭的一家书店是位于罗马市中心的费尔特里内利国际书店,这里曾是人们能够在意大利首都找到外文书籍的为数不多的地方之一。此外,罗马另外一家能够借阅英文图书的图书馆也已经停业,从开始营业至今已有60余年,关张的原因是"亚马逊、电子阅读器和手机已经可以替代纸质阅读方式"。仅在罗马,过去的10年之中就有200多家书店关门。罗马Odradek独立书店的负责人表示:"2017年,我们的全年营业额为19.5万欧元;2018年为18.5万欧元;2019年为17.5万欧元。每年我们都会损失1万欧元。此外,在最近一年中,我们少卖了1 250本左右的图书。"

根据意大利出版商协会提供的数据,2019年在线零售约占意大利销售额的26.7%,较2018年增长2.7%。电子书市场价值为7 100万欧元,同比增长6%。电子书在意大利的增长速度也超过了法国和德国,两个邻邦的数字分别是2%和4%。此外,有408万意大利人在听有声书,一年内平均每个意大利人听有声书的数量为3.1本,意大利从事有声书制作的出版社不在少数,有声书有望迎来发展良机。[③]

---

① 2017年德国图书市场[EB/OL].(2018-09-13)[2020-10-05].https://www.sohu.com/a/253615044_488769.

② 全国"锁城",疫情下的意大利图书出版市场[EB/OL].(2020-03-13)[2020-10-05].https://mp.weixin.qq.com/s/8qZ5E7MzPRFz7-TJFASpfA.

③ 全国"锁城",疫情下的意大利图书出版市场[EB/OL].(2020-03-13)[2020-10-05].https://mp.weixin.qq.com/s/8qZ5E7MzPRFz7-TJFASpfA.

4.2.5.3 意大利国内出版市场盗版现象较为严重

2020年1月下旬,意大利出版商协会联合意大利报纸出版商联合会(Federatione Italiana Editori Giornali)对目前意大利出版市场的盗版规模进行了量化分析。数据显示,意大利图书出版业每年因为盗版内容产生的损失约合5.28亿欧元,占整体图书出版业规模的23%,如果算上新闻出版的话,总计损失约合13亿欧元。读者同样没有意识到盗版内容对于图书出版业的负面影响。根据这次公布的数据,在2019年一年中,年龄在15岁以上的意大利人中有36%的读者曾阅读过盗版内容,25%左右的读者至少下载过一次盗版的电子书或有声读物,8%的读者表示他们至少收到过一本家人或朋友赠送的盗版图书,7%的读者表示他们至少买过一本盗版图书。另外,在大学中,盗版情况更为严重,80%的大学生至少有过一次盗版行为。在专业受访者中,81%表示他们都有过盗版行为,这些人中有律师、公务员、会计师、工程师、建筑师等。意大利出版商协会主席里卡多・弗朗哥・列维(Ricardo Franco Levi)曾多次在公开场合呼吁政府对盗版行为进行"必要性的执法",但到目前为止,意大利关于盗版内容的法案仍不完善。对于公众来讲,大多数人了解盗版行为是非法的,年龄在15岁以上的意大利人有84%了解其非法性,有66%认为盗版行为不太可能受到相关部门惩罚,有39%认为盗版行为还未达到被法庭起诉的程度。①

4.2.5.4 意大利政府在激发出版业活力方面的相关举措不力

2020年2月初,罗马参议院通过一项法案,规定了书商可以给予图书的折扣程度。该法案计划对图书出版业给予440万欧元的国家性补助,以用于以下几个方面:为出售图书的销售商减免130万欧元税收;书商可给予图书的折扣力度最大值从15%降低到5%;书店每年可以对所售图书进行一次15%折扣的促销活动;出版商给予图书的折扣不能超过20%。虽然参议院认为这样的图书法案有利于促进和支持公民阅读,但是列维认为新法案将会让意大利出版业遭受7 500万欧元损失,2 000个工作岗位将会面临风险。"降低折扣程度将会为意大利的家庭和消费者带来更大的经济压力。"列维表示。目前,意大利国民阅读率在欧洲范围内排名垫底,根据相关数据,半数国民在一年内的阅读量低于1本书,其中20%的国民每年不参与任何文化活动,包括剧场、博物馆、电影院等。列维认为,新法规实施的时间也很重要,一旦新法实施,意大利出版业有可能受到严重冲击。目前,受疫情影响,意大利出版商协会建议政府延迟新法案的实施时间,从而避免出版供应链受到更剧烈的影响。②

4.2.6 韩国图书出版市场

4.2.6.1 出版业流通领域网络书店占优势

韩国整体的数字化程度高、起步早,网络的普及率排在世界前列。韩国政府于2020年

---

① 全国"锁城",疫情下的意大利图书出版市场[EB/OL].(2020-03-13)[2020-10-05].https://mp.weixin.qq.com/s/8qZ5E7MzPRFz7-TJFASpfA.

② 全国"锁城",疫情下的意大利图书出版市场[EB/OL].(2020-03-13)[2020-10-05].https://mp.weixin.qq.com/s/8qZ5E7MzPRFz7-TJFASpfA.

宣布,计划至2025年,以数字化、绿色化和稳就业为方向投入约76万亿韩元(1美元约1 207韩元),建设大数据平台、第五代移动通信(5G)、人工智能等数字产业基础设施,发展“非接触经济”,推动社会间接资本的数字化发展,克服疫情影响,挖掘经济增长新动力①。

韩国的高度数字化极大地促进和影响着韩国出版产业的走向,而这些适合韩国出版业发展走向的特色,让如今的韩国出版产业呈现了兴旺发达的前景。例如 morning365、yes24 等网络书店,展示了韩国图书流通的新模式。出了地铁检票口就能看到 morning365 的书报摊。这种书报摊采用连锁经营制,设在各种车站,面积很小。读者可以在这里取到网上预定的书(当然网络书店也可及时送货上门),因为一年 365 天都开放,所以韩国人称它为 morning365,也叫它“快乐小店(happyshop)”。这种快乐小店的销售折扣率可以达到 30%~40%。方便、快捷、价格低廉是网络书店的优点。

韩国的网络书店,以美国的亚马逊网络书店为典范,从1997年开始建立,到2002年,销售额达到3 000亿韩元,占全球网络书店销售额的5%以上;自从2003年以来,韩国的网络书店,无论是销售额,还是在全球销售额中所占比例,都呈继续上升趋势。网络书店的流行,给传统的韩国出版的流通领域造成了巨大的压力,以至于首尔的许多中小书店纷纷倒闭。但是,网络书店为韩国出版物的发行,创造了一条崭新的发展之路。

4.2.6.2 每年一度的汉城国际书展

韩国出版文化协会自1995年起,每年举办一次首尔国际书展,为国际文化信息交流做出了贡献。首尔国际书展是在韩国文化旅游部和韩国书商联盟协会的支持下,由韩国出版文化协会、韩国文化广播公司、韩国展览中心联合举办。韩国文化广播公司是韩国最大的传播媒体,在各种国际文化活动和图书贸易文化交流中发挥着重要的作用。首尔国际书展曾是韩国国内的图书展览,1995年试办国际书展,仍沿用过去的展名(Seoul Book Fair)。1996年正式命名为首尔国际书展(Seoul International Book Fair,SIBF)。首尔书展在每年的5—6月举办。每年都有来自20个左右的国家和地区的千余家出版单位参展,展出包括图书、期刊、电子出版物等上万个品种。书展期间还举办各种贸易活动,其中以版权贸易为主。

首尔国际书展作为国际化的书展具有以下特点:认识亚洲图书市场实践经验;提供开拓亚洲市场的无限商机;在参展商和参观者之间建立更具亲和力的合作环境;提供优质的服务,便利的设施;增进了世界对韩国文化的了解,同时促进文化交流与沟通。

4.2.6.3 实用性图书成了韩国畅销书的选题,本土作家受欢迎

随着经济和社会的发展,韩国读者的阅读取向也发生了变化。通过近3年韩国的畅销书排行榜就会发现,曾经引领阅读热潮的人文教化方面的书籍已经不再是读者的首选,快节奏的生活和巨大的工作压力使得读者对实用性强的书籍更感兴趣。也就是说,读者不再愿意读那些深奥的、需要理性思考的图书,更倾向于轻松易懂、阅读之后马上就对生活有所帮助的图书。一位韩国出版社的社长也说:“读者不再看重知识性和教化功能,更追求趣味和实用。特别是在经历了金融危机后,对自己的职业生涯有所帮助的图书成为韩国年轻读者的首选。”此外,电视、电影、网络等媒体也对出版业产生了重大影响。与影视相关的图书

---

① http://finace.sina.com.cn/world/gjcj/2020-06-18/doc-iirczymk7588900.shtml.

即使没什么特别的内容也很容易畅销。更多照搬电视节目内容的图书涌入了市场。评论家韩美花女士说:“活字印刷术使大众获得了学习知识的权利,图书成为传播文化的媒介。”但是 20 世纪末,图书面临着电影、电视、网络等电子媒体的强大挑战。

在韩国文学书市场上,国外的通俗小说一直占据着主导地位,美国的丹·布朗(《达·芬奇密码》作者)和巴西的保罗·戈埃罗(《炼金术师》作者)将韩国本土作家远远抛在了后面。近年来,以女作家孔枝泳为代表的一批韩国作家成了排行榜的常客。孔枝泳的新作《我们的幸福时光》和与日本作家仁成合作的《恋爱后接踵而来的》频频登上排行榜,旧作《凤顺姐姐》《青花鱼》《像犀牛的角一样走下去》也成为读者购买的热点。她已经成为众多出版社最想拿到书稿的作家。

4.2.7 巴西图书出版市场

4.2.7.1 巴西图书出版市场现状

2017 年巴西共售出图书约 3.5 亿册,较 2016 年下降 7.4%,销售额实际下跌 4.8%,延续几年来的颓势。数据显示,2006—2012 年,巴西图书市场保持稳定,年销售额接近 70 亿雷亚尔(1 雷亚尔约合 1.72 元人民币)。但自 2013 年起,销售额逐年下滑,到 2017 年,仅为约 52 亿雷亚尔,较 2013 年下降超过 20%;各类图书销量均出现不同程度的下滑,其中受影响最大的是科技类、专科类丛书以及各种教材。“鉴于巴西人口的上升趋势,这显然表明巴西人均购书量在下降。”巴西全国图书出版商联合会负责人马科斯·佩雷拉认为,图书销量减少以及平均价格降低令图书市场整体萎缩。巴西利亚一家图书出版社的合伙人卡多佐表示,巴西缺少广泛阅读的文化是很危险的。2016 年的一份调查显示,44%的巴西人没有阅读习惯,30%的人甚至从未购买过书籍,而主要原因是收入分配不均、文盲人数较多、家庭和学校缺乏对阅读的鼓励和培养,以及公共图书馆数量少等。从另一个角度来看,巴西图书市场不景气也是受此前经济危机的影响。研究显示,近几年巴西图书市场年销售额与国内生产总值(GDP)走势基本吻合。2014 年之前,巴西经济持续增长,图书市场销售额也处于高位。而 2015 年和 2016 年,巴西 GDP 连续两年缩水 3.5%,使得图书出版行业不确定性增加,加之市场需求不振,销售额下滑明显。①

4.2.7.2 2016—2019 年巴西数字图书收入增长 115%

全球市场调查公司尼尔森(Nielsen)与巴西图书商会(CBL)和国家图书出版商协会(SNEL)联合进行的一项调查显示,2016—2019 年期间,全国数字图书类产品的销售收入增长了 115%(已扣除通货膨胀率)。巴西《圣保罗页报》报道,数字图书类产品包括电子书、有声书及其他数字化图书产品,其中电子书的销售额在总收入中所占比例高达 99%,销量占 96%。据统计,2019 年该类产品的总收入为 1.03 亿雷亚尔,销量达到 470 万部,在整个图书出版市场中所占比例依然处于较低水平。但不可否认的是,数字图书这一利基市场正在蓬勃发展。在所分析的 3 年期间,巴西相关平台中上架的数字图书数量增长了 37%,共计已有

---

① 巴西图书市场有望回暖[EB/OL].(2018-07-13)[2020-10-05].https://mp.weixin.qq.com/s/R-6HvxNDOwjk00yqTBS2Fw.

7.1 万部书籍。数据显示,2019 年巴西新发行 8 900 部数字图书,其中 92%为电子书,8%为有声书。根据调查数据,如今数字图书在巴西出版市场中所占份额达到 4%。而对于年收入超过 1 000 万雷亚尔的大型出版商而言,数字图书的业务收入总额可占 7%。①

4.2.7.3 巴西"书盒"逐渐兴起

2020 年巴西新冠肺炎病毒的大流行导致店铺商业停滞,图书出版市场也几乎崩溃。然而,该行业新产品"书盒"(配有一个包装盒的整套图书)在隔离期间逐渐兴起。根据尼尔森图书调查公司和新闻网站"PublishNews"对巴西 20 家书店或书籍销售点的调查数据,2020 年 3 月、4 月和 5 月全国最畅销的 20 部图书中有 10 部均以"书盒"形式售出。出版商表示,有 3 个原因可以解释"书盒"的兴起:一是整套价格低于每本单价之和;二是人们在家中隔离,拥有更多空闲时间;三是在线销售渠道增加,带动"书盒"销量增长。经典著作的成套销售在全球范围内的接受度普遍较高,往往能获得很好的业绩。而新作品则很难以这种形式出售,因为人们不愿意为不认识的作者花费太多。漂亮的封面通常也会吸引更多读者。Pandorga 出版商的主要负责人朱莉安娜·桑托罗斯(Juliana Santoros)也表示,美感是制作包装盒时的关键因素之一。

在疫情开始之前,出版商们已经看到了"书盒"销量的增长。随着隔离期的到来,随即增加了"书盒"图书项目,其中包括非小说类书籍。

4.3 中国图书出版产业"走出去"

4.3.1 中国图书出版市场概况

4.3.1.1 中国图书出版市场分析

2019 年是新中国成立 70 周年,也是全面建成小康社会关键之年。我国出版业以新时代中国特色社会主义思想为指导,以高质量发展为核心,坚持社会效益与经济效益相统一,稳步发展,取得了亮眼成绩,为经济社会文化发展贡献出自己的力量。这一年,图书出版业的管理不断加强。由中宣部印发的《图书出版单位社会效益评价考核试行办法》于 2019 年 1 月 1 日正式开始施行,首次对出版单位的社会效益提出明确的量化考核指标和评分标准。《新华书店社会效益评价考核试行办法》也在 2019 年全面落实,对出版发行业的高质量发展提出了具体要求②。2019 年,图书出版业在主题出版、大型图书出版工程、教育出版、专业与学术出版以及大众出版等方面都有很多亮点和突出表现③。

4.3.1.2 中国数字出版的新特点

数字化概念在 20 世纪 90 年代中后期开始出现。进入 21 世纪,数字技术迈进深入发

① 近三年巴西数字图书收入增长 115%电子书占绝大多数[EB/OL].(2020-08-26)[2020-10-05].https://mp.weixin.qq.com/s/TJHPGJajkLOtfHFbWkHy1Q.

② 张志强,朱宇.聚焦高质量,开启新时代——2019 年中国出版回顾[J].编辑之友,2020(2).

③ 周蔚华,程丽.2019—2020 年中国图书出版业报告[J].出版发行研究,2020(4).

展阶段，并迅速普及，出版的形式也呈现出数字化特征。数字出版作为新兴产业，发展势头持续向好。2018 年国内数字出版产业整体收入规模为 8 330.78 亿元，同比增长 17.8%①。数字出版的用户规模也不断扩大。《2019 年度中国数字阅读白皮书》显示，截至 2019 年，中国数字阅读用户总量达到 4.7 亿，同比增长 9.3%。与往年相比，数字出版产业发展呈现出以下四个特点。

（1）移动阅读发展潜力较强。近年来，以智能手机、电子书阅读器、智能音箱等为代表的移动终端势头强劲，成为出版行业的主要创新平台和阅读入口，市场份额快速扩张。2018 年国内移动出版（移动阅读、移动音乐、移动游戏等）收入规模为 2 007.4 亿元，在数字出版总收入中占比 24.10%②，仍然是数字出版产业的重要支柱，具有较强的发展潜力。其中移动阅读的发展更是呈现逐年上升趋势，据不完全统计，2019 年市场规模达到了 204.9 亿元，比上一年增长 22.4%（见图 4-9）。虽然受到短视频等其他数字娱乐内容的影响，增长速度有所降低，但移动阅读、社会化阅读作为一种新的阅读方式，受众普及率越来越高，已经深刻改变了人们的学习方式、工作方式与生活方式。移动阅读在 2009 年开始兴起，当年公布的第六次全国国民阅读调查数据显示，我国每 4 个成年国民中就有 1 个在用互联网或者手机进行阅读。现在，这一比例又有了大幅提升。第十七次全国国民阅读调查数据表明，2019 年我国成年国民手机阅读率已达到 76.1%，同比上升 2.3 个百分点，电子阅读器、平板电脑这两种移动终端的阅读接触率也都呈增长态势，分别上升了 4.0 和 0.5 个百分点。而且移动阅读在内容运营、阅读终端、商业模式上的创新发展，也充分展现出移动出版这一新兴产业的蓬勃生机。

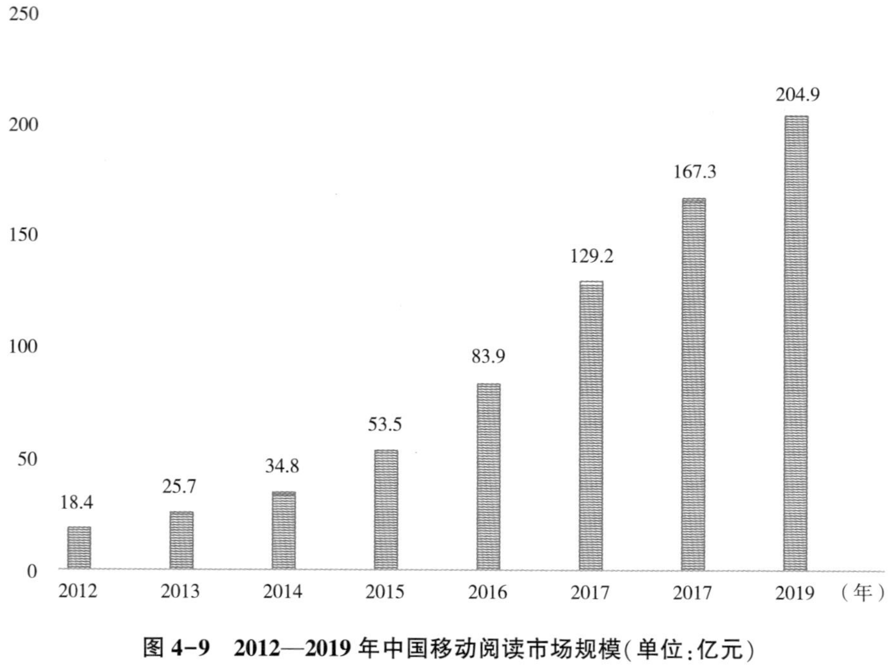

图 4-9　2012—2019 年中国移动阅读市场规模（单位：亿元）

资料来源：《2019 年中国移动阅读发展趋势研究报告》。

① 资料来源：中商产业研究院。

② 资料来源：《2018—2019 中国数字出版产业年度报告》。

在内容运营上,通过细分场景,提供契合即时性阅读需求的主题内容,给用户带来了更好的阅读体验。移动阅读的"移动"特性,创造了人与阅读终端接触的更多机会,不仅方便用户阅读时长和阅读地点的增加,还能够将阅读内容及相关阅读行为与用户的现实生活紧密联系在一起,最适合场景思维的融入。移动阅读需要必要的场景,用户基于此产生不同的情境需求和内容偏好,在技术的支持下,移动阅读可以与各种场景契合。因此,将场景融入产品开发,在创作过程中重视情境和内容主题的匹配,不断强化用户在多场景下阅读的适用性和掌控力,能够显著优化阅读体验,而且持续巩固用户黏性和忠实度,尽显移动传播优势。

在阅读终端上,各类移动阅读 App 产品层出不穷。互联网企业、电信运营商、电子商务企业、社交平台以及传统出版企业都立足自身优势,整合资源,推出各具特色的移动阅读产品和服务,掌阅、咪咕阅读、京东阅读、微信读书、大佳阅读等移动阅读平台较好地覆盖了各类用户群体,这意味着用户在接触和使用移动出版产品时将有更多选择,显著提高了移动出版的传播效果。同时,移动阅读载体越来越多样化、智能化。作为移动互联网流量主要入口的智能手机,阅读功能不断得到强化,在优化显示效果、减少电子产品危害方面不断有新突破,更好地满足了用户的阅读需求。新型电子书、智能音箱、智能耳机、智能手表等新型载体的出现,开拓了移动阅读的应用空间,也给阅读场景的无缝切换提供了充分的解决手段和工具,进一步拓展了移动阅读用户。

在商业模式上,以订阅收入为主,多元化趋势越发明显。数字阅读是典型的内容产业,付费阅读是其主流盈利模式。但内容的衍生性在数字技术和移动互联网支撑下发挥得淋漓尽致,越来越规范的行业环境也给了数字阅读企业更多保障,推动了版权运营收入的增长。同时,移动阅读平台也在积极探索新的盈利模式。连尚文学开发"免费阅读+广告"的运营模式,读者可以选择在有广告的状态下免费阅读,或者购买 VIP 去广告阅读。这一模式对网络文学变现进行了有益探索,给用户创造更大权益的同时,也增加了作品接触率,实现多方盈利。掌阅与手机生产厂商合作,通过预装 App、提供技术支持方式,拓宽传播渠道,吸引用户,促进了其运营发展。另外,掌阅还在社交、电商、娱乐、媒体等线上和线下渠道进行内容分发,行业间互相渗透融合,延伸产业链价值,增加收入来源。

(2)在线教育市场优势凸显。2018 年,教育部印发《教育信息化 2.0 行动计划》,明确提出构建一体化的"互联网+教育"大平台,我国教育信息化建设进入新阶段。之后《关于健全校外培训机构专项治理整改若干工作机制的通知》《关于引导规范教育移动互联网应用有序健康发展的意见》《高等院校管理服务类教育移动互联网应用专项治理行动方案》等一系列相关政策密集出台,对线上内容和教育教学类 App 等提出明确要求,有效推动了数字教育的规范化、精品化发展。随着教育信息化进程的加快推进,在线教育呈现出良好的发展态势。2018 年,在线教育收入规模达到 1 330 亿元,在数字出版总收入中占比 16%。虽然在各板块中位列第三,但增速较快,比上年增长了 31.68%,增幅大大超过数字出版整体增长水平。2019 年在线教育市场进入更加平稳的发展时期。数据显示,2019 年我国在线教育共发起 148 起融资,同比增长 38.3%,融资总金额达 115.6 亿元人民币。在线教育用户规模也大幅增长,截至 2020 年 3 月,我国在线教育用户规模达 4.23 亿,比 2018 年底增加 2.22 亿,增长近一倍[①]。

① 资料来源:《第 45 次中国互联网络发展状况统计》。

在国家政策的引导和互联互通的发展背景下,众多出版企业基于自身优势,积极开拓在线教育市场,尝试多种发展模式,涌现出一大批有代表性的产品和服务,成绩有目共睹。中南出版传媒集团股份有限公司打造的 K12 精准教育互动平台——贝壳网,集教学资源、教研备课、智能测评、名师直播为一体,构建起新型教育生态圈。目前注册用户达到 450 万,遍布全国近六万所学校,被评定为国家教育出版全媒体融合重点工程①。人民邮电出版社所开发的新形态一体化教材,将纸质教材与数字资源进行了充分融合,读者能在多种终端应用上进行使用。2019 年,人民邮电出版社出版发行的《大学体育》AR 版教材,当季发书就超过 9 万套。截至 2019 年底,人民邮电出版社新形态教材的销售码洋达到了 2. 5 亿元②。传统出版企业已经逐步探索出一条数字教育出版的融合发展路径,从教育出版商向教育服务商转变,能够为学生、家长、教师、教育机构等用户提供一整套的知识服务综合解决方案。

2020 年初,受疫情影响,全国大中小学校推迟开学,在线教育成为助力完成“停课不停学”的先锋力量,市场需求呈现爆发式增长态势,这对在线教育行业产生了巨大影响,也成为教育出版加速信息化进程的重要推力。疫情期间,2. 6 亿中小学生转向线上课程,广大居家隔离的普通民众也有在线“充电”的现实需要。面对如此庞大的在线学习用户群体,教育出版企业反应迅速,行动果断,不仅充分挖掘出行业潜力,也为战胜疫情贡献了一份自己的力量,展现出新时代出版人的使命和担当。在“停课不停学”期间,人民教育出版社、凤凰出版传媒集团等教育类出版机构紧急免费提供电子教材、电子教辅,保障疫情期间线上教育教学活动的顺利开展。其中,浙江出版联合集团仅用 3 天时间就上线了浙江省数字教材服务平台,156 册数字教材的电子版权授权和数字化处理工作全部在 72 小时内完成。平台上线短短 3 个小时,浏览量就超 3 000 万,最高同时在线人数达 36 500 人,网站运行平稳顺畅③。

虽然在疫情结束后,需求会有所回落,但此阶段积累了大量用户资源,推动了在线教育的普及,而且随着技术的成熟以及三四线城市教育市场的拓展,我国在线教育市场规模将会进一步扩大。

(3)5G 赋能出版深度融合。2010 年,原新闻出版总署发布的《关于加快我国数字出版产业发展的若干意见》明确提出,传统出版单位到 2020 年基本完成数字化转型。在过去的 10 年,出版单位积极探索传统出版与新兴出版融合发展的新路径,聚合优质资源,再造数字出版流程,催生出一大批新产品、新模式和新业态,取得了阶段性成果。当下,融合发展已经成为推动出版业转型升级的重要抓手,是出版单位发展变革与战略选择的主要方向。但出版融合是一个持续发展过程,要坚持不断创新。那么接下来的出版融合该如何发展呢? 5G 提供了良好契机。2019 年是我国 5G 商业元年,工信部正式发放了 5G 商用牌照。5G 所具备的高速度、大容量和低延时等特点,使传播方式、产业边界、出版生态发生深刻变化,加快了出版行业深度融合的进程,习近平总书记提出的全程媒体、全息媒体、全员媒体、全效媒体的全媒体传播将得到更好的落实。

---

① 资料来源:贝壳网官网(https://www.bakclass.com/)。

② 龚渝婷. 在线教育视域下的教育出版多元化发展[J]. 出版广角,2020(11).

③ 黄琳,吴云琴. 仅 72 小时,156 册数字教材紧急上线[N]. 中国新闻出版广电报,2020-03-04.

出版业的深度融合离不开技术支撑,每一次信息传输技术的迭代升级都会给内容生产和传播带来深刻影响。从1G到4G,出版业完成了传统出版到数字出版的转变,实现了跨越式发展。在5G环境下,出版业要充分把握新技术变革带来的历史机遇,用好新技术,大力提升技术创新应用水平。一方面,5G高速、高质的信息传输能力使物联网在阅读终端的搭建成为可能,出版内容可以融合更多的应用场景。除了现有的台式机、智能手机、平板电脑、智能手表、智能眼镜等能获得更好的阅读体验外,车载屏幕、教室书桌、智能家居等也都能成为阅读终端,扩展人们的阅读方式,真正实现万物互联。另一方面,5G技术令虚拟/增强现实技术在出版行业真正落地,充分实现沉浸式体验。在4G时代,受到网络带宽的制约,融合产品的交互体验性、场景逼真性以及网络传播的时效性均较差,而5G的普及可以很好地解决上述问题,为融合出版产品的高保真和交互提供更多的可能①,使VR、AR、MR等数字呈现技术在出版业的应用获得更广阔的空间。截至2018年底,国内所出版的AR图书多达数百种,分布在专业出版、大众出版和教育出版各领域②。尤其是很多童书出版物都使用了AR/VR技术,如中央广播电视大学出版社出版的《VR恐龙世界》,读者通过随书附赠的VR眼镜和手机App,就可以与恐龙世界亲密接触,纸质书上承载的内容越来越丰富。未来,出版物内容边界将越来越模糊,单纯的文字内容竞争力会进一步减弱,音视频内容占比将大幅提升。出版单位应该在充分调研市场需求的基础上,通过内容与技术的融合,形成丰富多元的产品和服务体系。同时,出版单位也要正确处理出版物内容和技术之间的关系。对于出版业来说,内容是根本,5G技术要为出版深度融合提供支撑,但也要避免单纯地追求技术创新。

(4)有声读物市场持续快速发展。随着移动互联网覆盖率的增加,以及人们阅读习惯的改变,有声阅读越来越受到读者的欢迎,听书成为一种流行的阅读方式,耳朵经济被唤起,焕发出蓬勃生机。有声书作为数字阅读的延伸,调动读者的听觉思维,能够更好地利用碎片化时间,而且拉近了读者和作品之间的距离,市场需求增长空间巨大。2019年,我国有声书市场规模在63.6亿元左右,同比增长约37%,到2020年市场规模有望超过80亿元(见图4-10)③。在用户规模方面,第十七次全国国民阅读调查数据显示:2019年,我国有31.2%的国民有听书习惯,其中成年国民的听书率为30.3%,0~17周岁未成年人的听书率为34.7%,比2018年分别提高了4.3%和8.5%。有声书行业展现的发展潜力,吸引了更多市场主体进入。北京广播电台官方客户端"听听FM"改版上线,与阿里文学、十月文艺合作,联合发起了"匠心计划",共同推动精品有声小说的打造。阅文集团依托强大的创作资源和渠道优势,推出其有声阅读品牌——阅文听书,还和在线音频平台、直播平台、视频平台等建立起良好的合作关系。人民文学出版社打造"人文读书声"服务号,上线300多种有声书作品,读者不但可以收听《红楼梦》《资治通鉴》《围城》《红星照耀中国》《芳华》等经典名著和当代文学作品,还能在线互动,一起品读经典。新经典携其出版佳作——《百年孤独》进入有声书领域,并在2019年——纪念路遥诞辰70周年之际推出《平凡的世界》有声书,均取得不俗成绩。

---

① 王亮,张佳倩.4G/5G过渡时期出版业融合发展策略[J].中国出版,2020(18).

② 国家新闻出版署出版融合发展(武汉)重点实验室.2018年中国出版融合发展报告[J].科技与出版,2019(5).

③ 资料来源:《2019中国有声书行业发展概况、特点分析及发展趋势预测》。

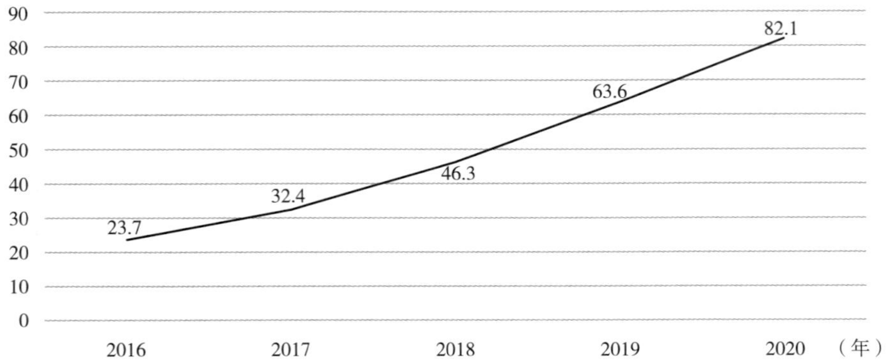

图 4-10　2016—2020 年中国有声书市场规模及预测（单位：亿元）

资料来源：艾媒咨询。

目前，有声书行业市场格局基本稳定，主要有两大阵营：一类是以喜马拉雅、荔枝等为代表的综合在线音频平台；另一类是以懒人听书等为代表的垂直类听书平台。除此之外，数字阅读平台、知识付费平台、阅读类微信公众号的听书功能也吸引了一部分受众。行业头部企业各具特色，优势明显。喜马拉雅的手机用户超过 6 亿，拥有市场上 70% 畅销书的有声版权，85% 网络文学的有声改编权，超 6 600 本英文原版畅销有声书版权，稳居行业第一把交椅①。但荔枝作为国内最大的 UGC 音频社区，于 2020 年初成功上市，成为中国在线音频第一股，其所坚持的 UGC 商业模式重塑了传统产业链，为行业发展提供了更多元的运营模式。有声书整体环境利好，行业发展越来越成熟规范，在经历了最初的盲目发展和无序竞争之后，市场逐渐回归理性，内容精品化趋势日益明显。而且用户对深度读物偏好度也呈现明显上升趋势，对高质量、精细化内容的需求程度普遍增高，有声书付费市场发展潜力巨大。在这种环境下，如何增加用户黏性、培养用户使用习惯、提升用户体验成为有声书行业的主要发力点，版权成为决定有声书平台发展的关键因素。不过有声书市场仍处于初级发展阶段，相关法律法规尚未完善，有声书的版权纠纷持续不断。由于有声书版权法律纠纷存在授权环节多、法律关系复杂，证据提取难、内容比对不易，判赔额度低、维权成本偏高，责任证明难、诉讼周期过长等特点②，版权保护形势异常严峻。因此，有必要以法治思维和方式处理有声书版权保护问题，从多角度综合探索解决路径，以全面保障版权人合作权益，激发其创作热情，满足更丰富的用户需求，促进有声书行业良性发展。

4.3.2　“十四五”时期中国图书出版业“走出去”分析

2020 年是“十三五”收官之年，回顾过去几年，我国出版业“走出去”取得了较为明显的成效。“十三五”期间，我国出版单位抓住“一带一路”倡议机遇，充分利用国家各项扶持政策，在输出战略、输出动力、输出对象、输出方式、输出载体等方面创新思维③，稳扎稳

① 资料来源：《2018—2019 中国有声书市场专题研究报告》。

② 谭建宏．突破有声书版权保护困境的法治路径［J］．出版发行研究，2020（3）．

③ 范军．出版走出去要加强“五个转向”［N］．中国新闻出版广电报，2020-08-24．

打，贸易逆差不断缩小，输出结构不断完善。据不完全统计，与2016年相比，2019年出版物版权输出数量增长51.1%；出版物版权引进与输出比从2016年的1.75∶1减少到2019年的1.08∶1（见表4-1）①。据初步统计，仅在第二十七届北京国际图书博览会线上平台上，就达成各类版权输出与合作出版意向和协议4 395项，同比增长14.45%，版权贸易创新高②。不过我国出版业"走出去"的现状与我国当前的大国形象和在国际社会的地位还存在一定差距。在"十四五"时期，我国出版业要紧紧围绕服务党和国家工作大局，转变思路，实现出版"走出去"跨越式发展，具体来说可以在以下四个方面重点发力。

表4-1 "十三五"以来我国出版物版权贸易情况统计

年份	输出合计(项)	引进合计(项)
2016	9 811	17 174
2017	12 651	18 037
2018	11 830	16 602
2019	14 816	15 977

资料来源：中国新闻出版研究院。

4.3.2.1 输出对象以"一带一路"相关国家为主

从2000年党的十五届五中全会确立"走出去"战略为我国对外开放的基本国策，再到2006年国务院颁布《关于鼓励和支持文化产品和服务出口的若干政策》，国家出台一系列优惠政策，全面保障出版企业"走出去"，我国出版业的国际化步伐越来越快，国际合作领域也越来越宽。但一直以来，周边的日韩、东南亚以及欧美市场是我国出版"走出去"的主要目标市场，21世纪最初10年间，位列我国版权输出前4名的国家是韩国、日本、美国和英国。输出区域相对集中，不利于中国出版的对外发展和中国文化"软实力"的提升③。2013年习近平总书记提出建设"一带一路"倡议，这给我国出版业的"走出去"提供了新机遇。在保证日韩、欧美等国家的出版贸易稳定增长的情况下，重点目标市场开始转向"一带一路"沿线国家。自2014年来，中国与"一带一路"沿线国家出版业交流合作日趋紧密，版权贸易量保持高速增长④。中国新闻出版研究院于2019年10月发布的《"一带一路"国际出版合作发展报告》显示，我国已与80多个"一带一路"相关国家在出版领域进行交流合作，覆盖了亚洲、欧洲、非洲、大洋洲、北美洲和南美洲⑤，越南、俄罗斯、尼泊尔、黎巴嫩、泰国等"一带一路"沿线国家逐渐成为我国版权输出主要市场。向"一带一路"沿线国家版权输出数量增长迅速，2019年已达到9 500余项，是2016年的2

① 范军."十三五"以来我国出版走出去的"四个新"[N].中国新闻出版广电报，2020-09-25.

② 张贺.第二十七届北京国际图书博览会版权贸易创新高[EB/OL].(2020-10-01)[2020-10-02].http://culture.people.com.cn/n1/2020/1001/c1013-31881925.html.

③ 潘文年.风暖雁寻去 松高人独来——中国图书"走出去"十年步伐[J].编辑之友，2012(1).

④ 白瀛，史竞男.中国与"一带一路"沿线国家版权贸易高速增长[EB/OL].(2017-08-23)[2020-08-07].http://www.xinhuanet.com//silkroad/2017-08/23/c_129687185.htm.

⑤ 史竞男.《"一带一路"国际出版合作发展报告》发布：我国已与83个"一带一路"相关国家开展图书等版权贸易[EB/OL].(2019-10-27)[2020-08-07].http://www.gov.cn/xinwen/2019-10/27/content_5445537.htm.

倍多,占全国版权输出总量的比例也从 2016 年的 47.12%增加到 64.3%,我国出版物的国际市场空间进一步扩展,版权输出区域结构得到优化。

截至 2019 年 10 月底,我国已经与 137 个国家和 30 个国际组织签署了 197 份共建"一带一路"合作文件①,合作空间不断拓展,给我国出版业提供了更广阔的国际舞台。同时,当今世界形势风云变幻,中美贸易冲突存在很多未知,这给我国出版业"走出去"带来严峻考验,也提出了更高的要求。因此,在输出对象上,我国出版企业在今后应进一步走入"一带一路"相关国家和地区,尤其要采取一国一策分众化方式,依据不同国家、不同情况、不同需求,采取不同的策略②。"一带一路"沿线国家众多,每个国家都有自己的语言和文化,因此要根植文化基础,着重推出以"一带一路"为主题的出版物以及反映沿线国家特色的精品,满足多元化的阅读需求。另外,出版单位需要在增加出版物语种上面下功夫。"一带一路"沿线国家涉及 50 多种语种,而且大多数为非通用语种,这大大增加了版权输出难度。出版单位为此十分重视翻译人才队伍的建设,遴选和培养高水平翻译人员,辅以人工智能技术,切实提高翻译作品的准确性与艺术性。如三联书店的学术著作《中华文明的核心价值》,自 2015 年出版以来已有 14 个版本,被翻译成 20 个国家的语言,受到"一带一路"沿线国家读者的好评,并带动了三联书店其他出版物的输出。2019年,三联书店陆续与黎巴嫩 Digital Future 出版社签约《重启改革议程》阿拉伯语版、与罗马尼亚 Editural Integral 出版社签署《生死关头》罗马尼亚语协议③。国家在这方面也加大了扶持力度,除中国图书对外推广计划、中国图书互译计划、中国当代作品翻译工程等活动新增了面向"一带一路"沿线国家的翻译资助项目外,丝路书香工程单独设立重点翻译资助项目,对"一带一路"沿线国家翻译出版的精品图书进行扶持。截至 2019 年,丝路书香工程重点翻译资助项目共资助 1 918 种图书,涉及阿拉伯语、波兰语、波斯语、俄语、哈萨克语、尼泊尔语等 47 个语种④,解决了翻译成本较大的问题,促成了一大批优秀出版物的输出。

4.3.2.2 加大主题出版"走出去"步伐

我国文化"走出去"战略的主要目的是传播中国文化,增加世界各国对我们的认识和理解,提升国家文化软实力,在国际社会树立良好形象。当今世界风云变幻,而长期以来有些国家对我国的刻板印象根深蒂固,十分不利于国家间和民间的交流合作。改变信息沟通不对称的现状,让世界各地人民看到真实的中国,增进相互间的了解与信任,成为出版行业必须肩负的责任和使命。英国前首相撒切尔夫人曾说过:"一个只能出口电视机而不是思想观念的国家,成不了大国。"其他出版强国在进行对外贸易时,也将出版物中蕴含的文化价值和思想形态进行了输出,对引进国读者的价值观、行为方式会产生一定影响。那么,我们在推动出版"走出去"的过程中,也要让我们的文化价值为各国读者所

---

① 林郁."一带一路"背景下出版企业的机遇和发展策略[J].出版广角,2020(13).

② 范军.出版走出去要加强"五个转向"[N].中国新闻出版广电报,2020-08-24.

③ 蒋肖斌.三联书店"走出去","中华文明"输出多语言版[EB/OL].(2019-08-30)[2020-08-06].http://www.cnpubg.com/news/2019/0830/44237.shtml.

④ 刘莹晨.讲好"一带一路"故事,推动出版国际化发展——我国新闻出版向"一带一路"沿线国家"走出去"的情况分析[J].出版广角,2019(22).

熟悉。只有让中国的“核心价值”深入人心，才能赢得世界的理解、尊重与信任，才能形成双赢、多赢的良好局面，才能成为有影响力的世界大国①。主题出版作为中国特色社会主义文化的重要组成部分，特别适合成为中国核心思想价值体系输出的重要媒介。

主题出版是在现代化建设进程中，围绕国家政治、经济、社会、文化等工作大局开展的倡导时代主旋律，弘扬优秀传统文化和社会主义先进文化，探索治国理政，有助于树立正确人生观和价值观的出版活动②。自 2003 年中宣部、原国家新闻出版总署提出实施主题出版工程以来，该项工作得到了迅速发展，涌现出一大批体现中国传统特色文化、反映当代中国精神风貌、弘扬社会主义核心价值观的精品。我们要将这些优秀作品传播到全球各地，积极引导国际社会正确认识中国，向世界展示好中国的文明大国形象、东方大国形象、负责任大国形象和社会主义大国形象。

在推动主题出版“走出去”过程中，首要的是选择合适的主题。从读者需求角度出发，输出的主题出版物能取得好成绩并产生重要影响的，都是符合各国读者阅读需求和满足他们关注焦点的内容。因此，“走出去”工作的首要步骤是充分调研国际市场需求。从《两地书》等一批抗疫类主题图书的版权输出来看，正是各国读者对我国在抗击新冠肺炎疫情方面成功经验的关注，这类讲述抗疫英雄故事、传递正能量、增强抗击疫情信心的主题出版物才会受到欢迎。《两地书》一经推出便备受瞩目，第一时间实现了英语、法语、俄语、意大利语、阿拉伯语 5 个语种的版权输出，受到美国、意大利、俄罗斯等国出版商的青睐，成为主题图书“走出去”的成功典范③。现象级主题图书《习近平谈治国理政》热切回应了世界各国人民对我国治国理政新理念和中国特色社会主义伟大事业所取得的巨大成就的关注，第一卷、第二卷在国内外均引起热烈反响。第三卷于 2020 年 6 月正式出版，面向海内外发行，相信也一定能和第一卷、第二卷一样成为主题出版“走出去”的榜样。除了选择合适的主题，主题出版“走出去”还要注意叙事角度，避免自说自话。文化折扣现象在主题出版中同样存在，这也是我国出版物难以走进西方社会的原因之一。中西方文化存在很大差异，尤其让国外读者理解我们的核心价值观更存在难度。因此，主题出版物输出时要了解引进国读者的思维方式，在对外出版整个流程中贯彻以读者为中心的理念，少一些宣传意味，用当地语言和国际化视角表达中国观点，实现“润物细无声”的效果。

4.3.2.3 开创科技出版“走出去”新路径

对外出版是中国文化“走出去”的主要平台，也是传播中国模式、中国道路和发展成果的重要媒介。长期以来，我国版权输出主要以大众出版物、教育出版物等为主，科技出版物较少。2011 年，我国科技类图书输出 741 种，仅占当年图书版权输出总量的 12.5%。到了 2018 年，我国科技图书虽然已经进入全世界 80 多个国家，版权输出数量也超过 1 000种，但是当年我国引进 2 000 多种科技类图书版权，贸易逆差仍然存在，这与我国科技大国的地位不符。随着我国成为世界第二大经济体，科技发展也是日新月异，在人工

① 周蔚华，钟悠天．中国出版走出去要有六个转向[J]．中国出版，2014 (7)．

② 韩建民，李婷．我国主题出版研究现状和趋势浅析[J]．出版与印刷，2019(2)．

③ 靳金龙．浅析如何增强主题出版走出去效果[N]．中国新闻出版广电报，2020-09-24．

智能、高速铁路、水稻种植、量子物理、太阳能、5G 等方面的技术居世界领先水平。我们需要将这些先进的科技成果传播到世界各地，进一步扩大我国在国际学术界的影响力，彰显科技文化自信，为实现人类命运共同体做出贡献。而且，科学技术没有国界，科技出版物在对外传播上有先天优势，科技出版应该成为我国出版“走出去”中最有前景的板块。另外，我国有 156 家科技出版企业，2018 年出版 10 万种科技图书、5 000 多种电子出版物，具有中国知网、万方数据库等一批知识资源传播平台，科技出版国际化的基础和积累已形成①。

科技出版“走出去”具有特殊性。一方面，要体现我国科技领域的真实水平和先进程度。输出的科技出版物反映的是我国在某一领域的最新研究成果，如果没有把好质量关，那么这些出版物不仅不能起到传播知识的目的，反而还会令国外读者对我国科技能力产生怀疑。因此，对科技出版物的专业性、科学性、前沿性具有极高要求。另一方面，要强化国家安全意识，注意保密。有些科技信息和数据涉及国家机密，如果在对外出版中被传播出去，可能会被利用，对国家安全造成不利影响。因此，输出的科技出版物一定要把握好度，既要选择能够代表我国科技大国形象的内容，同时也要注意不能泄密。

科技出版“走出去”任重而道远，当前还存在着精品匮乏、盈利能力较弱、国际影响力不高、输出渠道不畅、科技出版物质量与国际标准存在一定差距等现实问题，我们的优势领域成果并没有很好地通过科技版权输出走向世界。另外，科技类图书专业性和学术性强，翻译难度大，不仅要求翻译人员精通英语，还要懂得相关学科专业知识，这些问题都在一定程度上影响着科技出版“走出去”的成效。为此，面对严峻复杂的国际环境和突飞猛进的新技术革命，我国出版企业应直面差距、查找问题，勇于担当，创新科技出版“走出去”的新渠道、新模式，在国际学术和文化舞台上构建起属于自己的话语体系。首先，在选题方面，既要与一流学术出版机构合作，多推出诸如“中国科技进步丛书”“中国梦与中国发展道路研究丛书”之类的高端精品学术著作；也要推进科技普及，面向“一带一路”沿线国家及其他发展中国家输出介绍我国先进技术和前沿成果的科技出版物，这些内容恰恰也是这些国家所迫切需要的。如北京交通大学出版社的“高铁技术出版工程”系列丛书着眼于我国领先的高铁技术，将高铁动力牵引、高铁装备制造、高铁通信与信号控制、高铁工程技术、高铁运输管理与组织、高铁机车车辆②介绍给其他国家，服务于“一带一路”倡议。其次，在产品形态上要多元，注重科技领域的数字产品，尤其是数字化资源库。数字时代，各国均致力于建设主题数据库，如爱思唯尔的 Science Direct 数据库、施普林格的 Springer Link 数据库，在世界范围内都有较高知名度，成为其学术地位的重要标志。我国科技出版企业也应整合优势力量和特色资源，打造主题数据库，创新科技出版“走出去”产品形态，在国际学术界传播中国声音。最后，积极开展海外并购，从“造船出海”“借船出海”转向“买船出海”，真正实现科技出版“走进去”。2019 年 11 月，科学出版社完成了对法国科学出版社 100%股权的并购交割，这也是中国科技出版机构第一次真正意义上完成对西方国家出版机构的并购，而且是一家历史悠久、底蕴深厚、具有一定规模

---

① 张泽辉．在第五届科技出版国际合作研讨会上的讲话[R]．杭州：第五届科技出版国际合作研讨会，2019.

② 刘辉．科技出版“走出去”的实践与思考——以“Advances in High-speed Rail Technology”系列高端科技图书为例[J]．科技传播，2020 (8).

的科技出版机构①。这次并购对于中国科技出版界具有重要意义,证明了通过资本运作实行海外并购是一条切实可行的道路,是提升我国科技出版企业整体实力、增强国际竞争力的重要手段。

4.3.2.4 搭建多种交流合作平台

出版"走出去"的核心是优质内容,但渠道建设同样很重要。尤其当我们越来越认识到对外出版不仅仅是单向传播,更是双方的交流与合作,沟通平台的搭建十分关键。这就要求出版单位创新渠道建设,善用国内外各种交流平台,助力出版"走出去"高水平、高质量发展。

首先是利用好传统的书展平台。国际书展是我国出版单位了解国际市场的良好机遇,不仅能够直接与国外读者接触,还能与各国同行交流经验,便于最直观地感受出版行业的新变化、新趋势和新需求。出版单位十分重视通过国际书展这个平台加强中外出版业的交流合作,每年都积极参加各种国际书展,包括全球规模最大的综合性国际书展——法兰克福书展、最具影响力和权威性的童书展——意大利博洛尼亚国际儿童书展。近几年还加大了参加"一带一路"沿线国家国际书展的力度,并在书展上举办多场主宾国活动。2018 年 10 月,第 23 届阿尔及尔国际书展中国主宾国活动以"阅读中国"为主题,展示了来自中国 43 家重点出版单位的 2 500 多种、7 500 多册精品图书。代表团与来自各国的学者、作家、出版人相互学习、相互借鉴,共同分享各国各民族思想文化的优秀成果②,加深了中阿两国的文化交流和友谊。

其次是拓展自主的海外渠道。在对外出版中,我国出版单位在自主海外渠道建设上存在短板,不可避免地要倚赖引进国渠道,比较被动。而且难以进入这些国家的优势发行渠道,极大地限制了我国出版业"走出去"的步伐。为打通海外传播的最后通道,我国出版单位需要不断突破,搭建自主海外渠道,以便能够直接接触海外读者,为版权输出和图书出口创造便利条件。"中国书架"和"尼山书屋"就是在海外自主渠道上做出的有益尝试,为创新对外出版路径提供了新经验③。五洲传播出版社的"中国书架"于 2016 年 1 月正式启动,在国际主流书店、机场和国内外国人集中的书店、酒店、旅游景点等涉外机构设立具有统一标识的中国主题外文图书的专架(柜),集中展示销售中国内容的外文图书④。短短 4 年多时间,五洲传播出版社已经在埃及、土耳其、美国、法国、意大利、委内瑞拉等 19 个国家设立 22 个"中国书架"。通过中国书架,这些国家的读者在家门口就能买到内容丰富、品质优良的中国图书,方便更多的海外读者直观地感受中国,搭建起中外交流的书香之桥。

最后是加强线上交流平台。为适应数字时代信息技术革命的要求,对外出版的交流平台开始从线下转向线上。出版单位搭乘互联网的东风,将中国文化传播到更广阔的范

---

① 林鹏. 积极开展海外并购 提升科技出版国际传播力[N]. 中国新闻出版广电报,2020-01-15.

② 吴娜. 以书为媒 阅读中国——第 23 届阿尔及尔国际书展中国主宾国活动综述[EB/OL]. (2018-11-27)[2020-07-06]. http://news.gmw.cn/2018-11/27/content_32050225.htm.

③ 卢婷婷."一带一路"倡议背景下出版"走出去"的新变化[J]. 新媒体研究,2020 (10).

④ "中国书架"——中国图书"便利店",中国文化"走出去"新品牌[EB/OL]. (2020-05-18)[2020-07-06]. http://www.cicc.org.cn/html/2020/dtzx_0518/5923.html.

围。上文提到的“中国书架”就设有线上渠道,2017 年 11 月,五洲传播出版社在京东英文站设立首个线上“中国书架”,面向全球读者进行销售,满足国外读者阅读中国主题图书的需求。疫情期间,线上交流平台更是发挥了传播及时、覆盖面广、反应迅速、互动便捷的媒介优势,给我国出版单位的对外合作交流带去真正的便利。2020 年 8 月,著名儿童文学作家杨红樱创作的学龄前儿童启蒙图画书《熊猫日记》系列版权输出海外,这也是我国首次输出 AR 童书,开创了融合出版“走出去”新形式。为促成此次版权输出,北京开卷信息技术有限公司及其战略合作伙伴美国蒋博言公司克服疫情期间居家隔离的各种困难,充分利用线上平台,进行不同形式的跨文化交流。蒋博言在海外主流媒体平台上宣传中国出版商和版权信息,创建了线上书评会,以与当地出版商、发行商和读者建立联系,帮助他们更多了解中国书籍和文化,在这个过程中创造机会进行版权推荐和输出①。

4.4　案例:生活・读书・新知三联书店的文化输出分析

生活・读书・新知三联书店(以下简称“三联书店”)是一家具有悠久历史和光荣传统的出版机构。成立 80 余年来,始终秉承“竭诚为读者服务”的宗旨,恪守“人文精神,思想智慧”的理念,坚持“一流、新锐”的标准,以出版人文科学和社会科学图书为主,在知识界和广大读者中享有盛誉,被誉为“中国知识分子的精神家园”。近年来,三联书店基于 80 多年沉积下来的出版传统和优势,致力专业版权和国际合作队伍的建设,以“学术”和“文化”为主线,形成自身特色,以中华文化的学术表达实现“走出去”②。

《中华文明的核心价值》是三联书店多语种版权输出的重点图书,也是其从学术角度切入主题出版并成功“走出去”的范例。该书是清华大学国学研究院院长、当代著名哲学家陈来教授近年来理论思考的重要成果,是国内首部系统讨论中华文明核心价值的专著,着重围绕中华传统价值观、国学流变以及近代国学研究的发展等问题展开讨论,直观且深入地展现了中华文明的特点。自 2015 年出版以来,该书在版权输出方面成绩卓著。2015 年北京国际图书博览会上,突破性地实现签约及达成签约意向共计 8 个语种,合作方包含施普林格出版集团、俄罗斯东方图书出版社、法国友丰出版社等国际知名学术出版机构。2016 年,英文版、俄文版相继出版,外文版图书译文优质、印刷精美,受到了学者与读者的好评。在此基础上,三联书店重点面向“一带一路”沿线国家和地区,陆续签约 7 个语种。2017 年,《中华文明的核心价值》荣获第十六届输出版引进版优秀图书推介活动优秀输出版图书,及中国出版集团优秀“走出去”奖。同时,版权输出取得了阶段性的成果,法语版、吉尔吉斯语版、哈萨克语版、白俄罗斯语版、土耳其语版纷纷出版,版权签约累计达到 19 个语种。2018 年北京国际图书博览会期间,《中华文明的核心价值》丝路成果交流会上展示了已经出版的 10 个版本③。2019 年,在第 26 届北京国际图书博览会上,三联书店举办了《中华文明的核心价值》阿拉伯语版、乌尔都语版新书发布仪式,并现场签约罗马尼亚语版。截至目前,该书已经出版 14 个版本,签约 20 个语种,包括英语、希

---

① 蒋博言 . 2020 服贸会发布:全球数字出版和版权运营的趋势和途径[EB/OL]. (2020-09-07)[2020-09-08]. https://www.thepaper.cn/user_4607669.

② 资料来源:生活・读书・新知三联书店官网(http://www.sdxjpc.com/main/)。

③ 孙玮,孙琳洁 .《中华文明的核心价值》:中国传统文化思想的学术表达[J]. 出版参考,2019(12).

伯来语、俄语、白俄罗斯语、法语、哈萨克语、吉尔吉斯语、阿拉伯语、乌尔都语、土耳其语、印地语、越南语、韩语、日语、罗马尼亚语、蒙古语、泰语、乌兹别克语、马来语、印尼语。

为了更好地实施出版"走出去"工作,将中国作品及文化推向国际舞台,三联书店邀请《中华文明的核心价值》的作者陈来教授一同前往英国、土耳其和越南,进行《中华文明的核心价值》海外系列宣传活动。从书展到大学,从书店到科研机构,从学术交流到学科建设,将该书的英语版、法语版、土耳其语版和越南语版推介给各国学界及读者,实现了深入的哲学领域的交流与互鉴,促进了中国主流文化和儒家思想的传播①。以此为开端,《中国文化精神的特质》《福建土楼》《火枪与账簿》,"金冲及文丛""丝绸之路研究丛书"等图书也实现了多语种版权输出。这些著作从不同视角展现了中国文明核心价值与5 000年灿烂文化成果,兼具学术价值和学术普及意义,为各国读者了解中国的历史、文化提供了有效途径,也有力推动了中国传统文化与当代学术在世界范围内的传播。

参考文献

[1]白瀛,史竞男. 中国与"一带一路"沿线国家版权贸易高速增长[EB/OL].(2017-08-23)[2020-08-07]. http://www.xinhuanet.com//silkroad/2017-08/23/c_129687185.htm.

[2]出版商务周报. 书展取消、书店停业,疫情下国际出版业的动荡与自救[EB/OL].(2020-03-19)[2020-10-05]. https://mp.weixin.qq.com/s/h76VvFAHGLa1sPFyR5VDew.

[3]范军. 出版走出去要加强"五个转向"[N]. 中国新闻出版广电报,2020-08-24.

[4]龚渝婷. 在线教育视域下的教育出版多元化发展[J]. 出版广角,2020(11).

[5]国家新闻出版署出版融合发展(武汉)重点实验室. 2018 年中国出版融合发展报告[J]. 科技与出版,2019(5).

[6]韩建民,李婷. 我国主题出版研究现状和趋势浅析[J]. 出版与印刷,2019(2).

[7]黄琳,吴云琴. 仅 72 小时,156 册数字教材紧急上线[N]. 中国新闻出版广电报,2020-03-04.

[8]书,尽情听 越来越多出版社配套推出有声书,越来越多专业人士参与制作[EB/OL].(2020-07-06)[2020-10-05]. https://www.sohu.com/a/406033986_359232.

[9]靳金龙. 浅析如何增强主题出版走出去效果[N]. 中国新闻出版广电报,2020-09-24.

[10]蒋博言. 2020 服贸会发布:全球数字出版和版权运营的趋势和途径[EB/OL].(2020-09-07)[2020-09-08]. https://www.thepaper.cn/user_4607669.

[11]蒋肖斌. 三联书店"走出去","中华文明"输出多语言版[EB/OL].(2019-08-30)[2020-08-06]. http://www.cnpubg.com/news/2019/0830/44237.shtml.

[12]探秘国际有声书市场产业现状及发展前景[EB/OL].(2016-05-16)[2020-10-05]. https://www.sohu.com/a/75544300_362133.

① 孙玮. 三联书店海外推广中国哲学智慧[N]. 中国出版传媒商报,2019-05-10.

[13]林郁．“一带一路”背景下出版企业的机遇和发展策略[J]．出版广角，2020(13).

[14]林鹏．积极开展海外并购 提升科技出版国际传播力[N]．中国新闻出版广电报，2020-01-15.

[15]刘辉．科技出版“走出去”的实践与思考——以“Advances in High-speed Rail Technology”系列高端科技图书为例[J]．科技传播，2020 (8).

[16]刘莹晨．讲好“一带一路”故事，推动出版国际化发展——我国新闻出版向“一带一路”沿线国家“走出去”的情况分析[J]．出版广角，2019(22).

[17]潘文年．风暖雁寻去 松高人独来——中国图书“走出去”十年步伐[J]．编辑之友，2012(1).

[18]史竞男．《“一带一路”国际出版合作发展报告》发布：我国已与 83 个“一带一路”相关国家开展图书等版权贸易[EB/OL]．(2019-10-27)[2020-08-07]. http://www.gov.cn/xinwen/2019-10/27/content_5445537.htm.

[19]孙玮，孙琳洁．《中华文明的核心价值》：中国传统文化思想的学术表达[J]．出版参考，2019(12).

[20]孙玮．三联书店海外推广中国哲学智慧[N]．中国出版传媒商报，2019-05-10.

[21]2018—2019 年全球及中国图书出版行业发展现状、趋势及未来展望：行业进入成熟期，中国是增长最快的头部市场[EB/OL]．(2019-10-09)[2020-10-05]. http://www.chyxx.com/industry/201910/790813.html.

[22]许惟一．全球出版业报告|美国出版市场：电子书稳步发展 有声书增长迅速[EB/OL]．(2019-09-03)[2020-10-05]. https://mp.weixin.qq.com/s/E1iAlzYD2Od8-2hD2uJR0g.

[23]2018 年全国新闻出版业基本情况[EB/OL]．(2019-08-29)[2020-10-05]. http://www.cssn.cn/dubao/201908/t20190829_4963940.shtml.

[24]新中国成立以来我国图书出版业发展数据分析[EB/OL]．(2020-07-29)[2020-10-05]. https://www.sohu.com/a/410343913_488898.

[25]2018 年新闻出版产业分析报告综述[EB/OL]．(2019-08-30)[2020-10-05]. https://www.sohu.com/a/337496994_488898.

[26]一文了解德国图书市场情况 实体书店销售额及销售占比不断下滑[EB/OL]．(2018-10-23)[2020-10-05]. https://www.qianzhan.com/analyst/detail/220/181022-1761177a.html.

[27]最新国际报告|英国出版业 2018 年发展状况如何？[EB/OL]．(2019-07-20)[2020-10-05]. http://www.cpp114.com/news/newsShow_269933.htm.

[28]国际出版业发展的新动向与新变化[EB/OL]．(2019-06-17)[2020-10-05]. https://www.chinaxwcb.com/info/553594.

[29]全球出版业报告|欧洲出版市场：喜忧参半 版权输出可圈可点[EB/OL]．(2019-09-05)[2020-10-05]. https://mp.weixin.qq.com/s/TllWBTumMylpDbEEmhjJ5A.

[30]2016—2017 全球以及中国图书市场详细数据分析[EB/OL]．(2017-08-28)

[2020-10-05]. https://www. sohu. com/a/167974510_826762? qq-pf-to=pcqq. c2c.

[31]有声书行业优势显现:三成以上国民有听书习惯 Z世代用户占比第一[EB/OL]. (2020-08-05)[2020-10-05]. https://baijiahao. baidu. com/s? id=1674142785758941091&wfr=spider&for=pc.

[32]全球图书报告|童书市场:整体表现优异 经典持续热销[EB/OL]. (2019-09-11)[2020-10-05]. https://mp. weixin. qq. com/s/FJOkkNaWvwzb QnO1nXfmIw.

[33]全球出版业报告|英国出版市场:销售四年首降 有声书或成"解药"[EB/OL]. (2019-09-04)[2020-10-05]. https://mp. weixin. qq. com/s/fDjfXwsYXrQl2RTpNKIGcg.

[34]2017年德国图书市场[EB/OL]. (2018-09-13)[2020-10-05]. https://www. sohu. com/a/253615044_488769.

[35]全国"锁城",疫情下的意大利图书出版市场[EB/OL]. (2020-03-13)[2020-10-05]. https://mp. weixin. qq. com/s/8qZ5E7MzPRFz7-TJFASpfA.

[36]巴西图书市场有望回暖[EB/OL]. (2018-07-13)[2020-10-05]. https://mp. weixin. qq. com/s/R-6HvxNDOwjk00yqTBS2Fw.

[37]近三年巴西数字图书收入增长115% 电子书占绝大多数[EB/OL]. (2020-08-26)[2020-10-05]. https://mp. weixin. qq. com/s/TJHPGJajkLOtfHFbWkHy1Q.

[38]2018—2019中国数字出版产业年度报告[EB/OL]. (2019-08-30)[2020-07-09]. https://www. sohu. com/a/337636639_734862.

[39]艾瑞. 2019年中国移动阅读发展趋势研究报告[EB/OL]. (2020-01-17)[2020-06-30]. https://baijiahao1. baidu. com/s? id=1655855881286931961.

[40]中国互联网络信息中心. 第45次《中国互联网络发展状况统计报告》[EB/OL]. (2020-04-28)[2020-07-13]. https://www. cac. gov. cn/2020-04/27/c_1589535470378587. htm.

[41]2019中国有声书行业发展概况、特点分析及发展趋势预测[EB/OL]. (2019-05-23)[2020-07-19]. https://www. iimedia. cn/c1020/64490. html.

[42]艾媒咨询. 2018—2019中国有声书市场专题研究报告[EB/OL]. (2019-01-23)[2020-06-19]. https://www. iimedia. cn/c400/63471. html.

[43]谭建宏. 突破有声书版权保护困境的法治路径[J]. 出版发行研究,2020(3).

[44]王亮,张佳倩. 4G/5G过渡时期出版业融合发展策略[J]. 中国出版,2020(18).

[45]五洲传播中心. "中国书架"——中国图书"便利店",中国文化"走出去"新品牌[EB/OL]. (2020-05-18)[2020-07-06]. http://www. cicc. org. cn/html/2020/dtzx_0518/5923. html.

[46]周蔚华,程丽. 2019—2020年中国图书出版业报告[J]. 出版发行研究,2020(4).

[47]周蔚华,钟悠天. 中国出版走出去要有六个转向[J]. 中国出版,2014(7).

[48]张志强,朱宇. 聚焦高质量,开启新时代——2019年中国出版回顾[J]. 编辑之友,2020(2).

[49]张贺. 第二十七届北京国际图书博览会版权贸易创新高[EB/OL]. (2020-10-

01)[2020-10-02]. http://culture. people. com. cn/n1/2020/1001/c1013-31881925. html.

[50]张泽辉. 在第五届科技出版国际合作研讨会上的讲话[R]. 第五届科技出版国际合作研讨会,杭州,2019.

[51] Hachette and Kadokawa Partner on Manga and Graphic Novels[N]. Publishers Weekly,2016-05-13.

[52]ALAN R LISS. Manhattan Publisher[N]. The New York Times. 1992-08-25.

[53]BRAY CHAD. Publisher of Nature and Scientific American to Form Joint Venture [N]. The New York Times. 2015-01-15.

5 国际游戏市场

5.1 国际游戏市场发展状况

5.1.1 国际游戏市场规模

在2020年7月发布的《2020全球游戏市场报告》中，Newzoo高级市场分析师汤姆·威曼（Tom Wijman）认为，“2020年将注定是特殊的一年，全球都因为新冠肺炎疫情而经历着前所未有的改变与挑战。对于游戏行业来说，2020年也将是里程碑式的一年，全球性的事件正在以我们前所未见的规模和形式重新塑造着这一行业。作为一种娱乐、社交和释放压力的工具，游戏在社会中发挥着关键作用。在新冠肺炎疫情期间，游戏帮助改善了世界各地数百万人的生活质量。而2021年世界卫生组织更是正式将电子游戏推广为新冠肺炎疫情期间的推荐社交活动方式。游戏的核心在于通过创造统一的兴趣、目标和体验将人们联系在一起。游戏世界整体上来说比社交应用更具沉浸感。随着交互技术的不断改进，各类游戏的社交功能也越来越趋于成熟及完备。一些大型的网络社交平台（例如脸书和抖音）已经意识到了这一趋势所带来的机遇和挑战，并在逐渐加大对游戏的投资，以释放和发掘自身的潜力”。

市场调研机构Newzoo发布的《2020全球游戏市场报告》（2020 *Global Games Market Report*）①显示，2020年，全球游戏市场将产生1 593亿美元的收入，同比增长9.3%。促成数据增长的一个重要推动因素是新冠肺炎疫情期间的封城措施，这一措施间接增强了人们对游戏的兴趣。总体来说，全球游戏市场的分销平台、组织类型和商业模式都在不断演进升级，加上5G等技术进步和分销渠道全球化的影响，游戏行业在很多细分市场进行着革新。例如，游戏IP化推动着产业融合纵深发展，电竞与直播推动游戏服务产业链的拓展，移动游戏领域重度化程度加深与休闲趋势并举，云游戏、虚拟现实等创新游戏类型稳步发展。

首先，从全球游戏市场区域格局来看，亚太地区由于中日韩游戏市场的崛起已成全球游戏市场领军区域，2020年收入预计为784亿美元，占比为49%；北美、欧洲紧随其后，占比分别为25%、19%；中东和非洲、拉美地区占比较小，分别为3%和4%（见图5-1）。同时，亚太地区的游戏发行商垄断程度更高，赫芬达尔—赫希曼指数（HHI）显著高于欧美地区。北美仍旧是全球第二大游戏市场，占全球游戏市场总收入的25%，同比增幅8.5%，预计在2020年达到400亿美元规模。欧洲地区的份额略微落后于北美地区，占全球游戏总收入的19%，预计2020年达到296亿美元。中东和非洲地区游戏市场规模54

---

① Newzoo. 2020全球游戏市场报告[EB/OL].(2020-07-02)[2020-08-03]. https://newzoo.com/insights/trend-reports/global-games-market-report-2020-chinese/.

亿美元,占比 3%。拉丁美洲地区的游戏市场规模将在 2020 年增至 60 亿美元,占全球市场份额的 4%。

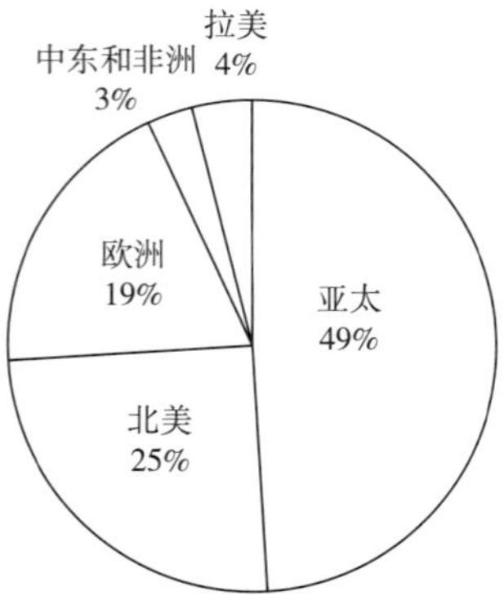

图 5-1　2020 年全球各地区游戏市场收入占比

其次,从国际游戏市场的国别结构来看,集中度也颇高,2019 年游戏市场规模前十国收入占全球游戏收入的 76%以上,前二十国收入占全球游戏收入的 90%以上。具体来看,2019 年全球游戏市场收入规模前十位分别是:中国、美国、日本、韩国、德国、英国、法国、加拿大、西班牙、意大利(见表 5-1)。中国仍是全球最大的游戏市场。

表 5-1　2019 年全球游戏市场收入前十名

排名	国家	收入(亿美元)
1	中国	367.0
2	美国	341.0
3	日本	179.0
4	韩国	60.7
5	德国	55.3
6	英国	51.7
7	法国	37.2
8	加拿大	27.8
9	西班牙	24.7
10	意大利	24.4

2020 年第一季度,在全球 iOS App Store 和 Google Play 中,游戏应用占综合用户支出总量接近 70%,但仅占总下载量的 40%左右,游戏在应用商店中的收入占比一直大于其下载量占比(见图 5-2)。

正如 ESA 主席斯坦利·皮埃尔-路易(Stanley Pierre-Louis)所言,“2020 年的基本事实表明,视频游戏已成为娱乐的领先形式,因为它们带给我们欢乐、联接和归属感。它们对社会的价值从未如此重要”。

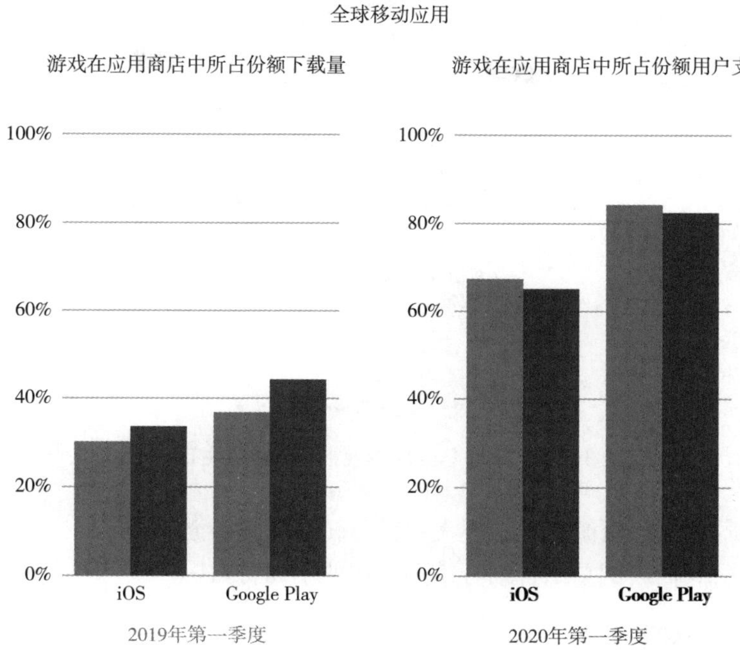

图 5-2　全球移动应用商店中游戏应用所占份额

资料来源：App Annie。

5.1.2　国际游戏市场结构

从国际游戏市场的设备及终端类型结构来看，2020 年全球游戏市场收入①预计达 1 594亿美元，其中移动游戏市场②自 2016 年首次超过 PC 游戏之后蝉联王者地位，占比 49%（见图 5-3），手机游戏（占比 40%）和平板游戏（占比 9%）收入预计 2020 年将增至 772 亿美元，同比增长 13.3%。全球移动游戏玩家数量占世界总人口的 1/3 左右，其中大多数都是通过智能手机玩游戏。增长最快的移动游戏生态系统出现在亚太地区、中东和非洲的新兴市场。不过美洲、欧洲和中国也将表现出强劲的增长。随着优质内容的跨平台运营、云游戏③以及 5G 技术的推广，移动游戏市场份额未来会进一步扩大。

从收入规模来看，主机是第二大游戏市场。整个行业向"游戏即服务"的商业模式持续转变，推动 2020 年主机游戏收入达到 452 亿美元，年增长率为 6.8%。PC 游戏市场 2020 年收入预计为 369 亿美元，是第三大游戏平台，DLC、盒装游戏的增长被 PC 网页游

① Newzoo 将收入定义为该行业内消费者为游戏支付的金额，包括购买实体和数字版的完整游戏、游戏内支出和订阅服务（如 PlayStation Plus 和 Xbox Game Pass）。移动游戏收入包括付费下载和所有应用商店（包括第三方应用商店）的游戏内支出，以及直接下载的费用。收入数据不包括税费、消费者之间的二手交易、游戏中和游戏相关的广告收入、（外设）硬件、企业对企业服务以及传统赌博和博彩业（例如 BWIN 和 William Hill）的在线业务。

② 包括智能手机及平板电脑。

③ 云游戏是以云计算为基础的游戏方式，在云游戏的运行模式下，所有游戏都在服务器端运行，并将渲染完毕后的游戏画面压缩后通过网络传送给用户。也就是说，所有游戏都可以在任何设备上游玩，而消费者不必像之前一样，必须拥有处理游戏的硬件设备。

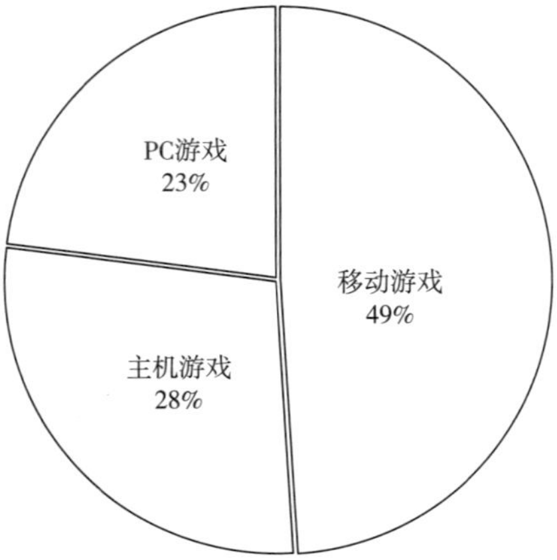

图 5-3　2020 年全球游戏市场各终端占比

戏的收入下滑所抵消,网页游戏玩家很大一部分转移到了手游平台。

更进一步地,我们尝试总结各细分市场呈现的不同特点:

5.1.2.1　移动游戏蝉联王者

移动游戏将进一步扩大全球领先优势。根据 App Annie 和 IDC 联合发布的《聚焦游戏:2020 年度游戏回顾报告》,移动游戏的用户支出可达到 PC/Mac 游戏的 2.8 倍以及家用主机游戏的 3.1 倍[①](见图 5-4)。移动游戏行业的最新趋势包括增强现实、游戏机品质的游戏以及超休闲类型的渗透。其中超休闲游戏(Hyper-casual)因其易于使用和引人入胜的功能而广受欢迎。这些游戏轻巧方便,具有基本的游戏机制,并提供即时的游戏玩法。一些流行的超休闲游戏包括 *Terrainium*,*Skiddy Car* 和 *Hole.io* 等。

App Annie 和 IDC 的数据显示,按平台来看,2020 年第一季度 iOS 平台、Google Play 平台任天堂 Switch Lite 最畅销移动游戏分别是《和平精英》《天堂 2M》《集合啦!动物森友会》。得益于中国移动市场规模的快速扩张,中国腾讯出品的《和平精英》《王者荣耀》分列 iOS 平台畅销移动游戏前两位(见表 5-2)。

表 5-2　2020 年第一季度全球 5 大畅销移动游戏和掌上主机游戏(按平台)

排名	iOS App Store	Google Play	任天堂 Swith Lite
1	和平精英★ 腾讯,中国	Lineage 2M★ NCSPOFT,韩国	集合啦!动物森友会★ 任天堂,日本
2	王者荣耀★ 腾讯,中国	怪物弹珠★ Mixi,日本	马里奥赛车 8 豪华版★ 任天堂,日本
3	剑与远征★ 莉莉丝,中国	Fate/Grand Order★ 索尼,日本	精灵宝可梦剑/盾★ 任天堂,日本

---

① App Annie 和 IDC. 聚焦游戏领域:2020 年回顾报告[EB/OL].[2020-08-03]. https://www.appannie.com/cn/insights/market-data/gaming-spotlight-2020-review/

续表

排名	iOS App Store	Google Play	任天堂 Swith Lite
4	糖果传奇 动视暴雪,美国	万国觉醒★ 莉莉丝,中国	任天堂明星大乱斗特别版★ 任天堂,日本
5	三国志·战略版★ 阿里巴巴集团,中国	Coin Master★ Moon Active,以色列	塞尔达传说荒野之息 任天堂,日本

注:"★"包括实时多人游戏或多人合作类游戏模式。

资料来源: App Annie 和 IDC。

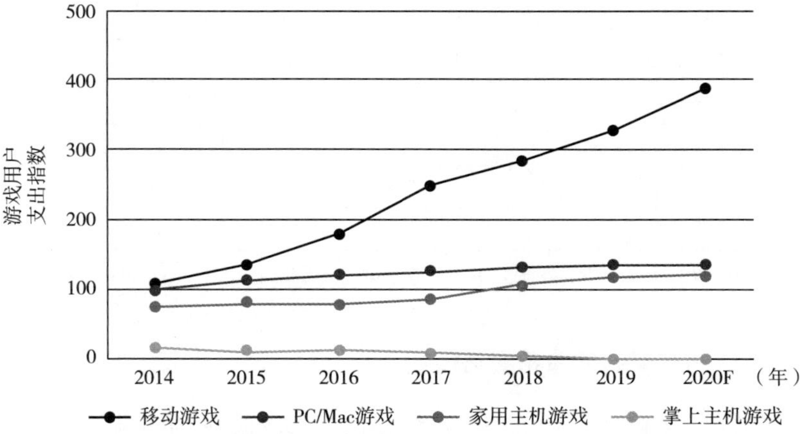

图 5-4 2014—2020 年全球游戏用户支出(按主要设备类别)①

资料来源:App Annie 和 IDC。

数据表明,实时 PvP(玩家对玩家)多人游戏的盈利能力和受欢迎程度在移动手机平台是最强的,尤其在新冠肺炎疫情隔离期间,游戏在提供娱乐消磨时间的同时,还满足了玩家社交的社会需求,下载量创下历史新高。

5.1.2.2 主机游戏逆势大增

家庭视频游戏系统 Nintendo Switch 日益普及,在全球范围内取得巨大成功。Switch 硬件销售的增长将抵消 Xbox One(家用电视游戏机)和 PlayStation 4(游戏站)硬件销售的下降。整体而言,主机的增长可能会部分弥补 PC 数字产品和物理产品等其他细分市场的下滑。2020 年上半年,疫情期间居家隔离产生的娱乐需求显然带动了主机行业发展,美国市场主机销量增加,Nintendo Switch Lite 的发布以及 Pokemon Shield、Pokemon Sword 的发布导致任天堂在美国市场的强劲增长。Google Stadia 和其他流媒体服务将被引入,索尼和微软也有望推出新的主机硬件。此外,女性正在成为狂热的主机游戏玩家,女性中 Xbox 或 PlayStation 的拥有率也在上升。尽管女性游戏玩家通常都在寻找休闲游戏,但复杂的游戏也受到女性的青睐。根据 SuperDada 的数据,2019 年优质 PC 和主机游戏收

① 所有总计均包括数字和实体游戏用户支出,但不包括广告收入。移动游戏总计包括用户在所有 App 商店(iOS App Store、Google Play、Windows Phone 商店、亚马逊、Samsung Galaxy 和第三方 Android 商店)的支出。家用主机游戏总计包括用户在光盘、数字游戏及游戏相关订阅服务(Xbox Live、PlayStation Plus 和 Nintendo Switch Online)的支出;掌上主机游戏以任天堂 3DS 为代表。

益前十位详见表 5-3。

表 5-3　2019 年优质 PC 和主机游戏收益排行前十位

排名	游戏名称	开发商	游戏类型	收益(百万美元)
1	FIFA 19	艺电	运动	786
2	使命召唤:现代战争	动视暴雪	射击	645
3	侠盗猎车手 5	Take Two	动作冒险	595
4	FIFA 20	艺电	运动	504
5	使命召唤:黑色行动 4	动视暴雪	射击	487
6	NBA 2K19	Take Two	运动	370
7	全境封锁 2	育碧	射击	370
8	汤姆克兰西的彩虹 6:围攻	育碧	射击	358
9	无主之地 3	Take Two	射击	329
10	模拟人生 4	艺电	模拟	311

资料来源:Superdata. 2019 year in review[EB/OL].[2020-07-05]. https://www. superdataresearch. com/.

5.1.2.3　PC 游戏出现新的平台和服务模式

2020 年 PC 游戏收入预计为 369 亿美元,是次于移动游戏、主机游戏的第三大游戏平台。受新冠肺炎疫情影响,Valve 公司 Steam 平台的使用量同样激增。

在 PC 游戏领域上,新的平台和订阅服务挑战了 Steam 的霸主地位。例如,Epic Games Store(EGS)使用诸如降低平台分成比例、签订独家游戏交易之类的技巧来赢得市场份额。与 Steam 平台上的三七开基础分成不同(随销售额增加开发者分成比例提高),EGS 上销售的游戏,Epic 只会抽取其中的 12%作为收入,剩余的 88%全部归于开发商①。鉴于包括支付、服务器、运营在内的总成本合计最高可达 8%,12/88 的分成结构使得 Epic 仍有利可图,这为 PC 游戏平台竞争带来了新生力量。

而订阅服务则为缺乏市场支持的优质小型游戏提供了更为理想的货币化选择。尽管超高端游戏可能会受到广泛欢迎,但像 Apple Arcade 和微软的游戏通行证等服务为没有高级视频硬件的游戏玩家提供了丰富的视频游戏。

根据 Newzoo 2020 年 7 月发布的数据,PC 游戏市场排行前十的游戏见表 5-4。

表 5-4　2020 年 7 月 PC 游戏市场排行榜前十位

排名	游戏名称	发行商	游戏类型
1	英雄联盟(League of Legends)	Riot Games	对抗竞技(Battle Arena)
2	汤姆克兰西的彩虹 6:围攻 (Tom Clancy's Rainbow Six: Siege)	Ubisoft	射击
3	瓦罗兰特(Valorant)	Riot Games	射击

① VGTOMC. 叫板 Steam! Epic 推出自家游戏商城,给开发者更多分成[EB/OL].(2018-12-05)[2020-07-05]. http://www. vgtime. com/topic/1043109. jhtml.

续表

排名	游戏名称	发行商	游戏类型
4	我的世界(Minecraft)	Mojang	冒险
5	反恐精英:全球攻势 (Counter-Strike: Global Offensive)	Valve Corporation	射击
6	侠盗飞车5(Grand Theft Auto V)	Rockstar Games	冒险
7	使命召唤:现代战争 (Call of Duty: Modern Warfare)	动视(Activision)	射击
8	守望先锋(Overwatch)	暴雪娱乐(Blizzard Entertainment)	射击
9	Apex 英雄(Apex Legends)	艺电	大逃杀(Battle Royale)
10	绝地求生 (Playerunknown's Battlegrounds)	PUBG Corporation	大逃杀

资料来源:Newzoo. Top PC games[EB/OL].[2020-08-04]. https://platform. newzoo. com/rankings/pc-games.

5.1.3 国际游戏市场热点趋势

5.1.3.1 游戏+社交进程加快

从马斯洛需求层次理论的角度来看,游戏一直满足着人们的社交需求。早期街机、主机、PC 游戏阶段,游戏玩家会在线下或者线上游戏社区讨论游戏攻略,分享通关经验。而从游戏分发平台 Steam 或游戏直播平台 Twitch 来看,游戏社交媒体的属性正进一步增强。除专业游戏网站外,近年来也能在如微信、微博、Facebook、Twitter 等其他社交媒体看到游戏社交化的进程。游戏玩家正见证游戏逐步进入主流文化,对于年青一代而言,游戏成了朋友之间社交的数字场所。

互联网技术的发展,先是使用户从传统媒体转向数字社交媒体,如今也使用户要从数字社交媒体中寻求更具互动性的游戏体验。游戏能提供的沉浸感和及时反馈在这样的需求背景下显得尤为重要。例如,《堡垒之夜》(*Fortnite*)Party Royale 模式的成功就表明,仅依靠游戏作为背景,让玩家"聚集"式社交就足以提高他们的参与度。此外,游戏世界的丰富性以及高度活跃的数字原住民也能为那些希望以更年轻、更难以触及的群体为目标的游戏品牌和营销人员提供绝佳的机会,只要他们的推广方案适合这些受众。

疫情期间的封锁措施使得很多消费者寻求线上社交方式,游戏是其中重要的社交方式。2020 年,互联网最佳网络游戏的搜索量也有所增加。在线游戏平台的用户参与度达到了前所未有的水平。例如,任天堂在 Switch 平台发布的《集合啦!动物森友会》(*Animal Crossing: New Horizons*)就连连打破了销售纪录。该游戏以分享和社交为重心,以其高自由度和陪伴感而备受玩家们的喜爱。简而言之,如果大型社交媒体平台无法提供更深入的互动方式,则可能很难留住年轻用户。为此,各大社交网络正在积极投资游戏领域,探索游戏能为他们开启的机遇①。

① Newzoo. 2020 全球游戏市场报告[EB/OL].(2020-07-02)[2020-08-03]. https://newzoo. com/insights/trend-reports/global-games-market-report-2020-chinese/.

新冠肺炎疫情进一步推动了游戏的社交化进程,并促使人们提前体验了将游戏作为一种模拟生活体验的工具。在无法实现群体聚集时,模拟游戏成为人们参与这类活动的唯一途径。例如,《集合啦！动物森友会》里举办晚间脱口秀,人们在游戏世界中参加毕业典礼和结婚典礼。

5.1.3.2 新主机和新收入模式的探索

主机 Xbox Series X 和 PlayStation 5 的推出将显著改变游戏行业的格局。微软和索尼已经开始加大投资力度,实现在新一代主机上的服务收入增加。得益于云游戏的发展,下一代主机将有望更快推进行业的演变,催生新的商业模式以及消费者与市场的互动方式。尤其重要的是,新一代主机将成为云游戏真正的测试平台,实现向去平台化的游戏业务的迈进。与上一代同类产品相比,家用游戏机领域的技术进步较快,例如 DVD/蓝光光盘播放功能、连接网络和启用数字游戏下载的能力、内置存储功能、对高品质游戏的支持、高质量的图形、出色的图片分辨率、更快的游戏玩法、丰富的内容以及引人入胜的故事情节,也将充分吸引消费者的兴趣。带有高级功能的手持式主机(例如允许在旅途中播放电影的高分辨率迷你屏幕、内置的 Wi-Fi 网络和摄像头功能、多人游戏功能和触摸屏系统等)将吸引足够的需求,从而有助于至少在中短期内维持主机游戏软件的市场前景。此外,内置支持 AR 和 VR 游戏的新型主机游戏软件,还将有助于保持消费者对主机游戏软件的兴趣,并推动该领域的发展前景。

微软已经宣布将把云游戏服务、xCloud 与 Xbox Game Pass 进行捆绑。与此同时,索尼也继续在其订阅/云游戏服务 PlayStation Now 上尝试推出新的内容。如果这些云游戏服务能够为玩家提供与下一代主机性能相媲美的游戏体验,那么相比购买主机硬件,按月付费将是玩家不错的替代选择。有一部分订阅用户玩家,他们喜欢玩游戏,但又不太愿意购买昂贵的硬件。这自然就为 xCloud、PlayStation Now、谷歌的 Stadia 服务,以及市场上出现的所有新的云游戏平台提供了不容错过的机会。在 PC 领域,也出现了如 Apple Arcade 和微软的游戏通行证等订阅服务,为没有高级游戏机的游戏玩家提供了丰富的视频游戏。

5.1.3.3 云游戏和数字发行趋势加速

云游戏技术正在彻底改变游戏行业,带来了数字游戏分发和消费方式的巨大变化。云计算(cloud computing)有望重塑在线游戏行业,为应用程序开发人员和内容提供商创造新的机会,并推动传统游戏产品的重要变革。从为不断增加的在线游戏应用程序提供云存储,到以按需(on-demand)、游戏即服务(gaming-as-a-service)的形式提供游戏,云计算将为数字媒体游戏的存在和访问提供经济高效的平台,并提供管理和访问相同的工具,从而引入更民主的可用和可负担游戏模式。像谷歌和微软这样的视频游戏公司,将更多的精力放在创建可以像在流媒体平台上的电影或歌曲一样轻松流式传输的游戏。谷歌的 Stadia 和微软的 xCloud 项目正在做出尝试,使游戏玩家可以在智能手机、智能电视、平板电脑和其他设备上玩游戏。这样,人们无需游戏主机或计算机就可以播放自己喜欢的游戏。这将是业界所见证的重大变化。如果不考虑高昂的硬件成本,将会有更多的人在玩游戏。

(1)云游戏技术的主要优势。具体表现在以下几方面:

一是经济效益。云游戏消除了购买昂贵的硬件主机和配件来玩在线游戏的需要,从而为用户带来可观的成本优势。对于消费者来说,他们可以通过支付简单的订阅费用,甚至在某些情况下免费获得游戏服务。云交付模型消除了消费者为购买在线游戏软件而预先付款的需求,从而将其支出限制为仅名义上的每月维护支出,即订阅费而非初始投资。

按需消费的云计算模型可以帮助玩家转变玩在线游戏的方式。在线游戏原本通常需要数百美元的采购、选择、获取、安装和部署费用,但现在每个人每月只需不到 10 美元即可获得许可,甚至个人可以以低于 5 美元的价格租用 3~5 天在线游戏。随用随付的商业模式为消费者带来了福利,为玩家提供了经济便利。

二是可扩展性(scalability)。推动云游戏服务的另一个因素,是云存储的高度可扩展性。通过为消费者提供远程存储功能来存储他们喜欢的游戏应用程序,云游戏服务使消费者不必担心他们是否有足够的物理存储空间来存储、下载数字内容。一旦用户以初始费用订购服务,云服务供应商通常会提供大量存储。此存储可轻松扩展,具体取决于消费者数据要求。

三是普遍性(ubiquity)。使用云游戏的优势之一是用户可以从任何与互联网连接的设备上访问游戏。这使游戏玩家可以玩自己喜欢的在线游戏,而无须在自己的设备上存储数据。无论用户身在何处,他的数据副本都安全地藏在云中供他们访问。云游戏服务的访问便捷性使得该技术能够大规模采用。

四是外包数据管理问题。通过将云服务管理问题外包给云服务提供商,玩家可以消除为保护自己喜欢的内容而日益引入的复杂规则。云服务提供商有责任遵守所有规定的规则,并向玩家提供安全可靠的数据。由于消费者不必建立自己的 IT 监视系统,因此可以节省大量金钱、时间、人力和其他资源。云服务提供商可以在特殊领域提高效率,用户的需求很大。

五是有可抵御风险的云保险。云保险(cloud insurance)的出现将在很大程度上缓解云游戏客户的安全隐患。玩家现在可以超越服务水平协议和网络风险策略的有限范围,并利用安全策略来提供全面的安全性,以防止已知的因安全漏洞和停机发生的损失。云游戏在网络风险转移、网络会计和云法律领域也进行了许多创新,有望进一步丰富云保险的模型。

六是远程访问。云游戏服务使游戏玩家能够将当前驻留在桌面上的游戏应用程序和存储迁移到云中,以实现远程访问和使用其家用计算机以外的游戏应用程序的目的。例如,通过为游戏应用程序提供远程虚拟存储,云游戏服务允许用户按需访问他们存储的游戏,甚至可以从他们的笔记本电脑、办公室工作站或朋友的计算机上访问。因此,远程访问和云服务齐头并进。云计算还通过帮助解决传统消费者移动性在身份、设备管理、应用程序管理和数据共享领域带来的挑战,进一步推动新的移动性技术获得商业成功。

(2)移动云游戏:新的范式。游戏行业经历了从硬件主机和 PC 游戏到云服务的转变,新的访问游戏的选择已势不可当。随着消费者越来越多地寻求新颖开放的方法,来通过互联网存储和访问游戏,并避免将游戏文件从一个设备传输到另一个设备的问题,基于移动云的游戏服务有望在短期到中期获得青睐。诸如“寄存服务”(locker service)之类的云解决方案，为用户提供了一个远程存储空间，供用户上传自己的游戏并从一个远程位置访问它；基于订阅的服务则使用户可以从云游戏服务提供商处购买游戏，通过云存储和在移动设备上流式传输游戏。近年来，越来越多的人开始使用移动云游戏服务。移动云游戏服务的巨大成功还可以归因于以下事实：它允许移动用户为庞大的在线游戏库中的手机流媒体传输游戏，支付低额的每月订阅费。

5G 技术将会极大地影响云游戏市场，5G 技术是能够实现更快数据传输速度的下一代无线技术。由于云游戏需要超过 10 mbps 的高传输速率，因此 5G 服务的出现将成为云游戏市场的关键推动因素。5G 技术对于解决与延迟相关的关键问题也至关重要，使游戏玩家能够获得无缝的游戏体验。由于游戏硬件和游戏机的高昂成本，预计云游戏将获得可观的收益。中国信通院发布的《云游戏产业发展白皮书（2019 年）——5G 助力云游戏产业快速发展》指出，随着 5G 时代来临，2019 年被誉为云游戏元年。国际上，谷歌、微软、索尼等国际巨头相继发布云游戏产品，从云服务、游戏终端、应用、游戏外设、开发平台全产业链布局云游戏生态。国内则以三大运营商、华为、腾讯等企业为主力，逐步开始构建我国云游戏产业生态①。

5.1.3.4 5G 推动移动游戏行业变革

移动互联网，通过为移动用户提供随时随地访问大量在线信息和娱乐内容的途径，将信息娱乐与移动通信的功能结合在一起。简而言之，移动互联网是数据服务的骨干，包括通过移动平台提供给用户的无线游戏服务。但是，考虑到将在线数字游戏应用程序下载或传输到无线设备上需要巨大的带宽容量和高传输速度，因此对高效移动宽带服务和高级无线通信网络基础架构的需求变得至关重要。尽管传统网络能够提供通过无线设备访问在线内容所需的必要网络容量，但是所涉及的成本、工作量和技术性是巨大的，消费者也担心网络速度下降，以及通过传统网络访问数据应用程序的成本变得高昂。

5G 预计将在未来的游戏行业产生重大影响，它被认为是移动行业的未来，将带来更有效通信的领先技术和创新。随着视频游戏向云流模式发展，5G 将可以提供超低延迟响应能力：更快的下载和上传速度，将允许立即下载超过一百兆的大型手机游戏；还允许将视频游戏流式传输到任何设备。例如，Sprint 在 5G 上的 Hatch 服务，允许用户通过公司的 5G 网络将游戏直接从数据中心流式传输到任何用户设备。预计该技术的低延迟将推动移动设备成为云游戏的主要平台。5G 网络技术将于 2020—2030 年部署，会提供稳定的连接，并以极快的速度上传和下载，可达 4G 网络速度的 10 到 100 倍，有望带来更多的订阅服务。

5G 移动数据网络于 2019 年推出时，价格昂贵且仅在某些地区和主要城市才可运行。但是，预计数据计划的覆盖范围和可负担性将得到改善，并且与有线网络相比，预计企业和家庭将来会更喜欢 5G。带宽的增加很可能会刺激智能机械和物联网等领域的需求，从而允许收集并传递大量数据。2019 年下半年，随着更多 5G 设备的推出，越来越多的服务提供商转向 5G。活跃 5G 手机的数量增长迅速，2019 年为 750 万（见图 5-5），预计 2020

---

① 中国信通院．云游戏产业发展白皮书（2019 年）——5G 助力云游戏产业快速发展［EB/OL］．［2020-08-10］．http://www.caict.ac.cn/kxyj/qwfb/bps/201912/t20191216_271819.htm.

年、2021 年、2022 年将增至 120. 3 万、440. 8 万和 1 005. 2 万。2019—2022 年均复合增长率为 411%。

2019 年活跃 5G 用户中,韩国数量最多,其次是澳大利亚和美国。按活跃 5G 手机的数量,中国将成为 2022 年最大的市场。据 Newzoo 预测,到 2022 年,中国将有 39 150 万活跃 5G 智能手机,占中国活跃智能手机的 34. 7%。

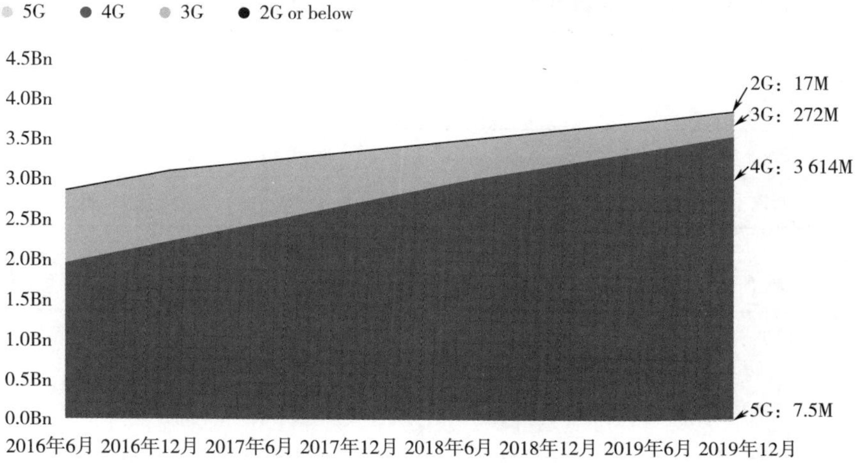

图 5-5 2016—2019 年智能手机销量(单位:百万台)

但是,由于新冠肺炎疫情的暴发,预计下一代(5G)网络的发展将被推迟。5G 国际标准的开发也已停止,导致对工业程序(如连接多个传感器和创建专用蜂窝网络)至关重要的更新暂时冻结了。当然长期来看,企业对 5G 网络的需求将重新增长。

5. 1. 3. 5 VR 游戏深度发展

大多数人对虚拟现实(VR)的最初体验可能是在游戏中获得的。过去,增强现实(AR)被认为是虚拟现实在游戏领域的突破口,2016 年 7 月推出的《精灵宝可梦》就被视为增强现实游戏的标杆性作品。同时,由于自拍过滤器等功能(例如使用户看起来像猫、狗等动物),Snapchat、Instagram 和 TikTok 等社交应用程序的稳定增长进一步扩大了 AR 的范围。

2020 年对于 VR 来说是意义重大的一年,这主要是由于 VR 版《半衰期:爱莉克斯》(*Half-Life*: *Alyx*)的发布。这款游戏的物理环境设置真实、关卡设计巧妙、故事剧情流畅,被誉为“来自未来的游戏”和“VR 界唯一的 3A 游戏”。玩家们对《半衰期:爱莉克斯》的热衷推动了 Oculus 销量的飙升,使人们看到了虚拟现实游戏的未来前景。未来 5G 技术将进一步扩大虚拟现实的潜力,推动游戏娱乐与教育领域的深度融合,正如 Newzoo 所言,“游戏正在把一个曾经看似不可能实现的‘元界’——一种种可无限延展的、永远活跃并拥有独立的经济的网络虚拟空间,逐步拉进现实”。

5. 1. 3. 6 玩家年龄结构变化

玩家人口结构的变化为增加视频游戏消费奠定了基础(见表 5-5 和表 5-6)。全球有超过25亿游戏玩家,占总人口的1/3。传统而言,18岁以下的男孩和18~35岁年龄段的年轻人是视频游戏的最大消费者。尽管女孩和年轻女性确实玩电子游戏,但大多数情况下,男孩和年轻人每天花费更多时间在视频游戏上。因此,多数视频游戏都是为适应男孩和男性的口味而量身定制的,该人群主要偏爱视频游戏类型,例如第一人称射击、体育、动作、武术等。

表 5-5　2015 年和 2019 年按年龄组划分的全球游戏市场游戏玩家占比(单位:%)

年龄	2015年	2019年
18岁以下	26.5	25.3
18~35岁	33.4	35.6
36岁及以上	40.1	39.1

表 5-6　2014 年和 2019 年按性别划分的全球游戏市场游戏玩家占比(单位:%)

性别	2014年	2019年
女性	47.2	48.1
男性	52.8	51.9

数十年来,游戏行业已经制作了一系列游戏,旨在满足不同消费者群体的需求和偏好。现代游戏玩家的平均年龄从2015年的30岁提高到目前的34岁,有趣的是,最常购买游戏的玩家的平均年龄达到40岁,这一事实与以往将视频游戏视为仅适用于儿童和年轻人的娱乐媒体的观点不符。在物质生活不断富裕和人口老龄化的推动下,老年人和成年人在玩视频游戏上花费更多时间的趋势,预计会在未来几年进一步增加。例如,老年人之家正在提供视频游戏,并将其作为老人护理场所日常活动的一部分。除了现代玩家正在变老之外,女性也正在成为狂热的玩家。

灰色游戏玩家是指新一代老年人,他们越来越多地参与视频游戏,游戏开发商也开始注意到这个群体。年龄较大的游戏玩家通常更喜欢锻炼头脑的游戏,因此思考游戏在这部分玩家中非常受欢迎。灰色游戏玩家可以玩电脑游戏,因为它可以增强他们的个人反应力,同时也提供与孙辈交往的机会。

大型多人在线角色扮演游戏(MMORPG)在30岁以上的女性游戏玩家中特别受欢迎。相较于男性,MMORPG的女性玩家平均在网上花费的时间更多。随着游戏者平均年龄的稳定增长,玩家们成年后仍会继续保持良好状态这一事实毫不奇怪,游戏厂商在保持青少年核心地位的同时,也紧随富裕且年长的消费者。

虽然18~25岁的男性仍然是游戏公司的主要目标群体,但女性玩家占游戏用户总数的一半。按照以前的趋势,女性玩家玩游戏的时间比男性玩家少得多。但是这种趋势显然已经改变,现在女性对视频游戏产生了浓厚的兴趣,并花费更多的时间进行这项活动。以女性为目标的开发人员,正在专注于设计可以在短期内玩的手机游戏,同时也保留了游戏玩家长时间的兴趣。《糖果粉碎传奇》(*Candy Crush*)和《宝石迷阵》(*Bejeweled*)属于此类游戏,简单易玩,因此非常适合忙于各种工作和家务的女性。这样的游戏为女性提供了在自己方便时玩游戏的独立性,而不同于需要游戏者参与游戏的游戏机。另一方面,女性正在成为狂热的主机游戏玩家,女性中 Xbox 或 PlayStation 的拥有率也在上升。尽管女性游戏玩家通常都在寻找休闲游戏,但复杂的游戏也受到女性的青睐。

在为女孩制作游戏时,开发人员倾向于注意时尚和外观。甚至视频游戏产品的颜色也变为粉红色,以吸引女孩。任天堂试图通过粉红色的市场营销 Game Boy 游戏机来瞄准女性游戏玩家。为了在女性人群中培养长期的用户群,视频游戏制造商正在设计有助于增强女性计算机和协调能力的内容。益智游戏不仅能够娱乐,而且对男孩和女孩都具有教育意义和吸引力。《海豚大冒险》(*Ecco the Dolphin*)、《米娅哈姆好足球》(*Mia Hamm Soccer Shootout*)、《南茜朱尔 · 黑暗中的节奏》(*Nancy Drew:Stay Tuned for Danger*)、《女机械师》(*You Can Be a Woman Engineer*)等游戏在最近都备受女性玩家欢迎。因此,内容在确定女性用户的留存率方面起着至关重要的作用。吸引角色、解决问题、最终结果、复杂的故事情节等将是游戏开发人员在为女性开发游戏时应重点关注的关键因素。如果发行商希望打入女性游戏人群,他们也将不得不重新考虑其营销策略。

5.2 国际主要游戏市场分析

5.2.1 美国游戏市场

5.2.1.1 市场概况

美国游戏市场目前正处于视频游戏的黄金年代。根据美国娱乐软件协会(ESA)的数据,2020 年美国玩家数量已达到 2.14 亿人,全美国 3/4 的家庭中拥有至少一位游戏玩家。2019 年游戏销售数据尚未公布,但其《2019 年视频游戏产业基础事实》显示,2018 年美国游戏总销售额超过 434 亿美元(见图 5-6),其中数字形式占比 83%,恰逢该年度全球电影票房为 411 亿美元,"第八艺术"与"第九艺术"在收入上达到了微妙的平衡。

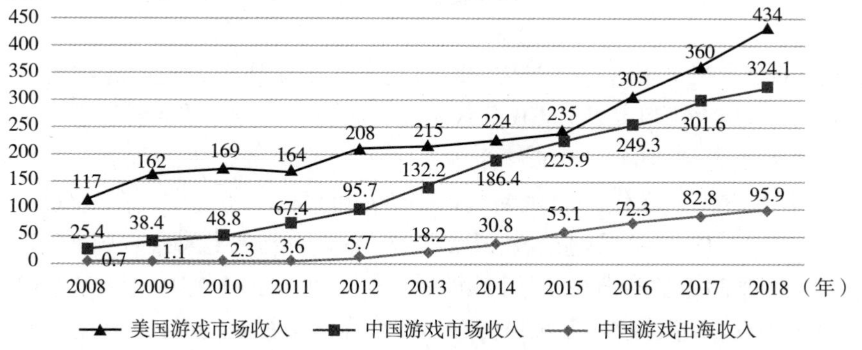

图 5-6　2008—2018 年中美游戏市场收入对比(单位:亿美元)

资料来源:Essential Facts About the Computer and Video Game Industry,ESA; 中国游戏产业报告,GPC& CNG。

从游戏设备选择上看,2018 年美国移动游戏收入 113 亿美元,是全球第二大移动游戏市场,因此美国市场的表现成为中国游戏"走出去"成败与否的重要标志;此外,美国玩家对主机游戏的偏好明显高于其他地区，贡献了全球接近 50%的份额。从美国游戏玩家特征来看，全美共有超过 1.64 亿成年人玩电子游戏，平均年龄为 35~44 岁，呈增高趋势；2.14 亿游戏玩家中 59%为男性，41%为女性，较高的女性玩家比例为中国游戏出口提供了另辟蹊径的空间。从美国游戏市场类型偏好来看，最受欢迎的游戏类型依次为休闲、动作、射击、角色扮演（RPG）、运动、冒险、格斗、赛车、策略类游戏（SLG）；尤其在移动游戏领域，美国移动游戏玩家偏爱益智类、策略类、动作类、博彩类游戏。

针对这样差异化的类型偏好，中国移动游戏在出口美国时重点选择了策略、动作、RPG 和博彩类游戏，在美取得了 10%左右的市场份额，在美排名前五的中国游戏中，前四位均为策略类游戏。策略类游戏往往与 MMORPG 游戏（大型多人在线角色扮演游戏）重合，是可以凭借少数鲸鱼用户获取大量收入的类型，也正是适合中国游戏出海过程中单点突破的类型（不同类型游戏的需求曲线大致如图 5-7 所示）。

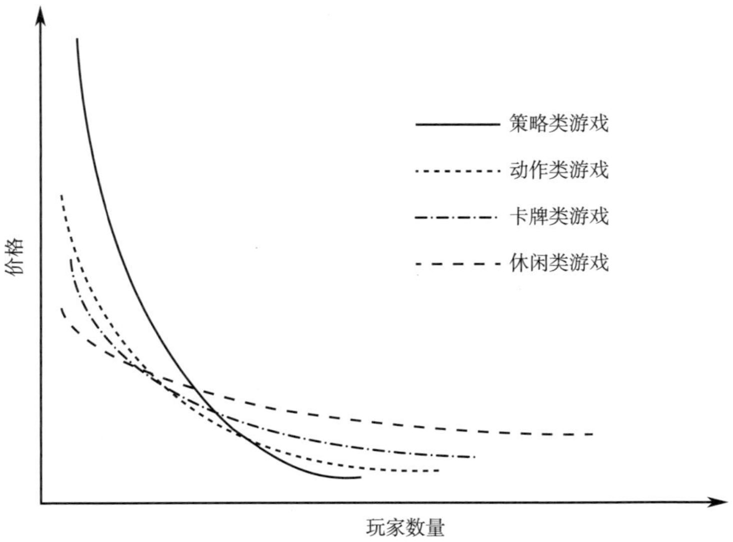

图 5-7 不同类型游戏的需求曲线

从对游戏的社会舆论来看，美国早在 20 世纪七八十年代也曾经历过对新兴游戏文化恐惧的时代，并于 1994 年制定了 ESRB 分级制度。而当前的美国游戏玩家被认为相较于普通美国人来说，有更为健康的社交和生活方式，参与公众事务也更为积极。视频游戏在美国家庭中的作用也在发生变化，74%的父母认为游戏可以为孩子提供教育，超过一半（57%）的人喜欢至少每周与孩子一起玩游戏。近 10 年来，长期存在的针对游戏玩家的成见在美国逐渐消失，相反越来越多的其他行业品牌如服装、汽车、金融服务等选择用游戏的方式与消费者建立连接，谷歌、Netflix 等公司也纷纷开始在游戏市场布局。

游戏在美国已真正成为大众媒介，也是人们娱乐消费、接受知识和传递技能的新媒介，其中功能游戏[①]就是拓展游戏功能的重要尝试。例如，华盛顿大学贝尔实验室曾开发

① “功能游戏”的主要目的是解决现实社会和行业问题，在游戏的娱乐性基础上增加了专业性以及实用性，根本目的是通过游戏帮助人们去解决工作、教育、医疗和生活等实际问题。

了一款名为 *foldit* 的功能游戏,玩家在 3D 画面下试着操纵简单的类蛋白质构造,变形、折叠、拼接。该游戏在开放一年后就有 8.2 万台计算机成为这一项目的活跃志愿者,曾经花费科学家 15 年之久研究的一类艾滋病毒逆转录蛋白酶的结构,在 10 天之内被玩家们破解。这项科研成果发表在英国《自然》杂志的结构分子生物学分册上,玩家们成了该文的主要作者。

5.2.1.2　美国市场的主要趋势

美国市场的主要视频游戏趋势包括 AR/VR 设备的增加、移动游戏和电子竞技的兴起,以及可穿戴设备和新游戏机的流行等。

(1)虚拟现实(VR)和增强现实(AR)技术的普及率提高。虚拟现实领域的技术进步将包括触觉反馈、基于云的虚拟现实游戏,以及在流行的 Oculus Rift 和谷歌 Daydream 上具有新功能的新游戏耳机。虚拟现实将实现新的功能,如世界各地朋友的化身都在同一个房间,并获得千禧一代的青睐。

(2)云游戏得以实现。快速可靠的互联网连接的出现使云计算在日常生活中得以实现。这也蔓延到了游戏领域。云游戏解除了内存和存储限制,并为用户提供良好的游戏体验。随着云游戏在全球范围内的扩张,公司也看到了根据各种外语定制游戏的需求。

(3)品牌建立。公司级品牌将成为游戏公司的关键区别。因此,游戏公司需要在所有渠道上进行更多的整合营销,以建立和维持品牌价值。其中包括传统的营销平台,如电视、社交媒体、绩效营销以及利用名人和有影响力的人。

(4)个性化内容呈现。个性化内容的可用性是使游戏业务获得巨大成功的趋势。高级游戏机将通过收集所有用户数据并相应地定制游戏内容来了解用户的喜好。这将基于过往选择、游戏水平以及其他一般的人口统计细节数据。当玩家打开游戏机时,个性化内容将为他提供独特的体验。

(5)流媒体游戏出现。流媒体视频游戏应用程序可以直接流式传输到无线设备和智能手机上,从而不再需要租用设备或租用游戏,这种在线可用性,使得实体店变得非常罕见。用户可以很容易地在网上购买游戏账户,并立即开始玩游戏。

(6)短期炒作。一方面,预发布过度炒作可能会对电子游戏产生破坏性影响。客户的期望值会随着开发人员的承诺而提高,而这些期望值在产品发布时可能无法实现。另一方面,炒作可能有助于销售和融资。关键是要确保炒作周期短,就像确保发布会之间的时间间隔一样。这将有助于缓和客户的期望。

(7)物理游戏发展。这是指通过增强现实将游戏的真实和虚拟元素结合起来。随着创造力的增加,人们更加注重让游戏更真实,从而在游戏物理方面取得潜在的进步。在碎布玩偶物理游戏《快乐车轮》推出后,出现了更多基于物理的多设备游戏。

(8)感觉工程学和开放性运用。视频游戏开发者现在正致力于通过让玩家先“感受”游戏,然后再设计游戏机制和游戏性,从而在游戏中创造出独特的情感反应。这种对传统游戏制作模式的改变是由 Funomena 公司率先提出的。此外,定制和线性游戏体验正在让位于开放世界的概念。游戏设计者正努力在游戏中创造更多的惊喜因素,让玩家有机会找到隐藏的宝藏。这在一些流行的游戏中可以看到,比如《战神》和任天堂的《超级马里奥—奥德赛》。

(9)包容性。电子游戏提供了一个很好的平台,向玩家(特别是年轻人)介绍多样性、平等性和包容性的概念。以不同种族和不同取向的角色为特色,可以让年轻玩家接触到与众不同的特质,这可能是游戏行业的增长动力。

5.2.2 日本游戏市场

传统游戏强国日本,作为全球第三大游戏市场、亚太地区仅次于中国的第二大游戏市场,从过去到现在一直在全球游戏产业中扮演着非常重要的角色。日本于 2002 年实行了 CERO 游戏分级制度。2019 年日本游戏市场总收益约为 190 亿美元,近几年日本主机游戏市场虽有所下滑,但移动游戏整体规模则在持续扩大。从玩家角度看,日本游戏用户基础很好,总人口约 1.27 亿,互联网用户已达 1.21 亿,并且付费率很高,年付费移动玩家人均年消费全球排名第一。日本畅销游戏主要类型有 RPG、消除、策略等品类,其中 RPG 最受欢迎,而消除游戏基本处于自给自足的状态,电竞类、策略类和二次元游戏反而是中国游戏厂商的重要突破口。总体来看,日本游戏市场已进入成熟期,未来预计不会发生剧烈变化,游戏市场整体规模将趋于稳定。

近年来,日本移动游戏市场稳步发展,其中重要的原因在于其玩家付费率高:2019 年日本玩家人均年付费达到 371 美元,几乎是美国玩家的 3.5 倍。在这个显著优势助力下,日本移动游戏市场规模稳居世界前三,与美国移动游戏市场规模接近(见图 5-8)①。

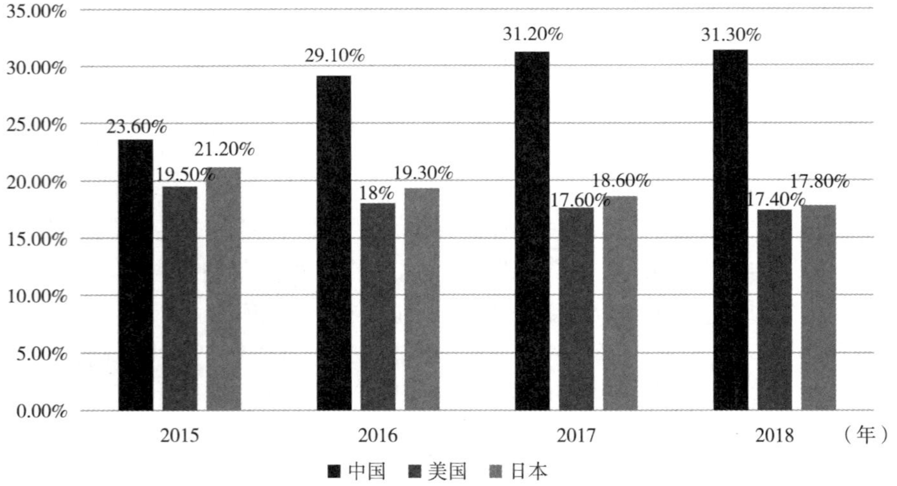

图 5-8 2015—2018 年中国、美国、日本移动游戏市场规模全球占比

Fami 通公布的手游白皮书显示,2019 年日本年度收入前十的游戏中,《怪物弹珠》《智龙迷城》等上线多年的游戏依然稳居头部位置,而《龙珠 Z:激战》《精灵宝可梦 GO》《碧蓝幻想》《Line:迪士尼消消乐》等老游戏也稳定在了前十,《实况力量职业棒球》《职业棒球之魂 A》《偶像大师:灰姑娘女孩星光舞台》这三款游戏虽然并未连续出现在该收

① 伽马数据 & Newzoo. 2019 日本移动游戏市场调查报告[EB/OL].(2019-06-19)[2020-08-15]. https://www.gameres.com/847032.html.

入榜中,但也是日本手游市场上的头部产品。相较之下,《荒野行动》都已算是较新的游戏,而 2018 年上线进入前十的游戏仅有《勇者斗恶龙》一款(见表 5-7)。

表 5-7　2019 年日本手游收入排行前十名

排名	游戏名称	收入(亿日元)
1	Fate/Grand Order	711
2	怪物弹珠	709
3	智龙迷城	522
4	荒野行动	424
5	龙珠 Z:激战	301
6	精明宝可梦 GO	277
7	职业棒球之魂 A	262
8	碧蓝幻想	242
9	勇者斗恶龙	239
10	Line:迪士尼消消乐	187

总体来看,本土厂商长期霸榜的现象有所改变,“孤岛化”现象有所缓解。2019 年日本游戏本土份额进一步缩减,下降至 70%,而中国游戏厂商的份额却相应扩大。中国游戏厂商表现亮眼,例如网易“大逃杀”(战术竞技)类型游戏《荒野行动》、Bilibili 二次元游戏《碧蓝航线》、腾讯 IP 改编游戏《拳皇 98》登上收益排行前二十位,《荒野行动》超过 90%的海外收入来自日本,最受欢迎的直播频道也全部来自日本。《荒野行动》在日本的成功说明,即使非传统日本市场偏好类型的游戏,制作精良并且站在电竞游戏的风口上,也能获得玩家青睐,这为中国游戏厂商出海日本奠定了良好的信心基础。同时,《荒野行动》在日本成功的经验还在于跟其他 IP 进行联动运营,包括日本知名 IP《进击的巨人》《KOF98》《新世纪福音战士》等①。这些案例说明,深入挖掘日本市场、结合日本特色文化的二次元、女性向恋爱、航海战舰类游戏以及全新玩法创新的类型较容易得到当地玩家的青睐,是中国游戏出口日本的重要突破口。

5.2.3　韩国游戏市场

2019 年韩国游戏市场收入约为 62 亿美元,是全球第四大游戏市场,实行 KMRB 游戏内容分级制度。5 100 万韩国人中,4 900 万是互联网用户,用户基础较好,付费移动玩家人均年消费全球排名第三。韩国游戏市场以移动游戏(46.6%)和 PC 游戏(35.1%)为主,主机游戏占比仅为 3.7%(见图 5-9)。

根据韩国文化产业振兴院的数据,2018 年韩国游戏产业出口额达 64 亿美元,同比增长 8.2%;进口达 3 亿美元,同比增长 16.3%。在韩国游戏的主要出口国家和地区中,中

① 回顾 2019,日本游戏市场上的中国“套路”[EB/OL].(2020-02-12)[2020-08-11].http://games.sina.com.cn/y/n/2020-02-12/imxyqvz2210191.shtml.

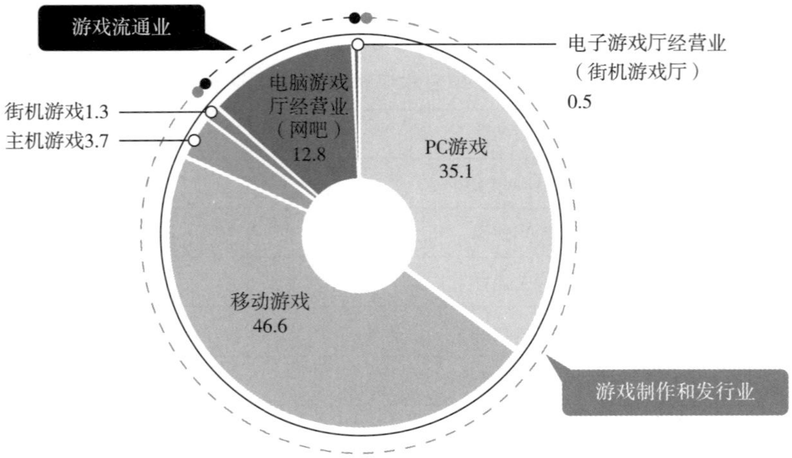

图 5-9　韩国游戏市场各细分领域占比(单位:%)

国以 46.5%的比率占最大比重,接着依次为北美(15.9%)、日本(14.2%)、东南亚(10.3%)、欧洲(6.5%)。与过去相比,对中国和东南亚的出口减少,对其他地区的出口增加①。

从全球范围来看,韩国在全球游戏市场中所占比重为 6.3%。2018 年,在 PC 游戏市场,韩国以 13.9%的占有率位列世界第二,仅次于中国。在全球移动游戏市场,韩国以 9.5%的占有率紧随中国、日本、美国,位列世界第四。

韩国游戏玩家偏爱益智、动作、模拟、RPG 和策略游戏,但本土缺乏高水准的策略游戏,这恰是中国游戏厂商的突破口,2018 年上半年韩国移动游戏市场收入中,中国游戏所占份额已达 17%。韩国游戏产业从客户端网络游戏时代崛起,作为“韩流”输出中国的代表,曾经一度在中国市场占据八成份额。自 2012 年以来,中国游戏业自身的进步和韩国手游时代的落后,使得韩国游戏风光不再,出口增长率大幅下滑,直至 2017 年才重回升势。2017 年 3 月,中坚游戏公司蓝洞(BLUEHOLE)推出 FPS(第一视角射击)游戏《绝地求生》,在全球掀起了“大逃杀”游戏的热潮,也证明了韩国游戏依然处于世界顶尖水平。从出口角度,韩国游戏产业占韩国文化内容总出口量的一半以上,直接关系着韩国文化出口的核心利益。值得一提的是,韩国政府自 1998 年亚洲金融危机以后对游戏业的种种资金、技术、人才、组织机构等扶持政策,成为推动韩国游戏产业跨越式发展的重要因素。

2019 年,韩国游戏的相关管制有所放宽。首先,文化体育观光部在 6 月 27 日废除了 PC 网络游戏的消费限额。具有代表性的 PC 网络游戏消费限额管制,是指成年人每月不能超过 50 万韩元(约为 2 800 元人民币),已延续了将近 20 年。虽然游戏的消费限额在法律上没有明确规定,但游戏公司接受游戏等级审核时必须标明每月消费限额,因此成为一种实质性的管制。而在谷歌、苹果等平台上提供服务的移动游戏不仅没有等级划

① 韩国文化产业振兴院 .2019 年韩国游戏白皮书[EB/OL].(2019-12-14)[2020-08-15].http://www.kocca.kr/.

分,也没有消费限额。所以,韩国的 PC 网络游戏消费限额被视为反向歧视,一直被要求改进。文化体育观光部在朴良雨长官就任后,表示要对此做出改进的意向并实施了改进。经改进后,Go-Stop(花牌游戏)、纸牌等网上桌游和青少年账号的每月消费限额继续保持不变,但允许成人在 1 000 万韩元限额内自由消费。游戏用户可以自行设置每月的限额,还可以每月改变两次限额。随着改进,NEXON、NC Soft、SMILEGATE 等游戏公司把 PC 网络游戏的每月基本消费限额调高为 100 万韩元。此外,使用信用卡玩街机游戏的路也被打通。游戏管理委员会从 2019 年 7 月开始对无年龄限制、带有信用卡等电子支付功能的街机游戏也进行等级分类。已有街机游戏只能使用硬币和纸币,这是为了防止利用街机游戏机变现等博彩行为和变相营业而采取的措施。因这一限制,业主很难建立灵活的商业模式,游戏用户也必须携带现金才能玩游戏。游戏管理委员会的本次措施在接受现金使用逐渐减少的社会氛围的同时,对企业活动给予了更多的自由。

5.2.4 欧洲(英国)游戏市场

欧洲游戏市场区域发展不均衡,以西欧市场为主,设有 PEGI 等详尽的游戏分级制度。根据 Newzoo 数据,2019 年西欧游戏市场规模同比增长 12.3%至 257 亿美元,占全球游戏市场总收入的 16.9%,该地区游戏玩家占总人口的 50%以上,收入主要来自主机游戏平台。具体到国别来说,收入居前的分别是德国(55 亿美元)、英国(52 亿美元)、法国(37 亿美元)、西班牙(25 亿美元)和意大利(24 亿美元)。东欧游戏市场规模预计为 42 亿美元,占全球总收入的 2.8%,同比增长 7.4%,其中俄罗斯在该区域占比 42.9%。欧洲游戏玩家偏好动作类、策略类、RPG 等重度游戏,用户 ARPU 值[①]处于全球较高水平,市场培育较为成熟。

以英国游戏产业为例,得益于游戏软件和游戏硬件的双轮驱动,2018 年英国游戏消费额达 57 亿英镑,增长 10%,是全球第六大游戏市场。英国游戏业一直以产品的创新创意闻名于世,如《纪念碑谷》等以其开创性的视角和游戏形式备受好评。作为欧洲最大的游戏市场,英国游戏业产业链完备,主机、PC、移动游戏均有所长,基于游戏文化的周边产业链条如玩具、授权、图书、电影、音乐及会展业与游戏业的融合也进一步深化拓展。良好的人才储备、优秀的通信技术基础、较高的玩家付费率、政府和行业协会支持以及税收优惠政策共同推动了英国游戏业的蓬勃发展,也使之对整个英国文化创意产业贡献良多。

值得注意的是,政府支持和税收减免是提升英国游戏业全球竞争力的重要因素。例如,从 2014 年 4 月起实行的视频游戏税收减免(VGTR)[②]政策,每年为游戏产业减免几千万英镑的税收;政府同时为专利发明所带来的利润提供税收减免,而大多数的游戏开发行为在英国都可以被定义为科研。如果没有 VGTR,其所支持游戏中的 68%不会在英国被开发出来。政府每通过 VGTR 给游戏部门投入 1 英镑,就能为英国经济带来

① ARPU(Average Revenue Per User)即每用户平均收入,是衡量用户价值的重要指标。一般来说,高端用户越多,ARPU 值越高。

② VGTR (Video Games Tax Relief)规定,如果游戏或软件为英国制造,且 25%的游戏关键支出用于提升在欧洲经济区内的服务,英国视频游戏公司将可以申请税收减免,游戏开发人员将能从税收减免中获益。

4 英镑的 GVA(国民经济总增加值),游戏业税收减免所带来的收益是所有屏幕部门中最高的。

5.2.5 “一带一路”沿线重点游戏市场

5.2.5.1 俄罗斯:第一大新兴市场

俄罗斯是新兴游戏市场的领头羊,在全球排名第十一位。其中以 PC 游戏占最大份额,其次是移动游戏,主机游戏市场则略有萎缩。被戏称为“战斗民族”的俄罗斯玩家偏好策略类和 RPG 游戏,尤其偏爱战争题材的重度游戏,中国游戏出海厂商也正是凭借战争策略类游戏拿下了俄罗斯移动游戏的半壁江山。App Annie 2019 年 6 月份手游指数显示,俄罗斯 iOS & Google Play 收入前十的产品中,中国手游占了 6 席。这充分说明良好的本地化和精准的类型突破能够有效助力新兴市场的挖掘。

5.2.5.2 东南亚:文化地理辐射前哨

由于游戏终端保有量持续增加以及网络支付体系的推广,2019 年东南亚游戏市场规模有望达到 46 亿美元,同比增幅达 22%,是全球游戏增速最快的地区。其中,印度尼西亚、马来西亚、新加坡、泰国、越南、菲律宾六国的游戏市场规模较大,印度尼西亚是东南亚最大市场,新加坡玩家付费能力较强,越南本土研发实力强劲。东南亚游戏以移动游戏为主,占比 67%,PC 和主机游戏分别贡献 24% 和 9%。从游戏类型来看,东南亚玩家偏好 RPG、策略、博彩、动作游戏;随着追求社交互动性的年轻玩家逐渐进入游戏生态系统,MOBA① 游戏也在崛起。

由于东南亚地区与中国在文化、地理、历史等方面有深厚渊源,且受中国“武侠”文化影响颇深,在抵御文化折扣方面存在天然的优势,所以对中国游戏的题材、风格、类型接受度很高。中国游戏在东南亚取得了绝对竞争优势地位,2018 年东南亚地区手游的畅销榜单中,几乎被中国的 MOBA 游戏《无尽对决》《王者荣耀》,以及“大逃杀”类游戏《绝地求生》《荒野行动》所占据。虽然中国游戏在东南亚地区成绩斐然,但也应立足各国具体国情因地制宜,避免产品同质化竞争,抓住移动电竞的风口,巩固扩大国际竞争力。

5.2.6 各国家/地区游戏市场发展状况对比

我们对美、中、日、韩、英、俄、东南亚等国家(或地区)从市场规模、分级制度、主流设备、玩家特征、移动游戏类型偏好以及中国游戏针对该国出口机遇等 6 个方面进行了梳理(见表 5-8),并在此基础上有针对性地分析中国游戏出海的机遇。

① MOBA(Multiplayer Online Battle Arena)即多人在线战术竞技游戏,以《王者荣耀》为典型代表。

表 5-8 各国家/地区游戏市场发展状况对比

国别	市场规模(亿美元)*	分级制度	主流设备	玩家特征	移动游戏类型偏好	出口机遇
美国	341	ESRB	主机/移动/PC	玩家成熟、女性玩家比例较高	益智、策略(SLG)、动作、博彩	策略、博彩
中国	367	无官方分级制度	移动/PC	基数大、留存率低、付费转化率低、重度玩家黏性高	动作、战术竞技、RPG	—
日本	179	CERO	移动/主机	ARPU 值高、付费率高、品牌忠诚度高、从众心理强	RPG、消除、策略	电竞、策略、二次元
韩国	61	KMRB	移动/PC	全体用户比率下降、年轻玩家占比高	益智、动作、模拟、RPG、策略	策略
英国	52	PEGI/BBFC	主机/移动/PC	玩家付费率较高、热衷于创新	休闲益智、策略	休闲益智
俄罗斯	18	Content Rating Law	PC/移动	偏好战斗题材	策略、RPG	策略
东南亚	46	MDA 等**	PC/移动	文化折扣低、年轻玩家多	RPG、策略、博彩、动作	MOBA、大逃杀

注:* 为保证数据可比,数据来源统一为 Newzoo 截至 2019 年 6 月的数值。

** MDA 为新加坡分级制度。泰国在《电影和视频物法》中,将游戏规定为视频的一种,因此也像电影一样,受到内容分级的限制。印度尼西亚于 2016 年推出《关于电子互动游戏分级》制度。

5.2.7 影响全球游戏市场竞争优势的关键环节

美国哈佛大学商学院迈克尔·波特教授提出波特钻石模型(Michael Porter diamondModel)来分析一个国家的国际竞争优势,他认为能够影响国家竞争优势的因素主要有资源要素、需求条件、辅助行业、企业战略/结构四大要素,以及机遇和政府两个影响变量。由于篇幅所限,人才、资本、技术、资源等要素不是本书关注的重点,本书只重点分析对于各个重要游戏大国获得国际竞争优势至关重要的三个因素:需求、企业战略、政府。

5.2.7.1 对需求的考量:本土化还是全球化

波特理论十分强调国内需求在增强国家竞争优势中的作用,如果一国内的消费者成熟、复杂且苛刻的话,会有助于该国企业赢得国际竞争优势。但随着国际贸易的复杂程度增强,"需求条件"对游戏产业的影响也成了一把双刃剑,时常需要在本土化抑或全球化的抉择中权衡取舍。

以传统游戏强国日本为例,作为全球第三大游戏市场,2019 年付费移动玩家人均年消费全球排名第一,从过去到现在一直在全球游戏产业中扮演着非常重要的角色。多年以来,日本游戏市场一直相对封闭、自给自足,海外鲜有公司能成功打入日本市场,日本本土游戏份额曾一度高达 90%左右,呈现出曾笼罩日本手机产业的“孤岛化”现象(亦称“加拉帕戈斯综合征”①)的特点。美国人类学家鲁思·本尼迪克特在其论著《菊与刀》中,曾将日本文化总结为一组日本人的矛盾性格:喜新而顽固,服从而不驯等。正是这种岛国文化的双重性,使得日本民族在文化心理上趋向于封闭和警惕,日本游戏产业的孤岛性也根源于此。从行业结构(structure)来看,日本游戏产业已经形成了寡头垄断的市场现状,产业准入门槛非常高,产品也呈现出同质化的趋势,更多是依托 ACG 产业完备的链条实现低投入高回报的经济效益,而坚持独特风格与创新性的中小型日本游戏厂商却面临着艰难的经营处境。从市场行为(conduct)来看,日本游戏厂商竞争策略较为保守,为此在手游时代一度失去先机。从市场绩效(performance)来看,技术革新的代价高昂,随着游戏研发费用不断升高,许多原本处于领先地位的日本游戏厂商生产规模持续缩小、一线开发人才流失、对于国际市场动向反应迟滞,面临着前所未有的挑战。日本游戏的国际竞争力也因此受到重创。基于日本游戏业 SCP 范式的简单分析警示我们,一味追求本土化需求的满足有时反而损伤了其国际竞争力。

5.2.7.2 跨国公司战略

产业国际竞争优势的取得最终还要落脚到跨国公司的全球扩张。当前全球游戏市场呈现出较强的寡头垄断特征,2018 年全球游戏公司的市场集中度 CR5 为 43%,前 35 家上市游戏公司的收入达到1 140亿美元,占当年全球游戏市场规模的 82%,这 35 家公司中,中、美、日三国占 30 家。对于跨国游戏公司而言,聚焦化战略、差异化战略、成本领先战略等固然有助于竞争优势的获得,但对于产品生命周期较短的游戏业来讲,核心竞争力仍然在于产品力。在这样的宽松型寡占市场②里,是该侧重模仿还是创新?追求自主研发的游戏产品“走出去”还是资本“走出去”?这些问题并没有定论,跨国公司应当因地制宜各有侧重,甚至在不同国家采取不同策略,构建多层次、多样化的战略矩阵。毕竟最终决定企业规模的是效率,而不是垄断(钱德勒,1977)。

我们采用大矩阵模型③为分析框架对跨国游戏公司的战略进行探讨(见图 5-10)。以世界排名第一的游戏公司腾讯为例,在面对如美国这样处于第二象限(市场增长迅速、弱竞争地位)的国家时,可以重点采取横向一体化即资本“走出去”的战略,如腾讯已持有 Riot games、动视暴雪、Epic Games 等美国核心游戏公司的股份;在面对东南亚各国这类位于第一象限内的市场,则可以侧重市场培育、开发和渗透,推动拳头产品“走出去”;在面对位于第四象限的东欧诸国时,可以适当采取收割战略。这样的丰富多样的战略选择才

---

① 这是指产业内部封闭保守,自身特点鲜明,但呈现与世界其他国家相异的发展特征,最早被应用于日本手机行业。日本的 3G 手机在日本国内市场广受好评,但在海外市场完全无法流行开来。京都大学研究所在当时率先提出:“日本的手机就像是达尔文在加拉帕戈斯群岛上遇到的特有物种,与它们的大陆表亲们相比起来,它们存在着惊人的演变和分歧。日本手机产业饱受‘加拉帕戈斯综合征’之苦,它们的形式太复杂,根本无法在国外的环境生存下来。”

② 尼克博克(Knickerbocker)的寡头垄断行为理论中将市场结构分为三种:完全竞争市场、紧张型寡占市场、宽松型寡占市场。紧张型寡占市场(一般其竞争者不超过 4 个),每家公司都拥有相当程度的垄断力量,公司之间会倾向于共谋而非竞争;而在一个宽松型寡占市场,各竞争者的战略性行为就会互相制衡或产生激烈的反应。

③ 大矩阵模型是由市场增长率和企业竞争地位两个坐标所组成一种模型,在市场增长率和企业竞争地位不同组合情况下,指导企业进行战略选择的一种指导性模型,它是由小汤普森(Thompson. Jr.)与斯特里克兰(Strickland)根据波士顿矩阵修改而成的。

有助于持续提升国际竞争优势。

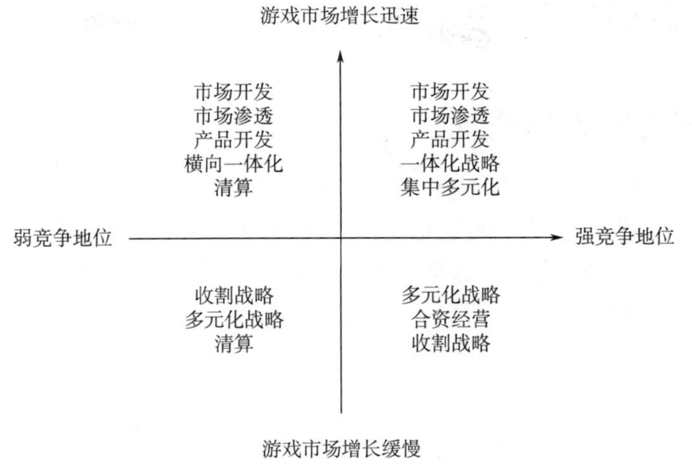

图 5-10　跨国游戏公司的大战略矩阵模型

5.2.7.3　政府治理:加强监管还是放松管制

对游戏这种新兴媒介来说,政府治理是影响其竞争力的主要变数。政府主要从监管基本态度、扶持政策体系两方面影响着游戏业的兴衰。从监管态度来看,美国早在 20 世纪七八十年代就曾经历过对新兴游戏文化的恐惧,并于 1994 年制定了 ESRB 分级制度。近十年来,长期存在的针对游戏玩家的成见在美国逐渐消失,根据 ESA 调查结果,美国游戏玩家被认为相较于普通人来说,有更为健康的社交和生活方式,参与公众事务也更为积极;家长们对视频游戏的态度也在发生变化,74%的父母认为游戏可以为孩子提供教育,超过一半(57%)的人喜欢至少每周与孩子一起玩游戏。因此,越来越多的其他行业品牌如服装、汽车、金融服务等选择用游戏的方式与消费者建立连接。游戏在美国已真正成为大众媒介,也是人们娱乐消费、接受知识和传递技能的新媒介,其中功能游戏就是拓展游戏功能的重要尝试。而游戏在儒家文化背景下背负着“业精于勤,荒于嬉”的原罪,往往导致社会舆论的负面认知和政策监管的不确定性,这也成为中国游戏行业快速发展背后的隐忧。

从政策扶持体系来看,政府对游戏业的扶持政策包括财政税收、版权保护、资金扶持、人才培养、技术培育等各个方面。以英国为例,政府支持和税收减免是提升英国游戏业全球竞争力的重要因素。例如,从 2014 年 4 月起实行的视频游戏税收减免(VGTR)政策,每年为游戏产业减免几千万英镑的税收;政府同时为专利发明所带来的利润提供税收减免,而大多数的游戏开发行为在英国都可以被定义为科研。如果没有 VGTR,其所支持游戏中的 68%不会在英国被开发出来。政府每通过 VGTR 给游戏部门投入 1 英镑,就能为英国经济带来 4 英镑的 GVA,游戏业税收减免所带来的收益是所有屏幕部门中最高的。而近年来持续以韩剧、K-POP、网游等标志性文化产品风靡亚洲的“韩流”,其实从出口贸易额来看,其游戏产业占韩国文化内容总出口量的一半以上,直接关系着韩国文化出口的核心利益。而韩国政府自 1998 年亚洲金融危机以后对游戏业的种种资金、技术、人才、组织机构等扶持政策,成为推动韩国游戏产业跨越式发展的重要因素。

5.3 中国游戏产品“走出去”

5.3.1 中国游戏市场概况[①]

近 10 年来,在人口和互联网技术双重红利、政策与资本推动下,中国游戏市场销售收入从 2008 年的 185.6 亿元狂飙突进至 2019 年的 2 308.8 亿元(见图 5-11)[②],市场份额占全球市场的 1/4,也是当年全球第一大移动游戏市场。2019 年中国游戏市场增速有所回升,行业整体回暖。

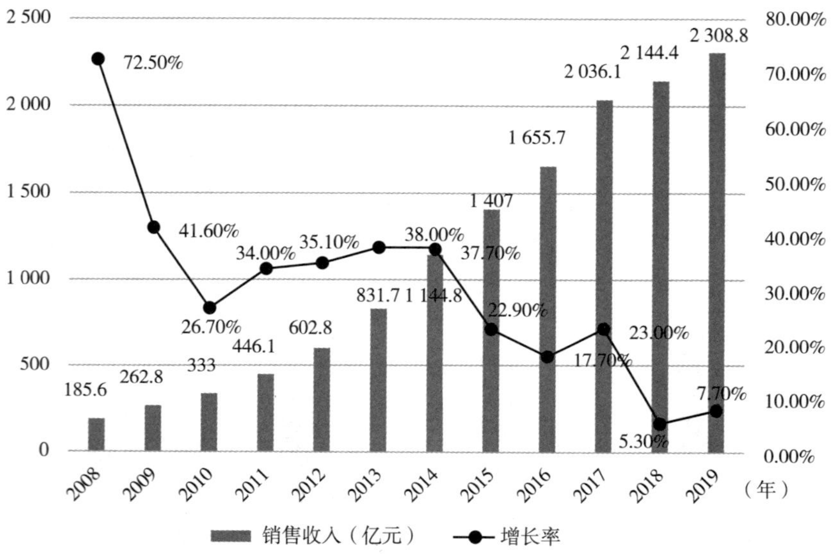

图 5-11 2008—2019 年中国游戏市场实际销售收入

2019 年,中国游戏用户达到 6.4 亿人,同比增长 2.50%,增速显著放缓(见图 5-12)。

2019 年,自主研发网络游戏市场实际销售收入达到 1 895.1 亿元,同比增长 15.3%(见图 5-13)。

2019 年,中国游戏市场中,移动游戏市场实际销售收入 1 581.1 亿元,份额继续增加,占 68.5%;客户端游戏市场实际销售收入 615.1 亿元,份额持续减少,占 26.6%;网页游戏市场实际销售收入 98.7 亿元,份额大幅减少,占 4.3%;家庭游戏机游戏市场实际销售收入 6.92 亿元,份额减少,占 0.3%(见图 5-14)。

分市场来看,2019 年中国客户端游戏市场实际销售收入达到 615.1 亿元,同比下降 0.7%(见图 5-15)。2019 年中国客户端游戏用户规模达到 1.42 亿人,同比下降 5.5%。

---

① 本节内容参考中国音数协游戏工委(GPC)和国际数据公司(IDC)的《2019 年中国游戏产业报告》。

② 图 5-11 至图 5-18 均引自中国音数协游戏工委(GPC)和国际数据公司(IDC)发布的《2019 年中国游戏产业报告》,网址:http://www.cgigc.com.cn/gamedata/21837.html.

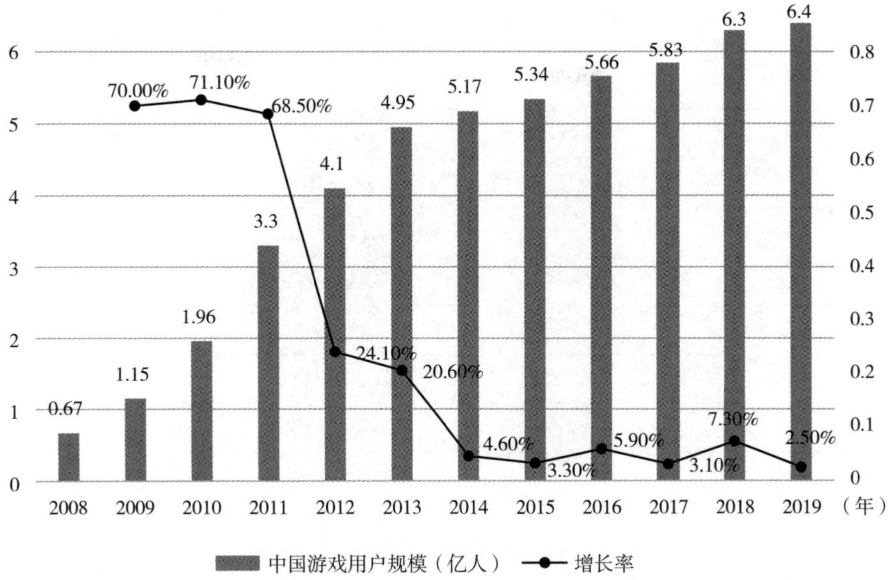

图 5-12　2008—2019 年中国游戏用户规模

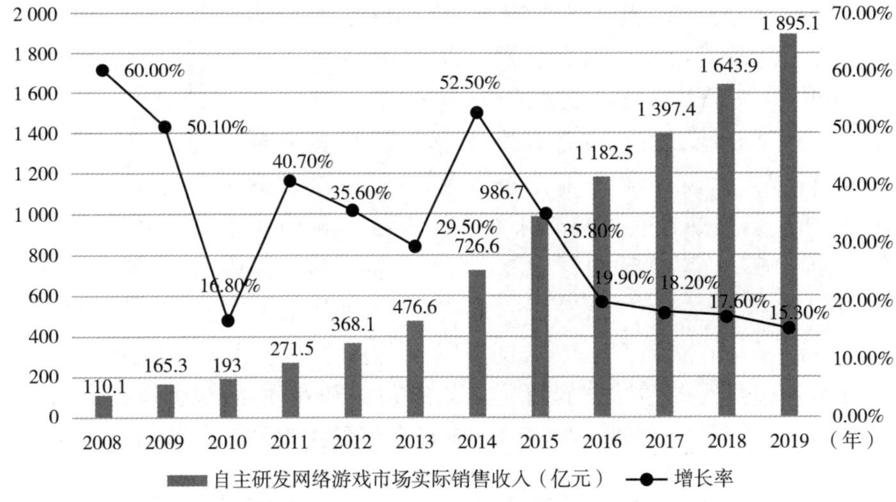

图 5-13　2008—2019 年自主研发网络游戏市场实际销售收入

受移动游戏大势等因素影响,客户端游戏产品呈现出少而精的特征,总体来说其对应的市场需求仍然存在,但品质才是客户端游戏与移动游戏竞争的核心优势,备受关注的客户端游戏《中国式家长》和《隐形守护者》都有创新性的加持,成为客户端游戏的亮点。

2019 年中国移动游戏市场实际销售收入达到 1 581. 1 亿元,同比增长 18%(见图 5-16)。2019 年中国移动游戏用户规模达到 6. 2 亿人,同比增长 3. 2%,增速显著放缓。移动游戏市场销售收入和用户规模整体增速已明显放缓,市场实际销售收入向优质产品集中,角色扮演类、卡牌类和策略类手游更受玩家青睐。随着 5G 技术和云游戏的推进,移动游戏市场有望增速回升。

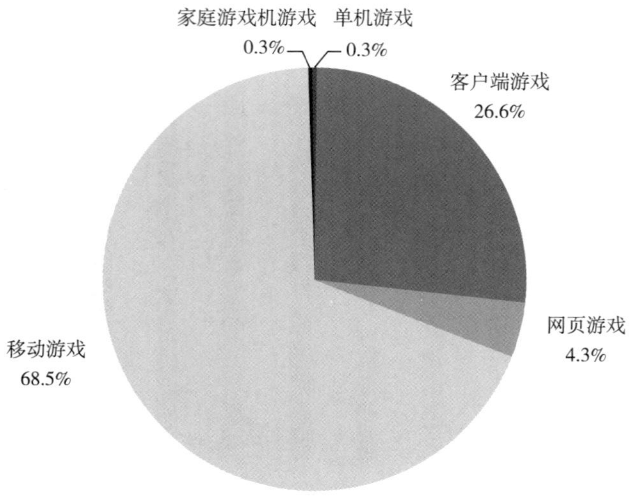

图 5-14 中国游戏细分市场占比

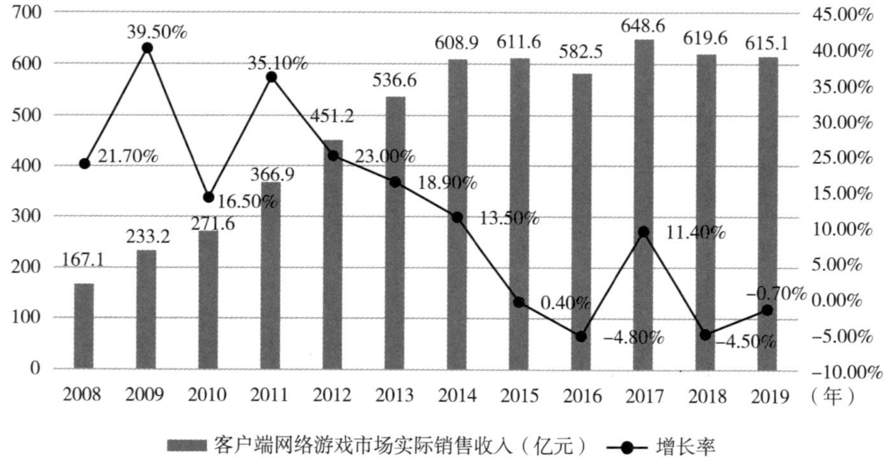

图 5-15 2008—2019 年客户端网络游戏市场实际销售收入

2019 年中国网页游戏市场实际销售收入达到 98.7 亿元,同比下降 22%(见图 5-17)。2019 年,中国网页游戏用户规模达 1.9 亿人,同比下降 15.2%。受用户需求改变、新产品减少、便携性不如手游等因素影响,网页游戏市场进一步萎缩,市场实际销售收入明显降低,用户数量减少。同时,网页游戏的运营成本和获客成本在不断增加,但用户导入的效果却越来越差。

2019 年,中国电子竞技游戏市场实际销售收入达到 947.3 亿元,同比增长 13.5%。其中,客户端电子竞技游戏市场实际销售收入达到 365.4 亿元,同比下降 1.7%;移动端电子竞技游戏市场实际销售收入达到 581.9 亿元(见图 5-18),同比增长 25.8%。角色扮演类和 MOBA 类游戏已经成为移动电竞市场的主要组成部分。

诚然,中国游戏行业大好局势的背后也有隐忧。首先是政策监管的不确定性和社会

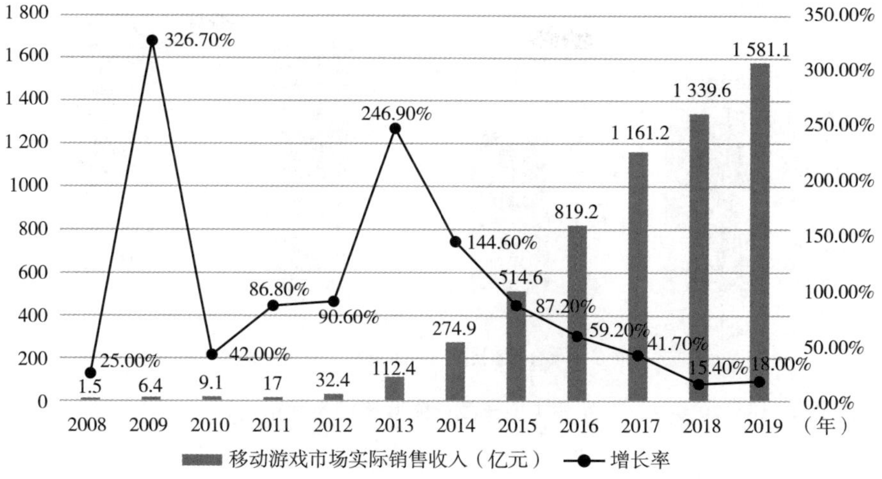

图 5-16　2008—2019 年移动游戏市场实际销售收入

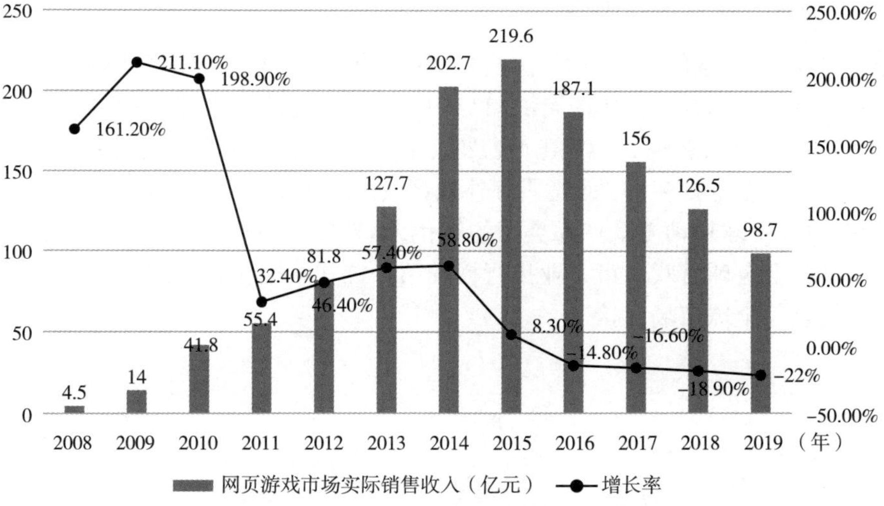

图 5-17　2008—2019 年网页游戏市场实际销售收入

舆论的负面认知。2018 年 3 月底至 12 月底中国游戏版号冻结，被认为是游戏行业的凛冬，受此影响当年游戏行业的收入增速骤降至 5.3%。与美英等国相比，社会舆论对游戏的非议不仅从未减少，反而愈演愈烈，对此廖祥忠（2005）发出这样的疑问："我们是不是正在重蹈历史的覆辙？什么时候人们才能相信这样一个事实：网游代表了一种新的鲜活艺术，如同机器时代的电影，她是数字时代的艺术！"其次，国产游戏在商业和规模上的成功也在倒逼中国游戏人的"初心"，3A 级精品游戏大作匮乏、题材玩法亟待创新、游戏质量有待提升、盈利模式尚需优化，这都是中国游戏业进一步挖掘潜力的空间。

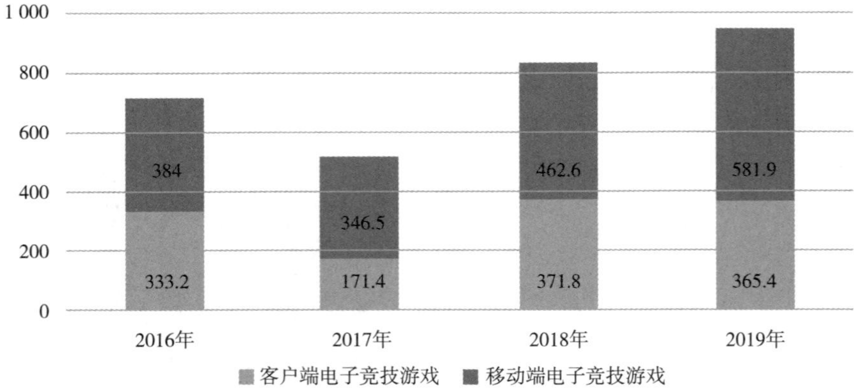

图 5-18　2016—2019 年我国电子竞技游戏市场实际销售收入(单位:亿元)

5.3.2　中国游戏市场出口概况及机遇分析

5.3.2.1　中国游戏市场出口概况

伴随中国游戏市场的飞速发展,国内自主研发网络游戏海外市场实际销售收入也从 2008 年的 0.7 亿美元增长至 2019 年的 115.9 亿美元,与同期中国电影的海外票房增长相比,在"走出去"方面表现更为突出(见图 5-19)。可以说,我国目前已经成为游戏输出大国,游戏产品类型丰富多样,实现了海外地区的"多点开花"。中国游戏企业及游戏产品也在持续引领全球移动游戏产品类型的迭代,海外影响力增强,产品品牌地位提升,其中腾讯、网易分列全球游戏上市企业排行榜的第一位和第七位,真正做到了"文化和前沿科技融合、创意与全球市场对接"。

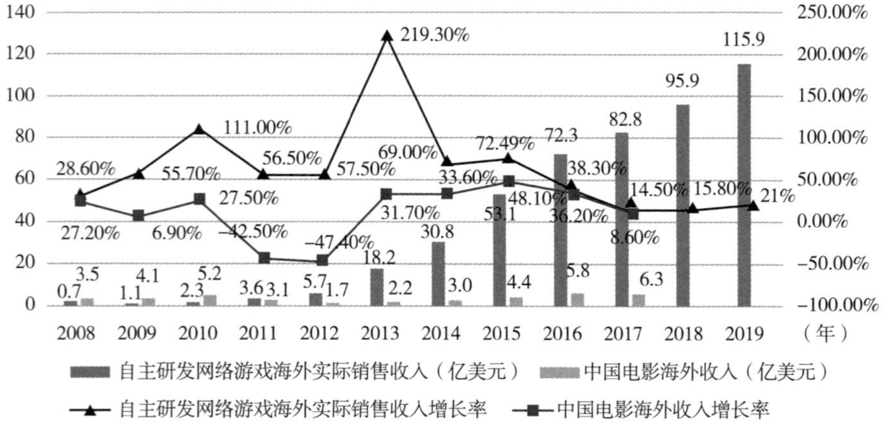

图 5-19　2008—2019 年中国网络游戏及电影票房海外收入对比

资料来源:GPC& CNG《中国游戏产业报告》,国家电影局。

中国音数协游戏工委发布的《2020 年 1—6 月中国游戏产业报告》①数据显示，2020 年上半年，中国自主研发移动游戏出海类型分布中，以策略类、射击类、角色扮演类游戏最受欢迎(见图 5-20)。

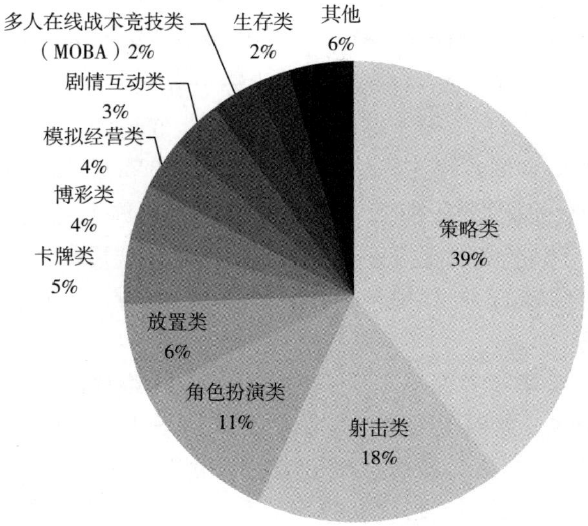

图 5-20　中国自主研发移动游戏出海类型分布

资料来源：中国音数协游戏工委、中国游戏产业研究院。

中国音数协游戏工委发布的《2020 年 1—6 月中国游戏产业报告》②数据显示，2020 年上半年，中国自主研发移动游戏海外市场销售收入分布中，美国、日本占据重要份额，合计占 50%以上(见图 5-21)。

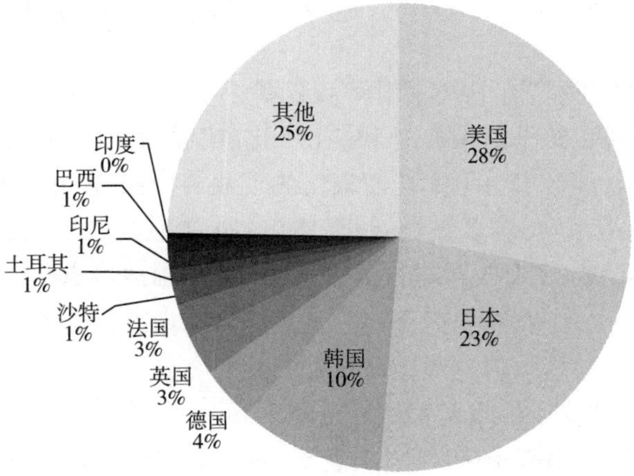

图 5-21　中国自主研发游戏海外市场销售收入各地区占比

资料来源：中国音数协游戏工委、中国游戏产业研究院。

① 中国音数协游戏工委．2020 年 1—6 月中国游戏产业报告[EB/OL]．(2020-07-30)[2020-09-01]http://www.cgigc.com.cn/gamedata/22026.html.

② 中国音数协游戏工委．2020 年 1-6 月中国游戏产业报告[EB/OL]．(2020-07-30)[2020-09-01]http://www.cgigc.com.cn/gamedata/22026.html.

5.3.2.2 中国游戏市场出口机遇分析

基于上述分析，当前只有抓住游戏出海在平台、技术、内容、区域、路径等多个层次的机遇，才能真正推动我国从“游戏大国”向“游戏强国”迈进。

（1）平台/终端选择与技术创新。中国作为全球游戏市场的“后发国家”，应该通过技术模仿与引进所带来的技术创新来获取“后发优势”，寻求要素禀赋结构所决定的动态比较优势（林毅夫，2003）。结合当前全球游戏细分市场，曾经长达 14 年的游戏机禁令使得中国游戏厂家已无力与主机游戏市场的国际寡头进行竞争，而强大的资金、技术、品牌壁垒也使得中国 PC 游戏前途晦暗，那么唯有抓住移动游戏这个正成为全球主流游戏终端的风口，通过前期模仿积累创新能力，在全球市场上动态地获取竞争优势，并在 AR/VR/MR、人工智能等新兴领域，充分利用与传统游戏强国尚在同一起跑线的时代机遇，推动新兴游戏类型的出海。

（2）内容/类型。电影学者保罗·沃森（1996）认为，类型（genre）是一条编织起工业考量与观众需求的金线。游戏类型虽与电影类型的语境不甚相同，它体现了更多的如安德鲁·达利（2000）所言的“由新技术发展带来的制度化的互文性和彻底的折中主义的后现代文化”，但它仍能在吸引和控制玩家的特定诉求、期待和愉悦方面发挥重要作用。游戏产品是以规则、目标、乐趣为核心，这与以叙事内容为核心的影视、文学产品相比，受“文化折扣”的影响更少，毕竟文化尚有高低语境（爱德华·霍尔，1966）之分，但人类对规则、目标和乐趣的追求却是大同小异的，这也能部分地解释游戏出海为什么比影视文学产品“走出去”更为迅速。

基于全球重要游戏市场的类型偏好分析，我们概括了中国游戏出海的类型机遇。例如，美国移动游戏玩家偏爱益智类、策略类（SLG）、动作类、博彩类游戏，中国移动游戏在出口美国时正是重点选择了策略、动作、RPG 和博彩类游戏，在美国目前占有 10%左右的市场份额。

日本畅销游戏主要类型有 RPG、消除、策略等品类，其中 RPG 最受欢迎，而消除游戏基本处于自给自足的状态，于是策略类和二次元游戏成为中国游戏厂商的重要突破口。在这样的战略指引下，日本本土厂商长期霸榜的现象有所改变，中国游戏厂商表现亮眼，例如网易“大逃杀”（战术竞技）类型游戏《荒野行动》、Bilibili 二次元游戏《碧蓝航线》、腾讯 IP 改编游戏《拳皇 98》登上收益排行前二十名。这些案例说明，深入挖掘日本市场、结合日本特色文化的二次元、女性向恋爱、航海战舰类游戏以及全新玩法创新的类型较容易得到当地玩家的青睐，是中国游戏出口日本的重要突破口。

此外，如前所述，俄罗斯游戏玩家偏好策略类和 RPG 类游戏，尤其偏爱战争题材的类型游戏，中国游戏厂商凭借战争策略类游戏拿下俄罗斯移动游戏的半壁江山。

东南亚地区接受中国游戏的题材、风格和类型时，文化折扣较小，因此中国游戏可以立足东南亚各国具体国情，因地制宜，扩大在该地区的国际竞争力。

（3）路径。在出海路径上，中国游戏出海应动态地抓住比较优势的机遇，建立“中国—儒家文化圈—‘一带一路’沿线国家—游戏强国”的多层次地理版图，不断扩大国际影响力。这个传播路径在立足本土的基础上，充分考虑了全球游戏产业的发展水平和玩家需求。

我们根据 App Annie2018 年度各国移动游戏收入排行数据绘制了图 5-22,尝试对各国移动游戏市场的同质性和多样化程度进行分析。位于对角线之下的中国台湾、东南亚国家、俄罗斯、巴西等新兴市场,本地游戏所占份额较低,与全球游戏收入前十的同质性也较低,这正说明市场尚待开发,而传统欧美品牌并没有在这些地区取得绝对竞争优势,为我国游戏出海提供了绝佳的机遇。而位于对角线之上的日本、美国、韩国等游戏强国,中国游戏应该奉行"差异化战略"和"一体化战略",在已经成熟的市场空间里找寻机遇、挖掘潜力。

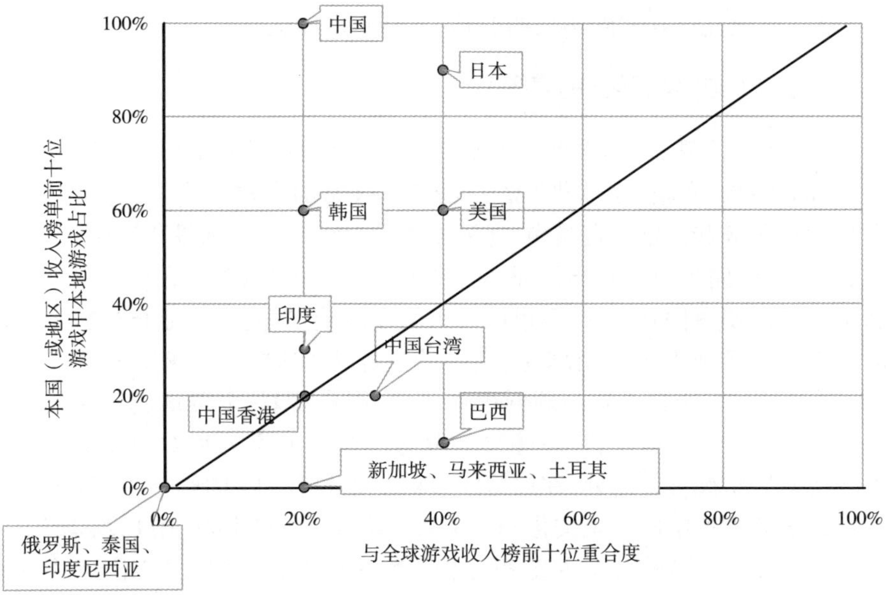

图 5-22　2018 年全球移动游戏收入榜前十名的同质性与多样化分析

资料来源:根据 **App Annie 2018** 年各国移动游戏排行数据计算所得。

特别是,跟随"一带一路"倡议的指引,中国游戏"走出去"的步伐也沿着"丝绸之路经济带"和"21 世纪海上丝绸之路"涉足至欧亚大陆和非洲,在俄罗斯以及东南亚、中东欧、阿拉伯地区等地多点开花。这些区域往往被视作新兴游戏市场,在互联网红利基础上逐渐产生了庞大的游戏需求,但本国的游戏产业尚不能满足玩家需求,因此中国游戏应该把握这个战略机遇窗口期,立足国内并辐射"一带一路"沿线国家,打造属于中国游戏的时代。

5.3.3　中国游戏产业"走出去"策略分析

纵览全球主要游戏市场的竞争格局,对中国游戏产业来说,立足本土,协同出海,时不我待。中国游戏要想成为中国文化和"中国创造"的名片,打造美国电影之于美国文化、日本动漫之于日本文化的地位,需要积极探索政府、社会与市场智慧平衡的空间,兼顾"本土化"与"全球化"表达,推动资本与产品"走出去",尊重人才、创新玩法,维护社会责任,推动游戏业与其他产业的深度融合,这样才能真正成为中国创新、匠心与品质的代表,为中国文化"走出去"添砖加瓦。

5.3.3.1 构建政府强底线和适度监管并举的产业扶持政策体系

美国、日本、韩国都曾有过对于游戏这种新兴行业的恐惧，中国也不例外。政府管制、公众舆论与游戏市场三方，应该进行智慧平衡获得共赢，借鉴多国曾经走过的道路，适时推出游戏内容分级制度，在坚持“强底线”基础上，明确主体责任，适度进行监管，以明确标准代替怀疑猜测。中国是世界前十大游戏市场中唯一一个尚没有实行游戏分级制度的国家，要与世界接轨，规范化运作，从标准上为游戏“走出去”做好准备，可能当下真的到了考虑推出官方认可的分级制度的时刻。当然，游戏分级制度的确立和推行并不可“一蹴而就”，应该允许在实践中试错改错，不断丰富和优化。

5.3.3.2 “本土化”与“全球化”的平衡

日本游戏产业的“孤岛化”教训告诉我们，中国游戏要想成功出海，就必须对产业内的孤岛心态加以警惕，实施“全球化”和“本土化”战略的有机结合。我们需要构建游戏市场的国别信息服务和国别投资指南，在深度了解海外市场的前提下谨慎理性地选择出海目的地，并根据不同市场的差异特征，实施“海外本土化”策略。在进入海外市场前，充分认清目标市场的用户偏好、发行渠道以及市场发展趋势等，尽可能与当地工作室、玩家联盟、发行商合作，实现人才的全球化、资本的全球化、创意的全球化和用户的全球化。在“本土化”的过程中，既要了解当地的民俗风情、用户喜好、审美情趣，根据当地玩家所喜爱的游戏类型精准设计研发投放；还要充分考虑当地的宏观和微观环境，包括政策法律法规及经济发展状况等。此外，在拥抱“全球化”的过程中，中国游戏人还需有所坚守，尽可能地通过游戏表达中国传统文化和哲学人文精神，例如胡健(2011)所提出的“‘重天道’、‘法自然’、‘尚人道’的人本主义、‘尚中贵和’的‘中和’思想、‘克己复礼’的礼仪主义”，“诚意、正心、修身、齐家、治国、平天下”的文化自觉以及中国文化对于“天人合一”、生死命运等问题的哲学式解读。这些“中国品格”通过游戏表达出来，不仅有助于国内社会的价值弥合，也希望能被国际社会广泛接受，助力“一带一路”倡议的顺利推进。

5.3.3.3 产品“走出去”与资本“走出去”相结合

文化“走出去”是“道”，产品“走出去”是“势”，生产“走出去”是“技”，资本“走出去”是“术”。国内自主研发的游戏产品受到玩家欢迎才是中国游戏达到国际顶尖水平的硬指标。游戏产品自身的品质、玩法创新仍是开拓海外市场的基石。当前国内游戏公司在产品“走出去”方面偶有亮点、单点开花，未能形成规模优势。生产“走出去”是指海外研发、全球运营等中外合作模式，这在整合全球资源方面有突出优势。资本“走出去”目前是中国游戏出海的重要实现方式。以世界排名第一的游戏公司腾讯为例，通过投资并购实现游戏全球化是腾讯的一大战略。腾讯曾分别成功收购了全球 PC 端排名第一的游戏《英雄联盟》开发商 Roits games，以及移动端排名第一的游戏公司 Supercell，“现金牛”的威力使腾讯尝到了资本出海的甜头，通过资本“走出去”带动游戏生产、研发、产品、服务“走出去”，这被腾讯游戏证明是行之有效的路径。对于自主研发能力尚不够强大的中国游戏来说，将“道、势、技、术”有效结合，可以全方位、多层次、宽渠道地推动中国游戏贸易。

5.3.3.4 社会责任与商业利益的兼顾

中国游戏业经过近 30 年的野蛮生长,毋庸置疑在商业收益方面取得了巨大成就。随着粗放型增长到存量博弈的转变,游戏产业应该借此"阵痛期"思索对于社会责任的担当和社会良心的守望,如习近平总书记所言,"坚守中华文化立场、传承中华文化基因、展现中华审美风范",加强行业自律,突出社会责任,尊重"玩者之心",降低负外部性,并推进与旅游、教育、医疗等其他产业的深度融合。唯其如此,才能推动中国游戏真正融入各国经济社会发展的大格局,助力"人类命运共同体"的伟大实践,探寻游戏对于现代文明的真正意义。

5.4 案例:完美世界国际化发展

5.4.1 引言

完美世界股份有限公司,业务涵盖完美世界影视、完美世界游戏和完美世界电竞三大板块,是国内领先的影游综合体企业之一。完美世界是中国最早进行海外运营的文创企业之一,以推广东方文化于世界为长远目标。2006 年,该公司第一款应用自主研发的 3D 引擎和来自《山海经》的中国传统经典内容的游戏——《完美世界》开始在海外进行运营,并获得成功,成为中国游戏出海的领军企业。2008 年,完美世界影视成立,作为中国领先的影视文化投资、制作及发行机构之一,其主营业务涵盖精品内容、综艺娱乐、艺人经纪、影游联动、投资、国际业务等板块。当前,完美世界游戏产品已发展到海外 100 多个国家和地区,成为中国国内向海外出口游戏数量最多、覆盖区域最广、海外收入最高的企业之一。

完美世界 2011—2019 年 8 次被认定为中国文化企业 30 强,并且获评 2011—2012 年度、2013—2014 年度、2015—2016 年度、2017—2018 年度国家文化出口重点企业;2016 年,完美世界荣获最具社会责任上市公司奖;2017 年,完美世界荣获 2016—2017 年度中国最受尊敬企业;2018 年,完美世界获"中国游戏社会责任企业典范奖"。

完美世界的全球化战略,作为中国文创企业国际化多元发展的典范,通过游戏贸易推广中国文化的道路探索,为文创企业的国际商务发展运营提供了镜鉴。

5.4.2 完美世界国际化发展现状

借助波特的钻石模型,本案例对完美世界公司发展所面临的生产要素、需求条件、机会和政府等背景因素作初步介绍,详见图 5-23。

作为较早"出海"开拓市场的中国文化企业之一,完美世界一直以来都保持着较快的发展脚步,在游戏、影视、电竞多领域全方位推进其国际多元发展的战略。

在游戏方面,其全球化发展战略非常清晰明确,一个重要原则就是"不做不能出口的游戏"。当前完美世界游戏产品已发展到海外 100 多个国家和地区,成为中国国内向海外出口游戏数量最多、覆盖区域最广、海外收入最高的企业之一。自 2007 年起,完美世界一直领跑中国游戏海外出口,曾一度占中国网络游戏出口总额的 40%。在这个过程

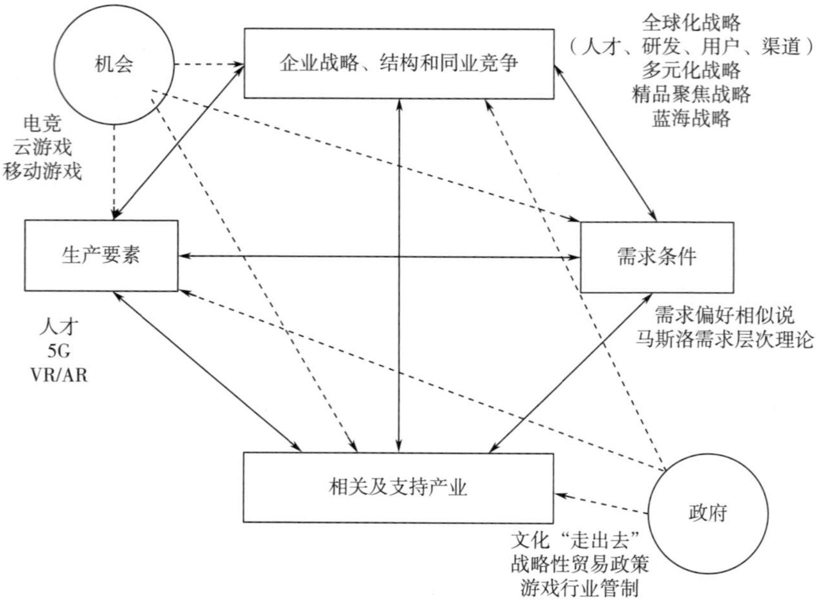

图 5-23 完美世界公司的钻石模型分析

中，完美世界总结了“四步走”的全球化战略，即从授权出口、自主运营、本土化生产到全球资源整合，从而实现“全球制作、全球发行、全球伙伴”。目前，完美世界在美国、荷兰、法国、韩国、日本等国家、地区设有 20 多个海外分支机构，共同研发、运营完美世界的游戏作品。对于完美世界来讲，长远地深耕海外市场才是可持续发展的基础。当很多互联网娱乐企业还在第一阶段——产品授权出口，即将单一产品授权给世界各地的运营商进行业务分成时，完美世界游戏业务已经进入海外市场发展的第四阶段——全球资源整合，面向全球市场开发产品。

同时，在全球资源整合过程中，完美世界还采取双向资源整合方式，对外输出本土文化，对内引入海外 IP 和产品。完美世界代理了全球知名电竞产品 DOTA2、CS：GO，促进中外文化交流。作为知名电竞产品 DOTA2、CS：GO 在中国大陆的独家运营商，自 2015 年起，完美世界成功主办了 CS：GO 亚洲邀请赛、三届 DOTA2 亚洲邀请赛以及 DOTA2 超级锦标赛等国际大型电竞比赛，并协助美国 VALVE 公司举办世界最高级别的电竞比赛——2019 DOTA2 国际邀请赛，通过大型赛事的国际影响力，提高中国电竞在世界的地位。2018 年 6 月，完美世界与美国 VALVE 公司开启“蒸汽平台”项目合作。完美世界将通过“蒸汽平台”推出更多游戏产品，为中国玩家及开发商提供更多高品质的内容以及更优越的体验与服务，助力中国游戏企业，尤其是中小游戏公司更好地“走向”海外。

截止到 2020 年上半年，完美世界多款游戏出海成绩斐然。2020 年 2 月，《新神魔大陆》手游也在韩国上线，取得该区域 Google 免费榜第二、畅销榜前十以及 iOS 免费榜第三、畅销榜前十的佳绩。2020 年 3 月，《新笑傲江湖 M》位居香港、台湾 iOS 游戏畅销榜第一以及 Google 畅销总榜前三，并且上线后多次获得 Google Play 及 App Store 台湾、香港和澳门三地商店推荐。2020 年 5 月，《新笑傲江湖》手游在新加坡和马来西亚上线首周勇夺新加坡 iOS 免费榜第四、畅销榜第七以及 Google 免费榜第一。

要想创造出全球领先的蕴含中国文化的创意产品,仅仅靠自己的力量是不够的,必须把全世界最先进的资源整合利用。完美世界在走向海外的过程中,就是以一种更为宏大的文化出口策略,不仅整合中国资源来应对全球市场,更是通过整合全球资源服务全世界。未来,完美世界将充分借力中国文化产业蓬勃发展的态势,立足文化精品战略,不断提升作品的口碑和品牌影响,把公司打造成具有长远影响力的影视娱乐全球化企业。

5.4.3 完美世界国际化战略

5.4.3.1 通过全球文化融合,降低"文化折扣",实现文化"走出去"

蕴含中国文化基因的产品和服务出口,如何让受到"文化折扣"因素影响的海外用户接受呢? 各国国情有别,东西方文化存在差异。在这种情况下,完美世界致力于文化融合,善于结合出口目标国的当地文化,融入中国传统文化,创造出让世界能接受的东方文化形象。

完美世界的游戏有很多中国风的建筑、人物和展现中国传统文化的人际关系,这些具有强烈中国文化色彩的内容很难让国外玩家理解。完美世界采取的策略是:①修改玩家角色创建的选择,让玩家可以创建西方面孔和体型的游戏角色;②建立游戏维基百科系统,方便玩家了解历史故事;③制造具有中国风唯美的场面,把玩家带入虚幻世界,这样玩家可以把中国风认为是独具特色而不是异质文化;④坚持高质量的本地化翻译,让玩家无障碍读懂游戏内容,让玩家从专业翻译的字里行间感觉到游戏的专业度,从而增强对完美世界作为游戏发行商的信赖感,提升玩家对品牌的忠诚度。

从故事情节来讲,完美世界游戏的网游产品多数取材于中国传统文化。旗下产品中有继承传统文化因素的《完美世界》《赤壁》,有取材于现代文学和影视作品的《诛仙》《武林外传》,还有源自中国独有武侠文化的《笑傲江湖》《神雕侠侣》等。如《完美世界国际版》这款经典的网络游戏,便取材自中国古典神话《山海经》,游戏中的"化蛇""腾蛇""鸣蛇""修蛇"等怪兽,就是以《山海经》所描述的奇兽为原型的。《完美世界国际版》自 2006 年上线之后,连续获得过十佳国产原创网游奖、最受欢迎网络游戏奖、最佳原创网络游戏奖、网游常青奖等多个奖项,受到世界各国年轻玩家的交口称赞,堪称游戏界的经典之作。该游戏在全球 13 个国家和地区发行,连续多年经久不衰,累计玩家上亿,有效地传播了中国传统经典文化。通过不同中国文化类型兼收并蓄,完美世界游戏形成了一个系统的文化体系。这些蕴含优秀中国文化的产品走向海外,对提升中国文化影响力起到了积极的促进作用。

《神雕侠侣 2》已在港、台、新、马等地上线,屡获双平台推荐,登顶 App Store 香港地区畅销榜。《我的起源》手游融入榫卯、飞檐等中国古建筑组件,在服饰设计中也采用了盘扣、梅花纹等中国元素,被评为 2018 年美国 E3 展最迷人 MMO 游戏。《新笑傲江湖》手游也设计了琴箫、书画等承载中国传统文化的玩法。

完美世界游戏在从传统文化中汲取灵感和养分的同时,还不断进行传承与创新。《诛仙》手游和南京秦淮河夫子庙、敦煌文化等非物质文化遗产进行跨界合作,《诛仙 3》融入非遗文化龙泉刀剑元素。完美世界将自己定位为中国的民族文化创意企业,所研发的娱乐产品都来自中国的民族文化，具有原创性。这样既提升了产品的文化内涵，又强化了企业的国际竞争力。

完美世界在进行产品出口的过程中，并没有仅仅关注自身产品的输出，而是以一种更开放的姿态将全球优质文化资源充分融合。例如，完美世界游戏中法团队合作研发的西游题材横版过关游戏《非常英雄》，运用西方的艺术视角和手法还原中国经典名著《西游记》的冒险旅程，不仅将唐僧师徒的形象融汇于色彩饱满的玄幻仙境中，还融入古琴、竹笛等传统乐器配乐和古典音乐旋律，该游戏在 2017 年微软 E3 展上一经亮相即收到如潮好评，2020 年初更是摘得有“动画界奥斯卡”之称的第四十七届安妮奖（Annie Award）最佳游戏角色动画。又如，《口袋西游》这款游戏在东南亚推广时，完美世界的游戏研发人员特意添加了土地公和妈祖等人物，成功地将中国网络游戏与当地风俗相融合，受到了当地玩家的喜爱。完美世界游戏把《诛仙》推向日本市场时，就将女主人公名字从“碧瑶”和“陆雪琪”改为日本玩家认为具有美感的“绿兰”和“白丽”。在出口一款游戏到中东地区时，给其中女性角色戴上头巾等。每款游戏出口前都由专业的人员进行人工翻译和核对，务求语言“接地气”。而细致到位的本土化，也使得完美世界的游戏产品受到海外玩家的欢迎。

5.4.3.2 通过自主原创开发，推进“文化+科技”产业融合，提升中国文化影响力

国内游戏出口海外，经常遇到版权问题。国内存在的一些版权不规范的现象，经常会让海外的合作伙伴心存疑虑。而版权问题实质上还是一个是否具有自主原创能力的问题。完美世界是如何在国际化过程中坚守自主原创开发的呢？

完美世界相信，无论哪一领域，要使“中国创造”走向世界，必须要有核心竞争力。从本身来看，一是技术优势。完美世界游戏拥有的三大引擎平台，即 Angelica 3D 引擎、Cube2. 5D 引擎以及 Eparch2D 引擎，都是完美世界游戏凭借多年的积累自主研发的。同时，作为一家以技术驱动的数字文创企业，完美世界游戏不断探索技术的创新迭代。在拥有不断迭代升级的自主研发跨平台游戏引擎的基础上，不断开发和引进 AR 人体骨骼识别技术、AR 面部识别、5G、折叠屏等创新技术，并将 VR、AR、人工智能、云计算等前沿技术运用于产品中。海洋题材沙盒生存游戏《深海迷航》在推出时就提供了 VR 模式，为玩家打造了更加新奇的游戏体验。目前完美世界出品的《神雕侠侣 2》手游、《烈火如歌》手游等都使用了 AR 技术。同时，主动捕捉 5G 云游戏的市场需求，自 2016 年就开始了对云游戏的尝试和布局。目前旗下多款游戏产品，已经快速入驻三大电信运营商等主流云游戏平台。同时，与国外谷歌 Stadia（游戏流服务）等全球强力合作伙伴积极接洽，继续深入布局云游戏，不断推动更多探索、合作与实践。2020 年上半年新推出的《新神魔大陆》是完美世界首款旗舰级云游戏，它完整地实现了免下载、高品质渲染、跨终端、引擎自适应这些云游戏特性，打破了国内云游戏发行的零经验、零案例。

二是研发优势。完美世界的游戏开发人员具有丰富的经验，对产品画面、美术风格以及整体质量把控非常严格。这些优势，使得完美世界的游戏产品在国际上也颇具竞争力，获得了全球众多用户的喜爱。此外，完美世界从开始做网游之初，就严格遵守诚信经营的原则，所有产品都是完美世界自主开发，拥有自主知识版权。这种尊重版权、尊重国际游戏规则的做法为完美世界赢得了全球合作伙伴的信任，在海外树立起了良好的

口碑。

5.4.3.3 通过人才的全球化，推行“文化+教育”双轮驱动，实现全球人力资源整合

完美世界推行国际化战略的优势是什么呢？如何说服海外合作伙伴与之进行商务合作？完美世界在海外合作中，充分利用了中国巨大的市场潜力。在进行海外投资和业务拓展时，完美世界展示了三大优势：第一，与完美世界合作，将会使对方的产品迅速进入中国巨大的市场；第二，与完美世界合作，享有全球100多个国家和地区的通畅渠道；第三，完美世界的技术研发优势可以为合作伙伴提供有力支持。

当前全球创意产业正在加速发展，而支撑创意产业这样巨大市场的背后，是人才和教育的积淀。完美世界如何在全球范围内使员工人尽其才，充分实现价值？其内部教育培训机制又如何让这些人才不断提升技能以支持业务的发展呢？这其实决定着完美世界未来发展的关键。

多年的经验使完美世界认识到，偏前端的领域，比如客服、市场人才，尽量用本地人才；而偏后台的领域，比如技术人才，完美世界就不拘一格，当地人、华人、留学生等，都在选才范围之内。这样，既不脱离整个公司在全球的布局，又让熟悉当地用户习惯的本地优秀人才来经营当地的公司，达到最优效果。完美世界在进行游戏产品研发时，通过整合全球范围内的人才和技术资源。真正实现“文化和前沿科技融合、创意与全球市场对接”，这样既能在技术上保证产品的质量，也能把目前最流行的前沿文化因素融入其中，更有利于海外消费者接受。

由于完美世界从一开始就坚持全球化基础上的海外本地化策略，大部分人员都在当地招聘，避免了很多亚洲公司从总部派遣大量人员到欧美做运营而遇到的水土不服问题。完美世界欧美子公司大量招聘了当地有经验的员工，并给予本地员工和中国员工同样的信任，提拔有能力的本地员工。例如，在美国的员工认为完美世界与其他美国本地公司没有什么区别，管理方面也是美国的管理模式，员工很认可公司的价值理念，团队也极具创业精神，管理层尊重自己的员工，还设置合理的奖励机制，增强了团队凝聚力。

此外，为了缓解全球性创意人才短缺的问题，完美世界控股集团旗下完美世界教育自2015年成立以来，围绕“产教融合、校企共建”，整合教育资源，创新服务模式，为高校、企业和政府提供教学、实验、竞赛及科研服务，内容涵盖科研孵化、产业学院、实习实训平台、创新创业、专业共建、学术研讨等多个方面。2016年底，完美世界教育与英国阿伯泰大学合作，联合推出游戏开发专业硕士（MPPOP）和在职游戏开发专业硕士（Work-based MProf）两个项目。2019年，由ISC法国巴黎高等商业学院作为教学主体、完美世界教育提供产业指导、复策国际商学院负责教务管理的“ISC文创EMBA”正式启动，“ISC文创EMBA”将致力于为领袖型人才打造最好的文创思维平台，使之成为各行各业变革的驱动力。在电竞教育方面，截至目前，完美世界教育与国内外多所高等院校和中职院校进行产教融合合作，为教育端提供源自产业的教学解决方案，致力于推动建设中国电竞教育体系。

2014年，完美世界控股集团旗下完美世界教育携手中美教育机构，启动两国一项新的人文交流引领示范项目——“知行中国”，应邀出席的美国合作机构包括美国中美强基金会、马歇尔大学基金会、汉普邓普学院、艾森豪威尔基金会等知名机构，如今，“知行中

国”已成功举办五届。

2015 年,集团设立全球青年领袖实验室,旨在为“有志、愿为”的优秀青年提供海外深造、全球实践、公益活动、国际交流的平台。这是一项旨在为全球范围内的有为青年提供公益赞助及平台扶植的计划,也是近年来中国为全球有为青年提供赞助与扶植的一项重要计划。完美世界教育希望通过“全球青年领袖实验室”计划,帮助那些有志与有为青年参与国际事务的同时发出中国青年的声音。

对完美世界来讲,教育不仅仅是集团业务内容而已,更是能够为中国文创行业和企业自身培育人才,以提升国际竞争力的基础。总体而言,完美世界吸引并培养了大批拥有优秀研发及制作能力、丰富市场运作经验且具有国际化视野的人才。借助成熟稳定的内容生产机制、坚实的平台优势、尊重创作团队的文化氛围,以及多样化的激励制度,公司核心人才团队稳定性高、凝聚力强,为公司业务的持续稳健增长打下了坚实的基础。游戏业务方面,公司在海内外拥有多支经验丰富的研发团队,持续推出高品质、长生命周期的精品游戏,在品质为王的市场环境下,始终保持行业领先的市场地位;影视业务方面,目前拥有鑫宝源、完美蓬瑞、完美建信、华美时空、江何工作室、青春你好等核心制作团队以及一众孵化工作室和创作团队,针对不同的市场需求,创作题材丰富、类型多元的优质作品。

5.4.3.4 通过推行因时因地制宜的全球化战略,实施“全球化”与“本土化”有机融合,逐步提升海外自主运营程度

完美世界刚开始走向海外时,采取的也是授权经营的方式,但授权模式受制于当地的游戏代理商。从 2007 年以后,完美世界就开始在海外开设子公司,海外运营由自己掌控。这几年来,完美世界相继在北美、欧洲、亚洲等地成立了分支机构,将海外发展的命运牢牢掌握在自己手中。完美世界能够在海外保持业务快速增长,自主运营无疑起到了关键的作用。

所以说,完美世界推行的全球化战略是因时因地制宜的。我们采用大矩阵模型为分析框架对完美世界的国际化战略进行探讨(见图 5-10)。在面对东南亚各国这类位于第一象限内的市场,可以侧重市场培育、开发和渗透,推动拳头产品“走出去”。例如,2006 年完美世界与越南光明 D. E. C 通信有限公司达成共识,就公司旗下《完美世界》在越南地区的代理运营签订协议;同年与菲律宾 Level Up 达成共识,就大型《完美世界》正式出口菲律宾签署协议。而在面对如欧美这样处于第二象限(市场增长迅速、弱竞争地位)的国家时,可以重点采取横向一体化即资本“走出去”的战略。在具体实施中,完美世界通过收购欧美等业内顶级游戏工作室,整合全球游戏产业设计、生产、运营、IP 等资源,实行全球化产业链条,以全球化研发方式进行产业发展。比如 2008 年成立的 Unknown Worlds,其开发的海洋探险类单机游戏《深海迷航》,已搭载 Oculus Rift 于全球发售,是完美世界推出的首款 VR 游戏。另外,Cryptic studios 是北美最早的 MMO 开发商之一,被完美世界收购的时候该工作室正亏损严重,面临解散的问题。通过整合资源,完美世界帮助这家工作室顺利渡过难关,并获得巨大成功。Cryptic studios 开发的《无冬 Online》以及《星际迷航 Online》在全球著名游戏资讯站 PCGamesn 评出的史上最佳 MMO PC 游戏中名列最受关注的前两款游戏。这样的丰富多样的战略选择才有助于持续提升国际竞争

优势。

另外,海外自主经营的一个关键因素就是本地化的问题。要想真正了解当地市场,融入当地文化,就必须实施"海外本土化"。在这方面,完美世界不仅在各海外分支机构实现了人才和产品的本地化——各地员工大多是当地招聘。完美世界的游戏产品进入到不同地区,也是由熟悉当地情况的人对产品进行符合当地文化和玩家兴趣的改善。

完美世界为海外用户设计产品时,也十分注重对当地文化的研究,使娱乐产品中的人物形象更符合当地用户的审美标准。例如,完美世界在韩国市场已经深耕多年,想要推出一款颠覆韩国玩家心目中传统武侠游戏的新产品。2020 年 9 月 10 日,《新笑傲江湖》手游在韩国上线了。尽管一些韩国民众并不太了解金庸原著的故事情节,但或多或少知道"东方不败"这个人物形象,为了提高韩国市场的接受度,完美世界大胆地将产品名称改为《东方不败》手游,邀请韩国当地明星代言、知名声优配音,游戏 CG 动画圈粉近百万,翻译也依照韩国用户的习惯做出了调整,游戏本身的创新画风设计也很符合韩国用户的喜好,从而能够吸引更广泛的韩国用户接受"新武侠"游戏作品。因此,《东方不败》手游——这个新时代的动漫武侠游戏会让韩国玩家认为,原来武侠游戏并不是想象中的老旧,也可以时尚现代创新。

网络游戏的故事情节固然重要,其后期的运营推广也同样不容忽视。成功的运营推广活动,对传播网络游戏所承载的思想文化意义重大。完美世界在坚持网络游戏内容体现民族性的基础上,也在积极开展丰富多彩的活动来推广中华文化。

例如,2014 年在俄罗斯举办的《笑傲江湖 OL》游戏发布会上,完美世界特地邀请了少林寺的高僧释延秀大师前来发布会现场进行武术表演。在发布会上,游戏的 3D 特效背景视频与少林高僧的武术表演有机融合,现场掌声不断,吸引了数十万俄罗斯玩家对中国武学的浓厚兴趣,不仅使《笑傲江湖 OL》得到推广,也促进了中国传统文化的对外传播。

《笑傲江湖》在马来西亚上线运营时,运营团队选择了马来西亚著名华裔羽毛球国手李宗伟作为游戏代言人,不仅极大地增强了武侠网游的知名度,同时还宣传了竞技体育,使得游戏中的中国武侠精神与现代体育的拼搏精神有机融合,引起了极大的反响。这使得《笑傲江湖》在 2014 年马来西亚网络游戏排行榜上获得了冠军宝座,深受玩家喜爱。

《笑傲江湖》在东亚地区上线后,举办了一场题为"华山论剑"的活动。来自日本、韩国、泰国和越南等多个国家的数百名玩家齐聚中国台北,在为期五天的活动中,玩家所组成的多支战队,进行了数十场游戏比赛。比赛现场的工作人员还为选手和观众们讲解了许多中国武侠门派的相关知识,引起了众多玩家对中国武术的火热讨论。这次"华山论剑"大赛受到了各国游戏媒体的高度关注和广泛好评,并在东亚地区掀起了一股强劲的中国"武侠热"。

为了提升海外自主运营程度,完美世界还注意推进技术和研发的国际化,近年来先后收购了一些世界顶级游戏工作室,扩充自身的国际化研发阵营。这使得完美世界具有了开发出更符合世界游戏发展潮流、符合海外市场需求游戏精品的实力。

5.4.4 结语

中国文化中有很多优秀元素可以跨越国界,促进中外文明交流互鉴,这是中国文创企业的天然优势,也是完美世界的社会责任所在。在过去的十几年间,完美世界公司始终坚持全球化、多元化、精品化发展战略,将优秀的游戏影视产品和服务出口到了100多个国家和地区,同时积极拥抱5G、AI、VR等新技术带来的革命性机遇,通过国际化精品力作传播中国文化精粹,以技术应用引领文创产业全面进步。

目前游戏出海依然存在着挑战。正如完美世界副总裁伊迪所言,第一个挑战是全球大环境的挑战。具体而言是当下逐渐抬头的贸易保护主义与保守主义,例如中美贸易战中,"美国单方面提出来的科技脱钩,从长远来看可能会对游戏企业产生一些间接影响"。第二个挑战是游戏产业内部的工业化挑战。目前中国游戏企业保持在全球市场的良好发展趋势的主要动力应该是工业化。中国游戏产业最终需要建立起一个全球化的游戏生产工业链条,而不是"仅仅依靠头部厂商,也不能仅仅依靠少数的爆款游戏"。第三个挑战是融合化的挑战。即针对文化产品出海过程中会遇到的不同的文化壁垒,如何将中国优秀传统文化与当地文化、当地市场进行融合便成为需要解决的重大课题①。

未来,完美世界将以全球研发、全球发行及全球流量运营模式积极整合,布局新兴市场及重点文化市场,将产品覆盖至更广泛的海外用户群体,逐步成为一家具有国际竞争力的文创企业。完美世界的创建、发展及国际化历程,反映了文创产业逐步成为风口的时代背景以及中国文化"走出去"的迫切需求,为数字经济时代如何抓住机遇拓展国际市场提供了现实的借鉴范本。

参考文献

[1] App Annie&IDC. 聚焦游戏领域:2020年回顾报告(EB/OL). [2020-08-03]. https://www.appannie.com/cn/insights/market-data/gaming-spotlight-2020-review/.

[2] 北京大学互联网发展研究中心. 游戏学[M]. 北京:中国人民大学出版社,2019.

[3] DotCUnitedGroup. 2019全球手游APP市场报告:日本篇[EB/OL]. (2020-01-15)[2020-08-12]. https://baijiahao.baidu.com/s? id=1655757857403338147&wfr=spider&for=pc.

[4] Gamelook. 2019中国移动游戏出海深度洞察报告[EB/OL]. (2019-08-02)[2020-08-20]. http://www.gamelook.com.cn/2019/08/367478.

[5] GPC&IDC. 2019年中国游戏产业报告[EB/OL]. (2019-12-20)[2020-08-20]. http://www.cgigc.com.cn/gamedata/21837.html.

[6] 伽马数据 & Newzoo. 2019日本移动游戏市场调查报告[EB/OL]. (2019-06-19)[2020-08-15]. https://www.gameres.com/847032.html.

[7] 韩国文化产业振兴院. 2019年韩国游戏白皮书[EB/OL]. (2019-12-14)[2020-08-15]. http://www.kocca.kr/.

[8] 胡键. 文化软实力研究:中国的视角[J]. 社会科学,2011(05).

[9] 胡一峰. 廿年面壁图破壁:我国网络游戏研究(1998-2018)的轨迹、范式与趋向[J]. 艺术评论,2018(10).

① 完美世界副总裁伊迪:当前游戏出海面临的三大挑战[EB/OL]. (2020-09-10)[2020-09-11]. https://baijiahao.baidu.com/s? id=1677433514691632535&wfr=spider&for=pc.

[10]经济日报．完美世界：中国游戏出海的先行先试者[EB/OL]．(2019-01-04)[2020-08-25]．http://www.ce.cn/cysc/ztpd/2018/2018zgsj/zs/fz/201901/04/t20190104_31180490.shtml.

[11]廖祥忠．网络游戏——带刺的玫瑰[J]．现代传播，2005(05).

[12]李怀亮．浅析中国文化走出去效果评估体系的构建[J]．南开学报(哲学社会科学版)，2018(03).

[13]李怀亮，方英．国际文化市场报告[M]．北京：首都经济贸易大学出版社，2019.

[14]刘静忆，李怀亮．全球游戏市场格局演进视域下的中国游戏"走出去"机遇与策略分析[J]．文化产业研究，2019(04).

[15]王亚晖．中国游戏产业风云[M]．北京：中国发展出版社，2018.

[16]林毅夫．后发优势与后发劣势——与杨小凯教授商榷[J]．经济学(季刊)，2003(03).

[17]游戏出海，扬起"中国风"[EB/OL]．(2020-02-04)[2020-08-20]．https://baijiahao.baidu.com/s?id=1657557242734622893&wfr=spider&for=pc.

[18]1989 到 2019：日本游戏市场平成年代大事记[EB/OL]．(2019-05-15)[2020-08-10]．https://www.sohu.com/a/314025056_120099898.

[19]专访 App Annie 大中华区负责人戴彬：游戏出海发生了哪些新变化？[EB/OL]．(2020-06-15)[2020-08-22]．https://me.mbd.baidu.com/r/iPH90Li304?f=cp&u=050f3b424b0d6626.

[20]一线|完美世界萧泓：影视游戏电竞并驾齐驱，出海应有更长期战略[EB/OL]．(2019-08-01)[2020-08-25]．https://tech.qq.com/a/20190801/009708.htm.

[21]叫板 Steam！Epic 推出自家游戏商城，给开发者更多分成[EB/OL]．(2018-12-05)[2020-07-05]．http://www.vgtime.com/topic/1043109.jhtml.

[22]中国信通院．云游戏产业发展白皮书(2019 年)——5G 助力云游戏产业快速发展[EB/OL]．[2020-08-10]．http://www.caict.ac.cn/kxyj/qwfb/bps/201912/t20191216_271819.htm.

[23]选择与突破——浅谈完美世界的 14 年历程[EB/OL]．(2019-09-26)[2020-10-01]．https://baijiahao.baidu.com/s?id=1645715140100945588&wfr=spider&for=pc.

[24]回顾 2019，日本游戏市场上的中国"套路"[EB/OL]．(2020-02-12)[2020-08-11]．http://games.sina.com.cn/y/n/2020-02-12/imxyqvz2210191.shtml.

[25]2018 中国游戏产业报告(摘要版)[EB/OL]．http://www.cgigc.com.cn/gamedata/20752.html.

[26]中国音数协游戏工委．2020 年 1—6 月中国游戏产业报告[EB/OL]．(2020-07-30)[2020-09-01]．http://www.cgigc.com.cn/gamedata/22026.html. https://baijiahao.baidu.com/s?id=1669524410678162166&wfr=newsapp.

[27]完美世界副总裁伊迪：当前游戏出海面临的三大挑战[EB/OL]．(2020-09-10)[2020-09-11]．https://baijiahao.baidu.com/s?id=1677433514691632 535&wfr=spider&for=pc.

[28]王坤宁．"完美世界"走出去渐入佳境　助推中国游戏"出海"[EB/OL]．(2018-07-03)[2020-08-27]．http://media.people.com.cn/n1/2018/0703/c40606-

30106181. html.

[29]国风游戏研究报告:中国传统文化在游戏领域的转化与创新[EB/OL].(2019-02-19)[2020-08-20].http://game. people. com. cn/n1/2019/0218/c40130-30761005. html.

[30]完美世界. 完美世界企业社会责任 2019 报告[EB/OL].[2020-10-01]. https://www. wanmei. com/zh/presentation/20200616. pdf.

[31]网游厂商编年史:完美世界八年历程回顾[EB/OL].(2012-11-05)[2020-10-03]. http://news. 17173. com/content/2012-11-05/20121105100638325_all. shtml.

[32]Davinder Ghuman, Mark Griffiths. A Cross-Genre Study of Online Gaming: Player Demographics, Motivation for Play, and Social Interactions Among Players[J]. International Journal of Cyber Behavior, Psychology and Learning (IJCBPL), 2012(01).

[33]ESA. 2019 Essential Facts About the Computer and Video Game Industry[EB/OL]. https://www. theesa. com/esa-research/2019-essential-facts-about-the-computer-and-video-game-industry/.

[34]Newzoo. Newzoo Global Games Market Report 2019 | Light Version[EB/OL]. https://newzoo. com/insights/trend-reports/.

[35]NEWZOO. Top PC games[EB/OL].[2020-08-04]. https://platform. newzoo. com/rankings/pc-games.

[36]Newzoo. Global Esports Market Report[EB/OL].(2020-02-26)[2020-08-26]. https://newzoo. com/products/reports/global-esports-market-report/.

[37]Newzoo. How covid-19 impact on global games esports market[EB/OL].(2020-03-23)[2020-08-03]. https://newzoo. com/insights/articles/how-covid-19-impact-on-global-games-esports-market-chinese/.

[38]Newzoo. 5g and the games market data analytics[EB/OL].(2020-05-12)[2020-08-03]. https://newzoo. com/insights/articles/5g-and-the-games-market-data-analytics-chinese/.

[39]Newzoo. Global games market report 2020[EB/OL].(2020-07-02)[2020-08-03]. https://newzoo. com/insights/trend-reports/global-games-market-report-2020-chinese/.

[40]Superdata. 2019 year in review[EB/OL].[2020-07-05]. https://www. superdataresearch. com/.

6 国际动漫市场

6.1 动漫产业概述

6.1.1 动漫产业的基本定义

动漫产业是指以创意创新为核心，以现代信息技术与传播手段为基础，开发、生产、出版、播放、表演和销售动画产品，如动画书籍、报纸杂志、电影电视、视频产品、舞台表演等动画品种，同时也生产经营服装、玩具、电子游戏等与动画图像相关衍生产品的产业。动漫产业集资本密集型、科技密集型、知识密集型和劳动密集型为一身，具有消费群体广、市场需求大、生命周期长、投入回报高、产品国际化等特点。

动画可分为四种类型，即电视动画、电影动画、网络动画和移动动画，定义如下：

电视动画是指电视频道播放的动画产品，包括虚拟图像动画、真实场景动画和以上两者的结合。典型的作品包括《喜羊羊与灰太狼》和《熊出没》系列电视片等。

电影动画是指由动画制作的电影，如《猫和老鼠》《哪吒》《姜子牙》等。电影动画可以从两个方面来界定，不仅包括在电影院放映的动画片，还包括通过剧场和 DVD 渠道销售的动画片。

网络动画是以动画的形式通过互联网提供和传播的一种增值应用服务，一般以特殊的动画网站为载体。

移动动画是电信运营商实现的一种电信增值服务，它将动画元素融入各种移动增值产品，如 MMS、WAP 等，与 M-FLASH 动画产品兼容。在中国，这些产品由中国移动、中国电信、中国联通等移动运营商通过移动终端分发给消费者。

6.1.2 动漫产业链

动漫产业链是产业间以“投入—产出”为目的，以“创意”为核心，以动画、漫画为表现形式，以与动漫内容相关的投资融资、设备制造、软件开发、产品代理、发行、放映、衍生品制造、销售、物流等一系列经济活动为基础，带动动漫系列产品的“开发—生产—出版—演出—播出—销售”的各个不同产业部门间的上下游链条关系和生产营销过程，如图 6-1 所示。

动漫产业链包括三个市场：动漫原创市场、动画制作与发行市场和动漫衍生市场，这三个市场呈金字塔状，其中，动漫衍生市场规模最大，包括服装、玩具、日用品等，在产业链中具有良好的发展前景。

6.1.3 商业模式

纵观全球动漫产业的发展历程，有两种比较成熟的盈利模式，即文化产业化和产业

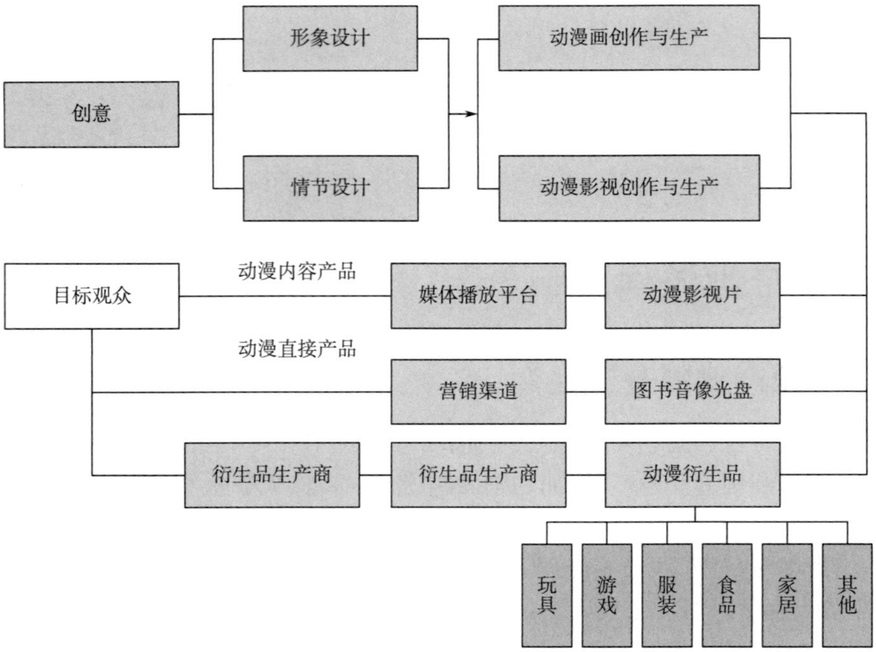

图 6-1 动画产业链示意图

资料来源:艺恩数据库,安信证券研究中心。

文化化,二者都有成功的案例,如表 6-1 所示。

表 6-1 "文化产业化"与"产业文化化"的特点

模式	特征	收入来源/利润模型	代表企业	典型动漫形象/产品
文化产业化	1. 以创新为核心; 2. 塑造具有市场影响力的动画形象; 3. 形象第一,市场第二	1. 版权和图像授权作为主要收入来源; 2. 以海外衍生产品收入作为补充	海外: 迪士尼,皮克斯动画工作室 国内: 江通动画,宏梦卡通,央视动画	迪士尼:米老鼠 宏梦卡通:虹猫和蓝兔
产业文化化	1. 以市场为核心; 2. 将动画内容创作与产品经营相结合; 3. 市场第一,形象第二	1. 衍生产品收入为主要来源; 2. 品牌授权和版权收入为补充	海外: Bandai Namco 集团 国内: 奥飞动漫	Bandai Namco 集团: Ultraman 奥飞动漫:少年王

资料来源:中国研究中心。

尽管创意对动漫产业来说是最重要的部分,但至少 70%的产业利润来自玩具、玩具套装模件(GK)、生活周边设备的销售、主题公园的建设和运营等动画 IP 衍生产品的开发。

6.1.4 经济特征

动漫产业的特点如下:

第一,动漫产业需要高投入,具有高利润和高风险。作为一种资本密集型产业,早期动画形象的创新和创造需要大量的投入,而且源产业的发展决定了市场份额。良好的创意和动画形象具有源源不断的吸引力和强大的震撼力,能够吸引消费者的眼球,获得高额利润;否则,企业就会产生巨大的经营风险,甚至丧失市场。

第二,动漫产业与技术紧密结合,对人才的要求很高。动画是网络和数字技术发展的产物,需要更多的技术支持和大量的综合性人才。除了早期的创造和技术人员之外,它还需要衍生产品和其他相关的营销和规划人才。

第三,动漫产业会产生大量的衍生产品,产业链很长。

6.1.5 发展特征

动漫产业及其产品呈现出以下特征:

第一,动画以其独特的表现方式承载文明。

第二,动画以其幽默、含蓄、微妙的方式感动着人们。

表 6-2 中列举了美国和日本一些经典的卡通形象,它们都在以动画的形式向观众传递着价值观。

表 6-2 美日经典卡通形象中的主题

国家/动画家/相关公司	典型卡通形象	主题
日本: 手冢治虫、宫崎骏和藤子不二雄	阿童木、佛陀、千里迢迢、风之谷、天空城堡和哆啦 A 梦	注重人性的现实性、真善美; 反思工业社会对自然生活和内心世界的忽视; 寻求人与自然的融合与回归; 充满丰富神奇的想象力
美国: 埃尔兹·西格、查尔斯·舒尔茨、迪士尼和孩之宝	大力水手、花生漫画、米老鼠、唐老鸭、变形金刚等	美国的社会类型和个人生活经验集中在每一个动画形象上; 幽默的人生哲理、友谊、家庭纽带、合作、责任和正义都包含在其中

资料来源:中国研究中心。

对于青少年来说,动画形象伴随着他们的成长,教会了他们勇敢、正义,让他们拥有了自己的理想;对于成年人来说,动画给他们带来了很多回忆。一个经典的动画形象的文化传播甚至可以持续几十年,如表 6-3 所示。

表 6-3 经典卡通形象的诞生时间

卡通形象	诞生时间
米老鼠和唐老鸭	米老鼠诞生于 1928 年;唐老鸭诞生于 1934 年
白雪公主和七个小矮人	1937 年
芭比	1959 年
阿童木	1963 年
哆啦 A 梦	1969 年

资料来源:中国研究中心。

第三,动漫及其相关效应创造了一个很长的消费链。动漫的原创产业和衍生产业满足了人们生活中的许多需求。从商业角度看,动漫产业的发展可以带来多个市场的繁荣。

第四,动漫以形象输出为特征,体现了一个国家的文化软实力。在动漫产业中,一个国家通过制作具有民族特色和社会特征的动画形象向世界传递自己的价值。由于美国和日本的动漫产业发展较早,中国青少年从小观看,对于外国文化接收得较多。而中国动漫产业起步晚,需要把握这个向青少年宣传中国传统文化的途径,创作出具有民族特色的动画产品。

6.2 全球动漫市场格局

6.2.1 全球动漫市场规模

2018 年,全球动漫市场价值约 2 590 亿美元。随着消费者越来越期待更高质量的游戏、更好的视觉效果和更沉浸的消费体验,动漫产业未来将有广阔的市场空间。据预测,2019 年至 2025 年,全球动漫市场将保持稳定增长,复合年增长率(CAGR)预期达到 3.3%,如图 6-2 所示。

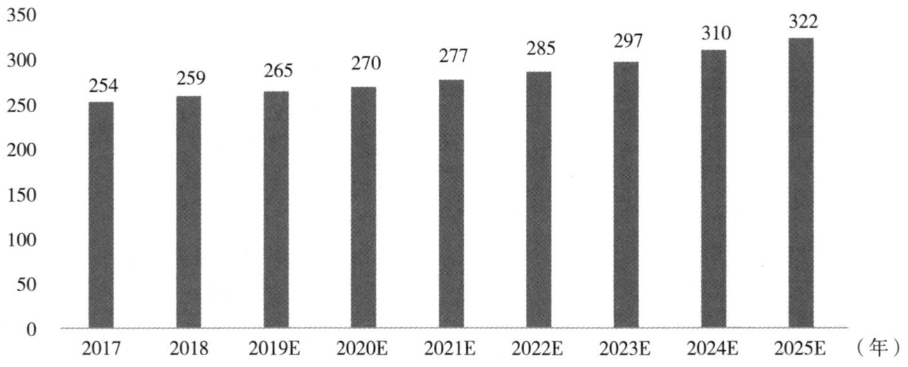

图 6-2 2017—2025 年全球动画产业规模(单位:十亿美元)

资料来源:中国研究中心。

6.2.2 全球动漫市场格局

美国凭借领先的市场判断、文化观念和技术,率先发展了动漫产业,从而确立了世界动漫产业的龙头地位。英国和法国则属于第二梯队。20 世纪 80 年代,日本、韩国等国家相继开始发展动漫产业,进入第三梯队。因此,上述三个梯队的国家构成全球动漫产业的三个层级。

目前,最成熟的动漫市场是美国和日本。这两个国家的动漫产业都有着独特的成长路径,代表了以市场为导向的产业演进,给其他国家提供了借鉴和参考。韩国和中国的动漫产业主要得益于政府的扶持,市场主要由中小企业组成,其中韩国的动漫产业来源于游戏产业,并由此衍生出良好的形象,形成良性循环。

各国动漫产业呈现出不同的发展特点，如表 6-4 所示。

美国动漫产业的特点：企业集团垄断，巨头全面连锁经营，3D 模式，强调“英雄主义”。

日本动漫产业的特点：产业集群运作，以生产委员会为首的知识产权开发，2D 模式，强调“小众”。

韩国动漫产业的特点：中小型企业共存，强调内容创造，对本地和海外市场给予同等关注，强调“现实主义”。

表 6-4　主要国家的动漫产业发展特征

发展模式	市场导向		政府导向	
典型国家	美国	日本	韩国	中国
市场实体	国际导向大企业	大中型企业	中小型企业	中小型企业
政府监管	完全市场化	政府引导与市场运作	注重政府指导	注重政府指导
核心产业链	动画电影和衍生产品	动画电影、游戏和漫画	动画电影和网络游戏	动画电影和衍生产品
起源	动画电影	漫画书	游戏	缺乏强大起始点
发展程度	成熟	成熟	成熟	启动阶段
国内地位	有近百年的历史，动漫产业是六大支柱产业之一，其出口价值超过了汽车和航空	发展成为第三大产业	产业链价值超过汽车产业，成为六大支柱产业之一	被列入国家战略，但其支柱地位尚未确立
国际地位	世界第一	世界排名第二，亚洲排名第一	世界排名第三，亚洲排名第二	无排名
代表公司	迪士尼与梦工厂	万代等	Sunwoo 娱乐和 Vooz	奥飞动漫、原创动力娱乐(CPE)等
动漫产业	专注于动画电影，集成了高科技计算机技术，但成本很高	大部分动画是基于漫画，这降低了成本，保证了观众群基础	国家通过政策扶持不断提高动画的原创性，成为世界上三大动漫生产者和出口商之一	以儿童为主要对象，力求以上升趋势发展，版权收入微薄，虽然能够获得政府补贴，但发展成本仍然较高
衍生产品产业	从 1919 年开始商业化，迪士尼衍生产品带来乘数效应	生产者对市场极为敏感，衍生产品产值占 40%	不断增长的原创形象促进了衍生产品市场的发展	已有渠道正在下沉并重新整合，企业正在开拓新的渠道，发展空间很大

资料来源：中国研究中心。

6.2.3　发达国家动漫扶持政策

动漫在世界各地都很流行，它已经成为一些像英国、日本和韩国等早期开发国家的主流产业。动漫产业的“软文化”效应不容忽视，在大多数发达国家的文化产业中，动漫被认为是一项重要的产业,受到政府的大力支持,如表 6-5 所示。

表 6-5　发达国家动漫产业的扶持政策与影响

国家	政策/战略资助计划
美国	没有详细的支持政策,但以高度合法化为基础。对版权有严格的保护措施,通过版权法、商标法和不正当竞争法对动画形象进行规制
英国	1997 年成立了“创意产业工作小组”(由托尼·布莱尔领导)和创意工业局,负责支持和规划包括动漫产业在内的创意产业
法国	制定了多项支持政策,如: 1. 根据法国电影办公室的规定,制作公司可以为创作一部合规的动漫作品获得 600 万到 1 000 万元人民币的专项资金; 2. 媒体的援助和多样化的融资渠道,据法国政府称,所有法国媒体,包括有线和卫星频道,都必须拿出 3.2%的收入投资于故事片; 3. 给予电视动画作品每分钟 30 欧元的补贴
德国	实行资金管理,中央发挥监督作用。动画基金主要来自本地电影基金,如伯恩电影基金、汉堡电影基金、北莱茵河-威斯特伐利亚电影基金等。这些地方基金特别用于支持动画产业,包括制作和发行
日本	2002 年,成立旨在促进动漫产业可持续发展的日本动画协会,该协会几乎涵盖了日本动画行业的所有企业; 2003 年成立“内容委员会”,为包括动漫产业在内的内容产业发布了大量的研究信息和政策,为日本动漫产业提供指导和服务; 2004 年颁布了《内容产业促进法》,政府决定将内容产业纳入新的战略性产业; 2006 年 3 月,东京动漫中心成立,旨在联动与动漫产业相关的产业组织
韩国	1998 年提出了“发展文化产业”的指导思想; 2003 年制定《动画产业中长期发展规划(2003—2007 年)》; 2006 年发布《动画产业中期增长战略》,2006—2010 年计划投资 764 亿韩元(约 7.36 亿元人民币); 政府有严格的规定,以确保当地动画以不应低于 45%的比例在当地电视台播出

资料来源:中国研究中心。

6.3　国际动漫市场主要区域研究

6.3.1　北美地区

6.3.1.1　美国

(1)发展历史。美国动漫产业经历了五个发展阶段,形成了庞大而完整的集团垄断发展模式。在这一发展过程中,迪士尼及其动漫产业贯穿始终,因此,美国动漫产业的发展历史也是迪士尼动画产业的发展历程,如表 6-6 所示。

表 6-6 美国动画产业发展历史

时间	阶段	主要特征	事件
1907—1937 年	初始期	五分钟动画片，制作粗糙，由黑白卡通过渡到彩色卡通，由无声动画过渡到有声动画	1919 年，迪士尼只拍了两分钟的动画短片，将卡通形象应用于工业市场； 1923 年，迪士尼成立了“迪士尼兄弟动画制作公司”； 1928 年，“米老鼠”诞生
1938—1949 年	初步发展期	延长卡通片长	1937 年，迪士尼推出了“白雪公主“，片长达 74 分钟。此后推出了一系列动画片
1950—1966 年	第一次繁荣期	迪士尼成为行业霸主，其他动画公司纷纷倒闭	1961 年，迪士尼与全国广播公司合作； 1955 年，建立洛杉矶迪士尼乐园，并在巴黎、东京及香港等地经营迪士尼乐园
1967—1988 年	调整期	迪士尼陷入困境，美国动画产业进入调整期	20 世纪 70 年代，动画片数量少，质量平稳； 20 世纪 80 年代是过渡时期； 20 世纪 80 年代末，开始使用计算机制作卡通
1989—2010 年	第二次繁荣期	动漫生产企业不断涌现，线上动画开始出现	1989 年，迪士尼推出了“小美人鱼”，并获得巨大成功； 20 世纪 90 年代末，各生产企业纷纷涉足动漫领域
2011 年至今	成熟期	并购案例不断上升	2012 年，迪士尼收购卢卡斯工作室

资料来源：中国研究中心。

值得注意的是，在美国动漫产业百年的发展过程中，由于经济自由化程度较高，美国没有专门的监管机构，但制定了严格的法律法规和执法制度，以保证产业发展中的各方利益。此外，国外的知识产权保护已逐渐成为一项对外政策，这也为大型动漫企业的健康发展奠定了基础。

(2)产业链分析。在美国，动画大片刺激了整个动画产业链的发展，动画电影约占全国电影总数的 3%，每年的产量稳定在 20 多部，如表 6-7 所示。电影的发展极大地推动了动漫相关产品的销售。

表 6-7 2000—2019 年美国上映的动画电影数量

时间	2000 年	2001 年	2002 年	2003 年	2004 年	2005 年	2006 年	2007 年	2008 年	2009 年
数量	12	13	14	13	14	12	20	14	19	14
时间	2010 年	2011 年	2012 年	2013 年	2014 年	2015 年	2016 年	2017 年	2018 年	2019 年
数量	15	16	21	19	34	21	29	24	30	26

资料来源：中国研究中心。

美国动漫产业的运作模式主要有以下几个方面：

①整个产业链被迪士尼、梦工厂、孩之宝等巨头垄断。例如，迪士尼的运营业务涵盖了从动画制作到动漫衍生产品开发的所有环节，包括电影制作、主题公园、媒体网络和消费产品。

②美国动画的最大特点是大制作和大投资,而基于动漫品牌形象的衍生品扩张则拓展了媒体娱乐帝国。例如,迪士尼有十多家影视制作和发行公司,有像 ESPN 和 ABC 这样高质量的媒体网络,还有主题公园等。

③制作一流的动画需要很长的时间、密集的劳动和高超的技术,所以制作成本很高,如表 6-8 所示。因此,在资源有限的情况下,大型工作室往往采用这种最优策略:将中小型产品的开发结合起来,最终生产一种高成本的旗舰产品(每年一种)。

表 6-8 美国主要动画工作室的制作成本

品牌	迪士尼	皮克斯	梦工厂	蓝天工作室	照明娱乐
生产成本(百万美元)	171	171	140	100	74

资料来源:中国研究中心。

④动画工作室主要通过电影衍生产品授权赚钱。例如,迪士尼在 2018 年的授权零售额达 547 亿美元,位居世界第一位;授权的 IP 图像包括迪士尼动画中的人物、星球大战和皮克斯动画片等。表 6-9 列举了 2018 年的全球主要动画公司授权规模及 IP 形象。

表 6-9 2018 年全球主要动画公司授权规模及 IP 形象

全球排名	公司	授权规模(十亿美元)	IP 形象
1	迪士尼	54.70	迪士尼动画形象、星球大战、皮克斯动画电影
4	华纳兄弟	11.00	蝙蝠侠、猫和老鼠
6	孩之宝	7.10	变形金刚、大富翁、我的小马
9	尼克国际儿童频道	5.50	海绵宝宝、忍者神龟
12	三丽鸥	4.00	凯蒂猫
23	口袋妖怪国际公司	2.98	口袋怪物
27	ETO	2.50	小猪佩奇
29	DHX 媒体	2.37	天线宝宝
32	美泰	2.00	芭比、托马斯与朋友、费雪
33	东映动画	1.90	龙珠、美少女、灌篮高手、海贼王、数码宝贝
41	华强方特	1.40	邦妮熊
55	IMPS	0.83	蓝精灵

资料来源:中国研究中心。

6.3.1.2 加拿大

(1)市场概况。加拿大的动画产业主要集中在不列颠哥伦比亚省。其最大的两个动画公司总部设在加拿大中部,分别为多伦多的 Nelvana 动画公司和蒙特利尔的 Cookie Jar 娱乐公司。其他著名的工作室包括 Mainframe 公司、Studio B、Natterjack、Delaney & Friends、C. O. R. E. Digital Pictures 和 Bardel Animation 等。已公开上市的 Mainframe 公司拥有加拿大最大的 3D 电脑动画设施,其与雷雨数码影业(Rainmaker Digital Pictures)和 Electronic Arts (加拿大)都是当地不断扩张的计算机动画和特效巨头,雇用约 1 000 人,约占当地动画业雇佣总人数的一半。加拿大国家电影委员会(NFB)在该行业的发展中发挥了关键作用。1974 年,由 NFB 制作的《饥饿》(*Hunger/La Faim*)成为加拿大有史以来第一部获得奥斯卡提名的动画电影。至今,NFB 制作的作品已先后获得过 60 多项奥斯卡提名。

加拿大政府资助是动画产业扶持的重要力量。加拿大广播公司实行配额制的公共服务广播需求制度,这要求其播放列表中必须有儿童节目且至少 50%为本土儿童节目。另外,加拿大还针对动画公司设有慷慨的税收优惠和补助计划,吸引了大量从事动画产业的劳动力。目前,世界各地的许多动画项目正在加拿大制作。

2019 年,加拿大动画和视觉特效行业市场总值为 214 万美元。

(2)加拿大动漫市场的竞争优势。和其他国家相比,加拿大的动漫产业具有以下竞争优势:

第一,强大的人才基础是加拿大动漫产业的关键力量。主要的教育机构(如谢里丹研究所〔Sheridan Institute〕)注重对动漫人才进行培养,加拿大国家电影委员会(NFB)对年轻电影制作者予以支持。此外,领先的动画软件生产公司(如 Toon Boom 动画公司、Alias 公司、Side Effects Software 公司等)拥有大量技术人才,开发了许多用于全球动画产业的技术。

第二,加拿大已与英国、中国、法国、德国等国签订了合作生产协议,这些协议由促进加拿大电影、电视和音乐产业发展的联邦机构加拿大电讯社(Telefilm Canada)谈判达成。协议视与其他国家合作制作的电影为加拿大国产内容,使这些电影有资格获得本地税收抵免。合作生产协议对加拿大制片公司非常重要,因为它们降低了公司发展的风险,并为当地公司吸引人才提供了优越条件。

第三,加拿大政府对动画的资助令全球动画从业者羡慕。加拿大制片商可以通过公共资金获得高达 50%的节目预算资助,公共资金的主要来源是加拿大电视基金(CTF),由联邦资助机构加拿大电视电影公司进行管理。要获取资助,作品必须包含加拿大本土文化或题材,且一定比例的作品必须在加拿大完成。加拿大电视基金有两种资助形式,分别是股权投资计划(EIP)和许可费计划(LFP)。股权投资计划(EIP)对其投资的项目持有股权,并对资金收回做出严格的规定;许可费计划(LFP)只适用于包括儿童节目在内的部分类型节目,一旦广播公司同意为节目支付费用,该计划就会执行并追加费用以进行资助。除了国家层面的资助,加拿大部分省级政府也有针对动画产业的税收抵免政策,如在魁北克省,税收抵免率为劳动力成本的 30%,多语种标题动画作品的税收抵免率为 7.5%;不列颠哥伦比亚省的税收抵免率为 17.5%。由于此种税收抵免降低了该行业的劳动力成本,覆盖动画产业全产业链,其在吸引投资方面较为有效。除了劳动力成本的税收抵免外,其他税收抵免还包括聘用外国专家的税收优惠、培训和人力资源管理成本的退税,以及个人投资游戏公司的税收抵免等。

6.3.2 欧洲地区

6.3.2.1 欧洲动漫市场概况

欧洲动漫市场的主要领先者是法国、德国、英国和西班牙等,新兴的动画市场是波兰和匈牙利。欧洲电视动画的增长势头强劲,而动画电影方面略显乏力。虽然很多欧洲制片厂急于效仿迪士尼的创作方式,但从票房看,除了《小鸡快跑》的全球票房收入可排名前十外,大部分欧洲动画电影票房一般,未能撼动美国在动画电影市场的主导地位。

20 世纪 80 年代,由于电视需求的激增,动画产业开始在包括法国、德国和西班牙在内的一些国家兴起,各种各样的小动画工作室开始成立协会以便为当地电视台制作电视系列动画,当地动画制作人开始将动画生产过程组织化、高效化,以便及时供应电视台所需的动画节目。欧洲还开设了一批儿童电视频道,例如 1985 年开播的法国 J 频道(Canal J)、在欧洲开播的美国分支机构迪士尼频道(Disney Channel)、Cartoon Network① 和尼克国际儿童频道(Nickelodeon)等,90 年代又进一步开通了法国频道 Mangas 和 Télétoon+以及德国频道 Super RTL 和 Junior。自 1988 年开始,欧洲电视动画节目的生产量不断增长,从最初的每年 80 小时到近年的 1 800 小时。电视动画节目需求的激增意味着首次在欧洲动画产业历史上,动画师可以找到稳定的工作、动画工作室可以开始合理化生产。同时,动画产业专业化也得到了一些服务机构、学校和培训机构的协助,这些机构试图教授动画师新的创作技术和生产技术,以解决大规模生产和分销带来的生产力不足的问题。到了 20 世纪 90 年代中期,动画制片厂的专业化和协会间的合作使欧洲本土动画在众多来自美国和亚洲的动画作品中逐渐崭露头角,其质量也在不断提高,动画在欧洲发展成一个真正的产业。

在动画电影方面,欧洲制作的数量有了爆发式的增长,但电影票房回报表现平平。从 1926 年到 1997 年的七十多年间,欧洲只制作了 51 部动画故事片,而从 1998 年到 2002 年短短六年的时间里就发行了 34 部动画故事电影,另外还有超过 20 部影片在制作中,这意味着欧洲当时的动画电影产量超过了美国和日本的总和。然而,欧洲动画影片数量虽然增长迅速,其市场份额仍然很低。在欧洲,2010—2015 年动画电影的票房收入超过 1. 8 亿欧元,约占市场的 15%。2015 年,大约 190 部新动画电影在欧洲上映,其中一半在欧洲制作,但大多数欧洲动画电影都是小规模发行,只在一个或几个国家上映。欧洲动画电影的平均预算也很低,约为 600 万欧元,只有少数超过 1 000 万欧元,约为好莱坞大片预算的十分之一。而在全球经济紧缩的情况下,最近许多动画电影的预算已经减少到 500 万欧元或以下。

大部分欧洲动画电影是独立生产,一个工作室往往需要花费大量时间和精力用于筹措资金,一旦电影完成,项目组便要解散,导致欧洲动画电影几乎没有连续的制作。一方面是为了应对这个问题,另一方面是为了降低成本,欧洲动画电影逐渐依赖于外包,但这种分包也容易出现问题:以法国-比利时-卢森堡生产所遇到的问题为例,在改编自雨果·普拉特(Hugo Pratt)的漫画书的动画作品《七海游侠柯尔多》(*Corto Maltese en Sibérie*)的制作中,由于动画制作质量不佳,制片人不得不在制作中期更换分包商,导致整部电影的制作重新开始,最后电影周期出现了明显的延误。

---

① Cartoon Network,于香港不作翻译,台湾译作卡通频道,又译卡通网络或卡通电视网(目前倾向避免使用中文译名),是由美国特纳广播公司(Turner Brocasting System,TBS)成立的一个专门播放动画节目的有线电视频道,后来随 TBS 一起并入时代华纳。于 1992 年 10 月 1 日(美国)、1993 年 9 月 17 日(英国)、1997 年 9 月 1 日(日本)开播。

6.3.2.2 英国

(1)产业概况。英国有许多质量上乘、吸引人的动画作品,并一直在将英国出版的儿童读物作为其创作素材。但目前,这个产业正在经历艰难时期。仅有少数几家公司通过为广告公司制作动画商业广告而获利颇丰,而动画电影和电视作品的制作却面临着越来越激烈的国外竞争,特别是法国、加拿大等国成功的政府支持计划,使得英国动画业很难与其竞争。英国动画产业的特点是有大量的小型独立工作室,包括参与游戏行业的工作室在内约有 470 家,雇用了大约 5 000 人。平均每家公司的员工约为 10 人,年平均营业额约为 750 000 英镑。Cosgrove Hall 是现在英国最大和最著名的动画工作室之一,是格拉纳达传媒的子公司,但其运作方式与独立工作室基本相同。也有一些公司专门作为版权持有人参与动画行业,例如 Gullane Entertainment、Hit Entertainment 和 Entertainment Rights,这些公司主要将精力集中于获得动画人物和动画制作的版权以供发行。

2019 年,英国的动画产业的产值约为 4.83 亿美元,预计 2025 年增长至 5.76 亿美元,如图 6-3 所示。

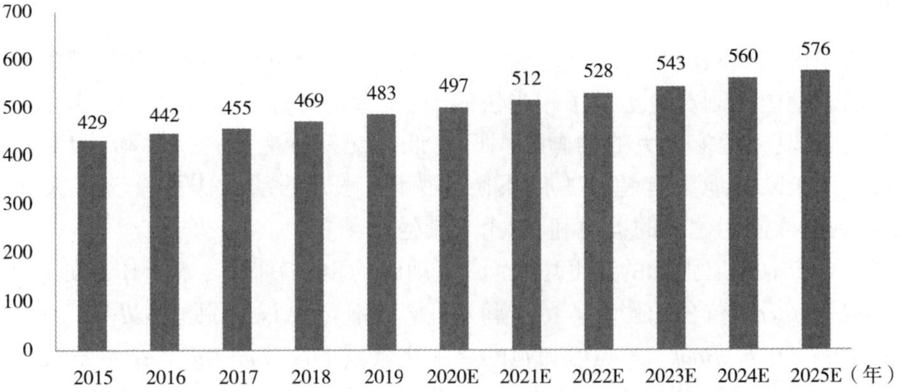

图 6-3 英国动画产业规模(单位:百万美元)

(2)英国动漫市场的竞争优势。英国动画产业拥有众多动画作品,在国际上享有盛誉。不仅有《火车头托马斯》(*Thomas the Tank Engine*)、《超级无敌掌门狗》(*Wallace and Gromit*)、《巴布工程师》(*Bob the Builder*)、《动物远征队》(*The Animals of Farthing Wood*)、《神勇小白鼠》(*Dangermouse*)、《彼得兔的世界》(*The World of Peter Rabbit*)、《雪人》(*The Snowman*)、《帕格沃什船长的冒险》(*The Adventures of Captain Pugwash*)、《斑点狗》(*Spot the Dog*)、《帕西爷爷的爱心公园》(*Percy the Park Keeper*)和《动物街 64 号》(*64 Zoo Lane*)等电视动画作品在全世界热播,还有诸如《海底沉舟》(*Watership Down*)、《柳林风声》(*The Wind in the Willows*)、《小鸡快跑》(*Chicken Run*)和《圣诞颂歌》(*Christmas Carol*)等享誉全球的电影作品。像迪士尼这样的美国制片公司也曾在英国制作过《谁陷害了兔子罗杰》(*Who Framed Roger Rabbit?*)这样的作品。英国动画师也多次获得国际奖项,包括著名的奥斯卡和国际艾美奖。

英国动画工作室的创造性成功使他们赢得了广告和流行乐视频等商业作品在国内外市场的合同,如以其模型动画而闻名的 Aardman 动画公司,为石油巨头雪佛龙公司制作了一系列在美国传播的广告。工作室通过提供定期的作品产出获得可观的收入,推动工作室的持续发展。

成功的英国动画电影和电视作品展示出英国制片人擅长的两个特定的动画专长:学龄前儿童动画电视节目和停止帧(模型)动画。儿童动画的成功源于英国强大而吸引人的儿童文学,其为成功的动画片提供了成熟的素材,例如《帕丁顿熊》《海底沉舟》《火车头托马斯》等。由于英语是一种国际语言,以英语制作的动画节目和作品天然地具有更加广阔的国际市场,因此许多这样的故事即使在非英语国家和地区也很受欢迎。英国模型动画方面的成功很大程度上归功于 Cosgrove Hall 和 Aardman 动画公司制作的《柳林风声》和《动物悟语》,这两家制片公司都有制作模型动画的悠久传统,他们的专业知识和声誉受到了广泛认可。两家公司都在继续制作模型动画,2014 年 Cosgrove Hall 为英国独立电视台制作《捉迷藏》,2018 年为英国广播公司制作《比尔和本》。Aardman 动画公司早期作品有许多古怪的电视角色变形,其由此发展出自己独特的风格,如《超级无敌掌门狗》和《小鸡快跑》,并承接了梦工厂工作室的五部电影。

6.3.2.3 德国

虽然法国仍然是欧洲动画生产的领头羊,但德国在短短几年内就发展成为欧洲第二大动画市场。德国动画产业出现了相当快的增长,每个月都有新的动画工作室出现在德国的某个角落,其中两家最大的动画公司已在证券交易所上市,并积极收购来自世界各地的版权。由于欧洲地区有超过 1 亿人使用德语,德国的动画作品有着巨大的潜在受众,可拓展到同样使用德语的奥地利、瑞士等其他市场。

德国动画产业正以强劲的速度增长,许多动画均由 3D 制作,本土作品如《动物总动员》(*Animals United*)和合拍影片《女巫莉莉:龙与不可思议之书》(*Lilly the Witch: The Dragon and the Magic Book*)、《妮可和她的星际之旅》(*Niko and The Way to the Stars*)的票房成功均是该产业发展的标志。另外,德国还有许多致力于推广动画内容的国际动漫节,如 FMX 会议、斯图加特动画电影节、莱比锡国际纪录片及动画电影节等。

德国有优秀的电影制作与推广资助计划,其电影资助计划分为三个级别:国家级、地区级和项目级。主要融资工具如德国电影基金(DFFF)专注于故事片,在吸引高质量的好莱坞制作方面发挥了重要作用;由税收优惠支持的柏林动画基金和胜利传媒管理基金等私人基金吸引了投资者,并推动了德国动画师的成长;除了 DFFF 之外,德国各州(地区政府)都有自己的支持本土生产的资助机构。

2019 年,德国的动画产业产值约为 4.08 亿美元,预计 2025 年增长到 5.16 亿美元,如图 6-4 所示。

6.3.2.4 法国

目前,法国在欧洲动画片市场中排名第一。随着《叽哩咕历险记》(*Kirikou et la sorcière*)的成功,法国动画电影已在国际上获得了真正的认可。法国动画电影业由 400 多家公司组成,雇员超过 5 000 人。

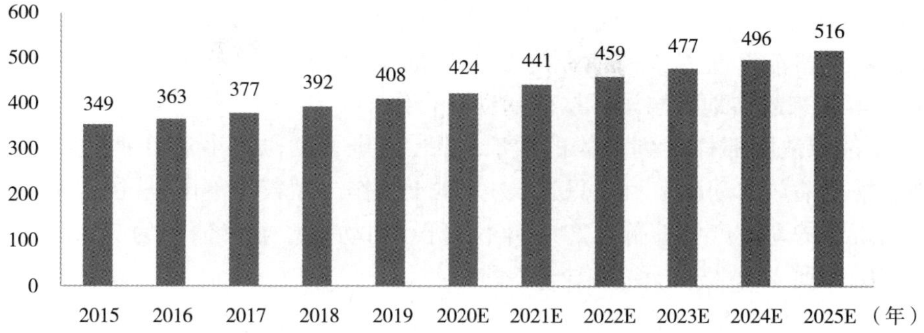

图 6-4　德国动画与视觉特效产业市场规模(单位:百万美元)

法国的动漫资助体系对产业发展十分有效。其资金的主要来源是法国国家影视动画中心(CNC),如果动画制作的一部分工作是在法国完成的,并且在法国的开支达到预售额的 25%,CNC 将给予 10%左右的补贴以帮助动画生产,这些资助通常可以涵盖其生产支出的 50%。法国广播公司还必须满足高配额制度——播出的动画必须有 40%的法国产品和 60%的欧洲产品。另外,法国也通过地方政府以赠款和税收优惠的形式向动画工作室提供支持。由于这些支持政策,法国从一个 20 年前几乎没有动漫产业的国家,变成了欧洲动漫市场的领头羊之一。

同时,法国电影公司也经常与欧洲其他地区(尤其是德国和英国)合作制作动画产品,利用本国丰厚的动画资助带动整个欧洲的动画行业发展。

2019 年,法国的动画产业价值约为 5.25 亿美元,预计 2025 年增长到 5.46 亿美元,如图 6-5 所示。

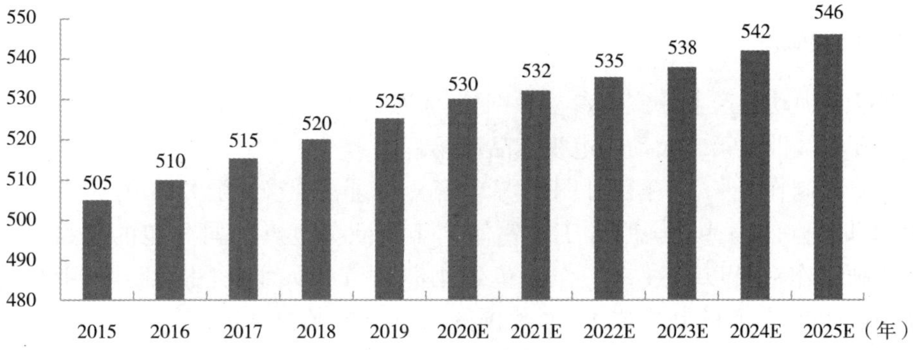

图 6-5　法国动画与视觉特效产业市场规模(单位:百万美元)

6.3.2.5　西班牙

西班牙的动漫产业也被称为“Spanimation”,由 200 多家公司组成,是欧洲第四大动画产业国。西班牙的动画产业中既有大型公司也有小型公司,大型公司中有 BRB International、D’Ocon、Neptuno Films 和 Cromosoma 等。

得益于 3D 作品和国内外新市场的增长,西班牙的动画产业正变得越来越有活力。

与欧洲其他主要竞争对手相比,西班牙动画的成本相对较低,约为每分钟 6 060 美元。在欧洲最大的动画市场——法国,同样的作品每分钟大约要 1 万美元。这种竞争优势加上代工所带来的技能和经验的积累,使西班牙的动画公司如 BRB、D'Ocon、Neptuno 和 Cromosoma 等越来越多地参与国际层面的动画合作。

由于不能像法国那样得到具体的政府补贴,西班牙动画产业存在严重的结构性缺陷,当地电视上播放的动画节目中只有 5%是本土制作。相较于英国、法国等欧洲其他动漫强国,西班牙的动漫产值偏低。2019 年,西班牙的动画产业价值约为 3.55 亿美元,预计 2025 年增长到 4.76 亿美元,如图 6-6 所示。

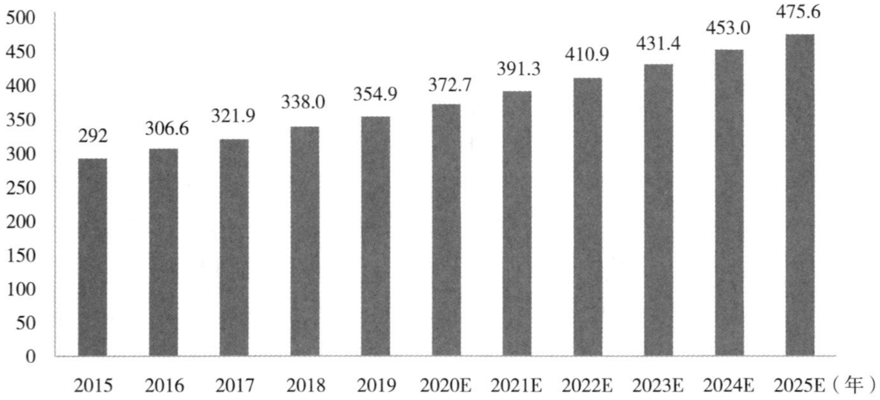

图 6-6　西班牙动画与视觉特效产业市场规模(单位:百万美元)

6.3.3　亚太地区

6.3.3.1　产业概况

亚洲已成为动画产业的主要参与者,亚洲成熟的动画制作国家包括日本、韩国、菲律宾,其中,日本是世界第二大动画电视作品市场。

由于动画制作是一种有利可图的劳动密集型业务(70%至 80%的成本用于劳动力),中国和韩国的一些动画服务工作室倾向于为欧美电影公司分包的项目进行批量生产。动画工作室可以通过将工作分包到亚洲来节省大量费用,韩国每半小时只需 85 000~185 000 美元的制作成本,而美国的成本通常超过 40 万美元。他们提供的服务包括准备布局、绘制动画、油墨、绘画和合成等。在政府的积极支持下,拥有五百多家动画制片厂的韩国也在积极开展原创动画项目,政府目前正通过资助项目来支持这类制作。

其他亚洲国家,如印度、中国、越南、马来西亚和新加坡,也开始了自己的动画产业。早期的亚洲动画主要受迪士尼的影响,如被一些人认为是印度发行的第一部动画电影的《豌豆兄弟》(*The Pea brothers*,1934),据说与迪士尼动画很相似。除了日本以外,中国画师或许比其他亚洲动画师都更坚持创作符合本国文化的动画元素:中国早期的长篇动画《铁扇公主》受西方的影响相对较小;20 世纪 50 年代是中国动画的第一个黄金时代，本土风格和技巧如剪纸、水墨画（水墨动画片）和折纸被应用到后来的经典作品中。

印度动画一直是由外部因素和个人推动创立与培育的。印度的第一部动画短片是在第一次世界大战期间由“印度电影之父”D. G. Phalke 制作，当时他无法获得足够的资源来制作实景电影。在随后的几十年里，动画作品稳步发展，在许多方面融合了西方动画，但令人遗憾的是，其对西方动画作品借鉴过多而对本民族文化传统表现不足。在印度动画师的培养过程中，外界的影响尤为突出。此外，由于印度是世界上劳动力成本最低的国家之一，印度的 2D 和 3D 动画外包有相当大的增长，在动漫外包方面，印度正在慢慢地取代韩国、菲律宾等国。印度也正在成为动画的后期制作中心。

6.3.3.2 日本

（1）概况。得益于日本深厚的国家漫画基础和强大的政府支持，以及私人资本的推动，日本动漫游戏产业在 20 世纪 70 年代得到了迅速发展，产业规模不断扩大。2017 年，日本广义动画市场规模约为 2 153 亿日元，有限意义动画市场规模约为 241 亿日元。2019 年的规模估计分别约为 2 404 亿日元和 264 亿日元，如图 6-7 所示。

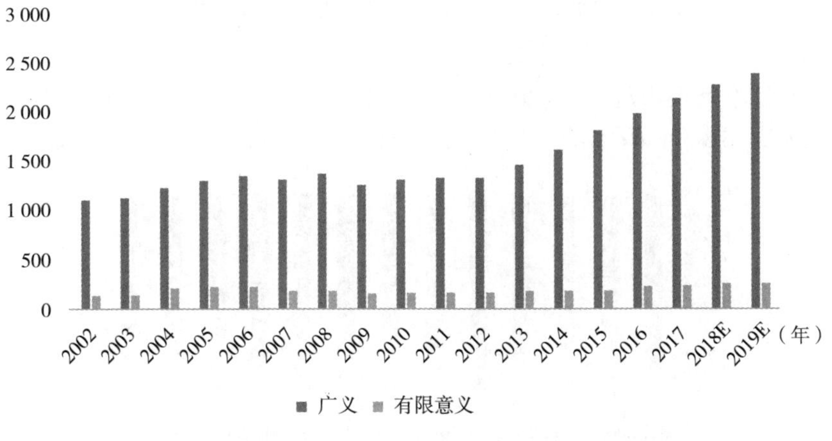

图 6-7 2002—2019 年日本动漫市场规模（单位：亿日元）

注：广义：基于动画和动画相关市场收入估计的市场规模。

有限意义：市场规模根据所有国内商业动画工作室的估计收入计算。

资料来源：AJA，中国研究中心。

作为世界上最大的动画生产国和出口国，日本被誉为“世界动漫王国”。据统计，日本约有 60%的卡通在世界各地播出，许多日本卡通产品和形象在世界上很受欢迎，如阿童木、花天使、火影忍者、奥特曼、哆啦 A 梦、网球王子、凯蒂猫、龙珠等。

近年来，日本动漫产业海外收入逐年增长，2017 年达到 9 948 亿日元，同比增长 29.6%，占动漫收入的 46.2%。据估计，2019 年将达到 10 754 亿日元，约占动漫收入的 44.7%，如图 6-8 所示。

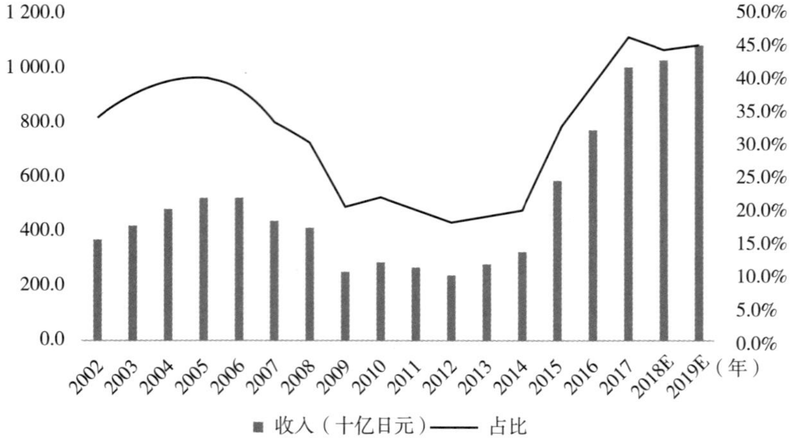

年份	2002	2003	2004	2005	2006	2007	2008	2009	2010
收入(十亿日元)	372. 5	421. 2	482. 7	521. 5	520. 4	439. 0	413. 7	254. 4	286. 7
占总收入的百分比	34. 0%	37. 7%	39. 5%	40. 0%	38. 6%	33. 4%	30. 0%	20. 3%	21. 8%
年份	2011	2012	2013	2014	2015	2016	2017	2018 E	2019 E
收入(十亿日元)	266. 9	240. 8	282. 3	326. 5	583. 3	767. 6	994. 8	1 020. 3	1 075. 4
占总收入的百分比	20. 1%	18. 1%	19. 2%	20. 0%	32. 0%	38. 5%	46. 2%	44. 5%	44. 7%

图 6-8　2002—2019 年日本动漫产业海外收入及比重

资料来源:AJA,中国研究中心。

从广义的日本动漫市场来看,2007 年至 2017 年,日本动漫商品特许经营市场份额从 45. 5%下降到 24. 3%,而海外市场份额从 32. 7%上升到 46. 2%,如图 6-9 所示。

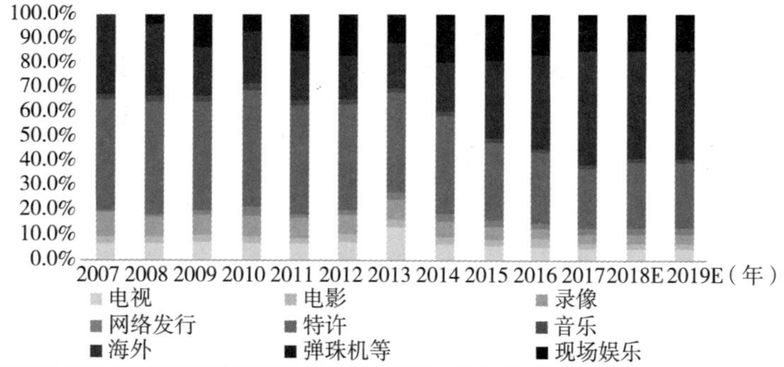

年份	2007	2008	2009	2010	2011	2012	2013	2014	2015	2016	2017	2018E	2019E
电视	7.0%	6.9%	7.6%	6.8%	6.8%	7.1%	13.1%	6.8%	5.9%	5.3%	5.0%	4.7%	4.6%
电影	2.4%	2.4%	2.4%	2.6%	2.0%	3.1%	3.2%	2.6%	2.6%	3.3%	1.9%	2.3%	2.3%
录像	9.7%	8.1%	8.4%	8.3%	8.2%	7.9%	7.9%	6.3%	5.1%	4.0%	3.6%	3.5%	3.6%
网络发行	0.7%	0.7%	1.0%	3.6%	1.1%	2.0%	2.8%	2.4%	2.4%	2.4%	2.5%	2.6%	2.7%
特许	45.5%	46.1%	44.6%	47.8%	44.7%	43.0%	40.7%	40.2%	31.7%	28.2%	24.3%	26.5%	25.9%
音乐	2.0%	1.9%	2.4%	2.3%	1.8%	1.8%	1.6%	1.5%	1.4%	1.3%	1.1%	1.2%	1.5%
海外	32.7%	30.0%	20.3%	21.8%	20.1%	18.1%	19.2%	20.0%	31.9%	38.5%	46.2%	44.5%	44.2%
弹珠机等	—	3.9%	13.3%	6.8%	15.3%	17.0%	11.5%	18.3%	16.1%	14.1%	12.5%	12.4%	13.0%
现场娱乐	—	—	—	—	—	—	—	1.9%	2.9%	2.7%	2.9%	2.3%	2.2%

图 6-9　2007—2019 年日本广义动画市场结构

资料来源:AJA,中国研究中心。

从狭义的日本动漫市场来看,电视市场占有率最高,超过 25%。自 2016 年以来,海外市场份额已超过 20%,位居第二,如图 6-10 所示。

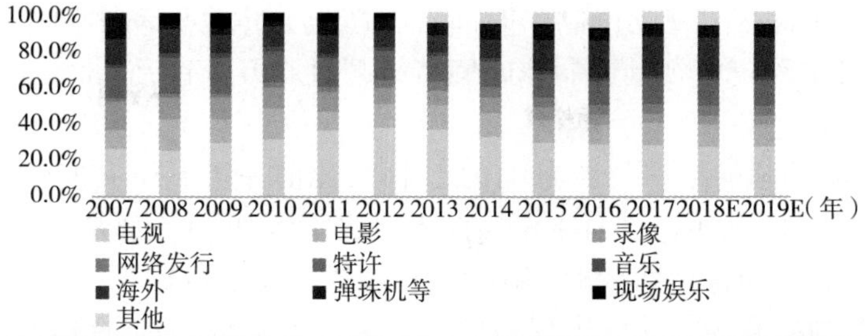

年份	2007	2008	2009	2010	2011	2012	2013	2014	2015	2016	2017	2018E	2019E
电视	26.7%	25.4%	29.6%	31.7%	36.6%	37.6%	36.4%	33.2%	30.1%	28.6%	28.2%	28.0%	27.8%
电影	9.6%	17.1%	12.7%	16.9%	10.0%	12.6%	13.4%	12.2%	11.5%	11.0%	12.0%	11.4%	11.8%
录像	16.1%	12.0%	12.3%	11.0%	10.6%	9.3%	8.4%	8.7%	7.2%	5.4%	4.8%	4.9%	4.5%
网络发行	1.3%	1.5%	2.1%	2.5%	2.6%	4.1%	4.6%	5.5%	5.5%	5.2%	5.6%	5.5%	5.7%
特许	16.4%	20.1%	18.8%	17.4%	15.9%	16.3%	14.3%	14.3%	12.8%	13.2%	14.1%	14.3%	14.4%
音乐	1.8%	1.8%	2.7%	2.3%	1.8%	1.8%	1.8%	1.5%	1.6%	1.6%	1.4%	1.5%	1.5%
海外	14.3%	13.7%	10.5%	11.5%	10.5%	8.8%	9.1%	10.5%	17.2%	20.0%	21.4%	21.0%	21.3%
弹珠机等	13.8%	1.7%	3.1%	1.7%	6.6%	6.6%	6.3%	7.6%	7.6%	5.8%	5.5%	5.7%	5.8%
现场娱乐	—	6.7%	8.2%	5.0%	5.4%	2.9%	0.6%	0.9%	0.9%	1.2%	1.2%	1.3%	1.4%
其他	—	—	—	—	—	—	5.1%	5.6%	5.6%	8.0%	5.8%	6.4%	5.8%

图 6-10　2007—2019 年日本狭义动画市场结构

资料来源：AJA，中国研究中心。

2017 年，日本电视动画制作时间为 116 410 分钟，连续 5 年几乎保持不变（不含为互联网平台如 Netflix 等制作原创动画的统计数据），如图 6-11 所示。近三年来，剧场动画的制作时间几乎保持不变。在生产成本方面，由于对更高质量的需求以及包括国内游戏公司、Netflix、亚马逊（Amazon）和中国企业在内的新竞争对手的出现，行业价格大幅上涨。

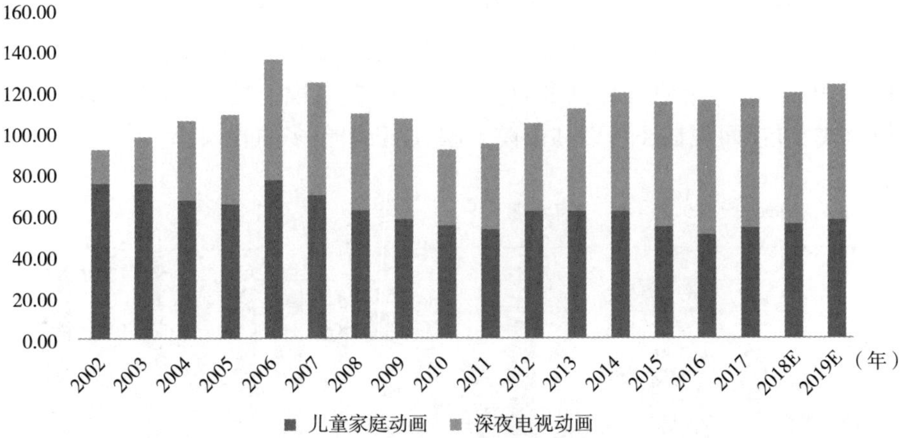

年份	2002	2003	2004	2005	2006	2007	2008	2019	2010
儿童家庭动画	76.23	75.42	67.75	65.99	77.32	70.22	62.72	58.34	55.78
深夜电视动画	16.49	23.26	38.58	43.46	59.08	54.42	47.32	49.57	34.66
年份	2011	2012	2013	2014	2015	2016	2017	2018 E	2019 E
儿童家庭动画	53.33	62.28	61.69	62.09	54.73	50.78	53.76	55.24	57.61
深夜电视动画	41.76	42.78	50.47	57.86	60.80	65.03	62.65	64.89	66.89

图 6-11　2002—2019 年日本儿童家庭动画和深夜电视动画制作时间（单位：千分钟）

资料来源：AJA，中国研究中心。

2015 年,日本深夜电视动画制作时间首次超过儿童家庭动画制作时间。在 2016—2019 年期间,日本深夜电视动画制作时间持续超过 6 万分钟,而儿童家庭动画制作时间约为 55 000 分钟。

2017 年影院动画的票房收入为 410 亿日元,比前一年下降了 38%,也是近五年来的最低水平,如图 6-12 所示。在日本票房前十位的作品中,有 5 部是剧场版动画。

长篇连续剧《名侦探柯南》和《哆啦 A 梦》在排行榜上占据了第一和第二的位置。此外,基于深夜动画的剧场版动画表现稳健。剧场版动画市场将继续保持强劲势头,而这得益于出版的高速发展和作品数量的不断增加。

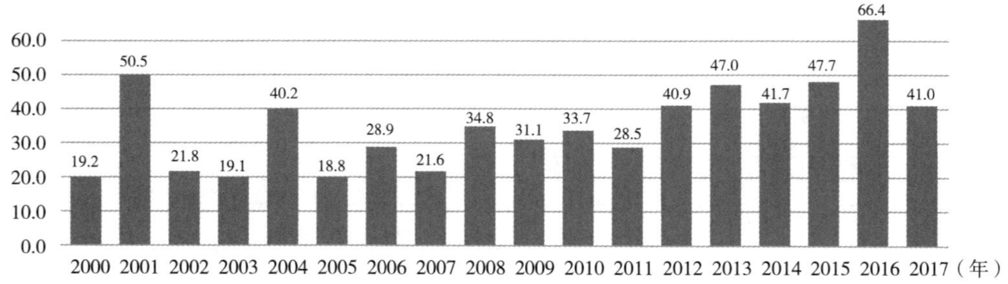

图 6-12　2000—2017 年日本剧场版动画票房(单位:十亿日元)

资料来源:AJA。

2017 年日本制作了 84 部剧场版动画,比上年增加了 3 部。自 2015 年的 86 部作品达到制作顶峰以来,这一类型的作品保持高产,在过去的 15 年里增长了两倍。2000 年的时长仅为 2 000 分钟,2015 至 2017 年则均超过 6 000 分钟,如图 6-13 所示。出现这种状况的原因之一是电影发行商对之越来越感兴趣,他们认为即使在小型企业里,剧场动画也是有利可图的。另一个原因是更多的动画片以前在电视上播出,或者以原创光盘动画(OVA)的形式发行,而现在还可以在影院上映,以获取更多的收入。

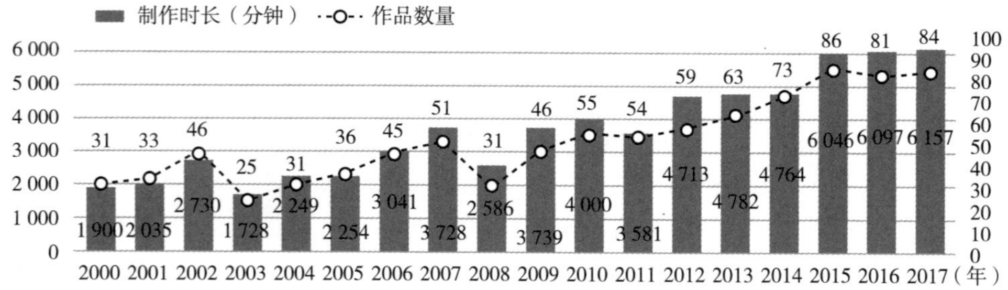

图 6-13　2000—2017 年日本剧场版动画作品数量及其制作时长

资料来源:AJA。

2017 年,日本共播出 340 部电视动画节目,比上年(356 部)下降 4. 5%。这一数字也低于 2015 年(341 部)。在这 340 部中,有 230 部新作品(2016 年为 271 部)和 110 部续作(2016 年为 90 部)。新作品数量减少的原因是 2016 年短片制作的热潮已经平息,而续集节目的增加是因为 2016 年新制作的儿童家庭动画在持续播出。白天动画的播出时段减少(由于下午5:00时段暂停,MBS和TBS在周日播出),更多的动画节目被移到深夜时段播出,再加上NHK也逐渐将重点放在为年轻人制作的动画作品上,在这种情况下,新作品和续作品动画节目之间的平衡在不断调整。

2017年日本动画录像市场规模为765亿日元,连续四年下降,如图6-14所示。这意味着在过去的五年里,该行业损失了400亿日元。值得注意的是《你的名字》的DVD和镭射光盘的发行,这部2016年的爆品的销售额达到56亿日元,成为当年市场的重头戏。但是,即使《你的名字》这样的爆款也无法阻止录像的长期下降趋势。在这一趋势下,视频包制造商们试图通过增加现有视频包的价值来建立新的商业模式,因此预计在未来五年内,录像市场将发生巨大的变化。

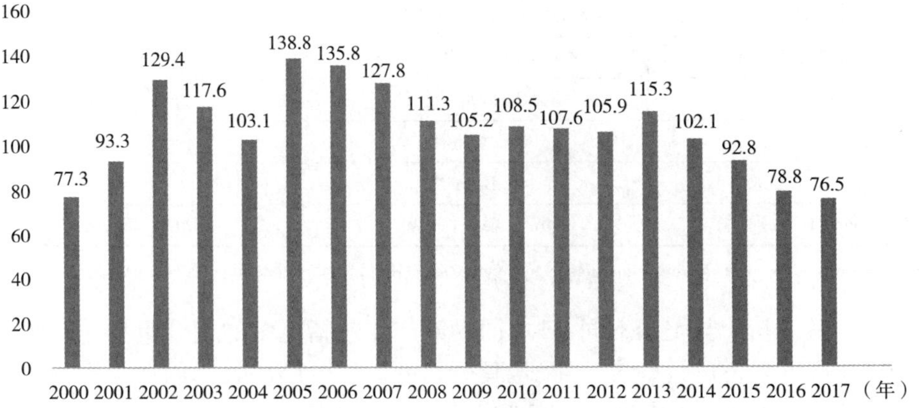

图6-14　2000—2017年日本动画录像收入(单位:十亿日元)

资料来源:AJA。

2017年,日本国内动漫发行市场规模为540亿日元,比上年增长13%,超过了剧场动画市场的规模(460亿日元),几乎占据了视频产品市场的70%(765亿日元)。动画制片厂通过互联网发行获得的销售收入为136亿日元,比上年增长13%。Netflix和亚马逊(Amazon)则不断追随dTV等国内大公司,主要平台的寡头垄断程度有所加强。

在东京有542家动漫工作室,占日本所有工作室的87.1%。日本主要的动画和视觉特效工作室如表6-10所示。

表6-10　日本主要的动画和视觉特效工作室

1. A-1 Pictures股份有限公司	24. Madhouse	47. 吉卜力工作室
2. ACTAS有限公司	25. Magic Bus	48. Hibari工作室
3. AIC(动漫国际公司)	26. Manglobe	49. Junio工作室
4. 亚细亚堂	27. 银河系卡通	50. Mook工作室
5. 动物屋	28. 鸠山幸制作公司	51. 小丑社
6. Answer工作室	29. 虫制作公司	52. 日升社
7. ARMS工作室	30. 日本动画公司	53. Tama Production
8. Artland动画工作室	31. Nomad动画工作室	54. 龙之子工作室

续表

9. Artmic	32. OB 策划	55. Teleimage
10. 苇制作公司	33. OLM(东方光与魔术)	56. Telescreen
11. 蜜蜂火车	34. P. A 社(Progressive Animation)	57. Tms-Telecom
12. 骨头社	35. 太平洋动漫公司	58. TNK
13. 数字前沿	36. Picture Magic	59. 日本东映动画株式会社
14. 动画工房	37. I. G 社	60. 东京电影新社
15. Eiken	38. RADIX	61. Topcraft
16. Gainax	39. 卫星社	62. Trans Arts
17. Gonzo 工作室	40. 新荣动画	63. Trinet Entertainment
18. TAC 组	41. Spectrum 动画工作室	64. 飞碟社
19. Hal Film Maker	42. 4℃工作室	65. 贝加娱乐
20. IMAGIN	43. Cockpit 工作室	66. Viewworks
21. J. C. Staff	44. 彗星社	67. Visual 80
22. Kk C&D 亚洲	45. Deen 社	68. 帆船社
23. 京都动画(京阿尼)	46. Gallop 工作室	69. 梦太公司

资料来源:https://www. researchandmarkets. com/reports/4900485/global-animation-vfx-and-video-games-industry。

(2)产业链分析。与美国不同,日本的动漫产业包括更多的细分市场。动画作品往往由电视台(或电影公司)、广告公司、玩具公司、游戏软件公司、原创动画作品出版商等投资,不同产业链的协同工作最大限度地发挥了细分市场的空间。

日本动漫市场的生态结构是由制作者制作动画、经销商分销、影视系统播放、企业购买卡通产品形象和开发衍生产品、零售商销售产品组成。

动漫市场由三个层次组成,一是动漫游戏市场,二是动漫图书音像产品市场,三是动漫形象衍生产品市场,包括服装、玩具、饮料、日常生活用品等,其中衍生产品的周期比前两种产品周期更长,盈利能力更强。因此,日本动漫产业更加重视衍生产品的开发和营销。

在日本市场,高质量的知识产权通过商业化、游戏、广播和海外市场获得收益,反过来又在动画内容生产上进行再投资,从而形成了一个健康的产业周期。

(3)生产成本。作为动漫大国,日本拥有优秀的制作技术和庞大的市场需求。日本动漫制作成本如表 6-11 所示。

表 6-11　2018 年日本动画公司中期制作价格(按工艺分列)

加工过程	价格范围(人民币)
分裂透镜(20 分钟)	20 万~30 万元
原画师(包括第二原画师 300 帧)	5 500~8 000 元/帧
动画	260~400 元/件
着色	200~320 元/件
背景	5 000~8 000 元/帧
摄影	5 000~8 000 元/帧

资料来源:中国研究中心。

6.3.3.3 韩国

韩国政府提倡“一源多用(OSMU)”,创造了更多样化的附加值。韩国政府将项目管理模式 OSMU 引入动漫产业,甚至被推广为政府的口号。韩国动漫产业可以被解读为“一个创意、跨境产业、不同版本、不同载体”。一个创意主题可以产生许多子项目,包括卡通、动画、游戏、卡通形象产品,甚至可以扩展到周边电影、电视节目、食品等领域。

韩国的动漫产业是通过制作加工动画电影发展起来的。韩国动漫产业起步于 1960 年左右,从 20 世纪 80 年代开始接受海外订单,承接了大量日本动漫外包业务。80 年代中期以后,欧美动画加工逐渐转向韩国。90 年代以后,韩国动漫产业吸引了近 1/3 的全球动漫加工业务。在 1997 年金融危机之后,韩国将其重点转向了独立的研究和开发。经过十多年的发展,通过新媒体,韩国动漫产业以游戏产业为先导,已占全球动漫产值的 30%。

进入 21 世纪以来,韩国动画技术发展迅速。韩国借鉴了日本和美国的经验,并在此基础上进行了创新,它将动画制作与其主流的网络技术结合起来,从二维快速扩展到全三维和二维与三维的结合,并在 IT 的基础上迅速发展 Flash 等数字动画。韩国动漫产业注重数字技术,并取得了良好的效果。韩国有 7 000 多家动画制造商,从业人员 2 万多人,动漫产业已经成为韩国经济的六大支柱产业之一,如表 6-12 所示。

表 6-12 2017 年韩国动漫产业公司、从业人员数量及销售情况

	公司数目(个)	执业人数(人)	销售收入(百万韩元)	公司平均销售额(百万韩元)	人均销售额(百万韩元)
动漫产业	492	5 161	493 441	1 002.90	95.60
动画制作	433	4 864	454 603	1 049.90	93.50
动画流通与配给	45	152	23 454	521.20	154.30
网络动画流通	14	145	15 384	1 098.90	106.10
漫画产业	7 172	10 397	1 082 228	150.90	104.10
漫画出版	203	2 472	520 092	2 562	210.40
网络漫画制作与发行	90	748	20 293	225.50	27.10
漫画书租赁	2 609	3 689	73 289	28.10	19.90
漫画书零售	4 270	3 488	285 903	67	82

资料来源:KOCCA,中国研究中心。

近年来,网络漫画带动了韩国动漫产业的发展。网络漫画出现在 21 世纪初,随着计算机、互联网和智能手机的普及,网络漫画得到了快速的发展。许多高人气的影视作品例如《奶酪陷阱》《未生》《与神同行》等都改编自流行的网络漫画,据统计,在韩国有超过十分之一的电影和电视作品来自网络漫画,这反映了网络漫画的鼎盛。

据统计,2017 年韩国漫画销量达到 1 万亿韩元,如图 6-15 所示,其中 7 240 亿韩元来自网络漫画,其作品数量增长了 400%以上(从 2013 年的 343 部增至 2017 年的 1 759 部)。

在国产动画片产量和规模逐步上升的同时,韩国文化、体育和旅游部适时出台了一项旨在保护国产动画片的政策,规定 2000 年和 2001 年韩国 KBS 和 CBS 等媒体播出国产

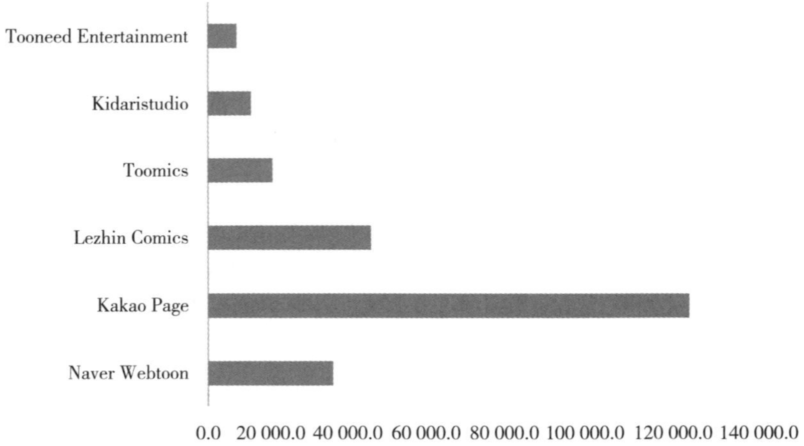

图 6-15　2017 年韩国主要在线漫画平台销售情况(单位:百万韩元)

资料来源:KOCCA,中国研究中心。

动画片的时间分别要占到 45%和 50%。

近年来,韩国动画出口逐年增长,如图 6-16 所示。目前,韩国动画片出口海外的规模、质量、规范运行机制和发展势头基本形成。根据 KOCCA 的数据,2017 年韩国从动画和漫画出口中分别赚得 1. 448 7 亿美元和 0. 352 6 亿美元,同比增长 6. 8%和 8. 6%。预计 2019 年分别是 1. 675 0 亿美元和 0. 392 2 亿美元。

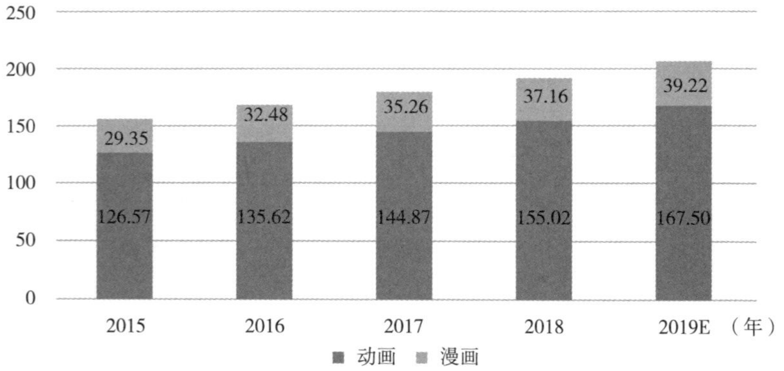

图 6-16　2015—2019 年韩国动漫出口规模(单位:百万美元)

资料来源: KOCCA,中国研究中心。

6. 3. 3. 4　澳大利亚

尽管从全球范围来看,澳大利亚动画产业的规模相对较小,但它已经形成了一个可以为经济增长提供动力的重要创意产业基础。该产业由一群在澳大利亚工作的有才华的专业动画师和一些准备利用全世界产业机遇的企业家组成,其中一些可以在澳大利亚的大型动画工作室中找到,另一些则在小型工作室工作,他们更喜欢对自己的作品保持更高水平的创作控制。澳大利亚的动画产业充满活力,有多家活跃的小型制作公司和独立的电影制片人，如图 6-17 所示，其中许多是独立制作和委托制作的结合。澳大利亚动画产业采用了新的数字动画技术，其产品种类繁多，电视、电影、游戏、手机和互联网等都在其业务范围之内。澳大利亚有许多才华横溢的年轻艺术家从事动画产业，每年都有一些动画学生从艺术学院毕业。目前，澳大利亚的动画产业正在积极开发跨游戏、书籍、玩具、软饮料、服装和教育应用等多领域的动画 IP，以便开拓新的全球市场与受众。

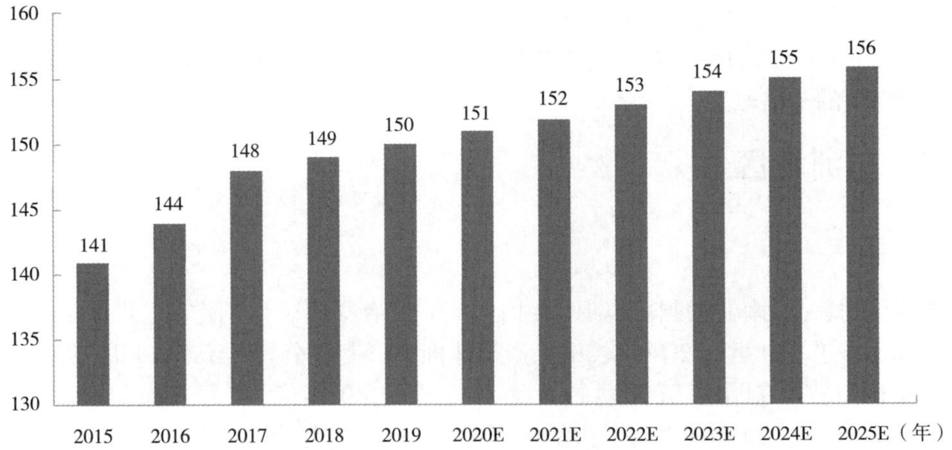

图 6-17　澳大利亚动画工作室的数量（单位：个）

2018 年是澳大利亚电影发行和展览成功的一年，国内电影的票房和市场份额都有所增加，当年澳大利亚动画故事片的总票房收入为 5 620 万美元。

澳大利亚通过一系列筹资计划和奖励措施支持本国动画产业：只要该系列产品已经出售给澳大利亚网络，并且该网络支付了特许费，澳大利亚的合作伙伴就可以获得高达生产预算 60% 的资助，资金来源包括政府支持的电影金融公司（Film finance Corporation），该公司每年获得约 6 000 万澳元的资金，授权投资和推广澳大利亚故事片以及符合条件的澳大利亚本地内容电视连续剧、特别节目，正式合拍影片自动获得澳大利亚本地资助配额。除了国家级别资助外，澳大利亚的每个州都有自己的资助机构：新南威尔士州有新南威尔士州电影电视局（NSW Film and Television Office）；维多利亚州有维多利亚电影局（Film Victoria）；昆士兰机构有一项生产倡议，西南部机构也设有发展基金。

澳大利亚动画产业发展的策略表现为：

（1）创建基金，用于开发和制作各种澳大利亚动画产品。

（2）引入激励措施，以更大比例地保留澳大利亚本土动画制作。

（3）鼓励澳大利亚商业和公共广播公司放映动画。

（4）帮助其他国家发展动画产业，从而为澳大利亚的先进技术创造新市场。在制作方面，不断扩大本地内容需求，进一步刺激对澳大利亚动画专业工具和专业知识的需求。

（5）外包带来的威胁可以在一定程度上通过制作高质量的动画来应对，而这种质量是外国低成本公司无法比拟的。

(6)澳大利亚公司将通过与来自印度等低成本目的地的制片厂密切合作,创造针对当地观众的产品从而获益,这将有助于澳大利亚公司挖掘这些国家巨大的市场潜力。

(7)建立海外营销和销售能力。

(8)动画公司把精力集中在研发利用新技术的高质量产品上。该行业需要投资于持续培训,以发展动画师的技能。需要与提供商业、艺术和科学等领域课程的大学和学院合作,将其纳入课程科目。

(9)用计算机生成的动画(3D)来补充传统动画(2D)。

(10)促进行业内的参与者之间的战略联盟,以及与电影、软件和出版业等其他行业的参与者之间的战略联盟。

6.3.4 非洲地区

6.3.4.1 南非

(1)行业概况。南非动画可以追溯到 1916 年由哈罗德·肖创作的《艺术家的梦想》(*Artist's Dream*)。20 世纪 20 年代,施莱辛格非洲电影制作公司(African Film Productions of I. W. Schlesinger)制作了五部动画短片。20 世纪 40 年代,随着基拉尼电影制片厂(Killarney Film Studio)为电影制作动画标题、阿尔法电影制片厂(Alpha Film Studio,1940—1967 年)开始制作动画广告,动画项目逐渐向商业化转变。由于市场的需求,在 20 世纪 70 年代,动画在广告业中的使用最为广泛。在 1975 年至 1988 年间,南非广播公司(SABC)专门成立了一个动画部门,制作带有白人民族主义或爱国主义议题的动画短片及广告。

因为早期在技术、电影、媒体和艺术方面的引进和投资,以及约有 20 所大学和学院提供动画和游戏编程的基础及高级学位,南非动画产业拥有相对稳健的基础设施。南非著名的动画工作室 Triggerfish 于 1996 年成立,曾制作过 2D 定格动画短片,如 *Takalani Sesame*(2000—2001);3D 电脑动画,如 *Adventures in Zambezia*(2013)和 *Khumba*(2015);BBC1 短作品,如 *Stickman*(2016)和 *Regulating Rymes*(2017)。新兴的动画工作室有 Sunrise Production、Character Matters、Blackginger 和 Condor,大多数动画工作室都设在约翰内斯堡和开普敦。同时,这些工作室也一直致力于外包动画内容开发,持续为华纳兄弟、迪士尼、饼干罐等工作室提供外包动画内容。

为了使动画产业的参与者可以顺利就业,南非技能发展机构 SETA 举办外联讲习班,以接触大量潜在的动画学生,并鼓励来自弱势社区的离校生和青年报名参加动画和商业节目;提供动画培训,教授绘图等课程;与卡耶利察的 False Bay College Campus 合作,提供一年的认证动画课程;举办国际大师班,专注于动画业务的营销和创意作品的分销技巧的分享,为南非制片公司搭建一个展示人才和吸引国际投资的平台。这些举措反响良好,许多参与者已经成功地被安置在动画工作室。

2015—2019 年间,南非动漫产业年度内容产出量及工作室数量均在稳步提升,于 2019 年分别达到内容产出量 1 163 分钟/年、工作室 200 个,但这些工作室规模通常很小,如图 6-18、图 6-19 和图 6-20 所示。

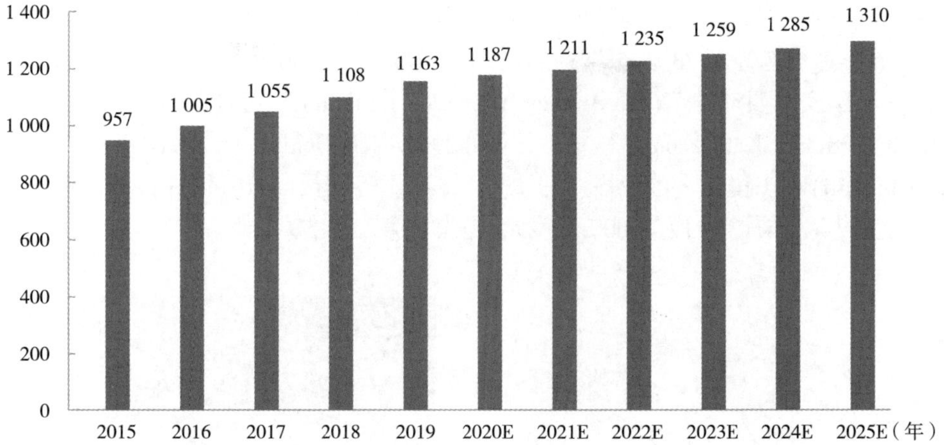

图 6-18　南非动漫产业年度内容产出量(单位:分钟/年)

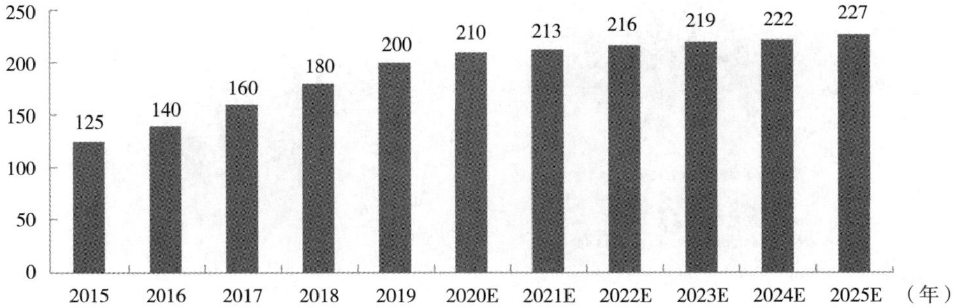

图 6-19　南非动漫工作室数量(单位:个)

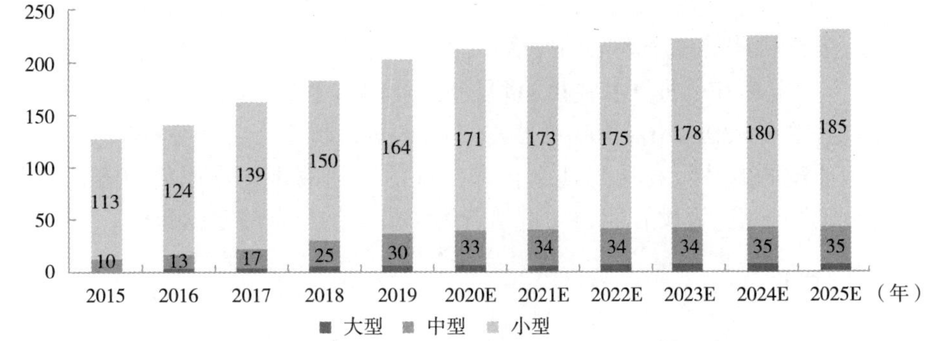

图 6-20　按规模划分的南非动漫工作室(单位:个)

(2)南非的动画电影。南非第一部动画片《腾格里斯》(*Tengers*)于 2007 年上映,如图 6-21 所示,由迈克尔·J. 里克斯(Michael J. Rix)编剧、导演和制作,采用了黏土化技术。这部电影时长 68 分钟,制作支出 25 万美元。

《赞鸟历险记》(*Adventures in Zambezia*)是一部来自 Triggerfish 动画工作室的 3D 动画电

影,如图 6-22 所示。故事讲述了一只意气风发的年轻猎鹰,决心独立于他充满负能量的父亲,离家千里来到著名的鸟类之城赞比西亚,在为社区和同伴奋斗的过程中寻找人生意义的故事。该影片被选为第 33 届德班国际电影节(Durban International Film Festival)的闭幕影片,并在法国安纳西动画节(the Annecy Animation Festival)上全球首映。这部电影由塞缪尔·杰克逊(Samuel L. Jackson)、杰夫·戈德布鲁姆(Jeff Goldblum)、阿比盖尔·布雷斯林(Abigail Breslin)和杰里米·苏亚雷斯(Jeremy Suarez)等演员配音。影片目标人群是 5 岁至 11 岁的儿童,其制作预算约为 2 000 万美元,是南非第三部 3D 电影。

图 6-21　南非第一部动画电影

图 6-22　南非 3D 动画电影

(3)政府支持政策。南非政府对动画产业的支持推动了当地动画产业中包括工作室、培训学校、发行机构等多个环节的发展:2008 年,南非政府对国产内容或联合制作(包括动画电影)实行电影和电视回扣制度;贸易和工业部(DTI)的电影奖励计划允许动画制作人收回 25%左右的动画支出,该政策使得与南非动画制片厂合作变得颇具吸引力,同时还激励着南非动画制片厂利用当地文化和传统的民间故事创作原创内容;此外,政府还资助了部分动画学院,为没有能力支付学费的学员提供免费的动画课程。

6.3.4.2　尼日利亚

(1)行业概况。在互联网普及率提高、网络接入技术改善、智能手机使用率提升、国内和国际消费收入提升的推动下,尼日利亚的媒体和娱乐业增长迅速,年增长率预计超过 10%。这个国家也参与了数字创业的热潮,其电影、音乐、时尚、戏剧和其他创意产业都出现了蓬勃发展的趋势,从业人员数量激增。尼日利亚的“尼莱坞”(Nollywood)一直走在非洲地区电影业前列,每年至少有 1 000 部电影发行,在 2016 年 3D 特效短片《雷霆黎明》(*Dawn of Thunder*)的推动下,动画在电影中的应用比例稳步上升。《雷霆黎明》由位于拉各斯的动画之家科莫蒂恩工作室(Komotion Studios)创作,创造者们用独特的非洲视角讲述了雷神桑戈(Sango)的古老故事。尽管动画行业目前在尼莱坞电影行业中所占比例有限,但其前景是充满希望的。图 6-23 列举了尼日利亚主要的动画作品。

图 6-23　尼日利亚动画作品

在尼日利亚,有许多政府机构和非政府组织专注于文化教育和技能教育,包括联邦教育部、国家大众教育委员会(NMEC)、国家大众教育机构(SAMEs)、国家游牧教育委员会(NCNE)、国家教师协会(NTI)、尼日利亚国立开放大学(NOUN)、国家统计局(NBS)、国家计划委员会(NPC)和尼日利亚全国成人教育委员会(NNCAE)等。虽然尼日利亚有 100 多所大学,但提供艺术与设计课程的院校数量很少,并且所教授的课程大多涉及美术、图形设计、雕刻等方面的技能,而音乐(制作、管理等)、电影制作、游戏设计与开发、动画以及更具当代创造性的数字媒体技能目前还相当缺乏,课程设置不够全面。

与南非相比,尼日利亚动画工作室数量明显偏少,如图 6-24 所示,2019 年其数量约为南非的四分之一;但其动画制作成本也相对较低,2019 年在尼日利亚制作一集 22 分钟动画节目的成本仅为 24 453 美元,如图 6-25 所示。

(2)行业优势。与非洲其他国家相比,尼日利亚的网络技术和通信技术的推广程度

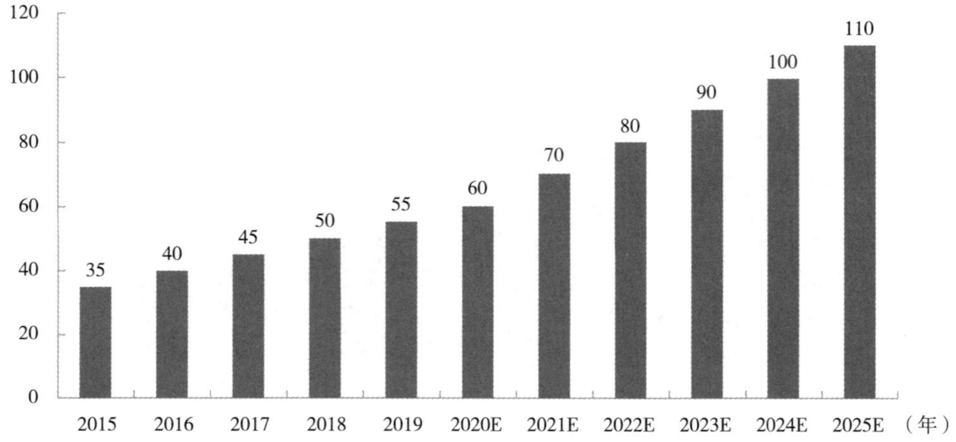

图 6-24　尼日利亚动画工作室数量（单位：个）

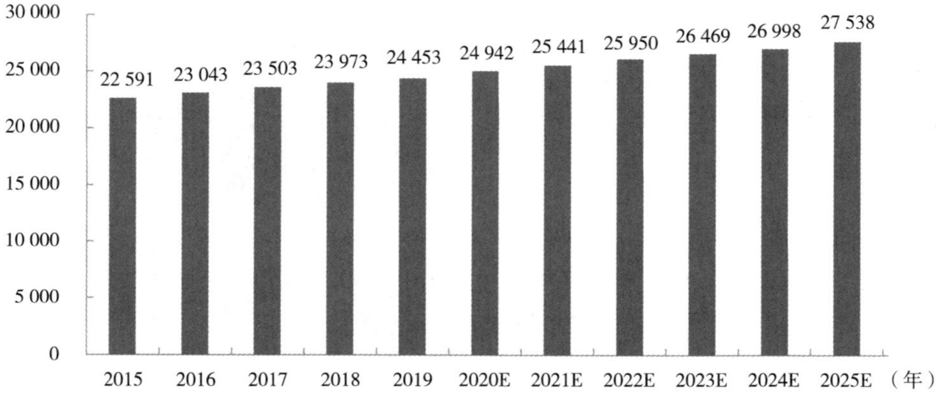

图 6-25　尼日利亚单集（22 分钟）动画制作成本（单位：美元）

及尼莱坞电影产业的领先为动画产业的发展奠定了良好基础。尼日利亚拥有非洲最大的互联网用户群及 7 000 万 14 岁以下的人口和新一代才华横溢的青年电影导演，动画产业发展潜力大，其在手工艺、纺织品、写作和表演艺术方面的传统创意技能使尼日利亚创意产业具有鲜明的个性。同时，尼日利亚政府已经意识到包括动画在内的创意产业对国家未来发展的重要性，因此计划将其发展为一个新的增长部门，并将投入资源打造一支掌握高技能的劳动力队伍。为此，政府创建了名为“N-Power Creative”的项目，向年轻的尼日利亚人提供动画、图形插图、电影剧本、漫画和后期制作等创造性技能的相关培训。另外，尼日利亚动画产业并没有被特定的标准限制，而是更多地通过适应挑战来进行调整。电影制作人、摄影师、时装设计师、游戏玩家、音乐家和其他类型的创意实践者经常同时从事多个工作，并调整他们的技能以满足实际需求。这样的情况利于动画价值链的开发与整合，为产业发展提供了先机。

（3）面临的挑战。第一，由于国家整体经济水平的限制，国内缺乏大型动画工作室，动画从业者无法在工作的同时获得专业的培训，而本地由私立大学和动画机构提供的培训对负担不起高额培训费用的人来说是一个挑战。第二，由于行业缺乏正规化、标准化以及当地文化的影响,创意产业与“非正规”、“不稳定”和“低工资”等标签相关联,创造性的职业被认为不是“合适的工作”,动画制作相关工作也被认为是不严肃和不受人尊敬的。第三,在学校教育系统中,创意产业缺乏连贯设计、系统的课程,不利于专业人才的培养。第四,尼日利亚动画的国际化程度不高,许多传统的本土角色在世界上知名度极低,基于传统文化制作的有民族特色的动画作品很难在世界范围内推广。第五,在整个创意产业市场上,侵犯版权的现象时有发生,但国家的执法力度很弱,民众知识产权意识淡薄,阻碍了动画创意产业的发展步伐。

6.3.4.3 埃及

20 世纪 30 年代,弗兰克尔兄弟——大卫(David)和什洛莫(Shlomo)在埃及看到了一部米老鼠的作品,并受到启发,创作了自己的动画片。大卫负责绘制原稿,而什洛莫则完成了剩下的工作,包括制作相机和从反复试验中学习动画制作,最终他们设计的形象“Mish Mish Effendi”于 1936 年 2 月 8 日在开罗上映的《徒劳》(*Mafish Fayda*)中首次亮相,如图 6-26 所示。这次成功为“Mish Mish”这一动画形象赢得了更多机会,1937 年,农业部发布命令让“Mish Mish”出现在教育电影中,其主要目的是展示如何消灭棉花害虫;1939 年,战争部要求他们以“Mish Mish”为主角制作一部关于军队美德的爱国电影。

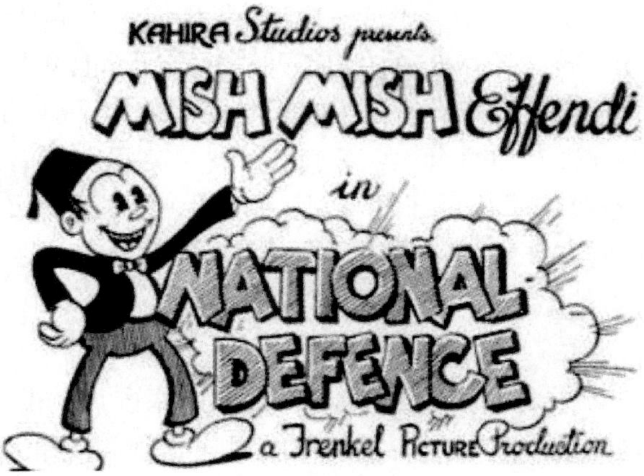

图 6-26 埃及最早的动画作品

阿里·穆希布(Ali Muhib)和他的兄弟胡萨姆(Husam)于 1960 年在国家电视频道(National Television Channel)中成立动画部门,推动了埃及动画产业的兴起。1962 年,穆希布执导了一部动画短片《白线》(*The White Line*),这部动画片融合了动画和真人表演,是短篇音乐剧和纪录片的结合。1968 年,埃及动画师伊哈姆·沙克尔(Iham Shaker)制作了一部名为《瓶子》(*The Bottle*)的短片,如图 6-27 所示。2010 年,穆罕默德·加扎拉(Mohamed Ghazala)的三分钟动画片《沙漠寻履》(*Honayn's Shoe*)在尼日利亚拉各斯获得了非洲电影学院奖的动画奖项,这部影片取景于撒哈拉沙漠,讲述了一个神秘人和他的骆驼的旅行故事。

在伊哈布·沙克尔、诺希·伊斯干达(Noshi Iskandar)、拉德哈·朱布兰和泽纳

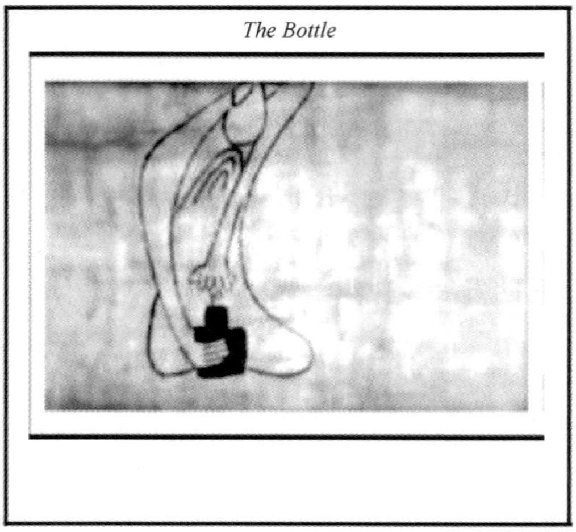

图 6-27　埃及的动画作品

布·赞扎姆(Zeinab Zamzam)等电影制作人的带领下,埃及的动画产业继续蓬勃发展。在60年代末,伊哈布·沙克尔制作了动画作品《花和瓶子》(*the Flower and the Bottle*)(1968年);诺希·伊斯干达在1969年拍摄了四部电影,分别是《一和五》、《是真的吗》、《阿布德和阿尔》和《问题》。1973年,伊哈布·沙克尔搬到了法国,与保罗·格里莫特(Paul Grimault)合作制作了《一,二,三》。1974—1975年,诺希·伊斯干达制作了《在哪里》、《房间号》和《太棒了》。拉德哈·朱布兰在1985年发行了他的第一部电影《顽童的故事》。1988年,埃及的女动画师纳斯尔在美国求学期间创作了《她的生存》。1991年,朱布兰制作了《懒惰的麻雀》。1993年,沙克尔和保罗·格里莫特一起制作了《爱之舞》。泽纳布·赞扎姆为儿童制作了数百部电影,其中包括《一群朋友》(1999)、《睁开你的眼睛》(2000)和《起草室》(2006)。

6.3.4.4　塞内加尔

1998年,非洲第一家著名的动画工作室 Pictoon 由塞内加尔的艾瑞·塞尔瓦拉和艾达·恩迪亚耶创立,这也是非洲唯一一家制作电视连续剧和故事片的动画设计工作室。其第一部电影作品是《青色与黄色》(2000),之后又出品了《疾病大会》(2000),如图 6-28所示。《青色与黄色》在2003年扩充为13集动画系列剧,这也是第一部全部在非洲制作的动画电视连续剧。《疾病大会》将各种细菌和病毒用动画拟人的方式表现,教会人们如何战胜艾滋病毒以及保护自己免受艾滋病的侵袭。这部电影非常受欢迎,被非洲大陆的所有语言配音,包括尼日利亚的豪萨语和约鲁巴语、尼日尔语、加纳的豪萨语,以及英语、法语、西班牙语等欧洲语言。Pictoon 还在2004年制作了动画系列片《无敌的狮子》。

6.3.4.5　刚果

刚果民主共和国较为有名的动画作者是让·米歇尔·基布希(Jean Michel Kibushi)。他的作品风格独特,借鉴了穆斯塔法(Moustapha)的定格技术,并加入了剪纸和木偶元

图 6-28　塞内加尔动画作品

素。基布希以非洲故事为中心，制作出包括 *The Toad visits his family in Lawpart*（1、2 集，1992），*Kinshasa*（1992），*Black September*（1992），*Muana Mboka*（1999）和 *Prince Loseno*（2004）（见图 6-29）在内的一系列作品。

图 6-29　刚果动画作品

6.4　中国动漫市场

6.4.1　中国动漫市场发展

6.4.1.1　发展环境

（1）政策环境。进入 21 世纪以来，政府出台了一系列的政策和措施，以促进动漫产业的发展和完善。与此同时，政府也一再强调版权保护，培育有利的版权保护环境，极大地促进了中国动漫版权市场的发展。表 6-13 列举了部分中国动漫产业的支持政策。

表 6-13　中国动漫产业的支持政策

时间	发布	文件	内容	备注
2000 年 10 月	中央十五届五中全会	《中共中央关于制定国民经济和社会发展第十个五年计划的建议》	把我国动漫正式纳入国家战略发展层面，从行业领域升级为产业，确立了其产业性质。同时提出了在 5~10 年里将动漫产业产值至少提升至占 GDP 的百分之一	国家对动漫产业扶持力度加强，为我国动漫产业的发展营造了良好的制度环境
2004 年 2 月	中共中央、国务院	《关于进一步加强和改进未成年人思想道德建设的若干意见》	明确提出要“积极扶持国产动画片的创作、拍摄、制作和播出，逐步形成具有民族特色、适合未成年人特点、展示中华民族优良传统的动画片系列”	
2004 年 4 月	广电总局	《关于发展我国影视动画产业的若干意见》	对我国动漫产业发展的基本思路、目标、对策和措施做了总体规划，并在体制、政策、市场管理方面提出了较为具体的建设性意见	
2005 年 4 月	广电总局	《关于促进我国动画创作发展的具体措施》	通过行政指令为国产动画片保障播映平台，要求各频道黄金时段必须播出国产动画片，限制进口动画片播出	同年 9 月，广电总局发出关于禁止以栏目形式播出境外动画片的紧急通知
2006 年 4 月	国务院	《关于推动我国动漫产业发展的若干意见》	关于进一步发展我国动漫产业政策措施在意见中再次被强调和调整，该意见里程碑式地把制定动漫产业支持政策提上国家战略规划的高度，并制定了详细的政策措施用来促进动漫产业发展	
2006 年 8 月	广电总局	《广电总局关于进一步规范电视动画片播出管理的通知》	17 点—20 点，禁播国外动漫节目，必须播放国产动漫节目	进一步强调国产动漫在播出平台及播出时段上的保障
2006 年 9 月	中共中央、国务院	《国家“十一五”时期文化发展规划纲要》	特别强调“十一五”期间将加大省、市等各级政府在动漫产业中的引导扶持作用，提出积极发展数字内容产业，拓展网络文化产业，发展民族动漫，提高国产动漫产品的数量和质量	
2008 年 2 月	广电总局	《广电总局关于加强电视动画片播出管理的通知》	禁播国外动漫节目的时间段从 17 点~20 点延长至 17 点~21 点，加大了对国产动漫播出时段的支持	

续表

时间	发布	文件	内容	备注
2008年8月	文化部	《关于扶持我国动漫产业发展的若干意见》	全面阐述文化部扶持我国动漫产业发展的政策主张	动漫产业被进一步提升到“国家振兴工程”的高度
2008年12月	文化部、财政部、国家税务总局	《动漫企业认定管理办法(试行)》	文件在前期财税政策的基础上对扶持企业的资质进行了规范,只有符合资质的企业才能享受政策优惠	
2009年6月	文化部	《关于加强动漫游戏会展交易节庆等活动管理的通知》	明确各类动漫游戏交易会展交易活动的审批程序,要求控制、压缩政府参与主办的动漫会展交易活动	
2009年7月	国务院	《文化产业振兴规划》	将动漫产业列为国家重点发展的八大文化产业门类之一,为日后我国动漫产业示范基地建成、动漫领域财税纳收、金融政策出台提供了政策引导与支持	
2009年7月	财政部、国家税务总局	《关于扶持动漫产业发展有关税收政策问题的通知》	对我国动漫企业的优惠项目、优惠类别进行细化,加大了扶持力度,降低了企业负税水平	
2009年8月	文化部	《文化产业投资指导目录》	将动漫产业列入鼓励投资类项目,鼓励社会资本进入	
2009年9月	广电总局	《关于进一步加强电视动画片播出管理的通知》	深化规范国产动漫播映平台,要求各播映平台必须延长国产动画片播出的黄金时段,再度为国产电视动画片注入强心剂	
2011年3月	中共中央、国务院	《国民经济和社会发展第十二个五年规划纲要》	第一次将动漫产业提升至国民经济和社会精神文化发展的高度,这表明大力发展动漫产业已然成为我国社会新一轮经济增长的强大引擎、助推社会转型的不竭动力和国家经济结构优化调整的新方法	
2011年5月	财政部、海关总署、国家税务总局	《动漫企业进口动漫开发生产用品免征进口税收的暂行规定》	对符合资质的动漫企业免征进口税进行了详细规定,覆盖了动漫企业的主要税种,这是动漫产业首次获得减免进口税收的优惠政策	
2012年2月	文化部	《“十二五”时期文化产业倍增计划》	将动漫产业列为重点发展产业,提出产业结构调整是未来动漫产业发展的主线,应通过市场化机制实现产业链条的转型升级	

续表

时间	发布	文件	内容	备注
2012 年 6 月	文化部	《“十二五”时期国家动漫产业发展规划》	明确将优化动漫产业布局结构作为未来五年动漫产业发展的重要任务，提出产业布局的主要原则是“统筹协调和可持续发展”，目标是“布局合理、特色突出、集聚效应明显、资源高效利用”等，提出引导动漫企业探索创新产业盈利模式，发挥市场机制积极作用	
2013 年 11 月	财政部、国家税务总局	《关于动漫产业增值税和营业税政策的通知》	在增值税和营业税方面给予动漫产业相关优惠政策	
2014 年 2 月	国务院	《国务院关于推进文化创意和设计服务与相关产业融合发展的若干意见》	深入挖掘优秀文化资源，推动动漫游戏等产业优化升级，打造民族品牌。推动动漫游戏与虚拟仿真技术在设计、制造等产业领域中的集成应用	
2014 年 3 月	文化部	《关于 2014 年动漫企业认定工作有关事项的通知》	进一步做好动漫企业认定管理工作，推动落实动漫企业税收优惠政策	
2014 年 8 月	文化部	《关于开展 2014 年弘扬社会主义核心价值观动漫扶持计划申报工作的通知》	评审优秀动漫创意和作品，采取多种形式扶持创作生产，加大推广力度	2014 年国内动漫界举行了包括全国动漫原创作品大赛、全国第四届动漫真人秀大赛等在内的评奖活动 20 余项，对推动国产动漫的创作、生产起到了较好的鼓励作用
2015 年 5 月	文化部	《2015 年扶持成长型小微文化企业工作方案》	重点支持小微文化企业，尤其是从事文物、博物馆以及非物质文化遗产的表演艺术、娱乐、动漫、游戏和文化旅游企业	
2016 年 8 月	财政部、海关总署、国家税务总局	《关于动漫企业进口动漫开发生产用品税收政策的通知》	明确自 2016 年 1 月 1 日至 2020 年 12 月 31 日，经国务院有关部门认定的动漫企业自主开发、生产动漫直接产品，确需进口的商品可享受免征进口关税及进口环节增值税的政策	

续表

时间	发布	文件	内容	备注
2017年2月	文化部	《文化部"十三五"时期文化发展改革规划》	推动中国国际网络文化博览会、中国国际动漫游戏博览会等重点文化产业展会市场化、国际化、专业化发展;支持原创动漫创作生产和宣传推广,培育民族动漫创意和品牌,持续推动手机(移动终端)动漫等标准制定和推广	
2018年4月	财政部、国家税务总局	《关于延续动漫产业增值税政策的通知》	1. 对动漫企业增值税实际税负超过3%的部分,实行即征即退政策; 2. 动漫软件出口免征增值税	
2018年12月	国务院	《国务院办公厅关于印发文化体制改革中经营性文化事业单位转制为企业和进一步支持文化企业发展两个规定的通知》	经营性文化事业单位转制为企业,可以享受以下税收优惠政策: 1. 经营性文化事业单位转制为企业,自转制注册之日起五年内免征企业所得税。2018年12月31日之前已完成转制的企业,自2019年1月1日起可继续免征五年企业所得税。 2. 由财政部门拨付事业经费的文化单位转制为企业,自转制注册之日起五年内对其自用房产免征房产税。2018年12月31日之前已完成转制的企业,自2019年1月1日起对其自用房产可继续免征五年房产税。 3. 党报、党刊将其发行、印刷业务及相应的经营性资产剥离组建的文化企业,自注册之日起所取得的党报、党刊发行收入和印刷收入免征增值税。 4. 对经营性文化事业单位转制中资产评估增值、资产转让或划转涉及的企业所得税、增值税、城市维护建设税、契税、印花税等,符合现行规定的享受相应税收优惠政策	

资料来源:根据2000年至今中共中央、国务院及各部委发布的主要政策整理。

(2)工业环境。2018年消费者购买的三大类授权IP产品是服装(60.4%)、玩具和游戏(55.2%)、数字电子产品(51.4%)。从消费行为看,2018年每月花费1 000元以上在休闲娱乐方面的消费者占76.4%,其中12.4%的消费者月消费超过1万元人民币,30.2%的消费者在授权产品上支付1 000至5 000元人民币。

2013年至2017年,中国文化、体育和娱乐业固定资产投资增长13.7%,2018年为

9 543亿元人民币,2019 年为 10 417 亿元人民币,如图 6-30 所示。

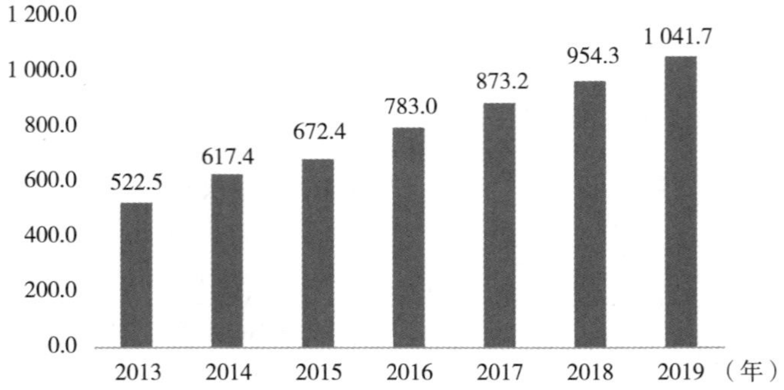

图 6-30　2013—2019 年中国文化、体育和娱乐产业投资规模(单位:十亿元人民币)

资料来源:国家统计局。

从 2013 年到 2018 年,中国文化、体育和娱乐业的外国投资复合年增长率为 21. 1%,预计 2019 年将达到约 607. 2 亿元人民币,同比增长 14. 3%,如图 6-31 所示。

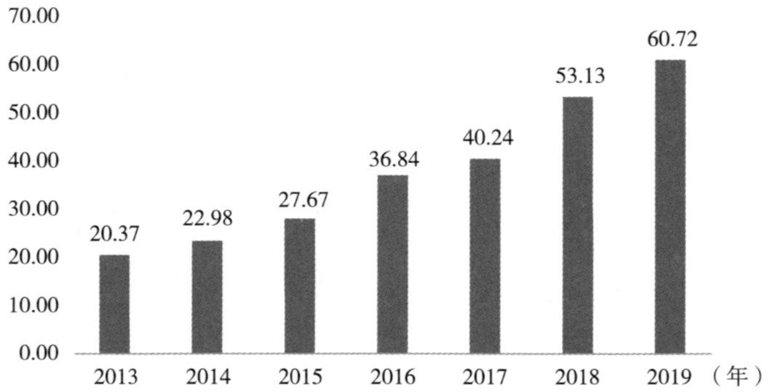

图 6-31　2013—2019 年中国文化、体育和娱乐产业外商投资规模(单位:十亿元人民币)

资料来源:国家统计局。

6. 4. 1. 2　市场规模

(1)产值。中国动漫产业还处于起步阶段,近年来,中国的动画产值成倍增长,从 2009 年到 2019 年,中国动漫年增长率达到了 18%。未来,动画市场的发展将伴随着 IP 动画业务的发展和动画电影渗透率的不断提高,预计 2025 年将达到 3 554 亿元人民币,2019 年至 2025 年的复合年增长率将达到 10. 6%,如图 6-32 所示。

(2)用户规模。近年来,中国 ACG(动画、漫画、游戏)用户数量稳步增长,2018 年达到 3. 7 亿,其中核心用户约有 1 亿,泛 ACG 用户 2. 7 亿。据预测,到 2019 年,ACG 在中国的用户数量将达到 3. 9 亿,如图 6-33 所示。

近年来,我国在动漫内容制作方面的实力进一步提高,类型和题材日益多样化。在国家政策、资金和基地建设的支持下,动漫产业集群和产业园区的培育初具规模。随着

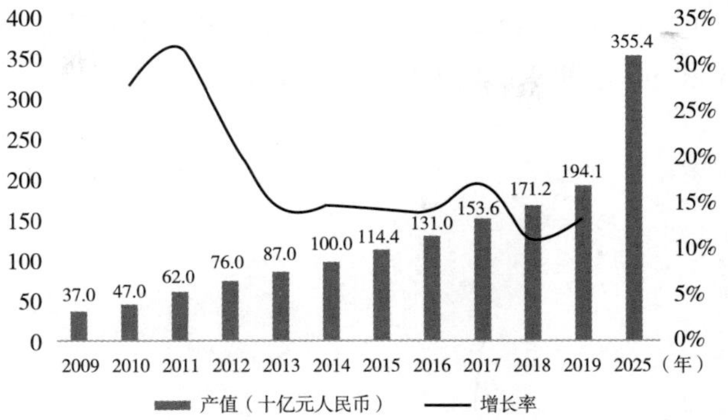

年份	2009	2010	2011	2012	2013	2014	2015	2016	2017	2018	2019
增长率	—	27.0%	31.9%	22.6%	14.5%	14.9%	14.4%	14.5%	17.3%	11.5%	13.4%

图 6-32　2009—2025 年中国动画产业产值与增长率

资料来源:文化部,中国研究中心。

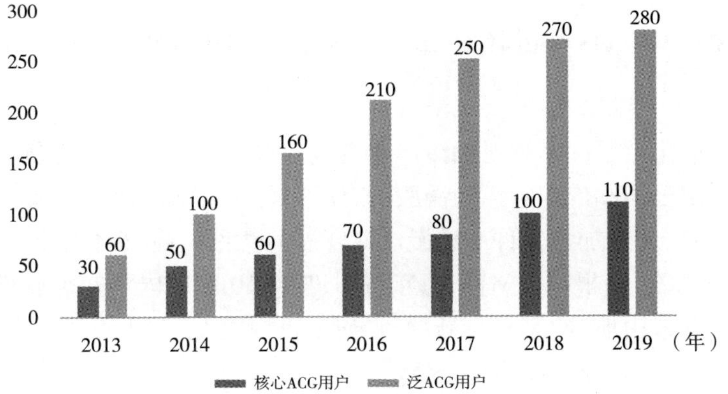

图 6-33　2013—2019 年中国 ACG 用户数量(单位:百万人)

资料来源:文化部,中国研究中心。

媒体的融合,动漫制作日益接近移动终端和互联网,但市场结构、控制措施、人才培养和发展理念还有待完善,整个产业还需要寻求突破的探索。

笔者认为,中国动漫的核心市场(R&D 市场)并不是一个大的市场,其主要原因有三个:一是动漫形象具有很强的延展性,其市场包括衍生产品和动漫游戏市场,生产商大多通过衍生市场来获得授权收入和分享收益。因此,动漫市场的核心规模不是很大。二是在政策的吸引下,一些国产动漫开发商过于依赖政府补贴,市场化程度较低。三是动漫市场从核心 IP 向游戏、电影、玩具、服装等领域辐射,甚至符合优胜劣汰的规律。但在核心动画影响力方面,我国与国外差距较大,商业化能力有限。

6.4.1.3　企业分析

(1)主要参与者。动漫产业的主要参与者包括创意公司、制作公司、出版商以及衍生产品制作和销售公司。

中国的动漫产业在广东、北京和江苏等地兴起，这三个省市的动漫公司数量最多，2018 年分别为 113 家、96 家和 91 家，如图 6-34 所示。

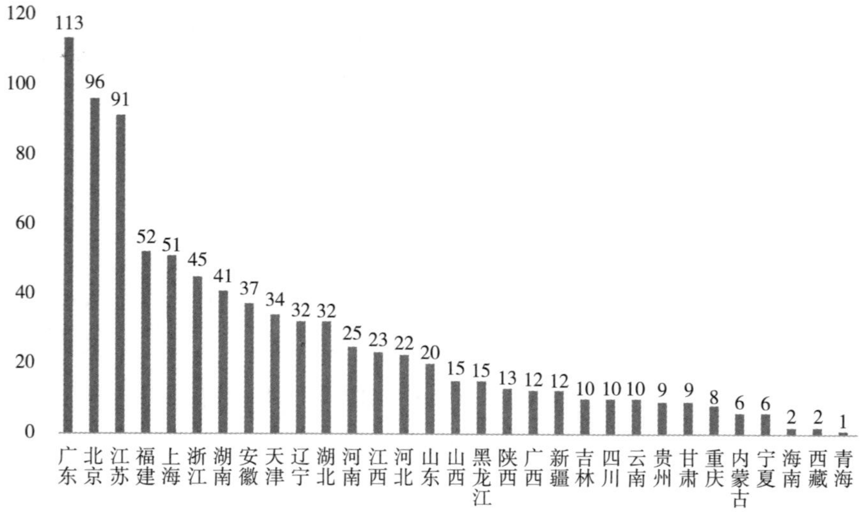

图 6-34　2018 年中国各省(自治区、直辖市)动画公司数量(单位:家)

资料来源:中国研究中心。

中国各地政府出台了一系列对动漫产业有利的政策。以广东省为例，随着广东原创动力文化传播有限公司和广东咏声动漫股份有限公司等公司的成立，2006 年广州市发布了《广州市人民政府关于加快软件和动漫产业发展的意见》，建议对动漫公司提供全方位的支持(资金、人才等)。根据该文件，每年将引进 8~10 家国内外知名软件或动画公司，并在投资、税收、办公用地(建筑)、创新项目、研发机构建设、人才培训和高级人才激励等方面鼓励和支持国家、省或市级的重点公司。

在地理分布上，中国东部的动画公司远远多于西部。2018 年，中国东部有 558 家知名动漫公司，占中国动漫企业总数的 65.3%。相比之下，相对落后的西部地区只有 98 家，占总数的 11.5%。在东部地区，广东不仅拥有最具知名度的动画公司，而且占据了中国动画市场的 30%以上，形成了以广州为中心、深圳为支柱、东莞和汕头市澄海区为加工制造基地的动漫产业集群。在全省注册的 700 多家动漫公司中，有 140 多家是专业公司。

按照价值链，动画产业由三类公司组成:制作公司、媒体公司和动漫玩具衍生公司。它们是动漫产业的核心，被授权的动漫机构、玩具零售商、软件公司等周边公司所包围。产业链中的代表公司如表 6-14 所示。

表 6-14　中国动画产业链中的代表公司

产业链	类型	代表性公司
内容侧	动画	奥飞娱乐、Toonmax 媒体
	电影	Toonmax 媒体、奥飞

续表

产业链	类型	代表性公司
电视媒体播放器		Toonmax 媒体、嘉佳卡通、卡酷、Aniworld 卫星电视、优漫卡通、中央电视台儿童频道
新媒体传播		腾讯漫画、有妖气原创漫画梦工厂
衍生品渠道		奥飞娱乐、美盛文化、骅威文化

资料来源:中国研究中心。

(2)生产型。近几年来,在财政部、文化部等部委的支持下,大量的社会资本流入了动漫产业,使动画制作水平有了显著的提高。2018 年,中国制作和发行了 241 部电视动画(86 200 分钟),略高于 2017 年;播出时间为 374 500 小时,比 2017 年(362 800 小时)增加了 11 700 小时,增长率为 3.22%。

虽然近几年中国制作的动画片数量大幅增加,但国内动画公司却很少有盈利。国内动漫产业的经营模式尚处于起步阶段,主要依靠电视台采购和政府补贴。补贴标准如表 6-15 所示。

表 6-15 中国动漫产业的政府补贴

	二维动画	三维动画	其他奖励
县级及以上频道	500 元/分钟	1 000 元/分钟	当地政府将额外奖励数十万元给获奖作品,尤其是原创作品
中央电视台频道	1 000 元/分钟	2 000 元/分钟	

资料来源:中国研究中心。

中国的动画制作成本平均为 4 万到 6 万元/分钟(比两年前增长了两倍多),低于欧洲国家和美国。然而,中国动画制作人严重依赖当地的补贴或奖励(通常不超过 3 000 元/分钟),这是因为他们可获得的电视动画片播出收入仅是成本的 25%~30%。相比之下,虽然美国和日本的生产成本是中国的几倍,但高达 80%至 100%的成本可以在播出环节收回。2015 年和 2017 年中国与日本动画制作成本对比如表 6-16 所示。

表 6-16 2015 年和 2017 年中国动画制作成本

每分钟成本(人民币)		
2015 年	二线中国二维动画公司	20 000 元
	一线中国二维动画公司	26 000 元
	日本二维动画公司	40 000 元
2017 年	二线中国二维动画公司	40 000~60 000 元
	一线中国二维动画公司	35 000~50 000 元
	日本二维动画公司	60 000~70 000 元

资料来源:中国研究中心。

2015 年上映的《大圣归来》赚了 9.56 亿元人民币,这是首部票房超过 5 亿元的国产动画片,打破了 95%的动画公司无利可图的“魔咒”。2016 年,《大鱼海棠》获得了 5.6 亿元的票房,这是中国第二部票房超过 5 亿元的原创动画片。2019 年上映的动画片《哪吒之魔童降世》以 50.35 亿元人民币的票房排在中国电影票房榜第二位，仅次于国产电影《战狼 2》的票房，成为国产动画片发展史上一个新的里程碑，对中国动画电影的发展产生了深远的影响。2015—2019 年国产动画电影占中国动画电影票房的百分比如图 6-35 所示。

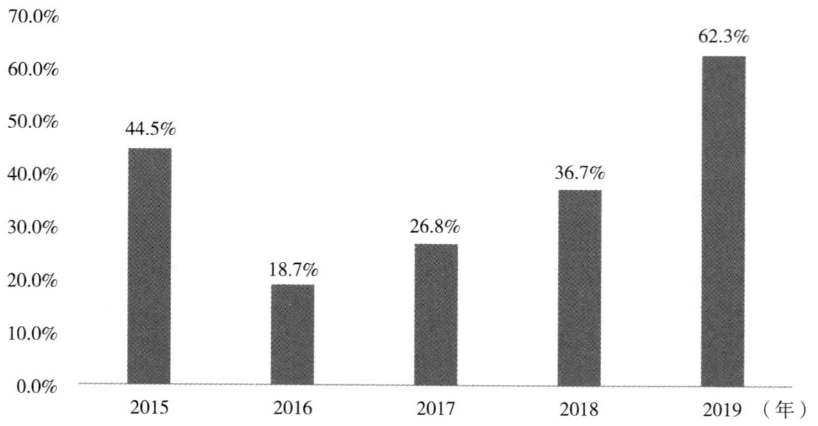

图 6-35　2015—2019 年国产动画电影占中国动画电影票房的百分比

资料来源：中国研究中心。

（3）媒体型。电视台仍然是重要的广播频道，但媒体公司也可以经营电视频道并参与到动画产业链的其他部门，从而创造更多的商业模式。以奥飞动漫拥有佳佳卡通为例，其衍生市场包括电影宣传与发行、教育产业链等。

全国各个儿童地面频道和卡通卫星电视频道覆盖的地区和人口各有不同。在卡通卫星电视频道中，央视儿童的收视份额在中央媒体的支持下尤为突出。在省级动画频道中，卡酷排在第一梯队，并根据“内容为王，频道第一”的策略，在生产玩具的线下和网上销售环节进行了布局；Toonmax Media 和 Aniworld 卫星电视排在第二位；佳佳动画和尤曼动画片因卫星时间较晚、影响力有限而排在第三位。表 6-17介绍了中国六大动画卫星电视频道。

表 6-17　中国六大动画卫星电视频道

频道	传媒集团	覆盖地区	覆盖人口	产业布局
中央电视台儿童频道	中央电视台	全国	超 8 亿人	每天播出时间约为 19 小时，是收视率排名前十位的国家卫星频道，只关注本频道节目的运营，与各地差别很大
Aniworld 卫星电视	湖南广电	31 个省会城市及超过 160 个大中城市	超 6 亿人	关注 4~14 岁的观众；在省级卫视频道中，收视比例稳居第二位，在动画频道中排名第一；动画广播在节目内容中所占比例超过 80%，每日播出时间近 800 分钟；首播时间超过 400 分钟

续表

频道	传媒集团	覆盖地区	覆盖人口	产业布局
卡酷	北京电视台	将近 100 个大中城市	6 亿人	24 小时播出,在中国 60 多个卫星频道中收视率稳步排在前列,收视高峰排在第八位;第一个被业界认可的卫星电视平台,在中国拥有最大的受众群,并建立了动画产业链
Toonmax 媒体	上海东方传媒	超过 20 个大中城市	超 3 亿人	覆盖发达地区,整合各大传媒集团的资源优势,打造"全年龄动漫"电视平台
嘉佳卡通	广东广电	24 个省	超 2 亿人	以电视和各大视频网站形成合作联盟,与微博、头条号等渠道共同构建全媒体传播业态
优漫卡通	江苏广电	江苏、安徽、杭州、昆明等省市	超 1.5 亿人	主要从事渠道运营,在产业链其他环节布局较少

资料来源:所有卡通频道的网站,中国研究中心。

目前,儿童频道更注重内容转向目标受众,例如金鹰卡通网络更强调在家庭中的影响力,2015 年佳佳动画进行了改版,建立了中国家庭娱乐的首个频道。此外,互联网的广泛覆盖也使得在线视频平台如哔哩哔哩、AcFun、爱奇艺、腾讯视频等应运而生。哔哩哔哩和腾讯是这些平台中动画投资的两个主要参与者,它们已经投资或收购了几家具有 IP 运营或动画制作能力的公司。哔哩哔哩最初是一个 ACG 内容社区,现在已经成为中国最活跃的 ACG 社区,内容包括动画、电视剧和游戏,用户的日平均使用时间最多可达 75 分钟。哔哩哔哩的高用户黏性归功于它为构建和维护一个活跃的社区所做的努力。哔哩哔哩作为运营商和管理员,通过提问来选择正式成员,提出了很高的社区进入壁垒;它还在提供弹幕服务和用户生成的内容(UGC)时对社区进行规范;凭借平台的品牌影响力,哔哩哔哩还经营自己的线下品牌,开展了一些吸引人的线下动画活动,如"BilibiliMacroLink"和"BilibiliWorld"。

(4)整合型。动漫内容制作环节很难实现盈亏平衡,而衍生品业务则很容易产生利润。在这方面,以玩具制造商为代表的综合经营公司显示出优势。中国公司在这一领域的表现较为平庸,真正实现动画制作和衍生产品开发等环节整合的国内公司较少,主要有奥飞娱乐、骅威科技和美盛文化等,如表 6-18 所示。

表 6-18 动漫衍生产品行业主要上市公司

上市公司	衍生品业务	建立时间	公司优势
奥飞娱乐	始于玩具,后覆盖整个产业链	1993 年	在整个产业链具有巨大优势
鼎龙文化(前身为骅威文化/骅威科技)	动漫玩具	1997 年	在玩具方面的明显优势,将产业链不断延伸到动画制作、游戏、电影和其他领域
美盛文化	动漫服饰	2002 年	通过并购努力实现动漫产业链的整合布局

资料来源:公司网站,中国研究中心。

从动漫衍生产品制造商的收入来看，奥飞娱乐在整个产业链中轻松位居榜首，其收入是鼎龙文化和美盛文化的 3 倍，如表 6-19 所示。

表 6-19　2014—2018 年中国主要动漫衍生产品企业的收入和净收入

单位：百万元人民币

公司	收入					净收入				
	2014 年	2015 年	2016 年	2017 年	2018 年	2014 年	2015 年	2016 年	2017 年	2018 年
奥飞娱乐	2 430	2 589	3 351	3 642	2 840	428	489	501	69	-169 2
鼎龙文化	477	591	813	727	752	34	120	319	371	-127 9
美盛文化	456	408	633	912	778	97	126	190	182	-238

资料来源：中国研究中心。

6.4.1.4　竞争模式

（1）外资企业在华布局。亚太地区已成为全球动漫消费的重要增长极，海外巨头在原有市场上的业务逐渐成熟，但缺乏增长空间。因此，迫切需要探索由全球竞争驱动的新兴市场。

早在 2006 年，中国就出台了限制国外动画作品在电视台黄金时间播出的政策，每年引进动漫电影的数量保持在 6~8 部。因此，国外动漫在我国主流频道的宣传十分有限。

此外，由于国内销售渠道不足，迪士尼、孩之宝、万代等海外动漫衍生产品公司仍在寻求更好的本土化。这些企业大多采用本地独家代理或授权，年销售额保持在 1 亿到 2 亿元，但由于市场存在盗版行为，其业绩在短期内并没有明显改善的迹象。外国动画企业在中国布局的例子如表 6-20 所示。

表 6-20　外国动画企业在中国的布局

年度	国外企业	国内企业	合作模式
2008	孩之宝	—	成立孩之宝贸易（中国）有限公司
2010	迪士尼	广东原创动力文化传播有限公司	签署“喜羊羊”播出协议
2012	梦工厂	中国华人文化产业投资基金、上海东方传媒、上海联合投资有限公司	中美经济贸易论坛项目合作；成立东方梦工厂，涵盖动画技术研发、动画影视、版权发行、衍生产品、娱乐、数码游戏、主题乐园等多个领域
2013	孩之宝	广州奥飞孩之宝玩具发展有限公司	成立合资公司，共享品牌和市场
2016	迪士尼	—	开放上海迪士尼乐园
2017	万代南梦宫娱乐	—	万代南梦宫上海基地命名

资料来源：中国研究中心。

在这些外国巨头中，孩之宝通过与奥飞娱乐的合作开创了新的局面，并发挥了巨大的潜力。迪士尼在中国表现良好，旗下从事游戏业务的互动媒体集团（Interactive Media

Group)也业绩翻红。2016 年,上海迪士尼乐园开幕。此外,未来中国的优秀公司将在动漫制作、电视媒体、游戏、主题公园和授权等各个领域与迪士尼进行深入的合作。

就动画内容消费结构而言,中国本土动画产品所占比例仍然很低,仅为 12%,而中国市场主要是日本和欧美动画,尤其是日本动画占据了 60%,如图 6-36 所示。增强本土动漫产业实力、提高中国原创动画在国内市场的份额,将是未来发展的重点。

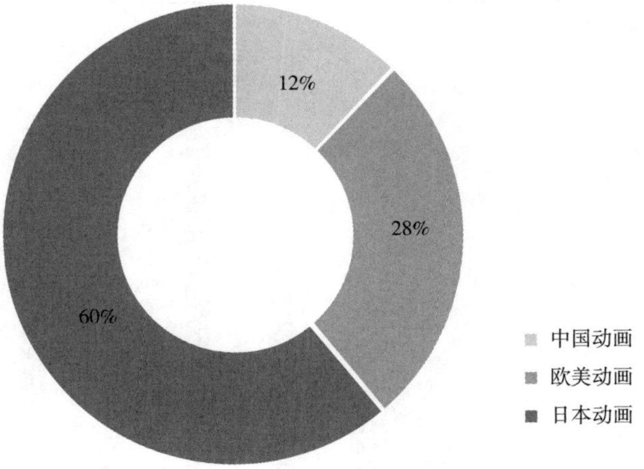

图 6-36　2018 年中国动画内容消费市场结构

资料来源:中国研究中心。

(2)投资与收益。中国本土创作的动画作品越来越受到资本的关注。自 2015 年以来,随着 ACGN(动画、漫画、游戏和小说)用户的增长,大量与动画相关的公司吸引了大量资金。2016 年,中国动漫产业投融资 125 次,达到历史最高水平。自 2017 年以来,随着 CG 国际协会(Association of CG International)资金告罄和布丁动画公司的倒闭,该产业进行了重组,投资和融资开始减少。

2018 年,中国动漫产业的发展势头有所恢复,但资金流向了更有希望的项目和更有竞争力的企业。2018 年,中国国内电视动画投资 16.53 亿元人民币,比 2017 年增长 14.55%(14.43 亿元人民币);国内电视动画销售额为 15.69 亿元人民币,比 2017 年增长 13.94%(13.77 亿元人民币)。2010—2019 年国内动画公司融资数目如图 6-37 所示。

6.4.1.5　动漫产业基地

动漫产业基地是由政府或者民间组织机构自发或者规划筹办的具有动漫产业集群效应的经济体。产业基地因产业属性而异,规模不一,并表现出多元化特征,如表 6-21 所示。

表 6-21　中国动漫产业基地的类型

类型	特　征	代表基地
园区主导型	依据相关配套政策在科技园、工业园区或新技术园区建立相应的动漫产业	大连、苏州等

续表

类型	特　征	代表基地
机构指导型	基于动画产业的原创巨头	三辰卡通集团、上海动画电影工作室、中国国际电视公司、上海炫动卡通、卫星电视媒体娱乐股份有限公司
地方政府引导型	在当地新政策或政府指导下新建	常州动漫产业基地

资料来源：国家广电总局，中国研究中心。

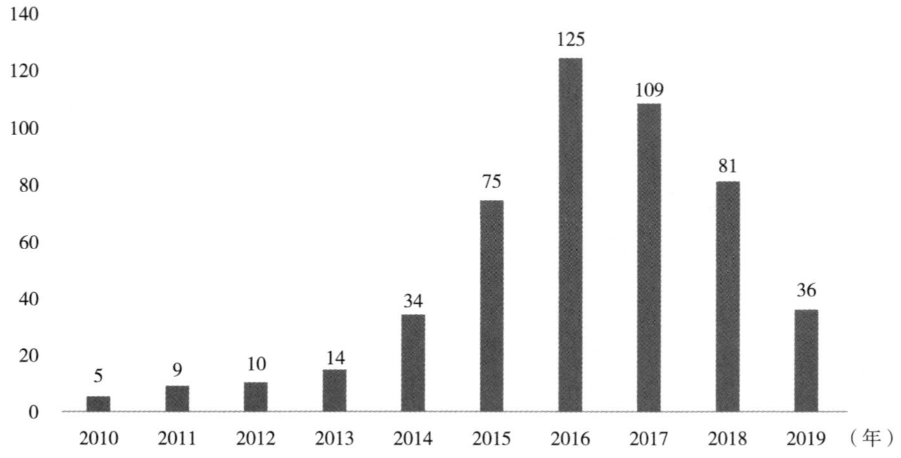

图 6-37　2010—2019 年国内动画公司融资数目（单位：次）

资料来源：中国研究中心。

动漫产业的快速集聚是通过地方政府对国内动漫基地的支持来实现的。通过对动漫产业基地和十大动漫生产城市的比较发现，广州（南方动画节目联合制作中心）、福州（福州动画制作基地）和深圳（深圳动漫制作中心）的动画制作全部在工业基地生产，苏州、无锡和杭州的动画约有 65%产于工业基地，如表 6-22 所示。

表 6-22　中国动漫产业基地的运作模式

类　型	特　征	代表基地
综合型	上游资源整合；企业集中化；利用公共技术平台	上海、大连、苏州等
中小企业孵化型	依托动漫产业基地服务平台，进行资源集约化开发	三辰卡通集团、上海电影动画制片厂、中国国际电视总公司、上海炫动卡通等
公共技术服务型	运用公共技术服务平台	常州动漫产业基地
龙头企业的集约化发展型	发挥龙头企业示范作用，打造独具特色的企业形象和品牌	奥飞动漫、中南动画
与高新技术、软件园建设结合型	高新技术开发区与软件园建设的结合	苏州工业园区的国际科学园
人才教育与培养职能型	进行动漫产业人才培养	中国传媒大学、北京电影学院

资料来源：国家广电总局，中国研究中心。

6.4.2 中国动画产业链的结构与分析

从动画产业链的构成来看，主要分为上、中、下游三个环节，如图 6-38 所示。上游是内容提供商，包括原创动漫公司、动漫 IP 或互联网 IP 内容提供商。这一环节涉及动漫作品的投资者，包括：第一，制作者，即平台委托原作公司进行 IP 改编或研发创造；第二，合作制作者，指平台与原公司共同投资动漫作品；第三，原创动漫公司自费投资。中高端的动漫生产涉及原创动漫制作公司以及以外包订单为主的动漫生产 OEM 企业。中游是动漫作品的发行渠道，包括：第一，在线视频播放平台，如腾讯视频、爱奇艺、优酷；第二，电视平台；第三，电影。下游是以知识产权为基础的衍生产品开发公司，包括知识产权授权代理和衍生产品开发公司。

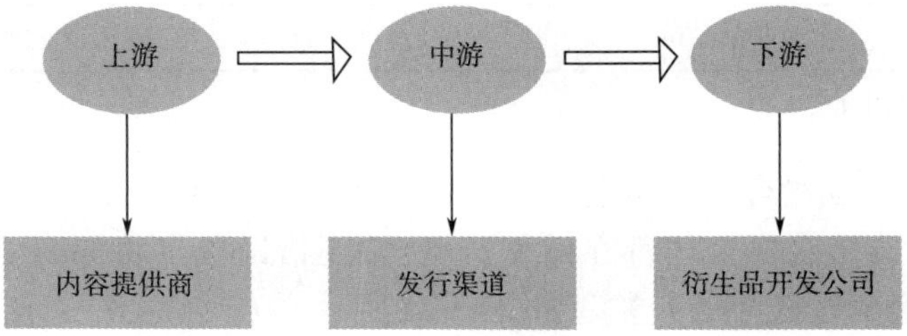

图 6-38 中国动漫产业产业链

资料来源：JINGDATA 鲸准数据，中国研究中心。

6.4.2.1 上游生产者

(1)内容生产。动画创作周期长，投资高，回报不确定，内容原创公司往往会布置多条业务线来平衡初始支出。一般来说，早期创作需要很长的时间。例如，美国动画电影《阿凡达》就花了大约 10 年的时间创作早期剧本，用 4 年的时间编写续集剧本，这些准备工作完成后，公司还需要花费 1~2 年的时间进行动画制作。

原创公司在满足原有生产能力的同时，还为动画电影、动画作品、游戏开发公司和动漫商业广告提供商等提供制作服务。中国原创动画公司及其代表作品如表 6-23 所示。

表 6-23 中国原创动画公司及其代表作品

序号	原创动画公司	代表作品
1	易动娱乐	美食大冒险
2	原力动画	妈妈咪鹅
3	追光动画	猫与桃花源
4	青青树	小猴王
5	米粒影业	龙巢
6	广东咏声动漫	猪猪侠

续表

序号	原创动画公司	代表作品
7	广州蓝弧文化	蓝弧奥特曼球
8	方特	布妮熊
9	杭州玄机科技	秦时明月
10	北京若森数字科技	不良人之画中劫
11	原创动力	喜羊羊与灰太狼
12	十月文化	大圣归来
13	其卡通	神秘世界历险记
14	彩条屋	哪吒之魔童降世;姜子牙;凤凰
15	北京华映星球	现代恐龙故事

资料来源:中国研究中心。

(2)动画生产。动漫合同公司主要承接中后期生产,盈利模式相对单一,难以实现爆炸性增长。因此,许多合同公司都在计划转型,希望借助资本将原有业务扩展到上游。动漫合同公司的经营模式与服务类型如表 6-24 所示。

表 6-24　动漫合同公司的经营模式与服务类型

经营模式	生产管理	动漫制作
	为达到原创动画公司生产目标,有效利用公司资源分配制作订单,但不负责制作	为原创动画公司、游戏开发公司、广告公司提供动画制作服务
服务类型	卡通制作	游戏和广告生产
	为原创动画公司提供动画制作服务	为游戏开发公司和广告公司提供动画制作服务

资料来源:中国研究中心。

6.4.2.2　中游服务提供商

(1)动画发布与播出。动画作品完成后,动画公司将通过授权销售模式与电视台、电影院、网络平台等传播渠道签订合同,提供播放动画作品的权利,并收取一定的广播费用。目前,国内原创作品的海外发行竞争力还不够强。中国动画产品分销渠道如表 6-25 所示。

表 6-25　中国动画产品分销渠道

渠道	电视台	网络平台	电影院
采购成本	由于电视市场的萎缩,国内电视台采购成本较视频平台要低	随着三大视频平台竞相争夺内容,动漫作品的采购成本不断上升,超过预期水平	动画电影制作完成后,在电影院上映,原创动画公司凭借广播权获取收入

续表

渠道	电视台	网络平台	电影院
分销渠道	国内电视台数量有限,动画公司独立或者依靠合作伙伴进行发行	只有几家主流视频平台,动画公司可以独立或者通过合作伙伴发行	一般来说,与电影的发行相似
用户类型	儿童用户	青少年,并逐渐扩大至儿童	儿童、青少年

资料来源:中国研究中心。

(2)动漫衍生产业。目前,我国绝大多数动漫企业正处于知识产权培育阶段,流行的系列动画作品寥寥无几,衍生产品的授权和开发还处于起步阶段,尚未产生具有国际影响力的知名动漫品牌。因此,动画图像的授权价值没有得到反映。中国原创动画公司的主要经营模式如图 6-39 所示。

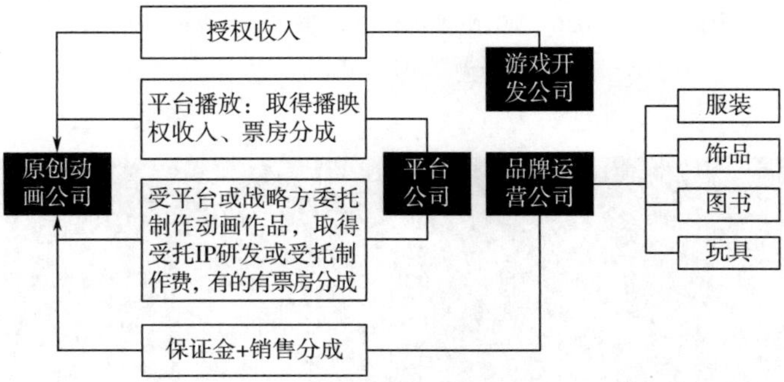

图 6-39　中国原创动画公司的主要经营模式

资料来源:JINGDATA 鲸准数据。

6.4.2.3　下游用户

根据新浪微博 2018 年发布的“微博动画对年轻人的影响”报告,微博动漫产业用户呈现出规模高速增长、男性用户增多、用户年轻化的特点。2018 年,微博泛动漫用户达到 2.48 亿,核心动漫用户 3 126 万,如图 6-40 所示。

在性别方面,女性用户的比例仍然高于男性用户,但与 2017 年相比,男性用户呈上升趋势,如图 6-41 所示。在教育方面,高学历用户是动画用户的主力军,如图 6-42 所示。

就年龄而言,年轻用户的比例是稳定的,22 岁以下的人数正在稳步增长,如图 6-43 所示。

从主要兴趣来看,泛二级用户最感兴趣的是电影和电视,从第二兴趣来看,泛动画用户已经把 40%以上的注意力放在了角色扮演、歌手、国内明星、日本和韩国明星上。

从性别的角度来看,男性和女性在他们喜欢的动画类型上有很大的差异。女性喜欢爱情,娱乐搞笑等;而男性用户更喜欢热血冒险和魔术科幻类。

从性别差异来看,男性用户更愿意付费,支付比例显著高于女性用户。

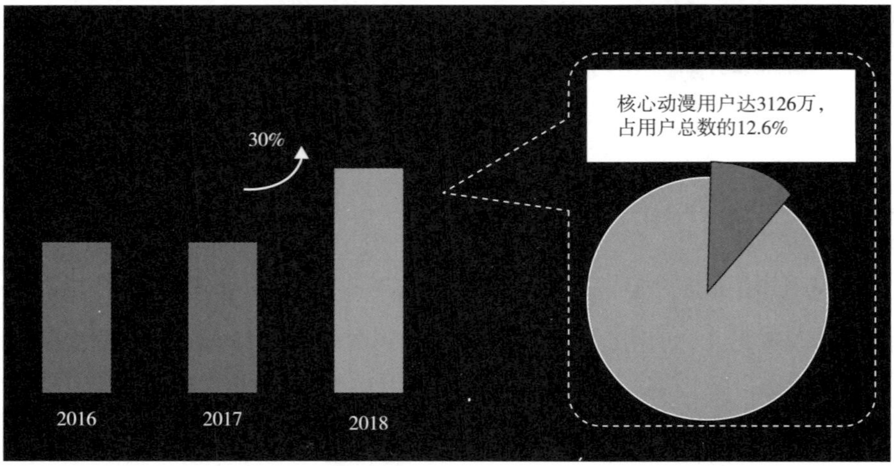

图 6-40　2016—2018 年对微博动画感兴趣的用户规模

资料来源：新浪微博，中国研究中心。

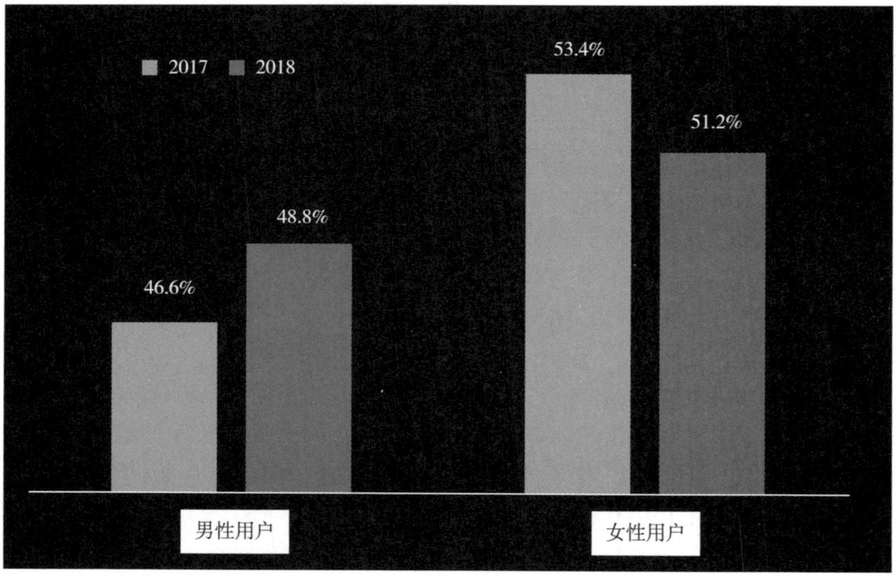

图 6-41　2017—2018 年微博动画用户性别比例

资料来源：新浪微博，中国研究中心。

从与动画的接触时间来看，1995 年以后出生的男性动画用户更忠诚，77%的用户在 4 年以上。

从每周看动画的时间来看，1995 年以后出生的男性用户花费了 2 小时以上，占 95 后用户总数的 41%以上。

从每月动画消费的角度看，1995 年以后出生的男性群体也更活跃，消费更多。超过 50%的 95 后男性用户每月花费超过 50 元。

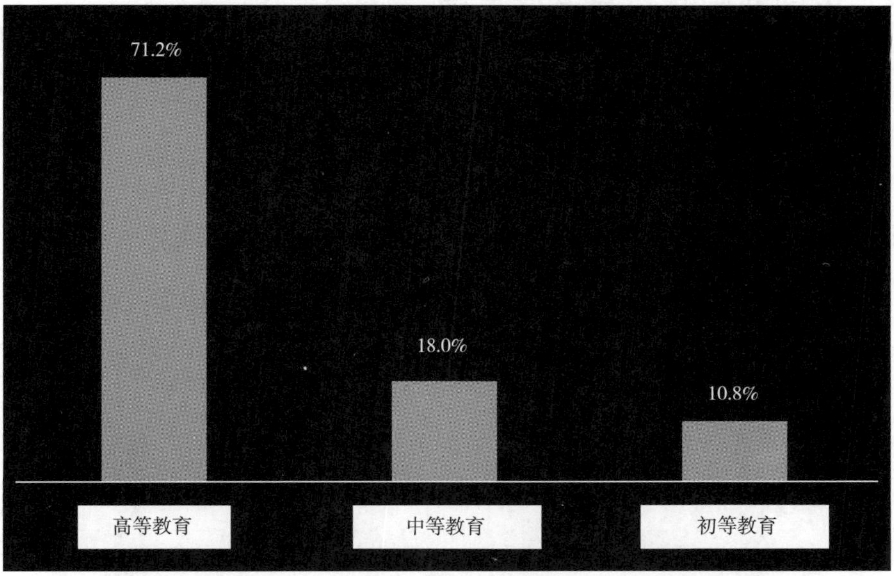

图 6-42　2018 年微博动画用户的教育背景

资料来源:新浪微博,中国研究中心。

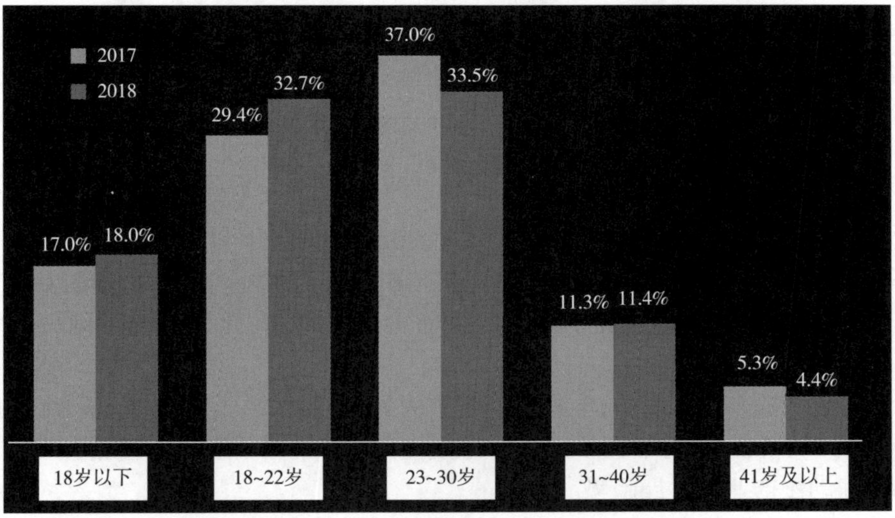

图 6-43　2017—2018 年微博动画用户年龄及占比

资料来源:新浪微博,中国研究中心。

从城市分布来看,95 后男性用户主要分布在北京、上海、广州、重庆、成都等经济发达城市。

6.4.3 中国动画制作与发行市场

6.4.3.1 电视动画

(1)规模。对于国产动漫来说,电视仍然是一种主要的播出方式。在国内主要动漫企业中,只有奥飞娱乐拥有运营渠道,可以改善公司收入结构,加快转型,增强产业竞争力,获取媒体渠道稀缺资源,为动漫发行创造有利条件。2013—2019 年国产动漫制作数量如图 6-44 所示。

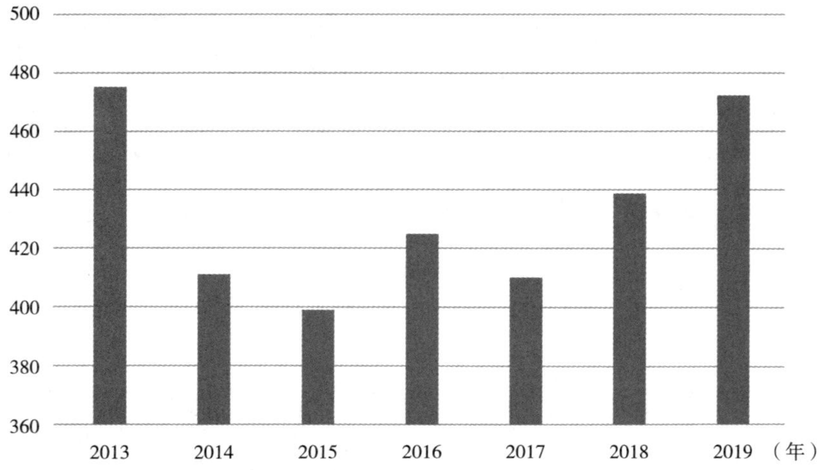

图 6-44 2013—2019 年国产动漫制作数量(单位:部)

资料来源:国家广电总局。

近年来,中国的电视动画产量稳步上升,2018 年共制作和发行了 241 部电视动画(86 200分钟),这是自 2012 年以来连续 7 年产量下降后的第一次回升,如图 6-45 所示。2019 年,中国共制作 472 部国产动画,是 2015 年的近两倍,比 2018 年(439 部)增加了 33 部。

由于市场效应和政策引导,电视动画制作从 2011 年的 26 万多分钟下降到 2018 年的 8 万多分钟。从粗放型增长到集约型增长的过程表明,中国动漫产业遵循着客观的发展规律和全球动漫产业的发展趋势。

(2)结构。从题材来看,2016 年到 2019 年,童话和以儿童为导向的作品在数量上占据了一席之地,这种情况仍将在短期内持续下去。2019 年共制作了 214 个童话和 104 个教育主题电视动画,分别占总数的 46%和 22%。而科幻主题的电视动画有 52 部,仅次于童话和教育题材,如图 6-46 所示。

在制作时长方面,以儿童为导向的作品具有绝对优势,如图 6-47 所示。“少儿化倾向”已成为阻碍国内动漫市场繁荣的主要原因之一,“全年龄”动画能够吸引更多的观众,并逐渐成为动画制作的主流。

2018 年,国产电视动画在中国播出了 374 500 小时,占全部电视动画播出时间的 95%,比 2017 年(362 800 小时)增长了 11 700 小时,增长率为 3.22%,如图 6-48 所示。

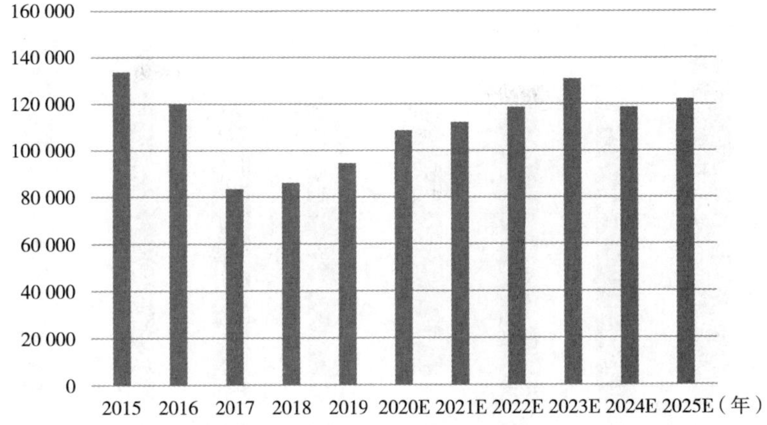

图 6-45　2015—2025 年中国国内动画制作时长(单位:分钟)

资料来源:国家统计局,中国研究中心。

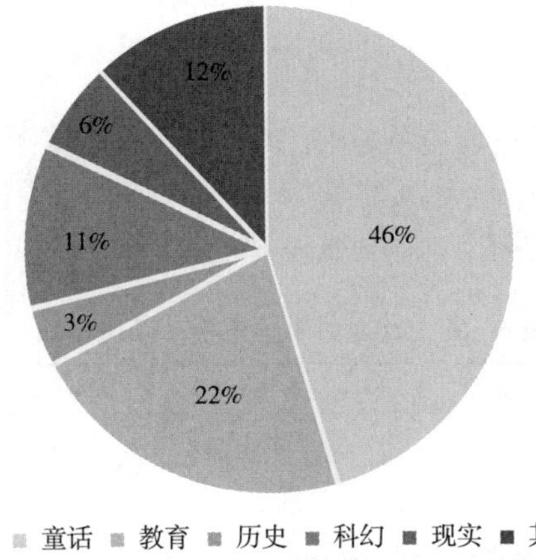

图 6-46　2019 年中国电视动画数量结构(按题材划分)

资料来源:中国研究中心。

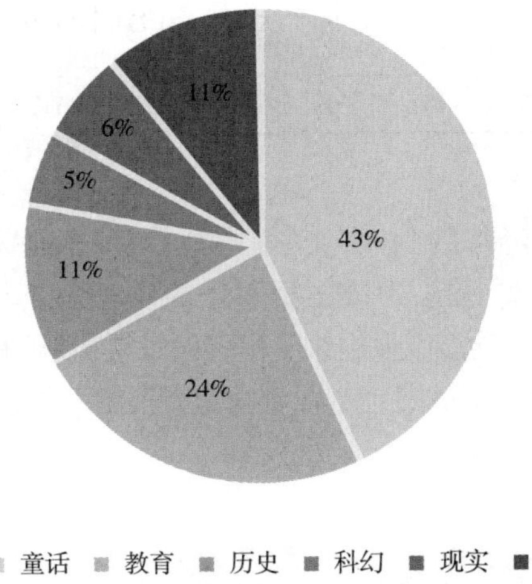

图 6-47　2018 年中国电视动画的时间结构(按题材划分)

资料来源:中国研究中心。

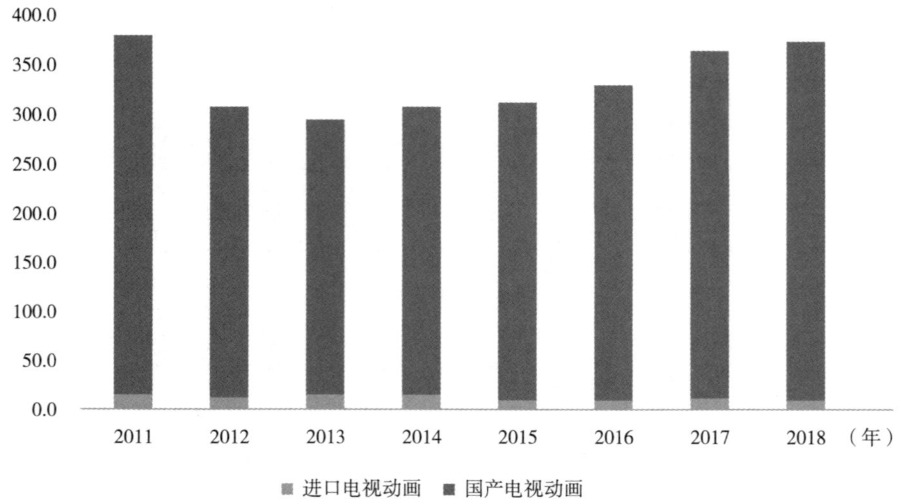

图 6-48　2011—2018 年中国电视动画播放时间(单位:千小时)

资料来源:国家统计局。

中国从亚洲、美洲和欧洲进口电视动画,其中,日本占据了 60%以上的份额;中国的电视动画主要出口到亚洲、美洲、大洋洲、欧洲和非洲,其中,中国香港占据了 50%以上的份额。2018 年中国电视动画进出口情况如表 6-26 所示。

表 6-26　2018 年中国电视动画进出口

地区	欧洲	非洲	美洲		亚洲						大洋洲	共计
			美国	共计	日本	韩国	东南亚	中国香港	中国台湾	共计		
进口值(千元人民币)	351 120	70	589 330	590 450	1 560 680	990	2 360	140	110	1 564 280	420	2 506 340
进口小时数	1 865	1	2 659	2 665	13 258	46	213	19	1	13 609	72	18 212
出口值(千元人民币)	840	180	7 520	9 310	0	3 430	1 730	19 050	120	26 230	60	36 620
出口小时数	531	72	153	154	0	6	263	112	130	648	2	1 407

资料来源:中国研究中心。

随着产业一体化和网络经济的深入,文学(小说)、动画、游戏、电影、电视剧等多种形式的文化以更快的速度融合在一起,形成了泛娱乐的生态系统。

在国家扶持政策的背景下,动漫产业迎来了更多的发展机遇和更大的发展空间,动画渗透到玩具、服装、家庭、餐饮等领域,形成了以产业融合为特征的“动漫+X”发展模式。

6.4.3.2　动画电影

(1)规模。近年来,国产动画电影呈现出蓬勃发展的势头,如图 6-49 所示。数据显示,2012—2019 年期间,中国的电影产量从 893 部增加到 1 037 部,在 2019 年制作的 1 037 部电影中,有 850 部是故事片,51 部是动画片,74 部是科教片,47 部是纪录片,15 部是特别影片。

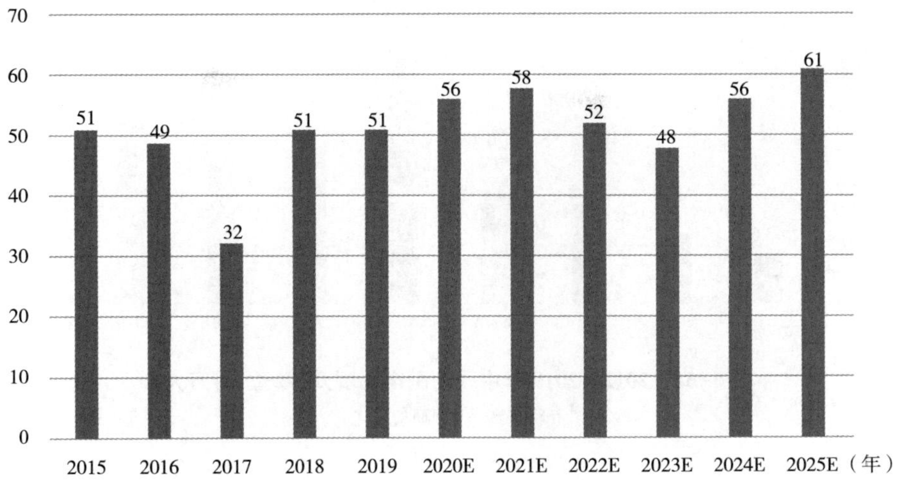

图 6-49　2015—2025 年中国动画电影制作数量(单位:部)

资料来源:中国研究中心。

2018 年,中国发行了 27 部进口动画,总票房为 24. 83 亿元人民币;国产动画 34 部,总票房为 16. 22 亿元人民币。

根据国家电影产业发展特别基金管理委员会办公室的统计,2018 年,中国共有 61 部新的中外动画进入大屏幕,放映银幕总数达 1 134. 7 万次,超过 1. 24 亿观众,票房收入为 41. 05 亿元人民币,如图 6-50 和图 6-51 所示。

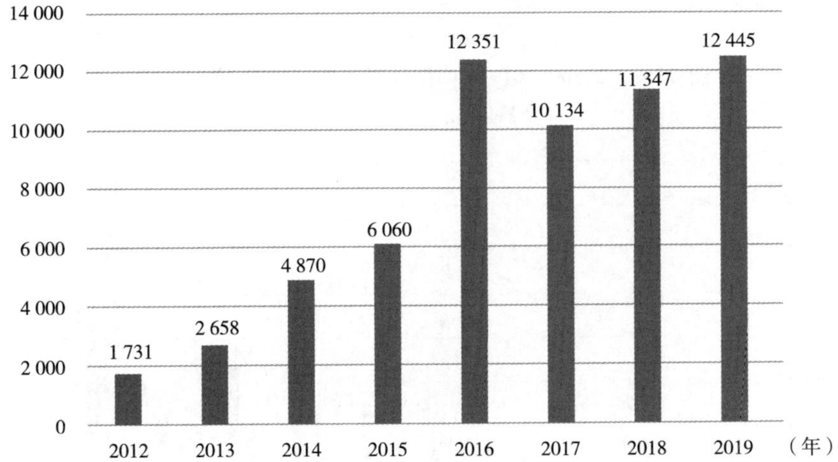

图 6-50　2012—2019 年中国动画片放映情况(单位:千次)

资料来源:中国研究中心。

近年来,中国动画片市场呈现出数量起伏不定的上升趋势,每年约有 40 部动画片发行。2016 年上半年有 39 部国产动画片上映。2019 年有 31 部国产动画片上映,总票房为 70. 95 亿元;进口动画片 42 部,总票房为 44. 09 亿元,如图 6-52 和图 6-53 所示。

(2)结构。2019 年国产(含合拍)动画电影总共创作出品了 51 部,在院线上映了 34

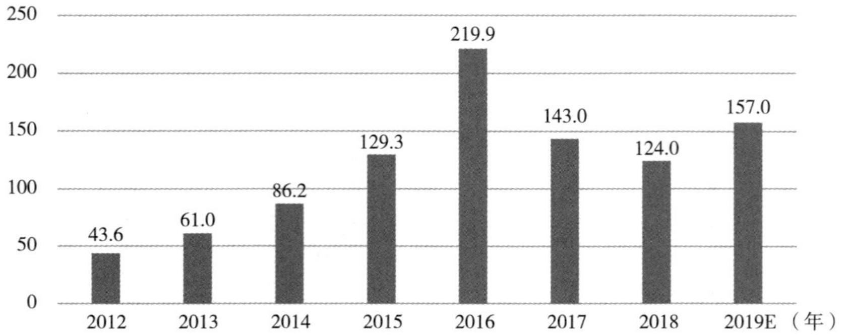

图 6-51　2012—2019 年中国动画电影观众(单位:百万人)

资料来源:中国研究中心。

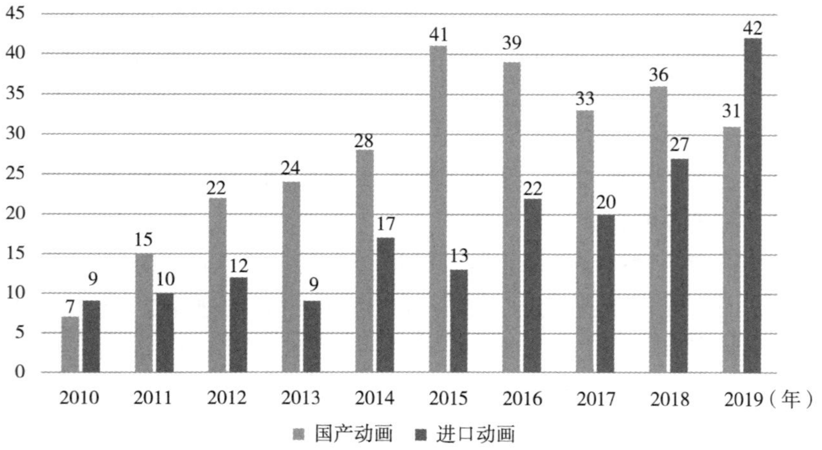

图 6-52　2010—2019 年中国动画片发行情况(单位:部)

资料来源:中国研究中心。

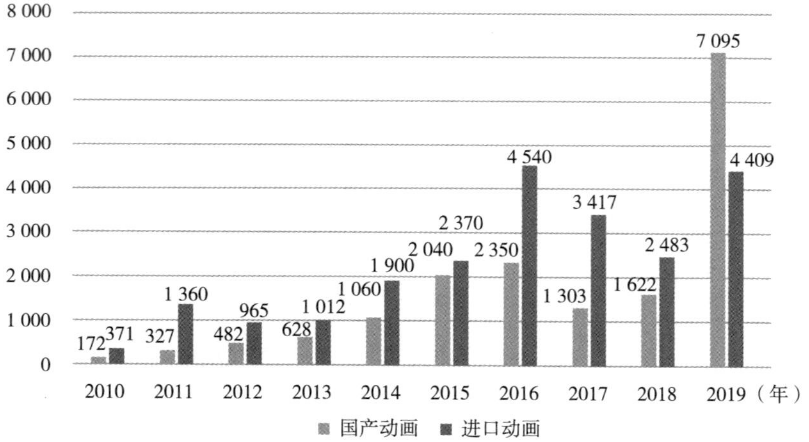

图 6-53　2010—2019 年中国动画电影市场票房收入(单位:百万元人民币)

资料来源:中国研究中心。

部,票房总计 71.04 亿元,约占年度动画电影总票房的 62%,如图 6-54 所示,在整个年度国产电影 411.75 亿元的总票房中占比 17.25%。虽然 2019 年度国产动画电影的产量并不高,上映数量少于 2018 年度,在最近六年里上映数量排名倒数第二,但总票房却是最近六年、同时也是有史以来国产动画电影年度票房最高的。不仅如此,2019 年度的国产动画电影总票房还超过了所有进口的外国动画电影的年度总票房(尽管进口动画比国产动画还多了 9 部),在整个年度国产电影的总票房中占比甚至超过了美国动画电影在美国电影中所占的平均份额。这是从来没有过的现象,意味着中国动画电影在票房提高的同时,创作、生产也开始走向成熟。

2019 年,中国共上映了 77 部电影动画片,其中有国产片 34 部,进口影片 43 部。有 7 部国产动画片票房超过 5 000 万元,其中 6 部票房超过 1 亿元,如表 6-27 和图 6-55 所示。

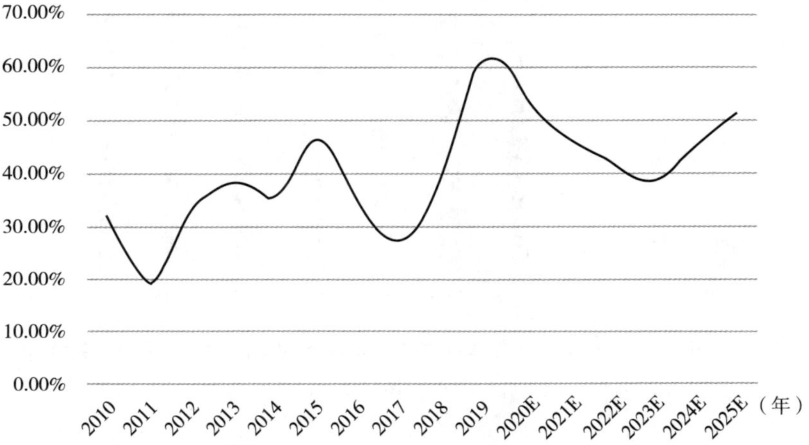

年份	占比
2010	31.70%
2011	19.40%
2012	33.30%
2013	38.30%
2014	35.80%
2015	46.30%
2016	34.10%
2017	27.61%
2018	39.51%
2019	61.75%
2020E	53.34%
2021E	46.45%
2022E	45.16%
2023E	38.55%
2024E	45.22%
2025E	51.43%

图 6-54　2010—2025 年中国动画电影票房收入占动画电影总收入的百分比

资料来源:中国研究中心。

表 6-27 2012—2019 年中国动画电影放映数量统计

种类	2012 年	2013 年	2014 年	2015 年	2016 年	2017 年	2018 年	2019 年
国产片(含合拍)	22	28	36	41	40	33	35	34
外国片	12	8	19	13	23	20	27	43
总数	34	36	55	54	63	53	62	77

资料来源:电影票房数据库,猫眼电影数据。

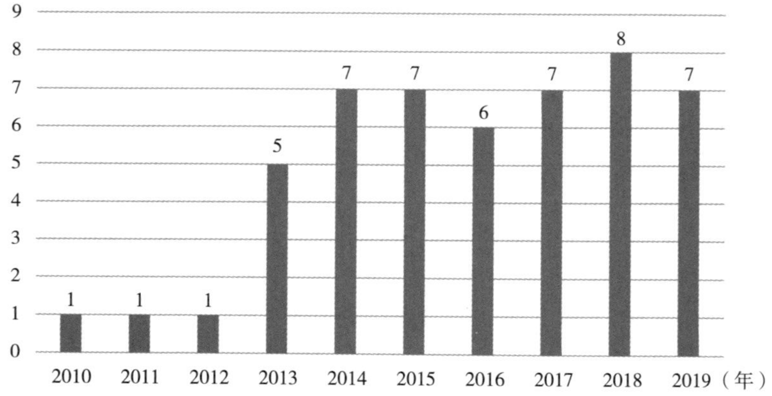

图 6-55 2010—2019 年票房收入超过 5 000 万元的国产动画片数量(单位:部)

资料来源:中国研究中心。

在过去的几年里,进口动画电影的数量不断增长,尤其 2019 年与前几年相比有爆炸性的增长,进口了 43 部动画影片,与 2018 年相比增长了 59%,几乎比 2016 年翻了一番。2019 年,中国本土制作的动画电影占比为 42.47%,来自美国、日本和欧洲的动画电影占比分别为 13.69%、23.29%和 20.55%,如图 6-56 所示。

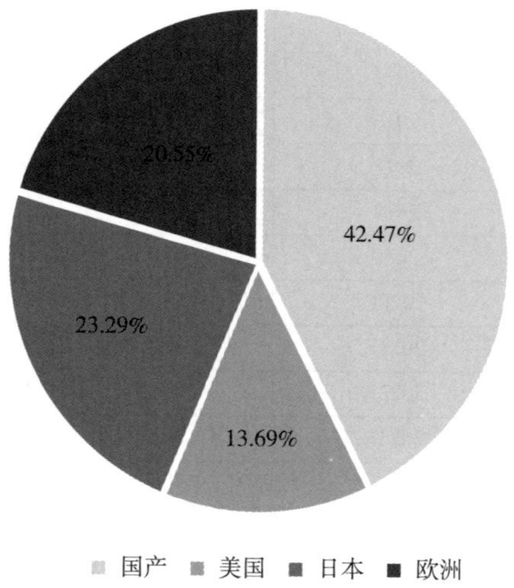

图 6-56 2019 年中国动画电影地区分布

资料来源:中国研究中心。

6.4.3.3 卡通游戏

在日本,漫画、游戏和动画是动漫产业的核心。而在中国,随着近两年游戏产业的快速发展,许多以卡通形象为核心设计的游戏(如"我是 MT"等在线游戏)都非常受欢迎,从游戏改编而来的动画片(如赛尔号)也取得了极佳的票房效果,动漫产品与动漫游戏产业的互动成为中国动漫产业发展的新亮点。

网络游戏,特别是移动在线游戏的迅猛发展,为动画与游戏的融合提供了难得的机遇。2019 年,中国实际游戏销售额为 230.88 亿元人民币,同比增长 7.7%,如图 6-57 所示。按细分市场计算,手机游戏在销售中所占的份额高达近 70%;电脑游戏和基于电脑浏览器的游戏的份额分别降至 26.6%和 4.3%。

在所有类型的网络游戏 IP 中,文学、动画、游戏、影视和综艺节目是最受关注的 IP,文学改编占据了最大的份额。当然,"三国演义""西游记"等大 IP 类的游戏仍然是游戏开发者的首选主题。在动画方面,日本占据领先位置,其次是中国、美国和欧洲。这些动画游戏通常采用卡片、跑酷和角色扮演的设计形式。

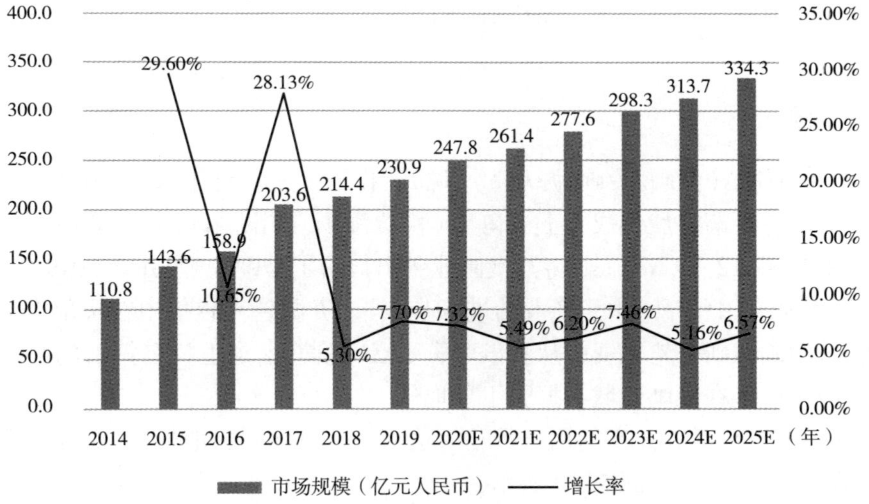

图 6-57 2014—2025 年中国网络游戏市场规模

资料来源:中国研究中心。

近两年来,移动手机游戏市场增长迅速,规模超过了电脑游戏并占据了绝对优势,如图 6-58 所示。

与卡通和游戏相结合的产业可分为三种模式:

(1)原创卡通产品改编为游戏,以"我是 MT"为代表。

(2)原创游戏改编为卡通产品,以"洛克王国"和"赛尔号"为代表。

(3)制作以原创精品卡通形象为卖点的游戏,典型的游戏包括"百万亚瑟"。

动画形象的引入有利于丰富游戏产品的文化内涵,而游戏则是动画产品的推广渠道。因此,将动画与游戏结合起来,借助游戏产业的爆炸式增长推动动漫产品的发展,是动漫产业发展的巨大机遇。

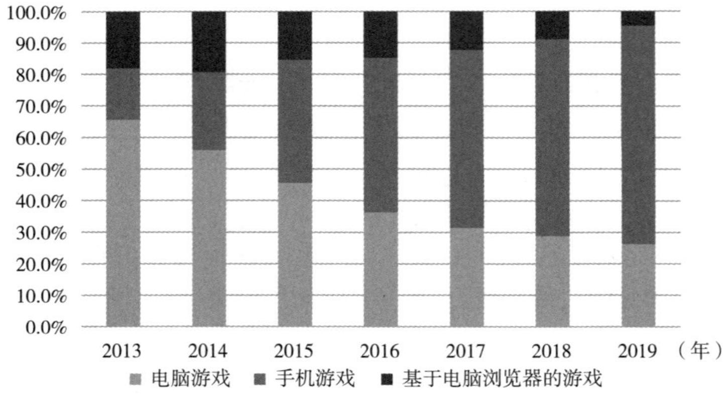

年份	2013	2014	2015	2016	2017	2018	2019
电脑游戏	65.7%	56.4%	45.8%	36.7%	31.9%	28.9%	26.6%
手机游戏	16.6%	24.6%	39.2%	49.5%	57.0%	62.5%	69.1%
基于电脑浏览器的游戏	17.7%	19.0%	15.0%	13.8%	11.1%	8.6%	4.3%

图 6-58　2013—2019 年中国网络游戏市场规模结构

资料来源:中国研究中心。

6.4.3.4　漫画

漫画位于 ACGN(动画、漫画、游戏和小说)制作的上游。近年来,中国漫画平台的整合进一步加快,并逐渐扩展形成了五大阵营(快看漫画、腾讯动漫、微博动漫、看漫画、波动星球)。2018 年 12 月,NetEase 将其漫画业务出售给了哔哩哔哩,并于 2019 年 12 月底完全关闭了漫画应用程序。由于产业的进一步集聚,资源越来越集中在头部企业。2019 年 8 月,快看漫画在新一轮融资中从腾讯融资 1.25 亿美元,加上排名第二的腾讯动漫和波动星球,腾讯已经在漫画领域占据了主导地位。

预计在 2019 年,泛 ACGN 的用户数量将达到 3.91 亿,同比增长 12.03%。这种快速增长的趋势将持续下去,如图 6-59 所示。

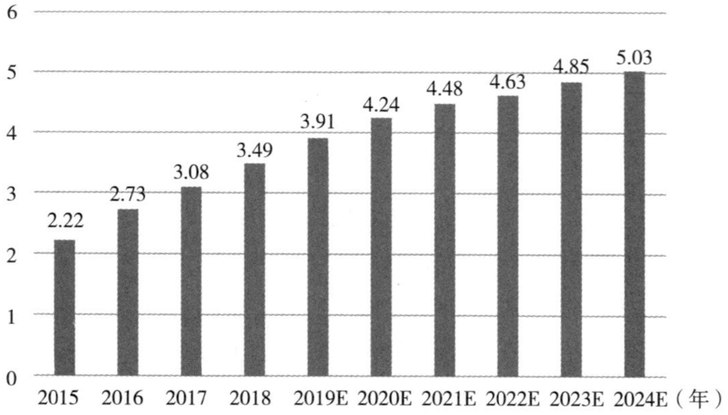

图 6-59　2015—2024 年中国泛 ACGN 用户数量(单位:亿人)

资料来源:中国研究中心。

6.4.3.5 新媒体市场

（1）概述。近年来，网络动画产业的新模式、新形式和新生态正在形成，新媒体渠道的出现和繁荣给中国动漫产业带来了重要的发展机遇。动画新媒体分销渠道如图 6-60 所示。

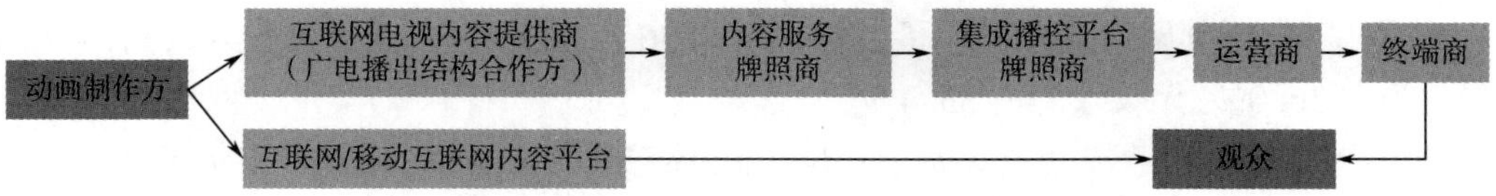

图 6-60 动画新媒体传播渠道

资料来源：中国研究中心。

新媒体发行渠道对动漫内容的需求量约为传统媒体的 69 倍。从有效播放时间看，传统电视为 34 亿小时/年，在线视频网站为 886 亿小时/年；从播出内容中动漫类比重看，由于年龄差异，传统电视播出动漫比例为 5.7%，新媒体为 15%。目前新媒体正处于“跑马圈地”时期，对于包括动漫作品在内的内容制品高价收购，对国产动漫网播权出价为 30 万元/集，与传统渠道形成鲜明对比，新媒体为中国动漫产业发展提供了重要契机。

随着市场的发展，网络漫画逐渐从免费阅读模式转向付费模式，如表 6-28 所示。

表 6-28 中国漫画内容的支付模式

模　　式	典型案例
贵宾会员费+会员折扣价	有妖气原创漫画梦工厂： 第一次付款：人民币 30 元； 会员：88 元/年； 每章 0.49 元人民币（VIP 优惠 8%，年度会员优惠 13%） 腾讯漫画： VIP 会员：10 元/月或 96 元/年； 每章 0.49 元人民币（VIP 优惠 20%）
VIP 免费	掌阅： 0.09~0.29 元/章； 付费贵宾会员（10 元/月或 98 元/360 天）可以免费阅读所有漫画
按照章节付款	快看漫画： 0.29 元/章； 付费用户可以比免费用户提前一周阅读

资料来源：中国研究中心。

互联网对动漫产业需求的影响，具体可分为三个方面：第一，新媒体渠道对内容要求更细化，各视频网站都开辟了专门的动漫板块；第二，新媒体下动漫具备社交属性，能够以多种形式满足社交需求，如弹幕、漫展、动漫社区等；第三，新媒体刺激了动漫衍生需求，产生一系列衍生品如手游、桌游等。

腾讯漫画在国内拥有最多的日本漫画版权以及国内漫画版权,作品总数超过 2 万件,其中 6 000 多件是合同版权,40 部以上获得 1 亿次以上的点击量,超过 200 部获得 1 000万次以上的点击量。

(2)特征。与传统动画相比,原创网络动画在美学、题材、表演、类型、叙事节奏和视觉表现等方面具有明显的独特性。在原创的网络动画中,一个 5~8 分钟的快节奏故事和独特的视觉图像能吸引大量的年轻人。

数据显示,原创网络动画覆盖了 80%以上的 30 岁以下用户,其中月收入较高(1 万元以上)的占 36.0%,无收入的占 35.4%。

原创网络动画产业在融资渠道、成本控制、生产周期、评估手段、产业价值链等方面体现出新的特点,例如"十万个冷笑话"、"岳飞向前冲"和其他著名的 IP 动画就通过众筹成功筹集到了资金。

基于互联网的特点,大量原创作品在互联网用户或从业人员评价后有机会进入市场,从而降低了随之而来的市场风险。

(3)利润模式。最初,网上原创的网络动画大多是由业余爱好者免费创作和出版的,没有明确的盈利模式。随着原创网络动画的发展和成熟,逐渐形成了以下盈利模式:

第一,反刍—喂养模型。传统动漫下游企业(如玩具、文具、服装等企业)投资原创网络动漫企业,例如奥飞娱乐、浙江中南动画、三三浦灵狐、山猫动画等公司都是先开发出衍生产品,再反哺原创动画(包括原创网络动画),这种产业链的反向延伸已经成为动漫产业发展的趋势之一。

第二,网络广告。网络媒体和动画公司联合招聘广告商,在片头和片尾投放广告,以弥补制作成本。

第三,植入广告。在产品品牌形象或标志中植入动画作品,如三星、雀巢、雪佛兰等品牌都出现在"泡芙小姐"身上,这很大程度上弥补了制作成本。

第四,品牌授权,部分版权转让。品牌或卡通形象权被转移给品牌代理投资机构或媒体,通过戏剧动画、真人电影、游戏、改编电视剧、广泛的衍生许可证等获得更多的市场回报。例如,"我是 MT"和"魔兽世界"的制作团队将游戏开发权转让给游戏公司。

第五,会员费、下载费等"奖励"模式。网站向 VIP 用户收取服务费和动画作品下载费。"奖励"机制允许观众直接向动画作者支付现金奖励,目的是探索热门作家,鼓励他们继续创作。

第六,网络游戏社区与动画的结合。淘米网(www.61.com)将儿童网络虚拟社区"Moles World"与动画联系起来,游戏可以通过"Me 货币预付卡"获得现金流。公司拥有 2 亿多个注册用户,形成了多元化的经营特色。

(4)工业实体。原创网络动画产业的实体包括以下几类:

第一,原创纯网络动画制作商。2008 年,原创动画网站出现,包括有妖气漫画、腾讯漫画、哔哩哔哩等。这些公司主要经营原创网络动画、原创影视动画、印刷媒体动画、网络游戏、手机游戏、数字娱乐系统及衍生产品。

第二,传统的动画制作商。随着网络动画作品的兴起,传统的动画公司纷纷将目光从影视转移到互联网上。

第三,传统影视企业。大型传统影视公司于 2015 年开始在动漫产业进行布局。

2015 年 10 月,光线成立了彩条屋动画公司。2016 年 3 月,华谊兄弟投资成立一家全资子公司——点睛动画有限公司。

第四,大型互联网公司。爱奇艺、腾讯、搜狐、新浪、优酷土豆、乐视等其他主流视频网站纷纷开通动漫频道,收集中国、日本、韩国、欧洲、美国等地区的作品。

(5)市场需求。原创网络动画于 2015 年出现,当年中国 30 多部动漫作品观看量超过 3 亿次,说明原创网络动画市场需求巨大。

面对巨大的需求,各类投资者纷纷进入原创网络动画领域,特别是实力雄厚的动漫公司,通过收购、兼并、注资、参股、持股、IPO 等手段,开始整合高质量的资源,增强竞争力。例如,奥飞娱乐收购了 Imagi 国际控股有限公司 100%的股份、广东创意娱乐公司 100%的股份以及北京四月星空网络技术有限公司 100%的股份。2018 年 3 月,哔哩哔哩在纳斯达克上市,筹资 4 亿美元。2018 年 6 月,葵羽(腾讯相关公司)收购了 A 站。2019 年 2 月,阿里巴巴通过其子公司淘宝中国收购了哔哩哔哩近 2400 万股。

(6)市场规模。2019 年,中国的互联网漫画用户达到了 2.73 亿,预计 2025 年将达 4.77 亿,呈上升趋势,如图 6-61 所示。

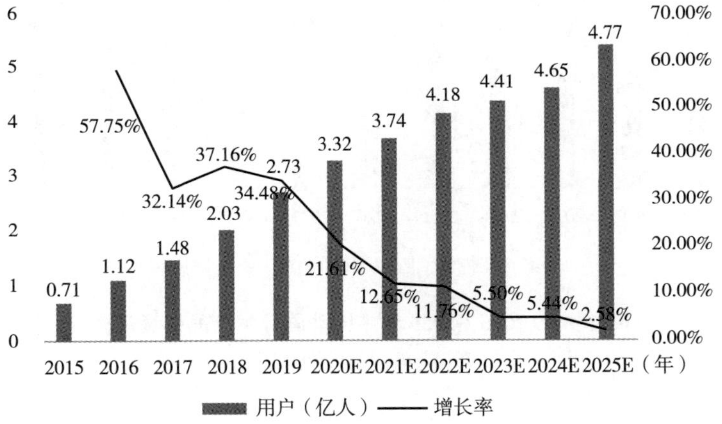

图 6-61　2015—2025 年中国互联网漫画用户规模

资料来源:中国研究中心。

(7)未来趋势。第一,未来的动画内容和体验将与娱乐、教育、保健、金融、智能控制等智能家庭平台相结合,打造产业新景观。

第二,中国动漫产业将在未来 2~3 年进入深度调整期,大型企业将通过集团化建设自己的产业生态系统,通过资源整合延伸产业链,使“马太效应”更加明显,原有网络动漫产业的市场集中度将进一步提升。

第三,原创网络动画将面临治理与净化。国家广播电视总局表示,将加强对原创网络系列片和节目的管理。这表明,在网络空间净化和治理的过程中,对网络视频内容的审查将更加严格,当前原创网络动画的内容和题材将受到约束和规范。

此外,资本迅速流入原有的网络动漫产业,正在逐步瓜分市场,但依靠内容创新的动漫产业仍将在垂直细分市场中发挥潜力,一些中小动漫企业可以通过创新和发展多元化的内容而取得成功。

6.4.4 中国动漫衍生产业

6.4.4.1 概述

动漫衍生产品是指使用原创卡通人物形象开发制造的一系列可供销售的服务或产品，包括视听产品、电影、书籍、小说、游戏、玩具、卡通模型、服装、饮料等，以及主题公园、主题餐饮、动漫嘉年华等经授权开发的各种活动设施。

2019 年，中国动漫衍生产业的市场规模约为 772 亿元人民币，同比增长 19.14%，预计 2025 年将达到 1 557 亿元人民币，年复合增长率（CAGR）为 12.4%，如图 6-62 所示。

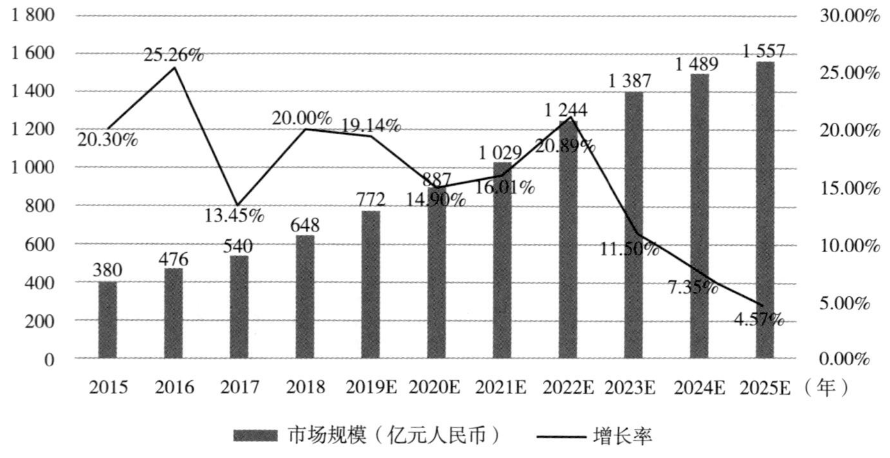

图 6-62 2015—2025 年中国动画衍生产品市场规模

资料来源：中国研究中心。

按市场份额计算，动漫衍生产品主要包括玩具、服装和出版物，2018 年的市场份额分别为 51%、16%和 4%，如图 6-63 所示。

6.4.4.2 动漫玩具

玩具是儿童娱乐的产品，也是动漫衍生产品的重要类别。中国是世界上最大的玩具生产基地，占全球玩具市场的 70%以上。

经济发展带来了国民消费水平的提高，催生了巨大的玩具消费市场，国内需求将成为玩具消费市场的重要推动力。

中国动漫玩具市场规模稳步扩大，占整个中国动漫衍生品市场规模的一半以上，但增长率较低。2019 年，中国动漫玩具市场规模达到 398 亿元人民币。2019 年至 2025 年，全球玩具市场的复苏将推动市场规模稳步增长，如图 6-64 所示。

6.4.4.3 动漫服装

（1）规模。动漫服装是以动画、故事、网络游戏等角色形象为基础，以服装和配饰的

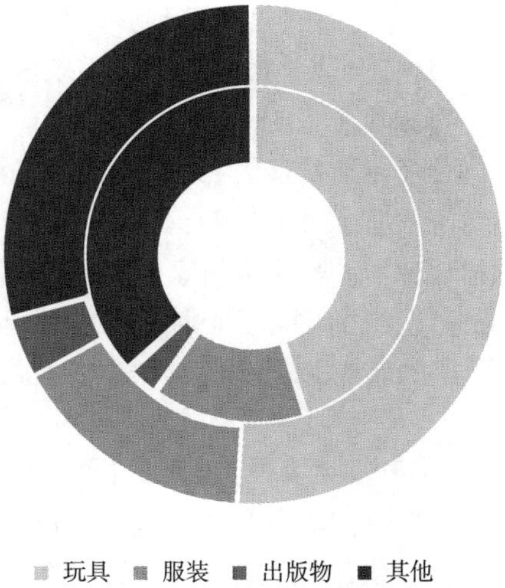

年份	玩具	服装	出版物	其他
2016	45%	15%	3%	37%
2018	51%	16%	4%	29%

图 6-63　2016 年和 2018 年按细分分列的中国动漫衍生产品市场份额

注：内圈代表 2016 年，外圈代表 2018 年。

资料来源：中国研究中心。

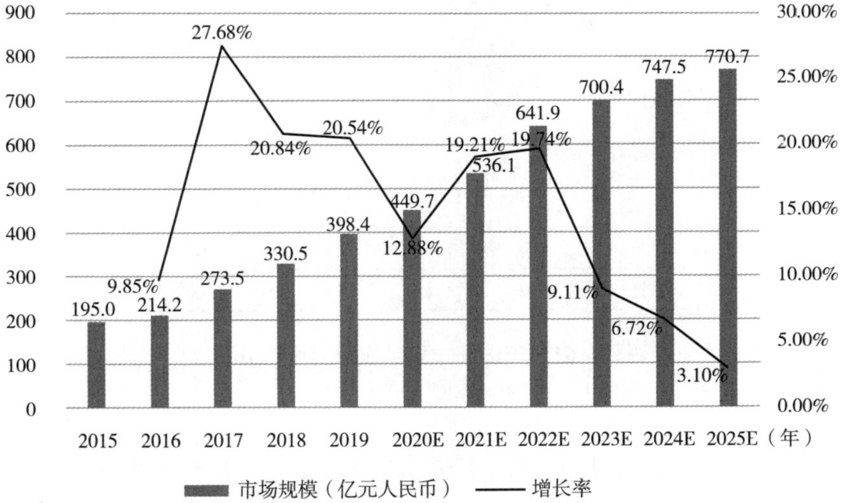

图 6-64　2015—2025 年中国动漫玩具市场规模及年增长率

资料来源：中国研究中心。

形式通过优秀的设计加工而成，其核心在于创意和时尚，其特点是新颖性、流行性、复杂性和文化内涵依附性。由于流行的卡通形象的变化和服装产品的发展趋势，大多数动漫服装和配饰属于一次性消费品。

目前，动漫服装产业具有一定的规模，并逐步走上市场化经营的正轨。在日本，有专门的动漫服装商店，但在中国，这样的商店很少见到，一般动漫服装必须定制。欧美对万圣节服装等节日动漫服装的巨大需求是全球动漫服装需求的重要组成部分，其需求具有多样性、集中式发布等特点。

从全球范围来看，美国动漫服装消费最大，约占国际市场消费的一半，其次是加拿大和日本。就地区而言，北美市场占据了最大份额，其次是欧洲市场和亚洲市场。

自 2008 年全球金融危机以来，欧美发达国家纷纷将动漫服装生产转移到具有强大制造能力、丰富资源和综合配套设施的国家，特别是以好莱坞为代表的发达国家文化产业，加快了制造业向发展中国家的转移以降低成本，这些因素使中国成为世界上最大的动漫服装生产基地。

中国动漫服装消费目前还处于萌芽阶段，90%以上的动漫服装出口到欧美等地。另外，国内动漫服装制造企业主要集中在华东和华南地区，且多为中小型企业。

（2）地区分布。中国动漫服装供应约占全球市场的 50%，其生产制造商主要集中在华北、华南、华东等地，如图 6-65 所示。

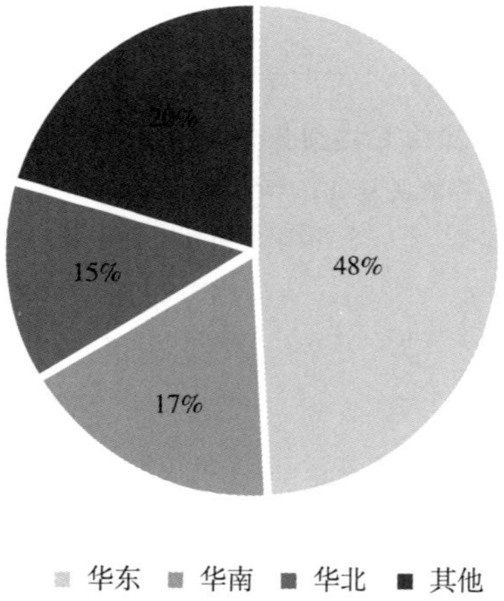

地区	华东	华南	华北	其他
占比	48%	17%	15%	20%

图 6-65 2018 年中国动漫服装生产分布

资料来源：中国研究中心。

中国的动漫服装主要出口到欧洲、美国和日本。其中，中国动漫服装出口占北美消费的 60%以上，如图 6-66 所示。

（3）模式。动漫服装生产行业有三种商业模式：原始品牌制造商（OBM）模式、原始设计制造商（ODM）模式和原始设备制造商（OEM）模式。

目前，中国动漫服装生产行业以 OEM 模式为主，而一些具有较强的研发和制造能力的企业，已经采用了 ODM 模式，并在争取 OBM 模式。国内代表性的生产厂家有美盛文化、深圳帝宝玩具、浙江依爱夫和深圳欢派服饰，如表 6-29 所示。

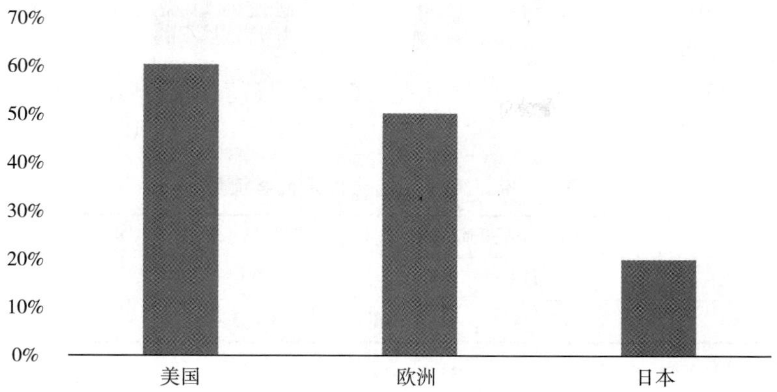

图 6-66　中国出口动漫服装占出口目的地消费量的百分比

资料来源:中国研究中心。

表 6-29　中国国产动漫服装代表企业

企业名称	创建时间和类型	主要产品	产品销路
深圳帝宝玩具有限公司	2003 年;私营企业	各种玩具、万圣节服装、芭比娃娃、服装和节日用品	远销美国、欧洲、日本等
浙江依爱夫游戏装文化产业有限公司	2003 年;外商独资(瑞典)	重点生产家纺、动漫服装	大部分产品出口海外
深圳欢派服饰有限公司	2006 年;港资企业	主要生产动漫服装	畅销欧美
美盛文化创意有限公司	2002 年;私营企业	各类创意动画饰品及动画服装	远销欧洲、美洲和非洲

资料来源:中国研究中心。

6.4.4.4　主题公园

(1)概述。主题公园主要为游客提供以一定主题为中心的文化景观观光服务,建筑、娱乐内容、植被、景点等要素通常根据主题设计和包装,形成易识别的特色和旅游线索,以满足游客的观光、文化体验、休闲娱乐等需求。

中国拥有 2 500 多个主题公园,其中 300 个主题公园的投资超过 5 000 万元人民币,70%处于亏损状态,20%实现收支平衡,10%实现盈利,这是因为中国动漫产业未能很好地将知识产权与主题公园结合起来。

迪士尼乐园、方特主题公园、北京环球主体公园(在建)和 HelloKitty 主题公园是将动画知识产权与主题公园很好地结合在一起的代表。目前,虽然中国主题公园的接待人次已达 2 亿,但在整个文化旅游产业链中,并没有出现像迪士尼这种品牌效应强大的主题公园。

2018 年,在亚太地区接待人数最多的前 20 个主题公园中,有 13 个中国主题公园,海外华侨城、宋城、方特等顶级主题公园的市场比重不断提高。

(2)主要企业。动漫主题公园是未来主要的以地点为基础的娱乐平台,以迪士尼乐园为代表,涵盖衍生产品、动画图像内容、娱乐项目和商业授权,注重娱乐、参与和体验,吸引不同年龄层次的消费者以创造最大的商业价值。

截至 2019 年年底,迪士尼在世界上拥有 6 个主题公园以及迪士尼邮轮公司和 ESPN 专区体育主题连锁餐厅。

上海迪士尼度假村于 2016 年 6 月开业,2018 年接待游客 1 180 万人次,同比增长 7.3%,如表 6-30 所示。

表 6-30　2018 年迪士尼乐园客流量

主题乐园	上海迪士尼乐园	东京迪士尼乐园	香港迪士尼乐园
总面积(公顷)	113	200	126
客流量(万人次)	1 180	3 129	740

资料来源:中国研究中心。

自 2011 年以来,奥飞欢乐世界作为一个流动的、体验式的儿童卡通主题公园,平均每年在青岛、广州、天津等城市举办 4~6 场表演。表演通常持续一周,分为十个主题,如魔术飞利场、超级英雄等,以及超过 30 个代际游戏节目。

此外,深圳华强控股有限公司旗下的文化科技集团公司方特主题公园表现也十分突出。集团拥有五个拥有完全独立知识产权的主题公园,包括"方特探险"、"方特野生梦幻乐园"、"方特野生水上公园"、"亚洲野生文化遗产"及"亚洲传奇"。现已在安徽芜湖、辽宁沈阳、山东青岛、山东泰安、山东济南、河南郑州、湖南株洲、福建厦门、山西大同、天津、浙江宁波、重庆、甘肃嘉峪关和广西南宁等地建设了 20 多个主题公园。

6.4.4.5　品牌授权

(1)市场规模。动漫产业作为中国文化产业的重要组成部分,正经历着从数量和规模增长到质量和经济增长的转变。动漫企业正从以产品为导向的经营模式向以品牌为导向的经营模式转变,品牌建设和授权正成为动漫产业升级和跨越式发展的核心引擎。

2018 年,中国品牌授权市场规模达 856 亿元人民币,占总市场规模的 3.7%,同比增长 14.6%。其中动漫品牌授权市场规模达 569 亿元人民币,同比增长 27.3%,占 66.5%,如图 6-67 所示。

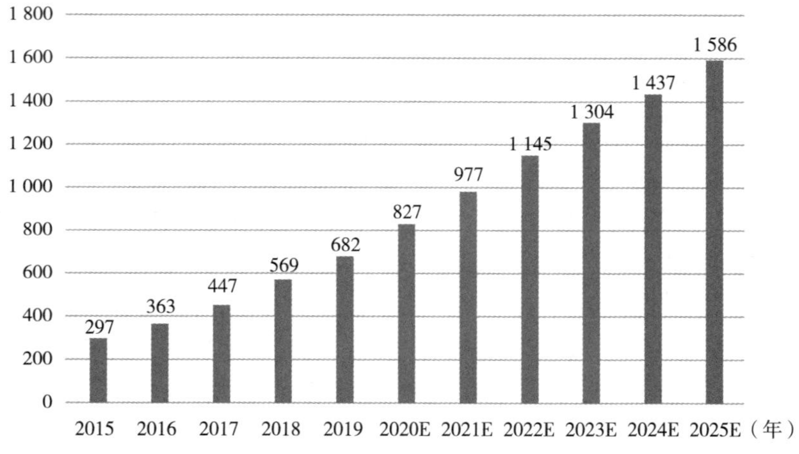

图 6-67　2015—2025 年中国动漫品牌授权市场规模(单位:亿元人民币)

资料来源:中国研究中心。

(2)特点。如今,中国已经形成了一个 IP 生态系统,包括文学、电影、电视剧、游戏、动画等,所有这些都将衍生出玩具、服装和主题公园等衍生产品。

在资本和知识产权许可的推动下,中国动漫产业进入了一个快速增长的时期。动漫衍生产品不仅是传统玩具、泛娱乐、动画片、电影和游戏,还将引出新兴领域。同时,知识产权与商业地产的结合促进了主题展览、主题公园和主题餐厅等多种商业模式的发展。例如,中国制作的动漫 IP“布妮熊”的所有者方特公司从文化科技主题公园获得了 36.1 亿元人民币的收入,占其总收入的 83%,远高于其数字动画业务的收入。

(3)未来趋势。中国动漫产业的快速发展离不开观众数量的不断增长,以“90 后”为主体的消费群体逐渐崛起,消费群体的变化推动了中国动漫产业的改革,中国本土动画的内容也向“青春化”转变。

另外,“90 后”这一代是深受移动互联网技术影响的消费者群体,他们更喜欢使用移动互联网设备,如手机和平板电脑,这已经成为他们获取动画信息的最重要的渠道,这对中国动画产业的发展产生了重大影响。国家广播电视总局指出,中国动漫产业正进入以互联网为核心、跨形式、跨媒体、跨行业整合与发展的“大动画时代”。未来,随着现有二次元爱好者消费能力的进一步提高和规模的扩大,中国动漫产业将进一步朝着“青春化”的方向发展。

2019 年,中国拥有约 20 个动漫产业园区,其中黑龙江动漫产业发展基地年生产能力为 3 万分钟,外包能力为 8 000 分钟;苏州工业园区容纳了 100 多家动漫游戏公司,实现产值 75 亿元以上。

在国际扩张方面,在 2019 年,阿里巴巴影业通过与好莱坞等合作,在动画电影的制作、推广和发行方面走向了全球。在戛纳电影节上,Netflix 以 3 000 万美元的价格收购了与阿里巴巴合作推出的动画电影《下一代》(*Next Gen*)的海外发行权。

7 国际艺术品市场

7.1 国际艺术品市场概况

7.1.1 艺术品市场构成及演化趋势

7.1.1.1 市场主体分析

(1)艺术品市场“三大山脉”。国际艺术品市场有众多的参与者,其中最重要的是艺术家、贸易商、收藏家。这三者直接影响艺术品市场的供给与需求,很大程度上决定了艺术品市场价格的波动,因而被视为国际艺术品市场的“三大山脉”,如图 7-1 所示。

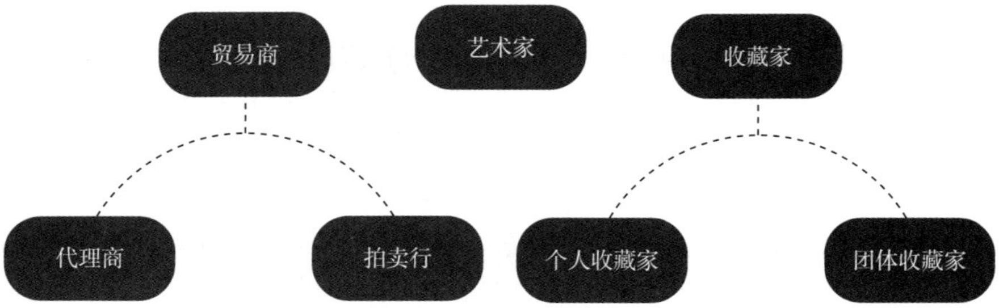

图 7-1 “三大山脉”分析图

第一,艺术家。艺术家处于艺术品市场的中心地位,为市场提供艺术作品。与此同时,市场也为艺术家提供了展示自己作品和自身才能的机会和渠道,并扩大了其收入来源。每位艺术家在其职业生涯不同阶段创作的作品价格是不一样的,最有价值的作品一般是其独立风格形成时期的作品。《2019 年度艺术市场报告》列举了当年成交总额最高的前十位艺术家,其拍卖总成交额约为 133.61 亿元人民币,占艺术品拍卖市场份额超过 14.6%(见表 7-1)。当年,全球 500 强艺术家平均每人成交 120 件作品,而全球 100 强艺术家每人成交的作品数量是该数字的两倍。毕加索一人在当年就有 3 500 多件作品的总成交量,由于覆盖所有价格区间,其市场显得尤为稳健。杰作迭出迎合了超高端市场的需求,当代艺术和战后艺术的需求继续增长。

近些年艺术品市场商业化程度更甚,艺术家除了为追求艺术而创作,其作品也更具有投资性。越来越多的艺术家开始与代理商合作,来提升自我价值。

表 7-1 2019 年度总成交额排名前十的艺术家

排名	艺术家	年成交总额(亿元人民币)
1	巴勃罗·毕加索	23.64

续表

排名	艺术家	年成交总额(亿元人民币)
2	克劳德·莫奈	20.36
3	赵无极	16.24
4	安迪·沃霍尔	15.58
5	张大千	12.16
6	吴冠中	10.18
7	格哈德·里希特	8.92
8	戴维·霍克尼	8.92
9	齐白石	8.86
10	让·米切尔·巴斯奎特	8.75

资料来源:《2019年度艺术市场报告》,雅昌艺术市场监测中心,Artprice集团,2019。

第二,贸易商。国际艺术品市场的贸易商主要分为两类:代理商和拍卖行。

首先看代理商。如图7-2所示,艺术品代理商是沟通艺术家和艺术品买家之间的桥梁。一方面,代理商与艺术家会建立紧密的合作关系,代理商帮助艺术家规划职业发展方向,对其作品进行销售,帮助其扩大市场;另一方面,代理商通过参与各种艺术节、展销会,扩充自己的国际客户资源。在种种过程中,代理商都可以获得很大的利润,并提升自己的地位。

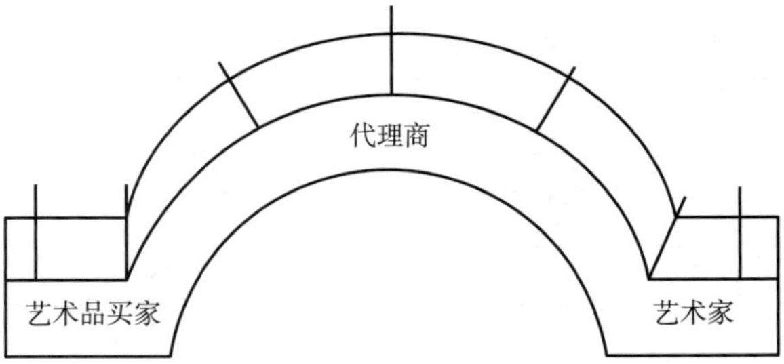

图7-2　代理商的作用

在18世纪,由于地理、交通、通信的影响,艺术品买家和艺术家的相关信息十分匮乏,代理商的作用尤为重要,除了代理购买和收藏的任务,其也要具备专业知识、鉴赏、沟通的能力。随着互联网等移动通信的快速发展,国际艺术品市场的信息流通畅达,尽管交易方式变得多样化,收藏家变得多元化,代理商仍然在国际艺术品交易中扮演着重要的角色。

另一类艺术品贸易商就是拍卖行,国际艺术品市场的许多成交额都是在拍卖市场上完成的。大型拍卖行通常会固定举行拍卖会,并且拍卖品风格繁多。除此之外,拍卖会还会对即将拍卖的艺术品做估价、宣传、展览、预售等方面的工作,例如提供拍卖信息的图册等。Artprice① 和雅昌艺术市场监测中心(AMMA)盘点2019年全部55万笔拍卖结果,其中含有多起盈利颇丰的转手交易。

艺术品拍卖市场总体呈现出一个金字塔的结构,在金字塔最顶端的是国际上知名的

① Artprice是一家将规范艺术市场作为自身目标的世界著名艺术市场信息公司,诞生于法国,是艺术市场领域的全球领导者。

拍卖行:佳士得(Christie's)和苏富比(Sotheby's)。在2019年拍卖成交总额前十五位的拍卖行中,排名前两位的便是佳士得和苏富比。① 这两大拍卖行巨头共拍出2.9万批次艺术品,总交易额为478.35亿元人民币,占据全球拍卖市场交易量的5.3%。佳士得拿下当年拍卖总成交额和总成交量双料第一拍卖行宝座。3.42亿元人民币以上的成交结果共有5起,全部在纽约,但也有一半的成交价格不足13.67万元人民币。其业务目前分布在三大洲的九大城市:纽约(56%)、伦敦(25%)、香港(10%)、巴黎(7%)、上海(1%)、阿姆斯特丹、都柏林、苏黎世和迪拜,后四个城市共占总成交额的1%。

金字塔结构的第二层是国家级的拍卖行,例如英国的邦瀚斯拍卖行(Bonham's)和菲利普斯拍卖行(Phillips de Pury&Company)等。尽管这些拍卖行的规模和销售额无法和国际级拍卖行相比,但是其在国际艺术品交易中仍然取得了不错的销售成绩。这些拍卖行在一些国家的艺术品二级市场中占据了重要的地位,有些拍卖行甚至在一些国家和地区市场可以与佳士得和苏富比相竞争。

第三级拍卖市场则是地区级拍卖行,这些拍卖行规模不大,主要针对本国艺术品和本国市场。

值得关注的是,在前十五位的拍卖行中有七个是来自中国的拍卖公司,分别是保利拍卖(排名第三位)、中国嘉德(排名第四位)、华艺国际(中国香港)拍卖有限公司(排名第六位)、西泠印社(排名第七位)、北京匡时(排名第十位)、北京瀚海(排名第十二位)和中贸圣佳(排名第十四位)(见表7-2)。

表7-2 2019年拍卖成交总额前十五位的拍卖行

排名	拍卖行	交易金额(亿元人民币)	交易量(件)
一	佳士得	249.28	15 320
二	苏富比	245.28	14 134
三	保利拍卖	42.16	4 574
四	中国嘉德	40.17	8 659
五	菲利普斯	39.9	4 613
六	华艺国际(中国香港)拍卖有限公司	13.89	1 323
七	西泠印社	12.72	3 941
八	邦瀚斯	11.62	8 729
九	北京荣宝拍卖有限公司	10.27	2 901
十	北京匡时	7.38	1 209
十一	艾德拍卖行	7.13	3 588
十二	北京翰海	5.12	4 122
十三	多禄泰拍卖行	4.87	4 692
十四	中贸圣佳	4.77	1 459
十五	Ketterer Kunst②	4.23	1 586

资料来源:《2019年度艺术市场报告》,雅昌艺术市场监测中心,Artprice集团,2019。

---

① 《2019年度艺术市场报告》。

② 德国Ketterer Kunst拍卖行创立于1954年,总部在慕尼黑。

第三,收藏家。收藏家可以分为私人收藏家和团体收藏家两种,如图 7-3 所示。

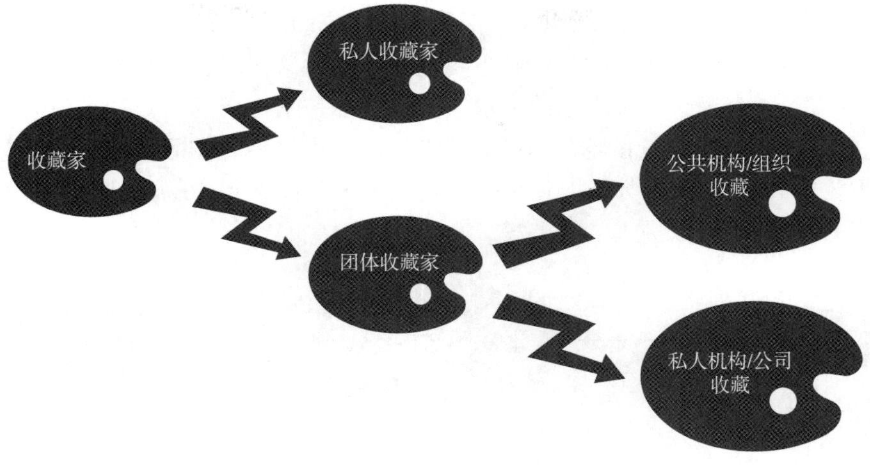

图 7-3　收藏家分类

一个国家的高净值人群往往最有可能成为高端艺术品的私人收藏家,私人收藏家的收藏活动往往既是一种爱好,也是一种投资手段,当艺术品作为一种投资工具出现时,其交易中产生的经济利益往往是不可估量的,这种巨大的增值可能不断激发着高净值人群的收藏热情。团体收藏家包括公共机构和组织收藏、私人机构和公司收藏两类。公共机构和组织主要指博物馆、美术馆等公共文化机构,通过收藏和展览艺术品发挥自身的社会、文化和公共服务功能;而私人机构进行收藏更多是为了其自身的发展。这两种团体收藏的目的和方式是不同的。比如一些在艺术基金会支持下运转的组织,通过投机性地购买艺术品为投资者带来资本收益;公司和银行这类机构将艺术品作为其品牌和形象的代表,用来宣传本机构。

(2)艺术品市场衍生行业。艺术品市场衍生行业包括为艺术品市场贸易提供后续服务的机构和组织、市场信息提供者以及艺术品相关专家。

为艺术品市场贸易提供服务的机构和组织包括:提供有关艺术品收藏、艺术品抵押等咨询服务的机构,如金融机构、保险公司、银行等;提供主要包括艺术品保险、艺术品修复、艺术品邮寄、艺术品估价、艺术品包装等服务的机构和公司;为艺术品市场贸易活动比如艺术品博览会、展销会等提供服务的专门机构,如活动的组织者、经纪人等。

专业出版物和网站是艺术品市场主要的信息和数据提供者。随着互联网的发展,艺术品市场中还出现了网上数据供应商,通过免费或者收费的形式向公众提供拍卖数据、艺术家和艺术品的信息等,提高了艺术品市场的信息透明度。此外,网上数据库还借助互联网快速发展和不断完善的数据搜索功能发展出了新的服务,比如网上数据库提供查询失窃艺术品信息的服务以帮助追踪失窃艺术品等。

艺术品相关专家并不直接获利,而是间接影响艺术家的商业价值和艺术品的艺术价值。具体地说,艺术专家和评论家曾经在艺术品市场上发挥着重要的作用,不仅传递和艺术品相关的信息,而且其关于艺术家和艺术品的专业评价为买家购买艺术品提供了参考。不过近些年,随着艺术品的经济价值越发显著,他们对市场的影响力逐渐减弱。目前,艺术专家还帮助一些缺乏专业艺术知识的收藏家进行艺术品投资。

7.1.1.2 一级市场与二级市场

艺术品市场是在一个由一级市场和二级市场构成的两级市场体系中运转的。

一级市场是两级市场体系的基础，主要包括了艺术家、收藏家、画廊、艺术展销会、艺术节、艺术家工作室等。一级市场的艺术家基本上都是刚入行的新人和还没有出名的艺术家，他们通过专业代理商和经纪人代理销售的模式将自己的作品直接出售给艺术品交易商或收藏家，如图 7-4 所示。当一级市场的艺术家作品获得市场的认可并且有一定的市场价值的时候，才可以进入二级市场。

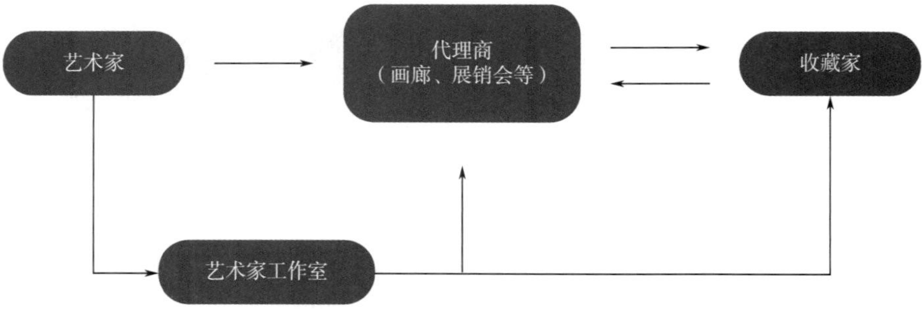

图 7-4 一级市场运作方式

二级市场的核心是拍卖行，还包括与拍卖行交易的其他各类交易商、收藏家，如图 7-5所示。拍卖行主要销售和拍卖知名的艺术品，一件艺术品在拍卖行和其他交易商、拍卖行与拍卖行、拍卖行与收藏家之间的一次次拍卖中不断产生更高的拍卖价格。在艺术品市场中，二级市场在成交量和价格方面都处于领先地位，并且占据了大部分的市场份额。二级市场的成交价格要远远高于一级市场。在市场信息透明度和风险方面，一级市场关于艺术品和艺术家的信息比较匮乏。相比之下，二级市场能够为买家提供较为全面的有关艺术家和艺术品等的相关信息，因此其买家所承担的风险低于一级市场买家。

图 7-5 二级市场运作方式

7.1.1.3 网络艺术品市场

网络艺术品市场的发展为市场参与者的传统角色带来了新的变化和发展。互联网的全球普及化和不断增长的网民数量促使国家、地区和人之间的联系日益紧密，与此同时，国际艺术品市场出现了全球化的发展趋势。因此，互联网成为国际艺术品市场全球化发展的介质，促使艺术品市场发生新的改变，而艺术品市场的新特点也会影响传统艺术品市场参与者。[①]

---

① 资料来源：Hiscox online art trade report 2018；Hiscox online art trade report 2019；Hiscox online art trade report 2020。

(1)艺术品在线交易的特点和趋势。具体包含以下几点：

第一,市场份额逐年增加。2019 年,在线艺术品市场的销售额估计为 329.32 亿元人民币,比 2018 年的 316.8 亿元人民币增长了 4%。自 2015 年以来,市场增长率稳步下降,网上销售从 2015 年的 24.2%下降到 2018 年的 9.8%,如图 7-6 所示。尽管拍卖总额有所下降,但佳士得和苏富比都有积极的销售增长,特别是网上销售额。

值得注意的是佳士得、苏富比和菲利普斯的纯网上拍卖在 2020 年上半年创造了 25.28 亿元人民币的交易额,比 2019 年同期高出 5 倍多。新冠肺炎疫情迫使 2020 年成为线上艺术品交易实现突破的一年,随着实体艺术品拍卖交易地点的关闭,在线成为该行业大部分地区唯一的销售渠道。

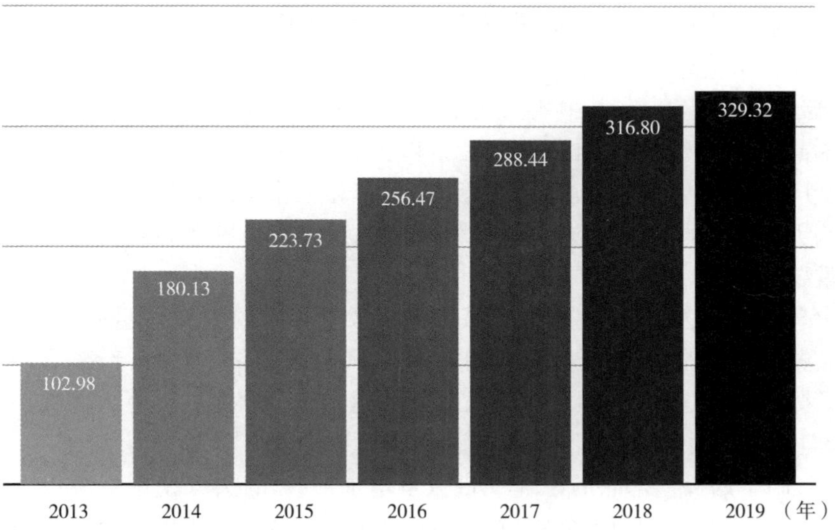

图 7-6　2013—2019 年线上交易额(单位:亿元人民币)

第二,实物交易与网上交易并存。起初,虽然传统拍卖行在适应网络艺术市场变化这方面进展缓慢,但在 2016 年,线上线下结合的交易方式发生重大转变。传统拍卖行与苏富比的在线销售战略取得突破,当年,佳士得拍卖行和传统拍卖行在 2016 年共产生了 49.2 亿元人民币的在线销售额,占在线艺术市场的 19%。

2018 年,第三方市场聚集势头显现。3/4 的画廊在 2018 年使用第三方市场在网上出售艺术品(2017 年为 59%,2016 年为 41%),近 1/5(19%)的在线销售额来自第三方市场(2017 年只有 3%),事实证明,这些市场对于少数人来说是一个有效的销售平台。

2019 年,38%的在线艺术平台表示,他们已经或正在考虑建立实体店作为其在线销售的补充(2018 年这一比例为 44%),大多数在线平台表示他们的目标是专注于在线战略。

2020 年,约 63%的在线平台预计,现有艺术市场运营商(如画廊)在最终掌握数字技术后,将成为大型在线玩家。在过去的几个月里,从在线私人观看室到虚拟现实,很多画廊都开始采用传统与科技相结合的方式。然而,一些大型画廊如大卫·兹维尔纳和豪瑟·沃思,已经将在线画廊平台的概念提升到了另一个层次,为小型画廊和艺术博览会提供了利用其技术平台展示和销售的机会,并基本上将这些主要画廊变成了第三方在线销售平台。

第三,注重社交媒体的应用。社交媒体对艺术品市场交易的影响日益增长。2017年,照片墙(Instagram)取代脸书(Facebook)成为艺术界首选的社交媒体渠道,并在很短的时间内超越其他社交媒体平台。

2019 年 1 月,Instagram 的月活跃用户超过了 10 亿(高于 2017 年 1 月的 8 亿)。Instagram 仍然是艺术界最喜欢的社交媒体平台,65%的受访者选择它作为艺术相关活动的首选渠道(比 2018 年的 63%和 2017 年的 57%有所上升)。尽管 Facebook 仍是第二大最受欢迎的社交媒体渠道,但它的地位已有所下降,仅有 33%的受访者将其列为首选社交媒体平台(低于 2018 年的 38%和 2017 年的 49%)。领英和推特也有一定的用户量,但更多的是在专业网络和新闻发布的背景下被用户所使用,而不是作为一种工具去发现和关注艺术家或艺术世界的发展。

2019 年,34%的受访者(其中 43%为 35 岁以下的受访者)表示,社交媒体影响了他们在购买艺术品时的决策,比 2018 年的 32%和 2017 年的 29%有所上升。67%的受访者(其中 73%为 35 岁及以下的受访者)表示,艺术家和工作室的帖子在购买艺术品时具有最大的影响力。68%的受访者表示,艺术家画廊的社交媒体帖子在购买艺术家的艺术品时具有最重要的意义。

第四,交易活跃度提升。在线艺术品市场扩大了买家的收藏兴趣。近 3/4(74%)的在线艺术品购买者在过去 12 个月里在网上购买了不止一件艺术品。绘画和版画仍然是在线艺术品买家的首选商品,但所有收藏部分都越来越受欢迎。随着大多数买家进行多次购买,他们也在扩大购买的艺术品的范围和类型。

2018 年,用于购买艺术品的在线平台数量增加,81%的买家使用一个以上的在线平台(2017 年为 77%,2016 年为 73%),10%的买家使用了 5 个以上的平台。与 10%的小买家相比,超过一半(53%)的大客户使用 3 个或更多的在线平台。个人买家使用的在线平台数量的增加再次凸显了收藏者对在线艺术市场的认同。

与整体比例 88%相比,只有 67%的新买家和 59%的小消费者在网上购买之前先从实体空间购买。据巴塞尔艺术展与瑞银集团发布的《2020 艺术市场报告》统计,2019 年进行网上销售的交易商中,57%的买家是新买家。对于二级市场拍卖行来说,新买家占其网上销售的 34%。《瑞银投资者观察》和艺术经济研究所(Arts Economics)针对高净值人群调查的结果显示,48%的收藏家总是或时常使用线上平台购买艺术品,1980 年出生的人是最常使用网络渠道的用户。

第五,体现一站式商店趋势。商业模式正在向一站式商店靠拢。日益激烈的竞争迫使在线艺术平台接受新的战略,以扩大他们的业务和多样化收入来源。在拍卖聚合商中,“Invaluable (无价)”(线上交易平台)通过允许参观者用固定价格直接从画廊购买的形式进入画廊和经销商的空间。Artsy 是一个以画廊为主要目标的平台,在过去 12 个月里,它与菲利普斯拍卖行和遗产公司合作举办了几次在线拍卖。这些趋势表明,在未来几年内,该行业可能会出现更多的整合。

第六,体现出区块链趋势。2016 年 5 月 Artprice 开发了自己的艺术市场区块链,目的是降低交易成本。通过其数据,Artprice 的区块链可以追踪艺术品,特别是那些丢失或被盗的艺术品。

2018 年,虽然大多数在线平台(约 60%)认为,加密货币作为一种支付方式将是区块链技术最初进入在线艺术市场的方式,但只有 7%的平台接受加密货币作为支付,只有 8%的平台将区块链技术嵌入到他们的业务中。时至今日,艺术界对区块链技术的采用仍然缓慢,因为令人信服的用户案例未能出现。虽然这项技术已经存在并将进一步发展,但大多数艺术界仍处于观望状态,等待着看它的结果。

第七,新媒体艺术逐步在网络艺术市场立足。新媒体艺术,如视频或数字艺术,在在线艺术买家中越来越流行。2018 年有 17%的人购买这种媒体,而 2014 年这一比例为 12%。重复购买也在增加,58%的人买了 2 到 5 件,17%的人买了超过 21 件,而 2017 年只有 50%的人买了 1 件。新媒体艺术的平均价格也有所上涨,27%的买家平均支付超过 6 822.63元人民币,高于 2017 年的 17%。

(2)网络艺术品市场的优势。具体体现在以下几方面:

第一,线上交易扩充了艺术家的发展空间。对于艺术家而言,网上艺术品市场是一个新的平台和渠道。通过网络这个新的媒介,艺术家可以直接接触到更多的买家,增加展示自己作品的途径,从而获得额外的收入。特别对于不知名或者新的艺术家,通过画廊和经理人代理销售的模式不再是唯一的选择,网上艺术品市场销售成为可选择的替代方式。同时,艺术家还可以通过网络随时了解和接触到最新的艺术品创作趋势和方法来提升自己的艺术素养,确保自己能够把握艺术品市场的创作潮流,创造出符合艺术品市场需求的艺术品。

第二,线上交易提升了拍卖行的交易效率。传统的拍卖行正在积极融入网上艺术品市场,而新的线上拍卖行和交易平台也在不断地出现。全球各大拍卖行正在推广和普及互联网,并将其作为全球拍卖市场的核心战略。随着线上各种形式的艺术品交易增多,线上艺术品拍卖已经成为各大拍卖行不可或缺的一个重要组成部分。

第三,线上交易为收藏家提供了更丰富的选项。网上艺术品市场为收藏家提供了更多的购买选择,也让购买艺术品变得更加便捷,对艺术品收藏家的购买习惯产生了影响。随着线上交易平台各种功能的完善,线上市场艺术品的种类以及数量逐渐增多,尤其是对于相对低价的艺术品,收藏家可进行多平台、多作品的横向比较进行挑选。越来越多的人选择在网上购买艺术品,花费在艺术品相关网站上的时间也不断增多。

(3)网络艺术品市场的劣势。首先,网络艺术品市场的劣势表现为交易的安全性难以保证,例如实物检查的缺失、商品真实性难以保证以及缺乏完善的退货保证。

在实物检查方面,传统的拍卖行或画廊经常提供这类机会,可以让消费者购买前亲自检查艺术品,或与专家交谈。在线平台通常充当中介,不会自己持有库存,因此消费者难以在购买前接触到艺术品。74%的人介意不能亲自检查作品,72%的人反对在网上购买艺术品的主要原因是不能进行检查。

在商品真实性方面,62%的受访者表示害怕购买到假冒伪劣的艺术品,持有这种担忧的买家从 2018 年的 52%上升到 2019 年的 62%。随着越来越多的艺术品在网上出售,人们更加担心假冒伪劣商品和犯罪活动会在网络艺术市场横行。

在退货保证方面,2017 年的受访者中,大多数(80%)在线艺术品购买者表示,退货保证的条款对于他们是十分重要的。事实上,71%的人表示购买时拥有退货的选择权会让他们在购买时更加放心。

其次,网络艺术品市场的劣势反映在卖家声誉难以衡量。大多数的实体拍卖行、画廊已经建立了几十年,他们的声誉早在在线艺术平台出现之前就已经建立起来了。而大多数在线平台都是由其他拍卖行、经销商或画廊的聚集者创建的,代表着一个由数千家不同的艺术品供应商和运营商组成的分散市场,声誉难以衡量。

最后,网络艺术品市场的劣势还表现在物流的复杂性上。2018 年,37%的艺术品买家表示,在网上购买艺术品时,航运和物流的成本和复杂性是重要的考虑因素(2017 年为 33%)。48%的在线平台(2017 年为 19%)表示,物流(履行和交付)是当前的主要挑战之一。

7.1.2 国际艺术品交易概况

7.1.2.1 艺术品贸易规模

(1)艺术品市场总体规模。Artprice 集团和雅昌艺术市场监测中心(AMMA)合作发布的《2019 年度艺术市场报告》显示,2019 年全球拍卖总计售出 55 万件美术品,总成交额达 908.87 亿元人民币,拍卖总成交量再创新高。从拍卖总成交额来看,艺术市场下降了 14%,但并没有萎缩。流拍率稳定保持在 38%,整体价格指数仅上涨了 0.48%。2008—2019 年全球艺术品市场的贸易规模变化如图 7-7 所示。

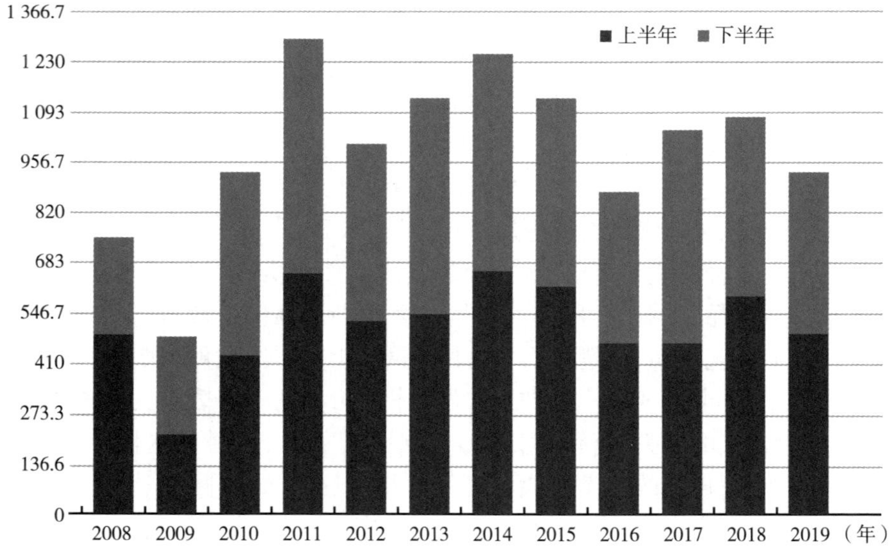

图 7-7 2008—2019 年拍卖成交总额(单位:亿元人民币)

资料来源:《2019 年度艺术市场报告》,雅昌艺术市场监测中心,Artprice 集团,2019。

(2)网络艺术品市场交易规模。随着网络技术的不断发展,以互联网为依托的电子商务使得传统艺术市场出现了前所未有的变革。过去 10 年中,在线平台和市场一直是重塑艺术产业的主导力量。尽管网上艺术品市场交易额在全球艺术品市场交易额中占比较小,但是艺术品市场的投资者都已经注意到了网上艺术品市场发展的良好趋势。

首先,《Hiscox2019 年度网上艺术品交易报》显示,尽管在线艺术市场在 2013—2015 年增长了约 20%~25%(与在线奢侈品行业的增长率相当),但在过去的 36 个月里出现了放缓的迹象,增长率已经连续三年停滞不前。《Hiscox2020 年度网上艺术品交易报》显示,在线艺术品和收藏品销售在 2019 年陷入停滞,估计交易额为 329.38 亿元人民币(见图 7-8),比 2018 年增长了 4%。市场的增长率近年来稳步下降,从 2017 年的 12.5%下降到 2019 年的 4%。而在 2020 年,受到新冠肺炎疫情的影响,线上艺术品交易发展突飞猛进,仅佳士得、苏富比和菲利普斯的纯网上拍卖在 2020 上半年就创造了 25.28 亿元人民币的交易额,比 2019 年同期高出 5 倍多。

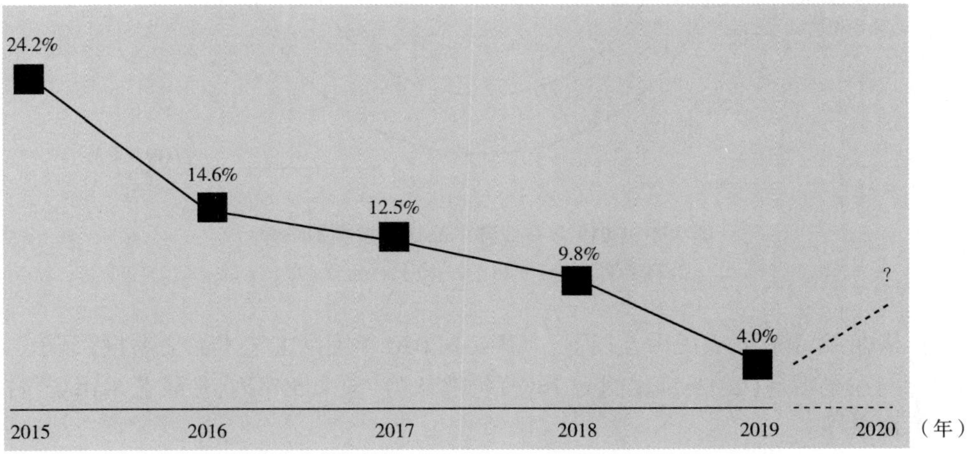

图 7-8 线上交易年增长率

资料来源:Hiscox online art trade report 2020。

在销售类别方面,美术品占据最大份额(见图 7-9),其他收藏品(如硬币、邮票、珍本书、地图和纪念品)强劲增长。在佳士得、苏富比和菲利普斯等传统拍卖行中,美术品占到了 2019 年总销售额的一半左右(所有三家拍卖行的平均销售额比例为 51%),明显高于其他类别,包括珠宝和手表(25%)、其他收藏品(15%)、装饰艺术品(8%)和家具(2%)。相比之下,世界上最大的在线拍卖行——宏吉拍卖公司(Heritage Auction),2019 年 90%以上的在线拍卖产品属于其他收藏品,只有一小部分(3%)属于美术品。

展望未来,随着传统拍卖行寻求多样化的客户群和吸引年轻的收藏者,预计收藏品的范围将更加广泛。虽然许多拍卖行很快就适应了新的数字时代,但画廊和交易商等艺术品市场中的其他领域对于线上交易仍有些质疑,并犹豫是否应该接受它,以及如何去做。

尽管增长一直在放缓,但有迹象表明,目前的买家开始在网上购买更多的商品。戴维·兹沃纳(David Zwirner)在 2017 年 1 月推出了在线阅览室,而高古轩画廊在 2018 年 6 月也加入了类似的计划,其他画廊和经销商也开始采取类似的举措。不过买家在网上艺术品市场大多还是购买平价艺术品,在 2019 年的调查中,78%的艺术品买家购买艺术品

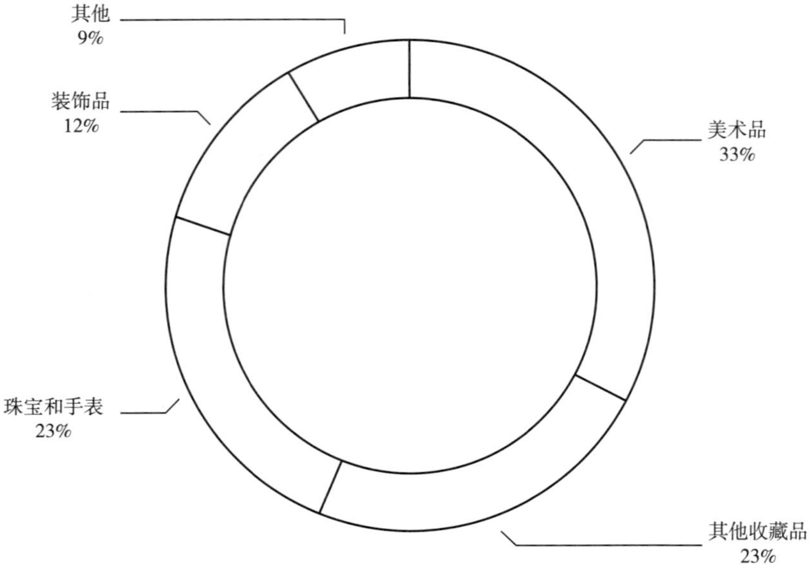

图 7-9　2019 年在线艺术品销售按类别细分

资料来源：Hiscox online art trade report 2020。

的平均价格在 34 168 元人民币及以下。《Hiscox2020 年度网上艺术品交易报》显示，大部分（67%）的在线平台（2019 年比例为 76%）仍然认为，未来 5 年内，在线艺术市场将由一些全球平台主导。

7.1.2.2　艺术品贸易结构

（1）艺术品贸易地理分布。根据《2019 年度艺术市场报告》的数据，美国、英国和中国贡献了国际艺术品市场的主要销售额，2019 年，美国、英国和中国三国拍卖成交总额为 738.03 亿元人民币，占据市场 81.2%的份额。而《TEFAF2016 全球艺术品市场报告》显示，2015 年全球艺术品市场销售总额为 4 359.86 亿元人民币，美国、英国和中国的市场份额排前三位，分别是 43%（1 865.58 亿元人民币）、21%（922.54 亿元人民币）和 18%（806.37 亿元人民币）。

美国在 2019 年拍卖品成交总件数为 9.9 万件，拍卖总额为 314.35 亿元人民币；英国交易总量达 7 万件，拍卖总额为 148.29 亿元人民币。两个国家拍品成交总件数占全球拍卖总件数的 29%，然而总成交额占全球总成交额的 50.9%。2019 年，两个主要英语系艺术市场缩水 1/5：美国下跌 22%，英国下跌 21%，抵消了上年度取得的增长（2018 年美国增长 18%，英国增长 12%）。两个国家的交易数量均有上涨，但高端市场出现颓势。在英国首都，2019 年共有 353 件拍品超过 683.36 万元人民币，而上一年度则有 415 件。伦敦在 2019 年 3 月以近 3.42 亿元人民币的价格拍出了大卫·霍克尼的油画 *Henry Geldzahler and Christopher Scott*（1969），为市场开了一个好头，这个纪录一直保持到了年末。而在国际艺术品市场其他方面，以美国和英国为代表的欧美国家也是市场的主要参与者，例如来自欧美国家的艺术家作品占据主要市场份额，欧美地区的画廊和拍卖行是市场运转的主力，国际知名艺博会上的艺术品代理商也大多来自欧美国家，西方艺术品代理商主要是为本国艺术家和买家提供服务，来自欧美地区的收藏家更倾向于收藏本国的艺术品等。

纵览当代国际艺术品市场发展史，英国在18世纪已经是国际艺术品市场和贸易中心，美国直到20世纪初才开始在全球艺术品交易中占据主导地位。尽管巴黎在19世纪一度成为世界文化艺术的中心，但是受到其国家政策、法郎贬值和时局环境的影响，最终让位于纽约和伦敦。纽约和伦敦是世界上主要的艺术品市场和交易中心，受人瞩目的高端艺术品拍卖会每年都会在此举行，知名艺术品屡屡拍出天价。尽管艺术品拍卖数量少，却创造了巨大的市场收益。

随着中国经济的迅速发展，国民人均收入水平提高，对于艺术品的购买需求不断增加，中国艺术品贸易市场稳健发展起来。在市场结构的调整、线上交易业务板块的发力等方面，中国艺术市场呈现出稳健积极的态势，在国际艺术品市场的份额也在不断扩大。2019年中国成为全球第二大市场，但其拍卖总成交额下降了9%，共计280.18亿元人民币，2018年的降幅为12%。中国大陆的艺术品交易依然极其活跃，推出的拍品数量达13.45万件，但仅有44%的作品成交，这一比率在全球其他地方则为66%。全球十大拍卖行中有6家只在中国内地开展业务，而另外4家（佳士得、苏富比、富艺斯和邦瀚斯）的所有拍卖会均在中国香港举行。2019年，中国香港市场的地位依旧极其稳固：总成交量为7 400件，成交额达93.62亿元人民币。中国香港市场在2018年创下了94.3亿元人民币的历史纪录，其实力建立在极具竞争力的需求之上，能够为现代艺术大师和当代艺术家创造新的世界纪录：常玉的《五裸女》（1950）拍出2.67亿元人民币，奈良美智的《背后藏刀》（*Knife behind Back*，2000）拍出1.71亿元人民币。

法国被明确定为全球第四大艺术市场。就拍卖总成交额而言，2019年增长率最高的是法国市场（增长率超过18%），作品总成交量达8.2万件，揽金56.51亿元人民币，创下其最高历史交易纪录。这一前所未有的成绩主要取决于当年下半年四起超过6 833.63万元人民币的交易，成交作品分别出自尼古拉·德·斯塔、契马布埃、皮埃尔·苏拉热和保罗·高更。国际知名画廊入驻巴黎，包括10月落户的卓纳画廊，表明了法国和欧洲大陆在艺术市场这个大舞台上的重新定位。

《2019年度艺术市场报告》还提及了几个值得关注的亚洲国家艺术品市场：韩国艺术品市场在2019年表现良好，全球排名第十五位；日本市场拍卖成交总额全球排名第七位；印度市场拍卖成交总额为3.93亿元人民币，全球排名第十三位。2019年拍卖成交总额前十五位的国家如表7-3所示。

表7-3　2019年拍卖成交总额前十五位的国家

国家	总成交额（亿元人民币）	总成交量（件）	最佳成交结果（百万元人民币）
美国	315.3	99 095	756.8
中国	280.29	66 106	265.49
英国	148.67	70 319	338.67

续表

国家	总成交额(亿元人民币)	总成交量(件)	最佳成交结果(百万元人民币)
法国	56.49	82 016	182.99
德国	18.31	45 741	24.16
意大利	14.2	30 436	20.88
日本	7.56	14 559	8.65
瑞士	7.16	9 862	23.43
奥地利	6.79	6 985	13.46
澳大利亚	5.09	13 939	8.9
波兰	4.74	8 182	14.27
捷克	3.1	6 013	24.46
印度	3.93	1 845	25.87
加拿大	3.82	12 256	47.02
韩国	3.75	1 074	11.15

资料来源:《2019 年度艺术市场报告》,雅昌艺术市场监测中心,Artprice 集团,2019。

(2)艺术品贸易产品结构。在艺术品市场中被用于消费、收藏和投资的艺术品种类繁多,可以按照两种标准进行分类。一种标准是按照艺术品的类型分为纯艺术品、装饰艺术品和古董;另外一种标准则是按照艺术家出生时期对艺术品进行划分,共分为五种类型,分别是:古典艺术大师时期,指的是于 1760 年前出生的艺术家的作品;19 世纪时期艺术,指的是于 1760—1860 年出生的艺术家的作品;现代艺术,指的是于 1860—1920 年出生的艺术家的作品;战后艺术,指的是 1920—1945 年出生的艺术家的作品;当代艺术,指的是于 1945 年后出生的艺术家的作品。

在国际艺术品拍卖市场上,现代艺术、战后艺术和当代艺术板块是重要的销售板块,其年度成交额占据了主要的拍卖市场份额。

7.2 国际主要艺术品市场分析

7.2.1 美国市场

7.2.1.1 发展历程

美国艺术品市场按照时间节点分为五个板块,即古典艺术、19 世纪艺术、现代艺术、战后艺术和当代艺术。

古典艺术指出生于 1760 年前的艺术家的创作。2019 年,美国市场在这一领域乏善可陈。美国建国的历史原因使得美国的古典历史遗产明显不如欧洲国家丰富,因此美国市场主要依赖近 200 年的艺术创作,尤其是美国战后和当代艺术家。古典大师细分市场占美国总成交额的比重不足4%,而在法国市场则占14%。[①]

19世纪艺术是指1760—1860年出生的艺术家的创作;现代艺术是指1860—1920年出生的艺术家的创作。这两个板块的代表性作品在近几年的纽约拍场的成交率达到90%,但由于优质拍品相对较为稀缺,质量有限,交易额持续走低。在纽约拍场,19世纪艺术和现代艺术作品拍卖总成交额在2018年11月为93.49亿元人民币,2019年11月为57.46亿元人民币,同比降幅超过1/3。[②]

战后艺术是指1920—1945年间出生的艺术家的创作。在20世纪60年代,美国国力空前强盛,艺术市场发展也如火如荼,许多著名收藏家都是在战后的美国成长并发展起来的,包括一些20世纪最具标志性和最受欢迎的艺术运动,例如抽象表现主义、波普艺术和极简主义。引领高端市场的是战后有史以来最昂贵的绘画作品,包括弗朗西斯·培根的《卢西安·弗洛伊德的三个研究》(1969年),价值9.69亿元人民币;安迪·沃霍尔的《银撞车事件》(1963年)售价7.16亿元人民币;威廉姆·德·库宁(Willem De Kooning)的《风景女人》(*Woman as Landscape*,1955年),售价4.70亿元人民币。[③]

抽象表现主义、波普艺术和极简主义等艺术风格代表着美国当时的社会与文化价值观,其风格更多地凸显二战后新生一代对新的文化价值的追求,以及摆脱束缚、表达自我的愿望。他们摒弃掉二战时期冷漠单调的现代主义和国际主义的设计风格,体现"多元化"的思想。例如,罗伯特·劳森伯格创作了《水牛Ⅱ》(*Buffalo* Ⅱ,1964年),这幅拼贴画是抽象主义风格的代表。画作于1965年被里奥·卡斯特里在纽约售出,2019年首次现身于二级市场,取得了美国艺术家有史以来第五高拍价,金额达6.06亿元人民币[④];爱德华·鲁沙拍价达3.6亿元人民币的油画《伤害文字Radio#2》(*Hurting the Word Radio* #2,1964年)集中了波普艺术的所有特征:直线、绚丽的色彩和直接取材于大众文化。这一美学特点已成为众多21世纪艺术家的追求[⑤]:卡尔·安德烈一块方格雕塑作品接近2 047.14万元人民币;肯尼斯·诺兰的《蓝》(*Blue*,1960年)以2 388万元人民币的价格售出;艾尔斯沃兹·凯利的《红色曲线 Ⅶ》(*Red Curve* Ⅶ,1982年)拍出近6 700万元人民币;弗兰克·斯特拉的《派因斯点》(*Point of Pines*,1959年)拍出了1.92亿元人民币的价格。[⑥]

受自身市场驱动,2019年达到顶级艺术家专属价格门槛的美国艺术家越来越多,超过6 823.8万元的油画越来越多,表明了美国在二战以来艺术史中的支配地位。在表7-4中所表现的2019年战后艺术家作品成交额前十名的记录中,美国市场凭借抽象表现主义和波普艺术代表性人物的佳绩而表现亮眼。美国拍卖公司狂揽榜单,占有7位,美国艺术家成交总金额占战后艺术家总成交额前十名的近九成,在国际战后艺术领域影响巨大。

---

① 《2019年度艺术市场报告》。

② 《2019年度艺术市场报告》。

③ 西方战后艺术,那些艺术史上的风云人物(上)[EB/OL].[2020-05-02]. https://baijiahao.baidu.com/s?id=1666459281697426925&wfr=spider&for=pc.

④ 《2019年度艺术市场报告》。

⑤ 《2019年度艺术市场报告》。

⑥ 《2019年度艺术市场报告》。

表 7-4　2019 年战后艺术家作品成交额前十名

艺术家	作品名称	成交额(元人民币)	拍卖公示
罗伯特·劳森伯格	*Buffalo* Ⅱ(1964)	605 987 559.00	2019 年 5 月 15 日　纽约佳士得
爱德华·鲁沙	*Hurting the Word Radio #2* (1964)	358 147 143.00	2019 年 11 月 13 日　纽约佳士得
弗兰克·斯特拉	*Point of Pines*(1959)	191 629 363.50	2019 年 5 月 15 日　纽约佳士得
布莱斯·马顿	*Number Two*(1983/84)	74 519 990.28	2019 年 11 月 14 日　纽约苏富比
艾尔斯沃兹·凯利	*Red Curve* Ⅶ(1982)	66 934 654.20	2019 年 11 月 13 日　纽约佳士得
伟恩·第伯	*Encased Cakes*(2011)	59 452 500.00	2019 年 11 月 14 日　纽约苏富比
周彦生	*Spring*(2016)	55 557 332.46	2019 年 8 月 11 日　广州华艺国际
草间弥生	*Interminable Net #4*(1959)	54 271 046.16	2019 年 4 月 1 日　香港苏富比
亚历克斯·卡茨	*Blue Umbrella* I(1972)	28 328 323.32	2019 年 10 月 2 日　伦敦富艺斯
鲁丝·阿萨瓦	*Untitled* (S. 387)(c. 1955)	27 943 461.00	2019 年 11 月 14 日　纽约佳士得

资料来源:《2019 年度艺术市场报告》,雅昌艺术市场监测中心,Artprice 集团,2019。

当代艺术是指在 1945 年后出生的艺术家的创作。美国市场近些年来在这方面表现优异,2019 年作品总成交额高达 49.44 亿元人民币,与 2018 年度的成绩相比增长了 18%,与 2017 年度的成绩相比则增长了 5%。美国战后艺术作品在 2019 年占有全球 39% 的份额,与此同期的中国与英国占比分别为 28%和 23%。① 其中,纽约(占美国当代艺术市场份额的 95%)的成交额是巴黎的 17 倍、中国香港和北京的 3 倍。② 这一差距的原因在于一小部分身价坚挺的美国本地艺术家创下了天价交易纪录。美国的强劲实力依赖于极少数艺术家:巴斯奇亚、杰夫·昆斯、卡伍斯、克里斯托弗·伍尔和乔治·康多,这 5 位艺术家是美国高端市场名副其实的中流砥柱,5 人加起来的成交额在 2019 年度占全球当代艺术市场的 1/4。排名前三的美国当代艺术家依次为巴斯奇亚、杰夫·昆斯以及卡伍斯。巴斯奇亚是首位,也是迄今为止唯一一位单件作品拍价超过 1 亿美元(折合人民币 6.83 亿元人民币)的当代艺术家。该纪录于 2017 年 5 月以他 1982 年创作的一幅布面油画《无题》(纽约苏富比)创下,这幅作品由日本企业家和艺术收藏家前泽友作以 7.54 亿元人民币购得。尽管其拍卖成交额低于往年(2017/2018 年度总成交额为 17.47 亿元人民币),但巴斯奇亚占据 2019 年拍价十强中的第四名,维持了自己的地位。杰夫·昆斯是第二名,凭借雕塑作品《兔子》(*Rabbit*,1986 年)斩获了 2019 年的最高落锤价。《兔子》最终以 6.21 亿元人民币成交,成为世界上最贵的在世艺术家作品。该作品的成交价占杰夫·昆斯 2019 年度成交额的 81%,并成为历来艺术品拍价第二十高的艺术作品。卡伍斯作品的进步最为惊人:2019 年以 6.39 亿元人民币的总成交额成绩排在昆斯之后,荣列第三,比 2018 年高出 5.34 亿元人民币。③

美国市场不仅汇集了最昂贵的作品(占年度全球当代艺术作品拍卖百强榜 46 席)和全球最密集的作品供应(近 17 000 件拍品),并且供给与需求精准匹配,25%的流拍率远

① 《2019 当代艺术市场报告》。

② 《2019 当代艺术市场报告》。

③ 《2019 当代艺术市场报告》。

低于全球平均水平(39%)。①

美国市场一枝独秀的原因有二:一是美国本土艺术家受到本地市场的极大支持;二是最优秀的欧洲作品主要在纽约成交。尽管数字化拍卖和远程竞拍日益推广,但高端拍品仍集中在纽约和伦敦。

7.2.1.2 一级与二级市场构成

《TEFAF2019 全球艺术品市场报告》显示,在 2019 年全球艺术品市场销售额总体稳定的形势下,美国市场的销售额下降了 22%,共计 313.89 亿元人民币,保持着全球第一大艺术品市场的地位。美国市场占据了 35%的全球艺术品市场份额,同时还占据了大约四成的全球拍卖市场份额。美国市场仍然处于国际艺术品市场的核心地位,特别是在现代艺术、战后艺术和当代艺术板块表现突出。②

(1)一级市场。作为全球名品拍卖之都,纽约还汇集了影响力和规模不断扩大的全球顶尖画廊。

美国国家艺术馆在 2019 年的财务状况依然强劲。画廊通过其投资和支出的谨慎管理、国会和政府的大力支持以及私人公民、基金会和公司的慷慨解囊取得了这一成绩。

联邦政府对美术馆的运营和维护承诺源于 1937 年的美国国会联合决议,该决议接受了安德鲁·W. 梅隆对国家的慷慨馈赠,包括他的艺术收藏、建造西楼的资金和捐赠。该联合决议承诺,美国将提供资金用于维护、行政开支和运营成本,其中包括保护赠送给国家的艺术品,以及在任何时候画廊都能得到适当的维护,并持续免费向公众开放。根据美国国内税法第 501(c)(3)条的规定,画廊是一个非营利机构,免缴联邦所得税。

2019 年的联邦业务支持和收入总额为 11.94 亿元人民币,比 2018 年增加了4 298.99 万元,增长率为 3.8%。确认的联邦业务支持总额为 9.38 亿元人民币,增加了 525.43 万元,增长率为 6.0%,原因则是本年度和上年度拨款的支出增加。2019 年,来自个人、企业和基金会的捐赠继续在支持画廊优秀的展览、教育、策展和保护项目方面发挥着关键作用。业务礼品和赠款共计 6 004.94 万元,比上年减少 1 569.47 万元,主要是由于 2018 年收到了塞尚肖像以及个人和美国先锋艺术展览的支持。③

(2)二级市场。拍卖市场上,身居艺术品市场龙头的美国同样拥有拍卖资源丰富的拍卖市场,其中佳士得与苏富比依旧强势,连年影响全年销售量趋势。2019 年,佳士得拍卖行再次确立了它在全球艺术品拍卖领域的领先地位:作品总成交额高达 245.66 亿元人民币(15 320 件拍品成交),增长率达 27%。与第二名苏富比相比,佳士得的拍品成交量高出苏富比 1 186 件,同时总成交额领先了 3.96 亿元人民币,差距的拉小也是市场激烈竞争的结果。④ 近几年,富艺斯在高端市场异军突起,2019 年度总成交额为 39.84 亿元人民币,排在全球第四的中国嘉德(40.11 亿元人民币)之后。⑤

艺术品二级市场的交易比一级市场更易受国际经贸关系的影响。随着 2016 年开始

---

① 《2019 年度艺术市场报告》。

② 《2019 年度艺术市场报告》。

③ https://www.nga.gov/about/annual-reports/2019/treasurer-financial.html。

④ 《2019 年度艺术市场报告》。

⑤ 《2019 年度艺术市场报告》。

的特朗普政府与中国的贸易摩擦,美国对中国多次征收报复性关税。美国股市前期呈现出相对繁荣的态势,美国艺术品拍卖行业的拍卖总量和拍卖额也是水涨船高,但由于后期中国的抵制,美国的金融产业也受此影响,略显颓废,艺术品市场的高敏感性反应极为明显。在 2019 年,美国的艺术品市场下跌 22%,占有比率达 35%,几乎与 2013 年持平,而在过去的 5 年间,美国的艺术品拍卖市场份额一向稳定在全球的 40%以上,可见国际经贸关系的影响之大。2010—2019 年美国艺术品市场份额占比如图 7-10 所示。

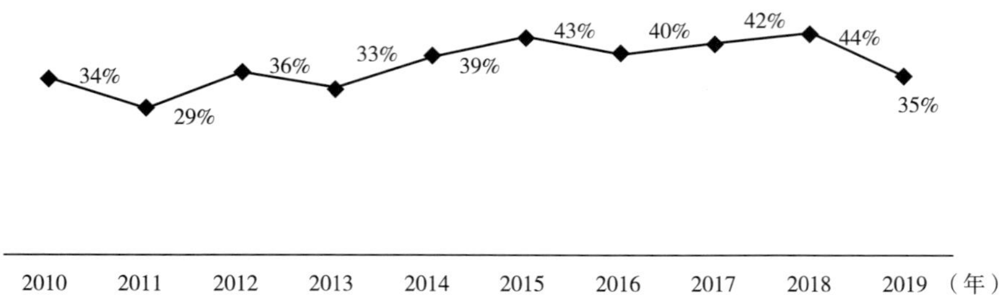

图 7-10　2010—2019 年美国艺术品市场份额占比

资料来源:《TEFAF2019 全球艺术品市场报告》,艺术经济(Arts Economics),2019。

7.2.1.3　竞争优势分析

美国一直能够处于艺术品市场的前列地位主要有以下几个优势。

(1)经济基础雄厚,资本要素丰裕。充裕的资本要素禀赋能够给艺术的生产提供必要的创作条件。美国国家艺术基金会的建立标志着美国政府对艺术领域的介入管理。从建立至今 50 多年的发展历程中,美国国家艺术基金会通过资助非营利艺术组织,与各州的艺术机构及其地区组织建立合作基金协议,特别是与其他联邦机构和研究机构确立国家发起项目的合作伙伴关系,以支持杰出的艺术作品,推进艺术教育,发展国内艺术。美国国家艺术基金会在艺术资助上有着一套灵活的资金分配原则,其每一美元的拨款将为受益机构吸引七至八倍的资金与之形成配套,是推进美国艺术发展的"种子基金",这也是美国政府资助艺术的特色所在。①

经济基础为艺术的创造提供了物质保障。虽然艺术创作属于精神领域的生产,但与物质生产类似,仍然需要投入一定的资金作为创作基础。美国是世界上最大的艺术品交易中心,纽约是美国艺术品交易的中心城市,全国纯艺术品拍卖大部分的成交发生在纽约。而纽约以外的其他艺术中心,如芝加哥、海登、达拉斯及洛杉矶等,也都有很完善的艺术市场配套基础,如为藏家提供专业知识的机构和个人以及相关服务,如艺术品保险(放心保)、艺术银行、评估和鉴定、保存保管设施等,这些都是艺术品交易蓬勃发展的前提。②

(2)市场结构完善,产业链完整。美国艺术品市场运作十分成熟,一级市场和二级市

① 张玉梅. 美国国家艺术基金会的运作机制[EB/OL]. (2014-04-11)[2020-08-21]. https://news.artron.net/20140411/n590955.html.

② 张伟. 艺术与经济的关系[EB/OL]. [2020-08-21]. http://www.fx361.com/page/2019/0524/5171626.shtml.

场之间界线明确，且相互支持、相互促进，最终两个市场都实现了充分的发展。

一级市场中，艺术家培养机制健全，国外引进人才较多。2019 年，美国教育部门为世界各地的教育工作者开发了一些项目，以鼓励他们与美术馆的收藏进行深入、有意义的互动。美国教育部门在 edX 平台上发布了第一个大规模的开放式在线授课，通过艺术教给人们批判性思维。截至 2019 年，根据美国国家艺术馆数据，有来自 146 个国家的8 500多人注册了该课程，其中 37%的注册学生为美国人。2018 年夏季的网站出版物《发现美国》(*Uncovering America*)已经达到了 22 000 名用户。① 这些对艺术家的大量投资也是美国在艺术品市场上独占鳌头的原因。画廊除了展示和代售艺术品之外，还积极发掘和培养自己的专属艺术家，打造其专属的画风和特色并积极进行市场宣传和推广，从而形成专门的收藏圈。经过长时间的培养，艺术家的作品具有了一定的艺术价值，才可能进入二级市场。

二级市场中，美国拥有全球实力最强的、也是作品拍卖成交数量最多的几家拍卖行。2019 年，佳士得拿下拍卖总成交额和总成交量双料第一，5 000 万美元以上(折合人民币 3.411 亿元人民币)的成交结果共有 5 起，全部在纽约。② 外围市场中，美国的艺术品市场配套基础设施完善，不仅有能够为收藏家提供艺术品信息的机构和顾问专家，而且还能提供艺术品交易相关服务，如艺术品评估和鉴定、艺术品保险和修复、艺术银行等。

(3)知识产权保护政策完善。美国把与专利和版权密切相关的产业称为知识产权产业。知识产权对艺术的保护让创作变得更有价值，完善的知识产权保护激发了人们从事艺术创作并以此获得收益的积极性，因而可以提升艺术品市场的交易量来促进艺术市场的繁荣。③

随着互联网技术突飞猛进的发展，越来越多的信息化知识产权保护工具被用于艺术品交易。2018 年 11 月，佳士得与一家艺术领域的专业区块链平台 Artory 进行合作，成为首个运用此技术的大型拍卖行。每件作品在出售时都附带一份加密的鉴定证书，内含无法伪造的加密信息。④

然而随着中美贸易摩擦的加剧，美国出台一系列关税保护措施，其中涉及艺术品的进口。2018 年 7 月 10 日公布的原始关税清单包括中国画、油画、粉彩画、版画和石刻、原始雕塑以及“100 多年古董”，在美国不同的艺术品交易商联合起来抗议下，9 月 17 日公布的中国进口货物关税修订清单上，艺术品和古董不再出现。⑤ 同样地，由于政治因素，因为对欧盟和俄罗斯的“北溪-2”天然气管道项目存在不满，2020 年 6 月底美国政府宣布正在考虑对来自德国、法国、西班牙和英国等欧盟国家征收惩罚性关税，其中包括艺术品的税收，欧盟随后也向世贸组织提起抗议并试图以同样的措施对待美国。

美国作为世界艺术品市场交易量最大的国家，对同样是艺术品市场份额非常大的中

---

① https://www.nga.gov/about/annual-reports/2019/yaer-review.html/#eaucating。

② 《2019 年度艺术市场报告》。

③ 朱颖．美国法院如何界定实用艺术品的可版权性[EB/OL]．[2020-10-09]．http://pkulaw.cn/fulltext_form.aspx? Gid=46437fdf413777b14ec543eaa6bd85d8bdfb.

④ 《2019 年度艺术市场报告》。

⑤ 里木．美国放弃中国艺术品古董关税贸易政策[EB/OL]．[2020-09-20]．http://www.cs.com.cn/ssgs/gssc/201809/t20180920_5875338.html.

国、法国、英国等国进行贸易保护,不仅将会影响美国在全球艺术品交易市场中的地位,也将冲击全球艺术品市场的整体交易额和市场预期。

7.2.2 中国市场

2019 年中国成为世界上拍卖成交总额第二大市场,在全球艺术品市场上的影响力举足轻重。但在当前全球艺术品市场整体走低的背景下,中国艺术品市场也处于缓慢下降的阶段。从图 7-11 可以看出,2013 年中国纯艺术品拍卖市场总额达到了历史最高。在经过了 2015 年的剧烈下滑之后,2017 年我国纯艺术品拍卖出现了小幅度的回弹上升。不过在 2018 年,纯艺术品拍卖市场成交总额再次下跌,持续到 2019 年,前景依旧不看好。《TEFAF2019 全球艺术品市场报告》以及《2019 年度艺术市场报告》显示,2019 年中国内地上拍量达到 151 490 件,成交量为 66 106 件,同比 2018 年分别下降了 14.08%、18.41%,成交总额为 280.06 亿元人民币,同比缩水 8.54%,占全球总成交额的 31%。而在 2018 年中国纯艺术拍卖市场同 2017 年度一样有一定程度的缩减,上拍量为 176 325 件,成交 81 020 件,拍卖总额为 306.21 亿元人民币,同比下降 12.11%,市场份额占全球的 28.96%。由调研机构、艺术经济发布的报告,包括拍卖市场数据,还有艺术经销商、收藏家及业内其他专家提供的数据,同时参考一些百度文库的数据可知,尽管中国艺术品市场排名有所不同,但是总体来说,中国与全球艺术品市场的走势基本一致。

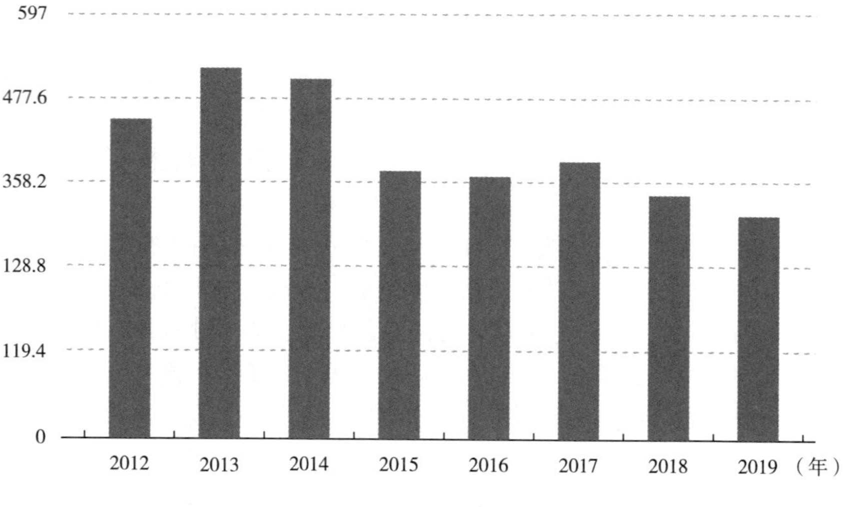

图 7-11 2012—2019 年中国纯艺术拍卖市场成交总额(单位:亿元人民币)

资料来源:《2019 年度艺术市场报告》,雅昌艺术市场监测中心,Artprice 集团,2019。

7.2.2.1 发展历程

(1)按时间分类。中国艺术品的发展历程按照时间顺序可以分为三类:古代艺术、近代艺术和现代艺术。

中国艺术品市场有着悠久的历史,1840 年之前的艺术被称为古代艺术。从最早在新石器时代后期用于物物交换的艺术品，到汉代出现的“佣书”市场，再到唐代出现的小型手工作坊和宋代买卖字画的摊位，一直到明代出现的专门经营书画的店铺，中国古代的艺术品市场在漫长的历史进程中逐渐发展起来，形成了各式各样的艺术品种类，比如瓷器、玉器、书法、绘画、古籍等。

1840—1949 年的艺术被称为近代艺术。近代艺术品市场的发展直接影响了中国艺术品市场的形成。此时期主要是效仿西方和日本的模式发展。

1949 年至今的艺术被称为现代艺术。新中国成立到 1978 年改革开放前，艺术品市场发展基本停滞。从 20 世纪 80 年代开始，艺术品市场开始进入正常发展时期，大致可以分为五个阶段。第一阶段为 1980—1990 年，是艺术品市场的缓慢发展时期。这一时期，艺术品市场规模较小，市场的经营模式仍然是计划经济体制。第二阶段为 1991—1997 年，是艺术品市场快速发展时期，市场上艺术品的需求和供给增多，各种拍卖公司出现，拍卖成交额增加，市场规模扩大。第三阶段为 1997—2003 年，是艺术品市场的调整时期，受到国际金融危机的影响，加上市场管理规范的缺失，艺术品市场出现下滑趋势。第四阶段为 2003—2011 年，是艺术品市场快速发展时期，市场结构日益完善，规模迅速扩大，拍卖成交额快速增长。第五阶段为 2011 年至今，是艺术品市场的调整时期，艺术品投资更为谨慎。

（2）按类型分类。中国艺术品市场中的艺术品按其类型不同可主要分为三大板块，即中国书画、瓷器杂项、油画及当代艺术三大项。2017—2019 年春中国艺术品三大板块交易总额占比如图 7-12 所示。

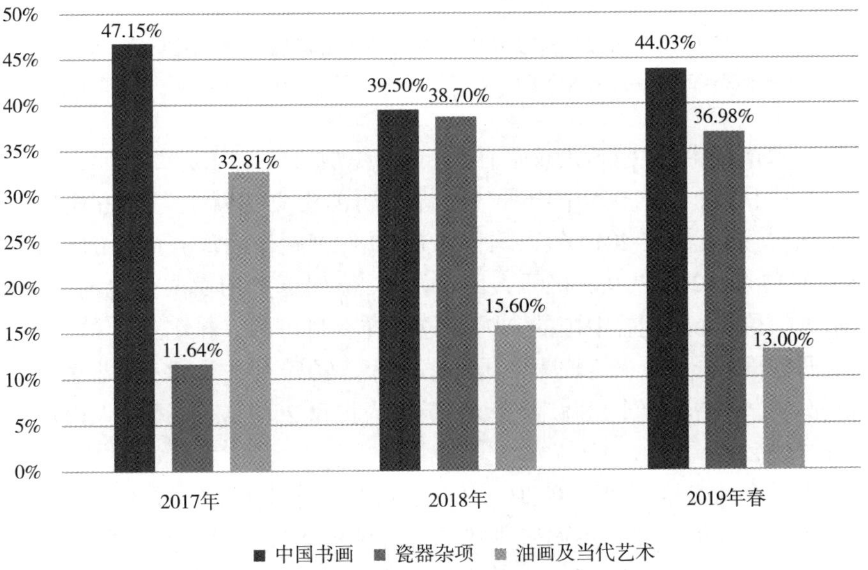

图 7-12　2017—2019 年春中国艺术品三大板块交易总额占比

资料来源：《2019 年度艺术市场报告》，雅昌艺术市场监测中心，Artprice 集团，2019。

第一，中国书画。作为极具中国特色的一种艺术品类型，中国书画蕴含中国独特的历史审美文化，一直是中国艺术品市场的主要组成部分，无论在市场份额还是单件拍品成交价上都占据着主导地位，各大拍卖市场上屡有拍品创中国拍卖市场上的“天价”。中国书画类作品也决定了中国艺术品市场的大致走势。

中国书画包括古代书画、近代书画和当代书画。2019 年，中国书画拍了 140 584 件，成交量为 59 044 件，总成交额达到 192.13 亿元人民币，流拍率为 58%。2015—2017 年 3 年间，中国书画板块的流拍率都较高，尤其是 2017 年，中国书画市场流拍率将近 70%；从 2018 年开始，该板块的流拍率则出现大幅下降，这与中国拍卖公司坚持采取积极应对措施密切相关，通过增质减量、诚信建设以及向藏家提供金融服务等举措稳住了该板块的成交。[①] 2012—2019 年中国书画拍卖市场成交总额如图 7-13 所示。

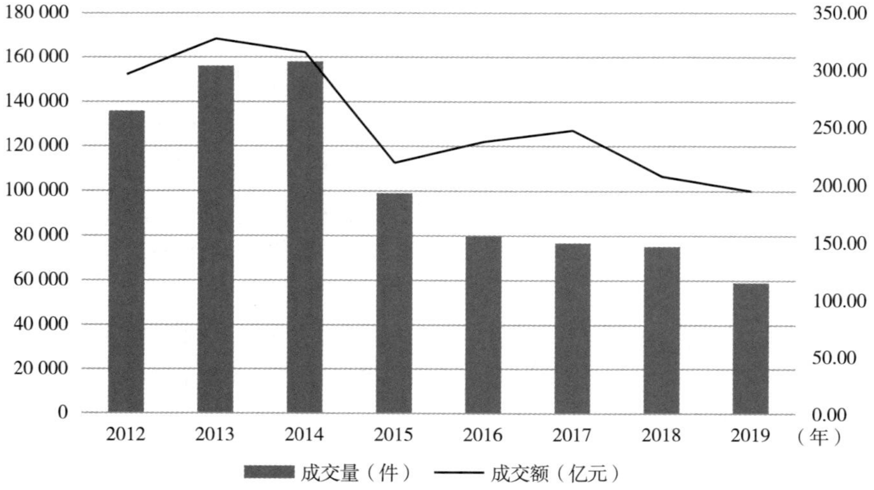

图 7-13　2012—2019 年中国书画拍卖市场成交量和成交额

资料来源：《2019 年度艺术市场报告》，雅昌艺术市场监测中心，Artprice 集团，2019。

在古典艺术市场中，中国是表现最佳的市场，总成交额为 32.02 亿元人民币，是法国（7.61 亿元人民币）的 4 倍多。中国古代辉煌文明的历史造就了一批古典艺术大家，朱耷、石涛、文徵明、郑板桥在 2019 年人均售出超 20 件书画作品。齐白石的《山水十二》在北京保利于 2017 年 12 月以 9.3 亿元人民币拍卖，位列历史拍卖成交价的第四名。在全球古典艺术家拍价排行榜上，中国的支配地位同样有目可睹。排名前十的艺术家中只有契马布埃是西方面孔，其余 9 位均为中国的书画家。2019 年中国嘉德（北京）凭借赵孟頫的作品《致郭右之二帖卷》创 3 800 万美元（折合人民币 25 930.44 万元人民币）的拍出纪录，领衔该排行榜。[②]

尽管近些年全球经济不尽人意，中国的艺术品市场同样受经济影响，但中国书画市场依然延续繁荣发展的态势。不同于当代艺术收藏的不确定性，也不同于瓷器杂项收藏的小众群体，中国书画收藏群体稳定。书画的流通性更强，收藏传统稳固，因而往往成为买家不断追逐的目标。尤其是近现代书画，它不存在古代书画精品数量有限、鉴定风险大的问题，名家的美术史地位已经确定，而且存世真迹数量适度，因而该板块在中国书画

① 《2019 年度艺术市场报告》。

② 《2019 年度艺术市场报告》。

投资中最具操作性,升值潜力最旺。

第二,油画及当代艺术。自 2014 年起,油画类艺术品及当代艺术品在艺术市场中的成交份额有所上升,早期油画板块中的徐悲鸿、常玉等名家作品仍然是市场热点。整体来说,中国油画及当代艺术板块在 2019 年依旧延续了 2018 年的成交情况,市场规模依旧可观。在艺术品市场漫长的调整期中,油画及当代艺术近三年的发展趋势稳中向好。根据雅昌艺术市场监测中心(AMMA)不完全统计,2019 年,油画及当代艺术板块共成交 70 620件,成交额为 87. 87 亿美元,同比上涨 3. 29%,成交额再创历史新高,如图 7-14 所示。

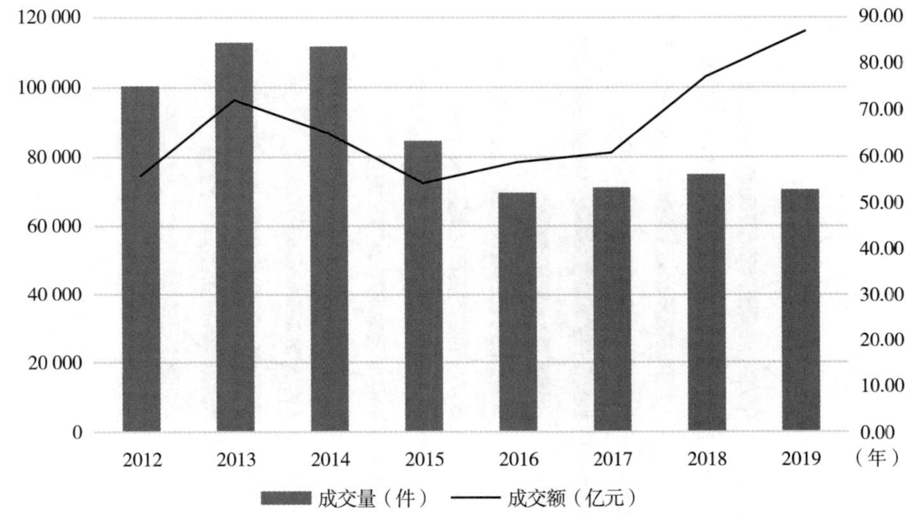

图 7-14　2012—2019 年中国油画及当代艺术成交量、成交额

资料来源:《2019 年度艺术市场报告》,雅昌艺术市场监测中心,Artprice 集团,2019。

2019 年,中国油画在 20 世纪经典油画板块 TOP100 榜单中占了 25 件。其中,赵无极作品上榜 17 件,7 件超 1 千万美元(折合人民币 6 827. 5 万元人民币)成交;常玉上榜 7 件,3 件超 1 千万美元(折合人民币 6 827. 5 万元人民币)成交。常玉的《五裸女》在香港佳士得 2019 年秋拍中以 2. 065 亿元人民币成交,为亚洲第二高价油画。① 放眼全球艺术市场,赵无极和常玉也仍是佼佼者。在 2019 年全球艺术家拍卖成交 TOP100 榜单中,赵无极以 16. 25 亿元人民币的成交额位列全球第三,常玉以 7. 44 亿元人民币的成交额排在全球第十六位。②

在当代艺术方面,刘野无疑是 2019 年中国当代艺术市场中最畅销的艺术家,其成交率高达 94. 11%,成交额位列中国当代艺术拍卖排行榜的榜首。2019 年度,刘野共上拍 51 件,成交 48 件,成交额为 3. 24 亿元人民币,同比增长 410. 87%,涨幅惊人。刘野作品《烟》以 4 524. 52 万元人民币的价格在香港苏富比 2019 年秋拍中成交,刷新了

① 《2019 年度艺术市场报告》。
② 《2019 年度艺术市场报告》。

个人最高纪录。①

第三,瓷器杂项。如图 7-15 所示,瓷器杂项类艺术品的成交额在波动中总体稳定,虽市场份额未能与书画类作品平分秋色,但就其表现来看,足以使更多的投资者将目光投向这一类型的艺术品。虽然瓷器类艺术品就艺术性无法与书画类艺术品相比,然而因存世量少,也屡屡创出高价。并且,瓷器是世界性的收藏品,在海外市场也同样具有吸引力。因此,瓷器杂项类艺术品的未来市场行情依旧被看好,且作为投资品,升值空间极大②。

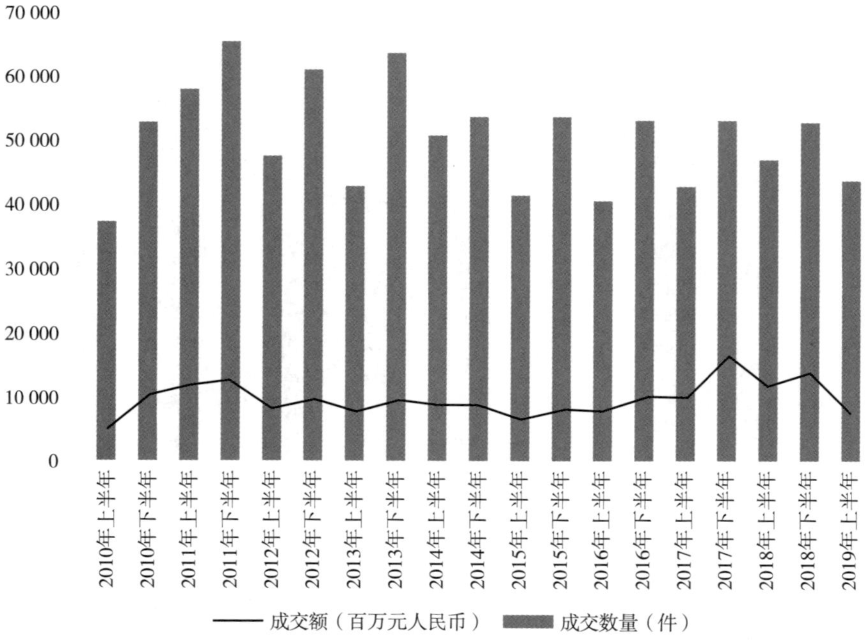

图 7-15　2012 年上半年至 2019 年上半年中国瓷器杂项成交量、成交额

资料来源:雅昌艺术市场监测中心(AMMA),统计时间为 2019 年 1 月 1 日至 6 月 30 日。

7.2.2.2　一级和二级市场构成

中国艺术品市场分为一级市场和二级市场。一级市场主要有画廊、艺术博览会、文物商店、古玩城等;二级市场则以拍卖行为主。发展成熟的两层结构市场体系运转规律应该和国际艺术品市场一致,即由一级市场画廊承担经纪人的角色,负责挖掘和培养艺术家,帮助艺术家树立自己的创作风格;只有当艺术家的作品有一定的市场价值之后,才可以进入二级市场。在经历震荡后,中国艺术市场正逐渐步入稳定的良性循环中,有序、理性、升级、多元成为中国艺术市场发展的关键词。③

① 《2019 年度艺术市场报告》。

② 中国艺术品市场三大板块的发展与特点[EB/OL].[2020-07-03].https://www.sohu.com/a/405548447_656655? scm=1019.e000a.v1.0&spm=smpc.csrpage.news-list.103.15968543189813ndF7sA.

③ 《2019 年度艺术市场报告》。

(1)一级市场。一级市场的主要经营方式是艺术品经营者通过代理艺术品的所有权将艺术品投入市场,中国的一级艺术品市场主要以画廊为代表。由于我国一级市场的不成熟,二级市场比一级市场更为活跃,所以赝品横行的问题也时常出现。

我国画廊市场的发展大致分为四个阶段。第一阶段:中国改革开放初期。在这一阶段,随着国家政治、经济、文化政策的调整,传统"画店"式的艺术品销售形式得到恢复。第二阶段:20 世纪 80 年代。在这一阶段,随着中国经济领域改革的深入,艺术品市场迅速发展,尤其是针对民众的艺术品消费的画廊数量明显增加。第三阶段:20 世纪 90 年代。这一阶段是中国专业画廊的萌芽期,一些画廊逐渐摆脱传统"画店"模式或旅游性"美术品商店"模式,而转入当代性的经营模式。第四阶段:2000 年至今。这一阶段具体表现为专业画廊数量的急剧增加以及外资画廊的大量涌入。此外,中国经济文化中心城市和经济发达地区的专业画廊已经形成了多元竞争的活跃场景。所谓多元,不仅仅指的是画廊所经营作品的风格或定位的多元,还涵盖了经营者的背景、运作模式、公关策略等诸方面的多元。①

(2)二级市场。我国艺术品二级市场的经营方式主要为艺术品经营者接受艺术品所有者的委托进行销售,拍卖是其主要的物化形式。

在二级市场,拍卖行业持续推行增质减量、品类多元化的策略,在交易规模缩小的情况下成交率有所提升,尤其是油画及现当代板块市场更出现逆势上涨。

从拍卖地域上看,京津冀地区仍是书画成交份额最大的区域,港澳台地区则下降明显,而长三角地区和珠三角地区的成交均有不同程度的上涨。

从 2019 年上半年艺术品成交额地域分布来看(见图 7-16),成交额最多的地区是港澳台地区,共 49 件拍品,总成绩为 22.83 亿元人民币,均价为 4 659.18 万元人民币;京津冀地区位列第二,共 44 件拍品创收 18.6 亿元人民币,均价为 4 227.27 万元人民币。高端拍品资源仍集中在港澳台地区和京津冀地区。长三角地区虽然在总量与成交总额上远不如港澳台地区和京津冀地区,但略高于珠三角地区,共 4 件拍品上榜,成交总额为 1.99 亿元人民币,均价为 4 975 万元人民币,其中 3 件拍品来自华艺国际,1 件拍品来自广东崇正。②

7.2.2.3 竞争优势分析

(1)国家政策鼓励支持。随着人民生活水平的提高,广大人民群众对文化艺术的需求越来越高。国家在"十二五"规划第十篇就开始提出要大力发展文化产业,强调"加快发展文化产业、推动文化产业成为国民经济支柱性产业"。③ 具体提出政策如表 7-5 所示。

---

① 中国画廊调查报告[EB/OL].[2020-05-05].https://wenku.baidu.com/view/0e9f9c7d4bfe04a1b0717fd5360cba1aa9118c34.html.

② 2019 年上半年中国艺术品拍卖行业成交量及成交地区分析[EB/OL].[2020-12-19].https://www.chyxx.com/industry/201912/819703.html.

③ 2020 年两会艺术界声音:"美育"、"扶贫"与"科技"成关键词[EB/OL].[2020-05-26].http://art.china.cn/txt/2020-05/26/content_41164202.shtml.

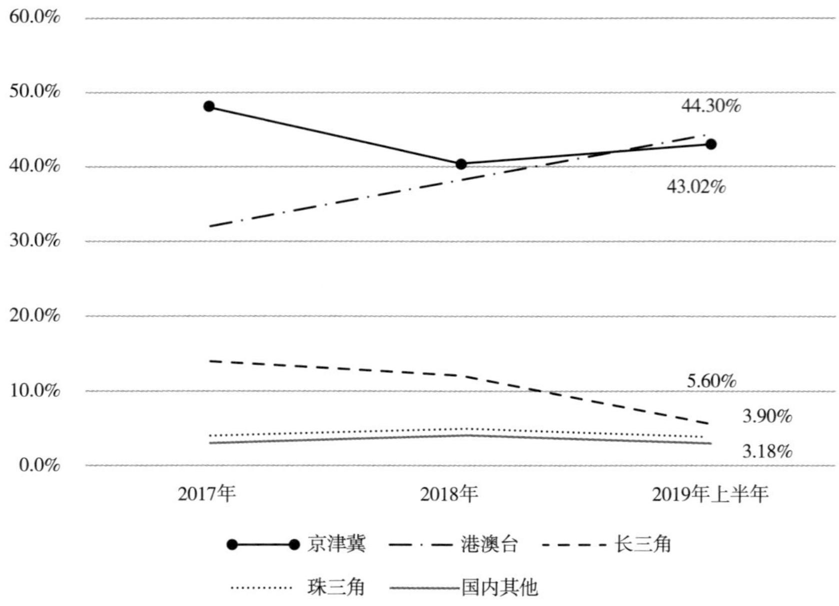

图 7-16 2017—2019 年上半年中国艺术品拍卖市场区域成交额分布变化

资料来源:公共资料整理。

表 7-5 2016—2020 年中国艺术品市场政策

颁布时间	颁布机构	政策	相关内容
2016 年 1 月	文化部	《艺术品经营管理办法》	将"美术品"改为"艺术品",对艺术品市场实行全方位内容监管,将网络艺术品、投融资标的物艺术品、鉴定评估等纳入监管范围,取消对"装裱""比赛""咨询"等这些与艺术品内容关系不大的活动的管理①
2016 年 3 月	中国拍卖行业协会	《关于加强艺术品拍卖标的内容审核的指导意见》[中拍协〔2018〕53 号]	艺术品拍卖企业要建立、完善艺术品拍卖标的自审制度,明确审核人员岗位职责,强化企业主体责任,依照《艺术品经营管理办法》和《文物艺术品拍卖标的审定指导规范》有关要求,做好拍卖标的把关工作,确保拍卖标的合法性,严格防控《艺术品经营管理办法》第六条禁止经营的艺术品流入拍卖市场②

① 艺术品经营管理办法[EB/OL].[2020 - 01 - 18]. http://www.gov.cn/gongbao/content/2016/content_5070760.htm.

② 关于加强艺术品拍卖标的内容审核的指导意见[EB/OL].[2020 - 01 - 12].http://yishengwh.cn/wap/newview.php? cid=96&id=201.

续表

颁布时间	颁布机构	政策	相关内容
2018 年 7 月	国务院关税税则委员会	《国务院关税税则委员会关于降低日用消费品进口关税的公告》[税委会公告〔2018〕4 号]	2018 年 7 月 1 日起,我国以暂定税率的方式进一步下调雕版画、印制画、石印画的原本等主要艺术品的进口税率,由 3%下调为 1%①
2019 年 4 月	海关总署 文化和旅游部	《关于简化综合保税区艺术品审批及监管手续的公告公告》(公告〔2019〕67 号)	开展艺术品保税存储的,在综合保税区与境外之间进出货物的申报环节,文化和旅游行政部门不再核发批准文件,海关不再验核相关批准文件。在区内外开展艺术品展览、展示及艺术品进出口等经营活动的,凭文化和旅游行政部门核发的批准文件办理海关监管手续。对同一批艺术品,文化和旅游行政部门核发的批准文件可以多次使用②
2020 年 5 月	国家税务总局	《关于明确二手车经销等若干增值税征管问题的公告》③	《公告》第三条就拍卖行受托拍卖的文物艺术品相关增值税政策进行了调整,《公告》中明确指出:拍卖行受托拍卖文物艺术品,委托方按规定享受免征增值税政策的,拍卖行可以自己名义就代为收取的货物价款向购买方开具增值税普通发票,对应的货物价款不计入拍卖行的增值税应税收入④
2020 年 6 月	文化和旅游部	《文化和旅游部办公厅关于征集 2020 年"一带一路"文化产业和旅游产业国际合作重点项目的通知》	拓展数字文旅产业合作。依托优秀文化和旅游资源,与沿线国家和地区合作开发数字化产品。动漫、网络文化、数字艺术展示、文旅装备等领域内容制作、技术研发、标准制定和传播渠道建设等合作项目。5G、虚拟/增强现实、人工智能、云计算、区块链等高新技术在文旅领域的应用。文化创作、生产、传播和消费等环节的关键技术合作研发。线上文旅产品展览交易会、旅游内容推广等新模式⑤

① 国务院关税税则委员会关于降低日用消费品进口关税的公告[EB/OL].[2020-06-01].http://www.gov.cn/xinwen/2018-06/01/content_5295388.htm.

② 海关总署文化和旅游部公告 2019 年第 67 号(关于简化综合保税区艺术品审批及监管手续的公告)[EB/OL].[2020-06-01].http://www.gov.cn/zhengce/zhengceku/2019-11/05/content_5448955.htm.

③ 关于《国家税务总局关于明确二手车经销等若干增值税征管问题的公告》的解读[EB/OL].[2020-04-27].http://www.chinatax.gov.cn/chinatax/n810214/n810641/n2985871/n2985888/n2986028/c5149075/content.html.

④ 艺术品市场迎来一项重磅税收政策![EB/OL].[2020-06-01].https://www.sohu.com/a/394619659_432994?scm=1019.e000a.v1.0&spm=smpc.csrpage.news-list.88.15968543189813ndF7sA.

⑤ 文化和旅游部办公厅关于征集 2020 年"一带一路"文化产业和旅游产业国际合作重点项目的通知[EB/OL].[2020-06-29].http://www.gov.cn/xinwen/2020-06/29/content_5522597.htm.

(2)高净值人群艺术品投资需求强劲。"中国高净值艺术品投资人群"是指家庭净资产在千万元以上、常住地在中国境内、年龄在 20 岁以上、学历在初中以上且过去有过艺术品收藏投资经历或未来一年有艺术品收藏投资意愿的人群。艺术品因其具有的稀缺性、保值性较高、不产生折旧、投资时间较长和流动性较小等特点,从而成为投资者重要的可投资产业市场。

《2019 中国高净值人群艺术品投资白皮书》表明,2019 年,艺术品的总成交额、平均成交额、上榜门槛、年成交额过亿的艺术家人数都有明显增长,艺术品投资已经成为中国高净值人群投资理财的选择之一。通过对中国高净值艺术品投资人群的调研发现,受到中国艺术品市场发展日益成熟的影响,该类人群在计划未来一年的投资理财产品时,会增加在艺术品市场里的投资(41.3%);其次是增加投资基金理财产品,占比 27.9%。艺术品具有极强的文化属性和民族特色,可以划分成许多不同类别,2019 年艺术品投资人群最关注的五个品类分别是中国书画(37.5%)、珠宝翡翠(21.2%)、玉石器(10.6%)、西画雕(8.7%)和瓷器(6.7%),如表 7-6 所示。而中国书画是最受京津冀和长三角地区人群欢迎的品类,分别占了 55.6%和 42.4%。

表 7-6　2019 年中国高净值艺术品投资人群关注的艺术品类 Top5

排名	品类	总占比(%)
1	中国书画	37.5
2	珠宝翡翠	21.2
3	玉石器	10.6
4	西画雕塑	8.7
5	瓷器	6.7

资料来源:《2019 中国高净值人群艺术品投资白皮书》,雅昌艺术市场监测中心,Artprice 集团,2019。

7.2.3　英国市场

自 2017 年以来,英国艺术品市场连续两年保持稳定增长,2017 年增幅达 13%①,2018 年增幅达 12%②。尽管在 2019 年英国高端市场出现颓势,整体下跌 21%,但依然稳居世界第三。③

7.2.3.1　发展历程

英伦三岛四面环海,天然的海洋屏障将其隔离在了欧洲大陆的主流文化之外。当欧洲大陆开始轰轰烈烈的文艺复兴运动时,这个岛国依然保持着自己的步调,不慌不忙地沿着其传统的艺术轨迹缓慢前行。相比紧跟时代精神的欧洲画坛,英国的传统美术被禁锢于和文学与诗歌密切相关的叙事风格里。相对西方艺术的主流世界,英国的艺术是孤立的,但其艺术市场是在包容开放的文化环境和政策以及先进的市场经济制度下发展起

① 《2017 年度艺术市场报告》。

② 《2018 年度艺术市场报告》。

③ 《2019 年度艺术市场报告》。

来的,按照时间历程可以大致分为古典艺术、19 世纪艺术、现代艺术、战后艺术以及当代艺术阶段。

古典艺术伴随 18 世纪贵族没落、中产新贵崛起而形成,英国古典艺术与法国古典主义艺术存在明显的差异性。受到法国大革命的影响,英国的古典主义绘画也得到了发展,特别是肖像画和风景画发展到了一个前所未有的高度。历史最悠久的拍卖行苏富比与佳士得在伦敦应运而生,为贵族家中流传的工艺品、绘画等创造了流通市场,贵族也得以通过此换取维持奢华生活的资金。19 世纪涌现出传奇画商鲁埃尔(Durand Ruel),将莫奈(Claude Monet)、毕沙罗(Camille Pissarro)等印象派大师一手推向国际艺术舞台。

时至 2019 年,我们依然能够在全球艺术品市场寻找到英国古典大师的踪迹,但相较于中国,英国市场在这一领域缺乏亮点。如表 7-7 所示,在 2019 年全球前二十位古典大师中,只有托马斯·庚斯博罗以第十七位的名次为英国站住阵脚,成交额达 6 820 万元人民币的作品仅有其创作的风景画《清晨农夫赶集》。

表 7-7　2019 年全球前二十位古典大师

艺术家	成交金额(元人民币)	成交作品(件)
赵孟頫(1254—1322)	273 281 492	6
朱耷(1626—1705)	195 772 192	21
契马布埃(1240—1302)	182 621 186	1
石涛(1642—约 1707)	163 781 618	22
文徵明(1470—1559)	142 917 874	53
王蒙(1308—1385)	141 070 336	3
董诰(1740—1818)	129 574 544	8
钱维城(1720—1772)	122 535 622	11
王铎(1592—1652)	109 940 446	40
郑板桥(1693—1765)	99 591 778	53
彼得·保罗·鲁本斯(1577—1640)	86 665 150	11
阿希姆·安东尼斯·尔特瓦鲁(约 1566—1638)	80 289 814	2
乔凡尼·第·保禄(1403—1482)	79 172 016	2
伊丽莎白·维杰·勒布伦(1755—1842)	75 738 146	11
董其昌(1555—1636)	73 688 736	85
贾恩·桑德斯·凡·赫梅森(约 1500—约 1566)	71 880 072	4
托马斯·庚斯博罗(1727—1788)	71 060 308	11
沈周(1427—1509)	65 378 566	21
胡塞佩·德·里贝拉(1591—1652)	64 319 420	19
黄道周(1585—1646)	63 256 864	11

资料来源:《2019 年度艺术市场报告》,雅昌艺术市场监测中心,Artprice 集团,2019。

随着西方艺术的发展,19 世纪艺术逐渐趋于多元化。浪漫主义在这个时期应运而生,其脱离社会现实的艺术形式使得同时期的现实主义作为对立而出现。在代表性作品稀缺的 2019 年,弗朗西斯·培根以 786 500 132 元人民币的成交金额跻身 2019 年全球前十位 19 世纪艺术家和现代艺术家的第七位(如表 7-8 所示),其粗犷犀利的超现实主义给现代艺术留下了浓墨重彩的一笔。

表 7-8　2019 年全球前十位 19 世纪艺术家和现代艺术家

艺术家	成交金额(元人民币)	成交作品(件)	流拍率
巴勃罗·毕加索(1881—1973)	2 360 931 232	3 540	21%
克劳德·莫奈(1840—1926)	2 035 179 388	36	8%
张大千(1899—1983)	1 212 653 970	511	29%
吴冠中(1919—2010)	1 014 287 450	178	22%
齐白石(1864—1957)	884 905 912	416	28%
雷尼·马格里特(1898—1967)	871 576 222	153	22%
弗朗西斯·培根(1909—1992)	786 500 132	127	22%
李可染(1907—1989)	764 761 382	176	29%
常玉(1901—1966)	745 577 404	79	19%
马克·罗斯科(1903—1970)	726 031 966	15	12%

资料来源:《2019 年度艺术市场报告》,雅昌艺术市场监测中心,Artprice 集团,2019。

直至 20 世纪,英国美术的发展依然扑朔迷离,虽然涌现出一大批现代最杰出的艺术家,但他们似乎都难以被归类到任何一种流行的美术发展轨迹。这种情况一直延续到了 20 世纪的现代艺术中。20 世纪的伦敦顶级画廊辈出,其中萨奇画廊(Saatchi Gallery)以及白立方(White Cube)将“年轻英国艺术家”(Young British Artists,YBA)又推向了一个新的顶峰。

于 1984 年首次颁发的“特纳奖”(Turner Prize)是英国最重要的艺术奖,这个奖项旨在鼓励现代艺术的发展,主要颁给 50 岁以下的英国艺术家。每年会有四位艺术家入围,入围者主要是当下在英国工作或出生于英国但在任何地方工作的艺术家。许多著名艺术家的最初受人关注就是从“特纳奖”的提名开始,该奖项不但给在世艺术家提供了展示的舞台,更培养出了无数优秀的艺术新杰。

7.2.3.2　一级和二级市场构成

(1)一级市场。英国具有规模庞大且构架完善的一级市场,比如当代英国艺术的有力推手白立方以及萨奇画廊、专注学术性的里森画廊、来自美国的顶级画廊高古轩及佩斯等,更有以弗里兹艺博会领衔的国际艺术平台。这些画廊与不同类别的艺术家都有非常紧密的合作关系,以经纪人的角色为成熟艺术家拓展市场,为新兴艺术家打造“职场”之路。除此之外,伦敦有关注先锋艺术家的机构,例如白教堂美术馆(White Chapel Gallery);有收藏殿堂级现当代作品的泰特现代美术馆(Tate Modern);有世界一流的博物馆、艺术馆,比如大英博物馆(British Museum)与国家美术馆(National Gallery)。这些艺术机构为各层面艺术家提供了展示的平台,策展人主持的多元特展帮助艺术家宣传理念、促进国际艺术家之间的交流,也会在资金上给予艺术家一定的资助。

近年来,英国博物馆和画廊的参观人数占比一直维持在50%左右(见图7-17),这和英国的艺术氛围是息息相关的。伴着悠久的艺术历史背景,英国的一级艺术市场不断地延续发展着。

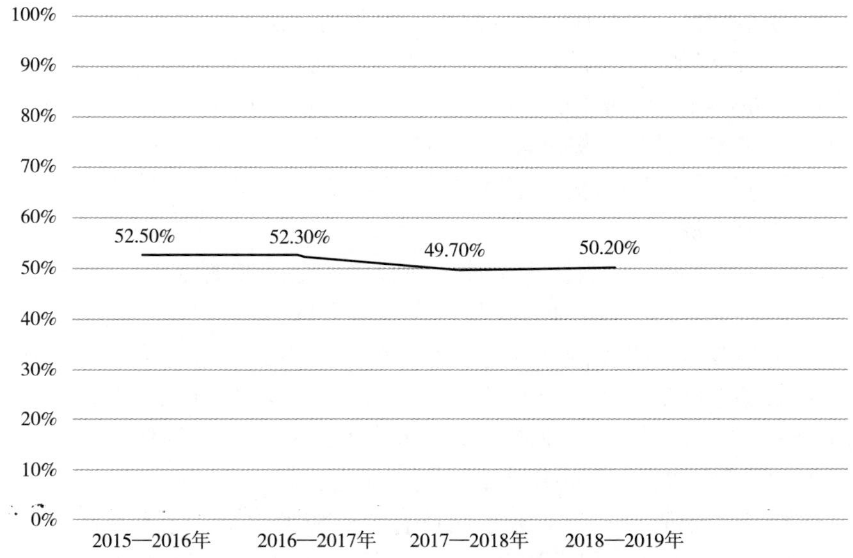

图7-17 2015—2019年英国博物馆和画廊参观人数占比

资料来源:艾媒数据中心(data. iimedia. cn)。

(2)二级市场。伦敦发达的资本运作系统和完善的市场经济体制孕育了诸多规模庞大、专业水平极高的拍卖行,如苏富比、佳士得、英国大维德拍卖、邦瀚斯等,形成了以伦敦为中心的全球性艺术品交易中心。

苏富比是世界上最古老的拍卖行,起源于英国伦敦科芬园的书籍拍卖会。苏富比的办事处遍布40多个国家,收藏品品类超过70种。2018年,苏富比拍品价值达到436.48亿元人民币,营业收入为70.93亿元人民币,净利润为7.43亿元人民币。2019年7月3日的西洋古典油画晚拍成交总额达到4.92亿元人民币。

佳士得拍卖行创立于1766年,足迹遍布40多个国家,办事处分布于全球约90个主要城市。主要拍品包含珍罕艺术品、名表、珠宝首饰、汽车和名酒等,还涉足艺术品贮存及保安、教育、艺术图片库及物业等领域。2019年6月11日至25日,佳士得精致名表(网上拍卖)成交总额为1 100万元人民币;2019年6月26日举办的战后及当代艺术拍卖会,成交总额为1.1亿元人民币。

英国大维德拍卖公司成立于20世纪初,作为世界十大拍卖公司之一,最有名的藏品是中国陶瓷,被华人学者认为是世界最佳陶瓷收藏。涉及艺术品包括瓷器、玉器、书画及其他藏品。

邦瀚斯成立于 1973 年,是私人全资拥有的英国拍卖行,主要拍品是艺术品、古董、汽车、珠宝。

英国还有另外一些实力不错的拍卖公司,例如英国奥古斯国际拍卖行、英国斯图亚特国际拍卖有限公司、英国皇室贵族拍卖公司、英国比斯特拍卖公司、英国亨利拍卖有限公司、英国伯爵国际拍卖行等。

7.2.3.3 竞争优势分析

(1)成熟的艺术生态。英国除了有发达而完善的一级和二级市场外,还有完善的外围辅助市场,比如顶级的学术机构,如赫斯特以及一批 YBA 的母校——伦敦大学金匠学院(Goldsmith,University of London)、考陶尔德艺术学院(The Courtauld Institute of Art)等,保证为有志成为艺术家的青年提供最优质的教育。艺评人也在其中扮演了重要角色:始于伦敦的《艺术新闻》《金融时报》的艺术市场评论,至今都是藏家、艺术专业人士获取全球艺术信息的重要来源。

(2)雄厚的综合基础。伦敦作为全球数一数二的金融和商业中心,聚集了全球最多的高净值人群和资金量,艺术品的供给和需求面向全球,政府对非营利性艺术机构发展和艺术捐赠方面税收减免等支持政策对纽约艺术、博物馆和藏家的发展壮大起到重要的推动作用。伦敦是全球重要的历史文化名城,文化积淀深厚,藏家专业成熟。欧美市场一级市场画廊业与二级市场拍卖业既分层又融合的成熟市场结构使艺术品市场发展较为有序,一级市场画廊和私人销售比二级拍卖市场占比高。

(3)健全的管理政策。第一,对艺术品持有者的相关政策。艺术品作为遗产是要征税的,英国遗产税率为 40%。但是如果艺术品不出卖,而是继续保留并且向公众展示,可以不缴税,该项税收政策使得大量的私人收藏继续留在英国。

第二,对拍卖公司的相关政策。英国不仅没有明确的主管拍卖活动的政府部门,而且拍卖企业不必领取营业执照,法律对拍卖行业的从业资质没有设定最低界限,不要求拍卖商加入专业机构成为会员,也没有规定强制性的会计准则来保护消费者。英国的立法者认为,尽管拍卖是一种特殊的交易活动,但在法律关系上同一般买卖是相似的,不同之处只在于拍卖活动有时间、地点的限制,并且拍卖人一般对所经手的货物不享有所有权。因此作为交易活动,当事人的权利义务等主要由其自己协商确定,政府无须做严格规定。

7.2.4 法国市场

2018 年,全球拍卖总成交额增长了 4%,法国却逆向而行,降幅为 10%。[①] 而在接下来的 2019 年,法国实现强势反弹,就拍卖总成交额而言,增长率最高的是法国市场(增长率为 18%),作品总成交量达 8.2 万件,揽金 56.4 亿元人民币,创下其最佳历史纪录。[②] 法国因此被明确定为全球第四大艺术市场。

---

① 《2018 年度艺术市场报告》。

② 《2019 年度艺术市场报告》。

7.2.4.1 发展历程

法国是艺术品产出、交易都起步较早的国家,它的历史兴衰能充分展现欧洲乃至全球艺术品市场的发展脉络,因而对法国艺术品市场的发展历程可以用时间轴详细描述。

(1)早期。艺术品最早期是与教堂联系在一起的。在中世纪时已经有了艺术品的流动,但是这个流通还不能被看作艺术品交易,因为当时的艺术品大多被人们从教堂里抢夺后运回家中藏匿起来。在文艺复兴时期,艺术品开始有了流通,欧洲各个皇室逐渐建立起皇家收藏,艺术品成为皇家的生意。在17世纪时,真正的艺术品流通只局限于法国社会的贵族阶层,而同世纪的荷兰已经出现了真正的艺术品商业流通。从历史上看,艺术品市场在18世纪的法国、荷兰和英国的交流市场上诞生。艺术品的各种特点如复杂的买卖习惯和国际性的商人网络,便在这个时期建立起来。

(2)强盛时期。18世纪中期,由于法国巨大的艺术品成交量和成交额,法国巴黎于1768年成为世界艺术品交易市场中心。1789年法国大革命爆发,在大革命初期,新一代的艺术品顾客——资本家的产生使法国艺术品市场拥有了前所未有的经济活力。到了19世纪,社会新贵族资本家形成了艺术品交易市场上的新兴购买力。艺术品商人不再满足于传统的"皇家型"艺术品交易,而是出现了像保罗·迪朗·卢埃尔这种致力于发展新型艺术的"发展派商人"。艺术品交易市场发生了质的转变,并在19世纪末期形成了当代交易市场的雏形。

19世纪的欧洲是艺术发展的黄金时段,而在这当中,作为新古典主义、浪漫主义、现实主义的法国学院派崛起,为整个欧洲的艺术繁荣乃至后期作为反学院派的现代艺术的诞生起到了重要作用,使得法国巴黎在此特殊历史时期里成为世界艺术中心。

19世纪中期,巴黎的艺术进入了高速发展时期。拿破仑三世对整个巴黎城的大胆改造让巴黎城经历了一次重生:首先进行的一大改造就是修建街道,高密度的街道带动了交通的便利,交通的便利又促进人们出行、娱乐,于是随之而来的改造对象便是各种生活娱乐设施;与此同时,街边商铺林立,咖啡厅、私人画廊、官方沙龙等越来越多,整个城市的功能越加完善,城市浪漫的气息和良好的生活环境吸引了世界各地的艺术家们开始前往巴黎。

这些艺术家们活跃了巴黎的艺术市场,也为后世留下了许多珍贵的作品。在18—20世纪,巴黎涌现出了新古典主义、浪漫主义、写实主义和印象派等各种艺术流派,诞生了雅克·路易·大卫、德拉克洛瓦、库尔贝、莫奈、马蒂斯、毕加索等一大批具有世界影响力的画家,他们的作品对西方近现代绘画发展起了重要的推动作用。

(3)衰退时期。1940年因为二战中的步步失利,法国深受重击,纳粹对艺术作品进行疯狂的毁坏和掠夺。同时,在法国生活的前卫艺术家们的日子也十分艰难,许多在法国的艺术家,如夏加尔、莱热、马克斯·恩斯特等人纷纷逃离巴黎,众多画廊、杂志社也在这一时期停业。这意味着巴黎的艺术市场开始慢慢走下坡路,丧失了昔日艺术市场的活跃氛围。

而这个时候,纽约渐渐代替了巴黎的艺术市场中心的位置。截至1941年春,来到纽约的欧洲艺术家已有数百人之多。这批欧洲现代艺术家的到来促进了纽约艺术机构的发展,当时纽约的现代艺术收藏也开始大大超过欧洲。与此同时,很多来到美国的艺术家开始从事美术教育。在这样的情况下,纽约的文化艺术市场迅速发展起来。

7.2.4.2 一级和二级市场构成

(1)一级市场。法国崇尚艺术的浓郁氛围造就了数量众多的艺术家。与英美国家的版权法不同,法国的法律以尊重艺术家的创作为基础。法国艺术家首先享有至高无上的精神权利,这个精神权利是不受时效约束的。这里的艺术家不仅指艺术家本人,还包括在艺术家去世后的权利继承者。

在古典艺术领域,法国的典型艺术家伊丽莎白·维杰·勒布伦以 7 574 万元人民币的成交金额(见表 7-7)跻身 2019 年全球前二十位古典大师之列。她的艺术风格通常被认为是洛可可风格,带有新古典主义风格的元素。除了许多私人收藏的作品外,她的绘画作品还被各大博物馆收藏,如卢浮宫、艾尔米塔什博物馆、国家美术馆(伦敦)、大都会艺术博物馆等。

在 19 世纪艺术和现代艺术领域,法国艺术家也占据了非常重要的地位。在 2019 年全球前十位 19 世纪艺术家和现代艺术家中,莫奈以 20.4 亿元人民币的成交金额排名第二(见表 7-8)。他是印象派代表人物及创始人之一,"印象"一词即是源自其名作《印象·日出》,该画作于 1874 年在莫奈及其同事举办的第一次独立展览中展出。莫奈擅长光与影的实验与表现技法,最重要的风格是改变了阴影和轮廓线的画法,在其画作中没有非常明确的阴影,亦无突显或平涂式的轮廓线。此外,他对于色彩的运用相当细腻,曾长期探索实验色彩与光的完美表达,常在不同的时间和光线下对同一对象作多幅描绘。

西方艺术界的"黑色"代言人,在世的伟大法国艺术家皮埃尔·苏拉热的身价持续攀升,自 2000 年至 2019 年已增长 1 000%。据 Artprice"2018 年全球 500 强艺术家"统计,苏拉热以 287 567 155.04 元人民币的总成交额排名第 55,共计成交 149 件。其作品 *Peinture* 186×43cm,23 *décembre* 1959 在 2018 年 11 月的纽约佳士得战后及当代艺术晚间拍卖中,超越了 2017 年 6 月以 4 896 万元人民币成交的 *Peinture* 162×130cm,14 *avril* 1962,刷新了个人最新成交纪录,使苏拉热再度保持"法国在世最贵艺术家"的这一纪录。Artprice"2019 年上半年最佳拍卖纪录 Top 10"显示,苏拉热凭借其作品 *Painting* 130×89cm的成交表现排在第 8。该作在 1987 年伦敦苏富比拍出时仅 59.33 万元人民币,而在 2019 年 6 月于巴黎苏富比上竟以 2 077.99 万元人民币拍出,32 年间上涨了 3 402%,投资回报相当可观。由此看出,法国艺术家在艺术市场有着举足轻重的地位。

法国专业画廊委员会名下有着多达 279 家画廊,如北极星画廊、萨米金画廊、阿诺画廊等,囊括了印象派、超现实主义、抽象艺术、概念艺术、表现主义、后现代主义等多元艺术风格。

(2)二级市场。由于高度竞争化的市场和全球化的需求,法国保持着它在艺术拍卖领域的领先地位。虽然很多艺术巨作在伦敦和纽约的拍卖行里被出售至其他国家,法国依然拥有世界上最为丰富和最具历史性的艺术遗产,此外法国还有着独特的捐赠和收藏传统,这些因素共同造就了高质量的艺术市场。

巴黎市场份额位居前四位的拍卖行分别是苏富比、佳士得、艾德(Artcurial)、德鲁奥(Drouot)拍卖公司,并且在不同领域各领风骚:苏富比巴黎拍卖中心每年推出约 30 场拍卖,包含印象派及现代艺术、当代艺术、欧洲银器、古籍与版本、非洲及大洋洲艺术、亚洲艺术、20世纪设计、欧洲家具与工艺品、大师绘画、摄影等，在印象主义和现代艺术上居霸主地位；佳士得在当代艺术、亚洲艺术和装饰、工艺设计上占鳌头；德鲁奥是法国最大、最重要的拍卖行之一，成立于1852年，德鲁奥拍卖大楼内每年进行3 000场拍卖，成交物品达60万件；背后资金包括达梭（Dassault）航天集团的艾德拍卖，则在古典作品和漫画市场领先。

十多年来巴黎艺术市场与整个艺术圈的重组和发展使得巴黎的文化光环格外闪亮，更具号召力，吸引了许多买家和卖家，法国的拍卖市场日趋国际化。其中值得注意的一个趋势是，近两三年越来越多的收藏家和私人美术馆将一整批收藏放到巴黎拍卖，这个深具象征意义的信息表明了巴黎市场受到藏家的信任。拍卖市场出现著名私人收藏家一组数量不少的作品会格外引起瞩目，因为这批收藏通常经过收藏家和拍卖公司双方的精挑细选，而且在私人手里持有了一段时间，有时长达10~20年，不曾出现在市场上，因此格外珍贵。

如图7-18所示，2019年法国现代艺术的总成交额占比明显。但出乎意料的是，法国的古典艺术取得了新的突破，尽管古典艺术表现最佳的市场是中国，总成交额为31.99亿元人民币，是法国7.6亿元人民币的四倍还多（原因在于中国成交数量远超西方），但相较于欧美其他国家，法国依然处于领先位置。

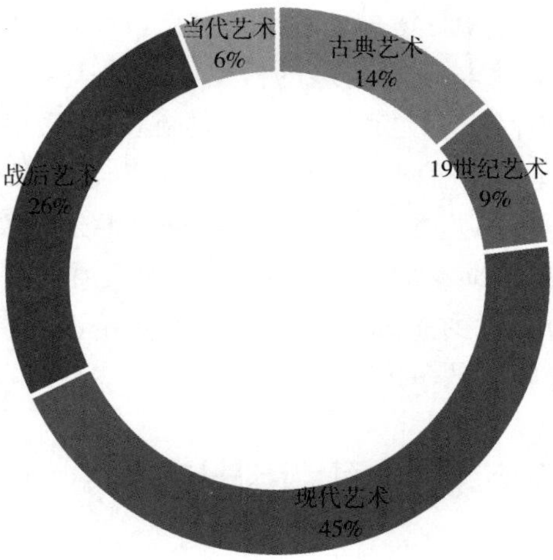

图7-18　2019年各类艺术在法国总成交额的占比

资料来源：《2019年度艺术市场报告》，雅昌艺术市场监测中心，Artprice集团，2019。

7.2.4.3　竞争优势分析

（1）艺术资源丰富且艺术教育发达。法国拥有大量的文化艺术资源，几百年来一直是欧洲乃至全世界的重要文化中心，引领世界文化与艺术的发展。法国持续不断的艺术创造力得益于其把艺术与文化教育视为国民教育的基本内容。

在法国，“艺术与文化教育”是一个不断发展的概念，从产生之初到现在经历了多次调整，已经从简单的课堂教学扩展到了学生的全面发展，并且成为确保社会公平的重要途径。目前，艺术与文化教育是指《教育法典》中规定的从儿童时期开始对所有类型人类文化的学习和认识,该教育应覆盖从幼儿园到大学的全过程。

(2)政府监管全面且措施细致。法国拥有一套非常严格的监管艺术市场的体制,包括拍卖师的从业资格、艺术品真伪的鉴定、画廊的进出口交易等都处在严格的监管中。

在法国,只能等到上一任拍卖官宣布退休,继任者才有可能获得其拍卖师资格,且拍卖师有非常严格的执照审核考试。在很多国家只要提交申请即可注册成为拍卖行,而在法国重新申请一家新的拍卖行几乎是不可能的事情。法国也是世界上要求拍卖行及画廊对艺术品的真伪、瑕疵负责的唯一一个国家,有相应的专家委员会监督。这套完善的制度虽然非常有效地保护了市场的秩序和买家的利益,但另一方面却降低了市场的活跃度,尤其对于外来参与者而言条条框框过多,很大程度上限制了参与的热情。法国的交易规模非常大,是非常古老的交易中心,其市场也非常成熟,艺术市场一直以来都是非常繁荣的。

法国政府希望活跃本国艺术品市场,同时资助本国的文化产品走向世界。法国艺术品的销售税是 5.5%,低于销售其他类别商品的税率;法国还有财产税,但艺术品的买卖不计算在内,如果艺术品买卖有增值,才需要缴纳 5%的增值税。法国画廊去国外参加艺术博览会,可以从政府获得资助,画廊初次展示艺术家的作品时也可以获得一定的资助。

(3)行业组织健全且力量强大。画廊、拍卖公司及其他艺术品经营企业都可以成立各自的行业组织,其中最多、最有影响力的是画廊协会。画廊可以成立画廊协会,如法国画廊委员会有 200 多家会员画廊,集合了法国艺术品市场中 80%的活跃画廊。画廊协会是画廊的同业组织,也是画廊与政府沟通的桥梁。它代表会员画廊向政府提供立法建议,争取既不让政府对艺术品市场尤其是画廊业限制过多,又要保证政府有关法条、规范的约束力,在两方面取得平衡,从而保护和推动画廊业和艺术品市场的发展。

法国政府给予初入市场的艺术家的资助基本都是通过画廊协会拨付的。法国画廊协会和政府沟通,确定值得赞助参加的艺术博览会,画廊通过画廊协会申请资助,画廊协会将政府的资助拨付符合条件的画廊并且监督画廊使用该项经费。画廊协会还可以作为中间人调解会员画廊与顾客的争议。

7.3 中国艺术品市场如何“走出去”

本节结合波特的钻石模型对中国艺术品市场“走出去”的内外部环境进行分析,探讨中国艺术品市场的国际竞争力,并对我国艺术品市场“走出去”提出合理的建议和策略。

7.3.1 中国艺术品市场“走出去”的内外部环境分析

结合波特的钻石模型,在讨论我国艺术品市场“走出去”的内外部环境影响因素时,主要从生产要素、需求状况、相关支持性产业、企业战略结构与竞争、政策和机遇六方面进行分析。

7.3.1.1 生产要素

艺术品市场从生产要素方面来分析,主要可以拆分为三个大角度:资本要素、智力要素和人力资源。

(1)资本要素。资本要素方面,中国国内存在大量的拍卖行,为艺术品市场的发展提供载体。截至 2018 年 12 月,全国拍卖企业共计 7 499 家,分支机构 252 家①,呈增加趋势,且中国两个最大的拍卖行——保利拍卖行和中国嘉德,是全球艺术品市场相对较新的参与者,现在分别是全球第三和第四大拍卖行。

(2)智力要素。智力要素方面,中国艺术品市场有着悠久的发展历史,为艺术品市场积淀了多种多样的文物资产,2019 年在中国纯艺术品拍卖市场的上拍量达到 151 490件,这无疑是历史积淀的结果,而且中国乐于挖掘和培养艺术家,根据《2019 年度艺术市场报告》可知,2019 年全球 500 强艺术家排名中,我国优秀的艺术家所占比例约为 20%。②

(3)人力资源。人力资源方面,拍卖行人才是发展中国艺术市场的重要需求之一,我国拍卖行业恢复 20 多年以来,对高校培养的专业人才需求非常强烈,包括对拍卖行的运营、鉴赏方面的人才综合素质要求也越来越高。根据中拍协的数据,2018 年报考注册拍卖师的人数为 1 115 人,我国拍卖行业依然存在巨大的人才缺口。

7.3.1.2 需求状况

市场需求是产业发展的根本动力。艺术作为服务于人类精神领域的产业,是人们在满足生存需求后才可能创造出有效需求的产业。

市场需求的形成需要一定的经济条件。如表 7-9 所示,2019 年中国国民生产总值达到 988 458 亿元,人均国民生产总值达到 70 961. 8 元,居民可支配收入达到 30 733 元,伴随人民物质生活水平日益提高,大众对艺术消费的需求稳步上升,为艺术品市场的发展开辟了广阔的市场需求空间,从而为我国艺术品市场的发展奠定了基础。

表 7-9 2017—2019 年中国经济发展总体状况

年份	国民生产总值(亿元)	人均国民生产总值(元)	居民可支配收入(元)
2017	820 099. 5	59 237. 1	25 974
2018	896 915. 6	66 340. 1	28 228
2019	988 458. 0	70 961. 8	30 733

资料来源:《2019 年中国统计年鉴》。

同时,随着中国经济的持续发展,艺术品收藏家已逐渐成为日益强大的市场力量,越来越多的中国收藏家在逐步“转战”国际艺术市场,无论是企业收藏家还是个人收藏家,都认为海外收藏潜能巨大。根据《2019 中国艺术市场报告》,中国绘画和中国艺术品将继续成为中国主要的收藏类别,但得益于西方蓝筹画廊和艺博会的营销和推广,西方当代艺术会越来越受欢迎。

7.3.1.3 相关支持性产业

艺术品产业包含了一个范围很广的巨大产业群,艺术品市场的发展离不开相关辅助

① 2019 年上半年中国艺术品拍卖行业成交量及成交地区分析[EB/OL].[2020-12-19].https://www.chyxx.com/industry/201912/819703.html.

② 《2019 年度艺术市场报告》。

产业的强力支撑。

首先是信息传媒产业,艺术品与信息传媒产业的相互结合是一种国际趋势。近年来随着信息技术的发展,人们越来越依赖互联网,中国网上艺术品市场发展很快。目前,中国具有相当规模的在线交易平台有近十家,这些网站均有多种拍卖门类,并提供在线拍卖、直营和分销零售服务。比如“赵涌在线”,其联合泓盛拍卖推出艺术频道,实现了网络实时竞投,买家可以在线观看直播,与线下买家同步进行竞买。此外,许多拍卖行和画廊也开始发展网上艺术品市场交易,通过开设网上画廊、和购物平台网站合作、建设网上交易网站等方式发展线上交易市场,比如保利网上画廊、嘉德在线等。

其次是高新技术产业,艺术品市场的发展还需要科学技术的支撑。随着“互联网+”概念的提出,“互联网+艺术品”的模式发展更加普及,不仅提供艺术品营销平台,而且补充和推动了线下艺术品交易的发展。“互联网+”模式不断推陈出新,形成了新的艺术品交易方式比如艺术众筹、艺术微拍等,如表 7-10 所示。

表 7-10 艺术品交易方式介绍

艺术品交易模式	介绍
艺术众筹	这是一种“预消费”模式,以“团购+预购”的方式向公众募集项目资金,在通过互联网进行募集时,大众同步了解到艺术家的创意和其他信息,进而获得资金支持
艺术微拍	区别于传统线下拍卖方式。不论是个人、机构,不需要取得拍卖许可证等资质,只要有微信群,就可以把艺术品晒出来,只要有人喜欢就可以竞买,靠的是朋友间的“信任”①

网上艺术品市场的快速发展为艺术品交易提供了许多便利的同时,也遇到了不少问题。中国目前的网络知识产权保护体系和交易保险体系还不够健全,因而线上艺术品交易无法确保艺术品质量的问题,也无法为艺术品交易提供如艺术品保险、艺术品估价等相关的服务,更无法为买家提供购买艺术品的后续保障,这些问题在一定程度上制约了网络对艺术品发展的促进作用。

最后是教育培训行业,近年来,我国艺术培训市场规模持续稳定增长,2019 年我国整体艺术培训市场规模超过 800 亿元,年复合增长率超过 20%。此外,全国高校都在扩招与新增艺术专业,据统计除单独的艺术院校外,全国还有 1 700 多所大学都开设了艺术类专业。② 近年来很多大学都有开设与拍卖行业相关的艺术品鉴赏专业,其主要课程是书画、玉器瓷器、青铜鉴定与修复、博物馆学等。

7. 3. 1. 4 企业战略结构与竞争

中国艺术品市场经过近三十年的发展,艺术品市场的结构基本建立,分为一级市场和二级市场。一级市场主要有画廊、艺术博览会、文物商店、古玩城等,二级市场则以拍卖行为主。

---

① http://collection. sina. com. cn/invest/tzlc/2015-09-23/doc-ifxieyms4013775. shtml。

② https://m. sohu. com/a/346907308_210249。

一级市场总体规模较小,竞争主体分散,尚未形成竞争力较强的行业龙头。中国内地的画廊诞生于20世纪90年代初,大部分国内画廊经营观念和模式还比较落后,许多国内画廊只追求短期获利,仅用来代售作品和提供展览场地。但近几年来,随着艺术市场的繁荣,画廊的经验也越来越丰富,艺术家对签约的模式也逐渐了解接受,画廊与艺术家签约合作的关系越来越规范,因此中国艺术品轻一级市场的局面正在改善。

二级市场是中国艺术品市场的主体,拍卖交易占据了将近70%的市场总成交额,其余份额主要来自画廊交易。拍卖行业呈现典型的垄断竞争市场格局,中小拍卖行数量众多,巨头企业数量较少,但具有较高的国际市场地位,如保利拍卖2019年度共成交86亿元,保持亚洲艺术品拍卖行业成交榜首,连续十年领跑中国艺术品市场。[①] 保利拍卖的执行董事赵旭提出保利拍卖未来有进一步海外设点的计划,进行海外扩张。

7.3.1.5 政策

政府在艺术品市场中扮演着支持者与管理者等多重角色。

首先,政府是艺术品市场和贸易发展的有力支持者,通过财政支持和政策制定等方式支持艺术品市场发展,例如降低艺术品进口关税、享受出口退税政策等。其次,政府也是艺术品市场的管理者,不仅要避免国家遗产级别的艺术品流失到国外,而且还需要制定和出台一系列的法律法规和政策对艺术品市场进行管理和规范,确保艺术品市场的有序发展。中国政府当前对艺术品二级市场的政策较为宽松,旨在促进资本进入并利用市场机制优胜劣汰,而将管理重心放在了对历史文物、各类艺术珍品的保护和合理开发上。比如2017年2月,中国国家文物局正式发布实施《国家文物事业发展“十三五”规划》,提出要切实加大文物保护力度、多措并举让文物活起来。

7.3.1.6 机遇

首先,全民收藏时代已经到来,关注艺术品投资人群日益增多,全球艺术品需求依然旺盛。2019年全球艺术品总交易次数超过4 050万次,比上年增长2%,是十年来的最高峰,艺术品的需求持续增长,个性化需求增加。在国际市场中,艺术品早已是必备的投资标的,其回报率已远远超过了股票和房地产。[②] 中国艺术品市场所创造的回报率产生了巨大的吸引力,越来越多的资金不断涌入艺术品市场。英国巴克莱银行曾分析,中国艺术品市场潜在的需求是6万多亿元,文化艺术品与商业资本结合,其趋势化或将在未来几年中势不可挡。

传统的欧洲和美国市场不能满足越来越多的需求,中国艺术品市场迎来新机遇。

此外,2020年的新冠肺炎疫情对各行各业都产生了深远的影响,在经济普遍疲弱的情况下,艺术市场“危”中有“机”。[③] 虽然艺术行业压力剧增,比如艺博会等大型密集艺

---

① 保利拍卖系2019全年成交86亿元,连续10年领跑全球中国艺术品市场[EB/OL]. [2020-12-20]. https://xw.qq.com/cmsid/20191220A0N9OA00? f=newdc.

② 西沐. 艺术品资产化为人才培育提出要求[EB/OL]. (2016-08-26)[2020-08-14]. http://www.ce.cn/culture/gd/201608/26/t20160826_15272214.shtml.

③ 盛昶砚专访:放眼宏观,疫情下艺术品市场的发展走向[EB/OL]. [2020-08-14]. http://ln.ifeng.com/a/20200722/14420337_0.shtml.

术活动被取消影响到了大部分世界各地的画廊,但是这次疫情不会影响到艺术市场的根基,此外艺术品线上销售的方式越来越被大众接受,这也为中国艺术品市场的发展提供了新的机遇。

7.3.2 中国艺术品市场"走出去"的策略

作为新兴经济体的代表之一,中国艺术品市场表现出色,但是从整个国际艺术品市场上来看,仅有少数中国艺术家如齐白石、张大千、曾梵志等的作品受到国际市场的青睐;拍卖公司数量众多,但是在高端艺术拍卖市场上和国际顶级拍卖行存在较大的差距。我国艺术品市场"走出去",需要努力提高我国艺术品、艺术家、拍卖行、画廊等的国际艺术品市场份额,扩大国际影响力。为了实现这一目标,一方面要充分利用我国在文化艺术资源、巨大的市场需求、相关产业和支持性产业等各方面的现存优势;另一方面要努力解决艺术品市场的发展过程中存在的各种问题。归纳起来,可以从如下几方面考虑。

7.3.2.1 传承中国文化的特色,推动艺术品市场的投资

让中国艺术走向世界。首先,还是要注重中国文化的特色与传承性,坚守独特的中国艺术,充分利用我国的优秀文化艺术资源,打造中国特色艺术品品牌形象,加强和来自其他国家的艺术品买家的交流,加深其他艺术品市场参与者对中国艺术品的印象,进一步扩大在国际艺术品市场的影响力;其次,近年来瓷器杂项板块发展态势良好,因其存世量较少而受到海内外收藏家的关注,成交价屡创新高。瓷器杂项类艺术品的未来市场行情持续走高,具有一定的升值空间,将进一步成为市场的热点与增长点;最后,在艺术品市场漫长的调整期中,油画及现当代艺术近三年的发展趋势稳中向好。中国应加大对这两方面艺术品的投资与宣传,更好地体现中国艺术品市场的独特性,让中国艺术品更好地"走出去"。

7.3.2.2 推动艺术向大众化发展,拓展艺术品市场的美育功能

中国跟西方成熟的市场相比,人口众多、国土面积大、市场需求量大。中国需要建立一个像"齐白石"一样,永远前赴后继、可持续、基数大的金字塔形市场,并且提供好的艺术衍生品,能够让更多人负担得起的收藏。更重要的是,艺术品市场的美育功能被长期忽视,人们认为购买艺术品仅是投机性的商业行为,忽略了其运用市场机制拓展社会美育、推动艺术向大众化发展的重要作用。中国应积极引导人们正视艺术品消费,提升大家的需求与消费意愿。在中国艺术品市场的运行中,画廊、博览会、拍卖、艺术传媒等载体无一不是社会美育的重要窗口与传播途径。

中国第一个非营利性私人博物馆成立于 1991 年,第一个艺术博览会成立于 1993 年,中国的艺术产业呈指数式发展。截至 2019 年,中国的艺术市场拥有 20 多个大型艺术博览会,近 1 500 个私人博物馆和 4 000 多个美术馆。[①] 随着拍卖行的日益增多,中国艺术品拍卖市场的总成交额近年来也在不断增长。因此,博览会、美术馆、拍卖行等平台对我国艺术品市场的"走出去"具有深远的影响意义。

---

① 《2019 年中国艺术市场报告》。

7.3.2.3 注重艺术品“互联网+”的创新，大力培养艺术市场专业人才

文化艺术品对外拍卖应不仅承载部分高端、优质的文化艺术品和文化商品，而且也应该有更多中端艺术品可以批量流出。艺术品“走出去”的重要途径之一就是积极运用科学技术进步的最新成果，将高新技术融入艺术创新和产业发展中，利用互联网和电子商务的方式进行传播，艺术品在线交易会愈发流行。中国应大力推动“云看展”“云艺术博览会”“云扫货”等线上交易市场的发展，更好地规避不利影响，从而推动中国艺术品市场“走出去”。

中国艺术品市场需进一步提升其在中国文化产业发展中的战略地位。艺术品产业包括艺术原创作品和艺术衍生品，艺术衍生品产业开始形成一个新的产业形态，特别是“互联网+”概念出现，更加推动了这一进程，而且不断跨界进入了文化范畴。同时，艺术家在进行艺术作品创作的时候要创新，不能拘泥于传统艺术创作，应当了解当今国际艺术品市场的发展趋势，努力塑造出拥有现代感和创新感的作品风格。

同时，中国应该大力挖掘和培养艺术市场人才，弥补我国拍卖行业面临的巨大人才缺口。2019 年 4 月，教育部发布《关于切实加强新时代高等学校美育工作的意见》，提出高校要强化面向全体学生的普及艺术教育。目前，参与艺术市场的主要有三类人：金融界人士、艺术及其市场人士、互联网人士。因此，在加大艺术教育的同时还应该努力培养复合型人才，以更好、更灵活地将不同领域的知识相结合，加快中国艺术品市场“走出去”。

7.3.2.4 改善艺术品市场结构，续航一级市场的发展

从长远的角度看，中国艺术品市场“走出去”的重要途径之一是要优化我国艺术品市场机制的建构，改变目前重二级市场、轻一级市场的局面。首先，中国画廊业在发展过程中要拓展投资顾问，在艺术金融产业发展过程中寻找机会；充分发挥自身“艺术家资源+客户资源”的优势，利用自身的研究能力与专业知识向投资顾问的方向延伸；在新科技发展面前必须求变，可以围绕电子化交易平台的业务做一些积极的探索与尝试。上述措施的长期实施可以更好地改善中国艺术品市场结构，形成市场主体丰富、竞争性强且龙头企业引领作用显著的艺术品交易一级市场，从而更好地“走出去”。

7.3.2.5 发挥政府的作用，加大国家政策的支持

在艺术品市场“走出去”的过程中，政府应该积极发挥自己在政策方面所能给予的帮助与支持作用。首先，政府要积极培养和支持艺术家，鼓励各个企业到国际艺术品市场上去发展，主动帮助其搭建平台和策划项目，联系并借助一些国际大型节目，将中国元素融入其中，如著名的电影节、电视节、艺术品展览会、画展书展等，宣传推广中国艺术品形象；其次，政府要借鉴英法等国对艺术品产业的管理方法，在国内制定一系列相关政策保护规范艺术品市场秩序，对艺术品市场进行全方位的监管，而且在国外应当积极为企业、艺术家、艺术品等提供保障和支持，保护其在国外的相关合法权益不受侵害；再次，国家级的博物馆和美术馆应适当增加西方艺术品收藏的数量，将馆藏艺术品多元化，提升博物馆和美术馆的国际化程度；最后，政府要重点扶持大的拍卖机构进行海外扩展业务，并

在知识产权方面进行推广与维护,以保护本国拍卖行的利益。

7.4 小结

国际艺术品市场的整体构成、衍生行业的发展以及一、二级市场的运作在近些年并未发生大的改变。作为新兴市场的网络艺术品交易劲头十足,社交媒体、区块链的发展使得艺术品线上交易更多元、更便捷。受 2020 年新冠肺炎疫情的影响,艺术品线上交易量激增,仅佳士得、苏富比和菲利普斯的纯网上拍卖在 2020 年上半年创造了 25.28 亿元人民币的交易额,比 2019 年同期高出 5 倍多,这使得更多的画廊、拍卖行看到了网络艺术品交易市场的未来。

艺术品贸易地理分布也在近年重新洗牌,中国的艺术品总拍卖额在 2019 年跻身世界第二位,在十五强拍卖行中有七个是来自中国的拍卖公司。美国、英国和中国三国拍卖成交总额为 738.03 亿元人民币,占据市场 81.2%的份额。法国被明确定为全球第四大艺术市场。就拍卖总成交额而言,2019 年增长率最高的是法国市场(增长率为 18%),作品总成交量达 8.2 万件,交易额达 56.51 亿元人民币。

国际艺术品交易市场的四大板块——美英法中的发展各有千秋,又息息相通。其中,美国作为世界第一大艺术品市场的交易地点,影响着世界的交易趋势和规模;当代艺术和战后艺术在其交易份额上占有重大比例。美国在艺术品的资金投入、市场运行完善、知识产权保护上都辅以巨大精力,使得一级市场优秀的作品涌入二级市场,二级市场返回来投资一级市场,互相促进,相辅相成。英国作为世界前三的艺术品市场,一直贯彻着"吸引新买家"的策略,普及艺术概念和提高艺术品消费意识正是英国艺术多元生态的一大出路。英国的艺术生态为英国艺术市场提供了两个强有力的保障:一个是顶尖且源源不断的艺术家作品;另一个是透明且相对公正的信息。同时,英国对艺术品审时度势的政策,也为英国艺术品市场发展保驾护航。法国作为印象派和现代主义艺术的世界交易中心,不时出现来自老家族旧藏的精彩作品;同时法国至今仍是亚洲收藏家心中的"淘宝"圣地。法国严格的艺术市场监管体制保护了市场秩序和买家利益,但另一方面也降低了市场活跃度。值得一提的是,近几年越来越多的收藏家和私人美术馆将一整批收藏放到巴黎拍卖,这个深具象征意义的信息表明巴黎市场受到藏家的信任。

近年来,中国的艺术市场交易量总体而言持续走高,2019 年位列世界第二。独具特色的古典书画和瓷器杂项成为中国艺术品交易市场的主角,同时受西方审美的影响,人们也开始欣赏简约的欧美特性,油画和现代艺术也有着可观的销售量。为进一步增大艺术品市场的发展强度,中国政府开始积极鼓励艺术品市场文化产业"走出去",推动中国艺术品市场的有序进步。随着中国人均收入的稳步提高,中国收藏家的数量逐年递增,市场收藏需求量的不断攀升、巨大的市场潜能使中国成为世界艺术品市场的冉冉新星。综合运用波特的钻石模型,从生产要素、需求状况、相关支持性产业、企业战略结构与竞争、政策和机遇六方面进行解释,分析了中国艺术品市场的现状、优势与不足,并对我国艺术品市场"走出去"提出合理的建议和策略。首先,要传承中国文化的特色,充分利用我国的优秀文化艺术资源,打造中国特色艺术品品牌形象,增加对艺术品市场的投资;其次,推动艺术向大众化发展,能够让更多人负担得起收藏,并拓展艺术品市场的美育功能；再次，注重艺术品“互联网+”的创新，要积极运用科学技术进步的最新成果，将高新技术融入艺术创新和产业发展中，并大力培养艺术市场专业人才；最后，改善艺术品市场结构，改变目前重二级市场、轻一级市场的局面，续航一级市场的发展。同时，还要积极发挥政府的作用，加大国家政策的支持。

7.5 案例分析——拍卖行

拍卖是最核心的艺术品二级市场交易机制，其主要特点是具有价格发现功能，能够有效降低搜寻与谈判的成本，使交易结果更趋公平与公正，争议少，效率高。拍卖行作为交易中介借助拍卖的形式将制造商生产的商品分销给各个零售商，并从中获取拍卖收益分成，而未出售商品的残值将在拍卖行处得以实现。自世界上第一家拍卖行成立以来，拍卖行的发展不断地促进着整个艺术品市场的运作效率提高和运营规模扩大。了解拍卖市场中的典型拍卖行对于探索艺术品市场的发展规律和未来的发展方向大有裨益。

7.5.1 国内外主要拍卖行简介

苏富比和佳士得作为国际上首屈一指的拍卖行，其发展历程可以作为整个艺术品二级市场发展的指向标；中国嘉德和中国保利则是拍卖市场的冉冉新星，其具有中国特色的业务拍卖发展给中国拍卖行业发展提供了一个本土化的典范。下面将分别介绍这几家拍卖行。

7.5.1.1 苏富比与佳士得

1744 年，苏富比拍卖行在伦敦设立，早年间苏富比主要进行书籍的拍卖，经过后期发展，至一战结束前拍卖商品已扩充至书画、勋章和钱币等类别。伴随着总部地址的迁移，苏富比迎来了更加多元化的业务发展。大师级的素描和书作产品引领了此次变革，而多元化的定调则为公司所展现的爆炸式发展奠定了深厚的基础。1955 年起，苏富比开始在世界各地设立办事处并强势扩张，逐渐垄断世界艺术品市场。1983 年，新主人陶布曼的出现再一次为苏富比的发展注入了新鲜的血液——由之前主要服务于艺术经销商的定位改为提供全方位服务的现代化零售，为顾客提供资金、保险、存储、艺术教育等服务。如今，苏富比的业务遍及全球 40 多个国家，并定期在其艺术中心进行艺术拍卖，形成了一个成熟的产业链。

1766 年，佳士得拍卖行在伦敦成立，此后佳士得的发展中规中矩。从 1968 年开始，佳士得开始注重国外市场的拓展，并于日内瓦设立第一个国外办事处，专营珠宝拍卖。纽约办事处和东佳士得的设立更是紧随其后。值得注意的是，1973 年佳士得成为大众投资的股份公司，股票成功上市，为公司注入了巨大活力。1986 中国香港佳士得成功地进行了首次拍卖——取得 179 万美元的好成绩；随着业务的日益发展，佳士得开始在亚洲各地设立办事处，包括上海、北京、中国台北、新加坡、吉隆坡、雅加达等。亚洲地区佳士得的拍卖种类高达数十项，从中国古代艺术品到当代亚洲艺术先锋、西方珠宝、翡翠等。此外，佳士得在给自己注入新鲜血液的同时还积极靠拢产业链发展。

时至今日，苏富比、佳士得两大拍卖行业务范围已扩充至全球，但体量上仍然聚焦英美市场。英美市场作为全球艺术品的主要吞吐地,既有相似的发展优势,又有其各自独特的市场特点。英国艺术市场历史悠久,王室贵族的存在为其艺术市场的发展贡献了大量的工艺品、绘画等高端产品。同时,英国拥有一个成熟多元的艺术生态架构,丰富的一级市场中有许多可以为艺术家拓展市场的经纪商;活力四射的二级市场拥有完整的法律政策体系、清晰的行业组织范畴、稳定的客户交易流等。与之对比,美国建国历史较短,美国的古典历史遗产远不如英国丰富,美国市场主要依赖近 200 年的艺术创作。但美国经济发展优于英国,艺术市场也水涨船高,良好的经济基础为艺术生产提供了孕育壮大的温床。雄厚的经济实力催生了一系列的有利政策:金融机构担保政策、知识产权保护政策、贸易零关税等,这些政策无一不激励着人们艺术创作的积极性,提高了艺术家的创新能力,推动了艺术市场的繁荣。

7.5.1.2 中国嘉德与中国保利

中国嘉德成立于 1993 年,是以经营中国文物艺术品拍卖为主的拍卖行。1994 年,嘉德进行了首场拍卖并取得了 1 423 万元人民币的好成绩,此次拍卖更是成为“中国拍卖业开始进入现代市场”的标志,为中国古现代艺术品进入市场提供了一个正规的渠道以及为国内拍卖行的日后发展树立了一个标杆,将鉴定家、收藏家、买卖双方都容纳进一个市场。从 1994 年至 2003 年“非典”暴发之前,嘉德一直保持稳定的增长速度,但收入并未出现大幅增长,在 2003 年之后经历了一次巨大的繁荣。同时,嘉德创造了中国拍卖市场的多个“首次”,包括国内艺术品拍卖的个人专场、第一只邮票、油画等。2017 年,嘉德艺术中心正式建成,形成了一个集艺术展览、艺术品交易、艺术品仓储、文物鉴定与修复、教育学术交流等功能为一体的平台,这是亚洲首家“一站式”的艺术品交流平台。平台的成立和运作推动嘉德形成一个完整的产业链,走向集团化、多元化的战略发展方向。

保利国际拍卖有限公司是在“后非典时期”由保利文化集团创建的。2005 年 11 月,保利首场拍卖金额高达 5. 6 亿元人民币,使得保利迅速跻身国内顶级拍卖行的行列。两年后,保利开始出售中国艺术品。保利拍卖行发展的一个重要里程碑是 2009 年春季至 2010 年春季,当时比利时收藏家盖伊 · 尤伦斯和米莉恩 · 尤伦斯在保利拍卖行的三场拍卖中委托了近 50 件中国古典绘画和中国当代艺术品,取得的总交易额超过了人民币 6 亿元。明代画家吴冰的一幅中国古典画以 1. 69 亿元人民币的价格成交,宋代大师曾巩的中国书法以 1. 086 亿元人民币的价格成交。2009 年秋拍的“尤伦斯夫妇珍藏书画专场”最终以 2. 89 亿元人民币的成交额完美收官。因此,保利拍卖行在 2009 年也成为世界上最大的中国艺术品拍卖商。在不到 15 年的时间里,保利拍卖行成为中国最大的拍卖行和世界第三大拍卖行,仅位于佳士得和苏富比之后。

取得如此傲人的成绩,既离不开公司的合理市场规划运作,也得益于其特殊的背景。在 1999 年,保利文化集团开设了一家中国古物博物馆(包括中国青铜器),随着该公司为其博物馆收集艺术品,保利逐渐广为人知。同时保利拍卖隶属于保利集团这一国有企业,由保利科技、保利地产、保利文化、保利能源等产业所组成的保利集团已在国内形成了一个巨大的产业链模式,这种无形的资产成为北京保利拍卖最大的一张底牌,更是直接为保利拍卖在资金链以及市场运作上提供了强大的后盾。公司汇集了全国艺术品交易领域的专家,十分了解艺术品市场的运作方式,保利拍卖的范围不仅包括常规的中国近现代书画、古董珍玩、中国当代艺术等,还包括珠宝钟表、天珠及藏传佛教艺术、红酒白酒、科技古董等新兴领域。

7.5.1.3 兴盛原因分析

(1)供应链交易中介。纵观上述四大拍卖行的发展历程不难发现,他们最终都致力于打造一个供应链交易中介机制。这不仅仅可以显著提高供应链整体效率,而且能够促使卖家的商品供应量和拍卖行的最优商品售卖量保持协同,从而确保卖家和拍卖行均能实现利润最大化,形成一种渠道协调。知名拍卖行对自身供应链交易中介身份的定位非常明确:其一,拍卖行通常掌握着丰富的拍品供给和需求信息,能够在降低供需匹配成本、减少无效率交易、分担交易风险、降低交易成本等方面发挥出举足轻重的作用;其二,由于信息不对称的存在,拍品买方和卖方之间的信任问题十分突出,主要表现在买方对卖方拍品质量的不信任以及卖方对买方合理估值的不信任等方面,这将会影响到整个艺术品产业链的运作效率和运营成本,引入拍卖行来监督和规范艺术品供应链的各个参与方的交易行为,对于降低整个行业的运营成本以及提高运作效率大有裨益。

(2)城市选择。一个拍卖行的顺利发展离不开一个好地点的选择。世界级别的大拍卖行——佳士得、苏富比等,都是率先起家于伦敦市场,后续的业务拓展也都选择了中国香港、纽约等这类的城市作为立脚点。而本土化的拍卖行譬如嘉德、保利也纷纷选择北京作为市场总部。目前,美国、英国和中国已经占据全球艺术品 80%以上的份额,而这三个国家的纽约、伦敦、北京和中国香港四大城市也顺利继续占据"艺术品交易中心城市"的宝座。

纽约、伦敦、北京和中国香港市场艺术品交易重镇的形成是由该城市的社会、经济、政治和历史环境等综合因素决定的,有其内在的机制。纽约和伦敦作为全球首屈一指的金融商业中心,聚集了世界上最庞大的高净值人群和资金量,艺术品的供需面向全球。政府为促进非营利性艺术机构的发展提出了一系列税收减免等支持政策,这些政策对城市艺术、博物馆和藏家的发展壮大起到重要的推动作用。北京是一个具有丰厚文化历史底蕴的城市,作为中国的政治文化中心、国际交往中心和科技创新中心,文化创新和科技创新"双轮驱动"发展的总体战略应用于北京艺术品市场,使得其在艺术产业的发展上占据天时、地利、人和,其艺术品拍卖规模在中国内地遥遥领先。中国香港作为远东地区最重要的国际金融和贸易中心,是零关税和增值税的自由港,国际化程度较高。中国香港具有独特的税收优势、便利的贸易金融条件和规范的营商环境,使得艺术品交易可以辐射到广阔的亚洲乃至全球市场。

7.5.2 拍卖行的国际业务拓展方式

与时俱进、开拓创新是拍卖行发展壮大不断践行的真理。在拍卖行走向国际市场的方式中,既有拍卖行选择潜力巨大的城市去建立分支经营机构,通过商业存在的传统形式开展服务输出,开拓自己的业务范围,也有私人洽购作为经营机构拍卖的补充,还有充分利用互联网二次发展热潮以及新科技带来的网上拍卖。

7.5.2.1 私人洽购

私人洽购是一种艺术品议价的销售方式,通常是指拍卖行不通过拍卖场公开竞价而举办展卖、私下交易的形式销售艺术品。国际两大拍卖行苏富比和佳士得两百多年前刚成立时就有同时经营拍卖和私人洽购的惯例。直到现在,在他们每年的全球经营业绩中,都有占比 10%~23%的收入来源于私人洽购。2020 年,疫情期间以人员交流与聚集为主业务形式的艺术品拍卖行无法便利地进行跨地域征集与举办拍卖会,此时私人洽购就变成了不错的业绩补充方法。

私人洽购和拍卖最大的不同在于,拍卖是先征集了拍品再进行出售,以拍品为导向;私洽则是先了解客户需求,再去征集符合条件的拍品,所以是以客户需求为导向的。对于卖家来说,私人洽购可以选择合适的交易时间、交易地点以及达到个人隐私的充分保密,也能避免流拍的风险。对于买家来说,私人洽购的好处在于任何时间都可以在拍卖行购买到商品,交易快,价格可控并具备确定性,避免因竞价被抬高导致中介佣金过高的缺点。为了聚焦私人洽购,国际知名拍卖行各显神通,组建专职部门以及利用传统拍卖部门销售网络兼做私人洽购。香港佳士得多年前就已经在香港开辟了自己的艺术空间——佳士得艺廊,主要用来承接佳士得私人洽购展销的任务;香港苏富比也曾租下1 390平方米的空间作为"苏富比艺术空间",从事公司展销业务。但是在中国内地,由于《拍卖法》对私人洽购的法律限制,拍卖行的私人洽购板块接近空白。

7.5.2.2 "互联网+"的艺术拍卖市场

随着互联网热潮的到来,网上艺术品市场得到快速发展,不仅成为一个新的艺术品交易平台,增加了艺术品的市场营销渠道,而且对于传统艺术品市场产生了较多的影响,促使其进行调整以适应市场环境变化。据巴塞尔艺术展与瑞银集团发布的《2020 艺术市场报告》统计,2019 年进行网上销售的交易商中,57%的买家是新买家。对于二级市场拍卖行来说,新买家占其网上销售的 34%。《瑞银投资者观察》和艺术经济研究所针对高净值人群的调查显示,48%的藏家总是或者时常使用线上平台购买艺术产品。20 世纪末,国外大型拍卖企业开始尝试通过网络进行线上拍卖。1995 年全球第一家艺术市场在线服务平台 artnet. com 成立;进入 21 世纪之后,中国开始逐渐建立起线上拍卖的平台,例如"嘉德在线""雅昌艺术网"等。2013 年,中国最大的电子商务平台"淘宝"与北京保利拍卖首次合作,展开线上艺术品拍卖。

拍卖行在线上交易扩充中,既注重交易广度又注重交易深度。如香港的苏富比拍卖就高度重视线上交易,他们将线上交易视为获取新客户的主要策略。数据表明,苏富比线上交易总用户的 50%为新用户,且这部分新用户的 20%参与到了之后的现场拍卖。为此,苏富比曾在 2017 年大幅度增加线上拍卖场次,仅当年就高达 36 场,同时苏富比也在不停地寻找新机遇,与 Invaluable(线上交易平台)寻求新的合作方式。

7.5.3 中国拍卖行的拍卖珍品——古琴

古琴作为中国传统乐器中最有代表性的一种,不但是一种音乐艺术,更是代表了知识分子的一种心声,是中国文人情感的寄托载体,历朝历代的文人墨客都以懂乐理知古琴作为修身养性的重要内容。因此,古琴在中国拍卖市场上有着无法取代的地位。

优秀的斫琴师,将会赋予琴第一个金身。古琴的制作名家有雷、郭、张、沈四大家,其中雷、张两家最为有名。现故宫博物院藏有唐代雷琴"九霄环佩""大圣遗音"等。张越为吴地制琴家，其琴坚清，声激越而润。古琴因年份久远，保存至今其完整度至关重要，一般越好的古琴保存得越完整。若是名家所斫，年代久远，器型完整，音色优美，将会在拍卖市场上引起极大的轰动。古琴的完整度鉴别中，有一个需要注意的点为是否剖腹。有些古琴会因弹奏需要剖腹，剖腹的古琴价值界定则因人而异。若藏家更注重古琴的实用性，则其不在意是否剖腹；若藏家更注重古琴的年代价值，则剖腹是其大讳。落款、镌刻等价值判断占据很大比重。例如，乾隆皇帝酷爱收藏古琴，将宫中所收藏历代古琴断代品评，分等编号，登记造册，题咏编刻。目前，拍卖市场表现优越的有"月露知音""松石间意"等。由此可见，经过名人鉴赏、附加落款、镌刻文字的古琴是市场中的翘楚。

2003 年是古琴拍卖的一个十分重要的年份，在此之前没有十分明确的异常轰动的事件发生。2003 年第二季度以 300 多万元人民币的价格拍卖成交了一张唐代古琴——"九霄环佩"；同年年底"大圣遗音"（唐代琴）再次以 800 多万元人民币的价格成交，之后这张古琴在 8 年后的嘉德春拍上以过亿的惊人价格再次实现换手。北京保利 2005 年春季拍卖中，乾隆御题仲尼式沉香木百纳琴——"文呈散绮"拍得 1 667.5 万元人民币的傲人成绩；香港苏富比 2016 秋季拍卖会，清乾隆御制——"湘江秋碧"以 4 889.6 万元人民币的价格成交。在短短几年的时间里面古琴收益呈现指数爆炸式的增长，不仅极大地振奋了古琴市场的投资信心，还扩大了古琴的投资客户群。

与之对比，西方的拍卖市场中小提琴已经成为一种特别成熟的拍品。小提琴拍卖业绩稳中有升：2005 年，小提琴——"坦南特夫人"成交价为 203 万美元；2006 年，"哈默"成交价为 354 万美元。迄今为止，拍价最高的小提琴——"布朗特夫人"曾在 2011 年由日本音乐基金会以 1 600 万美元出售。2013 年，一部曾经在泰坦尼克号上演奏过的小提琴，虽然已经毁坏，但由于它巨大的精神意义，仍拍得 145 万美元的优秀成绩；2020 年秋季拍卖一把由斯特拉迪瓦里制作的小提琴在伦敦以 1.014 亿元人民币的价格成交。小提琴在西方拍卖市场中有着非常优秀的表现，成为除艺术品之外的稳定投资品种。它的价值不断得到肯定，价值增幅不断上涨，受到公众不断追捧。

中国古琴的拍卖市场虽然刚刚起步，但是也接续创造新的纪录，古琴价格的攀升就是公众对其价值认可的一种表现形式。随着中国的国力越来越强盛，中国人对中国文化越来越认同，古琴的关注度越来越高，古琴的拍卖市场一定是前景广阔的。

参考文献

[1]崔之进．经济转型期中国艺术产业研究："钻石模型"发展战略[J]．创意与设计，2016(03)：21-24.

[2]董梦阳．在艺术品消费时代如何打造有根基的市场[EB/OL]．[2020-08-21]．http：ml. mbd. baidu. com/r/mztcvNCzq？ f=cp&u=c29971f3a70f2908.

[3]窦莉梅．艺术品拍卖中的私人洽购[J]．收藏投资导刊，2014(09)：74-80.

[4]甘艳玲．将拍卖行业拓展为产业链[J]．中国拍卖，2019(01)：33.

[5]古琴拍卖市场行情及成交价格[EB/OL]．[2020-08-21]．http：//m/sohu.com/a/284587631-120061327.

[6]黄隽．全球四大核心市场与中国艺术品交易[J]．公关世界,2018(22).

[7]潘佳利．“互联网+艺术”语境下的艺术品拍卖[J]．大众文艺,2020(04).

[8]吴伟忠．中国古琴走俏拍卖场[J]．金融博览,2015(24):88-90.

[9]西沐．中国艺术品市场何去何从?(上)——2017 年市场回顾与 2018 年展望[J]．收藏投资导刊,2018(06):86-91.

[10]西沐．改革开放四十年中国艺术品市场的发展与反思[J]．荣宝斋,2018(09):230-237.

[11]许传英．我国文化贸易国际竞争力及其影响因素研究[D]．苏州:苏州大学,2016.

[12] 2019 中国年度艺术市场报告[EB/OL]．[2020-08-21].http://ml. mbd. baidu. com/r/iMZlv7HeLk? f=cp&u=bdse4c7567e779f3.

[13]TEFAF2018 全球艺术品市场报告[EB/OL]．[2020-08-22].http: www. 199it. com/archives/729438. html.

[14]詹姆斯,古德温．国际艺术品市场(上、下)[M]．敬中一,赖靖博,裴志杰,译．北京:中国铁道出版社,2010.

[15]徐亚兰,周琦深,陈金莉,等．珠宝拍卖市场及其拍卖规律:以苏富比公司为例[J]．宝石和宝石学杂志,2015(03).

[16]朱浩云．近三十年中国艺术品拍卖回眸与展望[J]．荣宝斋,2019(04).

8 国际音乐市场

8.1 国际音乐市场发展状况

8.1.1 国际音乐市场规模

2019 年，全球录制音乐收入总计达 202 亿美元，较 2018 年同期增长了 9.2%，连续第五年保持增长，如图 8-1 所示。其中，实体唱片收入下降了 4.3%；流媒体收入增长了 23.9%，达到 114 亿美元，占全球录制音乐产业总收入的 56.4%。其中，付费订阅流媒体增长 24.1%，付费订阅用户增长 33.5%，数量增至 3.41 亿。

持续增长的全球付费订阅用户数量代表着国际版权环境不断向好，以及全球用户付费意识稳步提高。除日本外，世界前十大音乐市场均显示出增长趋势。其中，付费订阅流媒体收入的增长尤为强劲，前十大音乐市场的付费订阅流媒体收入均出现了两位数的增长。

2020 年席卷全球的新冠肺炎危机使音乐产业相关领域动荡未决，世界各地的唱片公司则一如既往地致力于为全球音乐产业营造可持续发展的业态环境。在这个特殊时期里，唱片公司不仅将持续培养艺术家及其艺术作品，更将为后期的行业复苏进行人才及基础设施方面的投资。

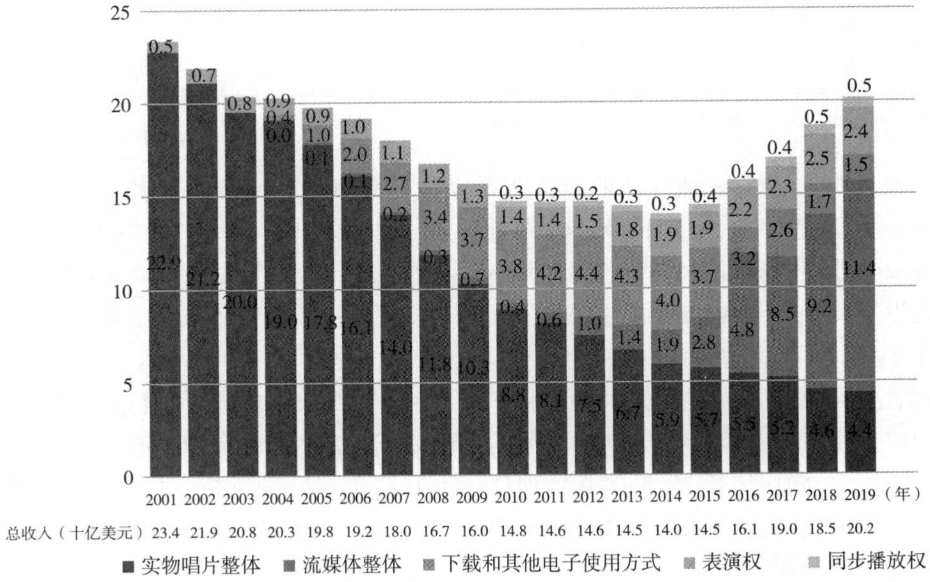

图 8-1 2001—2019 年全球录制音乐收入增长对比

资料来源：国际唱片业协会（IFPI）《2019 全球音乐产业报告》。

付费订阅流媒体收入成为全球录制音乐收入增长的核心驱动力。2019 年,全球主流的流媒体收入增长了 23.9%,总产值达到 114 亿美元,流媒体音乐更首次占比至全球录制音乐收入的一半以上,占整个市场的 56.4%。如图 8-1 所示,上升了 24.1%的付费音频流媒体再次成为主要推动因素。同时,全球所有地区的市场在该领域都实现了连续两年的增长。

除流媒体以外,数字音乐收入在 2019 年下降了 15.3%,主要原因是多个地区市场的下载收入急剧下降,下载收入仅占总收入的 5.9%。非流媒体数字音乐收入降幅最大的拉美地区也见证了流媒体整体增长的最高涨幅,突显出由数字音乐向流媒体的转移趋势。

2019 年全球录制音乐产业的实体产业收入下降了 4.3%,在产业总收入中的占比为 21.8%。但一小部分国家的音乐收入出现了增长,其中包括美国(增长 3.2%)和西班牙(增长 7.2%)。黑胶唱片销量仍在全球范围内持续增长,相较前一年增长了 5.3%,2019 年占实体总收入的 16.4%。国际音乐市场的体系逐渐完善,并形成由不断激增的音乐流媒体主导,辅以总体增幅持续下降的数字音乐、实体唱片及下载市场的多元化格局,如表 8-1 所示。

表 8-1　2019 年国际音乐产业市场规模估算数据

行业类别	产业规模(亿美元)		同比增幅
数字音乐	流媒体	114	23.9%
	下载及其他	15	-15.3%
实体音乐	44		-4.3%
表演权	24		-4.0%
同步播放权	5		0.0%
合计	202		9.2%

资料来源:国际唱片业协会(IFPI)《2019 全球音乐产业报告》。

数据表明,付费订阅流媒体收入成为推动全球录制音乐收入增长的核心驱动力,部分抵消了实体销售收入的下降。与先前不同,由于 2018 年的一次性结算(one-off settlements)致使当年(2018 年)收入激增,因此并未进行一次性结算的 2019 年表演权收入同比下降 4%,至 24 亿美元,占总市场的 11.9%。同步播放权收入为 5 亿美元,占总收入的 2.5%。

随着各大唱片公司与流媒体订阅服务提供商合作的频率增大,付费订阅流媒体服务越来越成为用户增强体验感与体验质量的重要方式。2019 年,全球共有 3.41 亿流媒体付费订阅用户,同比增长 33.5%,并呈现持续上升趋势。这是科技时代下音乐产业市场为用户构建的线上音乐体验空间,更是音乐产业本体在传播路径、合作模式、营收渠道及体验方式上的开阔革新。

国际唱片业协会(IFPI)最新发布的《2019 全球音乐产业报告》显示,全球十大音乐市场的录制音乐收入在 2019 年都实现了增长。其中,美国仍居首位(如表 8-2 所示),增长率为 10.5%。日本以整体小幅下降 0.9%的总收入依然稳居第二位。第三和第四大唱片市场分别为英国(增长 7. 2%)和德国(增长 5. 1%)。前十名的其他国家包括法国(增长 3. 9%)、韩国(增长 8. 2%)、中国(增长 16%)、加拿大(增长 8. 1%)、澳大利亚(增长 6%)和巴西(增长 13. 1%)。

表 8-2　全球十大音乐市场排名

一	美国
二	日本
三	英国
四	德国
五	法国
六	韩国
七	中国
八	加拿大
九	澳大利亚
十	巴西

资料来源:国际唱片业协会(IFPI)《2019 全球音乐产业报告》。

从地区来看,2019 年美国和加拿大依然是全球最大的录制音乐收入市场(见表 8-3),录制音乐收入增长了 10. 4%,占全球总市场的 39. 1%。美国以 10. 5%的增幅连续第五年增长,去年涨幅基本持平的加拿大则增长了 8. 1%。同时,该地区数字音乐的市场份额为 77. 8%,在 2019 年超过了 3/4 大关(2018 年的份额为 74. 2%),成为全球音乐市场中数字音乐市场份额最高的地区。尽管全球录制音乐总增幅主要依靠订阅流媒体收入增长推动,但美国却是唯一一个抵挡住了全球实体收入下降趋势的地区。得益于黑胶唱片的复兴大势,2019 年该地区实体收入以 2. 0%的增幅增长至 12. 4%,成为全球音乐市场中实体收入最高的地区。但由于 2018 年该地区没有再次发生大规模的一次性结算,因此表演权收入显著下降了 14. 6%。该地区同步播放权收入增长 3. 0%。

表 8-3　2019 年全球音乐市场录制音乐收入各地区同比增幅

地区	同比增幅
亚洲	3. 4%
澳大利亚	7. 1%
欧洲	7. 2%
拉丁美洲	18. 9%
美国和加拿大	10. 4%

资料来源:国际唱片业协会(IFPI)《2019 全球音乐产业报告》。

在以实体销售为主要收入来源的亚洲地区,2019 年的总增长率为 3. 4%,其中实体销售占市场总额的 48. 5%。但由于该地区最大音乐市场日本的实体销售 4. 8%的下降率,日本市场增长放缓，致使亚洲地区增长率低于去年（12.3%）。值得一提的是，2019 年是亚洲地区实体销售收入首次跌至总收入的 50%以下，这意味着当规模庞大的日本实体市场逐渐趋于饱和状态时，亚洲地区的实体增长速率也将随之开始放缓。

在付费订阅流媒体的强劲增长驱动下，除日本以外的亚洲地区出现了 11.5%的中幅增长，韩国、中国和印度的音乐市场都呈现出不俗的增速。其中韩国增幅较小，为 8.2%；中国和印度则分别增长了 16.0%和 18.7%。拉丁美洲则连续第五年成为增长速度最快的地区（增长 18.9%），其流媒体增长率也位居第一，驱动拉丁美洲整体音乐市场不断向好发展。同时，受日本市场同步播放权收入强劲增长的推动，亚洲地区的表演权收入和同步播放权收入分别以 4%和 23.5%的增幅增长。

8.1.2 国际音乐市场结构

在国际社会政治、经济、文化环境不断向好的近 20 年间，音乐产业逐渐开始被众多国家列为文化产业中极为重要的支柱产业进行培育支持，并以其极强的文化象征力、价值导向力、传播覆盖力及商业渗透力不断充实发展，成为国家文化软实力的重要体现之一。据国际唱片业协会（IFPI）统计，全球录制音乐总收入在 2019 年实现了连续五年的增长。作为可有机融合其他产业优势的高灵活性文化产业，音乐产业在历经多次转型重构后，以一种全新的动态平衡产业结构向全世界展现着它独特、蓬勃的生命力。

8.1.2.1 实体音乐

2019 年，全球录制音乐产业总收入达到 202 亿美元，实体音乐收入以 4.3%的态势持续下降，占整个市场的约 1/5（21.8%），如图 8-2 所示。虽然下降速度低于前一年的 11.5%，但依然无法改变近二十年间实体音乐所呈现的愈发衰败之势。

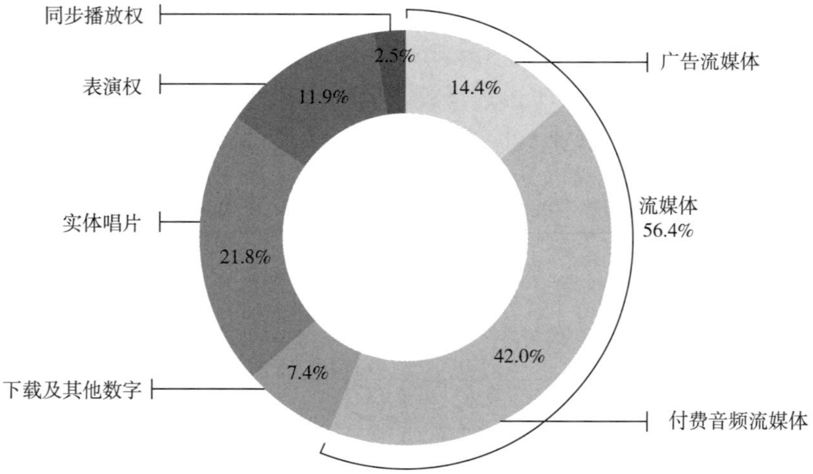

图 8-2 2019 年全球录制音乐收入占比情况

资料来源：国际唱片业协会（IFPI）《2019 全球音乐产业报告》。

追溯唱片业自问世以来的历史环境不难发现,盗版唱片及互联网技术的不断发展都使唱片业受到了前所未有的冲击,新的商业法则将其重构。首先,盗版唱片往往紧跟正版唱片的发行分销,从最开始的小规模作业扩大至"遍地开花"的局面。盗版唱片对正版唱片的负面影响无疑是巨大的,它使唱片公司在整个发行周期中的巨额投资难以收回,导致其陷入知名度与商业回报无法匹配的尴尬境地。

其次,20 世纪 90 年代互联网时代的到来更大大加剧了唱片业的结构性困境:传统唱片业尚未取得成熟发展,数字音乐时代便已悄然而至。但我国唱片业在网络时代前夕与盗版唱片的斗争中消耗掉了过多资源,导致本体缺乏适应新型市场协调变化的灵活条件;而快速发展的科学技术使得音乐产业的玩法规则更新迭代,在最大程度上不断刷新着音乐传播速度、传播范围、传播难度及传播精度的纪录,使听众以极快的速度适应了更为便捷的传播方式。故当互联网和数字音乐为产业带来了新的市场机遇时,实体音乐产业则以无可挽回的颓势逐渐成为被时代抛弃的历史泡沫。

8.1.2.2 数字音乐

数字音乐是指以数字格式存储、以互联网为平台进行传输的音乐。数字音乐自被创造之初就与恣意生长的盗版环境相伴相生,其不同于实体唱片的简便特性也多被不法分子利用于制作盗版的违法行为中,一度使我国侵权案例数不胜数。随着近些年来我国版权环境的持续规范,数字音乐正版化的进程也在井然有序地向前推进,它在不同音乐平台上的商业化发展逐渐成为音乐产业链条中不容忽视的存在。其中,更以近几年势头强劲的流媒体音乐为首要商业价值方向,在当下音乐市场中闪耀着最为夺目的光芒(见图 8-3)。

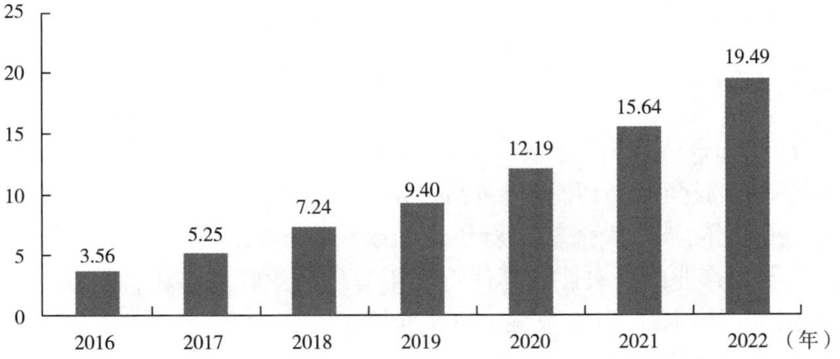

图 8-3 2016—2022 年全球流媒体音乐订阅市场总值(单位:十亿美元)

资料来源:《全球音乐市场:规模、趋势和预测(2018—2022)》。

(1)音乐流媒体,尤其是付费订阅流媒体迅速发展。2019 年,全球所有地区的市场在流媒体领域都实现了连续两年的增长。全球主流的流媒体收入涨幅为 23.9%,总收入达到 114 亿美元,占整个市场的 56.4%,这是流媒体收入首次占全球录制音乐收入的一半以上。据统计,增长了 24.1%的付费订阅音频流媒体收入是推动流媒体收入增长的主要因素。

数字音乐产业中不容小觑的付费订阅流媒体收入开始成为推动全球录制音乐收入

增长的核心驱动力。低廉快捷的音乐体验使用户黏性不断增大,更使众多流媒体订阅服务提供商嗅到了流量多渠道变现的商机,从而将更多商业策略与顶尖技术应用于流媒体订阅服务中,例如疫情期间苹果音乐(Apple Music)与声田(Spotify)的免费试用期延长与价格下调,腾讯现场(TME Live)超现场板块中引入的增强现实技术(AR)与混合现实技术(MR)结合的次世代顶尖技术——扩展现实技术(XR:即通过视觉、听觉、嗅觉和触觉等信号营造出一种沉浸式感受)等,均是平台努力寻求增强用户体验感受与质量的正向案例。

而除流媒体以外的数字音乐收入以 15.3%的降幅持续下降的情况,则是多个地区市场下载市场逐渐饱和,开始大幅下降所导致。2019 年,下载收入仅占全球录制音乐总收入的 5.9%,不断萎靡的下载市场在相当程度上突显出了数字音乐重心逐渐转向流媒体的趋势。

(2)唱片公司愈发依赖流媒体订阅服务提供商。IFPI《2019 全球音乐产业报告》指出,唱片公司对声田(Spotify)、亚马逊(Amazon)和苹果音乐(Apple Music)等流媒体订阅服务提供商的依赖度不断提高。2019 年付费订阅流媒体收入增长率为 24.1%,占唱片公司所有唱片收入的 40%以上。同时,全球付费流媒体服务用户比 2018 年增加了 34%,达到 3.41 亿,成为唱片公司和流媒体订阅服务提供商们眼中广阔又少经开发的超级市场。

拥有大量正版版权库的唱片公司与擅长流量商业运维及变现的流媒体平台,正是音乐产业中彼此需要且能互相促进的合作双方。在流媒体时代下,将正版资源与超强流量变现相结合,是打造现象级艺术作品的不二法宝;再顺应融媒体时代的潮流,将流媒体平台及社交媒体平台进行联动宣推,此类平台用户的高黏性、强消费力及自传播力便会成为成就经典的重要助推因子。

8.1.2.3 表演权

表演权(performance rights)指著作人自己或者授权他人公开表演作品,以及用各种手段公开播送作品的权利。公开表演包括音乐会、餐厅等公开场合,还包括广播和电视等广播组织。2019 年,涉及表演权中所使用的录制音乐收入为 24 亿美元,降低了 4%。2018 年曾进行音乐产业的一次性结算使得当年音乐产业收入膨胀,而 2019 年未进行结算,因此收入恢复正常水准,且在数额上有所回落。

从 2001 年 IFPI 开始统计表演权收入数据以来,其收入份额在全球音乐产业市场中一直稳步增长(见图 8-4),因为相当一部分音乐人最主要的收入来源便是现场演出。2020 年因新冠肺炎疫情,绝大多数线下演出都将无法按计划进行,有条件的团队选择将其转为线上直播演出,但多是免费点播。由此可预测 2020 年包括但不限于涉及表演权的录制音乐收入将大幅减少,在一定程度上为音乐产业带来较大挑战。

8.1.2.4 同步播放权

同步播放权的收入来源于电影、广告、游戏和电视节目等渠道。2019 年,全球同步播放权收入为 5 亿美元,与前一年 25%的增长率相比有所下降,但总收入占比依然保持在 2%。

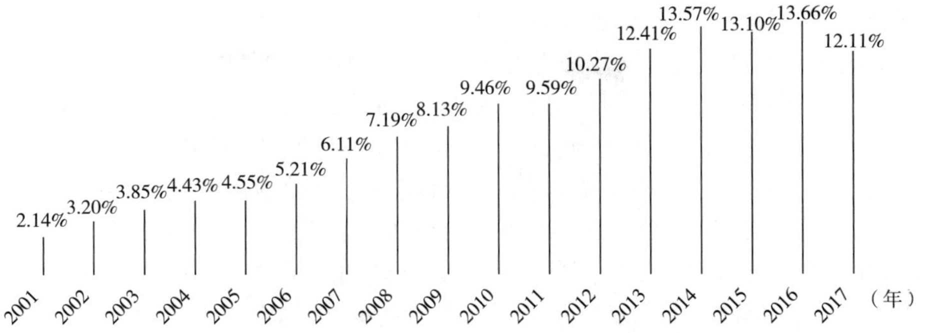

图 8-4　2001—2017 年表演权在全球音乐产业收入中占比情况

2010—2017 年同步播放权在全球音乐产业收入中一直保持稳定的占有比例,始终保持在 2%左右,产值在 3 亿美元上下(见图 8-5)。可见全球的音乐关联型产业发展较为保守与平稳,但也从侧面影射出版权与价值的差距这个仍然存在且不断演变的问题,音乐创作者和投资者收到的回报与其对作品的付出严重不对等,这将对今后全球音乐产业的可持续发展造成一定的阻碍,且不利于国际音乐市场结构的优化。

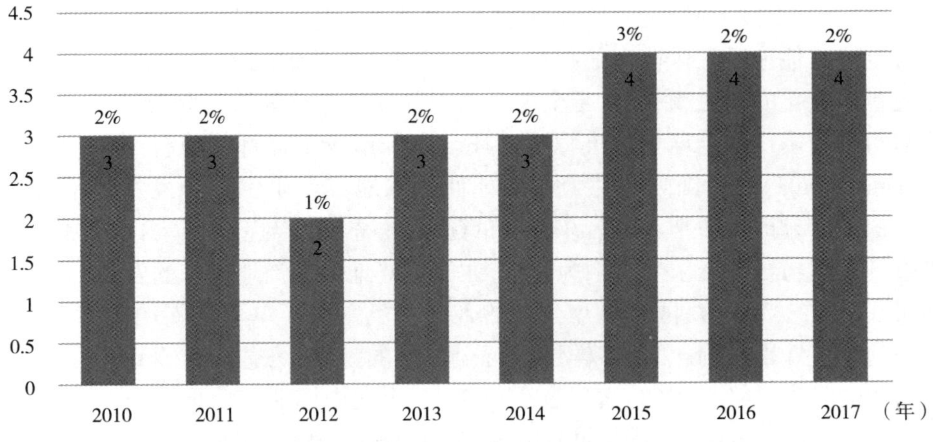

图 8-5　2010—2017 年全球同步播放权收入(单位:亿美元)及占比情况

8.1.3　国际音乐市场趋势

8.1.3.1　本土音乐国际化趋势进一步发展

(1)政府政策对产业发展起决定性作用。音乐产业作为文化产业的重要组成部分,将进一步成为发展中国家着力发展的对象。如今的产业已经与原来大不相同,它已经在为新一代数字音乐带来最大化的机遇,并将处于未来变革的前沿。今后新兴市场国家的音乐产业势必会参考欧美发达国家成熟的机制与运作模式,力求在产业化的推动下使得本土音乐全面发声,因此本土音乐全球化势必成为全球音乐产业未来的一个重要发展趋势。近年来,以拉美地区、韩国、印度等为代表的新兴经济体的音乐产业规模和专业程度不断得到壮大和完善,当地政府也日益重视通过包括音乐在内的文化软实力加强国际影响力,借助国际与地区的文化交流努力促使本土音乐国际化。

地方政府在促进本土音乐国际化的过程中起到重要作用,通过政策调节可以有效支持本土艺人和唱片公司的良好发展。华纳音乐国际商务服务部门的首席执行官斯图·伯根(Stu Bergen)认为"当地合法有序的音乐环境将会有效地促进我们寻找到那些极具天赋的音乐家"。合法的音乐版权体系可以有效激发音乐人创意内容的持续输出,但音乐版权状况的改善与政府政策法规的支持是分不开的。近些年,中国、俄罗斯以及韩国等国家在著作权法的实施与保护方面有了巨大的进步,例如中国于 2015 年颁布的《关于责令网络音乐服务商停止未经授权传播音乐作品的通知》有效整顿了混乱中的版权市场。2019 年中国数字音乐正版率达到 98%,有效维护了音乐人的合法权益,促进了数字音乐消费的有效提升,原创音乐人创新的内在动力被激发,中国近年来优质的音乐内容层出不穷,这都是与版权体系的合法实施与监管分不开的。可以看到,政府政策的支持对文化产业的促进具有不可估量的作用。

(2)国际唱片公司参与地方音乐产业发展,加速构建全球化环境。国际唱片公司是音乐产业全球化进程中的重要角色之一。由于各个国家和地区都有着鲜明的地方特色和文化,一味简单地进入地方音乐生态环境中可能会使得国际唱片公司的音乐资源、运营方式、合作手段以及人脉资源"水土不服"。在当今全球化背景下,国际唱片公司要想有效促进全球其他地区音乐业务的扩展壮大,就必须主动地融入当地文化,在保留当地民族特色音乐文化的同时,利用自身全球音乐资源优势以及运营经验帮助本土艺人和粉丝一起参与到音乐产业全球化的进程中。环球音乐市场发展部门执行副总裁亚当·格拉尼(Adam Granite)对于国际唱片公司要如何融入地方音乐生态环境发表了自己的看法,认为"我们必须时常听取当地音乐粉丝的建议,探索他们与艺人、音乐的接触方式,不断改进直到我们与当地音乐生态融为一体,才能更好地促进当地音乐的发展"。

而对于地方艺人而言,国际唱片公司的入驻并不是简简单单的签约艺人,而应该对当地经济、政策、性别平等、文化多样性进行全方位的了解,为艺人量身定做兼具民族特色和国际化的音乐风格。例如,索尼音乐于 2018 年在中国北京郎园建立了新录音棚和表演场地,用于更加深入地支持其旗下中国艺人的培养与宣传。而索尼音乐在中国的营销策略也并不仅仅停留在对艺人的资金支持上,而是在数据的支撑和全球化视野下探索更多适合艺人的发展机会。然而,在发展本土艺人与扩展艺人粉丝群体国际化的过程中会存在一些问题,特别是在与本土赞助商协商的过程中,艺人国际化发展形象与广告商需求的不匹配成了最大的矛盾。这就要求唱片公司在发展艺人国际化声誉的同时还要保证本土音乐文化的正宗性,不可造成本土艺人与音乐投资资源的流失。

8.1.3.2 唱片公司运营模式的转型之路

(1)与艺人关系的持续性。现代唱片公司与艺人在规划发展路线方面已经脱离了以往唱片公司与经纪人为主要规划人、艺人为主要执行人的雇佣关系阶段,而是更进一步向伙伴式合作关系靠拢。在这个过程中,唱片公司主要以艺人的想法与创意为主,并利用其公司资源、营销技巧等工具来帮助艺人实现其音乐梦想。就像斯图·伯根(Stu

Bergen)所说的:“一直以来华纳音乐都以与艺人的合作时间持久为自豪,我们逐渐认识到一个艺人的成功不仅仅是昙花一现或者一夜爆红,而是其在唱片公司的长期支持下慢慢积累自己,从而逐步建立起自己的事业。”维持与艺人长久性的关系成为当前唱片公司运营的核心,环球音乐执行副总裁米歇尔·安东尼(Michele Anthony)也强调了培养艺人长久性的重要性:“我们的商业核心就是艺术,我们的主要任务就是通过艺人职业生涯中的每一次亮相机会来不断地开发其艺术天赋并扩宽粉丝群体,这是非常需要技巧方法和营销策略的。”在伙伴式关系中,艺人和唱片公司可以将更多的精力放在创意内容的开发上,缺少了传统唱片公司对艺人职业生涯的强制干涉和定位后,艺人有了更多可以释放和发现自我的创新机会。在这个以创意为主、内容为王的音乐时代,传统唱片公司类似流水线的音乐生产模式并不一定成功,且在长尾时代下,细分化音乐类别的出现使得独具风格的天才艺人有了更多的平台和机会来展示自己,并从中建立自己的粉丝群体,这都是在传统唱片公司运营模式下无法预测和控制的成功。同时,即使在从前以唱片公司为主的时代,大多数爆红歌曲和歌手的出现也并不全是唱片公司的功劳,在艺人天分、创作技巧以及公司资源可以达到行业平均水平的情况下,运气也是一个歌手成功的重要因素。成功的运气往往无法复制,也不是唱片公司的总裁或者有经验的经纪人可以控制的,因此,将艺人的创意权归还给他们,自己作为一个强大的辅助平台来帮助他们实现创意和梦想,才是当前唱片公司的主要运营方式。

此外,在维护与艺人关系的过程中,唱片公司艺人开发与推广(artist and repertoire, A&R)部门起到了重要作用。帕洛风唱片公司(Parlophone)A&R 部门经理伊莱亚斯·克里斯蒂迪斯(Elias Christidis)就表示现在 A&R 部门更多担任的是创意管理者的角色,对艺人创意的实现起到辅助作用:“现今大约每个公司都有 30~40 个人来负责艺人全球范围内粉丝群体及个人音乐品牌的建立,我们不仅仅是帮助艺人制作唱片,更多的是对艺人整体职业发展的规划,这才是一个唱片公司应该做的。”近年来,唱片公司在音乐传播方式的变革下一直处于不断变化的过程中,但本质上唱片公司的角色并没有改变,依旧是帮助艺人实现音乐梦想,只不过其运营重心和营销策略随着市场的变化而逐步改变。但是,维护与艺人关系的持久性、利用强大的宣传资源和丰富的营销经验来帮助艺人规划完整的职业进程、实现其音乐梦想才是唱片公司成功转型的重要核心。

(2)资源利用的有效性。传统唱片公司在与新型音乐服务商的对峙过程中往往由于数字渠道资源的缺失而处于下风。因此,寻找和开发有利于自身的宣传渠道成为唱片公司转型发展的当务之急。索尼音乐英国及爱尔兰地区的首席运营官尼古拉·格瑞(Nicola Tuer)对此发表了自己的看法:“如果我们依旧坚持原本的路线不改变,我们将会大幅度缩减成功的可能性。因此,我们需要涉足更多的领域(例如博客、周边商品开发、现场音乐、沉浸式体验等),不管最终成功的到底是什么,我们都要依靠自身的专业能力使得艺人从中受益。”虽然数字音乐服务商通过掌握重要宣传渠道和用户数据可以轻松实现对旗下原创音乐人的宣传推广和粉丝群体构建,但老牌唱片公司所掌握的传统宣传渠道其实并不比数字音乐宣传渠道少,通过利用其宣传渠道的稳健关系,可以加大唱片公司对艺人宣传的有效性,减少对数字音乐服务商的依赖性,这也是实现转型的关键一步。

(3)粉丝经济的重要性。唱片公司正不断地加大投资比例用于发掘和培养新艺人,从而为世界各地的乐迷提供更多优质音乐,良性循环的模式已经显现。未来产业规模持续做大做强的方向依然是以用户为核心持续供应优质的音乐产品,依然是以优化人对音乐的体验为核心。因此,保持对粉丝群体的持续性关注,参与粉丝经济的建设已逐渐成为唱片公司的运营重心。对于一个艺人来说,拥有音乐创作方面的天赋无疑是重要的,但使其音乐与听众产生共鸣才是艺人梦想实现的关键。帮助艺人在粉丝中建立权威和情感交流才能使唱片公司长久地立足于全球化和数字化浪潮中,对此,环球音乐国际视野部门经理加比·罗普斯(Gabi Lops)表示环球音乐在为艺人建立粉丝基础上做出了诸多努力:"我们建立了专门的国际团队来负责对艺人粉丝群体进行深度了解,从而保证艺人项目进行过程中每一步营销策略的正确性和有效性。"

8.1.3.3 以数据为驱动的市场模式逐步形成

对于文化产业来说,创意是维持产业长久运转的动力。传统音乐产业运营模式当中,艺人的创意开发和实现往往首先需要通过唱片公司老板和经纪人的认可才能转而面向大众,因此对一首歌曲是否能"红"的判断往往来源于决策者或投资者自身在行业中多年的经验和直觉。在传统唱片时代下,经验和直觉成为行业判断的标准,但由于音乐产品的特殊性,"运气"往往也是一首歌曲成功的重要因素,同样也是最不可控的因素之一。随着数字技术的逐渐成熟,越来越多的音乐行业借助数据的力量提高艺人的创造积极性,挖掘出了市场中未被发掘的价值,并重塑了整个行业结构。例如,索尼音乐于 2018 年为其艺人网站增加了一项重要功能——实时收入监测系统,它提供了快速更新的艺人实时全球版权收入以及账户余额,此外艺人也可以通过该网站实现余额的提现。通过与艺人分享收入数据的透明化,索尼不仅有效维持了唱片公司与艺人之间的关系,也同时对艺人职业发展规划做出了帮助。

此外,在利用技术对数据的收集过程中,消费者的行为观察与分析是最重要的数据之一,而唱片公司基于此数据做出的回应可以有效建立艺人与粉丝之间的互动桥梁。例如,声田(Spotify)和腾讯 QQ 音乐通过其强大的流媒体音乐平台可以轻而易举地获得用户数据,包括歌曲点击率、满意度、用户偏好等,基于此数据,数字音乐平台可以反向帮助用户在极为丰富的互联网音乐中选择和发现他们想要的音乐产品。这种数据分析模式抛弃了原来投资者和决策者依据经验筛选音乐的模式,而是将一系列技术驱动的流程贯穿在了用户接收信息和反馈信息的过程中。唱片公司通过合理的数据预测出哪些音乐内容可以在市场上获得成功,与用户之间建立起了前所未有的直接联系,同时还能够更加高效、有针对性地对消费群体宣传音乐产品,从而在竞争中有了优势和精准的判断能力。目前,新型数字音乐服务商已充分认识到数据在音乐市场中的重要性,但传统唱片公司无法直接获取第一手用户消费数据信息,因此除了要与数字音乐服务商建立良好关系外,还需要建立自身平台以便旗下艺人与粉丝之间构成直接交流,从而在不断变化的音乐市场中保持竞争优势。①

---

① 迈克尔·D. 史密斯,拉胡尔·特朗. 流媒体时代:新媒体与娱乐行业的未来[M]. 鲁东旭,译. 北京:中信出版社,2019.

8.2 国际音乐市场主要区域研究

8.2.1 美国音乐市场

8.2.1.1 2019年美国音乐市场概况

美国音乐产业兴起于18世纪的音乐乐谱印刷及现场演奏,借助20世纪实体唱片产业的推动实现了高速发展,在全球范围内形成以美国五大唱片公司为核心的唱片工业运营模式。随着21世纪数字技术为音乐产业带来的变革,美国作为世界最发达的国家,高度发达的科学技术与成熟的音乐产业运营模式相结合,使其拥有了目前世界上最大的音乐产业市场。

《2019全球音乐产业报告》统计显示,2019年美国与加拿大构成的北美地区依旧占领着全球录制音乐市场的最大份额(39.1%),同比2018年增幅达10.4%。其中,美国地区录制音乐市场收入从2018年的98亿美元增长至2019年的111亿美元,以13%的增幅保持着连续第五年的产业增长趋势。① 2019年,北美数字音乐产业占比首次超过市场总份额的3/4,达77.8%,成为全球最大的数字音乐市场,而流媒体订阅用户的激增成为北美数字音乐市场增长的主要驱动力。此外,2019年美国成为全球录制音乐市场中第一个也是唯一一个成功阻止实体音乐收入下降的地区,其实体音乐收入在黑胶复兴趋势下首次增长率达2%。②

(1)流媒体音乐。美国流媒体音乐服务包括多种形式,比如优先订阅音乐服务、按需广告流媒体服务(例如YouTube、Vevo以及广告模式下的声田等)、数字及电台订制服务(例如潘多拉、SiriusXM以及其他电台)。根据美国唱片业协会(RIAA)发布的《2019美国年终音乐收益报告》数据,2019年美国流媒体音乐收入增长18.9%,达88亿美元(见图8-6),占美国录制音乐市场的79.5%。该部分市场2019年的收入比2017年美国整个录制音乐市场的收入还要多。

其中,付费流媒体订阅服务是美国流媒体音乐服务中占比最大也是增长率最快的部分,2018年增长了25%,付费流媒体订阅收入达68亿美元,占美国录制音乐市场总收入的69%。2019年美国付费流媒体订阅用户数量达604万人,同比2018年的467万,增幅高达29%。此外,按需广告流媒体服务收入(例如YouTube、Vevo以及广告模式下的声田等)为9.08亿美元,增长幅度达20%。该部分服务为超过1亿的美国听众提供了共计约5 000亿次流媒体歌曲服务,也为2019年美国音乐市场贡献了8%的收入。对比之下,流媒体电台服务收入降幅达4%,年度收入达11亿美元。其中,Sound Exchange对比2018年收入下降了5%,仅为9.08亿美元,而其他平台收入也同比呈现下降趋势,收入仅为2.51亿美元。③

---

① 美国唱片业协会(RIAA)《2019美国年终音乐收益报告》。

② 国际唱片业协会(IFPI)《2019全球音乐产业报告》。

③ 美国唱片业协会(RIAA)《2019美国年终音乐收益报告》。

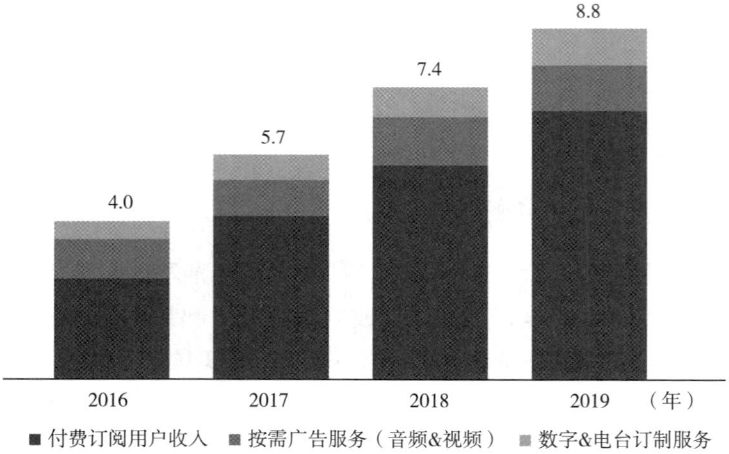

图 8-6　美国音乐产业流媒体收入(单位:十亿美元)

(2)数字下载。美国唱片业协会(RIAA)发布的《2019 美国年终音乐收益报告》数据显示,2019 年美国数字音乐下载收入缩减了 18%,仅为 8.56 亿美元(见图 8-7),与 2016 年数字音乐收入相比整整缩减了 10 亿美元。其中,永久数字专辑下载收入缩减了 21%,仅为 3.95 亿美元,数字单曲下载收入缩减了 15%,达 4.15 亿美元。2019 年,美国数字音乐下载收入仅占音乐行业总收入的 8%。

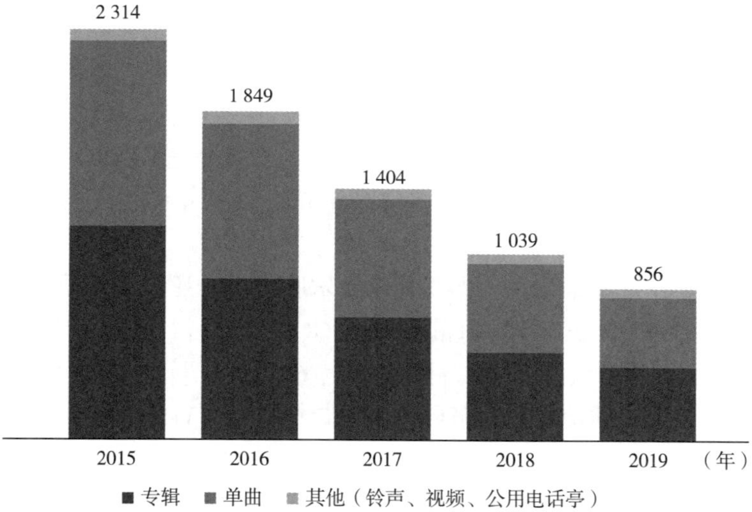

图 8-7　美国永久数字下载收入(单位:百万美元)

(3)实体唱片。美国黑胶唱片复兴趋势明显,美国尼尔森音乐发布的《2019 美国年终音乐报告》数据显示,2019 年美国黑胶唱片销量从 2018 年的 165 亿张上升到 188 亿张,增幅达 13.9%,占美国实体唱片销量的 26%。这主要是由于 2019 年美国举办的两次唱片店节(Record Store Day)有效促进了黑胶唱片的生产和消费:第一次唱片店节于 2019

年 4 月 13—18 日举办，共售出了约 82 万张黑胶唱片，同比 2018 年该节日售出 77 万张黑胶唱片，增幅达 6.5%。第二次唱片店节的举办彻底刷新了美国黑胶唱片销售历史，成为 2019 年美国唱片销售额最多的一周，达 280 万张实体专辑（包括黑胶唱片、CD、磁带等），仅 12 月 26 日一天黑胶唱片成交额就达到了 120 万张。①

（4）音乐消费者特征。音乐消费行为是指为满足个体精神文化需求而消费音乐产品的活动，从一些消费行为中可以窥探到消费者特征。音乐消费的实质内容是一种观念上的消费，可以称之为精神文化消费，但音乐消费也必须通过某一载体表现出来，即音乐商品。消费者所消费的音乐商品大概有以下几种：相对独立的物态性音乐文化消费品，如音乐磁带、唱片、音乐书刊、音乐贺卡、音乐文物、音乐软件、相关的音响器材、乐器等；音乐服务，如音乐表演、音乐作品有偿创作、音乐广播和电视频道的点歌服务等；依托大众娱乐消费的音乐服务，如 KTV 歌厅、舞厅等；以附加值形式或隐含在其他商品中的音乐服务，如商场、公园、餐厅、茶馆的背景音乐以及影视作品中的音乐。

欣赏音乐是美国人休闲时间的第一选择，这在年轻人和千禧一代身上可以更好地体现出来，其中大多数音乐消费者都倾向于通过数字渠道来收听音乐，年轻人更是主要从流媒体音乐平台获取音乐，尽管电台音乐依旧是发现新音乐的首要渠道。美国尼尔森音乐《2019 年终音乐报告》调查显示，41%的音乐听众每周都会花费 53%的时间用于流媒体音乐收听，31%的青年人使用社交媒体来发现音乐，54%的青年音乐听众会通过新科技来发现音乐，比如声音助手、智能电视或者专业耳机等，抖音也成为 2019 年美国青年（17%）和千禧一代（13%）用户发现音乐的主要方式。调查还发现音乐播客依旧是音乐利基市场的主要组成部分，大约 41%的人表示对播客音乐感兴趣，特别是在 35~44 岁的音乐听众中，占比高达 60%。

此外，以韩国男团防弹少年团（BTS）为代表的韩国流行音乐对美国音乐听众特别是对青年人和千禧一代的影响十分深远。调查显示，韩流音乐美国消费群体呈现年轻化趋势，而该消费群体比普通美国音乐消费者每周都要花费更多的时间来欣赏音乐，其音乐消费水平（包括数字、实体和现场音乐）都远高于普通美国音乐消费者，也更加容易接受专辑的捆绑消费（音乐演出门票+周边商品的捆绑消费模式）。②

8.2.1.2 美国音乐产业运营模式分析

随着科技的发展，美国传统的音乐产业受到冲击，但也带来了新的发展机遇。美国数字音乐产业的销量及价值量仍然是全球第一。美国的数字音乐产业链相对于传统音乐产业链来说，只是发生了一些变化（如互联网取代了发行商、销售商及宣传商的位置），产业链链条缩短，公众更加容易获取想要的歌曲。从价值链的角度来研究美国的数字音乐产业链可以发现，由于每个企业都处在产业链中的某一环节，一个企业要赢得和维持竞争优势不仅取决于其内部价值链，而且还取决于其同供应商、销售商以及顾客价值链之间的联结。因此，我们可以将美国数字音乐产业链分为在线音乐产业链及移动音乐产业链。

---

① 美国尼尔森音乐《2019 美国年终音乐报告》。

② 美国尼尔森音乐《2019 美国年终音乐报告》。

美国的在线音乐产业链是由四个层面组成的:第一层面是音乐公司和从唱片公司购买了版权的数字音乐制作公司,如环球(Universal)、华纳(Warner);第二层面是指以网站形式为用户提供音乐内容的服务商,如 Last. fm、潘多拉(Pandora);第三个层面是为公众提供其他相关产品的音乐播放设备和软件的供应商;第四个层面是为音乐产品提供互联网流通渠道的电信运营商。这四个层面存在上下游之间的关系,其中相关联的机构之间存在产业的价值链,机构内部各业务单元的联系构成了机构的价值链,价值链上的每一项价值创造活动都会对在线音乐最终能够实现的价值大小造成影响。

美国移动音乐市场产业价值链主要分为四个层面:第一层面是内容提供商(CP),主要包括唱片公司、移动音乐内容提供商等;第二层面是服务提供商(SP),主要包括门户网站型公司、综合性纯 SP 公司和拥有自主音乐资源的公司等,如 My Space;第三层面是运营商,这里主要指移动通信无线网络,如 AT&T、Verizon、T-Mobile;第四层面是终端设备制造商,主要是指音乐手机的生产厂家,如苹果(iPhone)、黑莓(Blackberry)。按照迈克尔·波特(Michael E. Porter)对价值链的定义,移动音乐价值链是音乐产业链背后所蕴藏的价值组织及创造的结构形式,移动音乐价值链代表了移动产业链的价值属性,反映了音乐产业链更深层的价值含义,决定着音乐产业链的经营战略和竞争优势。移动音乐产业价值链虽然较为简单,但 CP、SP、运营商及终端设备制造商之间的有效协调实现了整个音乐产业链的价值,反映了价值的转移、创造与分配。

无论是在线音乐还是移动音乐,我们都可看出现今的美国音乐产业价值链与传统音乐产业价值链相比有所变化:传统唱片不再是核心产品,由从前唱片公司垄断音乐产品的提供转变为音乐制作室、原创个人、音乐网站等均可成为内容提供商。音乐产品形式也不再仅仅是唱片形式,而以数字形式出现,单曲和围绕单曲制作的一系列产品(如手机铃声)成为主角。从流程上看,做单曲、做增值产品(适应于各种平台的产品形式)、卖产品(渠道)成为新的产业模式。另外,无论由谁经营音乐,必须保护 CP 的合法权益,运营商在这方面具备先天优势,可通过服务器端的有效管理实施音乐著作权保护,为内容提供商提供权益保障。

从唱片发行的角度来看,现今美国三大唱片公司仍然占据了整个唱片行业中最大的市场份额(86.7%),环球唱片占 38.5%,索尼唱片占 29.5%,华纳唱片占 18.7%。从音乐制作的角度来看,独立音乐占据 34.4%的市场份额。事实上,大部分独立音乐人都会找以上三大唱片公司来做唱片发行,比如泰勒·斯威夫特(Taylor Swift)签约的唱片公司是大机器唱片公司(Big Machine Records),但唱片发行公司却是环球唱片;阿黛尔(Adele)签约的唱片公司是 XL 唱片公司(XL Recordings),但承担发行工作的却是索尼唱片。这种模式形成的主要原因是三大唱片公司的规模较大且历史悠久,在唱片的宣传和发行方面的资源和经验都相当丰富,尤其是像泰勒·斯威夫特(Taylor Swift)和阿黛尔(Adele)这样的重量级音乐人,单靠独立唱片公司的资源来做发行和宣传多少会有些吃力,交给大唱片公司来做是一件更加保险且双赢的事情。

8.2.1.3 中国与美国音乐产业运营模式对比分析

(1)服务内容层面。美国数字音乐付费服务主要包括数字单曲购买、数字专辑购买和订阅服务模式。其中,数字音乐单曲购买是亚马逊、谷歌等互联网巨头开发的数字音乐商店中付费占比最高的消费模式。同时,版权曲库与“云技术”等全新技术手段的融合发展不仅实现了数字音乐单曲的云端储存与播放,为用户提供了极大便利,还实现了对音乐作品版权的强制保护,未经授权的音乐变得难以复制,大大降低了盗版音乐的传播。订阅服务由于其价格低廉、社交互动性强、平台跨越性大成为近年来数字音乐付费模式中增长态势最为显著的部分。

相对比而言,中国数字音乐市场的营收主要来源于广告赞助收入、K 歌平台收入和网络直播收入,而用户付费部分仅占整体市场营收的一小部分。不同于美国音乐付费下载和订阅服务,我国最为主流的数字音乐服务模式为“免费音乐下载+付费订阅服务/增值服务”的捆绑模式,各大数字音乐平台为用户开放合法授权的普通品质音乐试听及下载服务,在保障平台用户流量及广告效应的同时,再通过细分化服务如高品质音乐、广告过滤、云储存等多样付费模式来吸引分众化消费者,从而实现平台收益增值。我国在服务内容上注重体现数字音乐的特色,即社交性、互动性、个性化。①

(2)资费策略层面。美国数字音乐平台通常根据本地市场的承受能力来进行付费业务的差异化定价。

第一,数字单曲下载方面,数字音乐商店根据歌曲流行程度制定价格分档策略,如亚马逊数字音乐商店近年来改变了单曲统一售价方式,将歌曲分为 0.69 美元/首、0.99 美元/首、1.29 美元/首和 1.99 美元/首共四个档次。② 分档定价策略不仅扩大了内容提供商的话语权,使其在利润方面拥有更大的自主权,还使营销手段更具有针对性和有效性,提高其内容生产的积极性。

第二,流媒体订阅方面,由于不同国家和地区在经济发展状况、国民收入、市场竞争程度及运营商投资比例上有所差异,数字音乐的定价标准有所不同,具有一定的地域化特征。以苹果音乐(Apple Music)为例,它采用地区分档策略,欧美地区分别为 0 欧元/美元、4.99 欧元/美元(针对学生用户)、9.99 欧元/美元(针对普通用户)和 14.99 欧元/美元(针对家庭用户)四档,对于亚洲地区资费则根据当地消费水平调整后定制,苹果音乐日本地区定价则为 4.3 美元(480 日元)、8.7 美元(980 日元)和 13.2 美元(1 480 日元)三档,韩国地区为 7.68 美元(8 900 韩元)和 11.65 美元(13 500韩元)两档。③

相对比而言,中国在线音乐市场中服务提供商采取的“免费+增值”资费策略类似于美国音乐订阅服务,多以下载与流媒体订阅综合的形式(也就是包月形式)定价,价格集中于 10~20 元之间,购买包年服务有一定优惠;采用单曲付费下载模式的服务平台较少,价格基本保持在 1~3 元/首。通过以上比较可知美国数字音乐服务费用普遍比我国服务费用高,但其吸引的付费用户群远比我国付费用户数量庞大,除了平台自身的资源和服务优势外,还有很大一部分原因在于发达国家的数字音乐市场立足于法制基础,而我国则更偏重市场自身调节,在缺乏法律和政策规制的情况下,更易滋生非法下载、用户版权

① 佟雪娜,谢引风. 数字在线音乐付费服务模式探讨[J]. 科技与出版,2014(12):97-101.

② 资料来源:亚马逊官方网站(Amazon)。

③ 资料来源:苹果官方网站(Apple)。

意识淡漠等问题，导致付费行为发生率降低。

(3)利益分配层面。美国数字音乐产业链中处于上中游的内容提供商与数字渠道方(包括服务提供商和电信运营商)的分账比例往往能达到 7∶3。亚洲发达国家特别是日韩等音乐产业价值链发展更加完备的区域，其分账比例甚至高达 9∶1。[①] 数字音乐平台例如亚马逊(Amazon)通常将 70%左右的数字音乐商店服务营收分给上游音乐内容提供商，内容提供商将会向音乐发行人支付每首歌曲 69 美分的版权税费。而流媒体订阅平台则根据每首歌曲的点击量将一定比例的收入支付给音乐内容提供商，具体分配所得如表 8-4 所示。

表 8-4 国际数字音乐平台内容提供商收入分配所得[②]

平台内容提供商	单曲	专辑
亚马逊 MP3(Amazon MP3)	0.69 美元/首	6.90 美元/张
苹果音乐(Apple Music)	单曲播放 0.007 3 美元/次	无
声田(Spotify)	单曲播放 0.004 3 美元/次	无
潘多拉(Pandora)	单曲播放 0.001 3 美元/次	无

相对比而言，中国在线音乐市场中台湾地区的利益分成情况与国际水平基本持平，内容提供商与渠道方分成比例约为 6∶4，呈现相对健康、稳定的状态；而大陆地区音乐产业链的绝对话语权几乎全部掌握在电信运营商和数字音乐服务平台手中，全国范围内数字音乐付费率仅不到 6%。[③] 免费依然是我国数字音乐消费的主流模式，部分歌曲付费下载的在线音乐平台采用“保底+分成”的利益分配方式，用户所缴纳的下载音乐费用将在音乐网站、唱片公司、音乐创作者之间进行分配，目前收益分配并没有统一模式。然而，由于目前版权拥有者没有有效的渠道对自身歌曲的下载数据进行监控核实，音乐人无法从运营商及音乐网站获知透明、真实的试听及下载数据，从而损失了相当一部分应得的版权收入，这也是我国在线音乐产业中一个亟须解决的问题。

我国音乐版权收入较低，大多数唱片公司和音乐人无法依靠版权收入盈利。但数字音乐的迅速发展无疑为我国音乐产业带来曙光，国际唱片业协会(IFPI)发布的《2019 全球音乐报告》数据显示，亚洲地区录制音乐产业收入在付费流媒体业务的激发下同比上涨 11.5%，而中国作为亚洲三大音乐市场之一，其数字音乐上涨率达 16%。[④] 此外，我国的移动音乐产业链已经较为完善，若在政府的监控及指导下加强音乐著作权体系建设，通过建立数字音乐产业发展模式理清音乐产业的发展思路，使音乐产业走向健康发展的道路，想必我国音乐产业的市场潜力及发展前景将极为广阔。

---

① 佟雪娜，谢引风．数字在线音乐付费服务模式探讨[J]．科技与出版，2014(12)：97-101.

② https://www.digitalmusicnews.com/2018/12/25/streaming-music-services-pay-2019/。

③ 《商业化的复兴：中国数字音乐产业研究报告》。

④ 国际唱片业协会(IFPI)《2019 全球音乐产业报告》。

8.2.2 欧洲音乐市场

8.2.2.1 英国音乐市场

(1)英国音乐市场概况。2019 年英国音乐(UK Music)统计报告显示,英国音乐产业在 2018 年为英国经济贡献了 52 亿英镑的收入,音乐产业的总出口收入为 27 亿英镑(见图 8-8),该行业的就业人数达到 190 935 人。仅音乐旅游一项就贡献了 45 亿英镑,比 2017 年的 40 亿英镑增长了 12.5%。

研究表明,2018 年英国音乐产业的各个领域均持续增长,这证明了音乐仍然是英国的文化结构中牢固的组成部分,也是经济的重要组成部分。其中,音乐人、词曲作者们的音乐创作所产生的贡献几乎占英国音乐产业总增加值(GVA)的一半,为 25 亿英镑,充分证明了创作是英国音乐产业"跳动的心脏"。直播行业也继续取得巨大成功,2018 年的英国音乐直播行业总增加值(GVA)贡献为 11 亿英镑,其中唱片业贡献了 4.78 亿英镑,出版业贡献了 6.18 亿英镑。

报告提出,从音乐创作者、零售和唱片业到出版和现场演出,整个行业尽管面临各种挑战(其中包括对英国退欧的担忧,以及在日益复杂的流媒体市场中的版权问题等),但仍实现了全面增长。

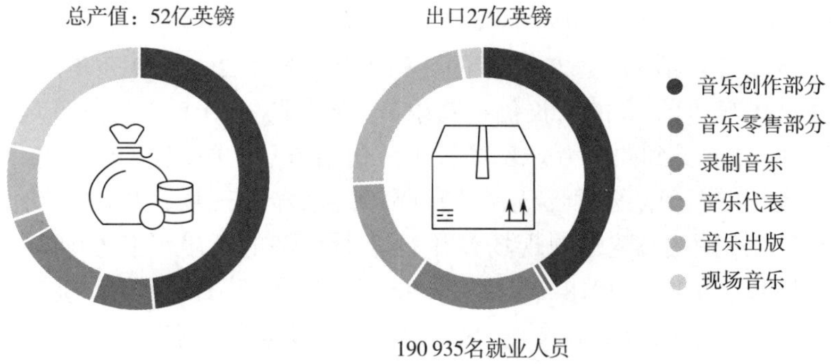

图 8-8 2019 年英国音乐产业概况

资料来源:英国音乐(UK Music)《2019 音乐数字报告》。

(2)英国音乐行业细分情况。音乐创作者包括音乐家、歌手、作曲家、词曲作者和作词人,并且制作人和工程师在 2019 年报告中首次被纳入该组,数据选择范围得到了扩展,可以更准确地反映为创作"音乐资产"做出贡献的每个人。总体而言,音乐创作者为英国经济贡献了 25 亿英镑的 GVA,几乎占该行业总收入 52 亿英镑的一半,这表明创作者对音乐业务的重要性。该行业中一小部分创作者的收入确实很高,但是,根据英国国家统计局(ONS)的数据,音乐家在 2018 年的平均收入为 23 059 英镑,远低于全国平均水平 29 832 英镑。创作者为 2018 年的出口总收入贡献了 11 亿英镑。2018 年,音乐创作者领域共有 139 352 人就业。随着越来越多的创作者从兼职转向全职工作,就业增长持续强劲。

音乐零售包括实物和数字录制的音乐销售,例如购买 CD、购买乐器或为流媒体服务付费。乐器销售虽然是检验音乐销售行业时经常被忽视的一个领域,但它是音乐创作者的主要支出之一,对总 GVA 贡献很大,达到 4.02 亿英镑。英国唱片业协会表示,黑胶唱片在 2018 年的销量同比增长 1.5%的情况下继续保持增长,部分原因是唱片商店日和国家专辑日等计划的持续实施。数字流媒体服务的销售也不断增长。

唱片领域包括唱片公司、音乐发行商、唱片权利人、实体制造商和唱片工作室。该行业在 2018 年为英国经济贡献了 5.68 亿英镑的总产值,与 2017 年相比增长 5%。

音乐代表管理包括音乐经理、音乐行业团体和集体管理组织,2019 年还首次包括代表音乐组织或音乐创作者的律师和会计师。2018 年,音乐代表为音乐行业的 GVA 贡献了 1.48 亿英镑。集体管理组织例如英国表演权协会(PRS)和英国与国际录制音乐版权管理协会(PPL)为出口也贡献了很多。律师和会计师也是音乐业务不可或缺的组成部分,为这一行业增加了 2 624 个就业岗位,他们提供的服务在幕后为舞台上的众多成功节目做出了贡献。

音乐发行商和发行权持有人代表作曲家开展业务,在其作品用于商业用途时收取收入,确保佣金和同步交易。该行业为英国经济贡献了 4.59 亿英镑的总附加值,为出口贡献了 6.18 亿英镑。音乐出版行业支持约 1 363 个工作岗位。近年来,音乐出版界进行了多次合并,许多企业合并成更大的组织,员工人数持续增长,反映了该行业的蓬勃发展。

(3)英国现场音乐行业。英国的现场音乐行业每年都在增长。2018 年英国有 2 980 万粉丝参加了现场音乐活动,比 2017 年的 2 910 万增加了 2%。2018 年的音乐会总出席人数保持在 2 490 万,但最大的增长仍是音乐节,音乐节在 2018 年的总听众猛增了 23%,从 2017 年的 400 万增长到 490 万。现场音乐节包括节日的组织者、推广者、经纪人、制作服务和票务代理、基层音乐场所、音乐会场所和舞台(涉及现场音乐的活动比例)。在全国各地的节日门票销售中,英国的现场音乐行业对经济的贡献增长至创纪录的 11 亿英镑,比 2017 年增长了 10%。2018 年,共有 490 万人参加了节庆活动。全球最大的 13 个竞技场中的 3 个——格拉斯哥竞技场(SSE Hydro)、曼彻斯特竞技场和伦敦千年穹顶竞技场都位于英国,承办着各种现场音乐活动。根据调查,普通民众在行业生态系统中充当新兴人才的孵化器,2018 年,现场音乐行业共有 30 529 名员工,比 2017 年的 28 659 名增长了 7%。

音乐旅游数据包括海外和国内游客,其中将国内游客定义为从英国境内观看现场音乐节目的游客。现场音乐行业这一领域在 2018 年产生了 45 亿英镑的收入,比 2017 年的 40 亿英镑增长了 13%。总计有 1 120 万音乐游客在 2018 年观看了现场演出,比 2017 年的 1 090 万增长了 3%。海外游客从 2017 年的 81 万增长到 2018 年的 88.8 万,增长了 10%,而国内游客比上一年增长了 2%。来自音乐游客的直接支出(即音乐会和节日参会者的支出)从 2017 年的 25 亿英镑增长到 2018 年的 28 亿英镑,增长了 12%;间接支出(安全等供应链中的额外成本)增长了 13%,从 2017 年的 15 亿英镑增加到 2018 年的 17 亿英镑。2018 年音乐旅游业共提供了 45 530 个全职工作,比 2017 年的 44 896 个增长了 1%。海外音乐游客的平均支出在 2018 年为 851 英镑,比 2017 年的 750 英镑增长了 13%,是国内平均支出 196 英镑的四倍多。

8.2.2.2 法国音乐市场

(1)法国音乐产业概况。2019年法国音乐经济生产报告数据显示,在2016年增长了5.4%、2017年增长了3.9%之后,法国再次顺应了全球市场的积极趋势,2018年的市场总额达到了7.35亿欧元,较2017年增长了1.8%(见图8-9)。其中。数字音乐的3.35亿欧元收入推动了法国音乐产业的增长,增幅达19%;反观实体销售则下降了15%,产值为2.56亿欧元;除此之外,邻接权和同步的产值略有增幅,分别为1.22亿欧元和0.22亿欧元。

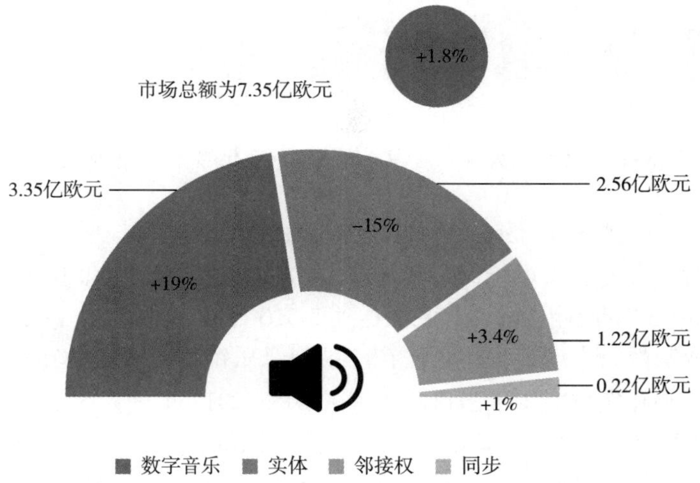

图8-9 2018年法国音乐产业概况

资料来源:法国唱片业协会(SNEP)《2019法国音乐经济生产报告》。

2008年,实体的销售额占收入的大部分(83%),但2018年仅占43%,数字音乐产业的销售额则从17%的占比增长到了57%。流媒体逐渐成为数字音乐的主要动力,其中付费订阅的营业额为2.43亿欧元,现已成为该行业的主要收入来源,仅CD一项就超过了2亿欧元。订阅流媒体收入在5年内增长了一倍(见图8-10),2018年占流媒体收入的81%。付费订阅增长23%,占流媒体收入的81%,占总销售额的41%。可以得出,法国音乐产业流媒体收入的增长与付费账户持有者数量的增加紧密相关。截至2018年底,法国流媒体服务订阅用户达到了550万,一年内新增了超过100万的订户。在2017—2018年之间,年度音频流数量增加了35%,达到576亿个。

实物销售方面,2018年法国发行的新专辑销售额占法国专辑总销售额的46%,即1 120万美元,与2017年相比增长7%。2018年发行的法国专辑中有10%超过50 000张,而只有5%超过100 000张。三大唱片公司(索尼音乐,环球音乐和华纳音乐)在2014—2018年期间销售了1 263种在法国制作的新专辑,和2009年至2013年期间售出1 076种相比增长了17.4%。黑胶唱片销量在2018年的法国实体市场份额中占19%,售出近400万件。在过去的5年中,黑胶唱片的销量和价值都增长了5倍。

法国音乐产业的出口在2018年也收获了巨大的成功,出口营业额自2010年以来不

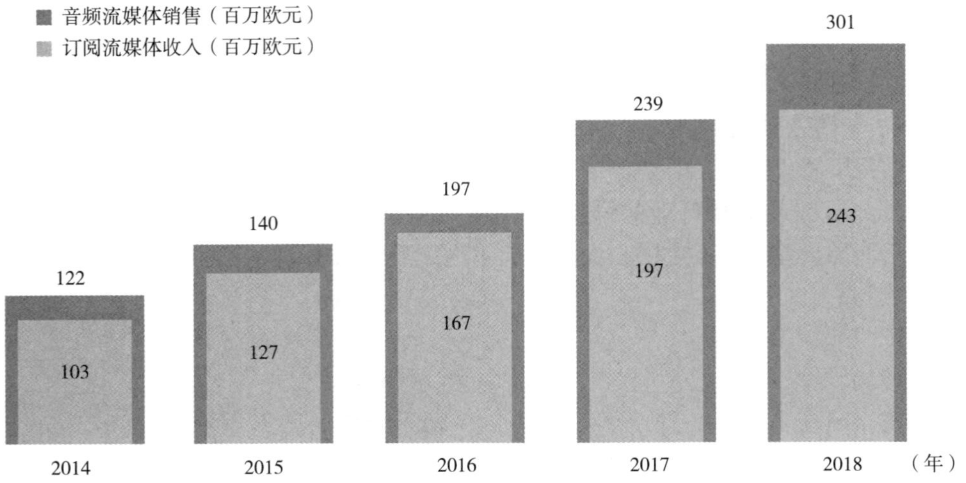

图 8-10　2014—2018 年法国流媒体收入变化趋势图(音频+视频)

断增长,在 2018 年达到 3. 02 亿欧元,比 2017 年增长 6. 7%。法国留声机的生产在 2018 年正经历着前所未有的出口增长,该部分的收入为 8 010 万欧元,增长了 16%。而现场音乐在 2018 年也有 3%的小幅增长,营业额达到 7 510 万欧元。另外,音频流媒体占唱片音乐销售出口营业额的一半以上。流媒体在已录制音乐销售收入中的市场份额继续增加,占法国生产商和唱片发行商用于出口的收入的 67%,2017 年仅为 58%。

2018 年法国音乐产业的主要出口地区仍然是欧洲,尤其是德国、比利时、瑞士和英国,仅这几个国家就占法国在欧洲(法国除外)营业额的一半(见图 8-11)。北美是仅次于欧洲的法国第二大市场。而对法国来说潜力最大的市场则是亚洲,占出口收入的 7. 5%。另外,来自集体权利管理组织的收入成为法国音乐产业的主要收入支柱(占出口收入的 30%)。还应注意的是,唱片生产商在 2018 年实现了可观的出口增长,占音乐行业出口收入的 27%。

除此之外,录制音乐的销售正在出现前所未有的增长。录制音乐(所有格式的总和)的销售额在 2018 年达到 6 800 万欧元,比 2017 年增长 17%。这一增长归因于数字音乐的显著增长,与 2017 年相比增长了 24%,但实体销售略有下降,与 2017 年相比下降了 1. 5%。

(2)法国音乐消费者特征。法国唱片业协会(SNEP)与捷孚凯音乐使用率(GFK Music Usages)在 2019 年 5 月进行了晴雨表调查,该晴雨表旨在研究消费者听音乐的消费习惯,采访对象中包括 3 500 名 10 岁以上的法国人。其中 70%的人表示,他们定期会在音频或视频流媒体上欣赏音乐。2018 年音频流媒体服务拥有 575 亿听众,比 2014 年增长了近 5 倍,与去年相比增长了 35%。音频流媒体平台已经成为一种主要的聆听方式,仅次于 89%的受访者使用的收音机,①用户数量持续增长,并且音频流服务订阅用户数量也已到达 550 万。但是,法国市场相较于其他欧美国家来说仍保持较大的增长空间,这是由于法国人向付费订阅方式转换的速度更慢。

① 法国唱片业协会(SNEP)《2019 法国音乐经济生产报告》。

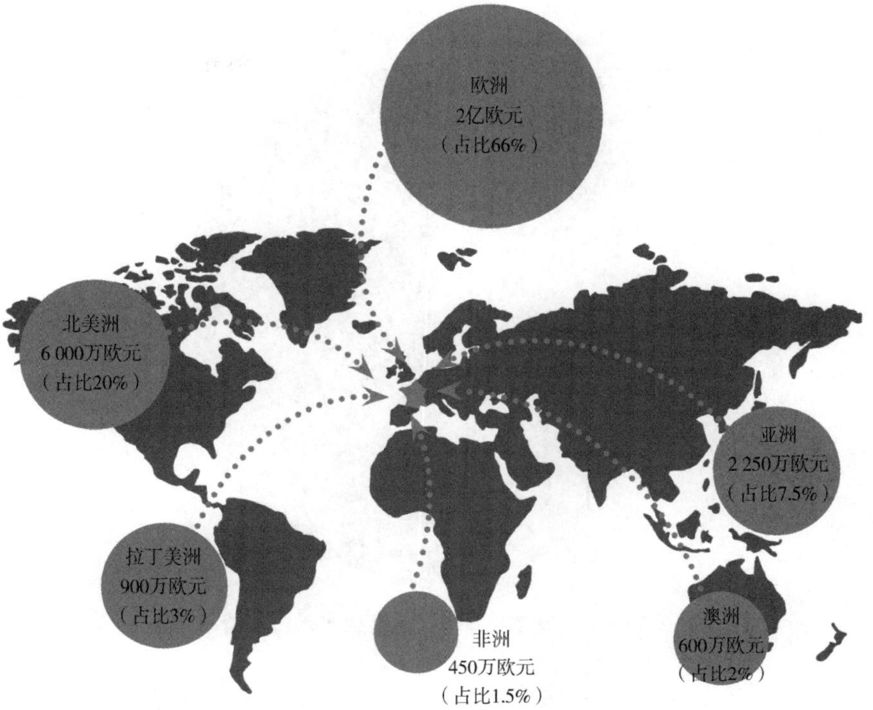

图 8-11　法国音乐行业出口地域分布情况

资料来源：法国唱片业协会（SNEP）《2019 法国音乐经济生产报告》。

8.2.3　亚洲音乐市场

8.2.3.1　日本音乐市场

日本是世界第二大音乐市场，因其独特的文化模式及其对市场结构的影响而与西方市场有很大的不同。日本唱片业协会（RIAJ）发布的《2019 日本音乐产业年度报告——统计与趋势》数据显示，截至 2017 年，音乐产业的总收入估计为 70 亿美元，由现场、录音和出版三个主要的子行业产生。超过 90%的现场和录音收入来自国内艺人，而出版业被认为是对外国人最友好的行业，国际艺人收入占 20%~25%。①

从类别来看，现场娱乐表演总收入超过 30 亿美元（见图 8-12），每年都在稳步增长，在过去的 20 年里节目数量几乎翻了三倍；唱片业在 2017 年音乐销售额达 26 亿美元，在日本大多数唱片收入仍然是由实体格式销售（而全球音乐产业中 54%为数字音乐）；流媒体服务产生的音乐销售额不到 10%；出版业是市场中最稳定的部分，创造了 9.75 亿美元的收入。

① 日本唱片业协会（RIAJ）《2019 日本音乐产业年度报告——统计与趋势》。

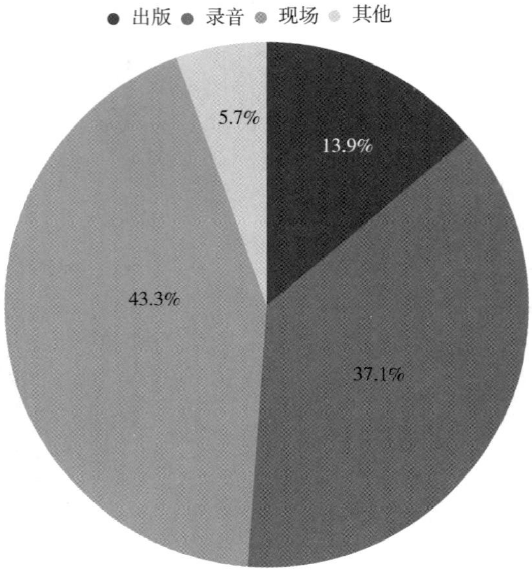

图 8-12　2017 年日本音乐产业收入占比情况

日本唱片协会(RIAJ)最新年度报告《2019 日本音乐产业年度报告——统计与趋势》显示,2014—2018 年期间,日本录制音乐产量与生产总值(音频和音乐视频)呈现出持续下降的态势:录制音乐产量从 2014 年的 2. 26 亿首跌至 2018 年的 1. 95 亿首,而生产总值从 2014 年的 2 542 亿日元跌至 2017 年的 2 320 亿日元后,在 2018 年却有所反弹,升至 2 403亿日元,如图 8-13 所示。

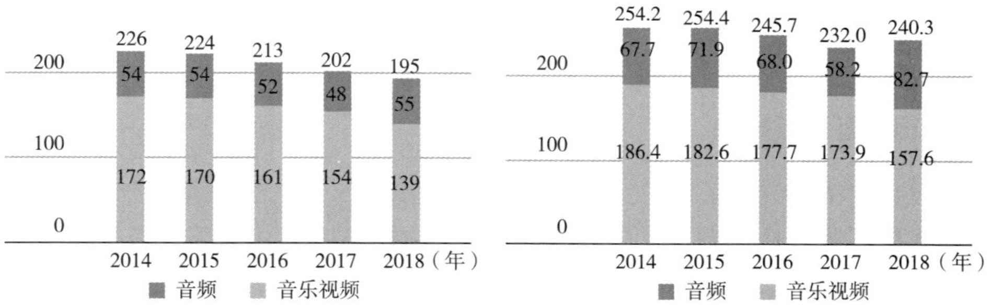

图 8-13　日本 2014—2018 年录制音乐产量(单位:百万首)和生产总值(单位:十亿日元)

资料来源:日本唱片业协会(RIAJ)《2019 日本音乐产业年度报告——统计与趋势》。

作为对比,数字音乐方面则增长态势良好。相较于往年,虽然数字音乐产量持续降低,从 2014 年的 1. 96 亿首跌至 2018 年的 1. 33 亿首,但生产总值却在持续增长,从 2014 年的 438 亿日元增长到了 2018 年的 646 亿日元,且增长率整体表现为逐年提升状态,如图 8-14 所示。

将录制音乐与数字音乐二者综合来看,总产值在 2014 年至 2017 年之间表现出略微的下降态势,由 2014 年的 2 980 亿日元下降到 2017 年的 2 893 亿日元;但在 2018 年总产值却上升到了 3 049 亿日元,较 2017 年增幅达 5. 39%,也是自 2014 年以来第一次突破

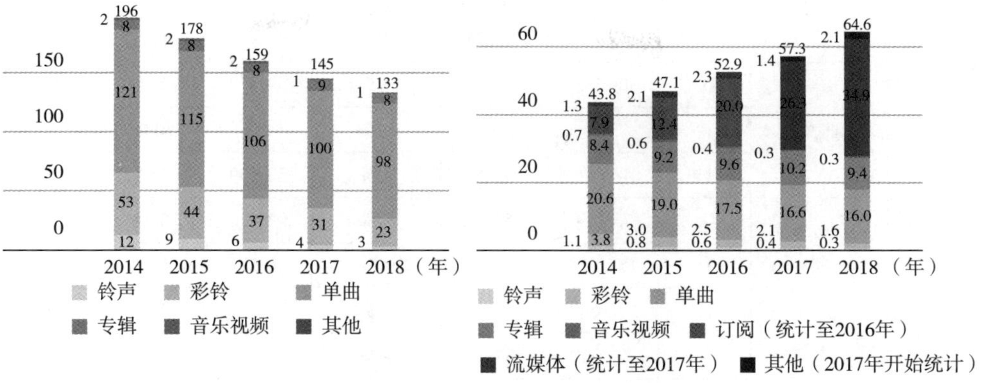

图 8-14 日本 2014—2018 年数字音乐产量（单位：百万首）和生产总值（单位：十亿日元）

资料来源：日本唱片业协会（RIAJ）《2019 日本音乐产业年度报告——统计与趋势》。

3 000亿日元。

从《2019 日本音乐产业年度报告——统计与趋势》所提供的日本实体唱片业详细统计数据（见表 8-5 和表 8-6）来看，录音制品中的音频总产量比上一年度减少 10%，为 1.39 亿首，总产值比上一年减少 9%，为 1 576 亿日元。具体而言，CD 专辑（5 寸盘专辑）的产量为 8 865 万首，下降了 13%，总产值为 1 147 亿日元，下降了 12%。CD 单曲（包含 3 寸盘单曲和 5 寸盘单曲）产量下降 4%至 4 862 万首，总产值下降 4%至 395 亿日元。近年来，黑胶的单件产量连续第五年增长，达 5%，达到 112 万张，价值增长 8%，达到 21 亿日元。这也标志着 18 年来黑胶产值首次超过 20 亿日元。

音乐视频的产量增加了 15%，达到 5 530 万个，价值 827 亿日元，增长了 42%。其中，DVD 的产量和价值分别增长了 5%（至 4 140 万片）和 26%（至 459 亿日元）。蓝光的产量比去年同期增长了 60%，达到 1 390 万张，产值比去年同期增长了 69%，达到 368 亿日元。

另一方面，数字音乐销售额增长了 13%，达到 645 亿日元，这是连续第五年的同比增长。此外，流媒体的销售额持续增长，产值同比增长 30%，达到 349 亿日元，这标志着流媒体的销售量首次超过下载量。

表 8-5 日本 2018 年音乐制品生产及销售情况 单位：千首/百万日元

音乐制品			产量	占总产量的份额	与上一年相比	价值	占总产值的份额	与上一年相比
音频	3 寸盘单曲	D.	63	0%	163%	98	0%	385%
		I.	0	0%	0%	0	0%	0%
		T.	63	0%	151%	98	0%	369%
	5 存盘单曲	D.	48 520	35%	97%	39 379	25%	97%
		I.	33	0%	11%	32	0%	12%
		T.	48 553	35%	96%	39 411	25%	96%

续表

音乐制品			产量	占总产量的份额	与上一年相比	价值	占总产值的份额	与上一年相比
音频	单曲总计	D.	48 583	35%	97%	39 477	25%	97%
		I.	33	0%	11%	32	0%	12%
		T.	48 616	35%	96%	39 509	25%	96%
	5 寸盘专辑	D.	73 134	52%	87%	98 120	62%	87%
		I.	155 518	11%	90%	16 571	11%	95%
		T.	228 652	63%	87%	114 691	73%	88%
	CD 总计	D.	121 717	87%	90%	137 597	87%	90%
		I.	15 551	11%	88%	16 603	11%	94%
		T.	137 268	98%	90%	154 199	98%	90%
	黑胶	D.	520	0%	97%	1 038	1%	105%
		I.	596	0%	113%	1 039	1%	112%
		T.	1 116	1%	105%	2 077	2%	108%
	磁带	D.	438	0%	78%	377	0%	79%
		I.	4	0%	59%	5	0%	73%
		T.	442	0%	77%	382	0%	79%
	其他	D.	138	0%	95%	228	0%	111%
		I.	371	0%	125%	724	0%	121%
		T.	509	0%	115%	952	0%	119%
	总计	D.	122 813	88%	90%	139 240	88%	90%
		I.	16 522	12%	90%	18 371	12%	96%
		T.	139 335	100%	90%	157 610	100%	91%
音乐视频	DVD	D.	40 847	74%	106%	45 230	55%	128%
		I.	554	1%	79%	710	1%	71%
		T.	41 401	75%	105%	45 940	56%	126%
	蓝光	D.	13 654	25%	161%	36 049	44%	170%
		I.	241	0%	118%	736	1%	116%
		T.	13 895	25%	160%	36 785	45%	169%
	录像带和其他		0	0%	27%	1	0%	26%
	总计	D.	54 501	99%	116%	81 279	98%	144%
		I.	795	1%	88%	1 446	2%	88%
		T.	55 296	100%	115%	82 725	100%	142%
录制音乐（音频和音乐视频总计）	音频		139 335	72%	90%	157 610	66%	91%
	音乐视频		55 296	28%	115%	82 725	34%	142%

续表

音乐制品		产量	占总产量的份额	与上一年相比	价值	占总产值的份额	与上一年相比
总计	D.	177 314	91%	97%	220 519	92%	104%
	I.	17 317	9%	90%	19 817	8%	95%
	T.	194 631	100%	96%	240 335	100%	104%
视频（包含音乐视频）	DVD	72 312	73%	93%	79 739	52%	97%
	蓝光	26 257	27%	104%	73 735	48%	106%
	录像带和其他	0	0%	30%	1	0%	28%
总计		98 569	100%	96%	153 475	100%	101%
音频和视频总计		237 904	100%	92%	311 085	100%	96%

注：D. 代表国内发行曲目，I. 代表国际发行曲目，T. 代表总量。

资料来源：日本唱片业协会（RIAJ）《2019 日本音乐产业年度报告——统计与趋势》。

表 8-6　日本 2014—2018 年音乐制品情况　　单位：千首/十亿日元

音乐制品		音频	音乐视频	录制音乐（音频、音乐视频总计）	数字音乐	录制音乐和数字音乐总计
2014 年	产量	172	54	226	197	—
	价值	186.4	67.7	254.1	43.7	297.8
2015 年	产量	170	54	224	178	—
	价值	182.6	71.9	254.5	47.1	301.6
2016 年	产量	161	52	213	159	—
	价值	177.7	68.0	245.7	52.9	298.6
2017 年	产量	154	48	202	146	—
	价值	173.9	58.2	232.1	57.3	289.4
2018 年	产量	139	55	194	133	—
	价值	157.6	82.7	240.3	64.5	304.8

资料来源：日本唱片业协会（RIAJ）《2019 日本音乐产业年度报告——统计与趋势》。

从图 8-15 可以看出，日本的唱片业实际上面临着一个巨大的挑战：实体唱片的销量在过去 8 年里一直在下滑，而数字唱片的增长虽然较去年有所增长，但仍不太稳定。这让日本处于一个过渡阶段，但好在 2018 年流媒体服务的需求大幅增长，在未来日本的音乐产业产值预期会因为数字音乐的巨大潜力而不断攀升。

8.2.3.2　韩国音乐市场

在 2019 年对 17 个国家/地区进行的调查中，约 37.5%的受访者表示韩国流行音乐（K-pop）风格在他们的国家“非常受欢迎”。调查发现，韩国流行音乐的流行范围远远超出了韩国。其中韩国偶像团体在国际范围内极其有影响力，成员通常非常

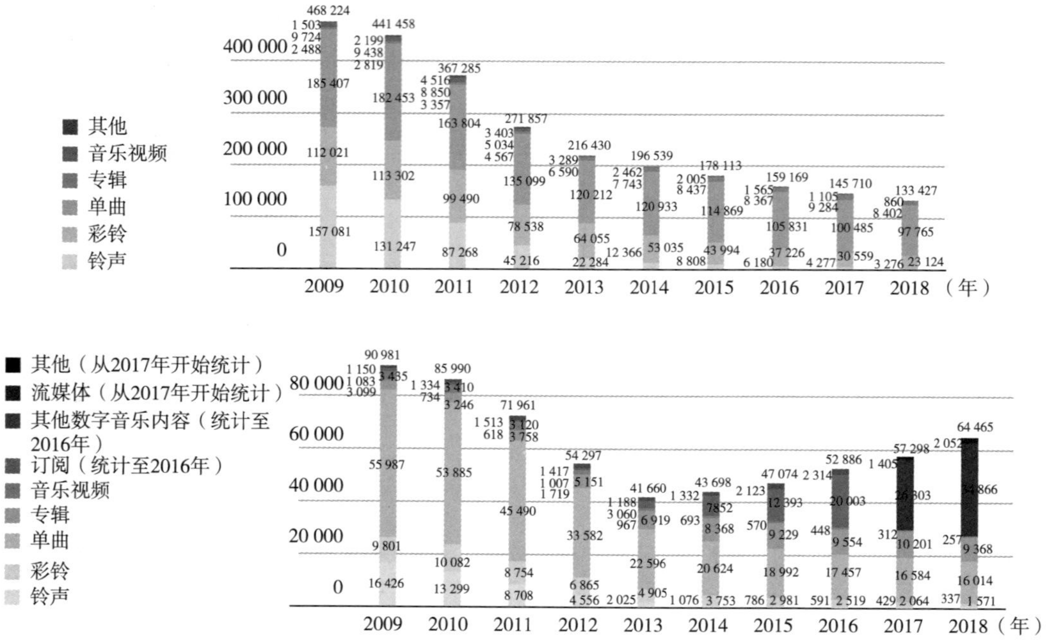

图 8-15 日本 2009—2018 年数字音乐整体与各部分产量(单位:千张)与产值(单位:百万日元)

资料来源:日本唱片业协会(RIAJ)《2019 日本音乐产业年度报告——统计与趋势》。

年轻,以在歌舞方面训练有素和形象近乎完美而著称,会通过编舞热烈的音乐视频来宣传自己的歌曲。2018 年销售收入最高的韩国流行音乐娱乐公司是 SM 娱乐有限公司(SM Entertainment),该公司管理着多个成功的偶像,例如男团 EXO 等。尽管西方国家的大多数人在 2012 年朴载相(PSY)的《江南 style》之前还没有听说过 K-pop,但 2003 年韩国的流行偶像就已经开始在亚洲国家中出名,看到该行业的经济潜力后,韩国政府进行大力支持,“韩流”开始进一步传播,K-pop 在近年来已经赢得了全球音乐受众的青睐。以防弹少年团为例,该男团每年为韩国创造约 4 万亿韩元的经济价值。

韩国的人口数量少,国内音乐市场需求量有限,所以韩国音乐产业不仅仅局限于本土化发展,而是以开拓国际市场作为音乐产业发展的立足点,把具有韩国特色的本土文化加以创新,凭借新的技术和传播渠道推动韩国音乐产业不断向海外扩张,音乐风格也愈加国际化,迅速风靡全球。

2017 年,韩国在 IFPI 的全球排名中上升了两位,到达了第六名,其中录制音乐的收入增长了 45.8%。不过这并不是最重要的因素,根据 IFPI 数据,2017 年韩国数字音乐产值达到 2.816 亿美元,其中订阅流媒体收入就贡献了 2.596 亿美元。这是由于韩国颁布了新法规,该法规将音乐流媒体服务的专利使用费份额从 60%提高到 65%,于 2019 年 1 月生效,这一规定导致流媒体服务价格上涨。由韩国移动巨头 Kakao 经营的其国内最大流媒体音乐网站 Melon 已将其流媒体 50 个下载包的价格提高到 20 000 韩元,而 Melon 移动流媒体俱乐部(Mobile Streaming Club)的价格保持 7 400 韩元不变。

Melon 作为韩国最受欢迎的音乐流媒体服务,从 2017 年 3 月的 529 万用户增长到 2018 年 3 月的 569 万用户;本地运营商 KT 运营的精灵音乐(Genie Music)位居第二,拥有 206 万用户。目前,YouTube 仍然是韩国最受欢迎的音乐欣赏平台,来自 2018 年的一项研究发现,43%的受访者表示 YouTube 是他们用来听音乐的主要应用程序,其次是 Melon(28.1%)、Genie Music(7.7%)、Naver Music(6.5%),Apple Music 与 Samsung Music 并列第五,占有 4.6%的份额。但是,YouTube 的音乐收入很低。

除此之外,根据 IFPI 的数据,2017 年视频流媒体为韩国音乐业务带来了 1 939 万美元的收入,与 2016 年的 928 万美元相比有着显著增长。而在过去几年,韩国的实体音乐收入也大幅度增长,其中 CD 收入增长了 47.6%,黑胶唱片在 2017 年增长了 124.5%。这要归功于粉丝尤其是 K-Pop 偶像的粉丝重新拥抱了实体音乐唱片,以此表达对最喜欢的歌手的支持。

8.3 中国音乐产业“走出去”战略

8.3.1 中国音乐产业现状

近年来,数字音乐成为全球音乐产业的发展重心,中国音乐产业也抓住这一契机,在国内相关政策法规逐步完善、版权环境产生巨大改观、音乐流媒体平台良性竞争、数字音乐商业模式不断创新等诸多有利条件下,成功实现蜕变与发展。

国际唱片业协会 IFPI 发布的《2019 全球音乐产业报告》显示,2019 年,中国录制音乐市场的总收入约为 6.16 亿美元,与 2018 年的 5.31 亿美元相比增长了 16%,高于全球市场 8.2%的平均增长率,位居全球第七位。同时,中国录制音乐市场中音乐流媒体服务收入仍占据主导地位,占录制音乐总收入的 90%以上,是唯一一个从音乐流媒体获得收入超过 50%录制唱片总收入的国家。中国的订阅服务用户数量排在第二位,仅次于美国。尽管 2020 年全球爆发新冠肺炎疫情,但该疫情对中国录制音乐市场影响可能较小,如果市场增长速度能够持续保持在较高水平,那么 2020 年中国就会超越韩国成为全球第六大录制音乐市场。①

《2019 年中国音乐产业总报告》显示,2018 年中国音乐产业总规模达 3 747.95 亿元,同比增长 7.98%,不仅连续三年高于同期 GDP 增速,也创造了近五年增速新高。报告指出,2018 年,音乐产业核心层、关联层、拓展层产值规模分别为 813.47 亿元、1 834.4 亿元和 1 100.08 亿元,所占比重分别为 21.71%、48.94%和 29.35%(见图 8-16),产业结构保持稳定,产业的发展环境逐步完善,商业模式、原创体系日趋成熟,音乐科技创新应用广泛,音乐产业整体呈现高速增长态势,迎来了新时代发展的黄金期。

中国音乐产业细分行业的市场规模如表 8-7 所示。

---

① 国际唱片业协会(IFPI)《2019 全球音乐产业报告》。

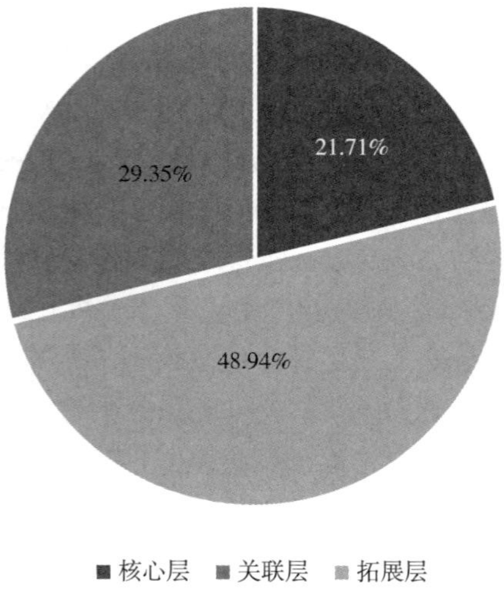

图 8-16　2018 年中国音乐产业各层次比重示意图

资料来源：中国传媒大学《2019 年中国音乐产业总报告》。

表 8-7　中国音乐产业细分行业的市场规模估算统计表

行业类别	细分行业	产值规模(亿元)
核心层	音乐图书与音像出版	13.38
	音乐演出	182.21
	音乐版权经纪与管理	5.46
	数字音乐	612.42
关联层	乐器	424.50
	音乐教育培训	852.70
	专业音响	557.20
拓展层	广播电视音乐	82.30
	卡拉 OK	1 010.70
	影视、游戏、动漫音乐	7.08
总计		3 474.95

资料来源：中国传媒大学《2019 年中国音乐产业总报告》。

8.3.1.1　中国音乐产业核心层

中国音乐产业核心层由数字音乐、音乐图书与音像出版、音乐版权经纪与管理和音乐演出四部分构成，2018 年核心层总产值达到 813.47 亿元，同比增长 5.28%。

其中，数字音乐产业规模达到 612.42 亿元，同比增长 5.5%，用户规模超过 5.5 亿人，同比增长 5.1%。数字音乐主要包括音乐流媒体、音乐下载、电信音乐增值业务以及由移动 K 歌、音乐直播等“音乐+”构成的泛娱乐数字音乐产业。音乐流媒体平台不断探索创新商业模式，同时数字专辑售卖、付费会员订阅服务依然有较大发展潜力，移动 K 歌、音乐直播、音乐短视频等围绕“音乐+”衍生出来的泛娱乐数字音乐产业呈现出全产业链完善化、业态融合化发展，消费需求涨势迅猛。

音乐图书与音像出版产业的总体规模达到13.38亿元，同比增长19.8%。其中，音乐图书类产业规模为10.31亿元，同比增长28.2%；音像类出版产业规模则下降至3.07亿元，同比萎缩1.9%。

音乐演出市场总体规模达182.21亿元，其中音乐类演出票房总收入为68.18亿元，同比增长14.8%，剧场演出票房收入为25.83亿元，大型演唱会、音乐节票房收入为39.85亿元，小型现场演出（Live House）票房收入为2.5亿元。音乐类剧场演出场次达到4.29万场，同比增长73.6%。

音乐版权经纪与管理方面，2018年中国音乐著作权协会许可收入达到3.16亿元，同比增长46.23%；中国音像著作权集体管理协会的总收入达到近2.30亿元，创下历史新高，同比增长15%，音乐产业版权保护环境近年来的改革措施成效显著。

在全球音乐市场朝着数字化发展的大环境下，核心层特别是数字音乐产业的持续稳定增长已经成为中国音乐产业发展的主要内在驱动力。

8.3.1.2 中国音乐产业关联层和拓展层

中国音乐产业关联层由乐器、音乐教育培训和专业音响三部分构成，2018年关联层产值为1 834.4亿元，同比增长6.78%。

其中，音乐教育培训产业规模达到852.7亿元，同比增长7.6%；乐器行业主营业务收入达424.5亿元，同比增长4.4%；与音乐产业制作、传播和欣赏密切相关的专业音响总值达557.2亿元，同比增长7.2%。

中国音乐产业关联层受世界经济增长放缓、国际贸易摩擦的影响，乐器产业、专业音响产业增速放缓，但是得益于国内音乐消费市场的持续拉动，音乐教育培训产业稳健增长，未来国内市场将成为音乐实体产品销售、教育服务的主战场。乐器产业协同“教育+服务”的战略布局进一步展开，“线上+线下”融合互补的教育培训模式也将成为未来行业的发展趋势。

中国音乐产业拓展层由卡拉OK、广播电视音乐、影视游戏及动漫音乐三部分构成，2018年拓展层产值达1 100.08亿元，同比增长12.21%，增幅较大。

其中，卡拉OK产业总规模达到1 010.7亿元，同比增长12.3%。传统KTV市场迎来了企稳回升，在线KTV增长迅速，2018年中国线上K歌软件月平均总使用次数达47.35亿次。

音乐广播广告收入达到15.8亿元，与去年基本持平；音乐类电视及网络综艺节目总收入超过66.5亿元，同比增长14.6%。影视剧、游戏、动漫音乐产业总产值达7.08亿元，同比增长6.47%，其中影视剧音乐产业总值约为3.6亿元，同比增长3.45%；游戏音乐收入约为1.69亿元，同比增长5.63%；动漫音乐收入约为1.79亿元，同比增长14.01%。

在持续稳定增长的核心层的带动下，中国音乐产业关联层和拓展层充分挖掘和释放中国音乐市场消费潜力，通过音乐相关的实体产业、服务经济赋予音乐创意活力和附加值，与核心层一起拉动中国音乐产业整体规模的增长。

8.3.2 中国音乐产业发展热点

在全球音乐产业从传统唱片工业向数字音乐转型的大背景下，中国音乐产业近年来得到了前所未有的发展，从版权环境的保护、数字音乐商业模式的探索到音乐周边产业的开发、音乐与科技的融合，在全产业链的发展与创新过程中，中国都向世界展示着巨大的前进动力和市场潜力。国际唱片业协会的报告显示，中国音乐产业的市场增速和用户规模都已位居世界前列，中国已经成为全球音乐市场版图中的一块重要领域，中国音乐市场的稳定增长对全球音乐产业已经起到了重要的推动作用。近两年来，中国音乐产业不仅重视自身的持续发展，同时开始将目光转向全球市场，融入全球音乐市场的发展浪潮之中。

8.3.2.1 政策扶持，法律完善，市场根基进一步加固

在我国经济发展进入新常态后，音乐产业作为创意文化产业，不仅是建设社会主义文化强国的一个重要部分，同时也将对我国经济转向创新驱动的新型经济发展模式产生重要的推动作用。早在 2017 年，“音乐产业发展”就已经被列入到《国家“十三五”时期文化发展改革规划纲要》的“重大文化产业工程”目录中。近两年来，国家更是不断推动各种音乐产业相关扶持政策和法律法规的出台落地，加强音乐版权保护力度，鼓励和引导产业持续创新，弥补我国音乐产业在高速发展过程中出现的不足，保证我国音乐市场根基得到不断的巩固。

在国家政策支持下，北京、广东、上海、成都等地近年来已经建立起多个国家音乐产业基地，各园区充分发挥集聚带动效应，发展出各类音乐特色产业。在此基础上，2019 年 12 月 31 日，北京市公布了《关于推动北京音乐产业繁荣发展的实施意见》（以下简称《意见》），《意见》提出的目标是将北京建设成“国际音乐之都”和华语音乐的全球中心，力争到 2025 年，北京市音乐产业及其关联产业年产值超过 1 200 亿元。《意见》提出了十项重点工作和五大保障措施，即“北京音乐十五条”，作为当前及今后一段时期北京市音乐产业领域的指导性文件。[①] 该《意见》的出台将在以后为全国其他地区音乐产业的规划和发展起到示范引领作用。

2019 年 12 月 20 日，首届中国音乐产业行业年会在国家会议中心成功举办，中共中央宣传部、北京市委宣传部、中国音像与数字出版协会、中国音像著作权集体管理协会、腾讯音乐娱乐集团、网易云音乐、咪咕音乐、中国唱片总公司、字节跳动、摩登天空、太合麦田、迷笛音乐、中国音乐学院、中央音乐学院、中国传媒大学以及五大国家音乐产业基地（园区）等中国音乐行业各界代表 200 余人共同出席会议，一同探讨了中国音乐产业的发展趋势和热点，全面梳理和总结了“十三五”时期中国音乐产业的发展历程和成果，对音乐产业未来所面对的版权保护、5G 通信、人工智能和区块链等问题进行了深入探讨。会议发布了《2020 年中国音乐产业发展十大趋势》，同时对于业界广泛关注的《中华人民共和国著作权法》的修改问题，与会近 200 名音乐企业负责人、产业专家、知名学者纷纷

---

① “北京音乐十五条”《关于推动北京音乐产业繁荣发展的实施意见》正式出台[EB/OL].(2019-12-31)[2020-07-25]. http://www.cnmipc.org.cn/show/? id=347&siteid=1.

签名,共同倡议“在著作权法修改中增加对录音制作者广播权、公开表演权等权利的保护”,[①]这一倡议的提出对今后《中华人民共和国著作权法》的修改以及音乐创作者的切身利益具有重大意义,同时也有助于中国音乐版权法律法规与世界接轨。

中国音乐市场的版权环境在政府、行业主体等多方的努力下,近几年来已经得到极大的改善,但是由于中国音乐产业以数字音乐为发展核心,呈现出业态融合化的发展趋势,音乐直播、音乐短视频等行业发展迅猛,因此音乐版权保护还有较大提升空间。在这样的行业背景下,2020 年 4 月 21 日,北京市高级人民法院发布了《北京市高级人民法院关于侵害知识产权及不正当竞争案件确定损害赔偿的指导意见及法定赔偿的裁判标准》,该裁判标准首次确定了音乐作品法定赔偿的最低标准,并首次明确直播中侵犯音乐版权的行为责任主体包括“主播人员”,该文件的出台将对以音乐直播、音乐短视频、移动 K 歌等为主的泛娱乐数字音乐产业起到规范作用,其间产生的侵权案件的赔偿标准从此也有了明确规定。[②] 同时,《中华人民共和国著作权法》也迎来了 2001 年、2010 年之后的第三次修订。2020 年 4 月 30 日,全国人大常委会公布了《中华人民共和国著作权法(修正案草案)》,并向全社会公开征求意见,此次修改体现了我国立法机构对数字时代出现的各种新型版权问题进行的主动应对。

除了法律的修改与新规的出台之外,新中国成立以来第一个在我国缔结、以我国城市命名的国际知识产权条约——《视听表演北京条约》(简称《北京条约》)于 2020 年 4 月 28 日起正式生效。[③]《北京条约》共有 30 个初始成员国,是世界知识产权组织管理的一项旨在保护表演者对其录制或未录制的表演所享有的精神权利和经济权利的国际版权条约,与“新加坡条约”“马德里体系”“伯尔尼联盟”等知识产权体系齐名。该条约规定表演者对其以视听录制品录制的表演享有五项经济权利:复制权、发行权、出租权、提供权(即信息网络传播权)及广播和向公众传播的权利;对其未录制的(现场)表演享有两项经济权利:现场直播权和首次录制权。《北京条约》的生效是中国版权事业的里程碑,也是惠及全球表演者的新起点,充分保障了视听表演者的权利,激发了视听表演者的创造热情,推动了未来视听表演产业的健康发展。

8.3.2.2 资本出海,“中国声音”逐步走向世界舞台

习近平总书记在 2018 年 11 月阿根廷布宜诺斯艾利斯 G20 峰会上发言时指出“世界经济时有波折起伏,但各国走向开放、走向融合的大趋势没有改变,产业链、价值链、供应链不断延伸和拓展,带动了生产要素全球流动”。随着全球数字化进程和经济全球化的不断深入,在资本的带动下,中国音乐产业也开始走向世界舞台,逐步在全球音乐产业链条中发出自己的声音。

腾讯音乐娱乐集团(TME)在 2017 年就与全球最大的音乐流媒体平台声田达成股权

---

① 百余企业共同倡议:在著作权法修改中增加录音制作者表演权和广播权[EB/OL].(2019-12-25)[2020-07-25].http://www.cnmipc.org.cn/show/?id=344&siteid=1.

② 北京市高级人民法院关于侵害知识产权及不正当竞争案件确定损害赔偿的指导意见及法定赔偿的裁判标准[EB/OL].(2020-04-23)[2020-07-25].http://bjgy.chinacourt.gov.cn/article/detail/2020/04/id/5090617.shtml.

③ 《视听表演北京条约》今日生效[EB/OL].(2020-04-28)[2020-07-25].http://www.ncac.gov.cn/chinacopyright/contents/518/415564.html.

互购协议,声田持有 9%的股份,而 TME 则持有声田 7.5%的股份,这次收购可以看作是 TME 全球化战略的铺垫。2018 年 10 月 2 日,TME 向美国证券交易委员会提交上市申请书,并于 2018 年 12 月 12 日成功上市,市值超过 200 亿美元,索尼音乐和华纳音乐也都分别入股。TME 赴美上市成功敲开了全球音乐市场的大门,极大提升了中国音乐产业在国际舞台上的知名度和影响力,向世界证明了中国音乐市场的无限潜力。

同时,TME 与世界三大唱片公司环球、索尼、华纳之间的关系也越来越密切,除了近年来在版权领域的互相合作之外,TME 也开始在资本市场与三大唱片公司开展密切合作。2020 年 3 月,TME 宣布其参与的由腾讯控股牵头的财团已完成对全球最大的唱片公司环球音乐集团(UMG)10%股权的收购交易。2020 年 6 月,华纳音乐集团在美国纳斯达克成功上市之后,TME 宣布收购该公司 400 万股 A 级普通股。TME 在资本市场对环球音乐集团和华纳音乐集团的战略投资,既能够帮助两大唱片公司的艺人在亚洲市场进行更好的宣推,也巩固了自身作为平台方的内容优势,乃至在今后帮助更多优秀的中国音乐人走进全球音乐市场之中。

泛数字音乐娱乐产业近年来除了在国内音乐市场占有相当大的份额,在全球市场中也开始展现出强大的竞争力。字节跳动通过海外版抖音(TikTok)及其产品矩阵在海外实现高速增长,业务已遍及 150 个国家和地区。2019 年,TikTok 在全球 24 个国家和地区位居 APP 使用量榜首,在北美地区的市场占有率达到 15%,在欧洲地区市场占有率达到 20%~30%。2019 年第四季度,在印度、巴西等海外新兴市场的驱动下,抖音全球用户数量新增 2.2 亿(6%),2020 年 1 月全球下载量超过 1 亿,达到历史最高水平。[①] 字节跳动伴随着 TikTok 在海外生态的逐步建立,其海外用户规模已经超越 BAT,与 Facebook、Google 等全球顶尖科技巨头差距逐步缩小。在 TikTok 的市场基础上,2019 年,字节跳动在印度音乐市场推出音乐流媒体平台罗索(Resso),开始进行从音乐短视频向音乐流媒体平台转变的尝试。

8.3.2.3 音乐流媒体持续增长,各平台呈现差异化发展

国际唱片业协会 IFPI 发布的《2019 全球音乐市场报告》显示,2019 年,全球流媒体收入同比增长 24%,达 114 亿美元,占市场总收入的 56.4%。全球流媒体付费订阅用户增加到 3.41 亿,同比增长 33.5%。[②] 流媒体作为当今最主要的音乐消费模式,已经成为推动全球音乐市场增长的主要动力,而数字音乐作为中国音乐产业复兴的基石,音乐流媒体在中国音乐市场的地位更是不言而喻。

在流媒体付费订阅方面,中国音乐流媒体平台凭借着商业模式的创新和产业链的拓展一直保持着稳定的增长。网易公司 2019 年财报显示,在付费会员、数字专辑、直播等的带动下,网易云音乐第四季度收入快速增长,再创新高。其中,第四季度网易云音乐会员收入同比翻番,来自数字专辑和直播的收入也迅速增长。网易云音乐之外,中国另一家音乐流媒体巨头——腾讯音乐娱乐集团(TME)2019 年财报显示,2019 年全年 TME 总

---

① 从 TikTok 看字节跳动出海策略[EB/OL].(2020-04-16)[2020-07-25].https://m.thepaper.cn/newsDetail_forward_6999136.

② 国际唱片业协会(IFPI)《2019 全球音乐产业报告》。

营收同比增长 34. 0%至人民币 254. 3 亿元,营业利润同比增长 126. 7%至人民币 46. 2 亿元,凭借着“TME+”娱乐生态的逐步完善,TME 旗下 QQ 音乐、酷狗音乐、酷我音乐的付费策略也成效显著,在 2019 年第四季度,TME 在线音乐付费用户达到 3 990 万,同比增长 47. 8%,环比上一季度净增加 450 万,其达到上市以来最高增速;在线音乐服务付费率在 2019 年第四季度提高到 6. 2%,超越去年同期的 4. 2%。① 2020 年新冠肺炎疫情席卷全球,对全球经济产生重创,但 TME 在 2019 年强劲增长的势头并没有因为疫情受到太大的影响,TME 在 2020 年第一季度的财报显示,TME2020 年第一季度在线音乐付费用户达到 4 270 万,同比增长 50. 4%,用户付费率达到 6. 5%。② 而全球第一大音乐流媒体服务商声田,2020 年第一季度订阅用户增加 600 万,全球付费用户达到 1. 3 亿,同比增速为 31%。③ 两者对比,TME 付费用户人数虽然与声田差距明显,但同比增速更为强劲,并且 6. 5%的付费率在庞大的中国市场未来还有巨大的提升空间。

国内音乐流媒体平台的持续增长,不仅依赖于版权规范化带来的用户付费意识的提升,同时也是平台方以数字音乐为核心进行的全产业链开发以及对平台自身精细化运营的结果。在后版权时代,为了提升自身竞争力,增加版权“护城河”深度,各大平台不仅推出多种原创音乐及音乐人扶持计划,打造出《少年》《桥边姑娘》等各种爆款歌曲,同时随着近两年来《我是唱作人》《歌手 · 当打之年》《乐队的夏天》《我们的乐队》《创造营 2020》等一批优质音乐综艺的出现,音乐综艺资源也成为各大平台激烈争夺的内容。另外,“数字专辑+粉丝经济”这一商业模式的潜力在平台方通过商业手法引导以及用户逐渐接受并愿意购买的条件下,也得到了充分的释放。市场调查机构尼尔森网联统计显示,2019 年中国付费数字专辑市场迅猛发展,创造了将近 6. 6 亿元的销售额。④ 2020 年 4 月 25 日,肖战在 TME 三大音乐平台发布单曲《光点》,定价 3 元,上线 22 小时,销售额突破 6 600 万元,超越蔡徐坤的《年轻》(*Young*)成为全网销售冠军,此后不到 94 小时销售额便突破亿元,创造了中国数字音乐销售记录,张艺兴的《莲》和华晨宇的《新世界 NEW WORLD》销售额也分别达到 4 700 万元和 3 200 万元,由此可见,数字专辑售卖已经成为中国音乐流媒体平台的主要变现出口。

随着音乐流媒体市场付费订阅和数字专辑售卖进入常态化增长,泛娱乐产业用户增量红利进入尾声,中国数字音乐市场进入深耕期,各大数字音乐平台开始根据自身的长期定位以及资源优势实施差异化发展战略。

TME 在“腾讯系”强大的文娱资源下,凭借雄厚的资本支撑着力打造“TME+”娱乐生态闭环。除了通过音乐打通影视、游戏、文学等泛文娱产业,在声田、苹果音乐等国外流

---

① 腾讯音乐娱乐集团宣布 2019 年第四季度和全年未经审计的财务业绩[EB/OL]. (2020-03-16)[2020-07-25]. https://ir. tencentmusic. com/2020-03-16-Tencent-Music-Entertainment-Group-Announces-Fourth-Quarter-and-Full-Year-2019-Unaudited-Financial-Results.

② 腾讯音乐娱乐集团宣布 2020 年第一季度未经审计的财务业绩[EB/OL]. (2020-05-11)[2020-07-25]. https://ir. tencentmusic. com/2020-05-11-Tencent-Music-Entertainment-Group-Announces-First-Quarter-2020-Unaudited-Financial-Results.

③ Spotify:第一季度收入 18. 5 亿欧元,付费订阅用户增长 600 万[EB/OL]. [2020-07-25]. https://mp. weixin. qq. com/s/tw96UoHyWi o7dyaaMTsH8w.

④ 华语音乐的付费时代:数字专辑付费意愿持续走高[EB/OL]. (2020-05-11)[2020-07-25]. https://mp. weixin. qq. com/s/BuYFmSWYm-1uSy4DrsMppA.

媒体平台接连布局播客领域之际,TME 也开始进入长音频领域,寻求音乐流媒体、泛娱乐产业之外行业的下一个增长点。从 2019 年 12 月酷我音乐发布“百亿声机”计划,到 2020 年 3 月宣布与阅文集团达成战略合作,再到 4 月长音频战略发布会,TME 的长音频布局正逐渐完善且成效显著。

网易云音乐选择继续在“音乐+社交”和原创音乐领域进行深耕,不仅使用专业生产内容(PGC)模式,同时通过“Mlog”、动态发布、视频创作等用户生产内容(UGC)模式激发普通用户进行原创内容的生产与表达,从而保证用户的参与性与互动性,2020 年 7 月 10 日推出的“一起听”功能更是继“云村评论”之后又一个全新的社交模式。另外,网易云音乐的音乐付费直播、K 歌软件“音街”,也让用户在“云村”实现从“听”到“看”再到“唱”的全场景音乐消费。咪咕音乐则借助中国移动在通信技术方面所具备的先天优势,在 5G 时代来临之际,挖掘新技术在未来市场的巨大潜力,把着力点放在“音乐+科技”的结合上。2019 年 12 月,咪咕音乐打造了全球首场“5G+VR+4K”全场景沉浸式音乐盛典,此外还独家推出 5G 视频彩铃服务与“臻 3D”高品质音效产品,为用户带来全新的沉浸式视听体验,并将在未来通过 5G、VR、AR、AI 等技术创新向用户提供更多优质的音乐场景服务。

8.3.2.4 疫情影响下“线上 Live”拓展音乐演出新空间

中国演出行业协会发布的《2019 年演出行业洞察报告》显示,2019 年中国演出票房迈入 200 亿元大关,同比增长 7.29%,其中演唱会票房收入为 42.59 亿元,同比上升 6.88%。[①] 2020 年,孙燕姿、蔡依林、周杰伦、刘德华等一大批头部歌手演唱会已经宣布定档,同时比莉·艾力什、艾薇儿等海外艺人锁定来华计划,更有在《乐队的夏天》带动下迎来无限生机的小型现场演出(Live House)市场,2020 年原本被认为是演出行业爆发的一年,但是因为全球新冠肺炎疫情,所有演出被迫取消或延期。由你音乐榜发布的《2020 年 Q1 华语数字音乐行业季度报告》显示,2020 年第一季度,国内预估有 20 000 场演出取消或延期、票房直接损失达 20 亿元,线下音乐演出市场几乎停摆。[②]

疫情导致线下内容缺失,“线上 Live”这种全新的音乐演出形式应运而生,“云音乐节”“云演唱会”等成为线下演出的替代品。草莓音乐节主办方摩登天空最先开始线上演出的尝试,推出“宅草莓”系列线上演出。五一假期,票务平台大麦联合其他单位共同发起了“相信未来”在线义演,王菲、易烊千玺、吴亦凡等 170 余组近 300 名音乐人参演,被称为中国音乐史上最大规模在线义演,四场义演在线观看总人次达到 4.4 亿,全网热搜 280 余个,微博话题“相信未来义演”阅读量突破 46 亿。随后 TME、网易云音乐、抖音、快手、哔哩哔哩、国家大剧院、天津京剧院等相继推出近百场线上演出直播。TME 专门成立全新部门腾讯现场(TME Live)专注线上高规格演唱会的举办,TME live 成立数月以来已经与五月天、陈奕迅、刘若英、杨丞琳、徐佳莹、黄丽玲(A-Lin)、袁娅维等多位顶级歌手进行合作。5 月 31 号,五月天举办线上专场演唱会,全网共超过 3 500 万人同时在线观看。

---

① 2019 全年演出票房迈入 200 亿元大关,增速超电影市场[EB/OL].(2020-03-25)[2020-07-25].http://www.capa.com.cn/news/showDetail/168663.

② 媒体观察|一季度上万场演出取消或延期 线上音乐直播能否替代?[EB/OL].(2020-05-18)[2020-07-25].http://www.capa.com.cn/news/showDetail/168775.

疫情期间的“线上 Live”不仅为平台带来了巨大的流量,也大大增加了艺人在疫情期间的曝光度,同时又为观众提供了最新的视听享受。

“线上 Live”的出现虽然填补了疫情期间线下演出的空窗期,拓展了音乐演出新空间,满足了观众的音乐视听体验,但是线上演出和线下演出毕竟还是两种完全不同的模式,“线上 Live”这种新兴的音乐演出模式还有待行业和市场进一步的观察与探索。例如,线上演出相较于传统的线下演出,普遍缺乏氛围感和参与感,歌手在面对没有观众的现场时也会呈现出完全不同于线下演唱会的演出状态。此外,不同平台的“线上 Live”也采用不同的观看策略,TME live、哔哩哔哩等都采用商业赞助、免费观看的模式,而网易云音乐的“点亮现场行动”、摩登天空的“草莓星云”、大麦及优酷的“平行麦现场”等活动则尝试以小额收费、限时回放的方式进行,因此“线上 Live”的盈利和变现模式也还处于初级探索阶段。除了视听感受、商业模式之外,其专业度、宣发模式、舞美音响技术支持水平等也参差不齐,所以“线上 Live”虽然在短时间内呈现出井喷之势,但实际市场鱼龙混杂。同时,在疫情结束、线下演出回归之际,线上演出是否还能保持疫情期间的热度,线上演出和线下演出如何共存、各自该扮演怎样的市场角色,以及随着 5G 视频时代的来临,5G、VR、AR、4K 等新技术如何更好地运用在线上演出中,都是“线上 Live”在未来将要面临的问题与挑战。

8.3.3 中国音乐产业“走出去”的趋势与方法

中国音乐产业近年来发展迅速,其优势在于中国抓住了数字音乐在全球兴起这一契机,众多资本在数字音乐领域率先布局,并结合中国音乐市场的实际情况对数字音乐商业模式进行多重探索与开发,泛数字音乐娱乐产业的兴起可以说是中国音乐市场的独有特征,其对音乐周边产业发展的快速带动效应为全球音乐产业的发展提供了经验和思路。但中国音乐产业的劣势也急需解决,音乐内容不够扎实、缺乏本土化特征、数字音乐之外的音乐产业链不够完善等,都制约着中国音乐“走出去”,可以看到中国音乐产业还处于“墙内开花墙内香”的阶段,特别是在音乐本体上,缺乏有世界性影响力的内容与作品。如何利用发达的数字音乐产业帮助中国音乐产业“走出去”,是行业需要思考的问题。

8.3.3.1 创造民族与现代相融合的音乐作品

党的十九大报告指出,要“推进国际传播能力建设,讲好中国故事,展现真实、立体、全面的中国”。音乐作为文化交流的载体之一,音乐传播既需要把外国音乐文化“引进来”,同时还要把中国音乐文化“送出去”,这就对音乐内容的创作提出了更高的要求。而中国音乐想要“走出去”,必须做到民族化与现代化的结合,因为文化的传播与交流是一种双向互动的过程,传播内容不仅要新颖,同时还要使双方都能够产生共鸣,这就需要民族内容的现代化表达。2020 年 4 月 29 日,来自中国的网络视频博主李子柒 YouTube 粉丝破千万,成为历史上首个订阅破千万的 YouTube 中文创作者。而作为一名中国视频博主,李子柒之所以能在全球范围内收获无数人的喜爱,不仅是因为她在视频中那种日出而作、日落而息、适时而食的中国式田园生活可以引起无数人的共鸣,更是因为她把这种生活方式通过精心的安排与制作在 YouTube 上呈现给全球观众,而这就是民族化与现代化结合的典范,也是中国音乐创作需要研究和学习的。

其实,中国音乐不乏成功“出海”的先例。2001 年,著名作曲家谭盾就凭借《卧虎藏龙》夺得了第 73 届奥斯卡最佳原创音乐奖。2017 年,中国音乐家吴彤凭借专辑《歌咏乡愁》(*Sing Me Home*)获得第 59 届格莱美最佳世界音乐专辑奖,这也是他的第二座格莱美奖杯。而不论是谭盾还是吴彤,他们都致力于对中国民族音乐和乐器的创新,使中西方音乐元素在作品中实现融合。

2019 年 12 月 13 日,中央音乐学院的音乐家们在纽约卡内基音乐厅演奏了 8 部大型管弦乐作品,而这 8 部作品都出自中央音乐学院作曲家之手,这场音乐会也获得了极大的成功。《纽约古典评论》发表了题为《来自北京的音乐学院管弦乐队在美国的首演提供了中国音乐的范本》一文,文章认为,音乐会“为西方观众打开了中国音乐创作和表演的视听新世界”“为中国的海量当代音乐创作提供了启迪”。中央音乐学院院长俞峰在接受美国中文电视台专访时也表示“通过持续不断地推出这些优秀作品,可以让美国的观众看到中国作曲家们的创作思考、尝试和行动,以及当前创作的水准和境界;也可以从一个侧面看到中国音乐发展的新面貌”。①

8.3.3.2 构建多样化的音乐传播渠道

数字音乐为音乐传播带来了革命性的改变,音乐流媒体平台使全球的用户都可以便捷地欣赏到来自世界各地的音乐,而中国音乐在数字音乐时代想要“走出去”,想要实现“传则通”,除了海外巡演和唱片发行等传统方式外,还需要主动寻求多样化的传播渠道,构建国际化的传播平台。

音乐作为一种文化输出,想要在海外站稳脚跟,宣传推广至关重要,而不同的传播渠道则会带来不同的传播效果。TME 近两年来不断与环球、索尼、华纳、声田等全球音乐市场巨头建立版权合作、艺人推广等多种合作关系,不仅为海外音乐进入中国市场提供了便利,更是为中国优秀的音乐作品和音乐人走向世界开辟了捷径。太合音乐集团作为“国家版权示范基地”,也是首都文化“走出去”示范单位,2019 年底对外宣布正式入驻油管音乐(YouTube Music),成为油管音乐在中国重要的本土版权音乐供应商,并通过太合音乐自主研发的版权分发平台 DMH,按照国际通用标准自动对接版权音乐曲库,增加了音频服务,为用户提供更加丰富的音乐内容和体验,从而帮助华语音乐通过 YouTube 这个世界性的流媒体平台更好地走向全世界。② 此外,风靡世界的音乐短视频平台抖音(TikTok)近两年来凭借其打造热门单曲的巨大潜力,也成为唱片公司新作品宣传推广的主要平台。

除了音乐流媒体、音乐短视频等线上传播渠道的搭建,近年来,TME 受邀参加美国西南偏南音乐节(SXSW)、上海国际独立音乐季、中国音乐产业高端论坛以及众多在中国举办的国际音乐节等各种跨国界、跨文化的音乐交流活动,也向世界展示了中国“音乐之声”,成为世界了解中国音乐文化的一个重要窗口。

总之,中国音乐想要真正“走出去”,不仅需要创作出优秀的音乐作品,更重要的是通

---

① 中央音乐学院又双叒“走出去”,8 部新作品卡内基首演大获成功[EB/OL].[2020-07-25].https://mp.weixin.qq.com/s/5d5GxaGzI-yV-cyMbgGvrA.

② 太合音乐入驻 YouTube Music 助推华语音乐“走出去”[EB/OL].[2020-07-25].http://www.iprchn.com/cipnews/news_content.aspx?newsId=120417.

过政府、市场等各方主体的不断探索与尝试，努力构建出完善的文化国际传播渠道和平台，打造出具有国际影响力的中国音乐品牌。

8.3.3.3 培养复合型音乐产业人才

对于音乐产业链来说，音乐作品的产出到最终的消费，整个过程包括音乐原始创作、音乐制作、宣传、推广、发行、演出等多个环节，各个环节又包含更细的行业分工。我国音乐产业在数字音乐时代之前整体处于一个较为混乱的境地，进入数字音乐时代之后，市场的规范发展带动了整个行业标准的提升，但是这种提升更多的是在数字音乐领域，数字音乐产业链之外，行业人才还有较大空缺。特别是互联网时代，音乐产业在全球范围内联系更加密切，与科技的融合也逐步加速，因此，中国音乐产业想要“走出去”，培养具有“国际视野”的专业型复合人才显得至关重要。

欧美发达国家的音乐产业经过了乐谱时代、唱片时代到数字媒体时代，经过近一个世纪的发展，已经形成了完整的产业链条，在音乐创作、出版、演出以及版权保护等方面发展出了相当成熟的市场体系，因此才会有今天的世界三大唱片公司、公告牌(Billboard)榜单、汇演邦(Live Nation)等音乐产业各个领域的龙头企业。而音乐产业就其本质而言就是市场运作，中国音乐市场今天正处在高速增长阶段，如何与世界音乐市场接轨，使中国音乐走向世界，需要的是音乐产业内部各个环节的共同努力。这就需要从业人员能够洞悉音乐市场环境，掌握音乐营销、音乐市场竞争及交易过程等方面的知识，有效地进行有关计划、组织、领导和控制等方面的活动，调动各方面的积极性，降低成本，提高资源利用率，实现经营的最终目标，特别是在国际音乐市场中，对其他国家政策、法律、行业环境等的分析更是对市场策略的制定起到关键作用。

可以说，音乐产业复合型人才的培养，不仅对中国音乐“走出去”能够起到关键作用，甚至对于中国整个音乐产业未来的持续发展都会产生决定性作用。

8.4 小结

2019年国际音乐市场整体趋势向好。其中，实体唱片收入下降，流媒体收入不断增长，尤其是付费订阅流媒体收入成为全球录制音乐收入增长的核心驱动力。用户的付费意识不断提升，版权环境逐渐得到规范，国际音乐市场的体系逐渐完善，形成了以音乐流媒体为主导，以总体增幅持续下降的数字音乐、实体唱片以及下载市场为辅的多元化格局。首先，实体音乐一直遭到盗版唱片以及互联网技术的冲击，随着数字音乐的兴起，实体音乐收入便一直呈下降趋势。其次，数字音乐自创造之初就与盗版不断斗争，但是版权环境逐渐得到规制，正版化环境使得数字音乐在不同的音乐平台上找到了自己的定位。数字音乐产业中的付费订阅流媒体迅速发展，成为推动全球录制音乐收入增长的核心驱动力，唱片公司也越来越依赖流媒体订阅服务商。再次，表演权收入在全球音乐产业市场中一直稳步增长，包含了现场演出与线上直播。最后，同步播放权在全球音乐产业收入缓慢下滑的整体背景下维稳。

在国际音乐市场发展方面，本土音乐国际化趋势因政府政策的扶持、国际唱片公司推动地方音乐产业从而得到进一步发展。唱片公司在维护艺人持久性关系、有效利用资源、重视粉丝经济方面进行转型。

国际音乐市场的主要区域——美国,音乐流媒体同样保持增长,其中付费订阅流媒体是增长最快的部分;数字下载方面逐年下降;实体唱片因为美国黑胶唱片有复兴趋势而呈现上升趋势。美国作为音乐产业大国,其音乐产业运营模式是十分值得借鉴的。美国数字音乐产业链可以分为在线音乐产业链及移动音乐产业链。美国的在线音乐产业链是由四个层面组成的:第一层面是音乐公司和从唱片公司购买了版权的数字音乐制作公司,如环球(Universal)、华纳(Warner);第二层面是指以网站形式为用户提供音乐内容的服务商,如 Last. fm、潘多拉(Pandora);第三个层面是为公众提供其他相关产品的音乐播放设备和软件的供应商;第四个层面是为音乐产品提供互联网流通渠道的电信运营商。美国移动音乐市场产业价值链主要分为四个层面:第一层面是内容提供商(CP),主要包括唱片公司、移动音乐内容提供商等;第二层面是服务提供商(SP),主要包括门户网站型公司、综合性纯 SP 公司和拥有自主音乐资源的公司等,如 My Space;第三层面是运营商,这里主要指移动通信无线网络,如 AT&T、Verizon、T-Mobile;第四层面是终端设备制造商,主要是指音乐手机的生产厂家,如苹果(iPhone)、黑莓(Blackberry)。无论是在线音乐还是移动音乐,传统唱片不再是核心产品,取而代之的是数字音乐。对比而言,中国音乐产业的版权环境已经得到规制,音乐产业环境整体向好,我国的市场潜力以及发展前景还是极为广阔的。

在欧洲音乐市场,英国的音乐产业在音乐创作者、零售、唱片业、出版、直播行业、现场演出等各个领域均持续增长。法国音乐产业的实体唱片收入逐渐下降、流媒体逐渐成为数字音乐的主要动力,在出口留声机、唱片等方面法国取得了巨大成功,来自集体权利管理组织的收入构成了法国音乐产业的主要收入支柱,录制音乐的销售也表现出了前所未有的增长。

在亚洲音乐市场,日本的音乐行业收入主要来源于现场、录音、出版三个方面,值得注意的是,流媒体服务产生的音乐销售额不到 10%。韩国的音乐行业主要表现为偶像团体的输出,“韩流”的传播使得音乐订阅流媒体收入逐渐增长。

因为政策扶持、法律完善,中国音乐产业的根基逐渐被加固。同时,TME 和网易云音乐与三大唱片公司开展密切的合作,字节跳动在海外音乐市场推出抖音(TikTok),使得“中国声音”逐渐走向世界。与国际音乐趋势一样,中国的音乐流媒体持续增长,成为音乐产业收入的核心驱动力。同时,由于疫情原因,“线上 live”拓展了新的演出空间。中国音乐产业如果要进一步“走出去”,首先应当创造民族与现代相融合的音乐作品,其次应当构建多样化的音乐传播渠道,最后要培养复合型的音乐产业人才。

8.5 案例:腾讯音乐娱乐集团投资华纳音乐策略分析

根据美国证券交易委员会(SEC)披露文件,截至 2020 年 3 月腾讯音乐娱乐集团(TME)持有华纳音乐集团(WMG)A 类普通股 400 万股。除此之外,SEC 的另一份附加文件显示,腾讯通过其子公司黄河投资有限公司持有华纳另外 400 万 A 类普通股,这两笔交易都发生在 2020 年 6 月 3 日。华纳在 2020 年 6 月 3 日的 IPO 发行股票规模为 7 700万股,腾讯控制着华纳 800 万股 A 股,相当于该公司整体 1.6%的股票,以首次公开募股价格 25 美元为基准计算,总价值超过 1 亿美元。①

8.5.1 TME 概况

在 2003 年的时候,腾讯集团旗下的社交软件 QQ 实现了在线音乐服务。接下来在 2004 年推出酷狗音乐,2005 年推出 QQ 音乐和酷我音乐,2012 年推出酷狗直播(前身为酷狗繁星),2013 年和 2014 年中国音乐集团分别收购了酷我音乐和酷狗音乐,并且推出了全民 K 歌 APP,2016 年腾讯将国内的在线音乐业务与中国音乐集团合并,成立腾讯音乐娱乐集团,简称 TME。2017 年推出腾讯音乐人计划,收购爱听卓乐,并且与声田宣布进行股权置换。TME 以超前的经济眼光和强大的经济实力拿下了超过 3 000 万首曲目的授权,并与索尼音乐、环球音乐、华纳音乐、英皇娱乐集团、中国唱片集团有限公司等音乐厂牌达成了主发行及授权协议。除此之外,腾讯推出了音乐人计划,音乐人通过与腾讯旗下的资源合作成功将内容变现,还解决了广大音乐人除音乐以外其他方面的问题,比如音乐版权管理、营销、宣传等,实现了集团与音乐人的双赢。除此之外,在技术方面,TME 有着专业的技术团队负责用户体验改进、提高算法的准确性和相关性,内容管控维权的业务能很好地保护音乐人的版权。2018 年 1 月,TME 和索尼音乐合资成立电子舞曲音乐厂牌 LiquidState,希望借力各自的长处和优势在中国和亚洲地区挖掘和推广舞曲音乐新秀。2018 年 12 月 TME 于纽约证券交易所上市。早在 2018 年 10 月,华纳音乐和索尼音乐以总计 2 亿美元的现金对价,联合收购了 TME 6 800 万股股份。总结来说,TME 同时拥有环球音乐、华纳音乐、声田的部分股份,但不包括索尼音乐,而华纳音乐和索尼音乐拥有 TME 的少数股份,相信这只是腾讯与音乐版权业务之间相互交织关系的开始。2019 年底,以 TME 牵头的财团对法国传媒巨擘威望迪集团(Vivendi)旗下估值 300 亿欧元的环球音乐完成 30 亿欧元的注资,为传统音乐行业注入了新可能。在东南亚和港台地区,"腾讯系"Joox 流媒体平台也深耕当地数字音乐市场多年,并且仍在加速布局中。2020 年年初,由腾讯牵头的财团以 33.6 亿美元收购了环球音乐 10%的股份,腾讯还有权在 2021 年 1 月中旬之前再收购其 10%的股份。2020 年 6 月,腾讯投资华纳音乐,持华纳音乐 1.6%股份。

8.5.2 TME 的盈利模式

8.5.2.1 2019 年度报告

2019 年 5 月 14 日,TME 发布了截至 2019 年第一季度未经审计财务报告。2019 年第一季度,TME 总营收同比增长 39.4%至人民币 57.4 亿元(8.55 亿美元)。2019 财年第二季度未经审计财务报告显示,TME 第二季度总营收为 59 亿元,同比增长 31%;归属于公司股东的净利润为 9.27 亿元,同比增长 2.5%。2019 年第三季度,TME 在营收和净利润方面都实现了增长,当季总营收同比增长 31.0%至人民币 65.1 亿元(9.1 亿美元),其中,在线音乐收入为 18 亿元人民币,同比增长 26%。其他娱乐服务的收入为 46 亿元人

---

① 腾讯持有华纳音乐 1.6%股份,价值超 1 亿美元[EB/OL].[2020-07-25].https://mp.weixin.qq.com/s/4ViTD8VWxd08Njaxf5yARw.

民币,同比增长 32%。2019 年第四季度,TME 在线音乐付费用户达 3 990 万,再创新高,同比增长 47. 8%,平均付费用户收益同比增长 8. 1%。①

8. 5. 2. 2 盈利模式

国金证券在一份报告中总结道,TME 是一家以"直播+版权音乐"为商业模式的公司。其商业模式是一个"铁三角":通过直播、K 歌等服务,满足用户的音乐社交需求;通过订阅会员服务,满足用户的核心音乐需求;通过数字专辑和单曲销售(即非订阅),满足用户的粉丝需求。

(1)多元音乐生态助力平台盈利。TME 在中国有着广泛的用户基础,拥有目前国内市场知名的三大移动音乐产品:QQ 音乐、酷我音乐和全民 K 歌,总月活用户数超过 8 亿。与声田、苹果音乐等流媒体的商业模式不同,TME 通过多元化的商业模式,跳出传统音乐平台单一依靠会员付费和广告来盈利的固有思维,通过付费订阅和数字专辑提供在线音乐服务,而且提供社交娱乐服务,利用虚拟礼物和增值会员实现盈利,让用户不仅可以听音乐,而且可以进行 K 歌和表演,还能观看音乐 MV 和现场音乐表演,随时随地和朋友分享。总结而言,TME 围绕"发现、听、唱、看、演出、社交"核心不断延伸消费场景,将在线音乐和社交娱乐紧密地结合在一起,丰富了音乐内容的价值内核,拓宽了公司营收渠道,在传统互联网音乐模式之外,构建了全新的生态体系。

(2)音乐人计划,降低版权成本。原创音乐价值释放是 2019 年音乐行业的一个现象。在腾讯音乐人平台上,原创音乐人释放出了巨大活力。腾讯音乐人早前发布的"亿元激励计划"可以视为平台原创音乐扶持战略的一次重要升级。2019 年,腾讯音乐人的作品全平台播放量超过 2 000 亿。音乐人计划真正发掘培养出了优秀音乐人,降低了版权成本。

(3)增值服务,提升付费率。除了版权曲库量大,绿钻会员的其他增值服务也是提升付费率的关键,比如会员可享受无损音质、下载特权、免广告、铃声特权等,还有多平台的联合会员等形式。

(4)跨界合作,战略投资。在战略投资上,TME 与声田互换股权,交叉持股,也收购了环球音乐 10%的股权,在 2020 年 6 月份投资华纳音乐持有股份 1. 6%,同时华纳音乐与索尼音乐联合收购了 TME 的部分股份,TME 与三大唱片公司形成了深度合作关系。在战略合作上,TME 除了与上游三大版权方进行合作,也与中游平台比如豆瓣、小米、华为等合作,同时又牵手阅文集团形成跨界战略合作,拓展到长音频领域。

8. 5. 2. 3 市场竞争现状

网易云获阿里投资,版权格局再次改变。网易云音乐宣布与华纳版权达成战略合作,获得华纳版权 130 万首音乐词曲版权,涵盖 A-Lin、陶喆、李宗盛、蔡健雅、罗大佑、袁娅维、品冠、方大同、飞儿乐团(F. I. R.)、彭佳慧、于文文、茄子蛋等众多华语歌手,以及埃里克 · 可莱普顿(Eric Clapton)、乔治 · 迈克尔(George Michael)、绿日(Green Day)、凯

① 腾讯音乐 Q1 季报图解:营收 57.4 亿,同比增长 39.4%[EB/OL].[2020 - 07 - 25].https://mp. weixin. qq. com/s/mNULXPkCvqSlPYEQ usI8NA.

蒂·佩里(Katy Perry)、麦当娜(Madonna)、电台司令(Radiohead)、史蒂夫·青木(Steve Aoki)等国际知名巨星相关版权。官方还提供了战略合作歌单,包括王菲《我愿意》、蔡健雅《红色高跟鞋》、邓紫棋《来自天堂的魔鬼》、萧煌奇《你是我的眼》、孙燕姿《天黑黑》、黄义达《那女孩对我说》、胡歌《忘记时间》、陈小春《独家记忆》等。

网易方面表示,双方将在曲库内容、在线 K 歌、音乐 IP 开发等音乐产业上下游领域展开全方位合作。全球三大音乐版权巨头即索尼音乐、华纳音乐和环球音乐,此前均为 TME 独家代理,TME 也因此一度掌握国内 90%的音乐版权。华纳版权为华纳音乐旗下国际词曲版权公司,逾 40 家分公司遍布全球,拥有国内外多位著名词曲作家的音乐作品。在此之前,网易云音乐的平台上已有这些歌曲,不过为 TME 转授权,而此次合作是网易云音乐直接与华纳版权签订的战略合作。自 2019 年 9 月份拿到阿里的 7 亿美元,2020 年以来,网易云音乐就在不断扩张其音乐版权库,先后拿下《歌手·当打之年》《我们的乐队》《嗨唱转起来》《声临其境》第三季等国内多档知名综艺节目的独家音乐版权;2020 年 3 月 13 日,网易云音乐又宣布与吉卜力工作室达成版权合作,获得《龙猫》《千与千寻》《哈尔的移动城堡》《崖上的波妞》《天空之城》《魔法公主》《魔女宅急便》《风之谷》等原声带(OST)版权。

8.5.3 TME 持股华纳音乐的利好与劣势分析

8.5.3.1 利好

在前几年独家版权盛行时,TME 在版权大战中获得压倒性胜利,花天价购买三大唱片公司的独家版权:2014 年,获得华纳音乐版权;2016 年,获得索尼音乐版权;2017 年,以 3.5 亿美元加 1 亿美元的股权获得环球音乐三年独家版权。天价版权费与用户付费总额之间存在巨大差距。尽管 TME 拥有着超 3 000 万首歌曲的版权,可是用户对于在线音乐平台付费单曲和会员等服务的购买意愿并不强。相较于花天价与其他平台竞争购买版权使版权的价格居高不下,TME 将目标转向了投资这些唱片公司,持有股份成为股东。以下是 TME 的投资情况:

2017 年,与声田宣布进行股权置换,拥有其约 9%的股权。母公司腾讯控股也是印度流媒体音乐服务商 Gaana 的股东。在东南亚和港台地区,“腾讯系”Joox 也深耕当地数字音乐市场多年,并且仍在加速布局中。

2019 年底,以 TME 牵头的财团对法国传媒巨擘威望迪(Vivendi)旗下估值 300 亿欧元的环球音乐完成 30 亿欧元的注资,为传统音乐行业注入了新可能。

2020 年初,由腾讯牵头的财团以 33.6 亿美元收购了环球音乐 10%的股份,并且有权在 2021 年 1 月中旬之前再收购其 10%的股份。2020 年 6 月,TME 投资华纳音乐,持华纳音乐 1.6%股份。成为股东就要获利共赢,共担风险,以股份的多少作为分红的比例。我们首先看一下华纳音乐的情况,腾讯为什么要投资华纳音乐?

招股书显示,华纳音乐 2017 财年、2018 财年、2019 财年的营收分别为 35.76 亿美元、40.05 亿美元、44.75 亿美元;相应财年净利润分别为 2.58 亿美元、3.12 亿美元和 1.49 亿美元。收入主要来源于音乐录制、版权转授和音乐发行三方面。其中,音乐录制、版权转授均涉及流媒体,音乐录制是营收主力,2017—2019 年,音乐录制业务的收入分别为

30.2 亿美元、33.6 亿美元以及 38.4 亿美元,占总收入比例分别为 84.45%、83.90%、85.81%。具体来看,2019 财年数字音乐收入总计达 23.43 亿美元,同比增长 16%,总营收占比达 52%。2020 财年一季报显示,营收占比仍过半。华纳音乐自己也曾表示,“在公司总营收中,通过授权数字音乐发行渠道所获得的收入占比例越来越高”。①

前文提到网易云音乐获阿里投资 7 亿美元,2020 年 5 月 12 日,网易云宣布与华纳版权达成战略合作,获得华纳版权旗下 130 万首音乐词曲版权的授权使用。腾讯为什么让本来就具有深度合作伙伴关系的华纳版权被网易云抢先一步达成合作?笔者认为这是 TME 的商业布局。通过观察华纳音乐近些年的财报可以发现,在公司总营收中通过授权数字音乐发行渠道所获得的收入占比例越来越高。相信 TME 看中了华纳音乐以后的发展前景,在流媒体平台成为核心平台、授权数字音乐成为主要营收的格局下,相比较天价购买华纳音乐的版权,成为华纳音乐的股东似乎更为明智之举。

8.5.3.2 劣势

TME 之所以在众多在线音乐平台中占据了核心地位,最大的优势是版权。而此次虽然投资了华纳音乐持股 1.6%,但是股份毕竟较少,是否能比拥有版权盈利更多,暂时还是一个未知数。

音乐流媒体平台已经进入后版权时代,竞争的关键是版权之上的泛娱乐生态,这也是平台拉动会员付费、广告、音视频直播以及基于社交的变现基础。除华纳外,网易云与吉卜力工作室、滚石唱片达成了合作,并拿下了《歌手当打之年》《我们的乐队》《声临其境》第三季等头部综艺的音乐版权。流媒体版权格局已经发生了改写,以前在版权方面占尽下风的网易云音乐,现在也经过深耕运作,更加完善了音乐宣发生态,在版权方面也有了自己的话语权。笔者认为,下一步仍然要以版权以中心进行自己的音乐生态建设。

8.5.4 TME 未来发展趋势

8.5.4.1 协同变现,互利共赢

TME 的合作伙伴并不局限于唱片公司。2020 年 3 月,牵手阅文集团协同开拓长音频有声内容市场,不仅为 TME 在长音频视频领域赢得一席之地,还为版权音乐创造了更多场景,探索更多元的变现思路。

2020 年 4 月,TME 投资线下公播公司瑞迪欧。对于 TME 来说,可以通过瑞迪欧旗下的酒店、餐饮等门店进行音乐内容的宣发,打通线下与线上的资源共享。对于瑞迪欧来说,TME 能够为它提供数万首音乐版权,使其完善公播音乐市场。

由此看来,TME 以合作、股权投资的方式拓宽了自己的发展道路,拓宽了变现道路,不再局限于广告、用户付费等形式。

8.5.4.2 以泛娱乐为核心展开业务

在线音乐服务和社交娱乐服务是 TME 的主要盈利模式,围绕着这两项,TME 接下来

① 腾讯音乐 Q4 季报图解:营收 72.9 亿,同比增长 35%[EB/OL].[2020-07-25].https://mp.weixin.qq.com/s/BEUv8lyAZq0xdvHm LLRsyw.

会继续展开“音乐+”的泛娱乐商业拓展,例如“音乐+游戏”“音乐+影视”“音乐+综艺”等;同时布局长音频,或许能够开辟出除了在线音乐、社交娱乐以外的第三条增长线。由于2020年的新冠肺炎疫情,各行各业都在线上延续自己的运营发展,TME同样延伸出了两大新业务:腾讯现场(TME live)和音乐公播。TME正在用腾讯现场(TME live)打通线上与线下,整合现场演出、在线直播、粉丝经济、票务销售、演出经济,用音乐创造无限的可能。未来,TME会以音乐为核心融入多个领域的市场,不断更新优化商业模式,持续深耕数字音乐行业价值,充分展现出它的增长空间、增长能力与价值,在不同内容形态的跨界整合中完成流量的收割与变现。

参考文献

[1]曹洋,赵景峰. 中国数字音乐产业知识产权治理机制构建[J]. 中国流通经济,2013,27(09):65-69.

[2]迈克尔·D. 史密斯,拉胡尔·特朗. 流媒体时代:新媒体与娱乐行业的未来[M]. 鲁东旭,译. 北京:中信出版社,2019.

[3]华语音乐的付费时代:数字专辑付费意愿持续走高[EB/OL]. (2020-05-11)[2020-07-25]. https://mp. weixin. qq. com/s/BuYFmSWYm-1uSy4DrsMppA.

[4]佟雪娜. 数字音乐传播价值链分析[J]. 重庆大学学报(社会科学版),2013,19(03):165-172.

[5]佟雪娜,谢引风. 数字在线音乐付费服务模式探讨[J]. 科技与出版,2014(12):97-101.

[6]腾讯音乐娱乐集团宣布2019年第四季度和全年未经审计的财务业绩[EB/OL]. (2020-03-16)[2020-07-25]. https://ir. tencentmusic. com/2020-03-16-Tencent-Music-Entertainment-Group-Announces-Fourth-Quarter-and-Full-Year-2019-Unaudited-Financial-Results.

[7]腾讯音乐娱乐集团宣布2020年第一季度未经审计的财务业绩[EB/OL]. (2020-05-11)[2020-07-25]. https://ir. tencentmusic. com/2020-05-11-Tencent-Music-Entertainment-Group-Announces-First-Quarter-2020-Unaudited-Financial-Results.

[8]熊琦. 数字音乐付费制度的未来模式探索[J]. 知识产权,2013(07):41-46.

[9]尹宏. 我国文化产业转型的困境、路径和对策研究:基于文化和科技融合的视角[J]. 学术论坛,2014,37(02):119-123.

[10]“北京音乐十五条”《关于推动北京音乐产业繁荣发展的实施意见》正式出台[EB/OL]. (2019-12-31)[2020-07-25]. http://www. cnmipc. org. cn/show/? id=347&siteid=1.

[11]百余企业共同倡议:在著作权法修改中增加录音制作者表演权和广播权[EB/OL]. (2019-12-25)[2020-07-25]. http://www. cnmipc. org. cn/show/? id=344&siteid=1.

[12]《视听表演北京条约》今日生效[EB/OL]. (2020-04-28)[2020-07-25]. http://www. ncac. gov. cn/chinacopyright/contents/518/415564. html.

[13]从 TikTok 看字节跳动出海策略[EB/OL].(2020-04-16)[2020-07-25]. https://m.thepaper.cn/newsDetail_forward_6999136.

[14]2019 全年演出票房迈入 200 亿元大关,增速超电影市场[EB/OL].(2020-03-25)[2020-07-25]. http://www.capa.com.cn/news/showDetail/168663.

[15]媒体观察|一季度上万场演出取消或延期 线上音乐直播能否替代?[EB/OL].(2020-05-18)[2020-07-25]. http://www.capa.com.cn/news/showDetail/168775.

9　国际视频市场

9.1　国际电视市场概述

9.1.1　全球电视市场发展概况

9.1.1.1　全球电视市场用户及收入情况

(1)用户情况。从全球电视市场收集的数据(见图 9-1)显示,2018 年全球付费电视用户数量为 16.7 亿户,高于上年的 16.4 亿户。2010 年到 2017 年间,全球家庭用户的数量增长了 1.7 亿,年均增长 0.24 亿,而 2017 年到 2018 年一年之间就增长了 0.3 亿。全球范围内,视频点播订阅量呈上升趋势,预计到 2022 年,视频点播家庭数量将从 2018 年的 2.5 亿增至 4.5 亿。

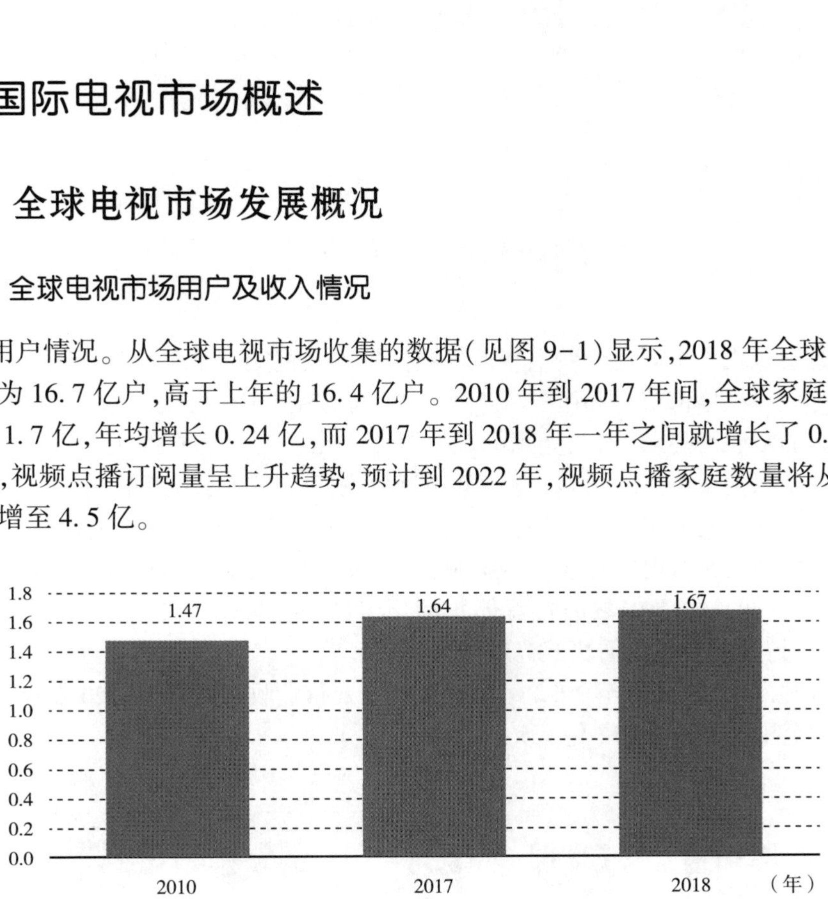

图 9-1　2010 年、2017 年和 2018 年全球电视用户数(单位:十亿)

资料来源:Statista2020。

图 9-2 显示了按平台细分的 2010 年和 2019 年全球电视用户的数量,以及 2020 年和 2025 年的预测数量。数据显示,付费数字地面电视用户数(pay DTT)从 2010 年的 800 万户增加到 2019 年的 1 900 万户,预计到 2025 年将进一步增长到 2 600 万户。与此同时,模拟有线电视的受欢迎程度正在迅速下降,2019 年全球只有 3 800 万户家庭,低于 2010 年的 3.37 亿户。

(2)收入情况。受技术、竞争和消费模式等因素的影响,付费电视将在短期内发展。从全球来看,目前高清晰度(HD)电视是主要的收入来源,而付费电视运营商的收入则有所增加,随着数字电视成为标准,传统高清电视将很快被淘汰。尽管从长远来看,随着创新的付费电视服务逐渐兴起,全球电视行业可以得到重振,但在该技术开始应用之前,仍然需要克服许多障碍。

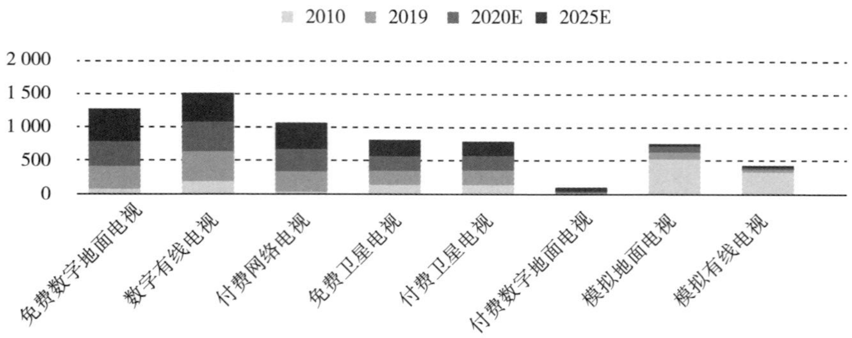

图 9-2　全球电视用户数(按平台划分)(单位:百万)

资料来源:Statista2020。

面对数字电视上多频道免费电视节目的竞争以及视频共享平台的成功,付费频道必须更加努力地提供增值节目和服务,以建立用户忠诚度并吸引新客户。主题频道的业务模式对顾客的吸引力最弱,因此受到的威胁最大。由于互联网在线视频兴起,大众的视频消费越来越独立于电视时间表,付费电视运营商正在逐步实施解决方案,以满足观众对灵活性和个性化的需求。这些服务为这些运营商提供了额外的收入来源。预计全球移动电视的发展也将对电视行业产生影响,尽管暂时而言,移动电视/视频仍远不是领先的移动服务,它们只限于少数消费者偶尔使用,用户将其视为"必备品",而不是"必需品",定期、可持续的移动观看模式尚待建立。

图 9-3 显示了 2018 年至 2022 年全球传统电视行业收入的数据。2018 年,传统电视行业在全球范围内创造 2 615 亿美元的收入。

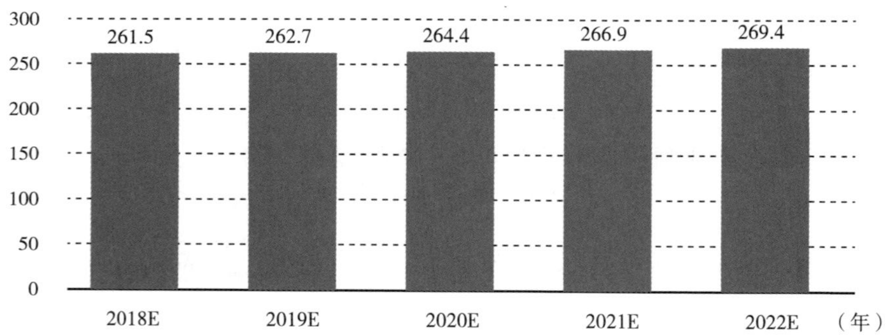

图 9-3　2018—2022 年全球传统电视行业收入(单位:十亿美元)

资料来源:Statista2020。

由图 9-4 可知,全球付费电视收入在 2016 年达到顶峰,随后开始逐年下降,2018 年降至 1 990 亿美元。预计到 2024 年,全球付费电视收入将再下降约 2 000 万美元。

图 9-5 反映了 2018 年至 2022 年全球电视公共许可费收入情况。预计其将从 2018 年的 307 亿美元增长到 2022 年的 317 亿美元。

图 9-6 展示了 2015 年和 2020 年全球电视和视频收入。预计该行业的收入将从

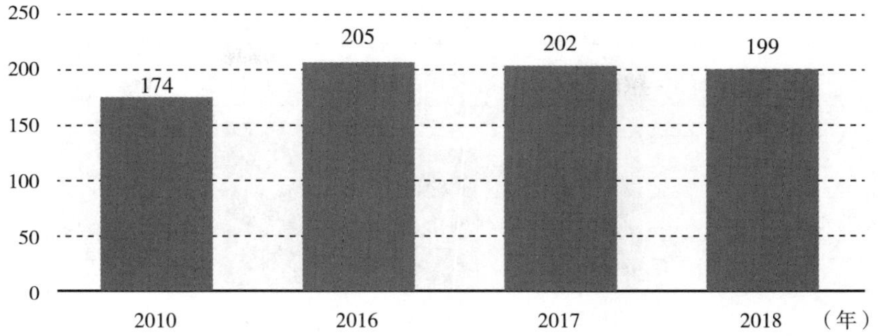

图 9-4　全球付费电视收入（单位：十亿美元）

资料来源：Statista2020。

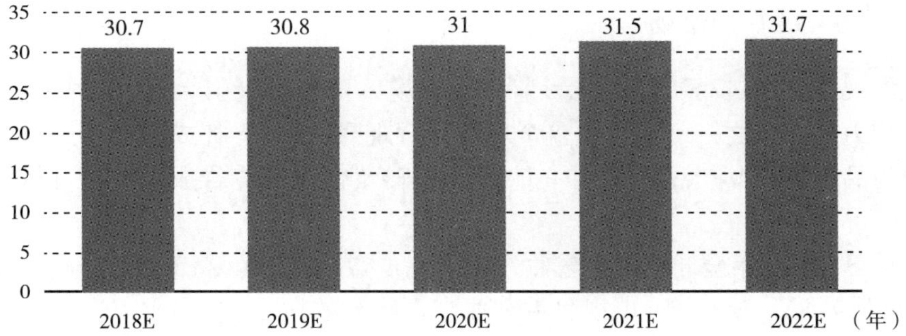

图 9-5　2018—2022 年全球电视公共许可费收入（单位：十亿美元）

资料来源：Statista2020。

2015 年的 2 861.7 亿美元增长到 2020 年的 3 246.6 亿美元。

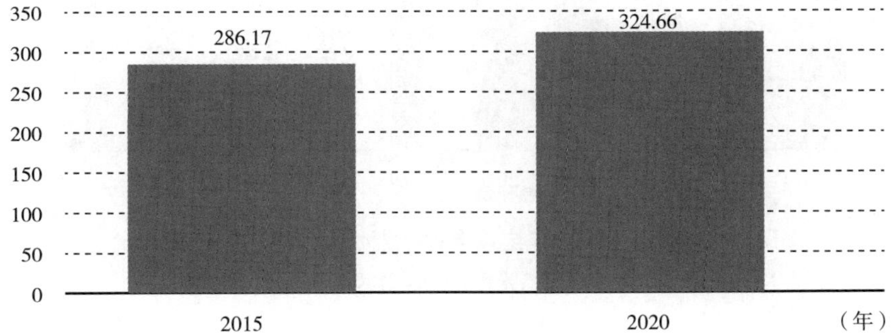

图 9-6　2015 年和 2020 年全球电视和视频收入（单位：十亿美元）

资料来源：Statista2020。

图 9-7 显示了 2010 年和 2016 年全球在线电视和电影收入的数据，以及到 2022 年的预测。2022 年全球在线电视和电影收入将达到 834 亿美元。

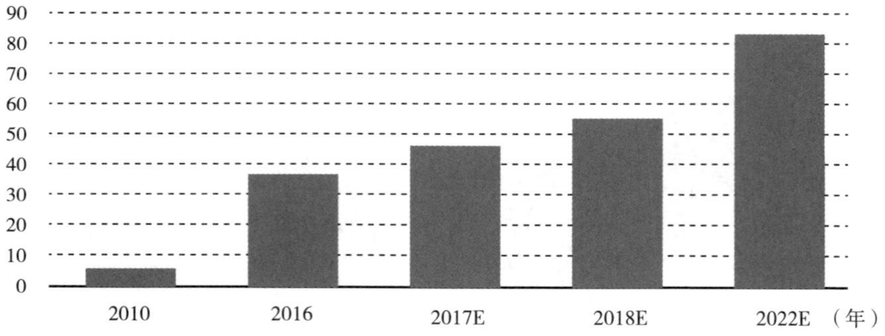

图 9-7　全球在线电视和电影收入(单位:十亿美元)

资料来源:Statista2020。

9.1.1.2　全球电视广告市场

由于电视能够通过高质量的电影节目或现场体育赛事吸引大众,电视仍然是 21 世纪最具影响力的媒体之一。通过覆盖全球数百万观众,像世界杯或超级杯这样备受期待的节目也为品牌推广其产品提供了一个完美的舞台,使电视广告成为一个价值数十亿美元的产业。

根据计算,2023 年全球电视广告收入将达到 1 777 亿美元,高于 2019 年预计的 1 663 亿美元(见图 9-8)。2019 年,电视将占全球广告收入的 34%,它将成为仅次于互联网的第二大广告媒体。

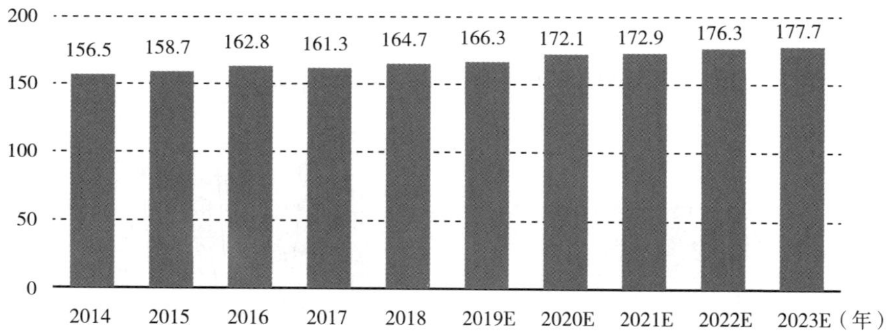

图 9-8　2014—2023 年全球电视广告收入(单位:十亿美元)

资料来源:Statista2020。

然而,电视业正经历着迅速的变化。随着媒体消费在世界各地的发展,观众花在观看传统电视节目上的时间越来越少,而在网上的时间却大大增加。这一转变在全球广告支出的分布中非常明显。2018 年,网络广告支出占全球广告支出总额的近 40%,这是网络广告主支出首次超过电视广告主支出的一年。图 9-9 展示了 2010 年至 2015 年全球电视广告支出,以及到 2020 年的预测。预计支出将从 1 478 亿美元增长到 2 288 亿美元。全球电视广告支出的年增长率为 4. 47%。

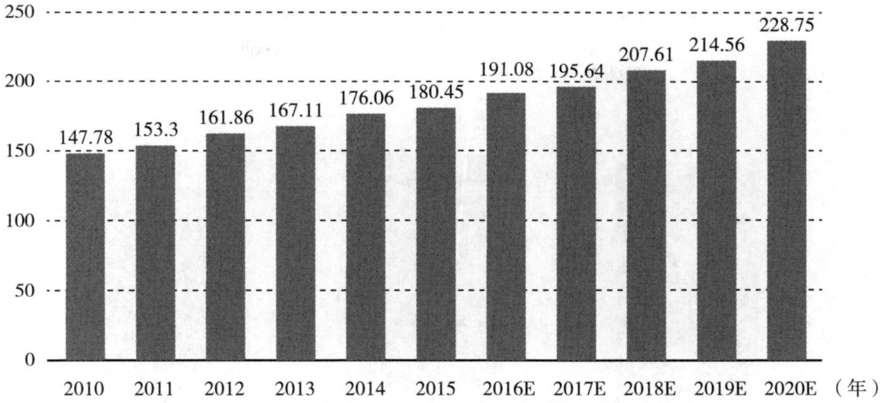

图 9-9　2010—2020 年全球电视广告支出（单位：十亿美元）

资料来源：Statista2020。

如图 9-10 所示，2019 年，中东和北非地区的电视广告支出达 8.69 亿美元，而同期亚太地区电视广告支出超过 575 亿美元。北美仍然是当年电视广告支出最高的地区。20 多年来，北美一直是全球最大的电视广告市场，2019 年电视广告支出近 700 亿美元。根据最新的可用数据，预计这一数额的支出在未来几年将减少——这几乎是该地区独有的下降趋势。而广告收入预计在未来会出现适度增长。

另一个近年来广告支出大幅增长的市场是亚太地区，该地区 2019 年电视广告支出约为 574.9 亿美元。不过，尽管预计未来支出将增加，但该地区许多主要增长动力的收入预计将下降。以中国为例，电视广告年收入从 2013 年的 1 119.3 亿元人民币下降到 2019 年的 910 多亿元人民币。

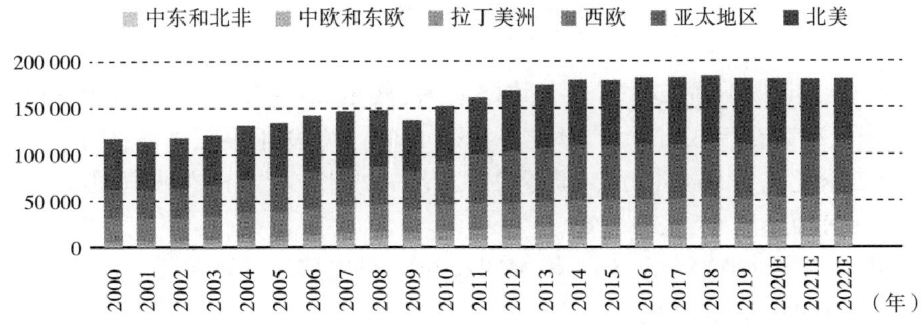

图 9-10　2000—2022 年全球电视广告支出（按地区划分）（单位：百万美元）

资料来源：Statista2020。

9.1.1.3　全球有线电视市场

图 9-11 提供了 2011 年和 2012 年全球有线电视收入的信息，以及对 2020 年的预测。根据预测，全球有线电视收入将从 2011 年的 909 亿美元减少到 2020 年的 819 亿美元。由图 9-12 可知，全球有线电视收入的大部分来自数字电视，2014 年数字电视的收入超过

760 亿美元,而模拟电视的收入为 144 亿美元。数字电视收入预计在 2020 年达到 803 亿美元,而模拟电视收入在 2020 年将继续下降至 15 亿美元,预计这一收入差距将持续到未来。

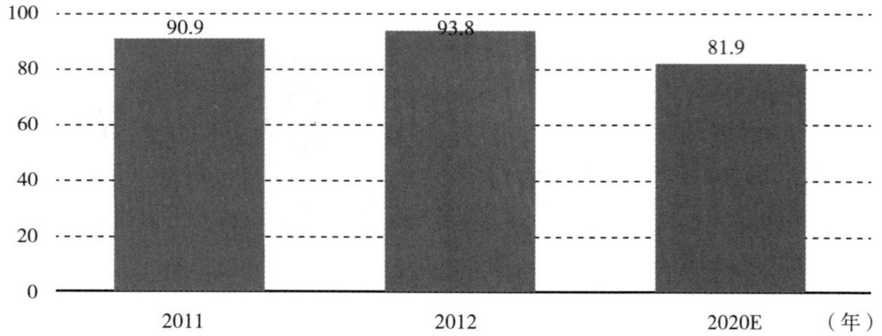

图 9-11　2011 年、2012 年和 2020 年全球有线电视收入(单位:十亿美元)

资料来源:Statista2020。

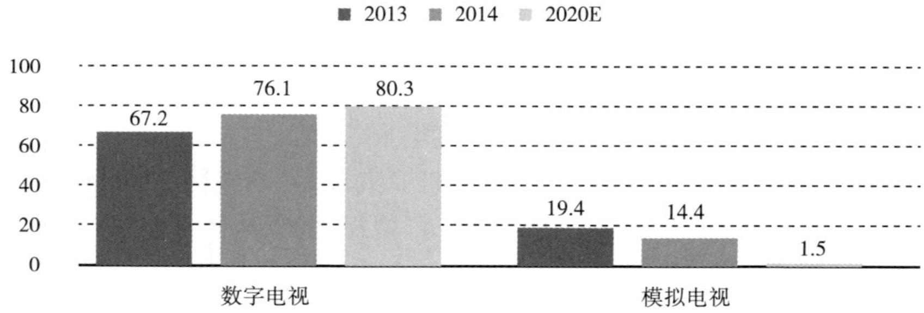

图 9-12　2013 年、2014 年和 2020 年全球有线电视收入(按类型划分)(单位:十亿美元)

资料来源:Statista2020。

在中国,有线电视不断被冷落。有数据显示,截至 2018 年 6 月底,有线电视用户仅 2. 34 亿户,季度净减少 503. 1 万户,环比下降 2. 11%。2019 年第三季度,中国有线电视用户总量比第二季度减少 664. 4 万户,降至 2. 12 亿户(见图 9-13),有线电视在中国家庭电视收视市场的份额降至 47. 43%。

图 9-14 显示了 2008 年至 2018 年中国有线电视连接活跃的家庭比例。2018 年,中国约 49%的家庭拥有有线电视。

2018 年秋季做的一项调查显示,约 78. 5%的美国成年人收看了有线电视,其中比例最小的是年龄在 25 岁到 34 岁之间的成年人,而超过 84%的 65 岁及以上的成年人声称在调查前的 7 天内看过有线电视(如图 9-15 所示)。

美国互动广告局(IAB)的研究报告显示,美国的互联网电视用户已占 56%,但他们却没有抛弃传统电视节目。该项报告称,美国成年人使用电视机的很大一部分时间都在观看传统电视节目,这一部分时间占电视机使用总时长的 39%,而观看能够随意点播、回放的 Netflix、YouTube、Hulu 等在线视频的时长占 24%。这或许也是 YouTube、Hulu 等视频网站如此积极推出传统电视节目直播功能的原因。不过值得注意的是,通过电视机观看

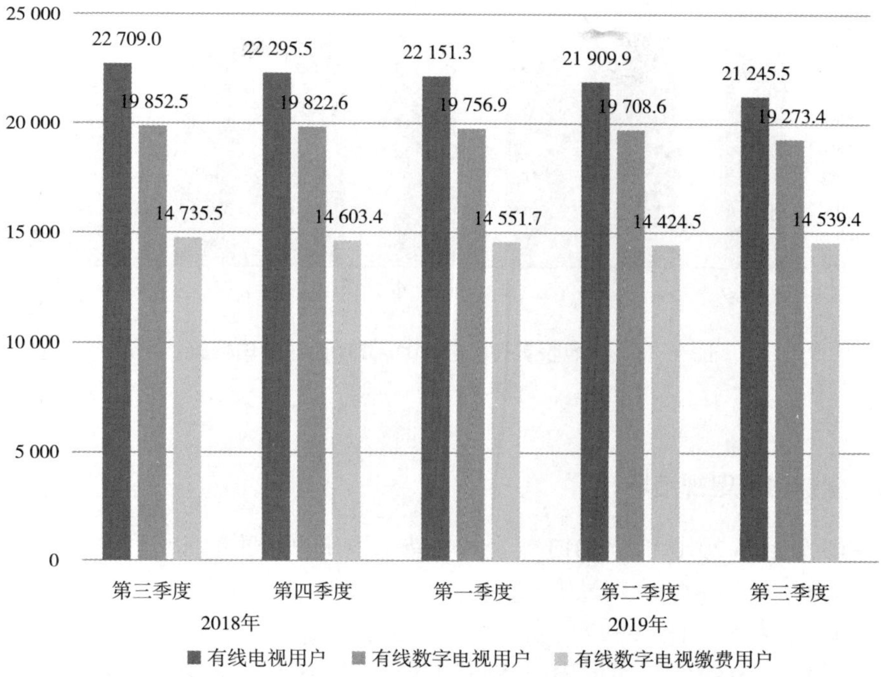

图 9-13　2018 年第三季度至 2019 年第三季度中国有线电视用户发展情况（单位：万户）

资料来源：Statista2020。

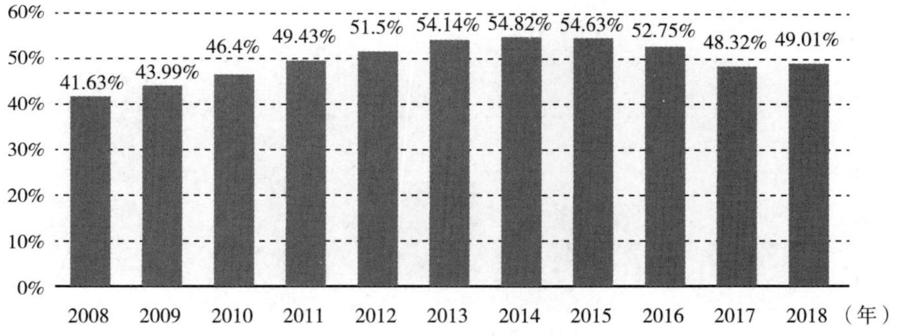

图 9-14　2008—2018 年中国有线电视普及率

资料来源：Statista2020。

在线视频的用户比例正在增长，在这些互联网电视机、机顶盒用户中，大约 46%的人每天都会观看在线视频，相比 2015 年增长了 14 个百分点。

此外，这项报告还指出，2015 年以来，美国互联网电视机用户比例增加了 20%，他们会选择购买智能电视机、机顶盒或 Chromecast 这样的设备来观看在线节目内容，这些观众正在一点点抛弃功能单一的有线电视。[①]

---

① https://news. znds. com/article/news/22390. html。

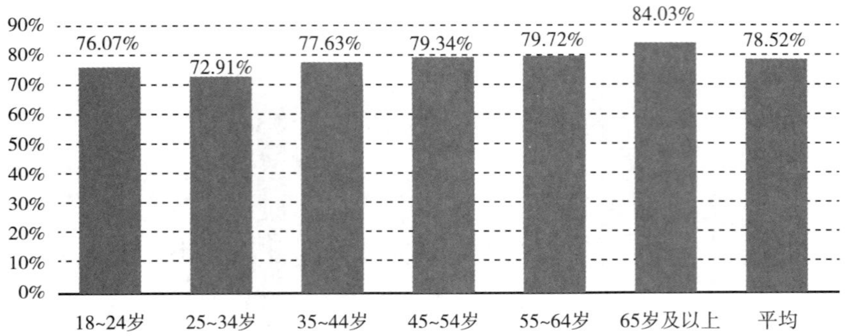

图 9-15　美国收看有线电视的人口比例(按年龄组)

资料来源:Statista2020。

9.1.1.4　全球付费电视市场

图 9-16 显示了 2010 年至 2013 年全球付费电视用户的数量,以及 2014 年和 2020 年的预测。2020 年这一数字将超过 1.912 亿。

从不同国家来看(见图 9-17),全球付费电视用户最多的国家是中国,2019 年中国付费电视用户超过 3.43 亿,是印度用户数量的两倍多。这两个国家的付费电视用户数量在未来几年将继续增长,并在 2024 年达到最高水平。美国、德国和俄罗斯的付费电视服务订阅量预计都将在同一时间段内下降。

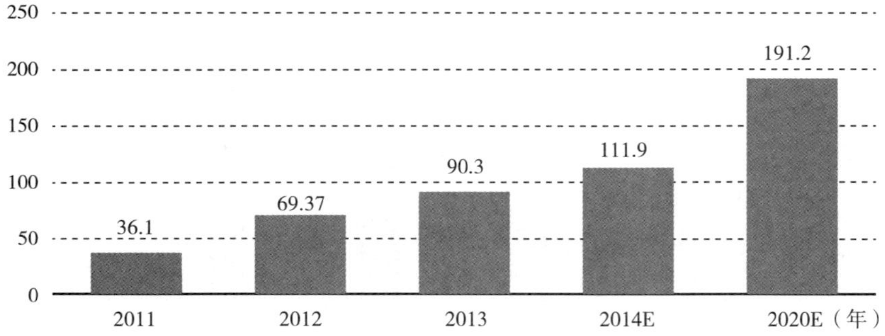

图 9-16　全球付费电视用户数(单位:百万)

资料来源:Statista2020。

图 9-18 显示了 2010 年和 2016 年全球付费电视收入的数据,以及 2017 年和 2022 年的预测。2010 年至 2022 年间,模拟有线电视收入将从 308.1 亿美元降至 4.5 亿美元。

数字电视研究公司(Digital TV Research)的《全球付费电视用户预测》报告显示,2019 年至 2025 年期间,全球付费电视用户将增加 3 500 万,总数将达到 10.6 亿。另一份报告《全球付费电视营收预测》显示,2016—2022 年间,北美地区营收将减少 120 亿美元,西欧地区将减少 5.66 亿美元,东欧将减少 2 800 万美元。报告覆盖了 138 个国家,在预测时

图 9-17 全球付费电视用户数(按国家划分)(单位:百万)

资料来源:Statista2020。

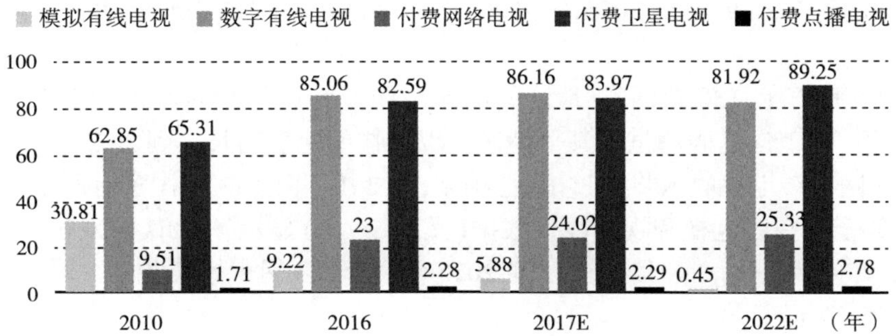

图 9-18 全球付费电视收入(按平台划分)(单位:十亿美元)

资料来源:Statista2020。

间段内,有 33 个国家的付费电视营收出现下滑。①

付费电视收入在 2016 年达到峰值的 2 050 亿美元。尽管全球付费电视用户总数预计在 2010—2024 年间将会增加 3. 8 亿,但 2016 年的 2 050 亿美元将成为收入的顶点,2024 年总收入可能会降至 1 770 亿美元,降幅达 14%。

出现这种情况的主要原因在于,未来几年的用户增长主要集中在用户平均收入(ARPU)值较低的发展中国家。此外,业务运营商们也通过多个独立产品联合营销的方式来吸引更多的用户付费,但实际上每个产品独立订购在电视上更有利于收入的增长。

根据预测,收入排名前十的国家中约有 8 个将在未来的 5 年中出现收入下滑。美国付费电视收入在 2015 年达到巅峰 1 060 亿美元,但到 2024 年总收入将降至 760 亿美元。英国将在 2018 年至 2024 年间下跌近 10 亿美元,降幅达 14%。届时,全球将有 51 个国家的收入会下降。

到 2024 年,排名前二十的国家将贡献 82%的收入。其中,排名前五的国家将占全球付费电视收入的 59%(1 050 亿美元),其他 15 个国家将增加 23%(400 亿美元)。②

① https://mp. weixin. qq. com/s/DoWENCjq3tjwRqKDHjWQlQ。

② Digital TV Research 首席分析师西蒙·默里(Simon Murray)。

9.1.1.5 全球在线电视市场

随着技术的进步和计算机互联网的发展,在线电视作为极有发展潜力的新兴产业,其产业链已经初步形成,它的出现无疑将改变人们的生活,为人们带来全新的生活方式,同时也给运营商带来了新的业务增长点。

数字电视研究公司的一项研究发现,全球在线电视节目和电影收入在 2019 年达到了 830 亿美元,高于 2018 年的 670 亿美元和 2017 年的 500 亿美元。

根据数字电视研究公司最新的《全球在线电视和视频预测报告》,2025 年全球在线电视节目和电影收入将达到 1 670 亿美元(1 890 亿欧元),是 2019 年 830 亿美元的两倍。

订阅视频点播(SVOD)在互联网在线电视收入中所占的份额将保持在 58%左右。这意味着在 2019 年至 2025 年之间,SVOD 收入将增加 500 亿美元,达到 980 亿美元。

到 2025 年,来自 138 个国家/地区的前 5 个国家将占据全球收入的 2/3。这一比例低于 2019 年的 72%,这表明世界其他地区将以更快的速度增长。到 2025 年,19 个国家/地区的互联网在线电视收入将超过 10 亿美元,比 2019 年的 13 个国家有所增加。

2019 年全球在线电视和视频收入数据(见图 9-19)显示,SVOD 收入达到 481.59 亿美元,是 2016 年数字的 2.8 倍。预计到 2025 年,全球订阅视频点播收入将继续快速增长,达到 975.27 亿美元。

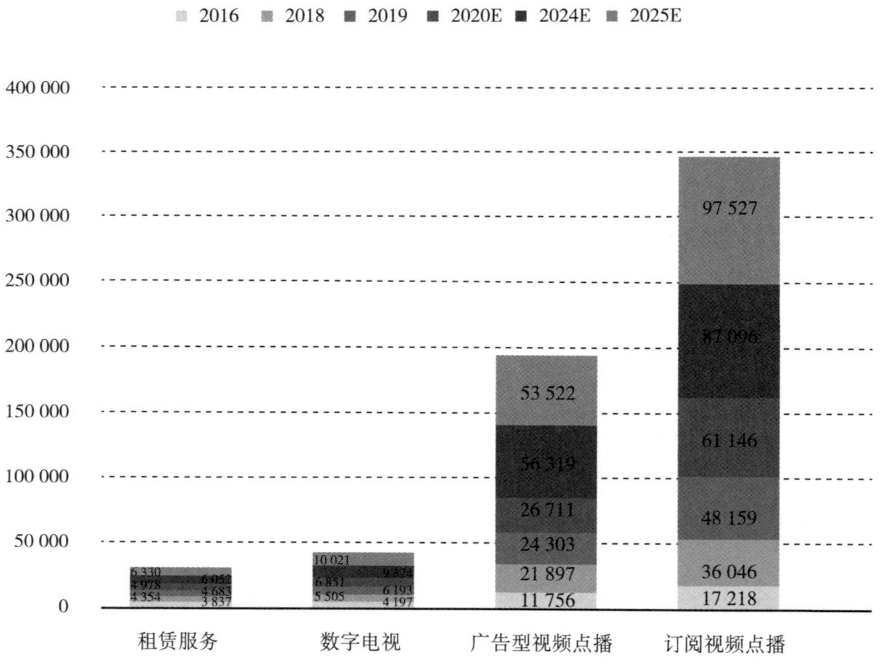

图 9-19　全球在线电视和视频收入(按来源划分)(单位:百万美元)

资料来源:Statista2020。

如图 9-20 所示,2020 年美国每 100 户家庭有 164 个在线电视(OTT)订阅,加拿大有 132 个,使北美成为全球最大的在线电视订阅市场。其次是中国,每 100 户家庭有 68 个订阅。

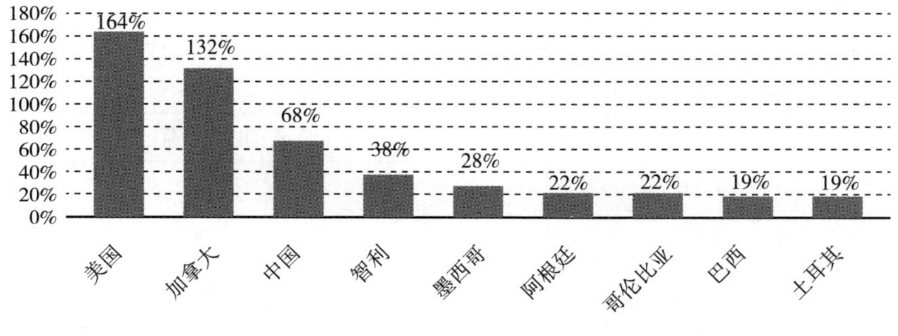

图 9-20　2020 年全球部分国家每 100 户家庭的在线电视订阅数量百分比

资料来源:Statista2020。

近年来,电视市场呈现出电视与网络相结合的趋势,在线电视的收入和订阅增长十分快速,其中,最引人注目的是在线电视的视频点播,逐渐成为在线电视市场的一大收入来源。同时,视频观看也呈现快速增长的趋势。

9.1.2　全球视频市场发展概况

2016 年,全球在线视频平台的媒体和娱乐市场规模为 2.18 亿美元,预计到 2025 年将达到 9.15 亿美元。全球视频流媒体市场预计将从 2018 年的 2 453 亿美元增加到 2024 年的 6 887 亿美元,在预测期(2019—2024 年)将以 19.1%的复合年增长率增长。

从内容来看,当今视频市场主要分为以下三类:

工具类视频市场:为用户提供视频录制或者剪辑服务,产品工具属性很强,满足用户的实际需求。

资讯类视频市场:聚合、发布资讯视频,视频价值在于视频内容本身,用户对这样的内容感兴趣,因此视频时长多为 3~5 分钟,能传达比较多的信息同时也不会太过冗长让用户不耐烦。市场分布比较广泛,有独立的 APP,也有复合在浏览器、播放器上。

视频社区市场:为用户提供视频原创和分享的社区平台,视频价值不在于视频内容本身,而是视频内容的趣味性和传达的情绪(能感染观看者,而资讯类视频多没有)。与工具类视频市场和资讯类视频市场相比,视频社区市场因为社交互动的属性,本质上拥有更强的用户黏性和更大的用户吸引力,所满足的用户需求蕴含着更多的用户情感。①

从全球范围来看,各地区代表性的视频平台和应用程序如表 9-1 所示。

① 黄果椰. 基础向:短视频市场行业分析[EB/OL]. (2018-08-29)[2020-09-03]. http://www.woshipm.com/it/1271814.html.

表 9-1　各地区代表性视频平台及其用户覆盖范围

国家/地区	平台	用户覆盖范围
美国	YouTube	全球社交视频网站
	Netflix	覆盖 130 多个国家
	Hulu	全球性视频网站
	Amazon Prime Video	超过 200 个国家和地区
	Disney+	美国、加拿大、荷兰等
	Viddy	美国
	Qwiki	美国
	Cinemagram	全球性视频应用
	Vine	全球性视频应用
	snapchat	全球性照片视频社交应用
	TV. com	覆盖美国、英国、加拿大、澳大利亚、新西兰、爱尔兰和日本
中国	腾讯视频	中国及周边亚洲国家
	优酷视频	中国及周边亚洲国家
	芒果 TV	中国及周边亚洲国家
	哔哩哔哩	中国及周边亚洲国家
	爱奇艺	中国及周边亚洲国家
	抖音	全球性的视频社交媒体
	快手	中国及周边亚洲国家
欧洲	Viewster	全球性媒体
	LiveLeak	英国及欧洲其他国家
	DailyMotion	全球性的视频社交媒体
东南亚	BoxTV. com	印度、新加坡、阿联酋、英国和美国的印度用户与印度侨民
	Line 微片	韩国及周边国家
	Mgoon	韩国
	Nico Video	日本及周边国家地区
	ZingTV	越南

9. 1. 2. 1　全球视频市场收入和用户情况

(1)收入情况。图 9-21 显示了 2016 年和 2017 年全球在线视频收入,并提供了 2027 年之前的预测。全球在线视频收入呈现上升趋势。预计在线视频内容产生的收入将从 2016 年的 206. 8 亿美元增加到 2027 年的 436 亿美元。

(2)用户情况。截至 2018 年 12 月,短视频用户的使用时长达到了互联网用户每天在线时长的 11. 4%,已经超过了在线视频的 8. 3%,成为仅次于即时通信的第二大产品类型。根据第 13 版德勤(Deloitte)的《数字媒体趋势调查》,2018 年观看短视频(15 分钟或

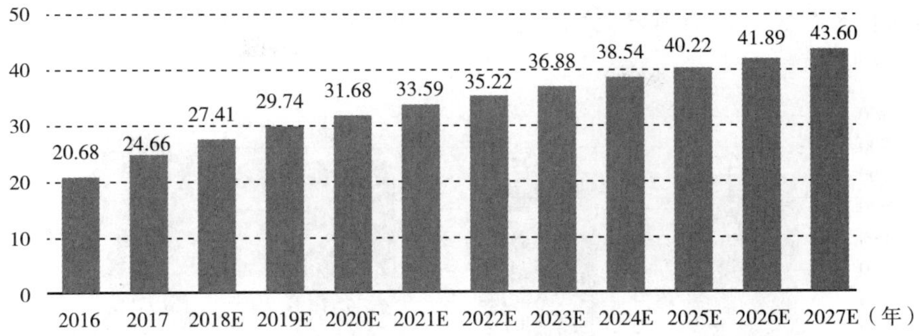

图 9-21　2016—2027 年全球在线视频收入（单位：十亿美元）

资料来源：Statista2020。

更短时间）的美国消费者比例增长到 74%。Z 世代（1995—2009 年出生的人）和千禧一代（1983—1995 年出生的人）的这一数字更高，分别为 84%和 81%。此外，近 40%的美国人每周花费超过一小时在社交媒体平台上观看短视频剪辑。

该调查还显示，每周观看一个小时以上短视频片段的消费者的在线视频订阅率高于平均水平：81%的用户订购了视频流服务（其他消费者只有 69%），而 59%的用户购买了音乐流服务。此外，有 50%的人订阅了游戏服务，而有 41%的人则购买了直播电视流服务。

图 9-22 提供了截至 2018 年 1 月部分国家每天观看在线视频的网民比例。50%的美国网民每天都收看在线视频内容。墨西哥一半以上的互联网用户每天都观看在线视频。

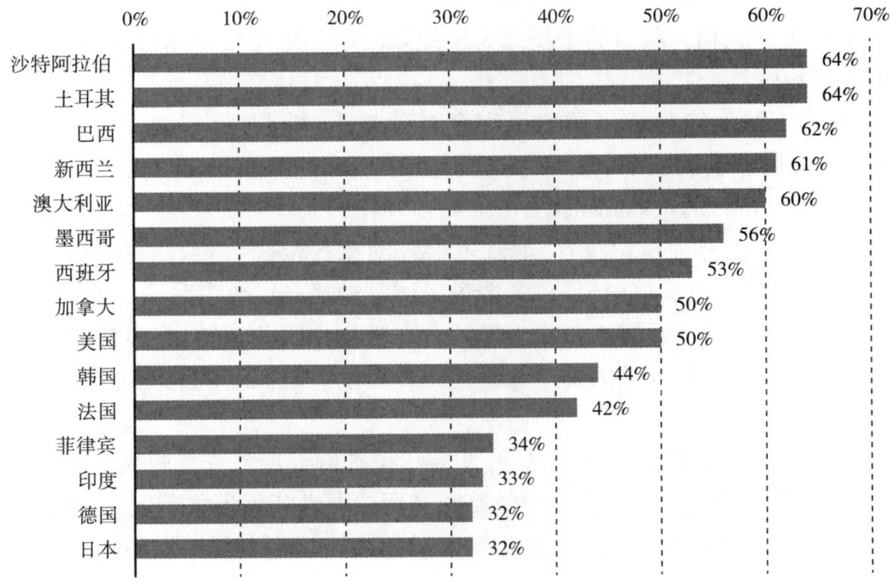

图 9-22　截至 2018 年 1 月部分国家每天观看在线视频内容的互联网用户百分比

资料来源：Statista2020。

图 9-23 显示了 2018 年 6 月至 2020 年 3 月中国在线视频用户数量。截至 2020 年 3 月,中国约有 8.5 亿互联网用户观看了包括短视频内容在内的在线视频。

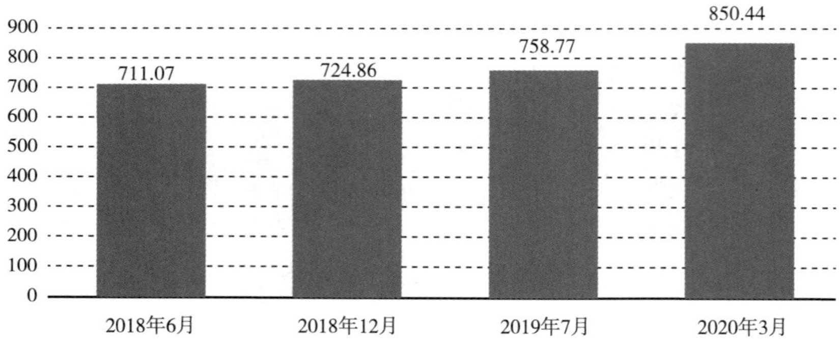

图 9-23 2018 年 6 月至 2020 年 3 月中国在线视频用户数(单位:百万)

资料来源:Statista2020。

在线视频用户以 19~35 岁的大部分用户群和年轻、时尚用户群为主。据艾瑞调查,网络视频用户在视频网站上收看电影的比例高达 97%,收看电视剧的比例为 90%,收看综艺娱乐节目的比例也达到了 80%。数据表明,电影、电视剧等长视频既是用户最喜爱的网络视频节目类型,又是视频网站吸引用户的卖点,尤其是正在热播的影视剧和已经播完或下档的影视剧。①

9.1.2.2 全球视频市场子市场发展状况

(1)短视频市场。短视频泛指时长在 5 分钟之内的视频。按照时长划分,短视频可分为超短视频(时长在 1 分钟之内的短视频)和短视频(时长在 3~5 分钟之内的短视频),凡是提供短视频相关服务的市场即为短视频市场。短视频市场以中国为代表,兴起了一大批短视频软件。

目前,国内市场上较为热门的应用程序有爱奇艺、抖音(字节跳动)、快手(快手科技)、腾讯视频(腾讯)。海外主要短视频平台有 Viddy、Qwiki、Keek、Cinemagram、Vine、Instagram、mixbit、Line 微片、snapchat。

短视频主要可以分为短纪录片、网红 IP 型、创意剪辑这三大类,在市场上拥有大多数的观众。除此以外,还有草根恶搞型、情景短剧、技能分享、街头采访型等。

短纪录片:一条、二更是国内较早出现的短视频制作团队,其内容多数以纪录片的形式呈现,内容制作精良,其成功的渠道运营优先开启了短视频变现的商业模式,被各大资本争相追逐。

网红 IP 型:papi 酱、回忆专用小马甲、艾克里里等网红形象在互联网上具有较高的认知度,其内容制作贴近生活。庞大的粉丝基数和用户黏性背后潜藏着巨大的商业价值。

创意剪辑:利用剪辑技巧和创意制作精美震撼或搞笑鬼畜的短视频,有的加入解说、评论等元素。

① 艾瑞咨询《艾瑞视频跨媒体研究》。

短视频时间短、信息承载量高等特点更符合当下网民手机使用行为习惯。随着智能移动端的用户规模不断地扩大,很多的移动手机用户得以充分利用碎片时间拍摄、观看短视频。视频的用户流量创造了巨大的商机,因此有很多的互联网巨擘竞相注资开发短视频平台。2016—2022 年中国在线短视频市场年收入如图 9-24 所示。

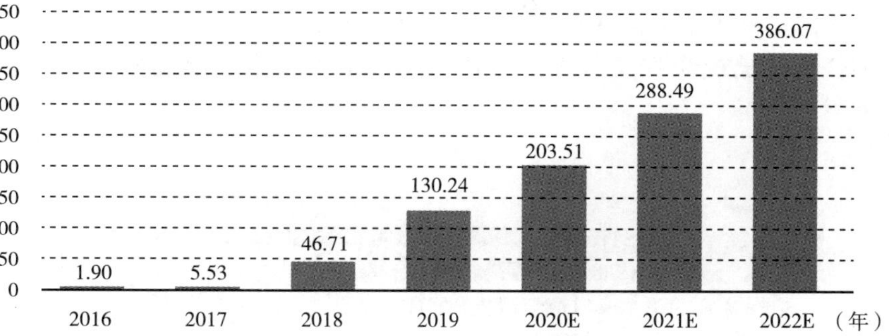

图 9-24　2016—2022 年中国在线短视频市场年收入(单位:亿元)

资料来源:Statista2020。

图 9-25 显示了 2019 年上半年中国短视频用户的分布情况。在这期间,中国大约 24.2%的短视频用户年龄在 31 至 35 岁之间。

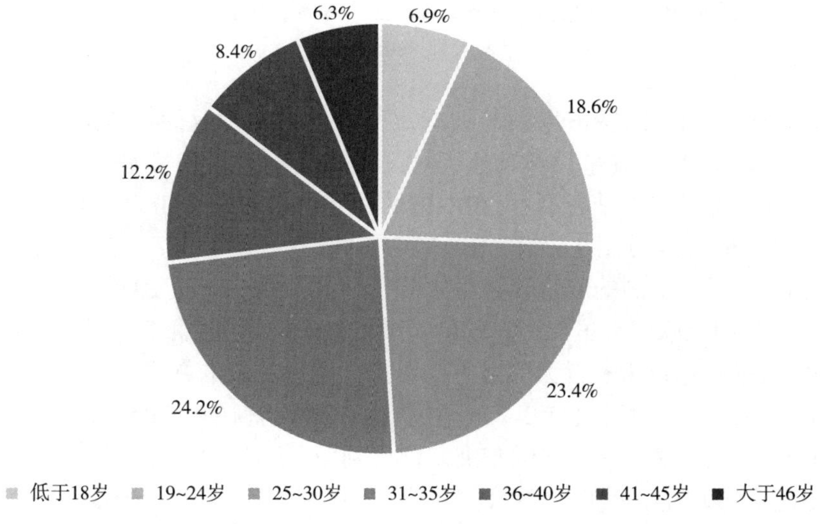

图 9-25　截至 2019 年 6 月中国短视频用户年龄分布

资料来源:Statista2020。

(2)长视频市场。长视频指超过 5 分钟乃至更长的视频,提供该类视频相关服务的市场为长视频市场。市场上的长视频主要包括以电视剧为代表的长剧集片和以电影为代表的各类影片,除此以外还包括各类时长较长的纪录片等。

长视频平台是一个电影、连续剧、综艺等内容的分发平台,用户最关心的是平台上内容的丰富度和内容的质量。与短视频不同,长视频网站用户仅作为观众,基本不参与视频创作,平台没有很强的黏性。截至 2018 年中国的流媒体付费用户渗透率仅为 8.8%,远低于美国、欧洲、日韩等地区,仍有较大提高空间。此外,用户付费比例的提高是长视频市场规模增长的关键。①

如今的视频市场包括传统的电视台、HBO、Hulu、亚马逊 Prime 影音和流媒体行业的 Disney+、AT&T 的 DC Universe、Apple TV+、YouTube(YouTube Premium)等新兴企业,以及 Netflix 等影音付费视频企业。在中国,有以抖音为代表的短视频程序与腾讯视频、爱奇艺和优酷为代表的长视频程序软件。在整个视频市场上难以出现一家独大的情况(见图 9-26)。

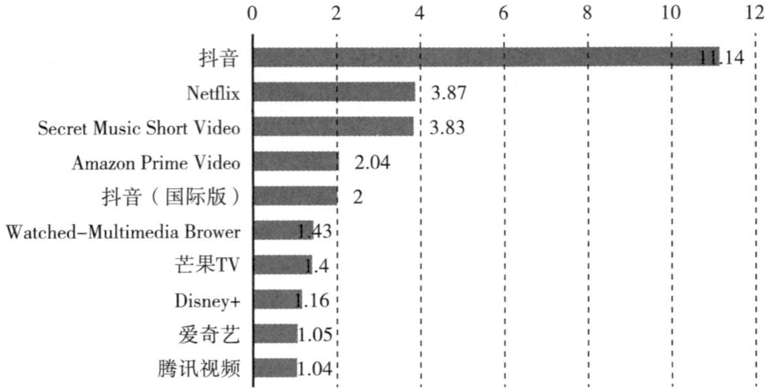

图 9-26　2020 年全球领先的视频应用程序下载量(单位:百万)

资料来源:Statista2020。

在中国,爱奇艺、优酷、腾讯视频等拥有流行的内容和专业的媒体运营能力,是聚合热播影视、综艺娱乐、体育赛事、新闻资讯等为一体的综合视频内容平台。截至 2020 年 4 月,爱奇艺在其竞争对手中排名第一,在中国的独立访客总数为 1.891 4 亿,比阿里巴巴的优酷多出约 2 300 万(见图 9-27)。

在过去的十年里,中国的网络视频用户数量翻了一番。截至 2020 年第一季度,约有 9.04 亿中国人使用互联网。虽然用户的绝对数量似乎很高,但由于中国互联网普及率仅达到 64.5%,互联网用户仍有巨大的潜力待发掘。用户数量的飙升直接影响了在线视频平台的发展。2008 年 12 月,仅有 2.02 亿中国人在线观看视频,而到 2020 年,这一数字增长到原来的 4 倍,超过了 8.5 亿的基准。预计到 2020 年,中国在线视频产业的整体市场规模将超过 1 500 亿美元,广告收入占在线视频总收入增长的一半以上。互联网已经成为观看视频内容的首选平台。在中国,几乎一半的网民每天都观看在线视频。男性用户倾向于选择游戏内容,女性用户则更倾向于选择与日常生活相关的内容。

在 2020 年第一季度,Netflix 在美国拥有 7 290 万用户。美国的用户群占 Netflix 全球流媒体用户群的大多数,付费用户数量不断增长(见图 9-28)。此外,随着美国流媒体用户数量的增长,DVD 用户数量急剧下降。

图 9-29 显示,截至 2018 年底,美国 Amazon Prime Video 用户数为 5 023 万,高于一

① 《2019 年中国长视频市场分析报告——行业竞争现状与发展前景预测》。

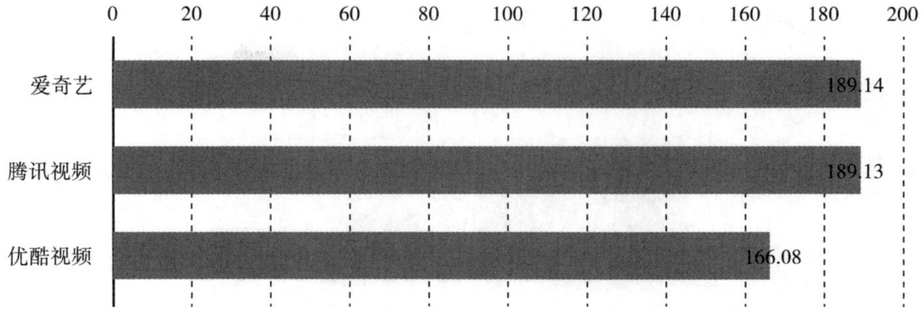

图 9-27　截至 2020 年 4 月中国领先的在线视频平台每月独立访问量(单位:百万)

资料来源:Statista2020。

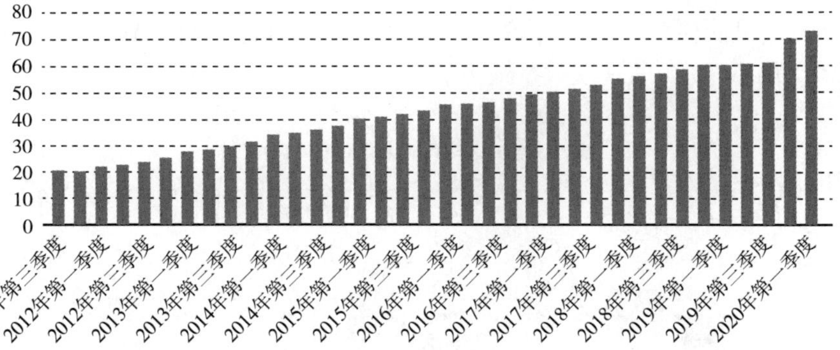

图 9-28　2011 年第三季度至 2020 年第二季度美国 Netflix 付费用户数量(单位:百万)

资料来源:Statista2020。

年前的4 499万。Amazon Prime Video 的用户群预计将进一步增长,预计到 2024 年,美国用户将超过 6 100 万。

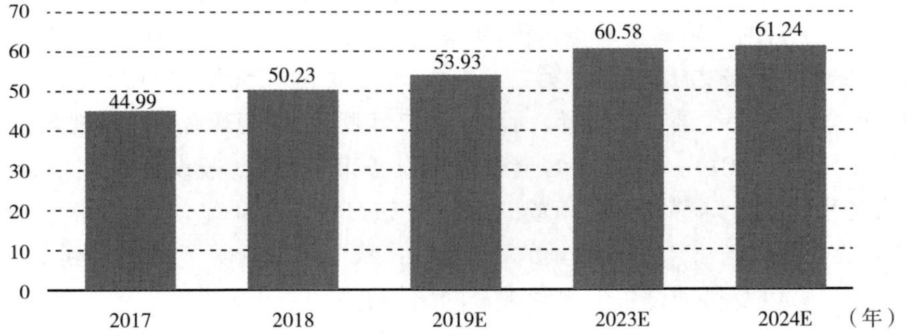

图 9-29　美国 Amazon Prime Video 用户数量(单位:百万)

资料来源:Statista2020。

如图 9-30 所示,截至 2019 年 7 月,Netflix 在美国拥有最多的观众,达到 1.588 亿人,而 Amazon Prime Video 的观众人数为 9 650 万人。据估计,2019 年 7 月 Hulu 在美国的观众数量将达到 7 580 万,占在线流媒体视频服务订阅用户的 40%以上。

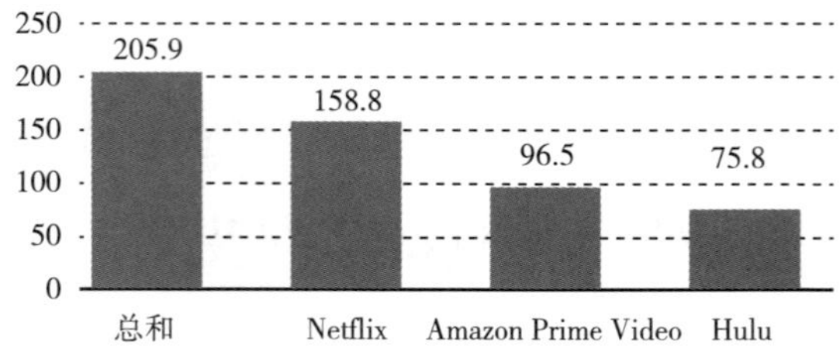

图 9-30　截至 2019 年 7 月美国在线视频观众数量(按提供商划分)(单位:百万)

资料来源:Statista2020。

图 9-31 显示,截至 2019 年 6 月,美国观众通过现有订阅服务订阅的意愿大致有三种:十分愿意、可能愿意和从不考虑。从三大平台(Hulu、Netfilx、Amazon Prime Video)来看,意愿为"从不考虑"的观众数量最多。

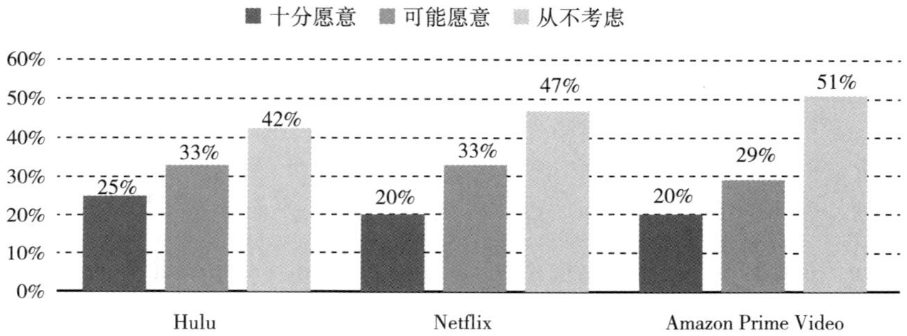

图 9-31　截至 2019 年 6 月美国观众通过现有订阅服务订阅的意愿

资料来源:Statista2020。

(3)移动视频市场。近年来,移动设备的普遍使用为移动视频市场的发展做了有力的铺垫。2018 年 11 月的一项调查发现,美国 90%的互联网用户访问 YouTube 观看在线视频。Facebook 以 60%的市场占有率位居第二。在美国,85%的在线用户每周观看在线视频。2018 年 11 月,49%的在线调查受访者表示,与 2017 年相比,他们观看的在线视频更多。

图 9-32 显示了 2017—2019 年的全球移动设备市场份额(按设备类型划分)。截至 2019 年,智能手机在全球移动设备市场的份额为 77.5%。

视频消费的增长与可用内容数量的不断增加(从 YouTube 等免费平台到 Netflix 等订阅视频点播服务)以及移动设备上视频观众的增加有关。

Strategy Analytics 最新研究报告《2010—2021 年全球移动视频预测》指出,全球移动视频市场规模将在 2021 年达到 250 亿美元。届时,广告投入将驱动 2/3 的移动视频总市值——广告商旨在靠日益增多的手机和平板电脑视频用户来吸金。报告还提到,截至 2021 年底,移动视频的预测用户数量将翻两倍有余,达到 20 亿,即移动视频用户占全球

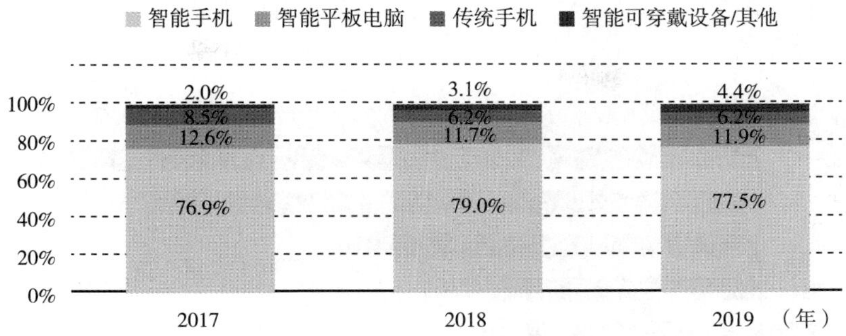

图 9-32　2017—2019 年全球移动设备市场份额(按设备类型)

资料来源:Statista2020。

移动用户的比例将达到 36%。①

图 9-33 显示了 2010—2021 年全球移动视频用户渗透率。总体来看,在全球各地区渗透率呈现平稳上升趋势,在 2013—2014 年呈现较大幅度上升。从地区来看,西欧、北美以及亚太地区高于全球平均水平。中东欧、中美拉美和中东亚地区低于全球平均水平。

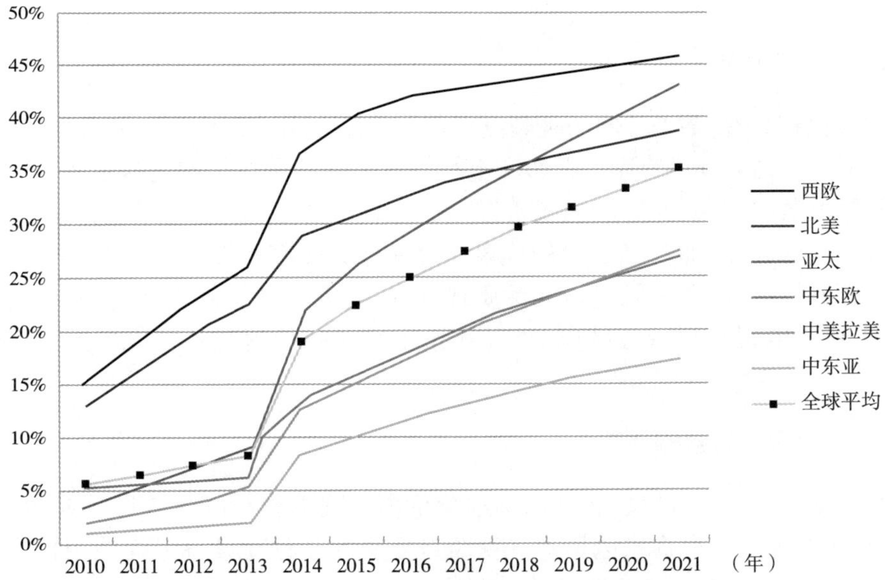

图 9-33　2010—2021 年全球移动视频用户渗透率(按区域)

资料来源:《2010—2021 年全球移动视频预测》。

2018 年,62%的美国在线观众使用智能手机观看在线视频,55%的人使用台式电脑(如图 9-34 所示)。大多数视频服务都是以移动应用程序的形式提供的,而控制台和像

① 《2010—2021 年全球移动视频预测》。

Google chromecast 这样的智能设备可以让在线用户直接将在线视频连接到他们的电视上。

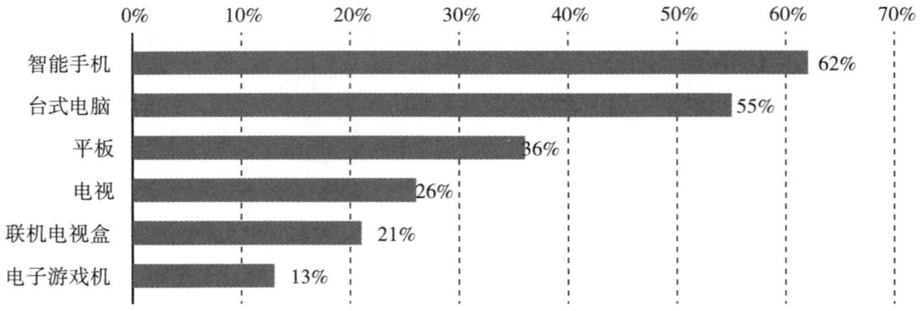

图 9-34　截至 2018 年 11 月美国用于观看在线视频的设备

资料来源：Statista2020。

在移动视频市场上，在美国最受欢迎的视频应用是 YouTube，拥有超过 1.53 亿的移动用户。Netflix、Hulu 和 Amazon Prime Video 也位列美国用户使用量最多的视频软件榜单。

9.1.3　国际视频市场发展趋势

9.1.3.1　服务多样化

流媒体视频观看：基于订阅的视频点播服务，如 Netflix 和 Amazon Prime Video，可通过付费订阅无限访问其内容库。电影和电视剧可以在各种支持的连接设备上进行流式传输。视频下载："视频下载"、"电子销售"或"下载到自有"描述一次性交易中购买的高级数字视频内容，并可通过基于云的或离线存储作为数字视频文件永久访问。视频点播：按次付费服务。定义为限时访问优质视频内容，需要基于使用情况的一次性付款。内容包括电影、电视节目或连续剧，可以在预定的时间段内在各种设备上下载或流式传输。

9.1.3.2　注重原创内容的创作

视频网站用户现在可以以较低的标准化价格下载电影和电视节目。Netflix 从提供实体 DVD 转变为向订户提供电影流。视频点播服务在移动设备上的使用正在快速增长。像 Netflix 和亚马逊这样的公司正逐渐转向原创内容的制作，成为电影行业的重要参与者。

9.1.3.3　市场增长规模放缓，用户市场逐渐趋向饱和

2019 年，全球视频点播市场规模约为 327 亿美元，到 2024 年将以 4.1%的复合年增长率增长，占数字媒体市场的 21.3%。它是仅次于电子游戏的第二大市场，全球视频点播市场的 75.5%被美国、欧洲和中国覆盖。到 2024 年，美国市场的复合年增长率为 2.8%，市场交易额将超过 165 亿美元。欧洲市场的交易额为 74 亿美元，视频流媒体的份

额为71.3%,几乎和美国一样高。欧洲市场的复合年增长率为3.6%,预计2024年将达到89亿美元。与美国市场一样,其他地区市场付费用户的增长几乎是饱和的,但从传统电视向数字视频点播服务的转变表明,用户更倾向于同时订阅各种服务,因此数字视频点播服务付费用户数量不断增加,但增长速度有所放缓。

9.1.3.4 在线视频在观众中的普及率上升

视频已经成为内容营销的关键因素,因为视频有可能最大限度地实现与用户的接触。同时,在线视频已经成为人们满足信息和娱乐需求的重要手段。因此,网络视频正迅速获得巨大的人气,并推动在线视频平台在媒体娱乐市场的增长。相对于传统的视频消费,在线视频的普及率上升,其众多的好处有望推动市场增长。方便用户根据自己的时间表观看所需内容是在线视频观看量增长的一个重要因素。因此,预计在预测期内,在线视频的增加将主要推动在线视频平台的增加。

9.1.3.5 网络视频广告支出增长

随着消费者对视频消费偏好的转变,许多出版商都加大了对网络视频广告的投入。这一变化的另一个驱动因素是与传统静态格式相比,视频广告所控制的千分之一秒成本(CPM)更高。随着新一轮的产品浪潮和可用于消费视频内容的设备的涌入,更具针对性的广告带来了对在线视频广告的需求。此外,广告商认为,直接面向消费者的广告提供了更多的数据,有助于跟踪广告的影响。在原创数字视频节目上做广告,可以更显著地进行广告投放和品牌推广,并能接触到通过电视无法接触到的观众。由于这些优势,出版商增加了对在线视频平台的支出,推动了这个市场的增长。

9.1.3.6 短视频在网络视频市场快速崛起

短视频已成为网络视听重要的业务板块,是互联网行业的流量担当。在2018年移动互联网总使用时长增量中,短视频占了33.1%,短视频月总使用时长同比上涨1.7倍。短视频也成为日益重要的内容类型。以今日头条为例,其短视频已经超过图文和组图成为平台上最大的内容形态,每天短视频播放频次达10亿;旗下抖音海外版覆盖超过150个国家和地区,在40多个国家的应用商店排名前列;截至2019年1月,抖音国内日活跃用户(DAU)已经突破2.5亿,月活跃用户突破(MAU)5亿。

随着短视频的火爆,更多的资本开始注入短视频领域。新的短视频软件如雨后春笋般不断涌现,而各大短视频软件必将进行一波“争抢用户”的大战。市场竞争激烈,而老牌的短视频软件如不在内容上进行革新,很有可能被其他软件所取代。

短视频创作者也将面临更大的挑战。越来越多的视频制作团队开始加入短视频创作者的行列中,竞争越来越激烈,这就需要短视频创作者不断学习新的技能,提升团队的创意能力,创作更多优质的内容。

9.1.3.7 移动视频市场发展迅速

智能手机的普及和移动互联网的飞速发展,为移动视频的实现和用户体验提供了支持,也为包括移动视频在内的数据业务奠定了良好的用户基础。商业模式从直接向用户收费转向广告收入,无线营销的发展也为移动视频市场的增长提供了资金支持。

9.2 国际主要视频市场发展现状

9.2.1 免费视频网站发展现状——YouTube

自2005年注册成立到2006年被Google收购,再到如今成为全球最大的视频搜索和分享平台,YouTube凭借用户上传便利、观看免费且社交性良好的特点,从一个朋友之间分享视频的小站成长为世界网友的回忆存储库和作品发布场所。据2019年2月的Alexa网站排名,YouTube使用与访问量排名全球第二,仅次于Google。若将视角置于YouTube的起源国——美国,根据Statista的统计,截至2018年,YouTube也以90%左右的覆盖率成为美国最大的在线视频平台,对比第二位Facebook 60%的覆盖率,可见YouTube的受众极为广阔。①

而作为一个免费的视频网站,YouTube的盈利几乎纯粹地由广告收入构成。尽管如此,在2019年,YouTube也凭借150亿美元的广告收入占当年Google全球收入的9.4%。② 究其原因,Christian Fuchs在《互联网与社会》中指出,YouTube的商业模型是基于礼物与商品的结合,即利用免费商品或平台来作为礼品从而增加用户数量,广告商注意到视频的曝光量而进驻,最后达到盈利的目的。此外,为促进视频创作者创作更多优质的内容,YouTube为订阅用户多、知名度高的视频创作者给予奖杯反馈与官方聚会活动邀请,以及更高的分红等奖励,追求高点击率的职业化视频创作者(YouTuber)也由此而产生。

9.2.1.1 YouTube视频内容与创作者现状

从图9-35中可以看出,YouTube上最受欢迎的视频内容类别为娱乐,占观看总次数的1/4,音乐及人物与博客的内容也都占20%左右,此外,电影与动画及游戏也都占有一定比例。以上充分说明了由于每个用户都可以方便地上传视频,以YouTube为代表的免费视频网站的内容产出更倾向于大众所喜闻乐见的话题类别。

而从图9-36可以发现,YouTube视频的平均长度为11.7分钟,娱乐视频长度为12.9分钟,而在观看次数较少的游戏、电影与动画类别则稍长,分别为24.7分钟与19.2分钟,但总体上视频时长都较短。虽然不是短视频平台,但是YouTube除了在内容类型上迎合大众,视频长度上也符合当今快餐化的需求。

将有关类别的结果进一步细化到具体的视频频道,得到图9-37的结果。截至2020年5月,排名第一的印度影音公司T-Series拥有1.4亿的订阅量,排名远超其他频道。在订阅量前十的频道中,同样来自印度的还有第四位的索尼影业印度公司(7 320万)与第八位的Zee音乐公司(5 530万)。不可否认,此结果与印度众多的人口有关,但这3个频道在内容上也均为影音娱乐的类别。此外,拥有1.04亿订阅量的瑞典游戏评论员

① https://www.statista.com/statistics/266201/us-market-share-of-leading-internet-video-portals/。

② https://www.statista.com/statistics/289659/youtube-share-of-google-total-ad-revenues/。

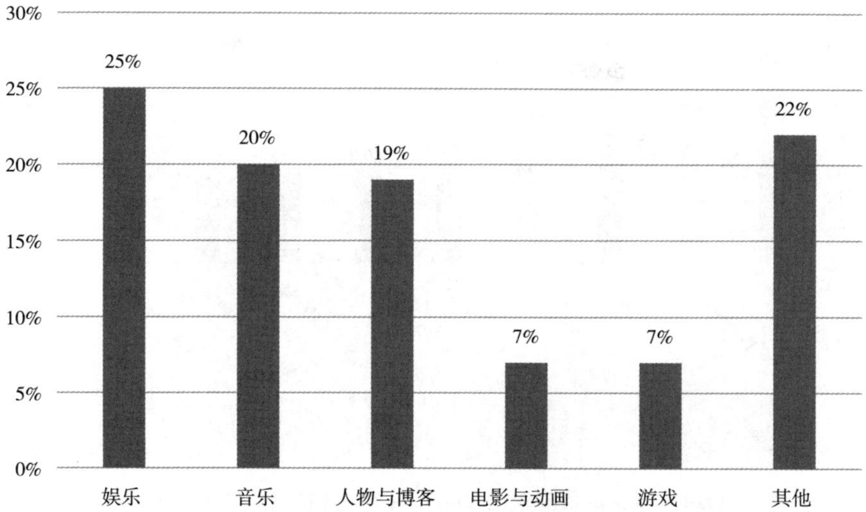

图 9-35　截至 2018 年 12 月全球 YouTube 视频观看总次数的类别分布

资料来源：Statista2020。

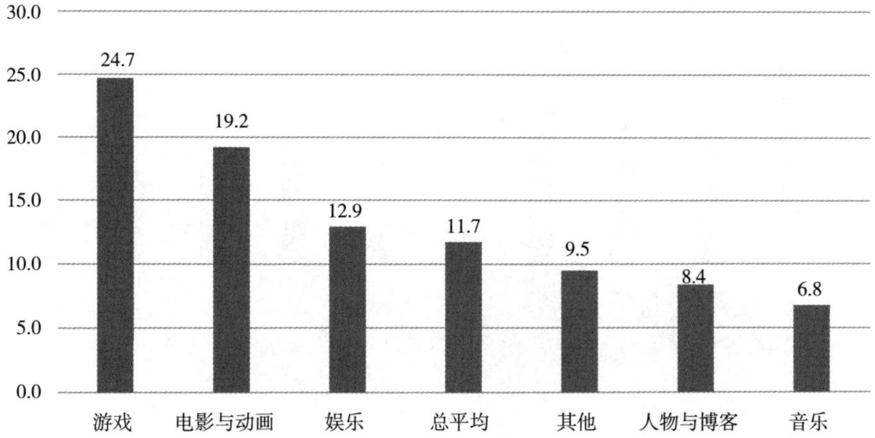

图 9-36　截至 2018 年 12 月的 YouTube 视频平均长度(按类别)(单位:分钟)

资料来源：Statista2020。

PewDiePie，拥有 6 070 万订阅量的美国娱乐公司 WWE，拥有 5 780 万订阅量的巴西音乐录像带导演 KondZilla，也都属于影音娱乐类别。剩余的 4 个频道则均为生活类型(人物与博客)，除了 DIY 技巧频道 5-Minute Crafts 外，其余均为儿童有关的视频频道。

若只考虑视频创建者个人团队，图 9-38 展示了 2019 年这些知名 YouTuber 的预估年收入。收入包括广告收入以及赞助的内容与活动。收入最高的 Ryan Kaji 预估年收入可达 2 600 万美元，2011 年出生的他的视频内容多为儿童玩具的开箱及试玩，被描述为“每个小孩子的梦想工作”。在前十中，同样为儿童向视频创作者的还有预估年收入达 1 800 万美元的 Anastasia Radzinskaya。此外，6～10 名均为游戏相关视频的评论者或者创作者，第二位的 Dude Perfect 制作花样体育与有趣的运动视频，第四位的 Rhett and Link 制作音

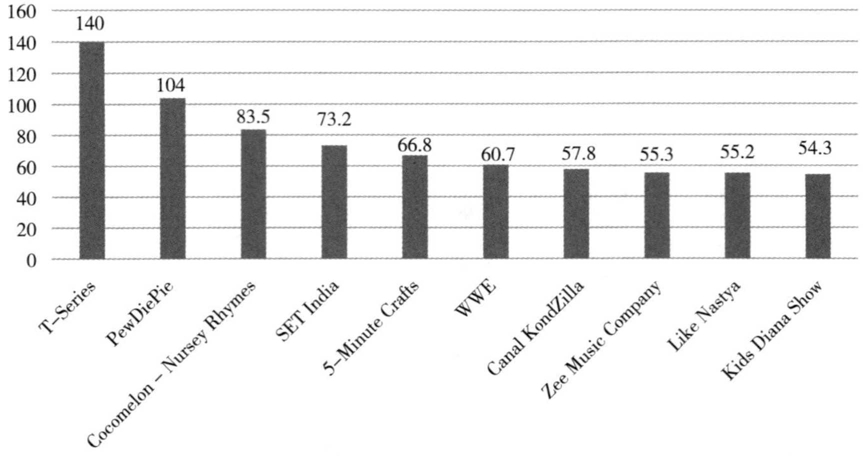

图 9-37　截至 2020 年 5 月的最受欢迎 YouTube 频道(按订阅者数量排名)(单位:百万)

资料来源:Statista2020。

乐视频,第五位的 Jeffree Star 则制作化妆教程的有关视频。

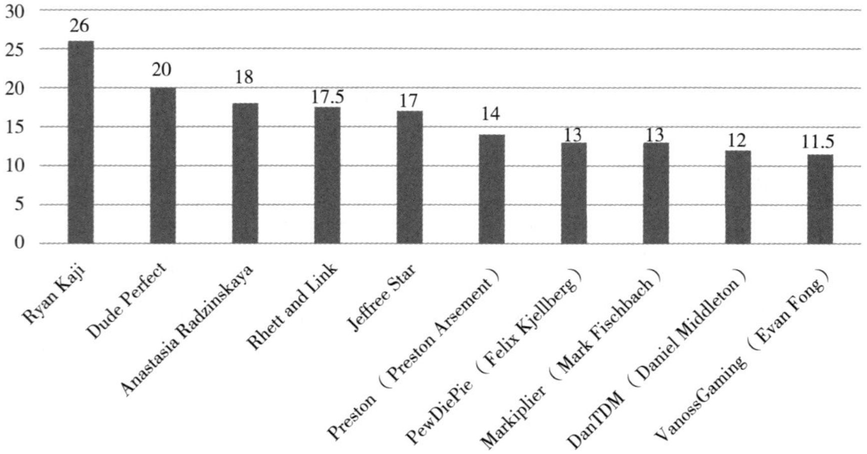

图 9-38　截至 2019 年 6 月选定的 YouTube 频道创建者的估计年收入(单位:百万美元)

资料来源:Statista2020。

尽管这些视频创作者如今已拥有成熟的视频创作团队,且签订了对 YouTube 的全职工作协议,但是这些 YouTube 的明星频道仍是基于用户自己生产的内容。从最初自己创作优质视频吸引第一批订阅,到吸引 YouTube 官方关注从而获得活动与赞助的机会,再到官方支持下进一步获得曝光而吸引广告商,YouTube 视频的创作者与 YouTube 相辅相成。

9.2.1.2　YouTube 用户使用现状

从图 9-39 可以看出,2019 年 5 月全球每月登录 YouTube 观看视频的人数达 20 亿,而 2017 年,eMarket 曾根据当年 14.7 亿的用户量预测 YouTube 会在 2021 年获得 18.6 亿的用户量①,而 YouTube2019 年 5 月登录的用户量便已超越了这个数字,且根据趋势,可以预见未来 YouTube 的用户量还将进一步增长。

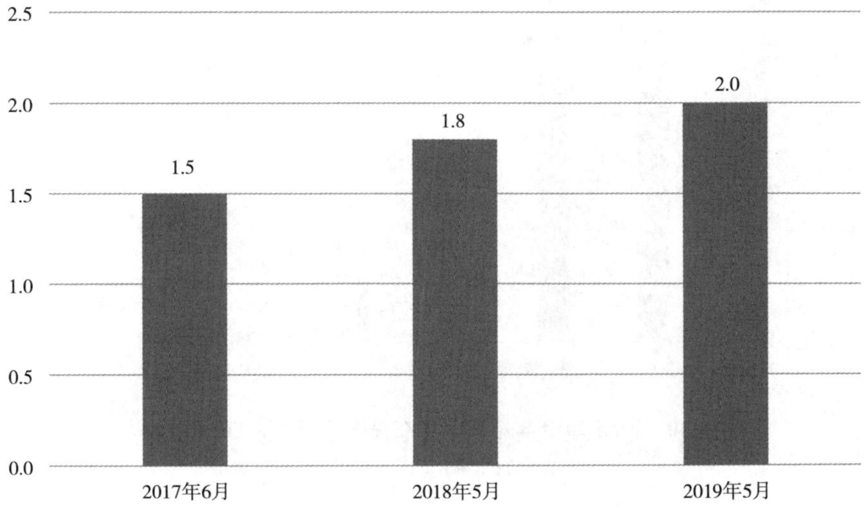

图 9-39　2017 年 6 月至 2019 年 5 月全球登录 YouTube 观看者人数(单位:十亿)

资料来源:Statista2020。

除了庞大的用户数量,以 YouTube 发展较成熟的美国为例,YouTube 用户的使用频率也颇高。图 9-40 显示,一天内数次使用 YouTube 的用户最多,占到总数的 38%;每天使用与一周数次使用的用户则都以 1/4 左右的占比分列二、三位;使用频率低于或等于每周使用的用户总和不到 15%。

而依照年龄段划分,如图 9-41 所示,总体上,随着年龄的增长,YouTube 在美国的使用渗透率呈下降趋势,15~25 岁人群渗透率最高,达八成以上;26~55 岁的 3 个年龄段人群渗透率则都在 70%左右;56 岁及以上人群渗透率最低,但也达到了 58%。

较高的使用频率与渗透率下,使用 YouTube 的原因是什么呢? 如图 9-42 所示,82%的用户将 YouTube 用于娱乐,占比最高,与 YouTube 内容类型的分布相符合。使用原因包括获取新闻与关注品牌/公司的用户次之,分别占比 23%与 18%。使用原因包括与朋友/家人保持联系及扩展社交圈的用户最少,均不足一成。

尽管 YouTube 为免费网站,用户可以免费下载与使用移动应用,但是近年来,用户也通过购买程序内的付费内容如电影与付费会员以获得更好的体验。如图 9-43 所示,自 2015 年起,美国及其他国家 YouTube 移动应用用户支出均呈现快速增长的趋势。2019 年,全球 YouTube 移动应用用户支出总和超过了 5.62 亿美元,其中美国用户支出将近 3.82 亿美元,全球其他国家用户支出也有 1.82 亿美元左右。

---

① https://www.exchangewire.com/blog/2018/02/09/mobile-dominates-video-views-worldwide-next-phase-spotx-smartclip-merger/。

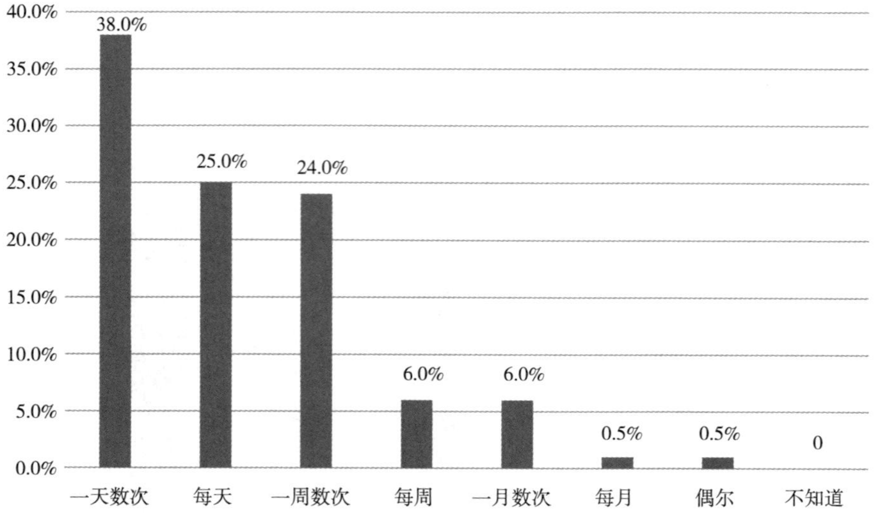

图 9-40　截至 2019 年第三季度在美国使用 YouTube 的频率

资料来源：Statista2020。

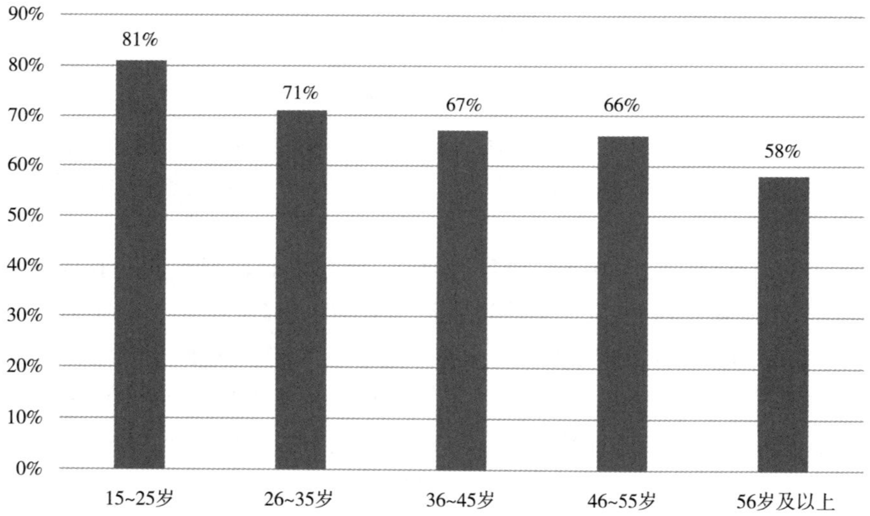

图 9-41　截至 2019 年第三季度按年龄段划分的 YouTube 在美国的使用渗透率①

资料来源：Statista2020。

此外，YouTube 也一直进行着海外拓展与本土化的尝试。YouTube 如今已在 100 多个国家或地区进行了本土化，并且可以使用 80 多种不同的语言访问。② 2019 年 3 月，ChannelMeter 的报告显示，尽管美国仍然以约 9 160 亿的总观看量与超过 20 亿的统计订

① 受访者中日常使用 YouTube 的人数占比。

② https://www.youtube.com/intl/en-GB/about/press/。

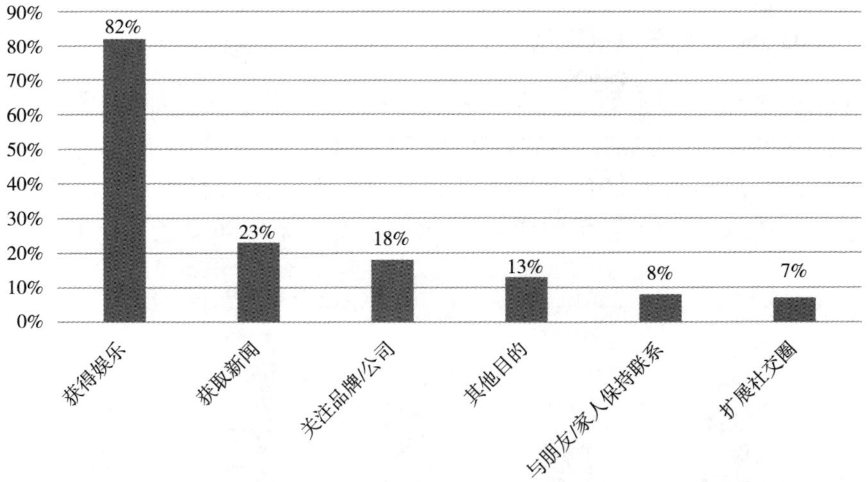

图 9-42　截至 2019 年第三季度美国用户的主要 YouTube 使用原因

资料来源：Statista2020。

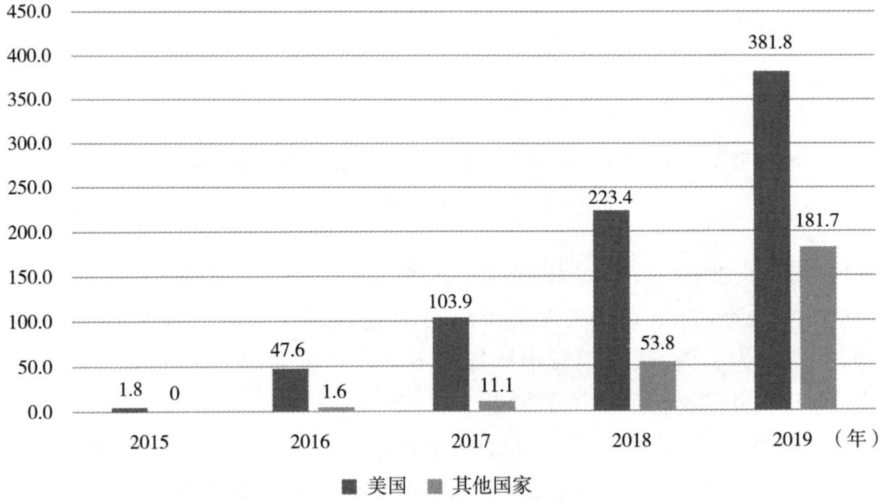

图 9-43　2015—2019 年全球 YouTube 移动应用用户支出(按地区)(单位:百万美元)

资料来源：Statista2020。

阅量(以订阅数前一百位的频道订阅者数量为统计数据)占据两项数据的第一位,不少国家的统计数据较 2013 年的统计数据有了飞跃式的提升。尤其在总观看量上,印度的总观看量提高了 33 倍,从第三位升至第二位;巴西的总观看量则提高了 25 倍,由第十位升至第四位。此外,泰国、西班牙、土耳其跻身前十,德国、法国与墨西哥掉出了排名之列。除了国家人口数量的原因外,此结果与 YouTube 近年对于发展中地区的本地化扩张密切相关。在东南亚地区,老挝、柬埔寨、缅甸和印度尼西亚等国家的两项数据都较 2018 年有了倍增。①

9.2.1.3 YouTube 盈利与营销现状

YouTube 作为免费视频网站,收入几乎全部来源于广告营销。如图 9-44 所示,2020 年第一季度 YouTube 在全球的广告收入达 40.38 亿美元,同比 2019 年第一季度的 30.25 亿美元涨幅较大,但相较于 2019 年第四季度的 47.17 亿美元有所下降。近 5 个季度,YouTube 的广告收入并不稳定,但除 2019 年第一季度外都在 36 亿美元以上。

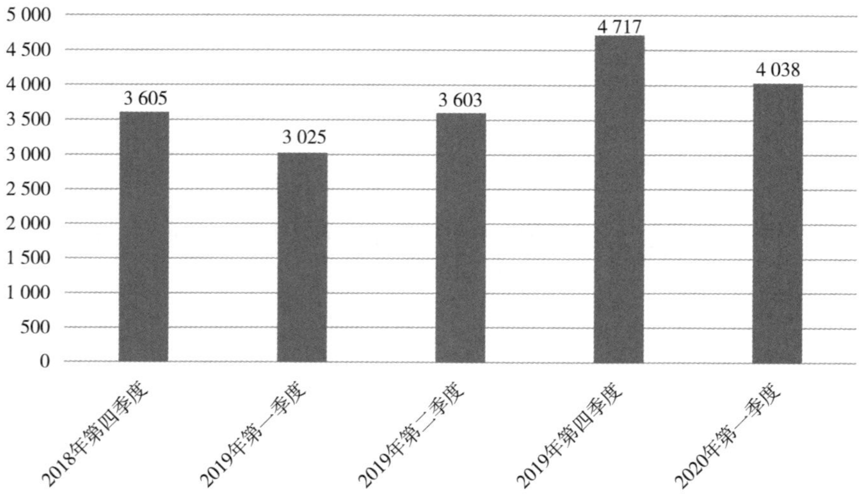

图 9-44 截至 2020 年第一季度 YouTube 在全球的广告收入(单位:百万美元)

资料来源:Statista2020。

图 9-45 显示了 2019 年的一项调查中,全球市场营销专家对于 YouTube 广告有效性的看法。其中,有 29%的专家认为片头可跳过的视频广告为最有效的形式,10%的专家则认为陈列广告最为有效,认为视频中插播的不可跳过的视频广告最为有效的专家也有 7%,其他形式广告的有效性则被认为较低。

而选择投放这些广告的客户呢?如图 9-46 所示,在 2020 年第一季度,苹果公司(Apple Inc.)是最大的广告商,已累计获得了 23.2 亿次的展示。第二位的报税软件 TurboTax 与第三位的旅游公司 Expedia 不相上下,都有 20 亿次左右的展示量。前十位中,还有巴菲特的保险公司 Geico,影视巨头迪士尼(Disney),日用品公司宝洁(Procter & Gamble),新兴的二手车平台 Carvana 等。广告客户的公司类型各不相同,但都有较高的知名度。

除了投放广告外,许多品牌也选择与 YouTube 官方合作,开设自己的官方频道。图 9-47 显示了播放总数最多的几个频道。玩具厂商乐高(LEGO)以超过 100 亿的播放总数远超其他品牌;奇特产品供应商 Vat19 与流行音乐频道 IDJVideos.TV 位列二、三位,播放总数分别为 58.4 亿与 44.9 亿。值得一提的是,前十中儿童相关视频频道较多,除了乐高外,还有愤怒的小鸟(Angry Birds),奇宝萌兵(Odd bods)与小马宝莉(My Little

① https://channelmeter.wordpress.com/2019/03/01/youtubes-top-countries/。

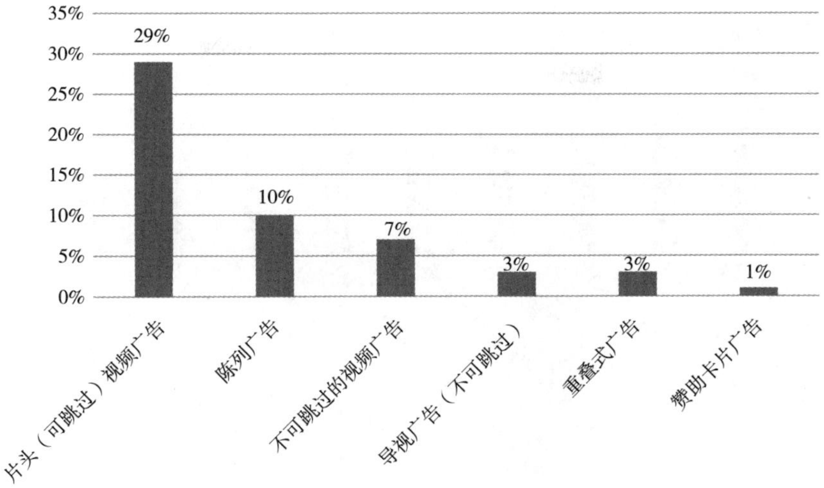

图 9-45　截至 2019 年 5 月全球市场营销专家认为 YouTube 上最有效的广告格式

资料来源：Statista2020。

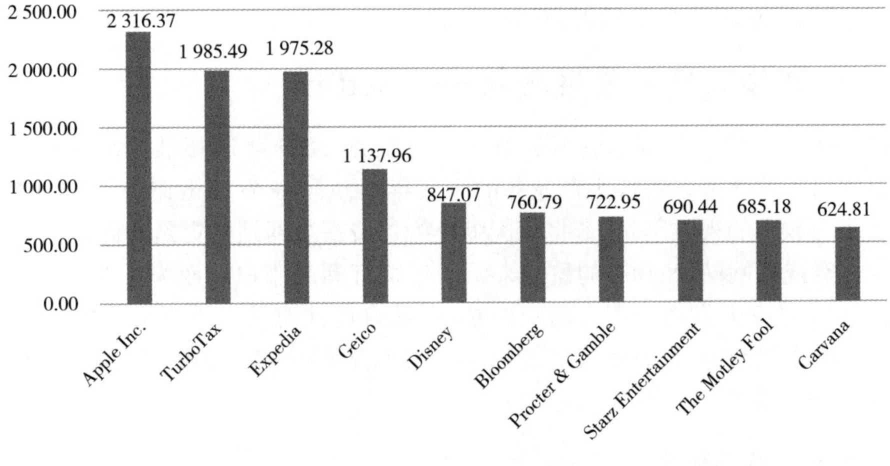

图 9-46　2020 年第一季度美国 YouTube 领先广告客户的展示次数（单位：百万）

资料来源：Statista2020。

Pony），以及儿童音乐品牌 MundoBitaVEVO。由此可见，选择在 YouTube 上进行营销的厂商，大多通过创作趣味性高的内容，以儿童为受众，目标明确。这样的方法相较于投放广告更加具有自主性，将营销内容放入视频中的做法也更加符合 YouTube 网站的特征。

总之，作为免费视频网站，YouTube 如今更注重视频的内容质量与对用户的吸引力。无论是个人团队的创作者还是官方品牌，都力求生产具有趣味性及符合观众喜好的视频内容以提高播放量与知名度。因此，尽管 YouTube 上有不少明星个人入驻，但由于缺少持续的高质量视频创作，其订阅数与 YouTube 相关收入都未列于榜单中。而 YouTube 官方也利用播放量与订阅量的数据，对知名个人或品牌进行回馈或合作，从而进一步增加

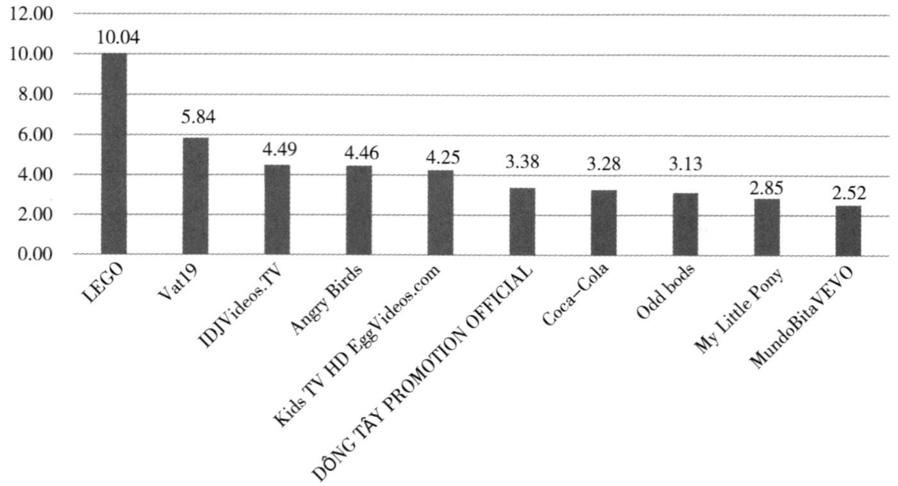

图 9-47 截至 2020 年 6 月 YouTube 最受欢迎的品牌频道（按视频观看总数）（单位：十亿）

资料来源：Statista2020。

曝光，吸引新的品牌投放广告、赞助或直接入驻，形成良性循环。YouTube 此种具有代表性的商业模式，值得许多免费视频网站借鉴。

9.2.2 收费视频网站发展现状——Netflix

Netflix 成立于 1997 年，最初提供 DVD 邮寄服务，2007 年起拓展网络在线视频订阅服务并以此为主营业务。转换主营业务的十几年间，Netflix 发展迅速。如今的 Netflix 已是世界上数一数二的视频网站，若将范围缩小为付费视频网站则更是如此。

作为付费视频网站，Netflix 的盈利来源于付费订阅的用户。而为了能够持续吸引用户订阅，Netflix 不断开发适应用户需求的技术，如自适性流技术。更重要的是，Netflix 拥有大量的自制剧集与节目，且其中不乏许多质量极高的内容。2019 年，Netflix 便赢得了 27 个黄金时段艾美奖。

9.2.2.1 Netflix 内容现状

如图 9-48 所示，2019 年 Netflix 授权内容资产达 147 亿美元，与 2018 年的 140.8 亿美元相比虽然仍有增加，但是增幅较往年下降明显。而自制内容的资产规模虽然都不如授权内容，但是自 2016 年的 13.8 亿美元起至 2019 年的 98 亿美元，每年都有显著的增长，与授权内容的差距也不断缩小。

自制内容资产的快速增长，与 Netflix 自制内容产出时长的增长紧密相关。图 9-49 显示，2019 年 Netflix 推出了 2 769 小时的自制电影、剧集与电视节目等自制内容，相较 2018 年的 1 537 小时取得了 80.2%的巨幅增长。除 2017—2018 年 22.3%的增长率外，Netflix 自制内容时长每年均保持了较高的增长率。

除了数量与资产上的增加，Netflix 自制内容在质量与口碑上也不断突破。如图 9-50 所示，2019 年，Netflix 自制节目在黄金时段艾美奖颁奖典礼上共获得 117 项提名与 27 项

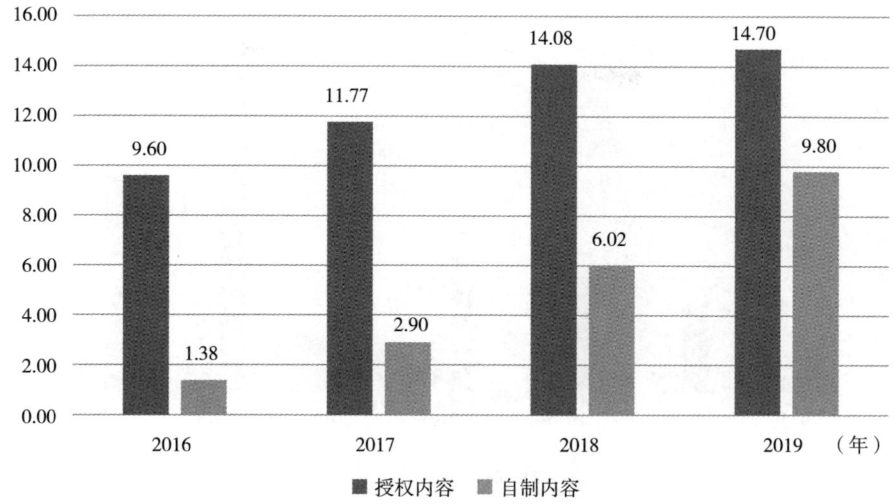

图 9-48　Netflix 全球内容资产(按类型)(单位:十亿美元)

资料来源:Statista2020。

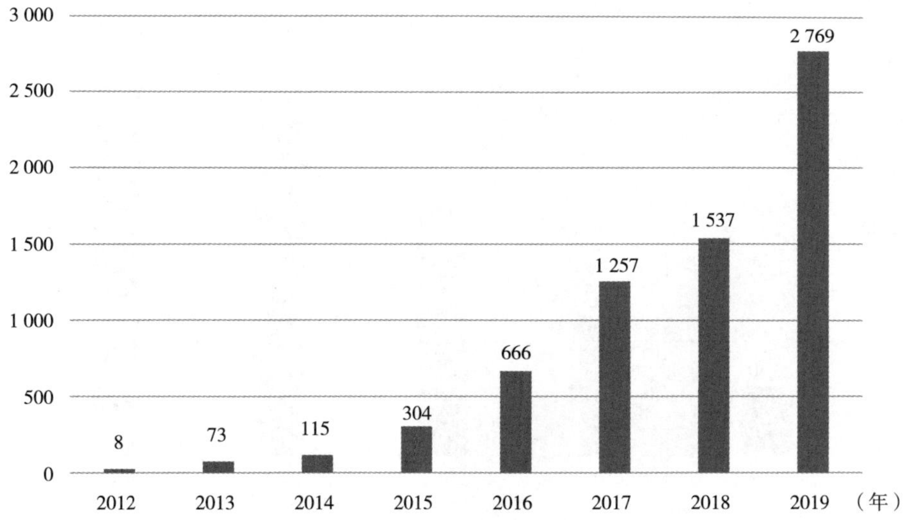

图 9-49　2012—2019 年 Netflix 在全球发布的首批自制内容的时长(单位:小时)

资料来源:Statista2020。

获奖,仅次于 HBO。而与自身对比,提名数的涨幅较之往年有所下降,可见 Netflix 自制节目的制作已较为成熟,质量也有稳定的保证。

为了制作更多与更加精品的原创内容,Netflix 也相应地不断增加内容预算。如图 9-51所示,2019 年,Netflix 在视频内容上投入了 153 亿美元的预算,同比 2018 年增长27. 1%左右。

除了增加资金投入之外,Netflix 自制内容也在类型上迎合了大众所需。图 9-52 显

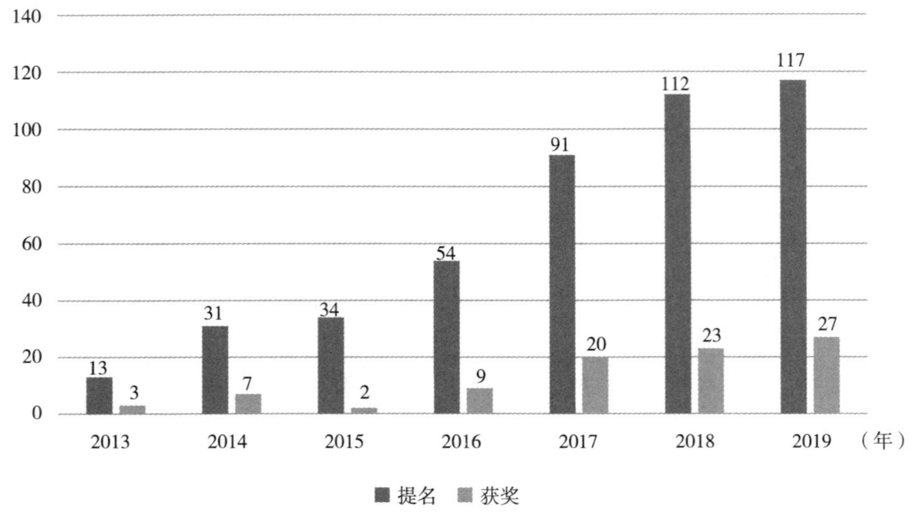

图 9-50　2013—2019 年黄金时段艾美奖颁奖典礼上 Netflix 自制节目的提名和获胜次数

资料来源：Statista2020。

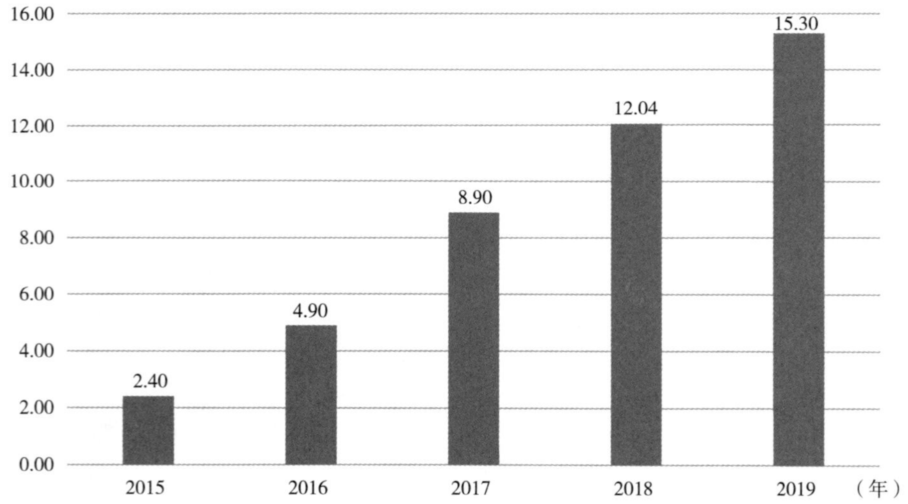

图 9-51　Netflix 全球视频内容预算（单位：十亿美元）

资料来源：Statista2020。

示了截至 2018 年 9 月 Netflix 在美国各类视频类型的占比。普罗大众最为喜爱的喜剧类别与儿童/家庭类别分别以 37.9%与 21.1%的份额排在前两位，纪录片以 12.90%的份额位列第三。

Netflix 的内容除了高质量、高投入的自制内容外，授权内容也在 Netflix 海外拓展中发挥了作用，尤其是近年来 Netflix 在亚太地区的扩张。2017 年 4 月，Netflix 与韩国的电视台 JTBC 签订了涉及 600 小时节目的版权协议。同年，国内的一些剧集版权也大量被 Netflix 购得，包括悬疑网剧《白夜追凶》，以及此前在国内曾引发观剧浪潮的《甄嬛传》《琅琊榜》等。

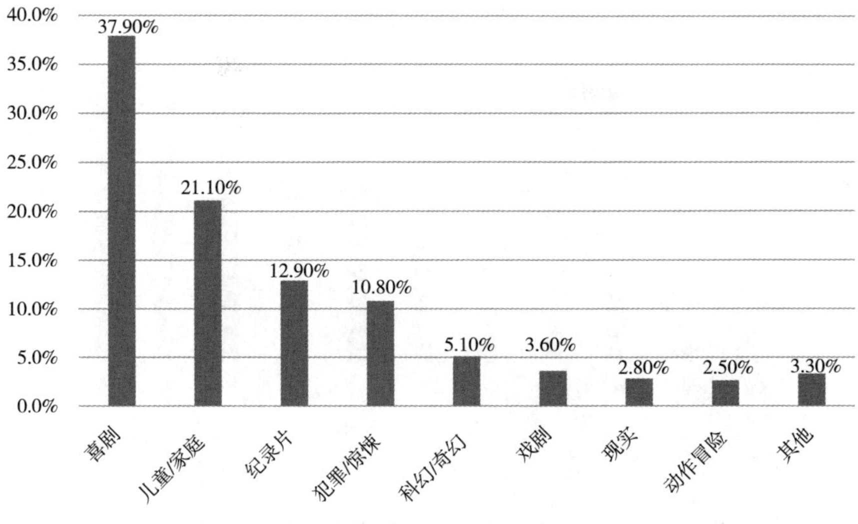

图 9-52　截至 2018 年 9 月按类型划分的 Netflix 在美国的原创内容份额

资料来源:Statista2020。

2019 年,《流浪地球》等中国电影也被纳入了 Netflix 的片库。2020 年 1 月,Netflix 与日本的吉力卜工作室达成版权合作,得到了《千与千寻》《龙猫》等作品的播放权。

对亚太地区的内容制作以及观众爱好有了一定理解后,Netflix 也开始了本地化自制内容的投入。例如,2019 年 Netflix 推出的被称为"韩版《权力的游戏》"的自制剧集《王国》在 IMDb 上取得了 8.5 分的高分。同年 10 月底,Netflix 推出了首部华语自制剧《罪梦者》,但口碑不佳,在 IMDb 上评分仅有 5.4 分,且未受到华语市场观众的欢迎,豆瓣评分也仅有 6.6 分。

9.2.2.2　Netflix 订户现状

如图 9-53 所示,从总体上看,2020 年第二季度 Netflix 全球订户已达 1.93 亿,这一数字维持了此前全球 Netflix 订户总数稳健上升的趋势。单独考察第三季度的数据,近三年的涨幅分别为 24.90%、25.38%与 21.40%。以季度为单位,近三个季度都有千万左右订户的增长。两项增长均较为稳定。

而按照地域划分来看,如图 9-54 所示,在 2019 年,美国以超过 6 000 万的订户远超全球其他国家与地区,巴西与英国分别以 1 500 万与 1 300 万左右的订户分别位列二、三位,前十中,并未出现亚洲国家。

但由于 Netflix 在美国发展多年,订户数量已接近天花板,迪士尼、HBO 等本国流媒体业务同样蒸蒸日上,Netflix 对于海外订户的关注并不比本国少。除了如前文所提及的视频内容上与本地版权方的合作以及本地化的自制剧集外,Netflix 在订户服务上也有因国家和地区而异做出了调整。其中最为明显的是订户价格的差异。发达国家订户价格普遍较高,以高级订户为例,截至 2020 年 8 月,美国的每月价格为 15.99 美元,总体处于中上区,低于丹麦、瑞士、德国等欧洲发达国家。而对于发展中国家及地区,Netflix 的收费则较低。总订户前十的国家中,巴西的高级订户每月仅需 8.17 美元,阿根廷更是每月仅

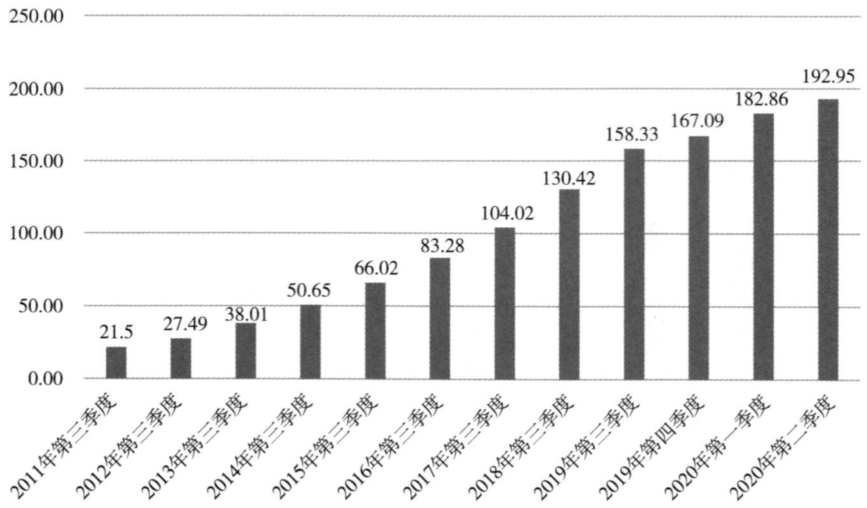

图 9-53　全球 Netflix 付费流媒体订阅者数量(单位:百万)

资料来源:Statista2020。

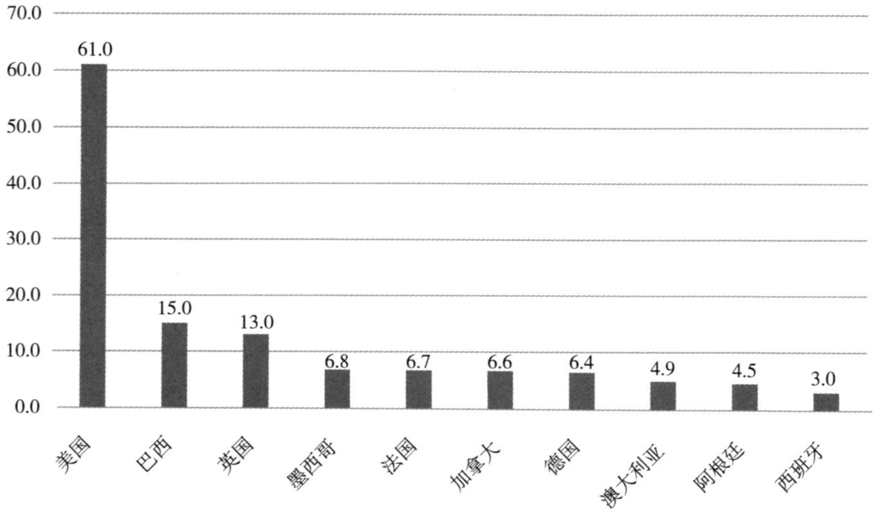

图 9-54　2019 年全球 Netflix 领先市场的订户数量(单位:百万)

资料来源:Statista2020。

需 6.1 美元,在支持 Netflix 服务的 190 多个国家及地区中仅高于土耳其的每月 5.73 美元。对于近年来 Netflix 着力发展的亚洲市场,Netflix 的价格也相对较低,除了日本高级订户每月 17.01 美元外,各国定价均低于美国。尤其对于人口众多、发展潜力较大的印度市场,2019 年 7 月,Netflix 正式推出了超低价服务方案。尽管画质较低且仅能在一台移动设备上观看,但每月价格仅需 2.66 美元。①

① Netflix 订户价格有关统计详见 https://docs.google.com/spreadsheets/d/1usSHC2Vrb4KRk3WCu_2LLhls5qtBHHRuh_9ESeXI3nw/edit#gid=1088253101。

在此努力下，Netflix 2019 年的年度报告显示①，亚太地区的付费用户由 2017 年的 650.1 万增长到了 2019 年的 1 623.3 万，大约是两年前的 2.5 倍，对比美国及加拿大地区 15.8%的增长率（由 5842.2 万到 6 766.2 万），可见 Netflix 在亚太地区所取得的初步成功。

由于在海外各地的拓展仍在进行中，我们仍然聚焦于订户最多、发展也最为成熟的美国进行分析。由图 9-55 可知，在订户的年龄特征方面，Netflix 在美国较年轻的人群中明显比在老年人群中更受青睐。18～29 岁人群中，订户（包括共享账号）占 80%，随年龄段增高，订户比例逐渐减少，至 65 岁及以上人群只有 37%。

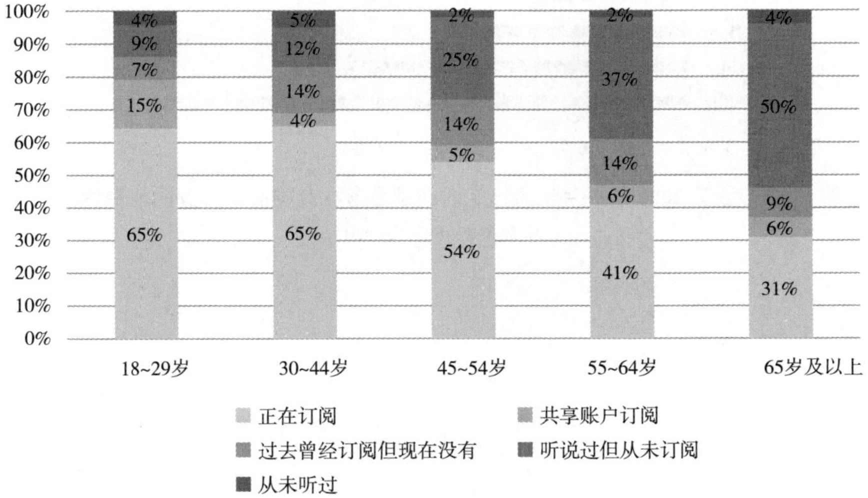

图 9-55　截至 2020 年 3 月在美国按年龄段划分的订阅 Netflix 的成人比例

资料来源：Statista2020。

而在口碑方面，图 9-56 展示了美国消费者对付费视频服务的支持程度。截至 2020 年 3 月，49%的消费者认为 Netflix 服务不可或缺，这项数据远超其他付费视频服务的支持度。认为 Amazon Prime Video 必不可少的消费者占 31%，排名第二。Hulu 的忠实消费者占 22%，排名第三。可见 Netflix 依靠自制剧集，不仅得到了艾美奖等专业奖项的肯定，在人群中也颇受欢迎。

9.2.2.3　Netflix 盈利与营销现状

如图 9-57 所示，Netflix 近十年年收入逐年增长，至 2019 年已超过 201.6 亿美元，相比 2018 年 157.9 亿美元的收入增加 27.6%。增幅较 2018 年的 35.1%与 2017 年的 32.4%有所下降，但仍然维持在较高的水平。

若考虑净收入，以 Netflix 尝试转型的 2007 年为开始节点，得到如图 9-58 所示的统计结果。2007 年至 2011 年，Netflix 净收入逐年上升。2012 年由于 Netflix 在海外营销中扩张成本的增加，导致 Netflix 的净收入迅速降低。此后 Netflix 以原创内容为基石，在反

① https://s22.q4cdn.com/959853165/files/doc_financials/2019/ar/2019-10-K.pdf。

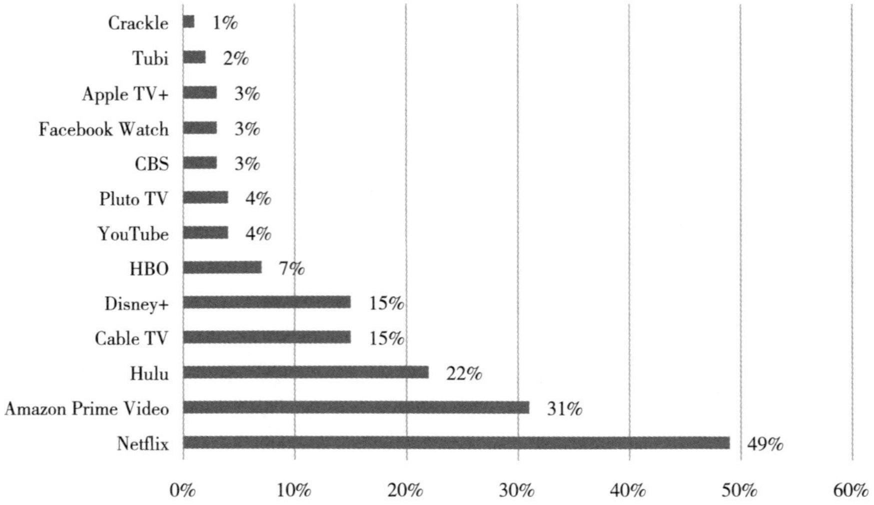

图 9-56 截至 2020 年 3 月认为选定的视频服务在美国必不可少的消费者比例

资料来源:Statista2020。

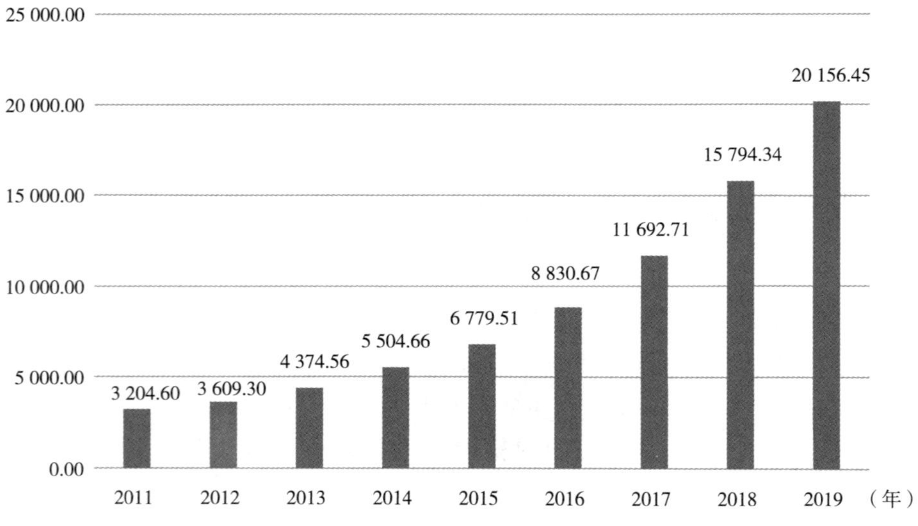

图 9-57 Netflix 的年收入(单位:百万美元)

资料来源:Statista2020。

复的尝试与碰壁后于近年大获突破。从 2017 年的 5.59 亿美元到 2018 年的 12.11 亿美元,再到 2019 年的 18.67 亿美元,Netflix 净收入接连创造新高。且近三年的增长率分别为 199.4%、116.7%与 54.1%,在如此高的基数下还能有如此高的增长率,可见 Netflix 近年的成功。

从地区上来看,如图 9-59 所示,2019 年 Netflix 美国及加拿大地区收入超过 100.5 亿美元,是拉丁美洲带来收入的 3 倍多。亚太地区 2019 年给 Netflix 带来了 14.7 亿美元的收入,在 4 个统计地区中最少。Netflix 2019 年的年度报告显示,4 个地区的收入都连续两

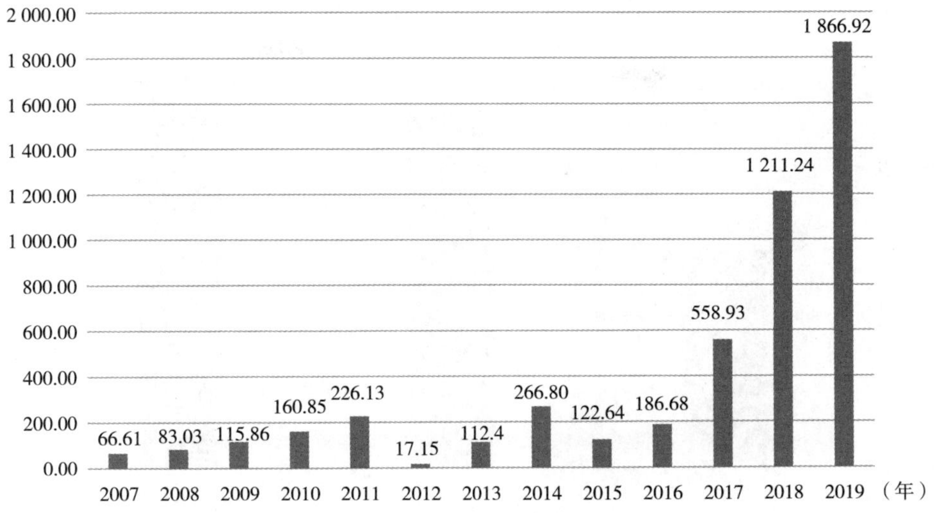

图 9-58　2007—2019 年 Netflix 净收入(单位:百万美元)

资料来源:Statista2020。

年取得了稳定的增长,其中亚太地区增长最为迅猛,从 2017 年的 5.76 亿美元到 2018 年的 9.46 亿美元再到 2019 年的 14.69 亿美元,连续两年的增长率均在 50%以上。

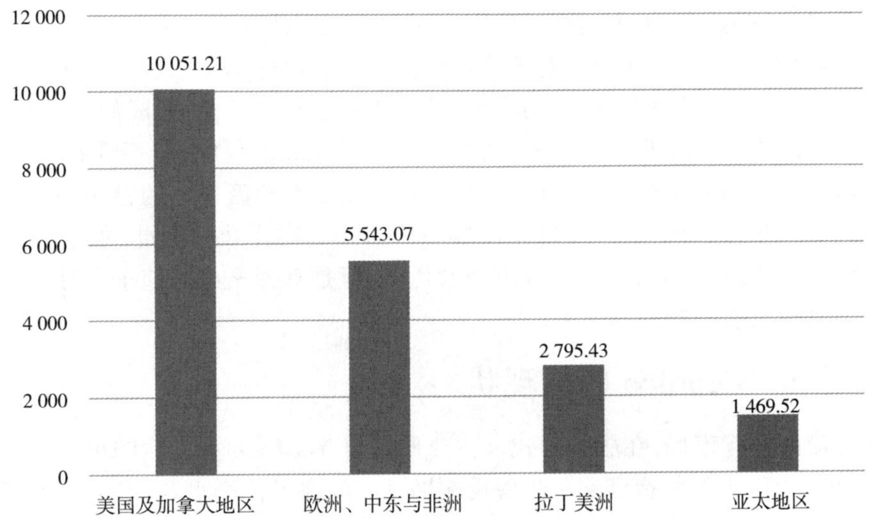

图 9-59　Netflix 按地区分列的全球 2019 年收入(单位:百万美元)

资料来源:Statista2020。

支出方面,除了图 9-51 中所提及的自制内容预算,Netflix 的支出预算也有不可忽视的一部分用于营销。如图 9-60 所示,2019 年,Netflix 营销费用达到了 26.5 亿美元,高于 2018 年的 23.7 亿美元。涨幅则为 11.8%,较之上年有所下降。

总的来说,Netflix 现阶段的成功是多方面的。但与其他付费视频网站相比,Netflix 大

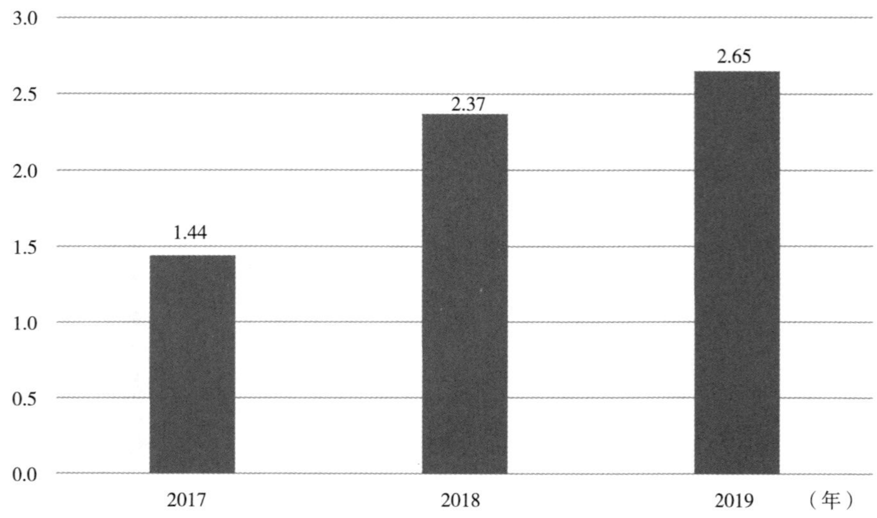

图 9-60　2017—2019 年 Netflix 在全球范围内的营销费用（单位：十亿美元）

资料来源：Statista2020。

量高质量的自制内容是其最突出的特质之一。在多家订阅制收费视频平台的选择中，用户考量的一个极为重要的方面便是平台内容的独家性，而自制内容是保持这种独家性的最好方式。好的自制内容能够将平台的角色从机械的“放映工具”升级为推出者，对提升品牌知名度及口碑便有了极大的推动作用。在初步取得成功后，Netflix 也可以几乎完全吸收自家自制内容所带来的收益，而不需要像授权内容那样给予版权方过多的分红。在此基础上，Netflix 将获得的收益进一步投入到自制内容的生产中，形成如今的良性循环。Netflix 的海外拓展也采取类似的形式，虽然仍然处于发展过程中，但不难看出，Netflix 并不满足于与当地片商简单的版权合作，从其近年来在亚太地区投入的自制中日韩语言剧集足以看出，Netflix 仍旧希望通过自制内容完成海外的本土化。因此，虽然许多收费视频平台无法拥有 Netflix 本身在技术等方面的优势，但是其探索出的追求高品质自制内容的路线值得其他付费视频网站学习。

9.2.3　日本 Niconico 网站现状

国际主流的视频市场，在服务方式上主要便是以 YouTube 为代表的免费视频共享网站与以 Netflix 为代表的付费订阅制收费视频网站。但在具体类型与内容上，除了以上符合欧美主流的视频网站外，还有许多具有国家或地区特色的视频平台，譬如韩国的 Mgoon 与日本的 Niconico（NicoVideo）。

其中，日本的 Niconico 网站是更特殊的存在。独特的弹幕留言形式，对“宅文化”与二次元文化爱好者的高迎合度，Niconico 有着许多新奇有趣的特征。而自 2006 年创立到如今发展成熟，Niconico 已从原来的小众站点成为日本 Alexa 排名前十五的网站与日本仅次于 YouTube 的第二大视频网站。尽管近年来付费会员等数据有下降趋势，但是 Niconico 仍然是特殊类型视频网站的代表。

9.2.3.1 Niconico 概述及特征

Niconico 创立于 2006 年 12 月,最初的内容仅仅是将 YouTube 上的影片加上即时留言字幕的功能,且不久后由于侵权而遭到 YouTube 的反对。但是由于即时留言字幕的新奇以及爱好者的需要,Niconico 的母公司 Dwango 开设了自己的动画分享服务 SMILEVIDEO。此后的 Niconico 发展迅速,2007 年 7 月注册 ID 超过 200 万,付费账号会员超过 5.4 万人,影片总观看数也超过 10 亿,并推出了 Niconico 市场等服务。十年间进行了多语言版的拓展,且不断推出新的衍生功能如 Niconico 大百科。2015 年 8 月,登录用户突破 5 000 万人。2018 年 6 月由原来的 Niconico 动画(日语“动画”为“影片”之意)正式更名为 Niconico,并进行了主页改版、提高免费用户上传权限的革新措施。①

Niconico 最主要的特征便是即时留言字幕(弹幕)的功能。评论在影片播放时即时发送,不久后便会出现在视频上,从而使用户获得了在其他平台所无法获得的共享感。弹幕除了讨论外,还有歌词、字幕与注释的功能,进一步提高了用户的参与感。此项功能也大获成功,被许多其他网站借鉴使用,如中国如今流行的弹幕视频网站哔哩哔哩。

此外,Niconico 具有独特的文化氛围,迎合了日本“御宅族”(日本漫画、动画、游戏等流行文化的爱好者)的喜好。用户在上传视频时,也可以自由添加兴趣标签,方便找到同道中人。这些标签除了能够对视频起到分类的作用,还可以被用作吐槽。

内容方面,Niconico 各种翻唱、宅舞、二次剪辑作品较多,其中二次剪辑作品以特殊的“MAD 片”(MADムービー)形式为主,该形式的视频除了将游戏或动画的画面进行剪辑,其搭配的背景音乐也剪辑自相关作品,并使用调音等方法使声音素材的连接更加连贯。更重视音乐的 MAD 片也被称为“音 MAD”,在中国有一个更加为大众熟悉的名字为“鬼畜”。但无论是翻唱、宅舞、二次剪辑的 MAD 片还是 Niconico 特有的弹幕、标签功能,在一定程度上都是对原有内容的二次创作,而这些原有内容大部分是二次元。

9.2.3.2 Niconico 用户及盈利现状

总体上看,日本视频市场仍然较为传统。如图 9-61 所示,日本最受欢迎的视频消费类型仍为实时广播电视节目及电视节目录播,分别占比 68.3%与 55.1%,而时下欧美市场较为流行的免费视频流服务及付费视频流媒体服务仅分别占比 25.8%与 16%。这项结果一方面与日本社会的老龄化有关,另一方面也反映了日本视频市场并不发达。

Niconico 诞生在如此视频市场下的日本,因此在渗透率上整体偏低。如图 9-62 所示,渗透率最高的年龄段分别为 20~29 岁及 13~19 岁,分别为 35.4%与 31.2%。老年人群体中,Niconico 的渗透率很低,50 岁以上整体的渗透率不足两成。

根据官方的财报,截至 2018 年 12 月,Niconico 的总用户数虽然仍有 7 583 万人,但是付费会员却持续缩减为 188 万人,相较于 2015 年巅峰时 256 万人的数字,已有了较大的

---

① 资料来源:Wikipedia https://zh.wikipedia.org/wiki/Niconico 動畫。

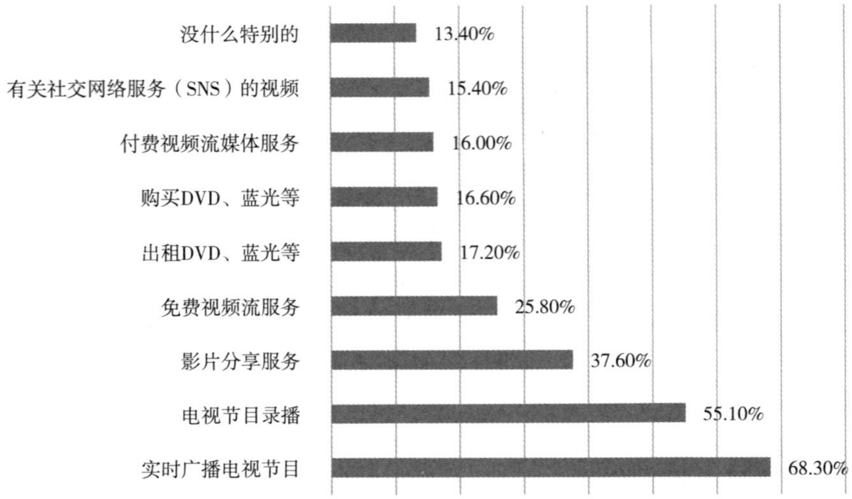

图 9-61　截至 2019 年 5 月日本最受欢迎的视频消费类型

资料来源：Statista2020。

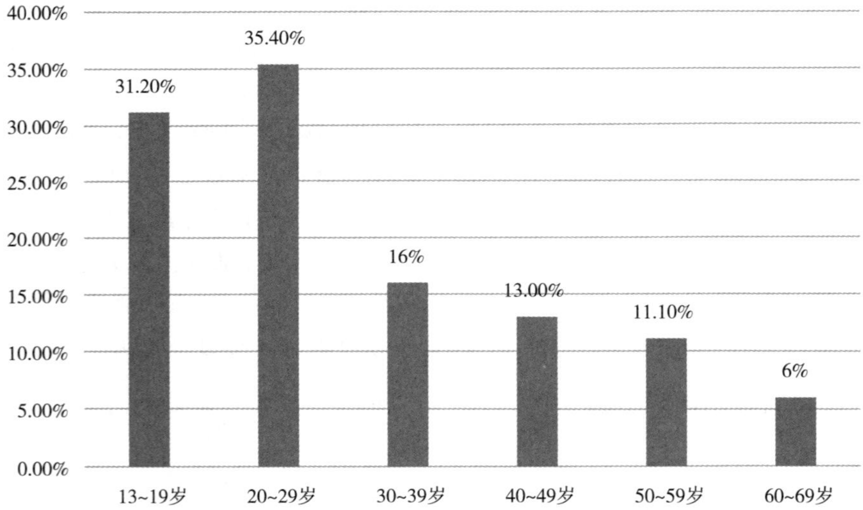

图 9-62　截至 2019 年 3 月按年龄段划分的 Niconico 用户的渗透率

资料来源：Statista2020。

下滑。①

付费会员是 Niconico 最为重要的盈利来源。2014 年付费会员数量及比率接近巅峰时的数据显示，付费会员的收入在 Niconico 总收入中占比超过 75%，而增值收入与广告收入都仅有 10%左右。② Niconico 作为免费网站，之所以没有像 YouTube 那样较多地通过吸引品

① https://www. itmedia. co. jp/news/articles/1902/14/news075. html。

② http://pdf. dfcfw. com/pdf/H3_AP201806151156151096_1. pdf。

牌投放广告或入驻来增加收入,与 Niconico 目标受众较为狭小的网站定位有关。除了受众之外,Niconico 在技术层面上并未及时更新换代,网站界面老旧,移动端又不流畅,时常受到用户体验不佳的指摘,因此很难吸引新的用户。而随着欧美主流视频网站的本地化,日本现在的年轻人更倾向于使用 YouTube 等平台。2018 年 6 月采取改版后,Niconico 的颓势有所缓解。但总体上,Niconico 的盈利状况仍然不容乐观。

Niconico 的兴起与如今的困难很好地代表了许多具有本地特色的视频网站。一方面,由于适合当地人群(尤其是年轻人群体)且具有一些别的视频网站所不具有的特色而得以快速发展;另一方面,近年来不断受到欧美主流视频网站的冲击而有走下坡路的趋势。

要走出困境,首先需要更新技术以提高用户体验,尤其是付费会员的用户体验。Niconico 的付费会员除了得到更高的画质以及一些视频上传与管理外,对用户吸引力度并不大。其次,需要不断产出更高质量的视频内容。对比 YouTube 对平台创作者的分红激励机制,Niconico 对创作者的反馈较少,绝大多数的视频创作者都是出于兴趣而上传视频,因此在视频质量上很难有持续的保证。最后,需要进一步发展具有本地特色的视频网站,同时注意合理地拓展海外市场。Niconico 曾推出过台湾版、英文版、西班牙语版等海外版本,但是并未做好本地化的工作,而只是简单地将主站的内容进行翻译,因此海外版本的服务很快便转移合并回了主站。Niconico 的经验与教训值得许多具有本地特色的新兴视频网站借鉴。

9.3 “一带一路”沿线国家视频市场发展现状

9.3.1 东南亚和南亚视频市场发展概况与在线视频市场收费模式概况

9.3.1.1 在线视频市场发展总括

作为亚洲的重要组成部分,东南亚和南亚国家以其独特的地理位置、人口数量、自然条件和政治、历史沿革成为亚洲文化一个重要的组成部分。本节主要研究越南、新加坡和印度三个视频市场发展现状以及其具有代表性的视频公司,以期能够以这三个国家为代表浅窥亚洲南部视频市场的发展状况、发展策略、发展重心与发展突破。

事实上,在以数字经济和智能手机为依托的互联网发展形势下,自 2015 年起,以视频市场为主导的东南亚在线媒体市场开始进入高速发展期。由谷歌、淡马锡控股、贝恩咨询三家公司联合发布的《2019 东南亚数字经济报告》(以下简称为《报告》)指出,2019 年东南亚地区在线旅游、电子商务、在线媒体和乘车游览行业的商品总价值(GMV)达到 1 000 亿美元,该地区的互联网经济凭借 33%的复合年增长率(CAGR)使其价值在 2015 年至 2019 年期间增长了 3 倍多。①

图 9-63 显示,2019 年东南亚地区在线视频市场总值达到 142 亿美元,是 2015 年的

① 《2019 东南亚数字经济报告》。

3.74 倍,并预测至 2025 年该地区在线视频市场总值将达到 320 亿美元,是 2019 年数值的两倍多。

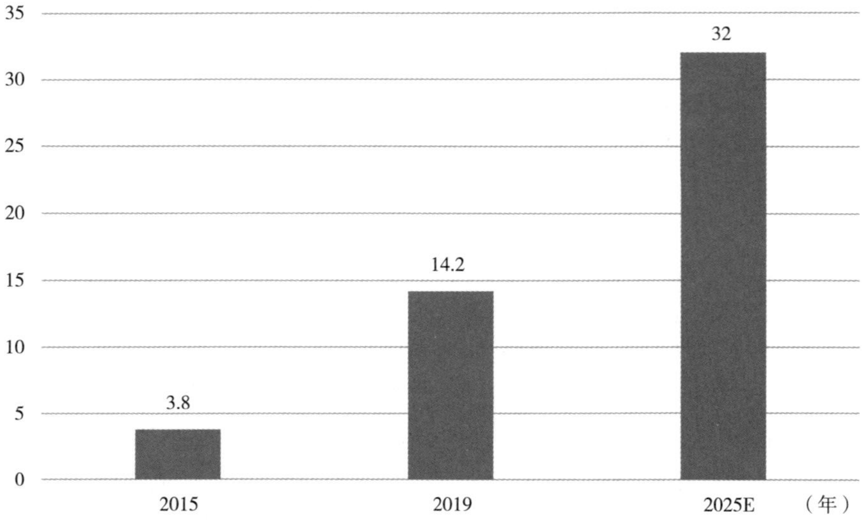

图 9-63　2015 年、2019 年、2025 年东南亚在线视频市场总值(单位:十亿美元)

资料来源:Statista2020。

作为世界上最活跃、参与度最高的互联网用户群体之一,东南亚的互联网用户具有两大特点:客群基数大、投入时间长。数据显示,2019 年,东南亚地区连接互联网的总人数将达到 3.6 亿,互联网用户基数比 2015 年增加 1 亿。① 而媒体机构 We Are Social 和社交媒体平台 Hootsuite 提供的年度报告《数字 2019》指出,泰国的互联网用户每天平均花费 5 小时 13 分钟在移动互联网上,印度尼西亚、菲律宾和马来西亚的用户每天大约需要四个小时连接到移动互联网,这三个国家在移动互联网使用量方面也位居世界前列,而全球平均互联网使用时间仅为 3 小时 13 分钟。

研究表明,对于大多数用户而言,视频应用作为使用度仅次于社交媒体和通信应用的互联网渠道,在过去的三年中获得了越来越多用户的青睐。在印度尼西亚,2018 年 YouTube 上"评论"视频的搜索量增长了 40%;在泰国除曼谷外的其他地区,3‰的千禧一代表示他们使用 YouTube 来学习有关特定主题的知识,40%的母亲使用该平台来学习如何做特定的事情。②

从总体上说,东南亚地区庞大的互联网用户以及不断降低的互联网技术成本共同构筑起东南亚地区互联网经济的基本盘和支撑点,而东南亚地区用户在互联网上较长的投入时间、在线视频媒体在社交软件和通信应用的不断提高的渗透率以及线上视频媒体的工具化将使得东南亚视频市场具有进一步向纵深发展的可能性。这一点将在接下来对具体国家的视频市场研究中进行详细的分析。

① 《2019 东南亚数字经济报告》。

② 《2019 东南亚数字经济报告》。

9.3.1.2 在线视频市场收费模式概况

在线视频市场可以分为订阅视频点播(SVOD)、点播交易视频(TVOD)和基于广告的视频点播(AVOD)三种收费点播形式。其中,SVOD 与传统电视套餐相似,它允许用户每月以固定费用消费他们想要的内容;TVOD 与订购视频相反,在订购视频中,消费者以按次计费(一次付费永久使用或一次付费限时使用)的方式直接购买特定内容;AVOD 以广告为盈利基础,消费者可以免费点播视频,但是必须观看广告。

数据显示,在新加坡、越南和印度这三个国家的在线视频市场中,无论是从年收入还是市场规模来看,SVOD 与 TVOD 相比都占据大多数的市场份额;而从用户数量来看,两种点播方式的用户数量相差不大。而从全球的大环境下来看,AVOD 因为其广告收入低于 SVOD 与 TVOD 的付费收入以及用户对广告模型较低的接受性,在主流视频市场中占据的份额较少。

从图 9-64 中可以看出,在全球范围内的 SVOD 与 AVOD 市场的比较中,2019 年 SVOD 市场的年总收入约为 AVOD 市场的两倍,而在未来的预测数据中,年总收入的差距依然保持在两倍左右,可见,SVOD 市场在两者之间占据了较大的市场份额。从表 9-2 中可以看出,三个国家的 SVOD 与 TVOD 的用户数量相差不大,但是 SVOD 市场的年收入与市场规模则数倍甚至数十倍于 TVOD 市场,说明在相等的用户规模下,SVOD 市场创造的价值与承载的体量占据了两个市场的大部分市场份额,所以在考察三个国家的在线视频市场时选择 SVOD 市场的数据作为主要分析对象。综上所述,在对三个国家的在线视频市场的分析中主要采用该国 SVOD 市场的数据来代表整个在线视频市场的基本情况。

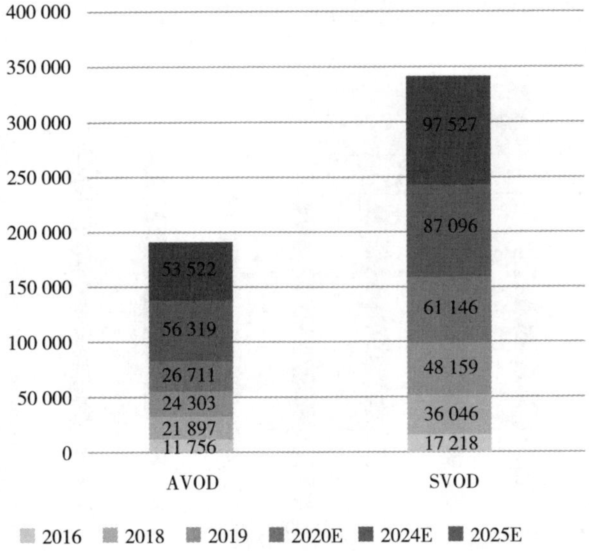

图 9-64　全球 AVOD 与 SVOD 市场年总收入(单位:百万美元)

资料来源:Statista2020。

表 9-2　三个国家 SVOD 与 TVOD 的数据对比

国家	年收入(百万美元)		用户数量(百万)		市场规模(百万美元)	
	SVOD	TVOD	SVOD	TVOD	SVOD	TVOD
新加坡	61	6	1.2	0.8	136	4
越南	77	10	3.5	5.2	191	13
印度	465	47	38.2	42.8	1 688	69

资料来源:Statista2020。

9.3.2　新加坡视频市场发展概况

9.3.2.1　新加坡视频市场发展现状

(1)成熟的市场基础。新加坡作为东南亚资金的门户,具有世界一流的基础设施、支持性的商业环境、吸引人才的能力以及良好的国际关系,其在东南亚视频市场占据的经济优势以及基础条件不可忽视。截至 2020 年,新加坡在东南亚地区的互联网普及率排名第二,达到 88.4%。在新加坡总人口中,约有 480 万是互联网用户。自 2016 年以来,位于狮城的互联网公司已筹集了超过 230 亿美元,2019 年新加坡互联网经济市值更是达到 120 亿美元。① 新加坡强大的互联网经济基础为新加坡的视频市场提供了强大的驱动力,使得新加坡成为东南亚视频市场发展的行业龙头。

图 9-65 表明,新加坡手机互联网的普及率从 2015 年开始每年稳步增长,截至 2020 年,新加坡手机互联网普及率已经达到 82.33%。手机互联网的普及给以智能手机为载体的新型流视频市场的开拓和发展提供了技术性支撑,这也是作为城市国家的新加坡能够比周边较大型的国家更快发展在线视频产业的原因之一。

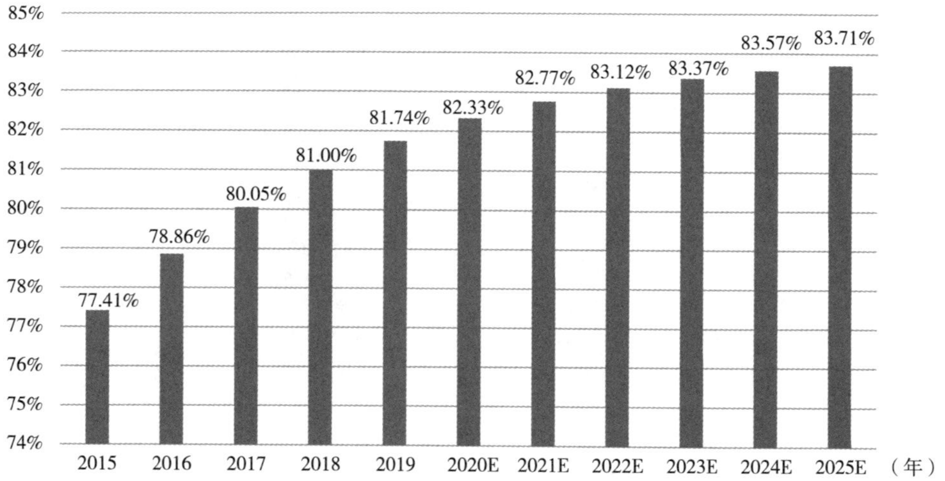

图 9-65　2015—2025 年新加坡手机互联网普及率

资料来源:Statista2020。

① 《2019 东南亚数字经济报告》。

(2)稳步发展的在线视频市场。图 9-66 和图 9-67 表明,新加坡在线视频市场产业仍旧处于高速发展的阶段,预计将在 2022 年达到 23.5%的收入增长率顶峰,随后进入收入中高速增长阶段,预计至 2025 年新加坡在线视频市场的年收入将达到 1.355 亿美元,复合年均增长率(CAGR)为 14.6%。

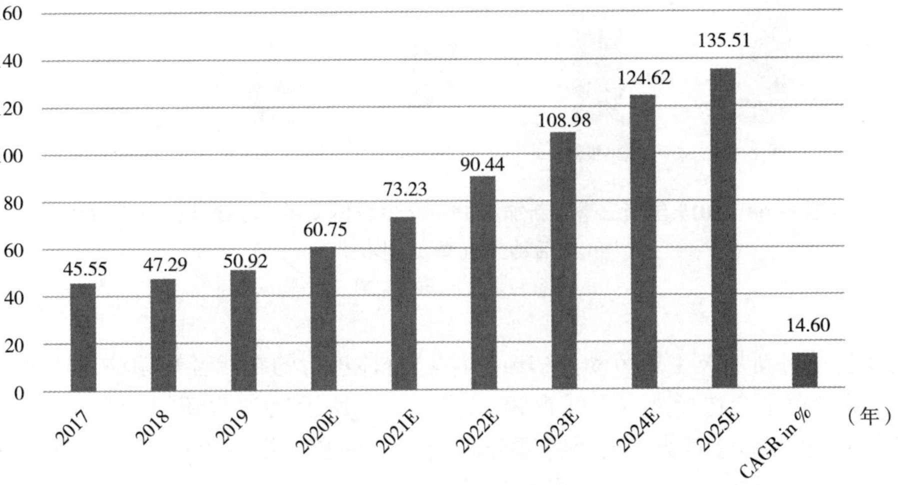

图 9-66　2017—2025 年新加坡在线视频市场年收入(单位:百万美元)

注:CAGR:复合年平均增长率。

资料来源:Statista2020。

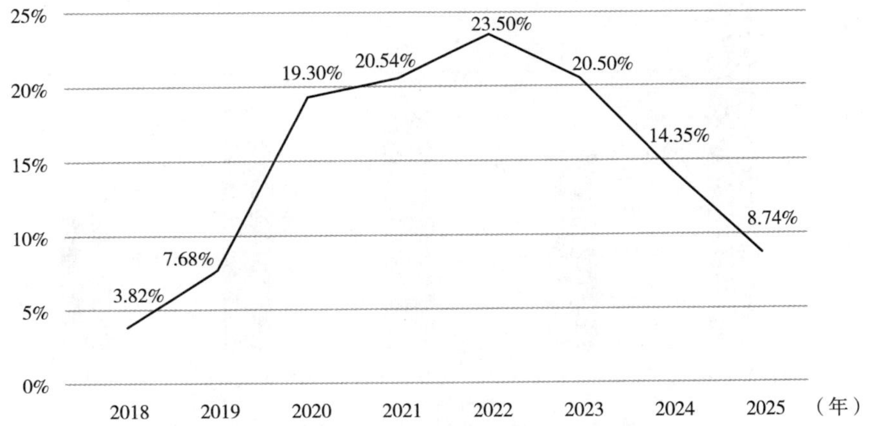

图 9-67　2018—2025 年新加坡在线视频市场年收入增长率

资料来源:Statista2020。

图 9-68 表明,在新加坡互联网在线媒体的使用时间分配上,视频类活动占据日均使用时间最多,达到 2.34 小时。总体上来说,新加坡的主要劳动力(16~64 岁)群体日均使用互联网时间达到 6.48 小时,高于周边的东南亚国家与世界的平均水平。

而由 We Are Social 和 Hootsuite 两家公司联合提供的另一份研究报告《数字 2020:新

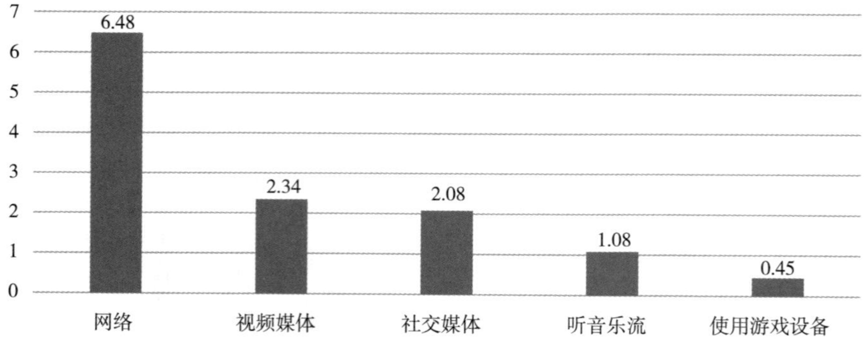

图 9-68　2019 年第三季度新加坡 16~64 岁群体使用在线媒体的平均时间（按活动分）（单位：小时/天）

资料来源：Statista2020。

加坡》表明，在对新加坡主要劳动力（16~64 岁）群体进行的在线音视频项目选择调查中，96%的受访者表示会选择观看在线视频（如图 9-69 所示），说明新加坡音视频市场的主要参与者中，绝大部分消费者选择将部分时间投入到在线视频市场，可见在线视频对新加坡消费者的吸引能力较强，且发展势头强劲。

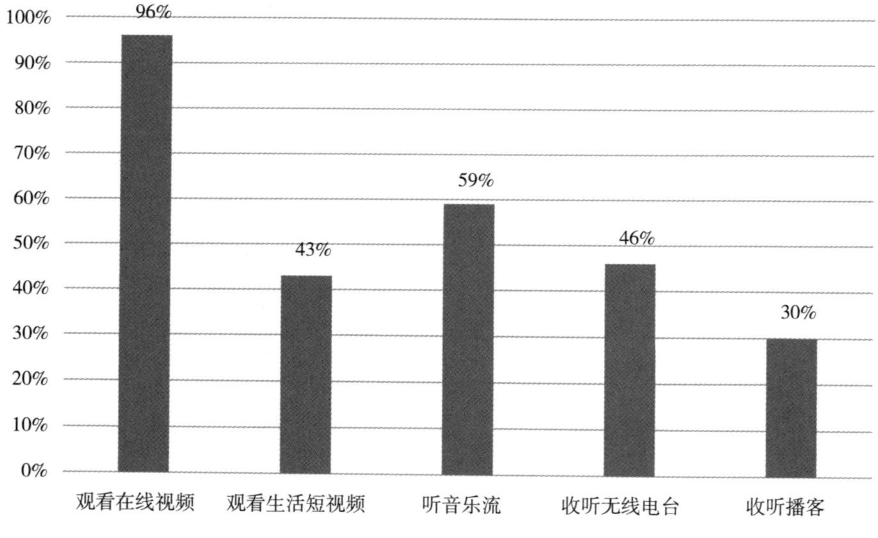

图 9-69　新加坡在线音视频项目选择

资料来源：《数字 2020：新加坡》。

（3）小国市场与年轻化发展。值得注意的是，尽管新加坡具有用户高普及率与深度时间投入，以及经济、技术、管理等方面的优势，但城市国家的特点决定了该国较小的市场体量和国内用户规模，这仍旧是在线视频市场发展的桎梏。我们可以预见，当国内市场需求达到饱和时，该国视频市场无法继续通过扩大国内用户规模和增加用户观看时间来谋求进一步发展，而必须通过优质视频内容的向外输出达到持续发展的目标。

图 9-70 表明,在新加坡视频市场参与主体中,年轻人群体(18~34 岁)占比约为 54.63%,成为新加坡在线视频市场中最为重要的、参与度最高的群体。《2019 东南亚数字经济报告》指出:"(东南亚地区)新加入的许多人都是 15 到 19 岁的年轻用户。而该地区的人口统计数据表明,这个年轻的队伍还将不断壮大。在接下来的 15 年中,大约有 1.5 亿东南亚人将年满 15 岁,这意味着每年将有 1 000 万人加入'移动时代'。"①

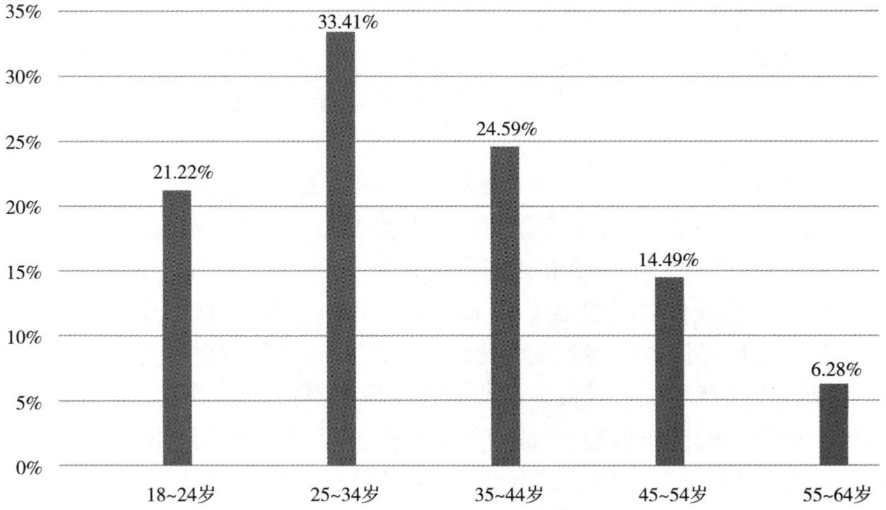

图 9-70 新加坡视频市场用户年龄划分

资料来源:Statista2020。

可见,在新加坡乃至整个东南亚地区,年轻化的视频内容对整个市场而言更具用户接受性,而视频内容可以通过覆盖知识学习、学校项目、游戏娱乐、真人演绎、生活片段、现场直播、音乐流等更为多元的展示方式,充分迎合新生代年轻人的体感需求。

9.3.2.2 新加坡视频市场代表:Viki

Viki 是一家新加坡视频网站,公司总部设在新加坡。网站提供电视节目、电影和来自世界各地的音乐视频。公司在新加坡、旧金山、印度尼西亚和韩国首尔设有办事处,并于 2011 年 1 月荣获 Crunchie 最佳国际初创公司奖。

2011 年 9 月,Viki 推出一款称为 Viki On-The-Go 的 iPhone 应用程序,该软件可以让用户在手机上观看网站内容,该应用发展势头良好。同时,公司还与三星合作开发类似的安卓应用程序,为安卓用户提供同样的服务。2011 年 8 月,Viki 吸引了 1 400 万浏览者,并在同年 10 月从 Greylock Partners、Andreessen Horowitz 和英国广播公司募集到 2 000 万美元资金。

2012 年 5 月,Viki 宣布与华纳音乐、台湾种子音乐集团和韩国莱恩娱乐进行合作。

① 《2019 东南亚数字经济报告》。

公司拥有合作伙伴的采购原创内容，其中包括英国广播公司。该公司还签署其原始内容分销协议，伙伴包括 Hulu、Netflix、雅虎、MSN、美国全国广播公司和 A&E，以及香港无线电视、韩国 SBS、日本富士电视台和俄罗斯 Amedia。①

同时，Viki 公司还着手开发翻译软件，该软件支持多达 160 种语言。Viki 集团与合作伙伴如 Hulu、Netflix 和雅虎等进行字幕视频合作，并由此获得收入。Viki 网站提供约 200 种语言的字幕视频。Viki 有一个有趣的类似于开源的视频解决方案：当它获得了电视节目或电影的版权后，会将其放到总频道中的一个语言的分频道上，并在最初的 24 小时内，由一个有组织的志愿者社区将视频的字幕翻译成 20 种语言，形成 20 种语言的字幕，并将其放到各种语言的分频道上。可以说，Viki 在语言上的突破花费了很多的精力与投入，事实上自 2008 年成立以来，该公司已播放了超过 10 亿个视频，其社区已将超过 1 亿个单词的字幕翻译成 143 种语言，投放给世界各地的观众进行观看。②

在与中国的合作中，早在 2012 年 Viki 就与中国的人人网达成了一份新发行协议，使人人网在其视频共享网络 56. com 上创建一个名为 VikiZone 的特殊频道。与 Viki 的主要网站一样，VikiZone 上的所有内容均可免费观看并由广告支持收益，这也是 Viki 首次与第三方合作来为其在线电视服务提供支持。人人网在中国拥有 1.6 亿注册用户，这为 Viki 在海外市场的拓展提供了与本土相比巨量的客群与丰厚的利润。③

Viki 可以看作是新加坡在线视频产业向外输出的典型例子。该公司立足于新加坡，利用新加坡在国际上的经济影响力、政府的慷慨支持以及作为亚洲枢纽的良好的国际关系，与多家国际视频公司进行合作，其合作伙伴遍布各大洲，并自行开发翻译软件，同时为外部优质视频的流入与本地优质视频的流出奠定基础。此外，Viki 抢先注意到手机互联网的发展势头，于 2011 年即开发手机 APP 应用程序，如今该应用已发展成为 App Store 上下载量排名前 500 的热门手机应用，其提供的来自亚洲以及世界各地的优质视频资源播放量已达 10 亿以上。

9. 3. 3 越南视频市场发展概况

9. 3. 3. 1 越南视频市场发展现状

（1）亟待开发的互联网市场。越南作为东南亚地区互联网经济的排头兵，其在参与促进东南亚互联网经济发展的重要地位日益凸显。越南的互联网经济正处于蓬勃发展的时期，2019 年该国互联网经济达到 120 亿美元，在经济价值规模上首次赶上互联网经济发展较为成熟的新加坡。自 2015 年以来，越南互联网经济年均增长率高达 38%，在东南亚地区仅次于印度尼西亚，成为该地区互联网经济与数字经济发展速度最快的国家之一，其互联网经济的网站成交金额（GMV）预计将在 2019 年占到该国

① 霍姆斯·萨姆（Homles Sam）《新加坡初创公司在外语电视中看到金矿》，华尔街日报。

② 霍姆斯·萨姆（Homles Sam）《打破语言障碍-WSJ》，华尔街日报。

③ 英格丽德·兰登（Ingrid Lunden）《Viki 爬上了防火墙，并与“中国的 Facebook”人人网签署了其在中国的第一份视频发行协议》，Techcrunch 博客网。

GDP(国民生产总值)的 5%。① 预计到 2030 年,越南将实现稳定、繁荣的国家数字化转型。

与新加坡不同的是,越南具有庞大的人口数量,可以成为在线视频市场直接的潜在用户。但是,越南在线视频领域用户普及率仍然较低,国内市场尚有巨大的发展潜力与空间。据统计,截至 2019 年,越南约有 9 600 万人口,其中互联网用户数量为 6 100 万人,在线视频用户仅有 350 万人,约占全国总人口的 3.6%。②

图 9-71 表明,越南手机互联网普及率低于 50%,并预测在未来几年该数据均未超过 50%。相较于 63.54%的互联网普及率,手机互联网普及率明显没有跟上互联网经济整体发展的步伐。事实上,手机互联网作为在线视频最重要的消费渠道之一,具有一般互联网不可比拟的方便性、即时性与体验性,是在线视频未来最重要和最主要的发展趋势,而在手机互联网普及率上越南远低于普及率为 82.33%的东南亚行业龙头新加坡,这是未来越南发展在线视频市场、提高自身在东南亚地区数字经济与互联网经济的影响力必须攻克的难点。实际上,We Are Social 和 Hootsuite 两家公司联合提供的另一份研究报告《数字 2020:越南》中对越南互联网设备使用比例的调查显示,截至 2019 年 12 月,该国使用智能手机上网的比例仅有 16.2%,说明在手机互联网板块仍存在数量庞大的潜在用户,未来发展空间较大。

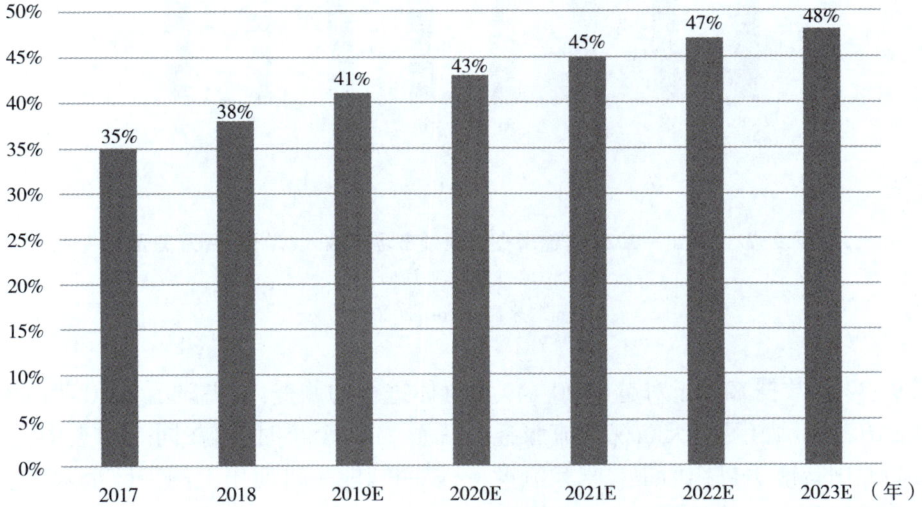

图 9-71　2017—2023 年越南手机互联网普及率

资料来源:Statista2020。

(2)快速发展的在线视频市场。图 9-72 和图 9-73 表明,越南在线视频市场年收入呈现出逐年攀升的趋势,预计 2020—2025 年的年收入增长率保持在 20%左右,越南在线视频市场进入高速发展期。越南在线视频市场高速发展的动因有如下几点:第一,越南经济上的稳定为在线视频市场的发展提供经济支撑。近年来,越南的 GDP 一直保持正增

① 《2019 东南亚数字经济报告》。

② 《数字 2019:越南》。

长,近年来已稳步发展为强劲的经济体。2019 年,越南的 GDP 增长了 7%。① 第二,互联网经济的高速增长驱动在线视频市场的发展。近年来,越南互联网经济迅猛发展的势头为越南的中小型企业(SMB)释放了机遇,这些中小型企业已通过互联网经济来开展业务。越南作为东南亚地区仅次于印度尼西亚和新加坡的第三大经济体,国内外投资者的信心正在上升。第三,越南在线视频市场的内需尚未充分调动,内部市场的发展潜力巨大,且随着互联网技术以及智能手机技术的不断革新,未来手机互联网的普及成本将会更低,市场拓展效果将会更好,这也是投资者们对越南在线视频产业进行投资的信心所在。

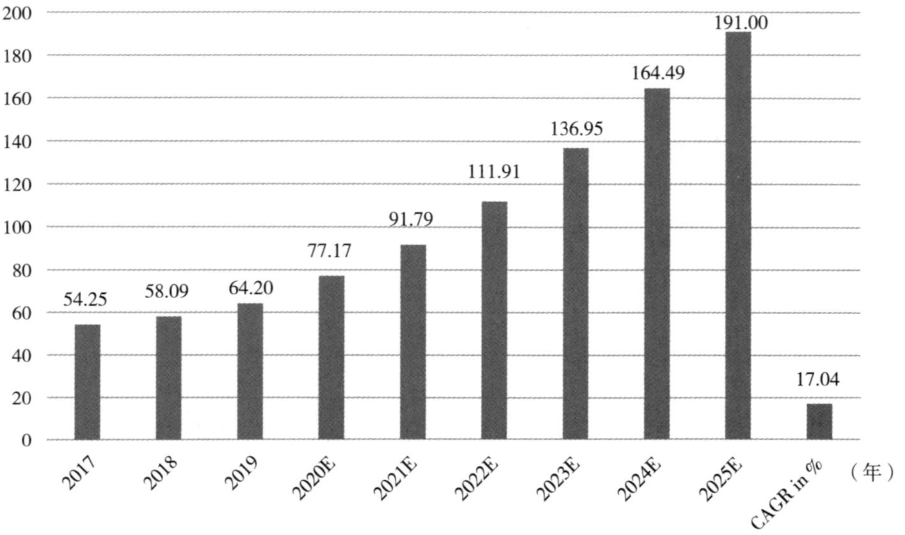

图 9-72　2017—2025 年越南在线视频市场年收入(单位:百万美元)

注:CAGR:复合年平均增长率。

资料来源:Statista2020。

图 9-74 的数据来源于对越南 20~49 岁群体进行的调查,结果显示 2020 年越南约有 69%的受访者表示自己每天在视频流服务上花费 2~4 个小时,而在同一调查中,受访者表示他们使用智能手机作为主要视频流设备,说明智能手机使用上的突破是未来一段时间越南在线视频产业的主要方向。

事实上,《数字 2020:越南》中还对越南主要劳动力群体(16~64 岁)使用互联网时浏览的内容进行了统计,数据表明 95%的受访者选择在互联网上观看在线视频,说明在线视频仍旧是越南人使用互联网的首选项目,其潜在受众数量十分庞大。

(3)视频产业的外部性凸显。图 9-75 显示,2019 年来自美国的在线视频网站 Netflix、YouTube 、Crunchyroll 和 Amazon Prime Video 的使用份额分别占越南在线视频市场的 35%、10%、5%和 5%,占据了越南在线视频市场份额的一半以上。剩下部分则被来自新加坡的在线视频网站 iflix 和中国的爱奇艺(iQiyi)以及其他视频网站所占据。事实

① 《2019 东南亚数字经济报告》。

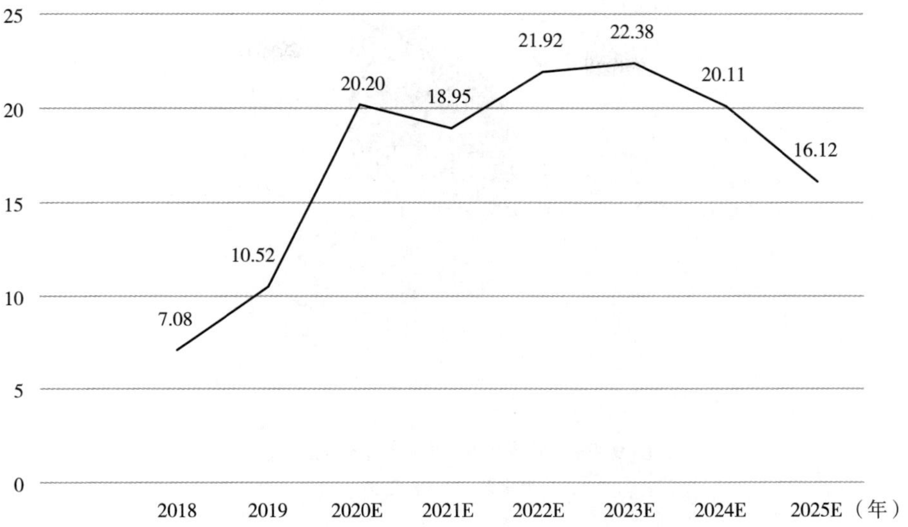

图 9-73　2018—2025 年越南在线视频市场年收入增长率(单位:%)

资料来源:Statista2020。

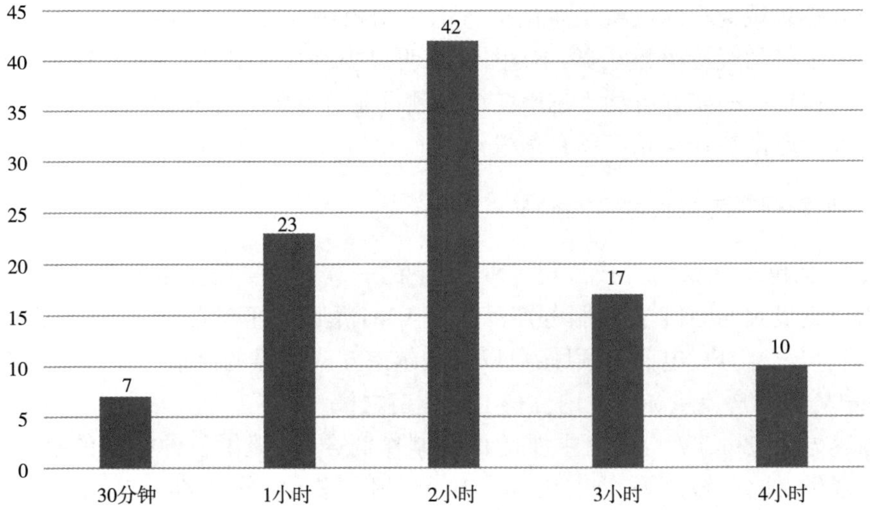

图 9-74　2020 年越南受访者在视频流服务上日均花费时间(单位:%)

资料来源:Statista2020。

上,随着 BIGO LIVE 和 TikTok 等应用程序的突破性普及,实时流媒体和短视频也席卷了东南亚,其中也包括越南。这些应用程序除了在该地区吸引了数百万用户外,还在全球范围内迅速普及。因此,实际上越南在线视频市场具有十分典型的外部性,即国民主体参与在线视频市场大部分都是通过来自外国的十分成熟的网站与渠道,而本土企业需要创建新的网站和渠道来与同时具有丰富经验、先进技术以及客户黏性的国外的视频行业巨头竞争,将会十分困难。

以美国为首的国外视频网站也为东南亚地区建设和发展地方流媒体视频产业提供

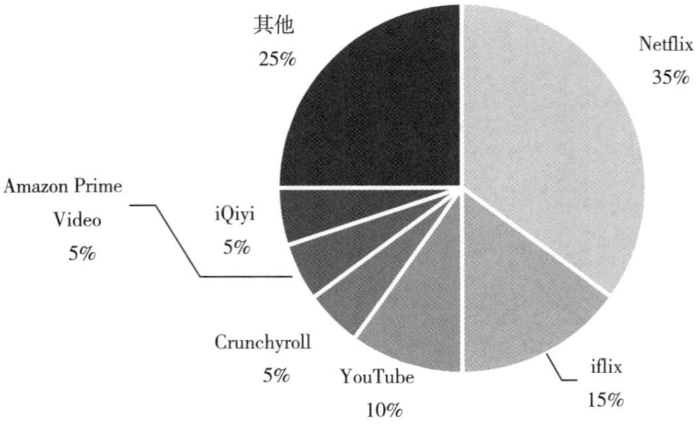

图 9-75　越南在线视频市场份额占比

资料来源：Statista2020。

了大量的经验和实践机会，这对于东南亚国家发展具有本土特色的在线视频产业具有一定的指导性意义。实际上，东南亚不再从西方被动地引进音乐和视频，取而代之的是，随着本地内容创建者在为数字青年时代制作音乐和视频方面变得更加熟练和成功，它正在成为内容制作领域的全球巨头。越南流行歌手山松（Son Tung）的歌曲已在 YouTube 上吸引了超过十亿的观看次数①，并与美国说唱明星史努比 · 道格（Snoop Dogg）合作制作了单曲。类似这样的实践有利于越南在线视频行业自身的经验积累与模式探索，对于尚处于发展期的越南在线视频市场有积极作用。

9.3.3.2　越南视频市场代表：ZingTV

ZingTV 是越南互联网科技公司 VNG 旗下的一款 OTT② 视频服务产品，现已发展成为越南用户量最大的 OTT 视频服务产品。而 VNG 集团旗下产品众多，涵盖视频、音乐、游戏、社交、支付、门户、电商等领域，可以说是越南互联网界的巨擘。在这样的有力支撑之下，ZingTV 的用户流量在行业内称得上是越南之最。

在内容方面，ZingTV 与越南主要的内容制作商合作，提供各种类型的电视节目、电影、教育、音乐、体育、短片等。此外，ZingTV 允许用户提供、分享 ZingTV 所关注类型的视频和剪辑。不过 ZingTV 会初步验证视频内容，用户提供的此类视频和内容不会立即发布。据悉，已有超过 50 万用户定期为 ZingTV 做出内容贡献。另外，和其他 OTT 平台一样，ZingTV 也可以在多个设备上同步 ZingTV 账号。

在付费模式上，ZingTV 采用了 SVOD+AVOD 的混合付费模式。ZingTV 的用户分为常规账户和 VIP 用户两种，常规账户可以免费观看部分内容，不享受其他权益；而 VIP 用户可以免广告，享受免费电影库，包括部分独家亚洲电影，资费为 6 万越南盾/月，合 2.59 美元/月。

---

① 《2019 东南亚数字经济报告》。

② OTT，即 over the top，指互联网向用户提供各种服务。

值得一提的是，和东南亚其他 OTT 平台相比而言，ZingTV 的产业链中含有大量的中国元素。硬件方面，ZingTV 曾与 TCL 在越南联合推出过一款互联网电视 TCL ZingTV+，内置了 ZingTV 的内容；内容方面，热门华语电视剧长期占据 ZingTV 首页半壁江山，如《一千零一夜》《芸汐传》《流星花园》《萌妃驾到》等中国热播的电视剧，而且这些来自中国的电视剧的播放量和评分都很高。然而，大部分这些和中国几乎同步更新的内容并没有通过中国公司的正规授权，这也是 ZingTV 的一大特点。事实上，越南许多视频网站仍然停留在盗版盗播的阶段，例如曾向海外发行过《何以笙箫默》《微微一笑很倾城》《三生三世十里桃花》等多部热剧的克顿传媒，其热播剧《三生三世十里桃花》《微微一笑很倾城》在越南的唯一官方授权播出平台只有 YouTube 克顿传媒频道，但像视频网站 ZingTV 等绝大多数越南播出平台根本没有获得该剧授权就进行播放，盗播行为十分猖獗。通过正版途径输出到越南市场的中国电视剧也倾向于走薄利多销路线，中国进口的美剧单集价格普遍超过 100 万元人民币，韩剧的单集价格也在 60 万元人民币左右，反观中国电视剧出口越南的价格只能卖到几千元一集，甚至几百元一集的价格都有。相较于动辄投资千万甚至过亿的中国电视剧而言，这样的价格仅仅是为了扩大剧集影响力。这种盗播的行业风气在短期内可以帮助越南本土的视频产业获取大量用户，以对抗该国在线视频市场存在的外部性，并为本土视频内容的产出提供借鉴，因此该行为基本处于政府零监管的状态。但是从长期来看，处于无优质内容产出、单靠盗播盈利的过渡期的本土企业将无法继续吸引新客群或留住原有客群，未来的发展路径必然还要向自主优质产出靠拢。

此外，ZingTV 母公司 VNG 和腾讯之间的合作十分紧密。腾讯在越南的投资布局之一就包括扶持 VNG 并加深合作。如表 9-3 所示，腾讯把所有的产品线都开放给 VNG，如越南热门的社交软件 Zing 和 Zalo 对标的就是腾讯研发的 QQ 和微信。

表 9-3 越南 VNG 集团各产品线和腾讯对照

应用软件	腾讯	VNG
即时通信软件	QQ	Zing
社交 APP	微信	Zalo
在线音乐	QQ 音乐	Zing Mp3
休闲游戏	QQ 游戏大厅	Zing Play
博客	QQ 空间	Zing Me
第三方支付	财付通(Tenpay)	123 Pay
手机支付	微信支付	Zalo Pay
输入法	QQ 输入法	LaBan Key

资料来源：听风基金有限公司。

由此可见，中国企业对 ZingTV 和 VNG 的影响巨大，寻求与中国更深入的合作与联系不仅是这家越南互联网行业巨头，也是整个越南在线视频市场未来一段时间的发展战略。

9.3.4 印度视频市场发展概况

9.3.4.1 印度视频市场发展现状

（1）巨大的市场体量与较低的互联网普及率。印度作为南亚大国，其国土面积、人口数量、经济体量等指标都高于东南亚国家数十倍，对整个亚洲的经济、政治、文化等多方面的影响更为巨大，是南亚乃至整个亚洲举足轻重的存在。截至 2019 年，印度人口总数达到 13.53 亿，仅次于中国。30 岁以下人口超过 7.2 亿，其中 14 岁以下人口数量高达 3.66 亿，未来这部分人口的触网将会给印度互联网以及在线视频市场带来巨大的机遇。经济方面，2019 年上半年，印度 GDP 同比增长 5.4%，在全球主要经济体中排名第二。2019 年印度 GDP 达到 2.94 万亿美元，超越英、法排名世界第五。印度经济的稳定发展是互联网经济发展的基础和定力，在享受“人口红利”发展经济的同时，印度需要注意在互联网模块采用精细化、技术化、高端化、人才化的发展模式，转变思路在互联网领域持续投入。

互联网方面，Fastdata 提供的《2019 年印度互联网发展趋势报告》指出，截至 2019 年 6 月底，印度互联网用户超 6.7 亿，互联网用户普及率为 48.7%，但仍有近 7 亿人尚未触网。同时，受制于经济发展水平，印度跳过台式机互联，直接进入移动互联时代，印度 96.7%的互联网用户通过智能手机接入互联网，但印度手机用户连接移动网络的比例仅为 31%，仍有数亿用户尚在使用功能手机，无法接入移动网络。①

图 9-76 表明，2019 年，印度总人口的 31%通过手机访问了互联网。预计到 2023 年，这一数字将增长到 35%，这表明该国的移动互联网用户群略有增加。

由此可见，印度互联网市场的一个重要特点是：绝大部分互联网用户通过移动互联的方式使用互联网，用户流动性与活跃度更强，为印度在线视频的用户渗透提供了良好的互联网条件。事实上，尽管印度依托人口数量拥有巨大的市场空间，但是其较低的互联网普及率和手机互联网渗透率将成为印度在线视频市场发展的又一桎梏。

（2）高速增长的在线视频市场。图 9-77 和图 9-78 表明，印度在线视频市场年收入呈上升态势，预计 2020 年将达到 4.65 亿美元。与新加坡和越南不同的是，印度在线视频市场年收入增长率自 2019 年开始预计值都在 20%以上，甚至在 2020—2023 年连续四年高于 30%，其高达 26.56%的复合年平均增长率使其成为南亚在线视频市场年收入增长速度最快的国家。

与新加坡、越南等东南亚国家不同的是，印度作为亚洲南部最有影响力的国家，其巨大的市场容量以及经济、政治、外交基础是印度发展在线视频产业的显著优势。Fastdata 提供的《2019 年印度互联网发展趋势报告》表明，2019 年第三季度，印度互联网行业风险投资金额超 35 亿美元，已成为继美国、欧洲及中国之后全球第四大风险投资市场。可见，印度市场对全球投资者的吸引力巨大，同时互联网产业在印度的发展也取得了不俗的成绩。

Fastdata 提供的《2019 年印度互联网发展趋势报告》对 2019 年 9 月印度主要 OTT 平

---

① 《2019 年印度互联网发展趋势报告》。

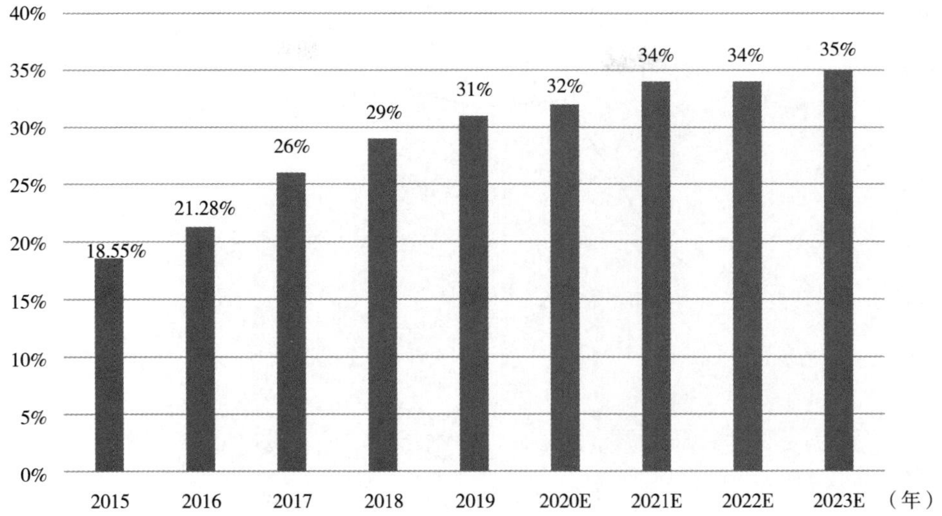

图 9-76　2015—2023 年印度手机互联网普及率

资料来源：Statista2020。

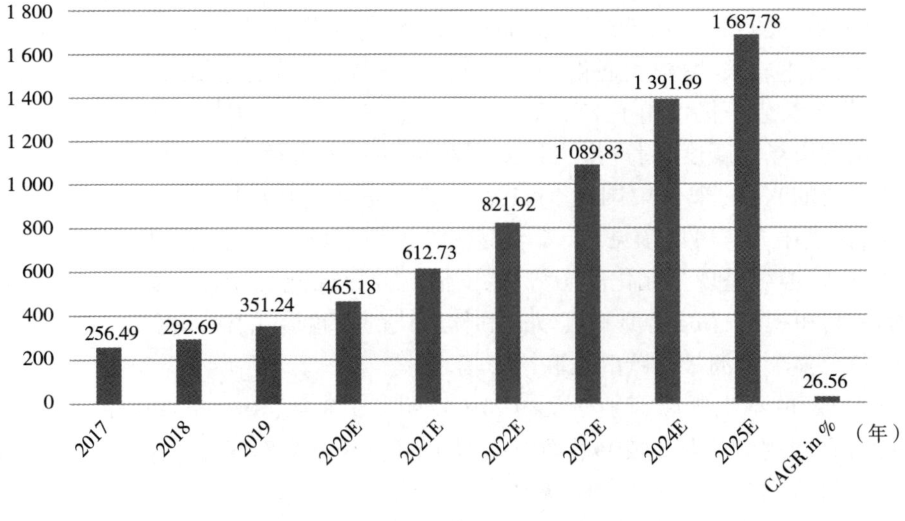

图 9-77　2017—2025 年印度在线视频市场年收入（单位：百万美元）

注：CAGR：复合年平均增长率。

资料来源：Statista2020。

台活跃用户数进行了统计，结果显示当月活跃在 YouTube 的用户数量为 2.7 亿人，高居榜首；而活跃在 Hotstar 和 Jio TV 的用户数量分别为 1.6 亿人和 7 800 万人，位列第二和第三。事实上，Hotstar 作为印度迪士尼公司（美国迪士尼公司在印度开设的子公司）直接拥有的订阅视频点播流媒体服务公司，侧重于提供国内节目和体育内容（包括印度超级联赛板球）以及优质国际电影和电视剧集（包括 HBO、Showtime 和其他美国原创系列）的视频服务，而 Jio TV 作为印度最大的电信运营商 Reliance Jio 旗下的在线视频服务平台，

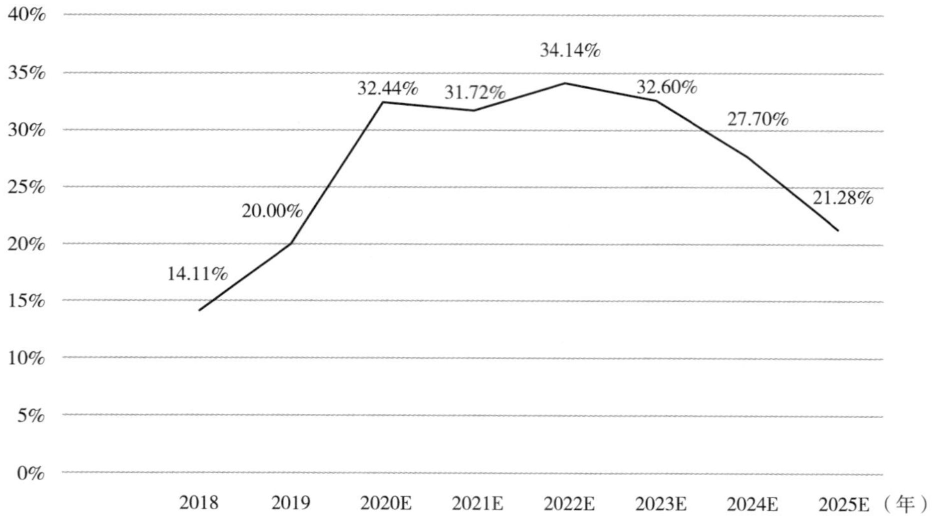

图 9-78　2018—2025 年印度在线视频市场年收入增长率

资料来源：Statista2020。

侧重于提供现场体育直播、电视节目、电影、实时新闻和娱乐等在线视频服务，可即时访问 15 种以上语言的 600 多个频道。Reliance Jio 获得欧美、日韩及印度本土大型财阀(信诚工业公司、日本软银、摩根大通银行等)的资本支持，在印度电信市场占据绝对优势地位，其用户规模突破 1 亿仅用了 170 天。基于以上三家公司的基本信息，可以浅窥印度在线视频市场的市场活跃度、用户潜力以及对境内外投资者巨大的吸引力。而近年来，随着短视频产业的兴起，来自中国的 TikTok 也首次进入 2019 年印度用户下载量前十名 APP 榜单，排名第九。可以预见，未来印度在线视频市场在强势资金投入与强劲发展势头的背景下，将继续呈现多元化的态势，除了传统的影视剧、新闻、现场直播等视频形式，还会增加新兴短视频、vlog 等具有互动式和体验式的视频形式，而印度在线视频市场也将成为南亚乃至整个亚洲最活跃的互联网市场之一。

(3)较成熟的本土视频产业。图 9-79 表明，2018 年，Amazon Prime Video 的使用份额估计占在线视频市场的 20%，而包括 Hotstar、Zee5、ALTBalaji 在内的印度本土视频公司的使用份额估计占在线视频市场的 30%以上。事实上，印度现阶段已形成了较成熟的在线视频产业链，其视频作品质量的不断提升使其在市场份额上能够与以美国为首的外国公司旗鼓相当，这是印度在线视频市场区别于越南在线视频市场的一个重要特征。因此，印度在线视频行业未来的发展战略应重视两条线路：一是持续拓展用户群体，扩大国内用户市场；二是持续探索优质视频内容的输出，形成高效产业链，针对不同受众群体制定不同视频模块，通过不断形成用户黏性和增加用户投入时间以达到持续发展的目标。

值得注意的是，印度多元的文化与民族构成使得当地互联网语言环境相比于中国而言更为复杂。目前，印地语是印度最通用的语言，使用人口 7.48 亿，占总人口的 55.3%，而其他语言如英语、孟加拉语、乌拉地语、泰卢固语分别有 1.40 亿、1.16 亿、1.07 亿、1.02

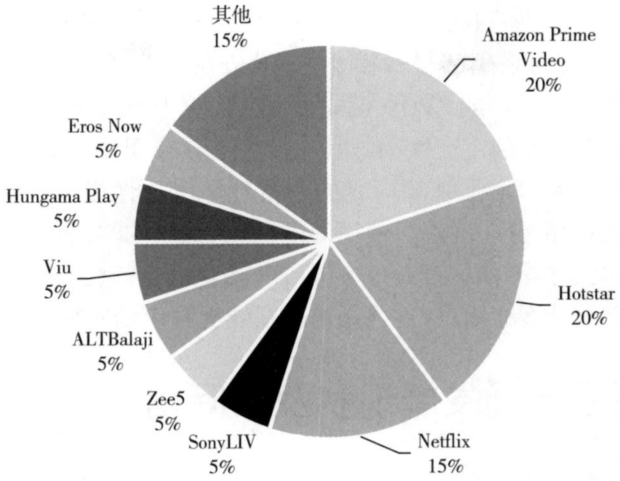

图 9-79　印度在线视频市场份额占比

资料来源：Statista2020。

亿人使用①，使用人数均相当于一个中等国家的人口规模，另外还有七种语言的使用人数达千万。因此，印度在线视频产业进行用户拓展时，必须要考虑到印度语言的多样性，采用不同的算法或精确的翻译来满足不同语言使用者的需求。

9.3.4.2　印度视频市场代表：BoxTV.com

BoxTV.com 是一家提供视频点播、流媒体电影、电视节目、电影短片和优质视频内容的网站。它为印度、新加坡、阿联酋、英国和美国的印度用户与印度侨民提供服务。它是由时报 BoxTV 媒体私人有限公司经营，而 BoxTV 媒体私人有限公司拥有者为时代集团附属公司时代网络有限公司。

BoxTV.com 拥有一个免费增值定价模式服务，这意味着有些内容是在广告支持的基础上免费使用的(AVOD)，而其余的服务只能包月使用(SVOD)。其包月收费价格在印度为 199 卢比(约 3.30 美元)，在英国为 4.99 英镑，在美国为 4.99 美元。

BoxTV.com 拥有 12 个内容合作伙伴，其中包括 Lehren、Productions、索尼影视、Shemaroo Entertainment、UTV Motion Pictures 和 Zoom。它声称拥有超过 3 500 部完整长度的电影，2 000 部电视节目和 500 部短片。

2013 年 2 月，时代互联网声称 BoxTV.com 拥有约 17 000 小时的电影内容和 5 000 小时的电视节目，大多数影视节目是美国制作的。该公司还宣布与天映娱乐、UTV 迪士尼和索尼影视签订一项提供好莱坞影视内容的协议。Everymedia Technologies、Shemaroo Entertainment、Rajshri Productions 和 UTV Motion Pictures 将为其提供印度节目。

BoxTV.com 用户必须在网站上注册才能观看任何节目，未注册用户只能浏览网站。该网站提供英语、印地语、泰米尔语、泰卢固语、卡纳达语、马拉雅拉姆语、马拉地语和孟

---

① 《2019 年印度互联网发展趋势报告》。

加拉语的电影、电视节目,以及无声电影。

从付费方式的角度考察,BoxTV. com 采用的是 SVOD 与 AVOD 形式的结合,事实上这也是目前很多视频公司采用的付费模式,其优势在于方便用户灵活选择所需要的内容,并且相较于单纯的 AVOD 或 SVOD 模式可以获取更丰厚的利润。

事实上,视频内容来源的广泛性和语言支持力是该公司的一大特点。BoxTV. com 拥有大量内容合作伙伴,为其增强视频内容的丰富性与优质性提供了保障,而 BoxTV. com 支持的语种覆盖了绝大部分印度用户使用的语种,为视频的输出提供了来源的保障和渠道的保障。对于印度这样的多语言人口大国,这样的模式有利于充分开发本国的在线视频市场,吸引并绑定大量潜在用户,这也是未来在线视频市场向纵深发展的大趋势。

9.4 中国视频市场发展现状及国际化

早在 2004 年之前国内互联网还没有专门的视频网站,乐视网的出现打破了这一局面。2005 年,土豆网、优酷网、激动网、56 网等视频网站纷纷成立。2009 年中国迎来了视频行业的爆发期,乐视视频、爱奇艺、哔哩哔哩等视频网站先后建立。2010 年前后,视频网站开始相继实现 IPO,优酷、土豆等登陆美国纳斯达克。为了实现盈利,优酷与土豆进行合并。一时间,视频网站如雨后春笋般地涌现出来。随着视频网站的发展,行业开始了整合。因为 BAT 的加入,在线视频的格局发生很大的变化,百度旗下的爱奇艺、腾讯旗下的腾讯视频和阿里巴巴旗下的优酷逐渐占据了在线视频前三的市场地位。与此同时,视频网站 PPS 与爱奇艺进行合并,酷 6 走向低迷,56 网被搜狐低价收购。土豆网最后也被收购。

如今视频网站从刚开始的投入重金购买优质内容版权逐渐转向内容自制。2015 年爱奇艺推出自制网剧《盗墓笔记》,之后各视频网站相继出现了大量优质的自制内容,比如爱奇艺的自制剧《白夜追凶》《河神》,均已成功登陆北美市场。2020 年上半年,腾讯视频推出了自制剧综以及动漫,比如《斗罗大陆 3》《三生三世枕上书》《龙岭迷窟》等;芒果 TV 自制的《乘风破浪的姐姐》《锦衣之下》等头部爆款剧综。

2018 年 3 月 28 日,哔哩哔哩在纳斯达克上市;爱奇艺于 2018 年 3 月 29 日登陆纳斯达克。一时间,中国视频网站除了类似于腾讯系、搜狐系这些已经有母公司上市之外,基本上第一梯队的视频网站都已经完成了上市。

在流量变现方面,中国视频网站在最初的时候是免费观看视频,变现方式单一,流量变现只靠广告收入作为主要收入模式。2011 年爱奇艺在中国视频市场推出付费会员模式,随后其他视频网站纷纷效仿,这一模式已发展十余年,内容付费已成为目前视频平台主要的商业模式和收入来源。在 5G 高速发展的背景下,视频市场开始运用 5G 探索新技术、新业态,2020 年中国视频网站涌现了很多机遇和挑战。

随着中国互联网进入内容时代,流量成本不断走高,受众移动端碎片化特征以及多样化和个性化的需求使得短视频应运而生并蓬勃发展。①

① https://lmtw. com/mzw/content/detail/id/188774。

9.4.1 中国在线视频市场用户情况

2018—2020 年,在线视频用户数量呈持续增长态势。如图 9-80 所示,2018 年 6 月中国在线视频用户量为 7.11 亿,2019 年 6 月用户量达到 7.59 亿,增长了 6.7%。从 2018 年 6 月至 2020 年 3 月,中国约有 8.5 亿互联网用户观看了在线视频,包括短视频内容,增长了 19.6%。

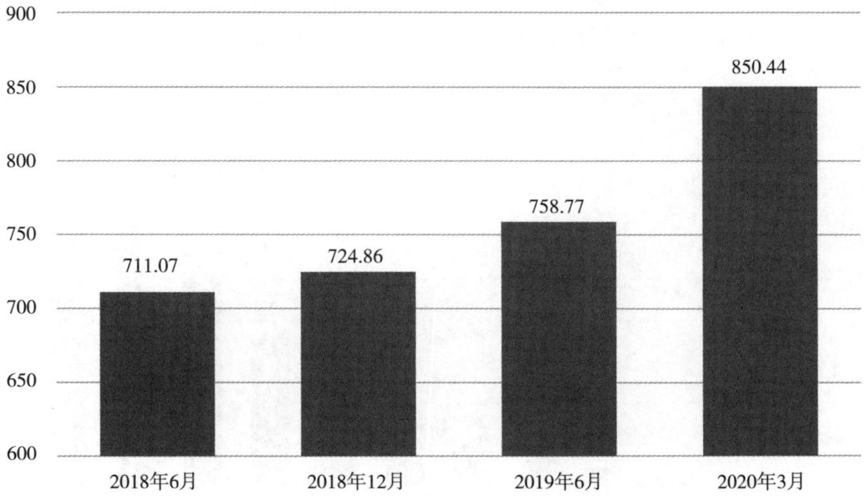

图 9-80　2018 年 6 月至 2020 年 3 月中国在线视频用户数量(单位:百万)

资料来源:Statista2020。

如图 9-81 所示,在 2018 年 6 月至 2018 年 12 月间在线视频使用率小幅度下降,2018 年 12 月至 2020 年 3 月间使用率大幅度上涨。截至 2020 年第一季度,中国约有 94%的互联网用户观看了在线视频。

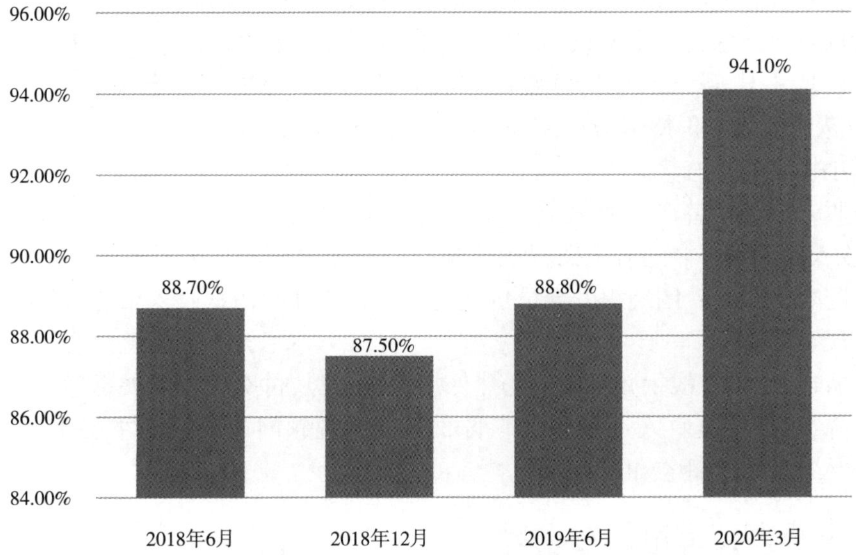

图 9-81　2018 年 6 月至 2020 年 3 月中国在线视频使用率

资料来源:Statista2020。

9.4.2 中国在线视频市场收入情况

总体来看,2009—2020 年中国视频网站市场总收入的各部分呈增长态势。2020 年,中国视频网站市场收入总额为 1 566 亿元人民币,比 2009 年增加了 1 546 亿元人民币。从收入来源看,中国视频网站收入主要来自广告收入、付费内容收入、版权发行收入和其他四个渠道。如图 9-82 所示,2009 年至 2020 年中国在线视频年收入保持稳定增长。2019 年,中国在线视频市场的收入估计约为 1 258 亿元,大约是 2016 年收入的两倍。从 2018 年的 1 034 亿元到 2020 年的 1 566 亿元,增长了 51.5%。

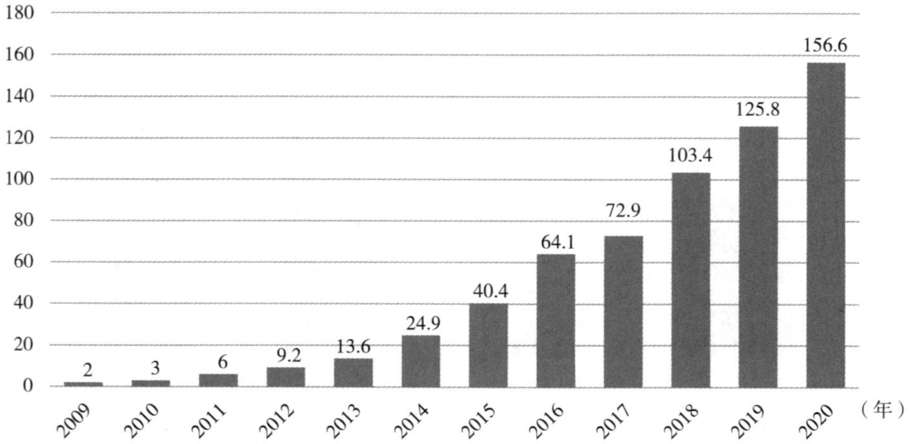

图 9-82 2009—2020 年中国在线视频市场年收入(单位:十亿元人民币)

资料来源:Statista2020。

如图 9-83 所示,广告收入和付费内容收入占视频网站收入的大部分份额。在最近的十年中,中国的在线视频行业突飞猛进地发展,主要收入来源已经从广告转向用户付费。付费内容收入保持稳定增长。2019 年,中国在线视频收入的约 43%来自付费内容,远高于广告所占比例。2020 年付费内容收入约占 50%,是广告收入的两倍。预测到 2022 年付费内容收入仍持续增长,广告收入逐年呈下降趋势。2017 年到 2022 年版权发行收入呈小幅度增长态势。

付费收入已经代替广告收入成为视频网站主要的营收来源,付费收入占比逐年增长,广告收入逐年下降。随着中国视频网站对于原创内容的加大投入,版权收入将会继续增加。随着视频平台围绕提升会员价值进行多元化开发拓宽收入渠道,付费收入会有更大的发展空间。

综上所述,中国在线视频年收入仍然保持增长态势,付费收入发展迅猛,广告收入占比逐年下降,付费会员收入逐渐超过广告收入成为视频网站收入的主要来源。据预测 2022 年收入比重的差距会继续拉大。

9.4.2.1 在线视频广告市场发展概况

如图 9-84 所示,从 2011 年到 2022 年,广告支出从 40 亿元增加到 315.4 亿元,增长

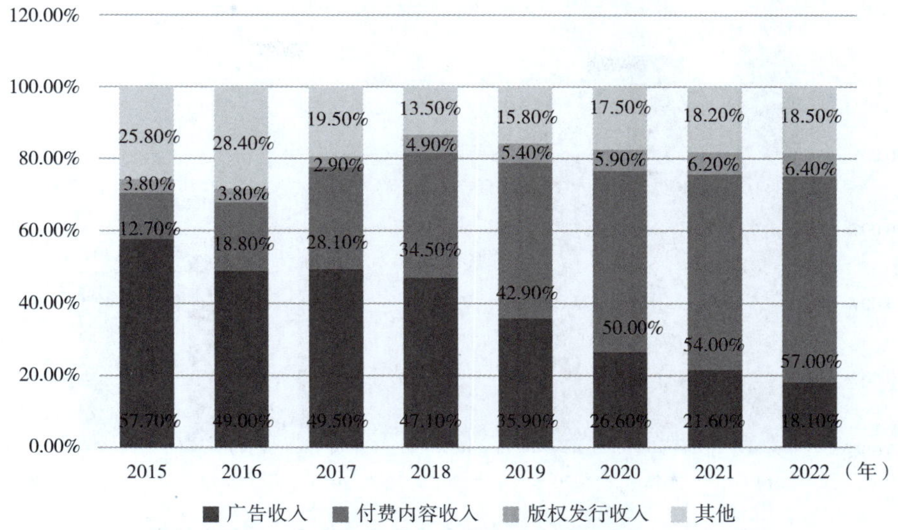

图 9-83　2015—2022 年中国在线视频行业收入分布

资料来源：Statista2020。

了 689%。2018 年中国在线视频广告支出为 417.9 亿元，达到峰值，之后的 2019 年到 2022 年广告支出呈下降态势。

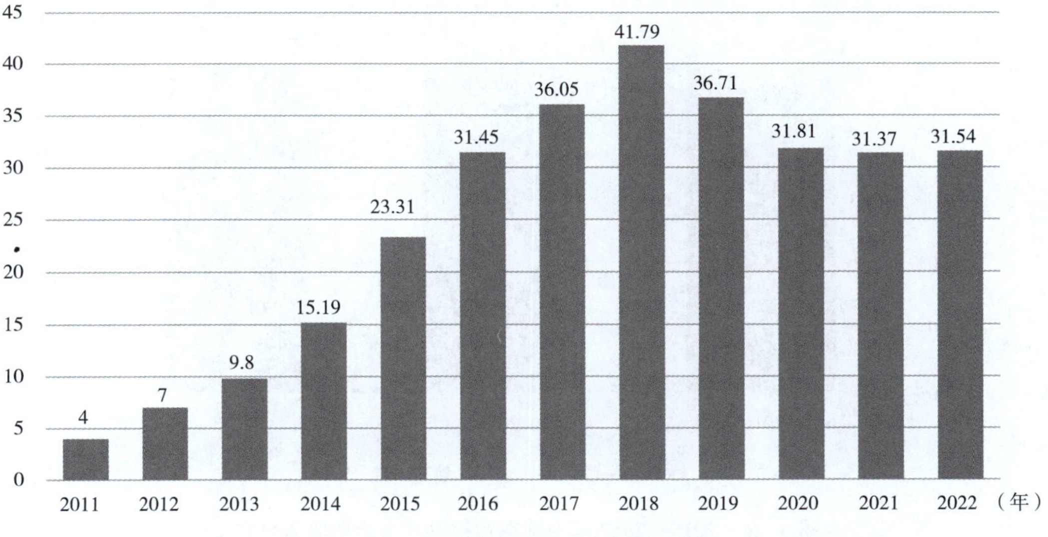

图 9-84　2011—2022 年中国在线视频行业的广告支出（单位：十亿元）

资料来源：Statista2020。

如图 9-85 所示，2017 年，中国在线视频行业的广告收入的年增长率最低，比上年增长 9.2%。2018 年的广告收入增长率大幅度上涨，是前一年的 3 倍，2018 年到 2020 年的广告收入年增长率呈小幅度下降趋势。

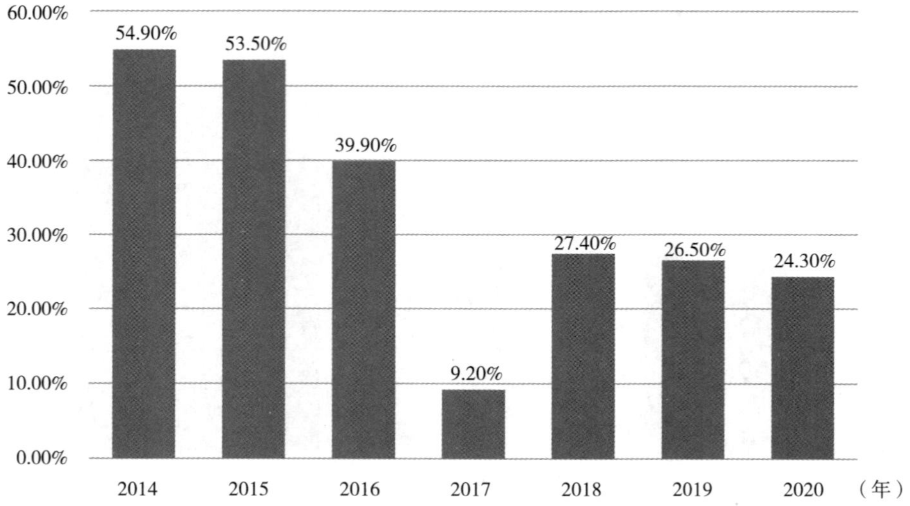

图 9-85　2014—2020 年中国在线视频广告收入的年增长率

资料来源：Statista2020。

如图 9-86 所示，2015 年插播视频广告的占比为 95%，2017 年插播广告的占比为 76.8%，插播广告所占比重呈下降趋势。2017 年影片外播广告为 23.2%，插播广告占比是影片外播广告的 3 倍多。

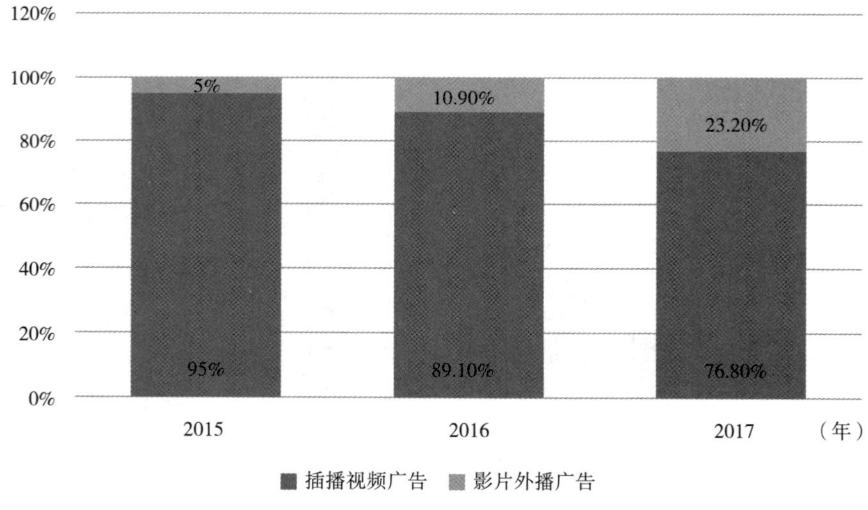

图 9-86　2015—2017 年中国在线视频广告行业收入分布

资料来源：Statista2020。

综上所述，在线视频网站的广告支出呈下降趋势，在线视频广告收入的年增长率呈下降态势。插播视频广告仍然占据视频网站广告收入分布的主导地位，但是有下降趋势，影片外播广告收入逐年上涨。

9.4.2.2 付费收入

付费内容已成为中国在线娱乐市场的推动力。

总体来看,在线视频付费年收入呈快速增长态势。如图 9-87 所示,2012 年到 2019 年付费内容的收入增加了 578.3 亿元。近几年视频网站的内容越来越丰富,出现了很多优质的原创作品,付费用户高速增长,付费收入迅猛增长。从 2017 年的 217.9 亿元到 2019 年的 582.2 亿元,增长了 167%。

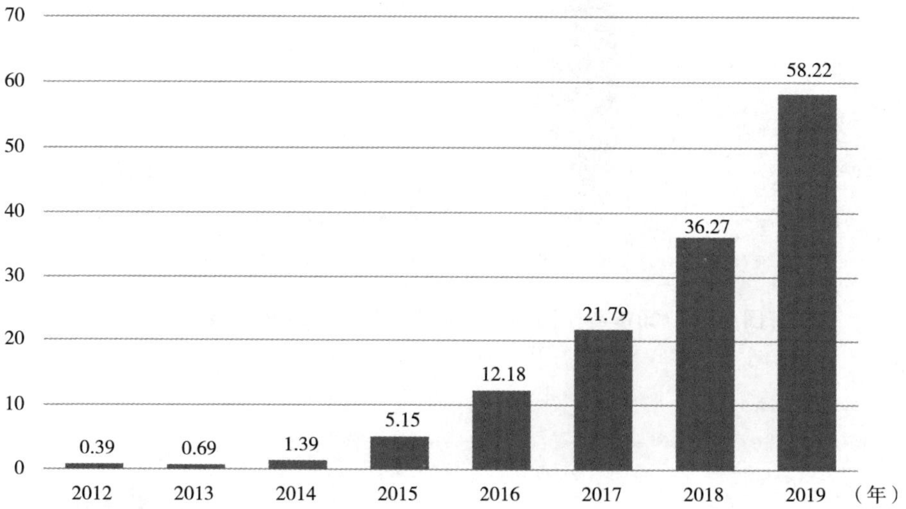

图 9-87 2012—2019 年中国在线视频付费市场年收入(单位:十亿元)

资料来源:Statista2020。

但是,在线付费视频竞争愈加激烈,内容成本越来越高。电视剧和电影将继续成为市场的主要支柱。为了获得新成员,完善的平台需要制作出吸引人的原创内容。当前头部平台付费用户规模均过亿,渗透率不断提高,未来推动用户付费规模持续扩大需要通过提供更多维度的付费方式来拉动付费用户平均收益值的增长。

9.4.3 中国视频网站内容情况

据国家广播电视总局统计数据(见图 9-88),2018 年全国共备案重点网络原创节目 2 131 部(档),其中网络剧 21 部、网络电影 1 793 部、网络动画片 67 部、网络纪录片 22 部、网络栏目 228 档。网络电影数量最多,网络剧数量最少。

如图 9-89 所示,2018 年全国非重点网络原创节目共备案 2 459 部(档),其中网络剧 50 部、网络电影 460 部、网络动画片 378 部、网络纪录片 129 部、网络栏目 1 442 档。原创节目中网络栏目数量最多,网络剧最少。网络原创节目备案数量较上年呈下降趋势,重点网络原创节目备案数量接近非重点网络节目备案数量,这表明网络原创节目创作回归理性,逐渐向精品化、专业化方向转变,而粗放型的内容生产逐渐退出市场,网络自制内容正在向好发展。①

① https://dy.163.com/article/EPUFP3PV05381BP4.html。

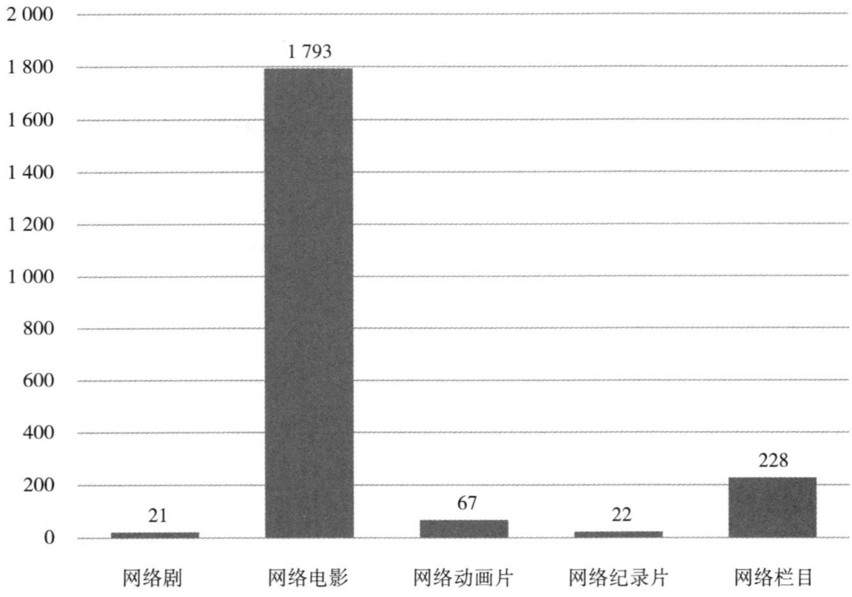

图 9-88　2018 年全国备案重点网络原创节目(单位:档/部)

资料来源:国家广播电视总局。

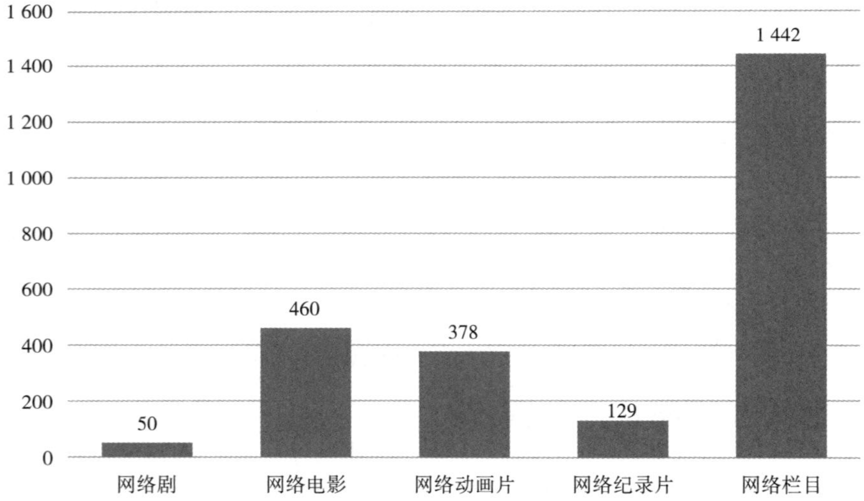

图 9-89　2018 年全国非重点网络原创节目(单位:档/部)

资料来源:国家广播电视总局。

从播出情况来看(见图 9-90),2018 年全网共上线网络剧 218 部、网络电影 1 526 部、网络综艺 385 档,上线节目数量较上年减少 22%,但播放量比上年大幅提升,网络原创节目呈现数量减少而质量提高的趋势。网络纪录片、网络动画片的市场份额增大。

在线视频竞争愈加激烈,内容成本飞涨。电视剧和电影仍居市场主导地位。为了获得新用户,各视频平台将会继续制作和获取强大的原创内容,视频平台对于原创内容的投入力度将会进一步加大。

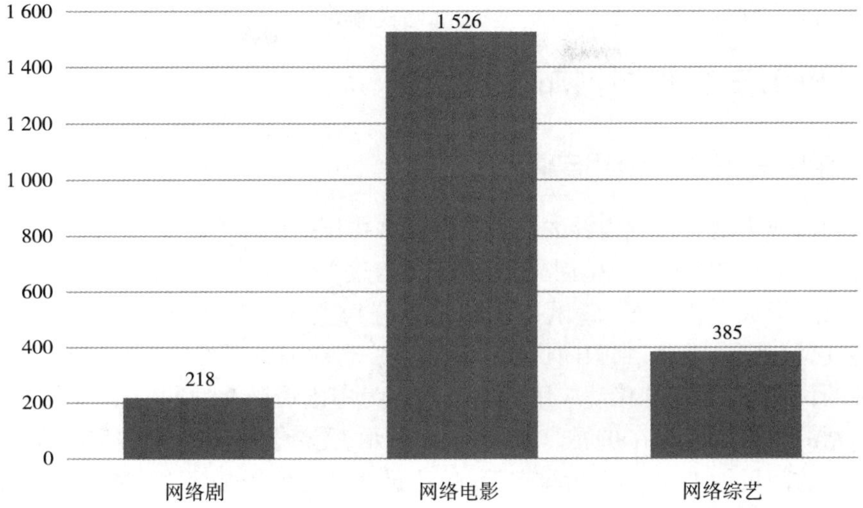

图 9-90　从播出情况来看,2018 年全网上线节目数量(单位:档/部)

资料来源:国家广播电视总局。

9. 4. 4　中国在线视频的市场结构

如图 9-91 所示,截至 2020 年 5 月,优酷的每月活跃用户将近 3. 92 亿,排名第一;排名第二的是腾讯视频,每月活跃用户大约为 3. 82 亿;爱奇艺排在第三,用户约为 3. 25 亿。芒果 TV 的用户在 9 700 万左右,哔哩哔哩大约有 9 400 万用户,分别排名第四和第五。优酷、腾讯视频和爱奇艺在活跃用户方面处在遥遥领先的位置。

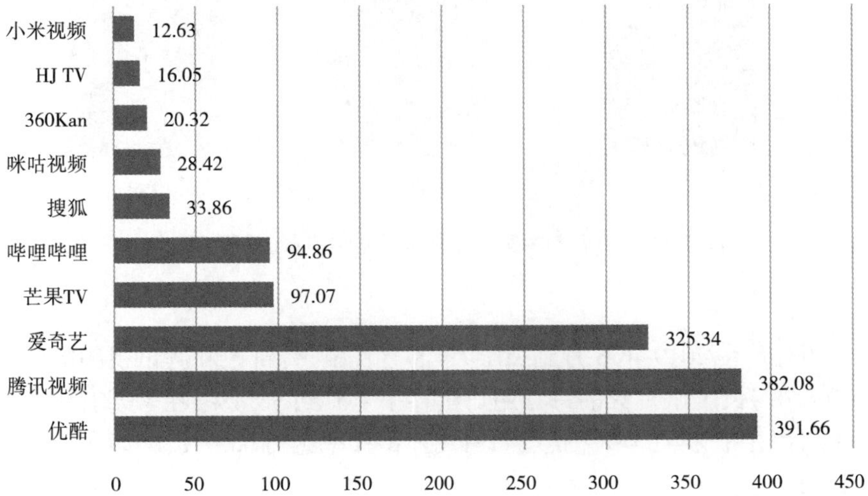

图 9-91　截至 2020 年 5 月中国领先的在线视频应用每月活跃用户(单位:百万)

资料来源:Statista2020。

综上所述,在视频网站行业的格局中,已经形成了由优酷、爱奇艺、腾讯视频主导的第一梯队,芒果 TV 和哔哩哔哩组成第二梯队,搜狐、咪咕视频等位于第三梯队,马太效应明显。

9.4.5 中国主流视频网站发展现状

9.4.5.1 中国主流视频市场用户情况

互联网已成为观看视频内容的首选平台。在中国,几乎每天有一半的互联网用户观看在线视频。截至 2020 年,中国视频网站已经走过 15 个年头,经过十几年的沧桑变化,视频网站已经形成了以优酷、腾讯视频和爱奇艺为主导的三足鼎立的市场格局。2020 年,爱奇艺已将其重点转移到国内优质产品上。广受欢迎的历史剧《雁西宫》为该平台带来了可观的付费订阅,使其移动应用程序版本成为中国最受欢迎的应用程序之一。爱奇艺视频网站的用户规模仍在扩展。如图 9-92 所示,爱奇艺在其竞争对手中排名第一,在中国的用户访问量为 1. 891 4 亿,排名第一,比排名第三的优酷多 2 306 万。腾讯视频的访问量为 1. 891 3 亿,位居第二。

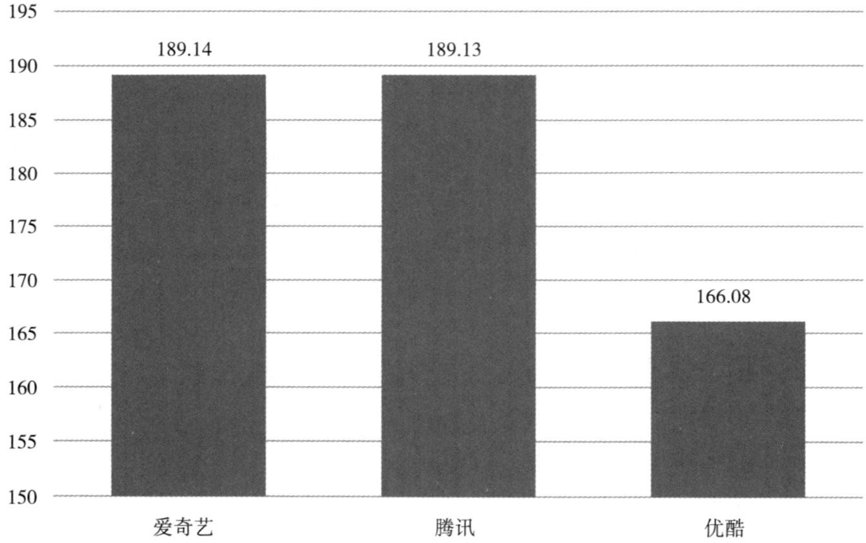

图 9-92　2020 年中国主流视频网站访问量(单位:百万)

资料来源:Statista2020。

如图 9-93 所示,2019 年 6 月到 2019 年 8 月优酷、爱奇艺和腾讯视频的留存率持续增长。2019 年 8 月,腾讯视频的每月用户留存率上升到 58. 1%,在暑期有所改善。爱奇艺的每月用户留存率为 47. 4%。优酷每月用户留存率达到 60. 7%,略高于爱奇艺和腾讯视频,位居第一。

2020 年受到疫情影响,全民的居家隔离使得用户对于在线视频的需求增大,平时碎片化的使用时间转变为集中化的在线时间,头部视频的用户活跃量在春节期间呈现急速上升的趋势(见图 9-94)。芒果 TV 凭借独播节目资源优势吸引大量用户,每日人均使用时长增加了 26 分钟,增长了 42%。哔哩哔哩以自身平台的内容优势,时长排名第一。

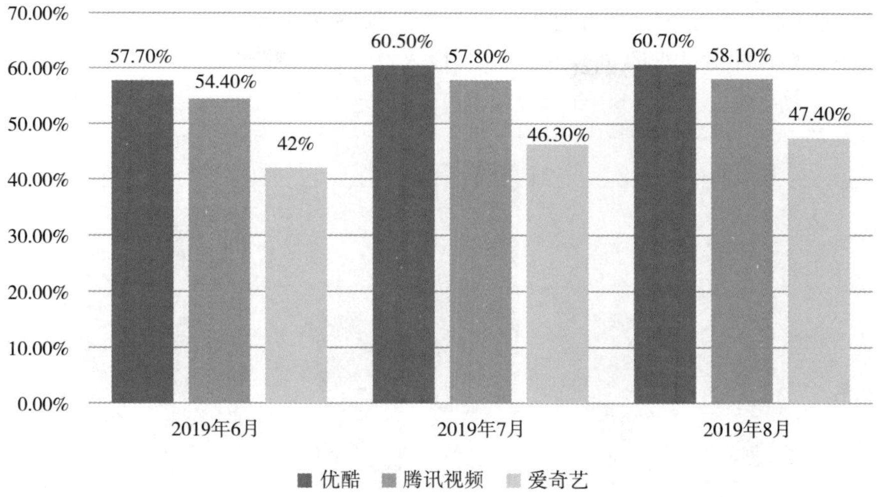

图 9-93　中国主流视频平台用户每月留存率(2019 年 6 月至 2019 年 8 月)

资料来源:Statista2020。

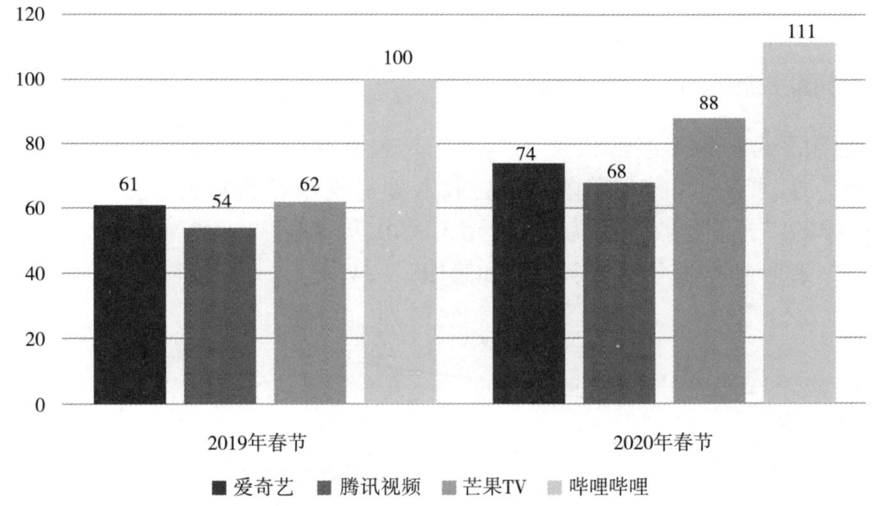

图 9-94　2019 年春节和 2020 年春节在线视频领先 APP 日人均使用时长(单位:分钟)

资料来源:华经产业研究院。

综上,在第一梯队中,爱奇艺的网站访问量最多。优酷月留存率最大,但是爱奇艺的增长率是最大的。在春节期间,哔哩哔哩的日人均使用时长最长。芒果 TV 增加的时长是最多的。芒果 TV 凭借自身的爆款内容有很大的发展空间。

9.4.5.2　中国主流视频内容情况

如图 9-95 所示,截至 2019 年,整个腾讯视频内容中有 65%为原创内容。中国的三个主要在线视频平台(腾讯视频、爱奇艺和优酷)都增加了对原创内容的投资。三个主要在线视频网站的原创内容都比收购内容所占的比重大,腾讯视频和爱奇艺的原创内容的比例大约是收购内容的两倍。由此可见,各大视频网站为了争夺更大的市场份额,吸引更多的用户,都在加大对于原创视频内容的投入。

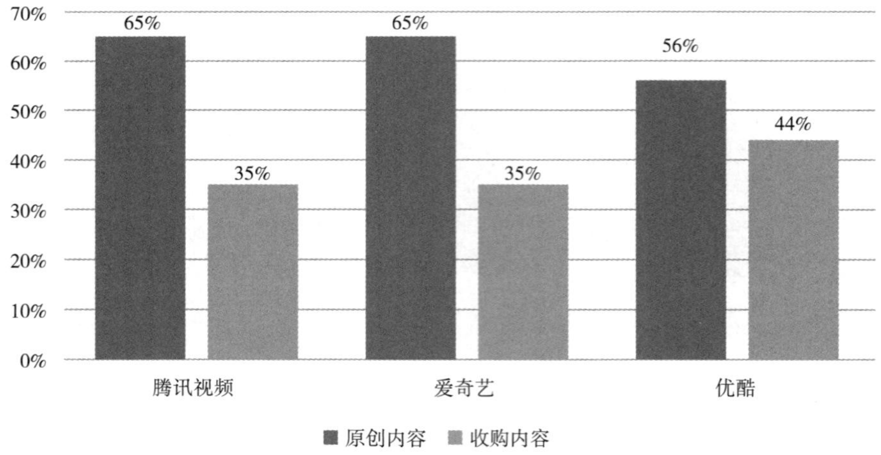

图 9-95　截至 2019 年在中国主流视频平台按其原创视频内容和收购在线视频内容划分

资料来源:Statista2020。

9.4.5.3　中国主流视频广告收入情况

在线视频平台在中国蓬勃发展,获得的广告收益如图 9-96 所示。2018 年第四季度以来,爱奇艺、芒果 TV 和哔哩哔哩的广告收入都呈现稳定的发展态势。2019 年第一季度,腾讯视频的广告业务收入约为 34 亿元人民币,排名第一。爱奇艺以 21 亿元紧随其后。芒果 TV 和哔哩哔哩分别排名第三和第四。

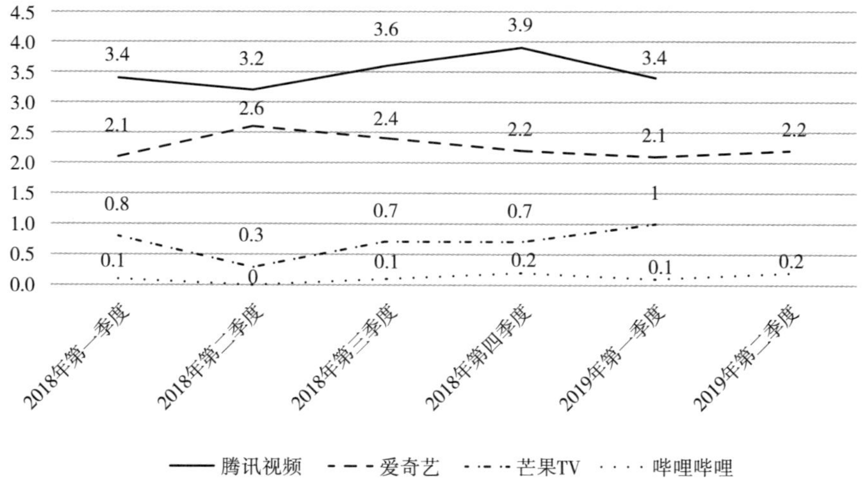

图 9-96　2018 年第一季度至 2019 年第二季度领先视频平台的季度广告收入(单位:十亿元)

注:无法查阅到腾讯视频和芒果 TV2019 年第二季度的数据,故图中未显示。

资料来源:Statista2020。

9.4.5.4 爱奇艺的发展现状

如图 9-97 所示,2017 年至 2019 年爱奇艺的月活跃用户数持续上升。2017 年有 4.21 亿活跃用户。2019 年,爱奇艺平均每月活跃用户达到 4.76 亿,增长了 13%。

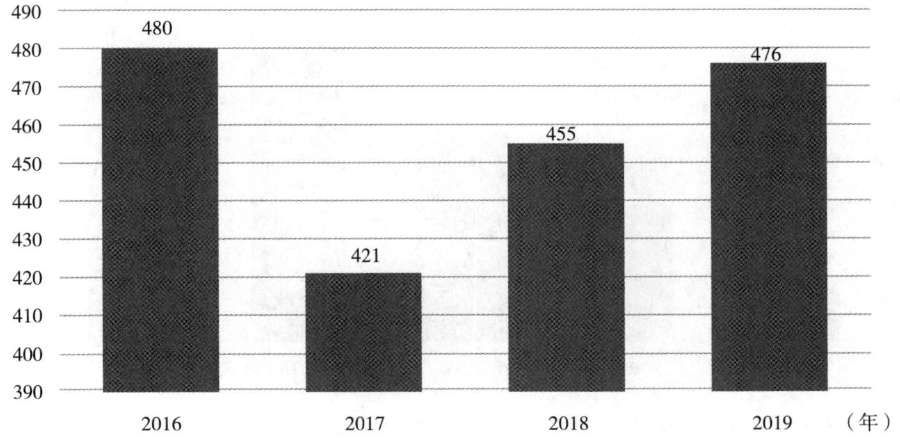

图 9-97 2016—2019 年爱奇艺的平均每月活跃用户数(单位:百万)

资料来源:Statista2020。

如图 9-98 所示,爱奇艺的订阅会员数量逐年增加,从 2017 年的 5 000 多万到 2019 年将近 1.07 亿,增长了 110%。截至 2019 年底,爱奇艺已经积累了超过 1 亿的订阅会员,与 2018 年相比增长了 22.3%。

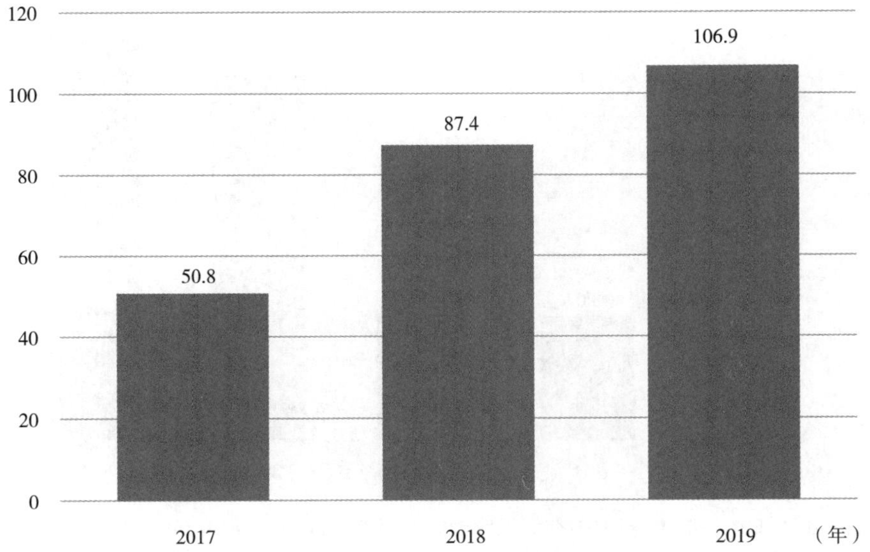

图 9-98 2017—2019 年爱奇艺的订阅会员数量(单位:百万)

资料来源:Statista2020。

如图 9-99 所示,爱奇艺在 2015 年到 2019 年的年收入一直持续稳定增长。2018 年的年收入将近 250 亿元。2019 年全年总收入近 290 亿元人民币,比上年增长 16%。

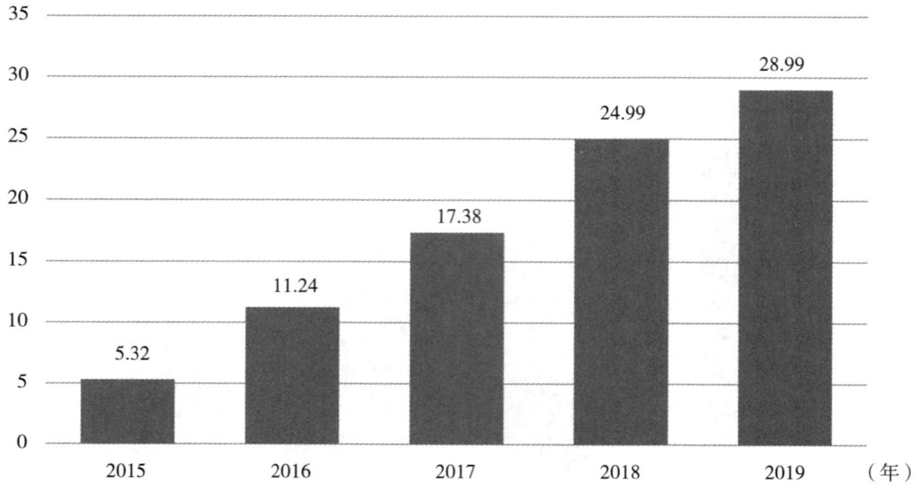

图 9-99　2015—2019 年中国在线视频网站爱奇艺年收入(单位:十亿元人民币)

资料来源:Statista2020。

如图 9-100 所示,爱奇艺 2019 年净亏损 103 亿元人民币,营业亏损率为 32%。2018 年,总成本与上一年相比飙升了 62%,这主要是许可版权和内部制作的内容成本上升所致。2019 年,该公司优化了内容结构并显著降低了成本。

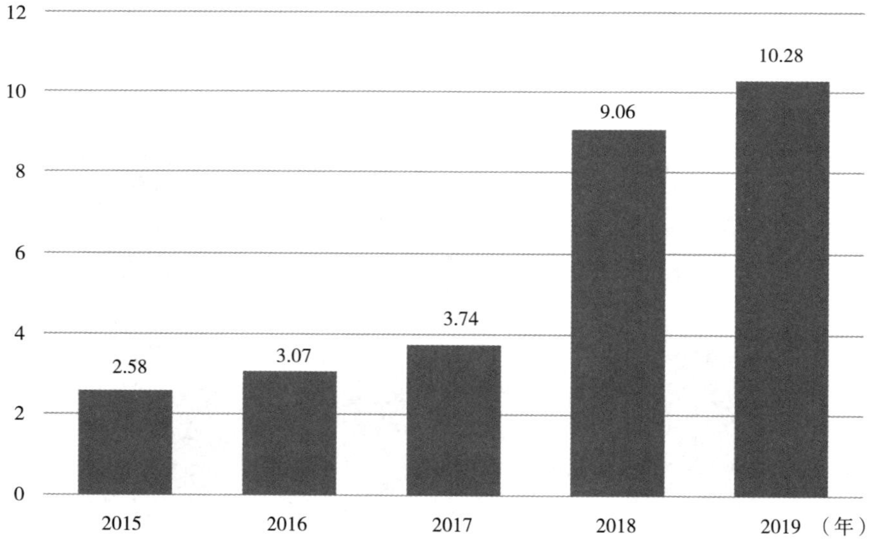

图 9-100　2015—2019 年中国在线视频网站爱奇艺年度净亏损(单位:十亿元人民币)

资料来源:Statista2020。

综上,爱奇艺的每月活跃用户量仍然保持上升状态,订阅会员数量也将会一直呈增长态势。爱奇艺的年收入正在逐年稳定增加。由于视频行业一直是一个"烧钱"的行业,都在拼独家自制节目,爱奇艺在过去几年中一直处于亏损状态,如今仍然面临着亏损的现状。

9.4.5.5 腾讯视频发展现状

数字内容方面,腾讯视频把数字内容投入及发展付费会员业务放在了主要的位置上,立足于长视频领域,拓展短视频业务。

2019 年,腾讯的收费增值服务账户数同比增长 12%至 1.8 亿。受主要节目内容延迟播映影响,视频付费会员及收入较 2018 年增长放缓;2019 年腾讯视频付费会员数增长至 1.06 亿。视频业务全年营运亏损减少至人民币 30 亿元以下。2019 年,由于用户花费大量时间观看短视频,腾讯加大了对短视频领域的投入。2019 年第四季度,短视频应用微视的日活跃用户数环比增长 80%,日均视频上传量环比增长 70%。

由于腾讯视频不是独立上市的公司,它隶属于腾讯(北京)科技公司,腾讯视频的所有收入和支出都并表在腾讯上市公司里面,其中两项收入与腾讯视频相关:一是网络广告收入,它主要包括来自媒体广告和来自社交及其他广告的收入;二是其他收入,它主要来自为第三方制作与发行电影电视节目、内容授权、商品销售及若干其他活动。如图 9-101 所示,腾讯集团 2019 年的网络广告业务的收入同比增长 18%至 683.77 亿元。其中,社交及其他广告收入为 528.97 亿元,增长 33%。该项增长主要反映微信广告库存及曝光量的增加带来更多广告收入,以及移动广告联盟因流量及广告视频化增加带来的收入贡献。媒体广告收入为 154.80 亿元,下降 15%。该项减少主要由于排播时间的不确定性、宏观环境的挑战以及 2019 年无 FIFA 世界杯的带动导致包括腾讯视频及腾讯新闻在内的媒体平台的广告收入下降。

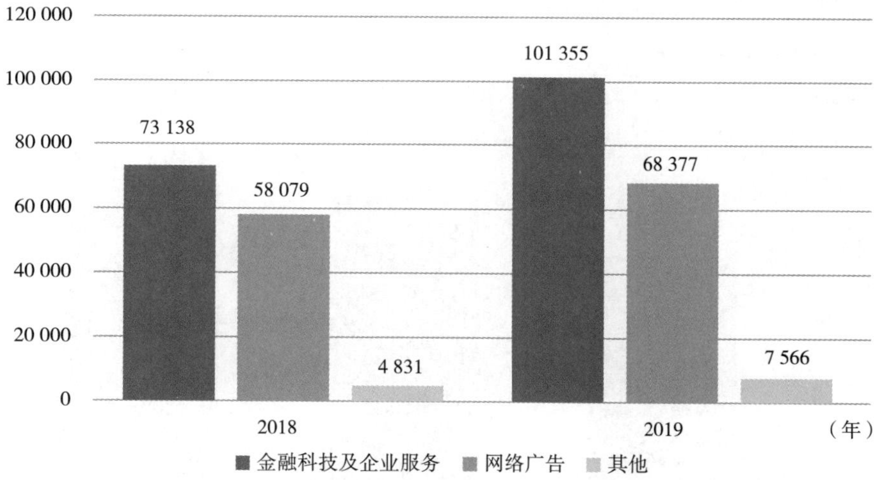

图 9-101 腾讯集团 2018 年和 2019 年按业务划分的收入(单位:百万元)

资料来源:腾讯 2019 年年报。

如图 9-102 所示,2019 年腾讯网络广告业务的成本为 348.60 亿元,同比下降了 6.5%。该项减少主要是由于较少的影视剧播放以及成本效率优化而导致的广告资助的长视频服务内容成本下降,部分被其他成本增加所抵消。

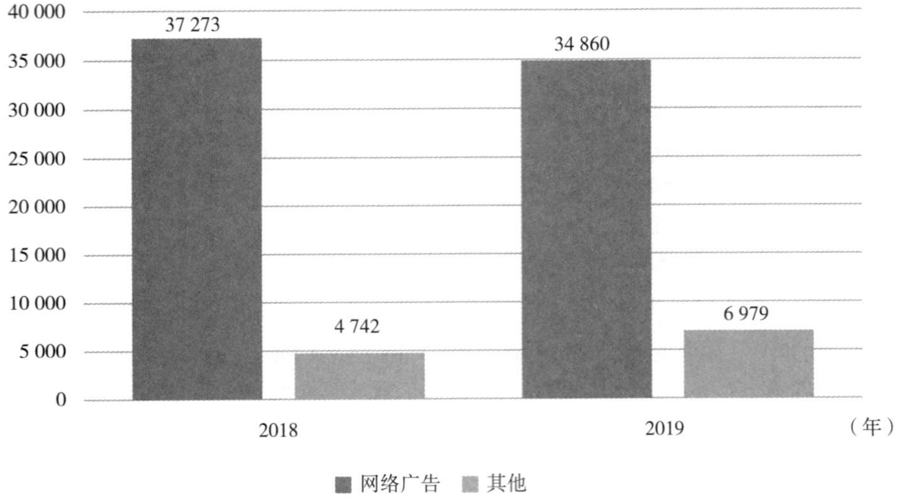

图 9-102　腾讯集团 2018 年和 2019 年按业务划分的成本（单位：百万元）

资料来源：腾讯 2019 年年报。

9.4.5.6　优酷的发展概况

阿里巴巴集团的数字媒体和娱乐业务主要是通过阿里巴巴的主要分销平台优酷，以及通过阿里巴巴图片和阿里巴巴其他各种内容平台，提供在线视频、电影、现场活动、新闻提要、文学和音乐等服务。数字媒体和娱乐业务的收入主要包括客户管理服务和会员订阅费。会员订阅费主要来自付费消费者。如图 9-103 所示，数字媒体和娱乐收入保持增长态势，2019 财政年度的收入为 24 077 亿元，增长了 23.1%。2020 财政年度的收入为 26 948 亿元，增长了 11.9%。

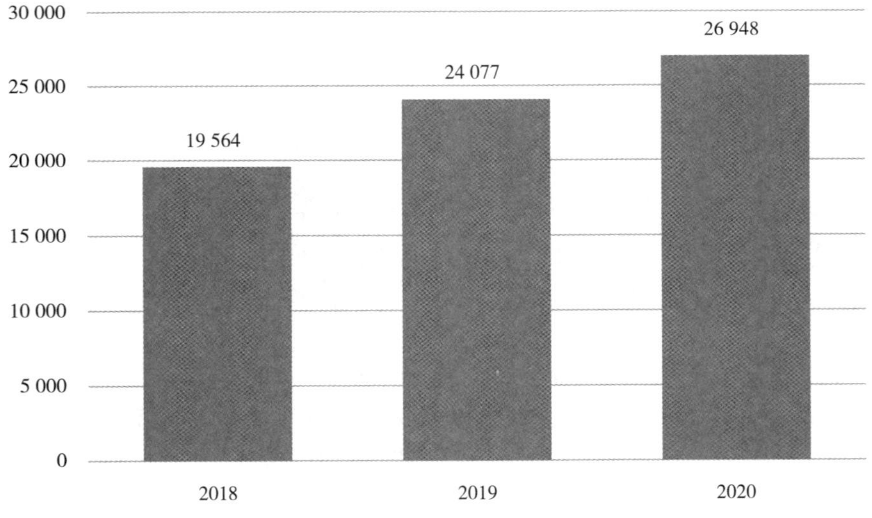

图 9-103　2018—2020 财政年度阿里巴巴集团控股有限公司的数字媒体和娱乐部门收入（单位：亿元）

资料来源：阿里巴巴 2020 年年度报告。

如图 9-104 所示,经调整的 EBITA 2020 财政年度亏损 111. 16 亿元,2019 财政年度亏损 157. 96 亿元。调整后的 EBITA 利润率从 2019 财政年度的负 66%提高到 2020 财政年度的负 41%,主要原因是阿里巴巴集团推出了更加严格的内容支出政策,优酷视频降低了内容成本。

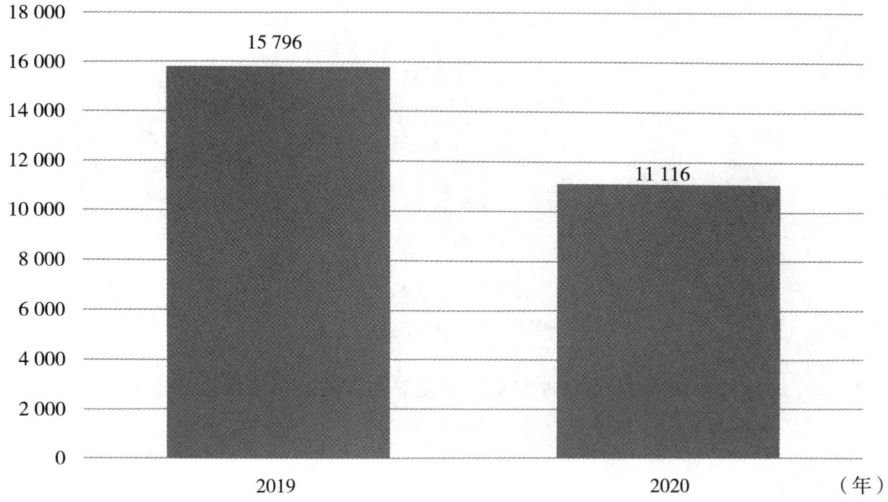

图 9-104 阿里巴巴集团数字媒体和娱乐部门经调整的 EBITA 2019、2020 财政年度亏损金额(单位:百万元)

资料来源:阿里巴巴 2020 年年度报告。

9. 4. 5. 7 哔哩哔哩发展现状

近几年,哔哩哔哩视频网站发展迅速。如图 9-105 所示,2018 年第一季度到 2019 年第四季度的每月付费用户不断增长,哔哩哔哩的付费会员从 2018 年第一季度的 247 万增加到 2018 年第四季度的 442 万,增长了 79%;在 2019 年第四季度达到 882 万,略高于上一季度的 795 万,增长了 10. 96%。该季度平均每月活跃用户超过 1. 3 亿。

按成分划分哔哩哔哩的年度净收入中,手机游戏最多,第二是直播及增值服务,第三是广告,第四是电子商务和其他。从 2017 年到 2019 年,哔哩哔哩的年度净收入保持稳定增长,2019 年哔哩哔哩净收入总额约为 67. 8 亿元。其中,手机游戏贡献了约 36 亿元人民币,占当年净收入总额的 53. 1%(见图 9-106)。

综上所述,哔哩哔哩的平均每月付费用户数保持稳定增长态势。哔哩哔哩的年度净收入总体呈增长趋势,手机游戏的收入占比最大,直播、广告和电子商务收入也平稳增长。其中,由于电子商务的迅猛发展,电子商务收入有较大的发展空间。

9. 4. 6 新冠肺炎疫情期间中国视频网站发展情况

2020 年发生新冠肺炎疫情,国内外的经济受到了严重的影响。2020 年年初时视频网站出现了内容供小于求的现象,内容供应量严重紧缺,不能满足受众需求。3 月份随着国内疫情开始好转,各个地区相继复工复产,视频网站开始了新节目的上新工作。

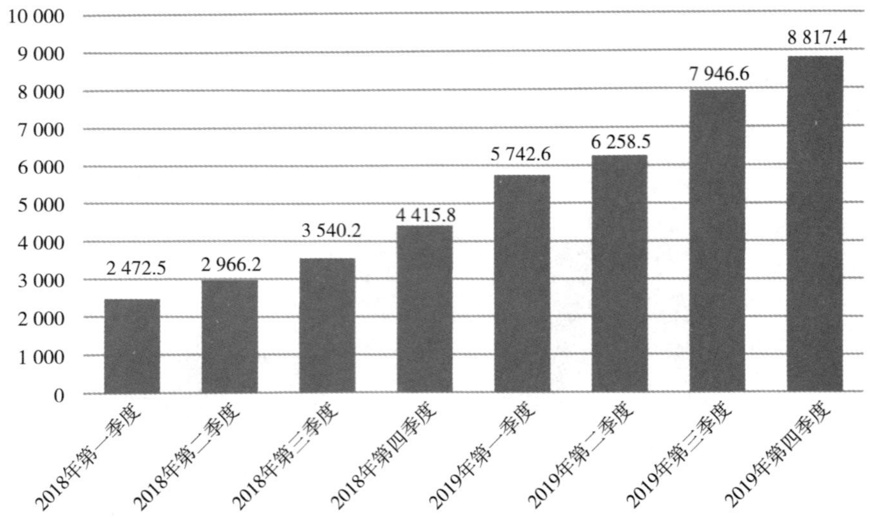

图 9-105　从 2018 年第一季度到 2019 年第四季度哔哩哔哩的平均每月付费用户数(单位:千)

资料来源:Statista2020。

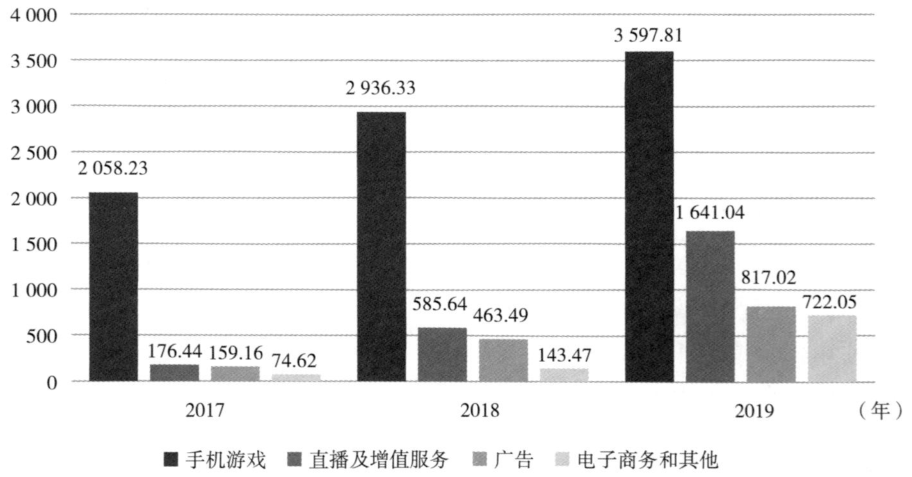

图 9-106　按成分划分的 2017—2019 年哔哩哔哩的年度净收入(单位:百万元)

资料来源:Statista2020。

在线视频月累计使用次数从 2018 年至 2020 年呈增长态势。在疫情作用下,2020 年 2 月起,在线视频用户的使用黏性提升。如图 9-107 所示,2020 年 2 月,单设备月累计使用接近 80 次,同比 2019 年同期增加 23.2 次,增长了 42%。[①] 2019 年 3 月的使用次数约为 59.4 次,2020 年同期使用次数约为 78.6 次,增长了 32.3%。

如图 9-108 所示,2019 年 1 月、2 月、3 月电视剧因其时长优势占据观看时长的主导

① http://www.199it.com/archives/1057673.html。

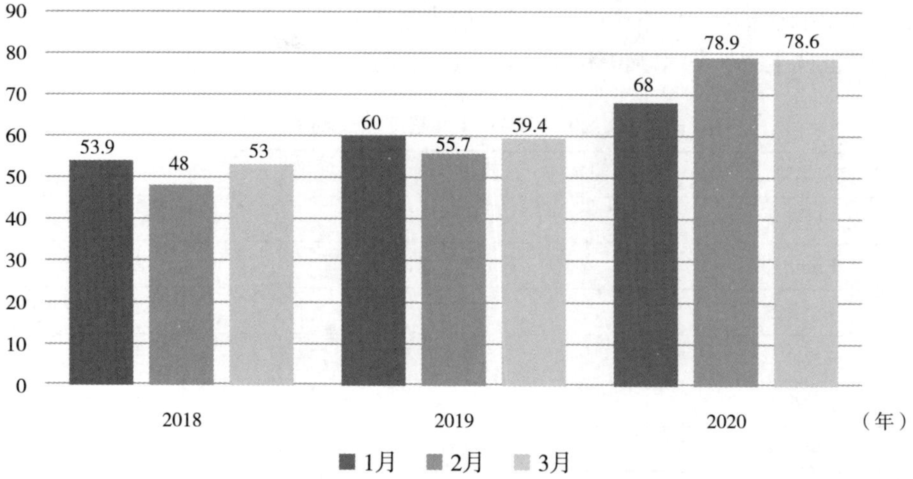

图 9-107 中国移动互联网在线视频平均单设备月累计使用次数(单位:次)

资料来源:UserTracker 多平台网民行为监测数据库(桌面及智能终端)。

地位。疫情期间,电视剧的观看时长也保持稳定增长趋势。电影的观看时长呈增长态势。在 2019 年 11 月后,综艺观看时长的增速快于电影。到 2020 年,由于疫情,院线全面停产,在线视频平台的院线网播供应与需求也受到极大影响。①

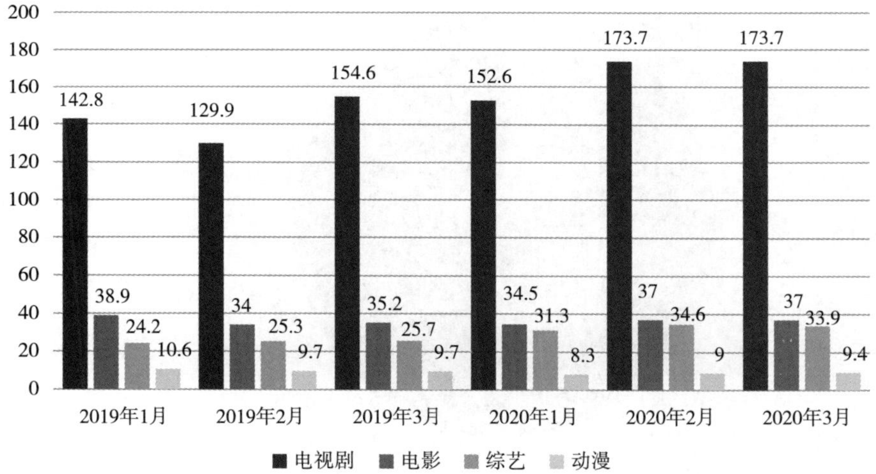

图 9-108 中国移动互联网在线视频频道观看时长分布(单位:亿小时)

资料来源:Videotracker 移动端视频内容市场监测产品。

2020 年 1—4 月 60%的网络剧采用了超前点播的付费模式。2019 年 8 月腾讯视频播出的爆款网剧《陈情令》首开超前点播付费模式。如表 9-4 所示,同年 12 月腾讯视频和爱奇艺同时上线的网剧《余庆年》也采用了超前点播的付费模式。受到争议后,腾讯视频

① 艾瑞 Sponsorship Value Creator 赞助效果评估数据库。

将付费模式进行了调整,采取了抢先看下周模式,爱奇艺则采用直通结局模式。2020 年 3 月,优酷推出的热播网剧《重生》启动了超前点播模式。《爱情公寓 5》《将夜 2》《民国奇探》《三生三世枕上书》等网剧也纷纷采取了超前点播模式。

表 9-4　2020 年 1—4 月超前点播剧集列表

剧集名称	网播平台	题材
三生三世枕上书	腾讯	古装言情
庆余年	爱奇艺　腾讯	古装传奇
爱情公寓 5	爱奇艺	都市言情
将夜 2	腾讯	古装传奇
两世欢	爱奇艺	古装言情
我是余欢水	爱奇艺　腾讯　优酷	家庭伦理
民国奇探	爱奇艺	推理悬疑
龙岭迷窟	腾讯	推理悬疑

资料来源:艾瑞大数据挖掘,公开资料收集。

如图 9-109 所示,2020 年 1—4 月,IP 改编成为头部网剧的主流。IP 改编主要来自文学 IP 改编,占 60%。原创剧本占 30%。电影 IP 和海外 IP 改编的占比均为 5%。

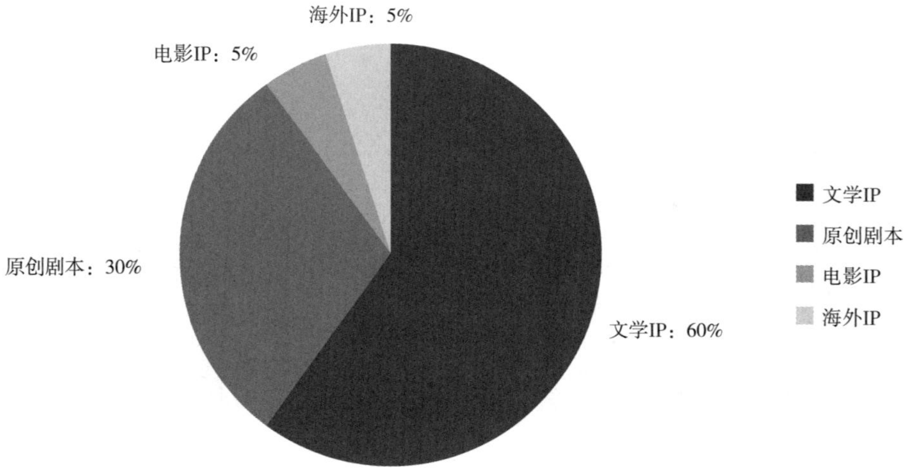

图 9-109　2020 年 1—4 月 TOP20 剧集 IP 改编占比情况

资料来源:艾瑞 Sponsorship Value Creator 赞助效果评估数据库。

如图 9-110 所示,在 2020 年 1—4 月期间的剧集的题材分布中,古装言情和推理悬疑均占 25%,古装传奇占 20%,都市职场剧占 15%。家庭伦理题材的比重为 10%。最低的是都市言情题材,仅占 5%。从比例分布可以看出,古装剧和悬疑剧是最受欢迎的题材。

综上所述,在疫情期间在线视频平均单设备月累计使用次数稳定增长,用户花在电视剧上的时间最长,综艺节目观看时长增长速度最快,反超排名第二的电影。BAT 集体

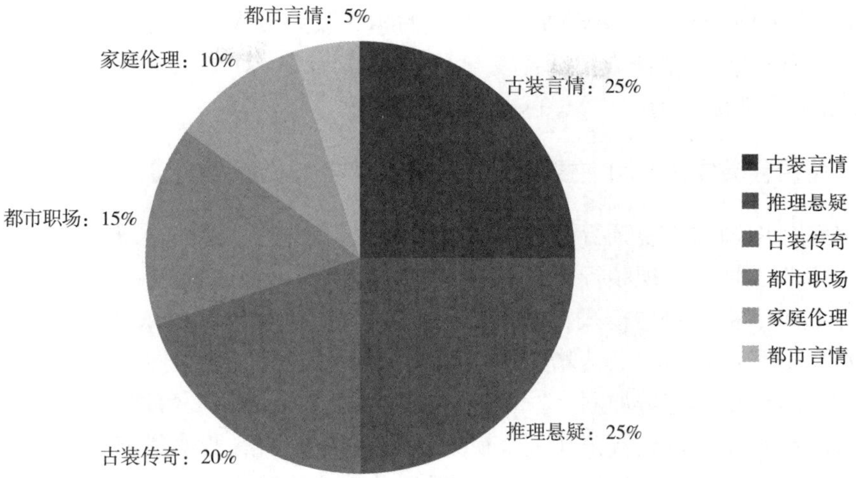

图 9-110　2020 年 1—4 月 TOP20 剧集数量题材分布

资料来源：艾瑞 Sponsorship Value Creator 赞助效果评估数据库。

解锁超前点播，新付费模式成为常态。网剧的 IP 改编主要是文学改编。在题材方面，古装剧和推理悬疑剧最受欢迎。

9. 4. 7　中国视频网站市场的发展趋势

9. 4. 7. 1　视频平台内容多元化发展，动漫、教育等垂直内容崛起

近几年，视频网站在获取流量和商业变现方面取得了突破性进展。与此同时，由于受众对视频化内容的依赖程度加深，以及多样化的分发渠道，流量和资金对创作者的赋能，各视频网站无论在题材上还是内容上都进行了不断的创新，涌现出多种垂直内容，极大地满足了受众多样化的需求。就网剧而言，视频网站推出了古装言情、推理悬疑等多种题材。综艺方面，如表 9-5 所示，爱奇艺的节目涵盖了音乐、生活观察、情感、美食和衍生节目等多种品类；腾讯视频包括了选秀、生活观察、直播互动、喜剧等类型；优酷除了生活观察、选秀之外还增加了很多新品类，如宠物、时尚等。

表 9-5　网络综艺类型分布

视频网站	节目类型
优酷	选秀、生活观察、宠物、时尚、衍生、文化、情感、音乐、旅游
芒果 TV	选秀、音乐、亲子、时尚、女性、生活、益智
腾讯视频	选秀、生活观察、音乐、美食、衍生、直播互动、喜剧
爱奇艺	音乐、生活观察、情感、美食、衍生

资料来源：艺恩数据。

在动画片方面，《全职高手》《罗小黑战记》《哪吒之魔童降世》等国产动漫都取得了

良好的口碑和票房成绩，为国内动漫的发展起到了很好的带动作用，为国产动漫树立了标杆。教育类方面，爱奇艺、抖音等平台发布的相关政策极大地促进了该品类的发展，比如爱奇艺知识推出了爱知计划、抖音发起了 DOU 知计划，对知识领域加大投资力度，使之成为良好的商业驱动力。

9.4.7.2 付费会员成为盈利主要驱动力，会员品类多样化趋势明显

近十年来，中国在线视频行业发展迅猛，用户付费成为主要收入来源。预计到 2022 年，付费内容收入将占据视频行业收入的 57%。2019 年腾讯视频推出的热播网剧《陈情令》开启了超前点播的付费模式，之后各大视频网站纷纷效仿。自 2019 年付费收入超过了广告收入，由于付费用户高速增长，视频网站的付费营收速度一直在迅猛上升。但随着人口红利见顶，市场竞争加剧，付费用户增速放缓，网络视频平台逐渐推出内容付费业务增长新动能，视频会员权益正在围绕视频 IP 价值链的拓展变得更加丰富，推出联合会员、扩展增值服务、设置分级付费等方式增强会员黏性并深度挖掘会员价值，比如腾讯视频与喜马拉雅，芒果 TV 和咪咕视频等，推出联合会员模式，爱奇艺与京东、携程、国美等电商服务平台实现跨界合作推出联合会员套餐。这一举措使视频平台可以获得更多的用户，并根据用户需求提供更丰富的内容与服务。

9.4.7.3 用户的收看习惯由长视频逐渐向短视频转移，短视频与电商合作成常态

在过去的几年里，中国的短视频用户数量急剧上升。2018 年 12 月，手机网民平均每天上网时间长达 5.69 小时，比 2017 年同期增加了 62.9 分钟。其中短视频的使用时长占 11.4%，超过综合视频的 8.3%。截至 2019 年 3 月，每月短视频活跃用户为 8.21 亿，行业专家预测，未来几年，这一数字会以两位数的速度增长。截至 2020 年第一季度，中国短视频用户数量已达到 7.73 亿，普及率达到 86%。2019 年 9 月，移动端短视频综合平台用户使用时长首次超过综合视频用户使用时长，预计从 2020 年开始短视频平台与综合视频平台之间的用户使用时长的差距将继续拉大。

近几年，短视频与电商合作的趋势愈加明显，短视频的商业化潜力逐渐被开发出来。在 2019 年“双 11”期间，快手与天猫合作举办了“双 11 老铁狂欢夜”活动，邀请了 61 位达人进行直播，仅仅 4 个小时，观看人数就超过了 1 亿。在 2020 年的天猫“6·18”期间，品牌商家的开播数量比上年同期增长超 120%。《海淘直播消费报告》数据显示，海淘直播已经发展为消费者购物的新领地。2020 年 6 月 18 日，洋码头海淘直播平均每小时交易额达1 000万元。2020 年 6 月，苏宁易购与抖音达成了商品及服务等系列合作。现在“短视频+电商”的模式主要以带货导流到第三方平台为主。头部短视频平台不断调整电商入驻政策，未来平台自建电商与第三方电商之间在对电商卖家赋能的差距会进一步缩减。

9.4.7.4 5G 技术推动视频平台创新，开创视频行业新的开始

2019 年，中国正式进入 5G 商用元年，国内的视频网站纷纷入局 5G 市场。5G 大宽带、低延迟、多连接的特性可以创造出新形态的文艺作品，比如视频游戏和互动视频。在 5G 技术的推动下，内容制作过程云端化与智能化，使得头部内容的制作更加工业化，能够降低内容制作成本，提高制作品质，并且提升用户视听体验质量以及 VR/AR 娱乐体

验。视频平台充分运用超高清视频、4K、8K、环绕立体声等多种技术，随着用户从移动终端、电脑端迁移至互联网电视大屏终端观看的趋势逐渐增强，5G 大宽带的特性也将积极推动视频平台在大屏终端业务的发展。比如 2020 年 5 月 4 日，爱奇艺奇遇 VR 联合新华社打造的“VR 视角全景云端游珠峰”上线，以“5G+4K+VR”多种技术支持的全景视频对 2020 年珠峰高程测量进行直播，为用户扩展了娱乐体验的边界。①

9.4.7.5 主流视频平台掀起出海浪潮，布局更大发展空间

近几年，国内主流视频平台的原创节目由于制作水平精良，纷纷成功出海，使得国内网络自制内容成功打开海外市场。同时 Netflix 等国际视频平台全球化扩张的需要使得很多优质网剧成功输出到欧美市场，而国内头部视频平台也从单纯的内容输出逐渐过渡到“品牌出海”，从单纯的内容分发转向更深入的渠道合作，比如联合制作、推广发行、商业授权等内容全产业链商业合作形式。2019 年 6 月 14 日，腾讯视频海外版 APP——WeTV 落户泰国，成功打开东南亚市场。WeTV 播出的《陈情令》成为国产剧在泰国的现象级爆款影视剧，不仅提升了中国文化在海外的影响力，还促进了中国软实力的输出。

由于内容制作能力的提高、海外用户运营能力的提升以及网剧成功出海的经验，视频平台会有更大的市场发展前景。

9.4.8 中国视频网站“走出去”的发展现状和问题

9.4.8.1 中国在线视频网站“走出去”的现状

图 9-111 显示了视频文件在 2018 年对中国的进出口价值。2018 年，视频文件对中国的进口价值为 9.98 万美元。

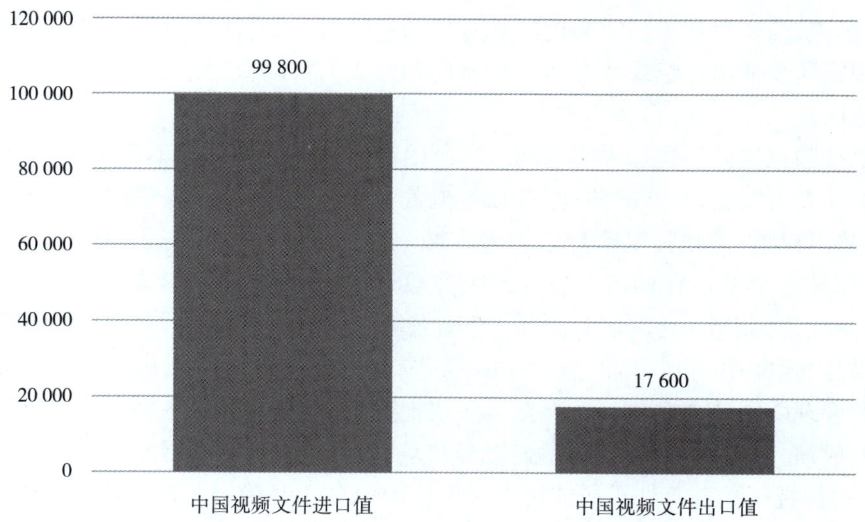

图 9-111 2018 年中国视频文件进出口值（单位：美元）

资料来源：Statista2020。

① https://tech.china.com/article/20200518/052020_519772.html。

（1）中国视频网站纷纷上市。近几年，随着国内视频网站的蓬勃发展，中国在线视频行业相继在海外上市，爱奇艺、哔哩哔哩、虎牙直播在 2018 年分别向美国证券交易委员会递交了上市申请。

在众多视频网站中，海外 IPO 规模最大的是爱奇艺。爱奇艺设定 IPO 价格区间为 17~19 美元，融资规模为 21.25 亿~23.75 亿美元，哔哩哔哩最大融资规模约为 6 亿美元。

（2）主流视频平台自制内容出海成果初显现。近几年，爱奇艺进一步扩大市场份额，已经着手把网络自制内容的境外发行作为平台“走出去”的重点。2017 年，爱奇艺《无证之罪》率先登陆中国香港，实现与内地同步播出，并在东南亚、日韩、北美、欧洲等海外地区进行发行。网络剧《河神》是爱奇艺出品的另一部网络剧，不仅在 Nexflix 上线播出，还在港澳的 TVB、马来西亚的 Astro 以及新加坡的星和（StarHub）三大主要电视台播出。《杀无赦》系列网络电影的海外发行权也被 Netflix 购买，并且索尼也参与了《杀无赦》的制作和发行的全过程，不仅提供了美剧《杀无赦》的版权，还提供了海外发行渠道。在动漫方面，由爱奇艺出品，美国维亚康姆旗下的尼克儿童频道参与创意及内容监制的动画系列片《无敌鹿战队》于 2020 年 8 月登陆尼克儿童频道（Nickelodeon）亚洲市场，这是首部被全球著名电视媒体在创意阶段就收购的中国网络原创动漫。

优酷视频平台在“走出去”战略布局中，除了版权输出之外，还创新了两种新的版权合作模式。一是向海外电视台授权国内优质 IP 翻拍；二是与海外机构联合同步播出。截至 2020 年，优酷已经向海外市场输出 60 部左右的剧集。优酷自制剧《长安十二时辰》于 2019 年 7 月 1 日先后在日本、新加坡、马来西亚等国家播出，除此以外还作为首个进入“付费会员”专区的网络剧登陆 Viki、亚马逊和 YouTube 流媒体平台。网络自制剧《白夜追凶》被 Netflix 买下了海外播出权。《媚者无疆》陆续在泰国、越南、日本、英国、土耳其、美国、墨西哥等 13 个国家播出。网络剧《最动听的故事》被 Netflix 买下海外发行版权，已经在 190 多个国家和地区播出。自制综艺方面，《这！就是街舞》《以团之名》已成功输出新加坡、泰国、马来西亚等国家和地区并实现同步播出。《这就是原创》登陆马来西亚、新加坡等国家同步播出。纪录片方面，《了不起的匠人》四季都已经成功输出东南亚、北美、欧洲等地区。

腾讯视频在这几年也加大了对网络自制内容的输出力度。据不完全统计，腾讯视频已经向海外发行了超过 30 部的优质作品，覆盖了亚洲、欧美、南美、澳洲等地区。在影视剧方面，腾讯视频自制剧《鬼吹灯之精绝古城》在 YouTube 上有将近 4 000 万的播放量。《致我们单纯的小美好》《国民老公》《惹上冷殿下》等多部自制剧集成功输出海外。综艺方面，自制综艺《创造 101》《明日之子》登陆东南亚实现同步播出。就纪录片而言，原创美食纪录片《风味原产地 潮汕》被 Netflix 买下海外版权，通过流媒体平台向 190 多个国家播出并展现中国美食文化。动漫方面，《快把我哥带走》登陆日本知名弹幕网站并取得了不错的成绩。《超级小熊布迷》输出北美市场，吸引了大量的动漫迷。

（3）中国视频平台海外布局的初步成果。2019 年 1 月爱奇艺奇速播业务在泰国成功落地，实现了爱奇艺与泰国知名电信运营商 AIS、中国联通国际有限公司的合作。当地用户可以与中国用户同步观看到中国的视频内容。

2020 年热播的偶像养成类综艺《青春有你 2》在爱奇艺国际版 APP 上基本实现同步播出，提供中文、英语、泰语、西班牙语、韩语等 8 种语言的字幕，此外还推出了选手点赞区，让海外粉丝可以支持自己喜欢的选手。爱奇艺还为该节目进行了泰国本土化制作，比如花字、歌词等方面，都符合泰国当地的文化习惯。

值得一提的是，爱奇艺发布的节目相关数据《青春有你 2 成长数据白皮书》中的海外成绩表明，节目多次登上推特榜首，还在 YouTube 上创下单个视频千万播放量的佳绩，节目播出期间登上 15 个国家和地区的推特趋势共计 427 次，共有 49 个话题登上热搜榜首，热议话题覆盖亚洲、欧洲、南美洲、北美洲四大洲。

爱奇艺的 YouTube 官方视频中，出现了播放量突破 2 000 万的单个视频，有 11 个视频播放量突破 500 万大关，登上 YouTube 全球及各国热门视频榜共计 22 次。《青春有你 2》在国际市场中产生如此大的影响，也是国内视频平台成功布局海外的成功体现。①

2019 年腾讯视频正式上线了海外版 APP——WeTV，同年 6 月，WeTV Thailand APP 在泰国成功落地，并与当地电视频道和运营商合作，为当地观众提供有泰国配音的中国视频内容。目前已经相继在泰国、印度尼西亚、马来西亚、印度等国家落地，成功在海外成立播出平台。中国的电视剧、综艺节目、纪录片等品类，海外的用户都可以通过 WeTV APP 同步观看。2020 年《将夜》《你和我的倾城时光》《致我们暖暖的小时光》《大约是爱》等网络剧登陆 WeTV，《外星女柴小七》《陈情令》分别以 1.3 亿和 1.06 亿的播放量位居 WeTV 年度播放量的冠亚军。纪录片《风味人间》第二季在 WeTV 同步播出。

9.4.8.2 中国短视频“走出去”的现状

新冠肺炎疫情全球暴发，促使人们在线寻求娱乐和社交。Sensor Tower 商店情报平台数据显示，作为泛娱乐领域的头牌，短视频和直播应用在 2020 年迎来新一轮爆发式增长。中国厂商凭借成熟的商业模式，在海外再掀短视频热潮，多款产品的下载量和收入均创下新的纪录。

字节跳动 TikTok 以近 6 亿次的下载量居移动应用榜榜首，同时也是 2020 年上半年海外最受欢迎的移动应用。2020 年 3 月，因为暴发全球性的疫情，TikTok 下载量激增至 1.15 亿次。2020 年 4 月和 5 月，下载量分别持续过亿。

总体看来，2020 年上半年 TikTok 下载量较 2019 年同期增长 88.7%。如图 9-112 所示。海外市场中印度排名第一，巴西居于第二，美国排在第三，分别占 27.5%、9.6% 和 8.2%。在海外，TikTok 仍在迅猛发展，尤其是青少年用户，越来越多的人用它来作为记录和分享生活的重要社交媒体应用。

欢聚集团旗下的直播应用 BIGO LIVE 的发展规模也持续加大，2020 年上半年下载量达到 5 800 万次，较 2019 年同期增长 48.2%。如图 9-113 所示，BIGO LIVE 下载量排在第一的是印度市场，第二是印度尼西亚，巴基斯坦居于第三，分别占 23.6%、10% 和 6.5%。

欢聚集团主席兼首席执行官李学凌称，短视频平台 Likee 在 2020 年第一季度的移动设备月活跃用户数同比增长了 121.9%，环比增长了 14.1%，达到 1.316 亿，创下历史新高。欢聚集团加快了 Likee 在发达市场（包括北美、欧洲和日本）的用户获取速度，为 Likee 进一步在发达市场提高市场占有率铺平了道路。宽带成本从 2019 年同期的 2.974

① http://ent.china.com.cn/index.html。

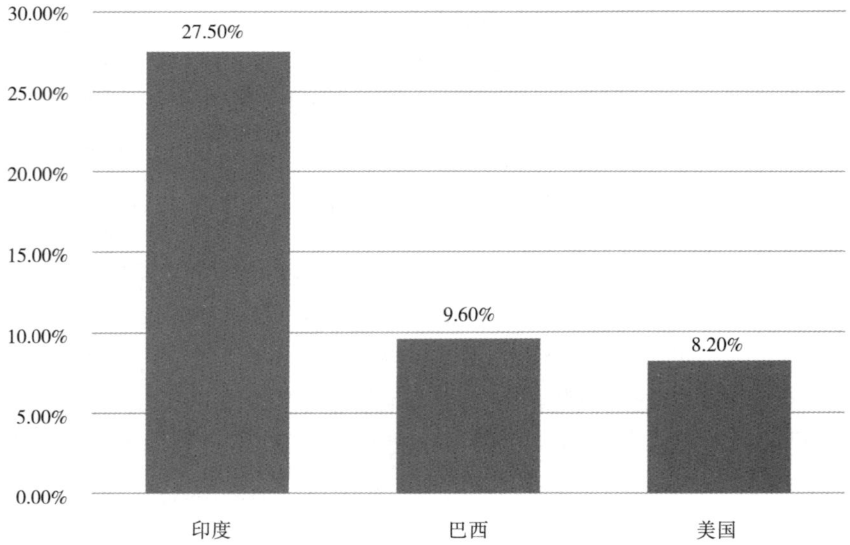

图 9-112　2020 年上半年中国短视频应用 TikTok 出海情况

资料来源：Sensor Tower 下载量数据。

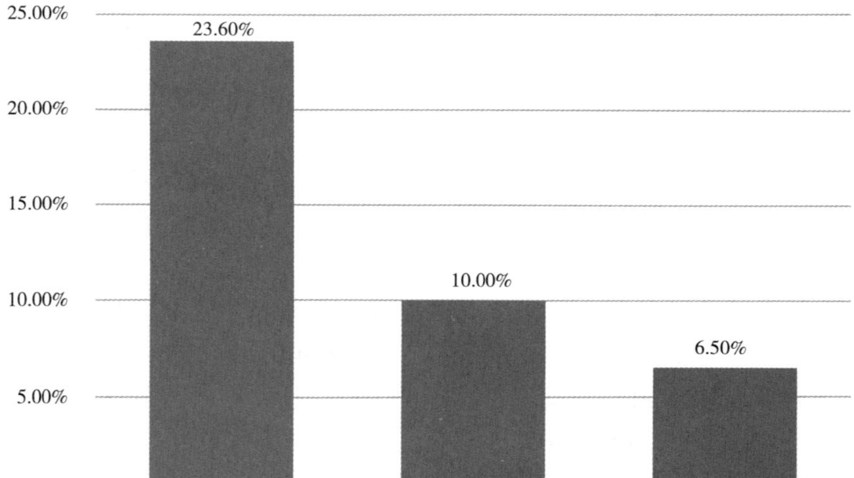

图 9-113　直播应用 BIGO LIVE 出海情况

资料来源：Sensor Tower 下载量数据。

亿元增加到 5. 281 亿元，主要反映了海外用户群体的持续扩大和收购 Likee 母公司 BIGO 的时间成本。第一季度毛利润同比增长 36%至 22 亿元人民币，毛利率从 2019 年同期的 33. 9%降至 30. 8%。毛利率下降的主要原因是，与 2019 年同期相比，BIGO 的毛利率较低，但对 2020 年第一季度净收入的贡献要大得多。第一季度研发费用从 2019 年同期的 4. 04 亿元增加到 7. 222 亿元，主要是由 BIGO 的并表导致工资增加；公认会计原则归属于股东净利润为 3.867 亿元,净利润高主要是由于持有 BIGO 权益重新计量升至 26.7 亿元。①

9.4.8.3 中国视频网站“走出去”的问题

一是文化差异较大。近两年视频网站制作出了很多高质量的精品节目,出海的内容越来越多,但整体来看,影视剧方面出口最多的是东南亚和非洲地区,欧美市场“出海”数量并不多,影视剧的输出能力还有很大的拓展空间。《战狼 2》在国内获得了 56.8 亿元的高票房,但由于《战狼 2》中的文化内涵与北美观众的文化背景相距很远,在题材和内容方面不符合北美地区的观看习惯,在北美地区只收获了百万美元的票房。一份关于海外观众对中国影视作品认知度的调查报告显示,有将近 50%的受众者对中国电影内容不太理解,编剧和翻译水平还有待改进。这种文化差距使得中国的节目在海外市场的占有率大打折扣。

二是缺乏原创,优质的网络内容仍旧短缺。中国视频网站制作的内容质量良莠不齐,制作水准与国际水平还有一定的差距,尤其是优质的原创内容凤毛麟角。互联网进入门槛较低,网络视频内容存在发展不均衡、自查自律机制不完善、内容媚俗化、优质的原创内容仍旧缺乏等问题,这就导致有资格出海的作品很少。据相关数据统计,2018 年腾讯视频引进的亚洲影视作品中,电视剧集数在 450 集以上,纪录片部数在 100 部以上,动漫引进部数在 300 部左右;而在“走出去”方面,腾讯视频 2018 年发行至亚洲其他地区的电视剧共 17 部,综艺节目 7 档,纪录片两部。我国视频网站输出海外的内容相对引进来的内容少很多。国内的原创节目稀缺,就综艺节目而言,国内热度较高的节目大部分都是借鉴国外的节目,比如《心动的信号》《偶像练习生》等都不是原创。

三是规模偏小,国际市场份额偏低。中国视频网站在国际市场上缺乏竞争力。2018 年,视频文件对中国的进口价值为 9.98 万美元,而对中国的出口值为 1.76 万美元。面对强劲的竞争对手,中国视频网站在整个国际市场中竞争实力还很薄弱,比如美国的 Netflix,市值超过了 850 亿美元,估值 80 亿美元,规模相当于 10.6 个爱奇艺。在电视剧方面,根据官方统计数据,2017 年中国生产电视剧 13 470 集,国产电视剧出口额超过了 8 500万美元。这个数值看起来好像不少,但跟美国这种贸易出口大国相比还有很大差距。根据美国经济分析局的统计,2017 年美国电影和电视节目的出口市值高达 171.94 亿美元。

四是缺乏具有世界影响力的作品。近几年中国的视频网站也出海了不少作品,涵盖了电视剧、电影、纪录片、动画片等品类,但是作品并没有在国际上产生强烈的反响。出口地区主要集中在亚洲地区,国产剧在海外的版权费非常低。在一些东南亚地区比如越南,较多播出的是盗版节目。近几年才开始输出到欧美市场,市场相对分散,而且还未形成规模,在海外的市场中高口碑的网剧很少。在播出平台方面,在东南亚地区可以进入主流电视台,但是在其余地区大部分是付费电视台和网站或者是非黄金时段播出,影响力和关注度较小。

五是国际政治经济形势的变化。国际贸易冲突升级,美国对中国挑起经贸摩擦。美国频繁使用新贸易壁垒,频繁地对华反倾销,对我国采取新贸易保护主义。据调查,我国

---

① http://www.199it.com/archives/1056443.html。

已经成为全球遭受反倾销调查和实施反倾销措施数量最大的国家,反倾销使得我国出口贸易遭到重创,2018 年 3 月 22 日美国总统特朗普签署总统备忘录,依据“301 调查”的结果,将对从中国进口的部分商品征收大规模关税,并限制中国企业在美的投资,美国这一做法有很强的单边保护主义色彩。由于这次疫情的影响,全球陷入经济衰退,国际贸易冲突升级。美国利用新贸易保护手段对我国进行反倾销、反补贴的双反策略,这也引起欧盟、日本、韩国纷纷效仿,这势必会影响到我国的娱乐视频行业,使得中国的视频网站“走出去”变得更加艰难。

9.4.9 中国视频网站“走出去”的对策

目前中国视频网站已经制作出很多高质量的自制内容,但进一步占据海外市场并提高国际竞争实力还有很多事情要做。

一是进一步加强国家政策方面的引导与扶持。近几年国家一直在鼓励文创产业发展,鼓励讲好中国故事,传播好中国声音。习近平总书记于 2018 年 8 月在全国宣传思想工作会议上发表重要讲话称,“要推进国际传播能力建设,讲好中国故事,传播好中国声音,向世界展现真实、立体、全面的中国,提高国家文化软实力和中华文化影响力”。《国家“十三五”时期文化发展改革规划纲要》明确提出“鼓励和引导各种所有制文化企业参与文化产品和服务出口,加大内容创新力度”,建议相关管理部门在文化“走出去”的项目中,加强对网络视听节目及其制作传播主体的指导与规划。2018 年年初,中国(浙江)影视产业国际合作试验区正式揭牌。这个以文化出口为导向的国家级影视产业园区,将重心放在了适合输出海外市场的影视作品的创作和拍摄上,同时也加大了对影视行业出口人才的培养力度。

二是中国故事国际化表达。我们需要讲好中国故事时代性精品内容,创作者不仅需要努力探索“国际化表达”,还需要用海外观众理解的方式讲述中国故事。也就是说,国内的内容制作方不仅要了解海外受众对内容的画面风格、叙事方式的审美习惯,还要借鉴好莱坞式的叙述方法,巧妙运用吸引人的故事,展现人性的复杂、引发观众的共鸣。将中国文化特色与国际元素有机结合,更容易引发国际认可与共情。就综艺节目而言,《这就是街舞》《热血街舞团》等成功出海的网综中,舞蹈、音乐等元素都是“国际语言”。在国产网剧方面,《河神》、《无证之罪》以及《白夜追凶》等网剧在 Netflix 播出。这三部剧的成功出海,归因于它们都借鉴了或者直接采用了美剧的拍摄手法进行故事结构安排和叙述,这种拍摄手法和叙述方式很符合美国观众的审美趣味。腾讯视频总结对外传播内容的共性经验,出海了一些兼具中国特色并且以国际化视角表达的优质内容,比如探险题材网剧《鬼吹灯之精绝古城》,在 YouTube 上的播放量达到 4 000 万。

三是加强国际合作,实现文化接近。由于国家之间具有文化差异,这种差异就容易产生“文化折扣”。为了出海时减少“文化折扣”,加强国际间的合作是非常必要的。《白夜追凶》就是以商业合作的方式将自己的作品推向海外市场,增强了国际竞争力。就网络大电影而言,首部国际合拍网络电影《十二宫战姬》由 AI 后象文化、北岛极光、奇树有鱼出品,由纽约导演徐化雨、新晋导演林菁菁执导,演员包括好莱坞著名演员汤姆·鲍尔、日本演员冈村秀等。喜剧动作片《特工联盟》是由 The H Collective 和爱奇艺合作的电影。爱奇艺和 The H Collective 还合作了由亚伦·保尔和玛丽·伊丽莎白·温斯特德主演的剧情电影《你失去的部分》,爱奇艺负责电影在中国的发行,The H Collective 负责海外以及国际发行。《一叶茶,千夜话》是由咪咕和英国广播公司工作室合拍的纪录片。英国广播公司工作室纪实制作部门总监菲奥娜·克拉克对记者说:“在我们与中国的合作中,不仅可以接触到中国本土的文化,而且也了解到中国影片制作的商业模式。”这体现了国际合拍不仅为中国纪录片注入了新鲜活力,而且赋予了国际合作伙伴新思路。

四是拓宽海外渠道,创新出海新模式。要持续推动内容输出,国内的视频网站不仅要为头部内容寻找海外发行渠道,同时还要创新内容出海的新模式。爱奇艺爱速播业务落地泰国,拓展了爱奇艺海外合作业务,为海外更多的用户提供优质视频服务。腾讯视频 2019 年上线的海外版 APP WeTV 相继落地泰国、印度尼西亚等地区,实现了从内容出海向自制、自销的制播一体全领域输出的华丽转身,打造了国内视频网站“内容出海”的全新模式。

五是加强原创,提高内容制作品质。国家广播电视总局电视剧司副司长杨铮在关于推动中国电视剧“走出去”上,也曾提出“三个必”和“三个策略”,认为提升品质是国产剧走出去的重要方法。2020 年比较火的综艺节目《青春有你 2》在海外取得了不错的成绩。《青春有你 2》在节目规模、舞台效果和内容制作上都十分精良,爱奇艺在发布《青春有你 2 成长数据白皮书》中的数据显示节目多次登上推特的热搜榜首,而且热议话题覆盖亚洲、欧洲、南美洲、北美洲四大洲。《白夜追凶》和《无证之罪》等国产优秀网剧因为内容品质过硬,小至道具和具体细节,大到场景面面俱到并且制作精良,因而被美国网络视频巨头 Nexflix 买下海外版权。在 2018 年纽约国际电视电影节上,《河神》获得了“最佳视觉特效——银奖”“最佳导演——铜奖”“最佳剧集——入围奖”,《无证之罪》则获得了“最佳犯罪剧集——铜奖”及“最佳原创音乐——入围奖”。从互联网电影资料库(IMDb)的数据来看,《白夜追凶》和《河神》的海外观众评分分别达到 8.8 分和 7.8 分,甚至比很多美剧都要高。两部剧集在 YouTube 上均有很高的播放量,形成了一定的关注度和粉丝基础。①

六是加强视频网站主体在“走出去”中与国家主流传媒机构的深入合作。优酷出品的网络纪录片《了不起的匠人》与中国国际广播电台、五洲传播中心等国家主流媒体机构合作,优酷负责制作品质精良的节目内容,主流传媒机构提供多语种资源和境外落地渠道,最终取得了很好的成绩。在今后的文化“走出去”的实践中,要加强民营机构与国有机构合作,进行优势互补和强强联合,促进中国视频网站走出去的建设。

9.5 国际短视频市场

近年来,随着智能手机的普及,网络环境建设方面的进步(3G/4G 推广;流量、宽带费用降低),用户需求、社交方式的改变(分享、评论与自我满足;碎片化阅读需求;获取资讯、娱乐消遣),短视频行业不断发展革新,时至今日已经成为令全球瞩目的热门行业。

短视频通常是指时长控制在 5 分钟之内,以移动端和电脑端为主要传播渠道的视频

① http://www.ce.cn/culture/gd/201805/16/t20180516_29146488.shtml。

形式,其具有碎片化、移动化、社交化和门槛低的特征,这些特点使短视频顺应了当下的媒介消费环境。经过数年的累积,短视频在 2017 年迎来爆发,发展成为继文字、图片和传统长视频之后又一新型的内容载体。

在此背景下将国际短视频市场分为中国短视频市场和海外短视频市场,并以主要的短视频平台为案例进行分析。

9.5.1 中国短视频市场分析

9.5.1.1 中国短视频市场发展现状

(1)中国短视频市场用户情况。在过去的几年中,中国的短视频用户数量急剧上升,如图 9-114 所示,从 2017 年的 2.42 亿增加到 2020 年第一季度的 7.73 亿,尤其是在 2017 年 12 月至 2018 年 6 月这一段时间,增长率都在 50%左右。但在 2018 年 6 月后,虽然整体用户量还在增长,但是由于用户规模基数过大,用户增长率大大降低。

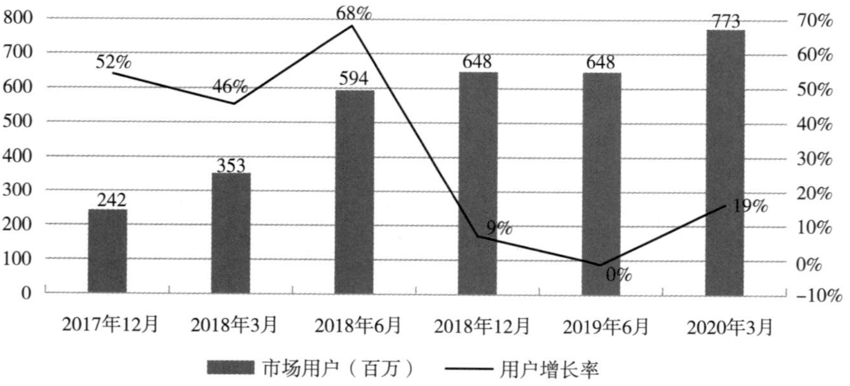

图 9-114 2017 年 12 月至 2020 年 3 月中国短视频用户总数及增长率

资料来源:Statista2020。

短视频产品填补了用户的碎片化时间,具有高传播、低门槛特性,因此短视频行业仍有较大的用户增长空间。当前短视频行业在整体移动互联网用户中的渗透率较低,且处于持续增长状态,因此用户增长红利仍存,目前短视频产品间竞争压力相对较小。

如图 9-115 所示,截至 2019 年 6 月,中国约有 52.6%的短视频应用程序用户为男性,47.40%的用户为女性。在中国国内男性用户和女性用户所占比例差别不大,男性略多于女性。

如图 9-116 所示,中国约有 24.2%的短视频用户年龄在 31~35 岁之间,23.4%的用户在 25~30 岁之间,18.6%的用户在 19~24 岁之间。这三个年龄段的用户已经占到总用户的 66.2%,远远超过一半比率。而 35 岁以上的用户只占到了 26.9%,18 岁及以下占到 6.9%。由此可知短视频的用户年龄呈现年轻化的特点。

由图 9-117 可知,将近一半的中国短视频用户喜欢观看反映日常生活和娱乐的内容,购物、体育、博彩、教育也是人们关注的重点,只有少部分人关注金融、慈善机构和企

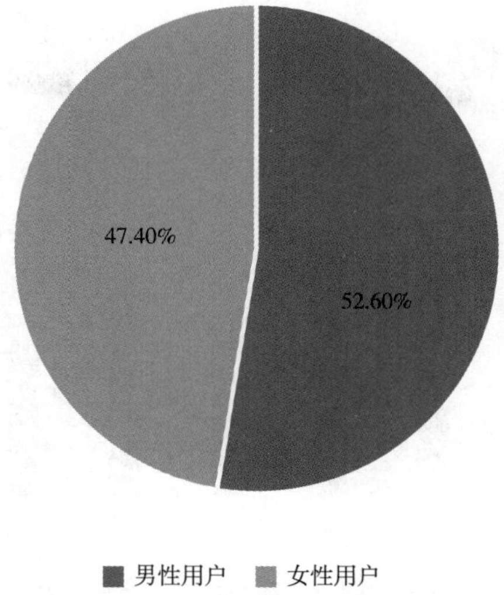

图 9-115　截至 2019 年 6 月按性别划分的中国短视频应用用户的比例

资料来源：Statista2020。

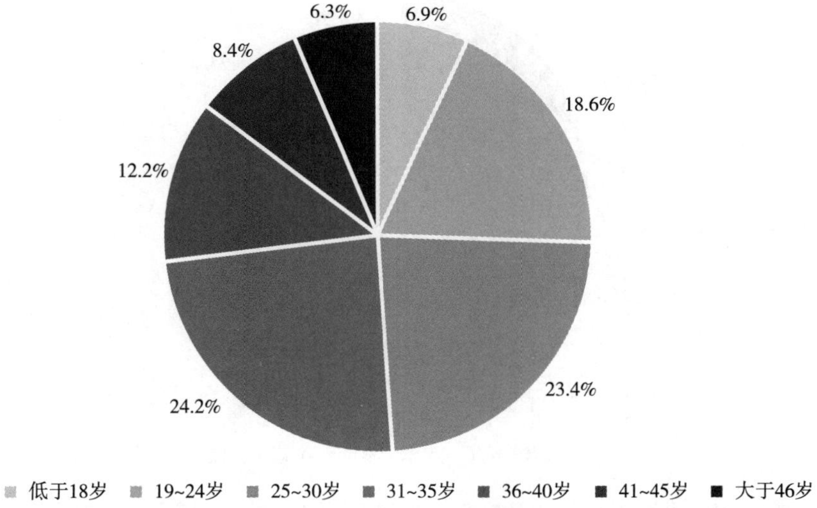

图 9-116　截至 2019 年 6 月按年龄段划分的中国短视频用户比例

资料来源：Statista2020。

业等相关内容。这与中国短视频用户的消费习惯和受教育程度有着直接关系。

由图 9-118 可知，截至 2019 年 7 月，中国短视频应用的使用群体中拥有学士及以上学历的用户只占到 28.6%（其中硕士及以上学历的人仅占到总人数的 3.2%）；低学历背景的消费者占总人数的 71.4%。由此可以得出中国短视频主要用户的受教育程度普遍偏低。

如图 9-119 所示，截至 2019 年 6 月，中国短视频应用的使用人群中，39.70%的用户消费份额在 200 元以下，大约 42.7%的短视频应用程序用户的在线消费份额在 200 到

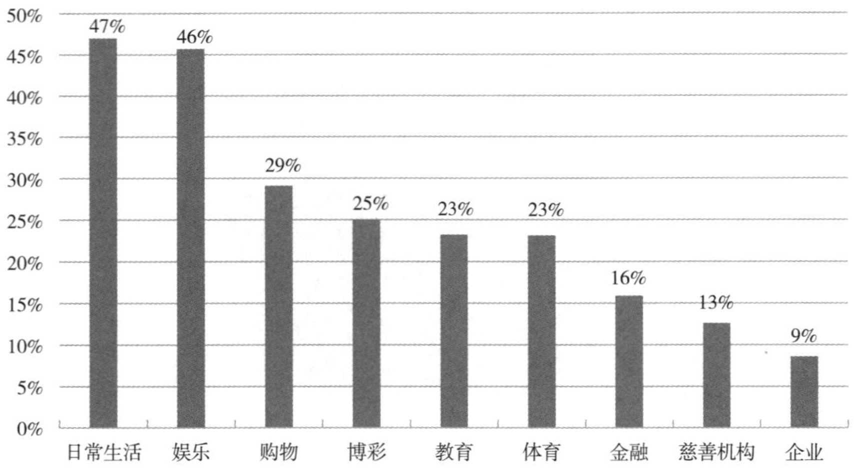

图 9-117 截至 2019 年第三季度中国互联网用户中流行的在线流媒体内容类型受欢迎度

资料来源:Statista2020。

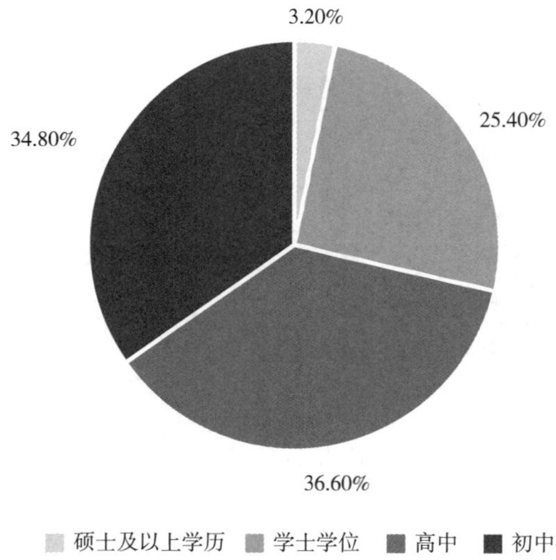

图 9-118 截至 2019 年 7 月按教育程度划分的中国短视频应用用户的比例

资料来源:Statista2020。

1 000元之间,只有 17. 60%的用户的消费份额在 1 000 元以上。由此可以得出,中国短视频的适用人群消费能力不高,或者是用户对短视频的消费意愿还不够强。

由图 9-120 可知,中国短视频用户数量一线城市占比最少,三线城市占比最多。约 56%的用户来自三线及以下城市,一线城市(包括新一线城市)的用户数仅占 23%。

(2)中国短视频市场年收入。图 9-121 显示了 2016 年至 2019 年中国在线短视频市场的年收入,并预测到 2021 年。根据预测,到 2021 年,中国在线短视频市场的收入将达到约 2 110 亿元人民币。从 2017 年开始,中国短视频市场年收入迅猛增长。2017—2019 年,市场年收入的增长率超过 100%,2018 年更是达到峰值 745%,2019 年后年收入也保

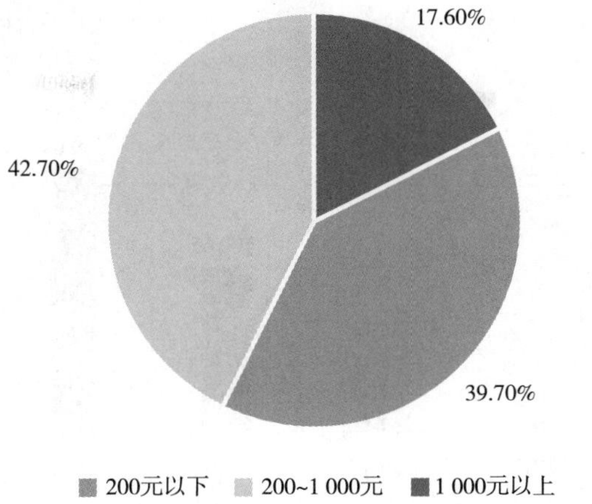

图 9-119 截至 2019 年 6 月中国短视频应用用户的在线消费份额

资料来源:Statista2020。

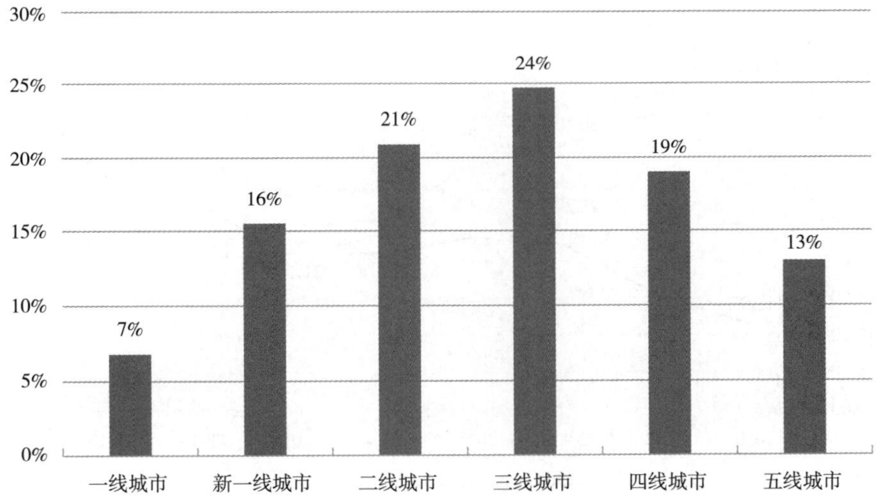

图 9-120 截至 2019 年 6 月按城市级别划分的中国短视频应用用户的比例

资料来源:Statista2020。

持着高速增长。而近几年中国短视频迅速普及,用户数不断增加,也吸引了一大批广告主的关注,其中广告年收入是中国短视频年收入的重要来源。

(3)中国短视频广告市场发展概况。随着互联网特别是移动互联网媒体的崛起,传统媒体的营销价值受到冲击,移动短视频的营销价值引发重视。中国传媒大学广告主研究所发布的《2016 年中国广告业生态调查报告》显示,广告主在电视媒体上的广告投放预算逐年下降,大量的预算向互联网媒体靠拢。

如图 9-122 所示,2010—2017 年中国广告主在电视媒体上的广告投放预算逐年下降,在互联网媒体上的广告投放预算逐年上升。2016 年,互联网广告预算占比为 28.3%,第一次超过了电视媒体的广告投放预算占比,并预测两者之间的差距会进一

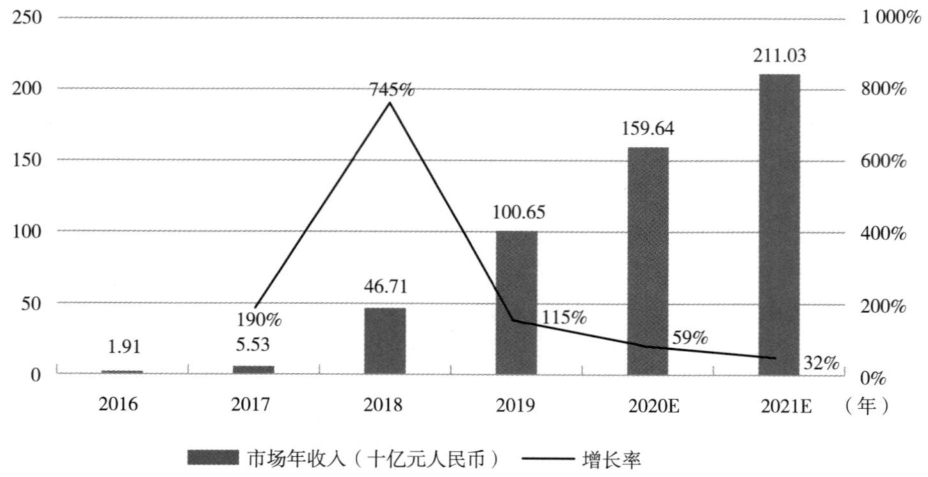

图 9-121　2016—2021 年中国在线短视频市场年收入（预测到 2021 年）

资料来源：Statista2020。

步拉大。

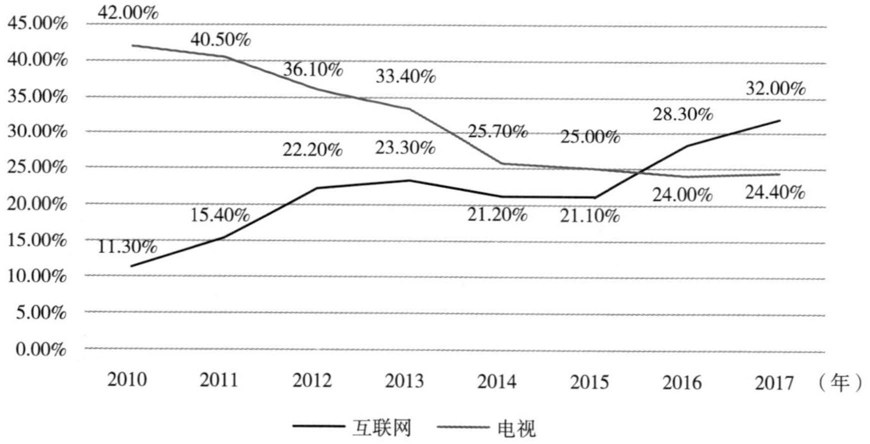

图 9-122　2010—2017 年中国广告主媒体广告投放费用预算分配比例

资料来源：智研咨询网《2018—2024 年中国互联网网络视频市场研究及投资前景预测报告》。

互联网的广告预算不断增加，而互联网媒体预算分配也不断从电脑端向移动端迁移（如图 9-123 所示）。

2016 年移动端预算实现反超，成为广告主更加倚重的广告媒体。从视频类广告看，传统电视媒体的视频广告预算不断向移动视频转移，而由于头部长视频广告资源（影视剧、综艺等）稀缺，移动短视频凭借自身的高流量、高承载量以及传播上的长尾效应备受广告主媒体广告费用预算的青睐，由此短视频的商业模式被进一步挖掘，驱动行业不断发展。

如图 9-124 所示，中国短视频广告收入从 2016 年的 7.5 亿元人民币迅速增加到 2020 年的 733.5 亿元，预计 2021 年可能达到 1 047.8 亿元，可以说短视频行业发展迅猛

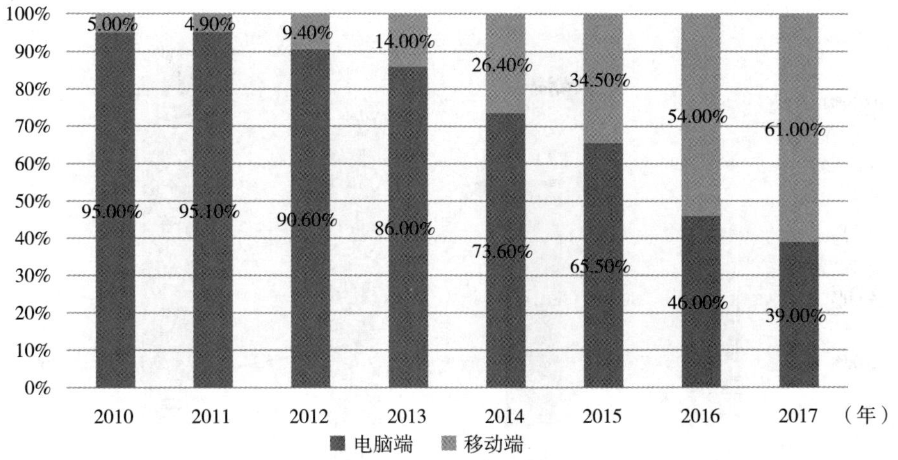

图 9-123 2010—2017 年中国广告主互联网电脑端与移动端媒体投放费用预算分配比例

资料来源:智研咨询网《2018—2024 年中国互联网网络视频市场研究及投资前景预测报告》。

且潜力巨大。中国短视频广告市场收入的年增长率也是在 2018 年到达峰值(731%),自此之后,广告市场收入数据已有一定基础,增长率迅速下降,但也在 50%左右,整个广告市场收入增长的潜力十足。

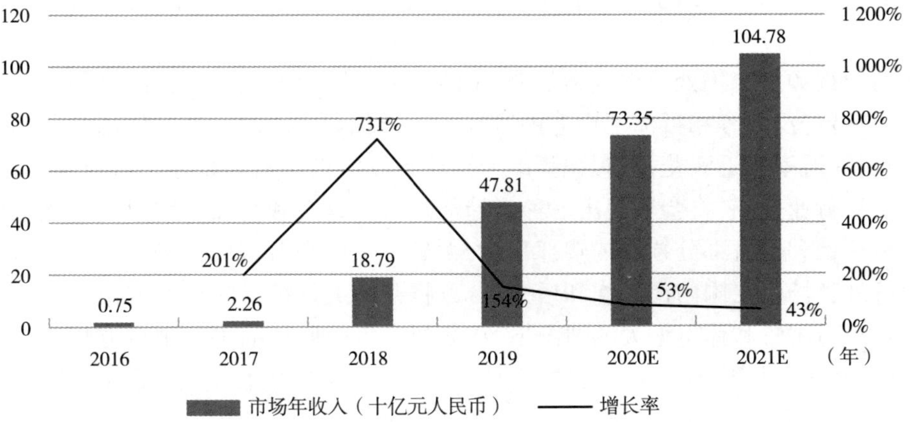

图 9-124 2016—2021 年中国短视频广告市场年收入及增长率

资料来源:Statista2020。

由图 9-125 可知,在 2018 年,短视频广告收入仅占中国广告总收入的约 4%,此后其所占比例不断增加,截至 2020 年已达到 9.3%,预计 2021 年会达到 10.8%。

(4)短视频行业未来竞争情况分析。从当前主流短视频内容来看,仍主要集中在泛娱乐内容,而未来两年内垂直领域内容将得到大力发展。

一方面,由于资本对短视频内容生态的扶持,更多垂直领域的内容创作者可以提供高质量的短视频内容;另一方面,消费者在养成短视频的消费习惯后,在消费升级的背景下,会对垂直细分领域的内容产生更多的需求。因此,未来两年短视频在内容上的变化

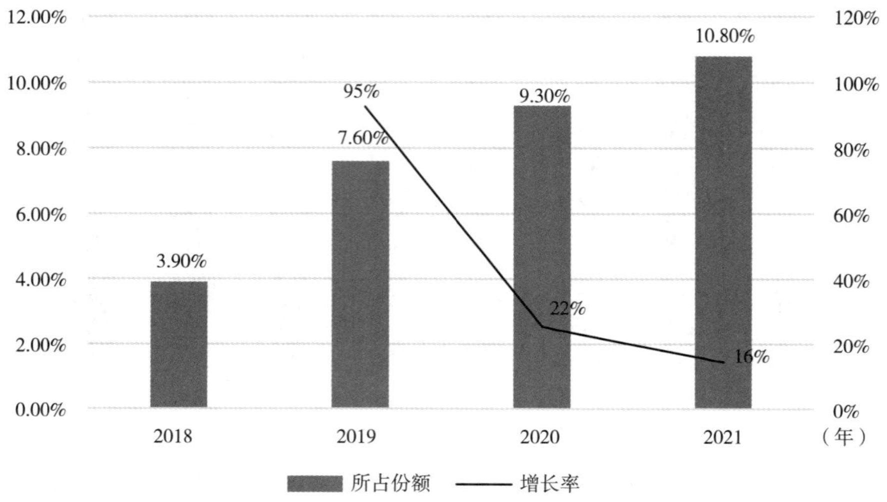

图 9-125　2018—2021 年短视频广告在中国广告总收入中所占的比例

资料来源：Statista2020。

主要表现在三个方面：一是垂直内容的细分类型不断被探索，产生更多更细的内容维度，如地域方言类等；二是垂直领域的内容质量和数量都将得到较大的提升；三是继母婴和美妆领域之后，会有更多的垂直领域内容的商业价值和变现手段被挖掘，比如汽车、家电等。

当前短视频平台仍处于快速增长期，不断有新的平台涌入市场，并且同质化较低，大部分平台在定位、内容和目标用户上仍然具备差异化竞争。但未来两年用户红利期逐渐消失，市场渗透率接近天花板，短视频平台百花齐放的市场格局将迎来行业洗牌期，平台方为了应对行业变局，将会呈现出三种大趋势。一是整合和淘汰。用户流量逐渐涌向少量的头部平台和垂直细分领域的腰部平台，大量中长尾平台将面临被整合甚至淘汰。二是拓展海外市场。在国内市场饱和后，平台方将开始大量征战海外蓝海市场。三是业务下沉。在精力闲置和体量增大的情况下，在激烈竞争中脱颖而出的平台方将逐渐涉足多频道网络（MCN）业务，与内容方建立直接联系，争夺优质内容资源，深入扎根内容供给源，巩固竞争壁垒。①

9.5.1.2　中国国内短视频平台分析——抖音

近年来，我国的短视频行业迅速发展，截至 2018 年 11 月，短视频用户量已达到惊人的 5.18 亿。阿里巴巴、腾讯、人民网等互联网传播巨头开始纷纷投资或建设短视频平台，在此过程中，抖音冲出重围独占鳌头，奠定了领军地位。

（1）抖音发展历程。抖音大致经历了三个发展历程：

第一，蛰伏期。2016 年 9 月 26 日至 2017 年 4 月 18 日为抖音的蛰伏期。此时抖音重在产品打磨、体验优化、性能提升和市场融入，在不断提升视频清晰度和质感、优化视频

① 《2018—2024 年中国互联网网络视频市场研究及投资前景预测报告》。

加载和播放流畅度的同时,增加了滤镜、贴纸等简单有趣的特效。摸索传播者和受传者的特点,不断调适产品的核心功能,为后期爆发式发展奠定了坚实的基础。

第二,推广期。2017 年 4 月 18 日至 2017 年 9 月 26 日为抖音的推广期。此时抖音开始大力推广,完成了口碑传播,实现了用户积累。在此时期,抖音新增 3D 系列的抖动水印、炫酷的道具和贴纸,提升滤镜和美颜效果;开创抖音故事、音乐画笔、染发效果和 360 度全景视频,加入 AR 相机等科技最新产品,提升视频观感和吸引力。

第三,成长期。2017 年 9 月 26 日之后抖音进入成长期。在积累大量用户后,由于用户素质的多元性,频现低俗恶趣的视频和评论,抖音优化了举报和评论功能,上线了反沉迷系统,邀请各界代表研讨拟订《抖音社区公约》。同时,抖音还发布了国际版、日版、韩版等海外版本,吸引了大批海外用户。

抖音是一款致力于拍摄发布 15s/60s 音乐创意短视频为主的移动社交软件,自 2016 年 9 月 26 日上线以来,借助今日头条的人气,短短两年时间,日播放量已经超过 10 亿,成为网络传播史上的一大奇迹。

(2)抖音国内用户现状分析。截至 2018 年,我国短视频行业迅速发展,短视频用户在 2018 年 11 月达到了 5. 8 亿,而作为短视频平台之一的抖音,在 2018 年用户数量达到 3. 46 亿(见图 9-126)。预计 2020 年突破 4. 7 亿,其用户数量占中国总人口的 1/3 左右,在中国短视频行业具有领军地位。

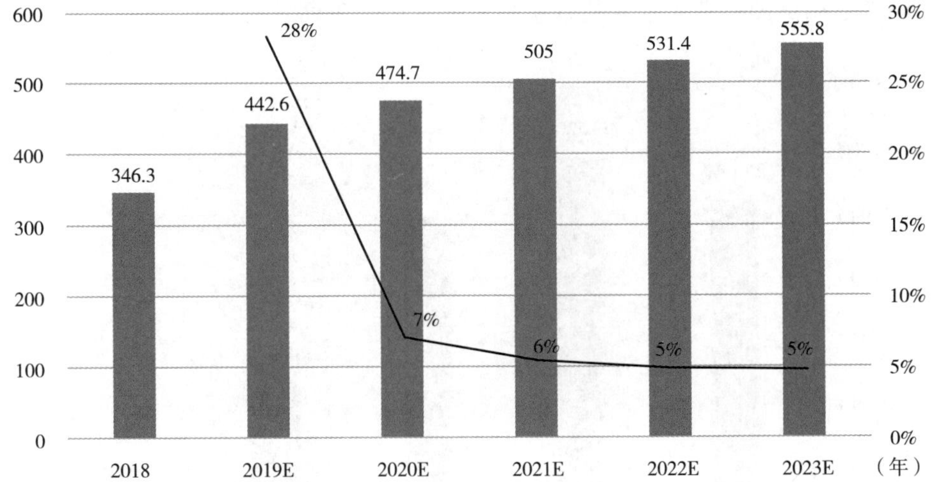

图 9-126　2018—2023 年抖音用户数量

资料来源:Statista2020。

抖音在 2016 年 9 月上线,到 2018 年初抖音日活跃用户数达到 3 000 万,2019 年初达到 2. 5 亿(见图 9-127),2018 年间抖音日活跃用户数增加了 2. 2 亿,2019 年间抖音日活跃用户数增加 1. 5 亿。虽然 2019 年抖音日活跃用户数增加相比 2018 年缓慢了一些,但从 2019 年的形势来看,有这样的增长速度是相当不错的。抖音上线 3 年多,日活跃用户数从 0 到 4 亿,增长极其迅速,预计未来仍有相当大的增长空间。

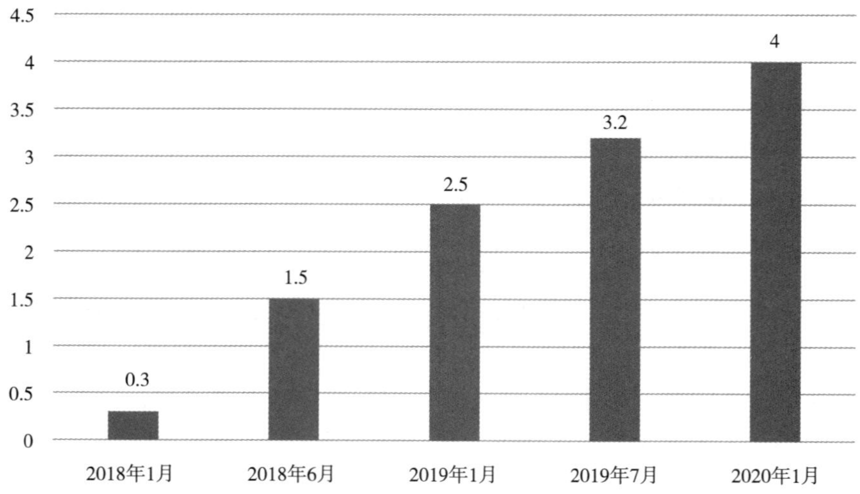

图 9-127　2018 年 1 月到 2020 年 1 月抖音日活跃用户数(单位:亿)

资料来源:《2019 抖音数据报告》。

如图 9-128 所示,中国国内有 55. 66%的抖音用户的年龄在 30 岁以下,41 岁及以上的使用人数只占 5. 38%。由此可见,抖音的使用人群呈现年轻化的特点。这充分体现了抖音在成立之初试图打造年轻人的音乐社交平台这一初衷。

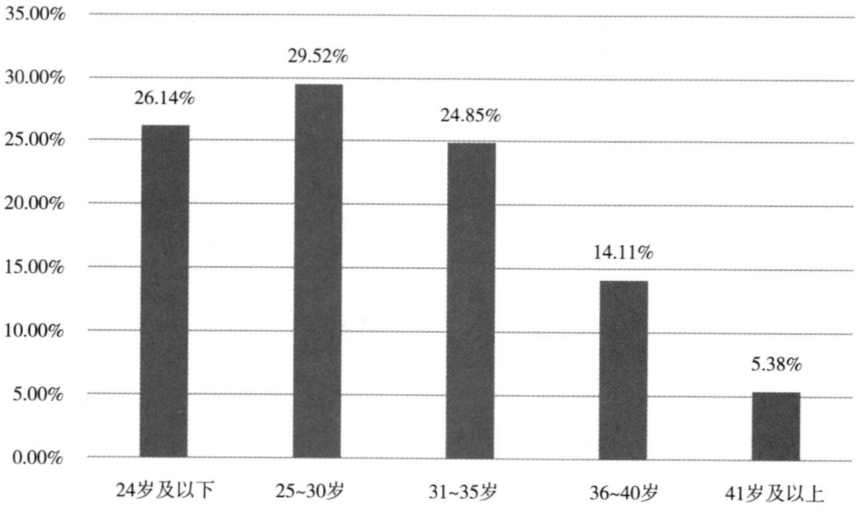

图 9-128　截至 2019 年抖音使用人群年龄占比

资料来源:《2019 抖音数据报告》。

如图 9-129 所示,截至 2020 年 2 月,抖音的使用人群中,实时用户消费在 200 元以内占 27. 6%,200~1 000 元占 47. 9%,1 000 元以上占 24. 5%;非实时用户消费在 200 元以内占 34. 3%,200~1 000 元占 46. 7%,1 000 元以上占 19%。由此可以得出,抖音的主要适用人群消费能力不高,或者是用户对抖音的消费意愿还不够强。

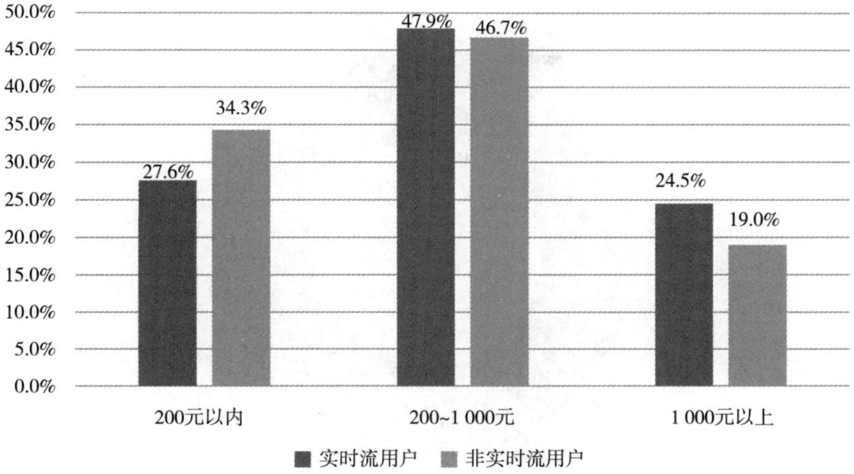

图 9-129　截至 2020 年 2 月,抖音用户的在线购买力分布(按用户类型)

资料来源:Statista2020。

如图 9-130 所示,2020 年 3 月抖音男性用户在抖音用户中占比为 43%,女性为 57%,女性用户多于男性。

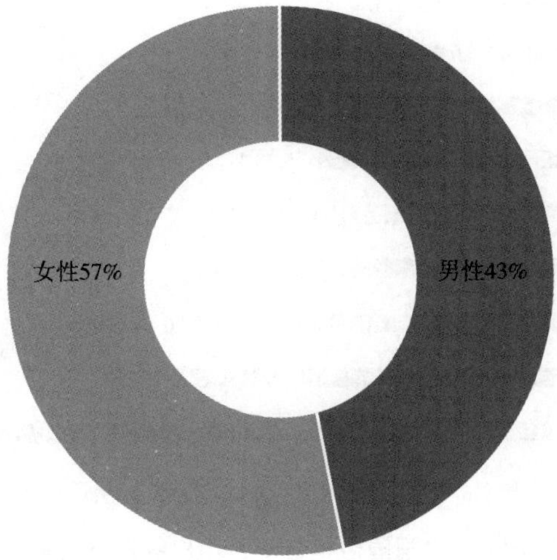

图 9-130　2020 年 3 月抖音使用人群性别占比

资料来源:Questmobile 研究院《2020 中国移动互联网春季大报告》。

图 9-131 显示,有 61. 49%的用户分布在一、二线城市(主要分布在经济实力较强的省份),而三线及以下城市的抖音用户数量仅占 38. 51%,由此可以推断抖音的主要用户群体普遍消费能力较强,且认知程度较高,对于新鲜事物的接受程度也更高。

如图 9-132 所示,抖音用户主要分布城市占比前十名中有 6 个省份都是东部地区的省份(广东、辽宁、山东、浙江、福建、河北),且仅这 6 个省份就占抖音用户主要分布城市的 38. 39%;其他 3 个省份(河南、湖南、湖北)来自中部地区,占比 14. 19%;而西部地区只

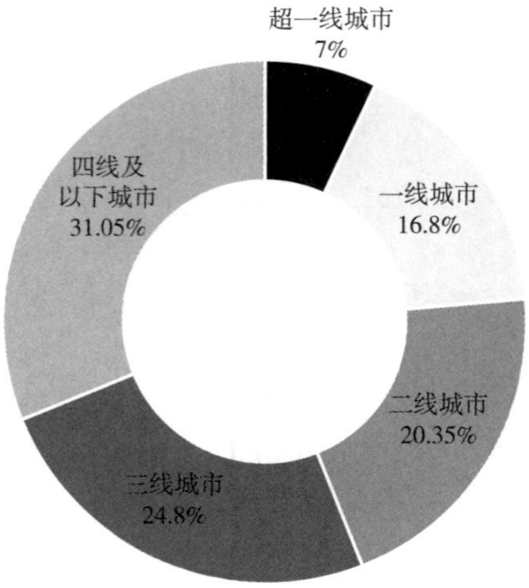

图 9-131　截至 2019 年中国国内抖音平台用户线级城市分布

资料来源:Questmobile 研究院。

有一个省份(四川)上榜,占比 5.23%。

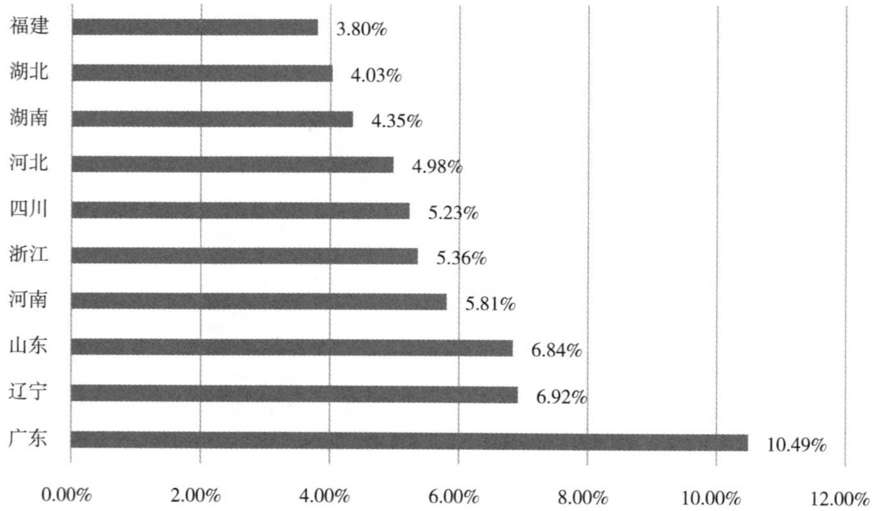

图 9-132　截至 2019 年中国国内抖音平台用户数量所在省份占比(前十名)

资料来源:《2019 抖音数据报告》。

由上述数据不难推断:抖音主要用户群体不仅主要分布在经济实力较强的城市(一、二线城市居多),而且以东部沿海地区的主要省份居多;中部省份较少;西部省份最少。

抖音想要继续扩大用户规模,一方面要继续挖掘东部省份(经济实力较强的城市)市场,另一方面中西部地区和全国范围内的三线及以下城市的市场亟待发掘。

(3)抖音营收状况。广告收入是抖音的主要收入来源,其中效果广告占到 90%以上,大致测算思路:短视频信息流广告收入=DAU×用户日平均使用时长×短视频每分钟播放次数×短视频广告加载率×CPM×365。①

如图 9-133 所示，近三年，抖音所属母公司字节跳动的营收一直呈现出快速增长的趋势，从 2017 年的 150 亿元，到 2018 年的 500 亿元，2019 年为 1 200 亿元，2020 年预计收入为 1 800 亿元。据调查，抖音的盈利约占母公司字节跳动盈利收入的 60%，而抖音盈利的 90%又来自信息流广告收入。预计 2020 年抖音信息流广告收入将达到 972 亿元人民币。

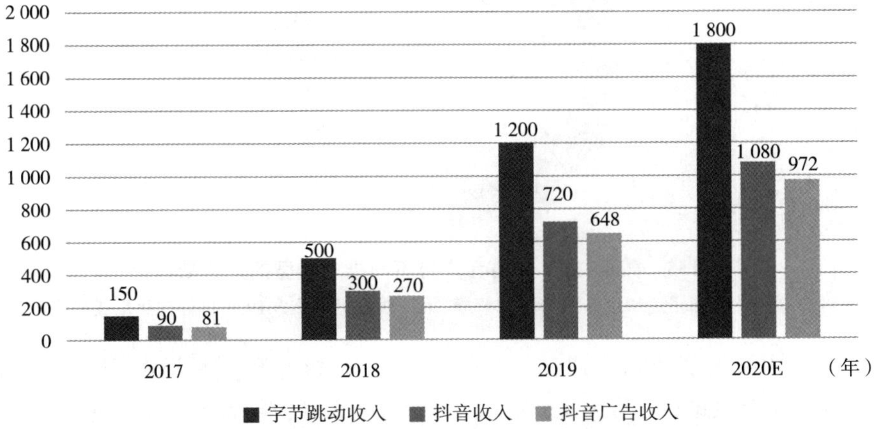

图 9-133　2017—2020 年字节跳动营收及增长情况（单位：亿元）

资料来源：QuestMobile 研究院《短视频 2019 半年报告》。

（4）抖音平台信息流视频广告投放分析。如图 9-134 所示，在抖音平台投放的视频信息广告中，横版视频占比为 56%，竖版为 44%。国内抖音平台信息流视频广告投放横版与竖版视频占比差别不大，横版略多。

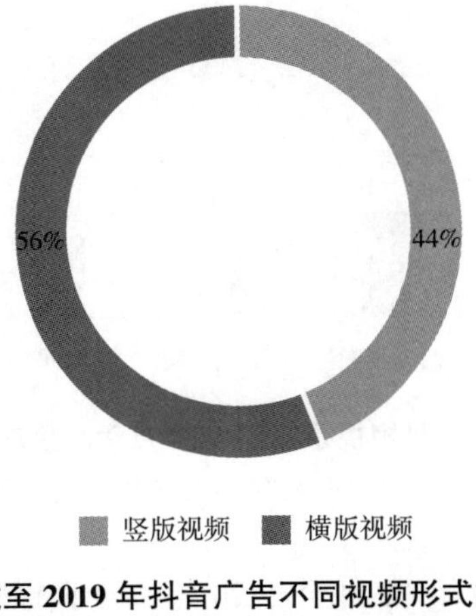

图 9-134　截至 2019 年抖音广告不同视频形式的广告数占比

资料来源：华经情报网《2018 年抖音用户规模、用户画像回顾及 2019 年抖音行业发展趋势》。

① DAU：即日活跃用户数；短视频广告加载率：通过多次统计，在不同时间段测试，发现每次启动 APP 后，大概 3~5 个短视频内会出现一次广告，之后广告率开始下降，在 2%~10%区间，平均每隔 15~65 个短视频出现一次广告，也就意味着广告加载率的中位数大约在 2. 5%；CPM：一般都是按千次曝光计费（CPM），目前了解的官方报价在 240 元/千次，具体在实际执行中，会有一定折扣，大致价格在 70 元/千次。

如图 9-135 所示,应用下载类型的广告占比接近 50%,其次为电商销售(28%)与活动推广(23%)。在抖音上投放的广告以应用下载类广告为主,其后依次为电商销售和活动推广。

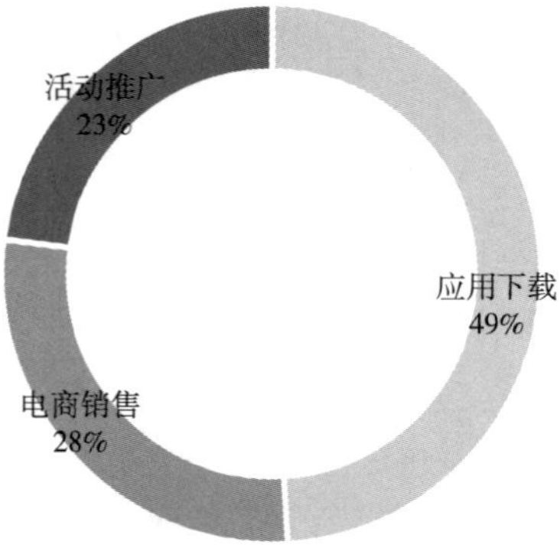

图 9-135　截至 2019 年抖音广告不同推广类型的广告数占比

资料来源:华经情报网《2018 年抖音用户规模、用户画像回顾及 2019 年抖音行业发展趋势》。

(5)抖音国内主要竞争对手对比。从短视频 APP 核心数据月活跃用户数量来看,根据 QuestMobile 调查数据(见图 9-136),截至 2019 年 6 月,抖音的月活跃用户数达到 4.86 亿人,而快手的月活数紧随其后,为 3.41 亿人,二者明显领先市场上其他短视频 APP 一个梯度。虽然短视频平台层出不穷,但是抖音的主要竞争对手还是快手。

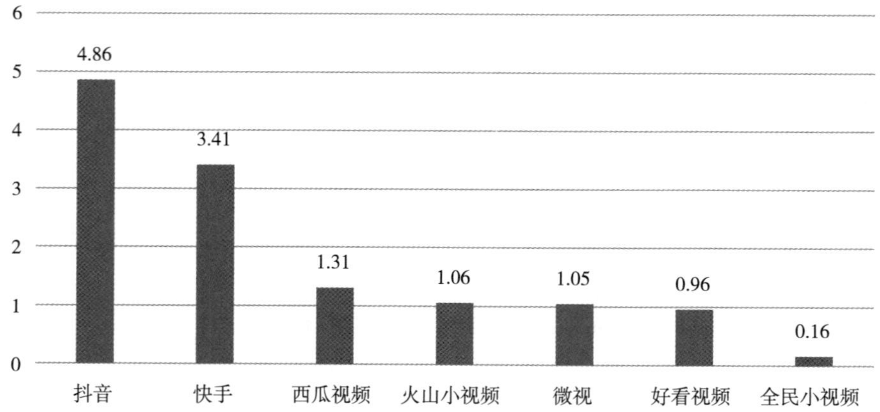

图 9-136　截至 2019 年 6 月短视频典型 APP 月活跃用户数量情况(单位:亿人)

资料来源:QuestMobile 研究院《短视频 2019 半年报告》。

如图 9-137 所示,在 2019 年 12 月至 2020 年 5 月直播主播增量月度趋势中,抖音共增加 285 万直播主播,5 月增长主播量最多,单月增长 173.2 万,同比增长 551%。快手共增加 72 万主播,每月主播增加量较为平稳。

如图 9-138 所示,在 2019 年 12 月至 2020 年 5 月的直播场次月度趋势中,抖音直播共计 5 531 万场,从 2020 年 2 月起,抖音直播场次迅速增长,同比增长 509%,3—5 月单月直播场次均突破千万场次,增长显著。快手直播场次共计 1 273 万次,月直播场次较为平均。

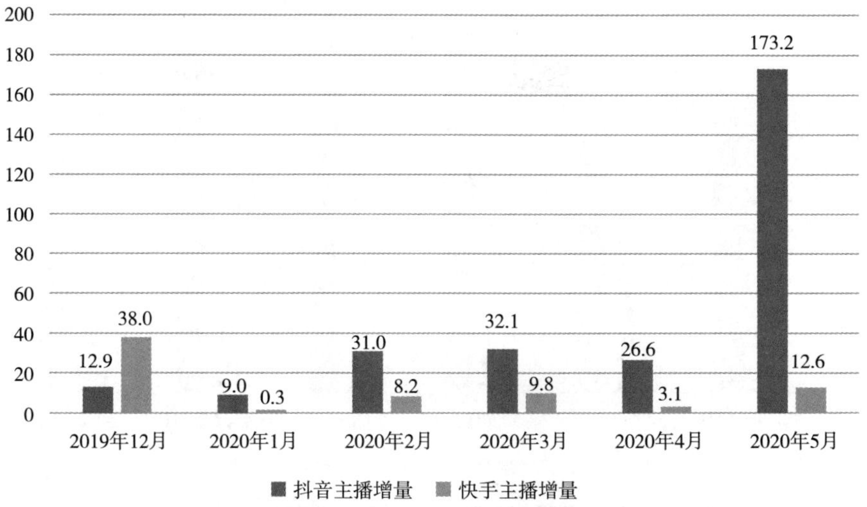

图 9-137 抖音 VS 快手直播主播增量月度趋势(单位:万)

资料来源:流媒体网《2020 年直播电商数据报告:抖音 VS 快手》。

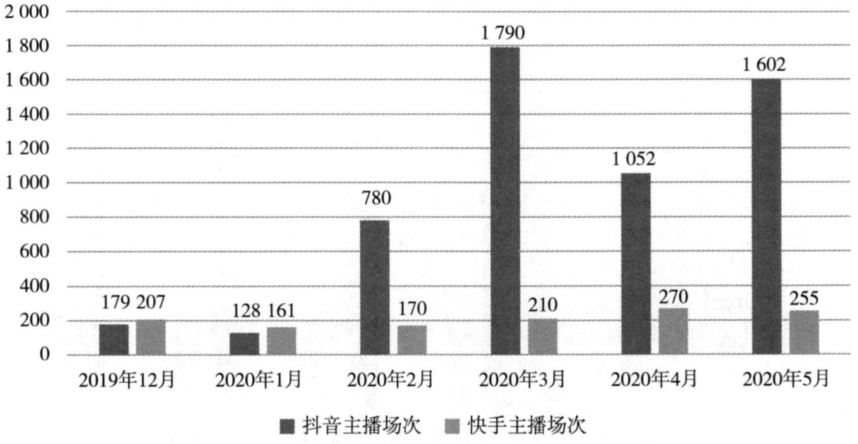

图 9-138 抖音 VS 快手直播场次月度趋势(单位:万)

资料来源:流媒体网《2020 年直播电商数据报告:抖音 VS 快手》。

2019 年 12 月至 2020 年 5 月抖音直播场均在线人数峰值趋势分布中,2020 年 1 月在线人数峰值最高,2 月开始下降。2020 年 1 月处于春节放假期间,且受疫情影响,用户闲暇时间较多,直播场次观看人数最多。虽然抖音直播场次不断增加,但是用户没有形成在抖音看直播的习惯,缺少观看抖音直播的固定用户。

2019 年 12 月至 2020 年 5 月快手直播场均观看人数分布趋势中,2020 年 2 月场均观看人数最高,整体保持在场均 400 以上的水平,有观看直播的固定用户,直播生态较为成熟(见图 9-139)。

2019 年 12 月至 2020 年 5 月直播主播礼物收入分布中,抖音音浪收入共计 152 亿元,2020 年 2 月起,直播主播数量、场次不断增加,主播礼物收入也不断增加,2 月份同比

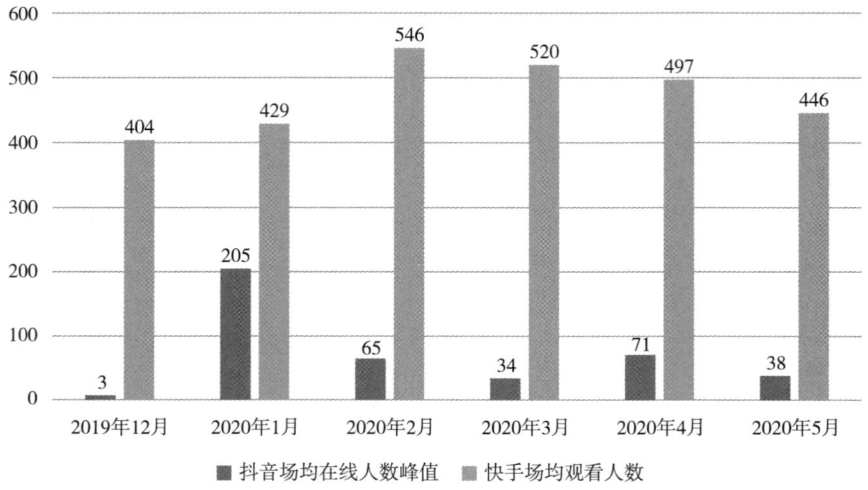

图 9-139 抖音直播场均在线人数峰值月度趋势/快手直播场均在线人数月度趋势(单位:人)

资料来源:流媒体网《2020 年直播电商数据报告:抖音 VS 快手》。

增长 62%。快手快币收入共计 67 亿元,整体收入趋于稳定(见图 9-140)。

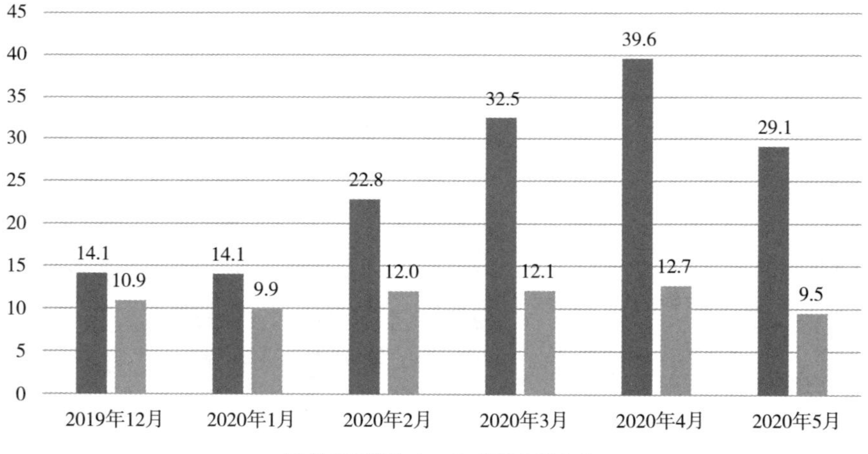

图 9-140 抖音 VS 快手直播主播礼物收入月度趋势(单位:亿元)

资料来源:流媒体网《2020 年直播电商数据报告:抖音 VS 快手》。

2019 年 12 月至 2020 年 5 月主播直播带货销售额分布中,抖音直播共带货 119 亿元,2020 年 4 月主播直播带货销售总额增长较快。快手主播直播带货销售额为 1 044 亿元,2020 年 1—2 月有所下降,3 月开始增长,4—5 月单月突破 200 亿元(见图 9-141)。

图 9-142 显示,截至 2019 年 6 月,从用户男女比例上看,抖音和快手共同的特点就是女性用户所占比例更高。

抖音用户中,女性占比更高,达到 66%,男性用户占比仅为 34%;而快手用户中男女比例则更为协调,女性用户占 57. 8%,男性占 42. 2%。

如图 9-143 所示,截至 2019 年 6 月,从用户分布区域来看,快手用户位于一线城市

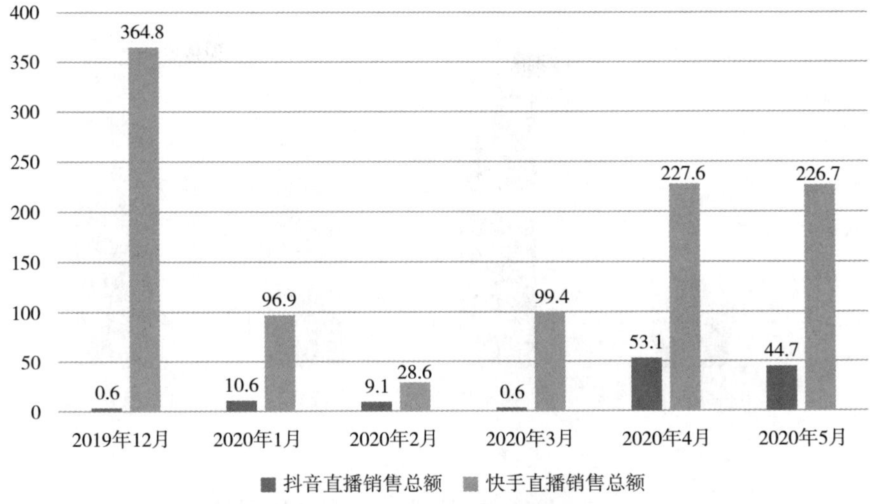

图 9-141　抖音 VS 快手直播带货商品销售额月度趋势(单位:亿元)

资料来源:流媒体网《2020 年直播电商数据报告:抖音 VS 快手》。

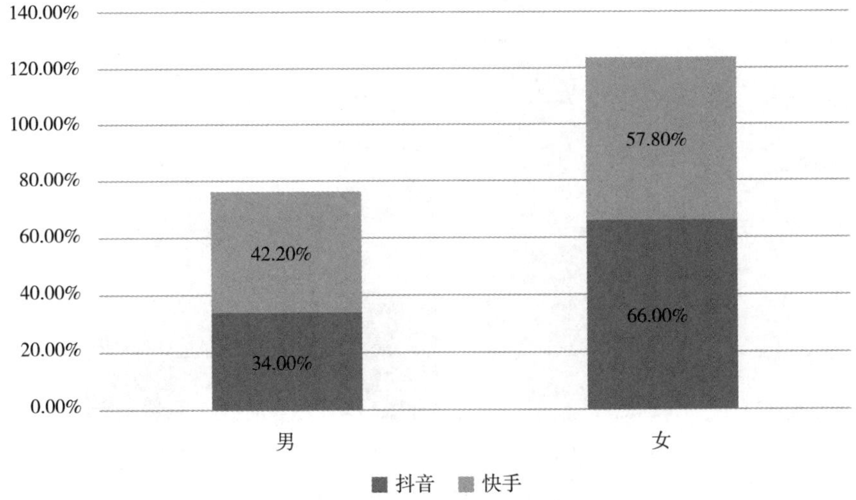

图 9-142　抖音、快手用户性别对比情况

资料来源:QuestMobile 研究院《短视频 2019 半年报告》。

的比例显著低于抖音,一线城市用户占比为 9. 5%,一、二线城市用户合计占比 38. 8%,三、四线城市用户合计占比高达 61. 2%。而抖音一线城市用户占比为 11. 3%,一、二线城市用户合计占比达到 45. 3%,较快手高出 6. 5 个百分点。这和抖音“年轻”“潮流”的产品定位与主打风格息息相关。早期抖音的团队深入全国各地艺术院校,挖掘高颜值的年轻人为平台生产内容,并帮助其获取粉丝。这批种子用户给抖音社区贴上了酷潮的标签,并吸引了与之兴趣、风格相似的用户。

如图 9-144 所示,从抖音和快手用户的收入分布情况来看,抖音用户收入更高,消费能力

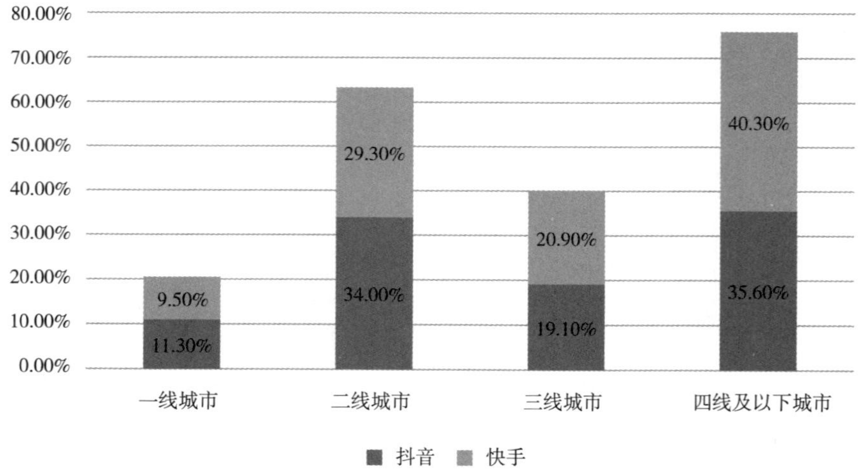

图 9-143　抖音、快手用户分布区域对比情况

资料来源：QuestMobile 研究院《短视频 2019 半年报告》。

较强。数据显示，在低收入段（月收入在 3 000 元以下），抖音、快手用户分布情况相差不大，但在较高收入段（月收入在 8 000 元以上），抖音用户占比为 14.0%，而快手用户仅为 12.4%。

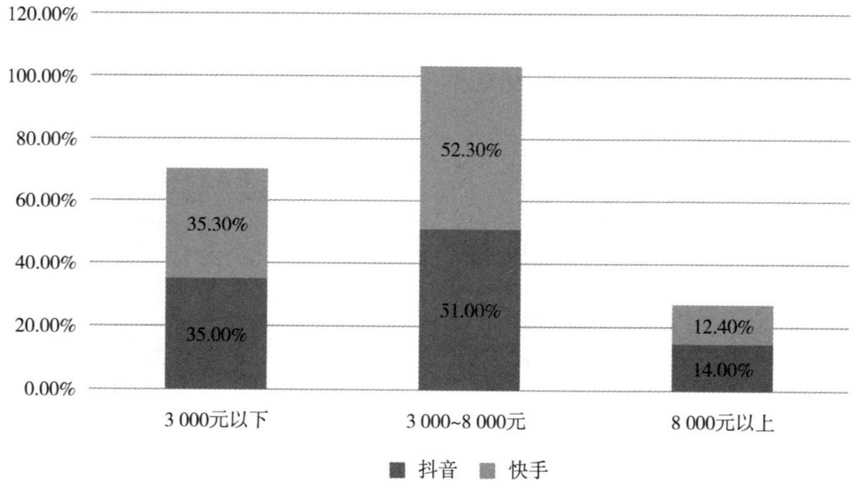

图 9-144　抖音、快手用户收入占比对比情况

资料来源：QuestMobile 研究院《短视频 2019 半年报告》。

如图 9-145 所示，在学历方面，快手用户分布较为均衡，高中和本科及以上用户占比最多，分别为 32.8%、31.9%，而抖音用户则较为集中在本科及以上学历。抖音用户总体教育水平较高，快手则较低。

抖音和快手都有各自的优点和不足，目前快手是抖音的主要竞争对手，但是在关注快手的同时也不能忽略其他短视频平台的发展；而且在注重国内市场的同时，更应该"走出去"，争夺海外市场的占有率。

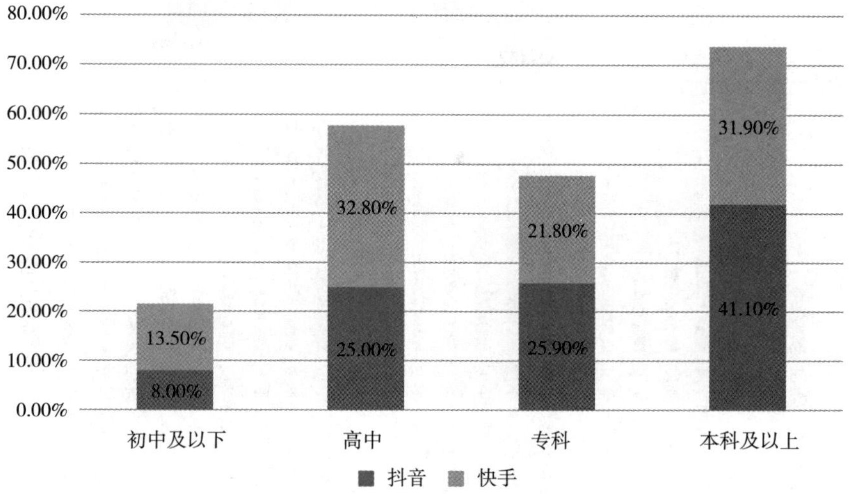

图 9-145 抖音、快手用户学历占比对比情况

资料来源：QuestMobile 研究院《短视频 2019 半年报告》。

9.5.2 海外短视频市场分析

短视频应用在美国最先出现。创办于 2010 年的 Viddy 于 2011 年 4 月 11 日正式发布了移动短视频社交应用产品。Viddy 定位为“创建和分享视频的有趣简单方式”，帮助用户即时拍摄、快速生产、便捷分享。同时，与其他社交媒体实时对接，用户之间的即时交流从互发文字、图片、语言发展到互发视频。与之类似的应用还有大规模争夺用户的短视频分享软件 Vine 和开始拓展短视频分享业务的传统图片分享应用 Instagram。除此之外，目前国外的 APP 平台上还有 Keek、mixbit 等许多类似的短视频社交应用。

海外主要短视频平台包括：Viddy、sociaicam、Qwiki、Keek、Cinemagram、Vine、Instagram、mixbit、Line 微片、snapchat、TikTok。

由于海外短视频行业的发展历程较短，成效不大，相关数据难以搜集，海外整体的短视频市场数据难以获得，所以本部分以海外主要短视频平台（非中国海外版 APP）为例，呈现海外市场的部分现状。

9.5.2.1 Snapchat

Snapchat 是全球最受欢迎的社交网络之一。2019 年，全球每月有近 2.93 亿的 Snapchat 用户。如图 9-146 所示，北美地区是 Snapchat 活跃用户数最多的地区，自 2014—2016 年以来，每个季度的活跃用户数都在以 500 万左右的数量增加，到 2017 年以后增长数量减少，但总体还是在不断增加。而在欧洲和世界其他地区，2014 年及以前的 Snapchat 活跃用户数的总和都不及北美地区，但是在 2014 年后尤其是在 2015 年，活跃用户数迅速增长，并在 2020 年同时突破 7 000 万。到 2020 年，世界每日 Snapchat 活跃用户数已达 2.38 亿。

如图 9-147 所示，Snapchat 各个年龄段的男性用户数量都要多于女性用户，总体上

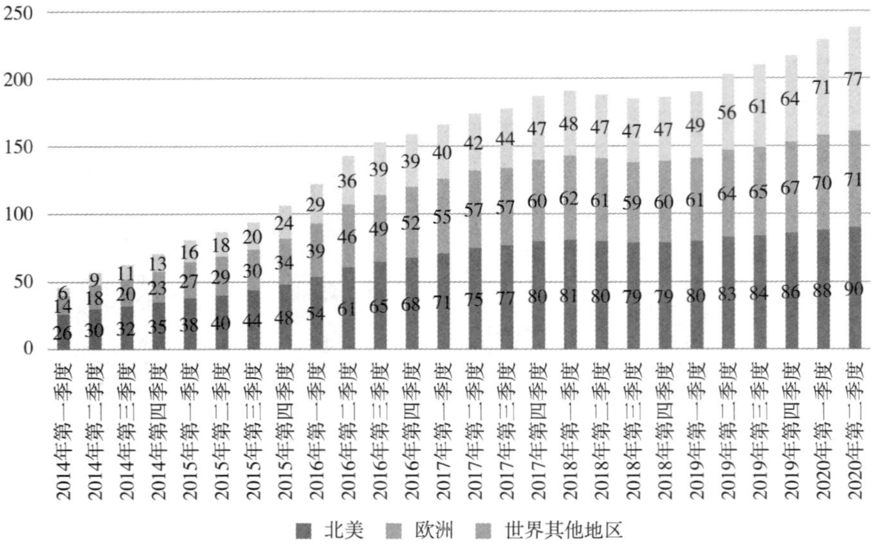

图 9-146 2014 年第一季度至 2020 年第二季度按地区划分的每日 Snapchat 活跃用户数量(单位:百万)

资料来源:Statista2020。

的男性用户数量要多于女性(男性占 60.6%,女性只占 39.4%)。在年龄上,男女所占最多的用户都分布在 25~34 岁;男女各自大部分用户的年龄都在 35 岁以下(年龄在 35 岁以上的用户只占 18.3%),由此可见,Snapchat 的使用人群呈现年轻化的特征。

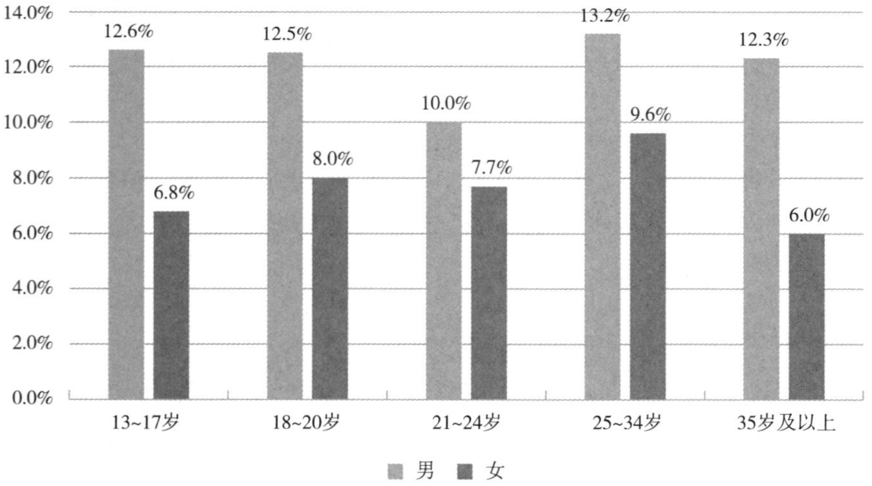

图 9-147 截至 2020 年 7 月按年龄和性别在全球范围内的 Snapchat 用户分布

注:无法查询到 13 岁以下用户数据。

资料来源:Statista2020。

如图 9-148 所示,2016—2020 年,Snapchat 的全球广告收入以每年 50 万美元左右的数量在增加,预计到2021年会达到262万美元。其增长率从2017年的109%开始逐年下降(基数不断增加)。

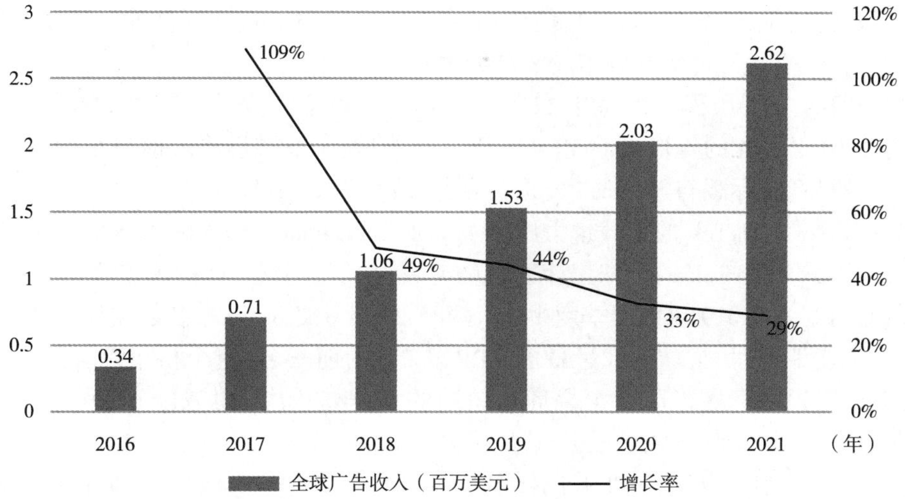

图9-148 2016—2021年Snapchat的全球广告收入及增长率

资料来源:Statista2020。

如图9-149所示,全球(包括统计中的各个地区)Snapchat的季度平均收入在2018年的四个季度中稳定增长,在2019年第一季度有所下降,到2019年第二季度回升;Snapchat的全球季度平均收入中,几乎每个季度的收入70%左右都来自北美地区,欧洲市场是它的第二大收入来源。除了继续注重北美地区的市场,其他地区的市场也亟待开发。

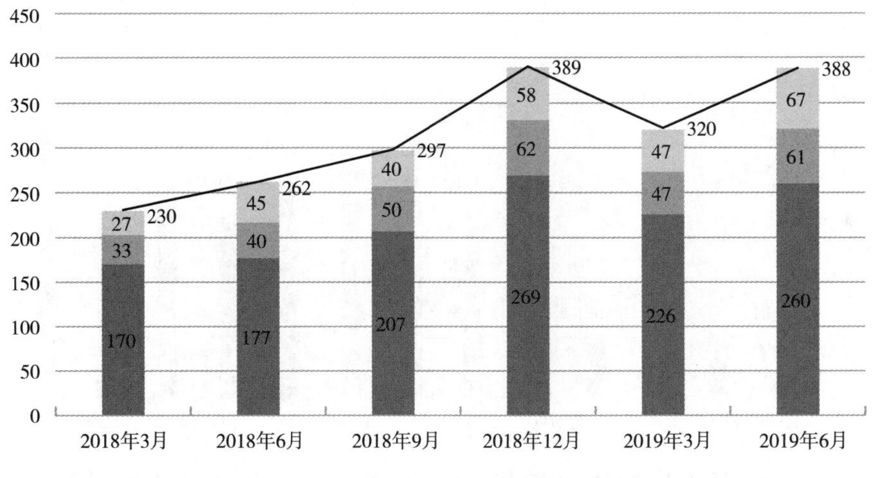

图9-149 Snapchat全球、北美、欧洲以及其他地区季度平均收入(单位:百万美元)

资料来源:Snapchat财报。

9.5.2.2 TikTok

2017 年是短视频行业爆发的元年,中国抖音 APP 的海外版 TikTok 风靡全球,开启了短视频行业的新纪元,海外固有的短视频平台纷纷借鉴 TikTok 升级功能。所以本部分以 TikTok 为案例,呈现海外短视频市场的部分现状。

(1)TikTok 发展历程。2017 年 11 月 10 日,字节跳动完成了其历史上最大的一次收购,以高达 10 亿美元的价格买下 Musical. ly。收购后,字节跳动将之前在东南亚、日韩等市场推出的抖音国际版与 Musical. ly 进行合并,统一为 TikTok。

2018 年 9 月,TikTok 的下载量力压 Facebook、Instagram、YouTube 和 Snapchat。

2019 年 2 月,TikTok 的全球累计下载量突破 10 亿。全球 APP 权威数据公司 Sensor Tower 的报告显示,2019 年四个季度中,除了第二季度 TikTok 以一名之差掉落前三宝座,其余三个季度都位列"全球下载量最多 APP 榜单"的前三名,这个榜单综合了全球的苹果与谷歌应用程序商店。而在苹果商店单独的数据榜单中,TikTok 于 2019 年第一、第三、第四季度位列"全球下载量最多 APP 榜单"的第一名。

2019 年的下半年以来,TikTok 捷报不断:9 月在苹果 App Store 和谷歌 Play 上总下载量超过 Facebook、Instagram 和 Snapchat 位列第一;10 月与全美音乐奖(AMA)合作,实现了历史上首次通过短视频平台宣布提名的颁奖礼;在另一个重要战场印度,TikTok 已拥有 2 亿用户,月活跃用户破亿,该区域超过美国,成为 TikTok 全球化最大市场。

(2)TikTok 用户分析。如图 9-150 所示,TikTok 全球下载量在 2017 年第四季度至 2018 年第四季度和 2019 年第二季度至 2020 年第一季度迎来两个下载高峰期。2019 年,TikTok 的下载量超过 Facebook 和 Messenger,成为仅次于 WhatsApp 的全球下载量第二大应用。

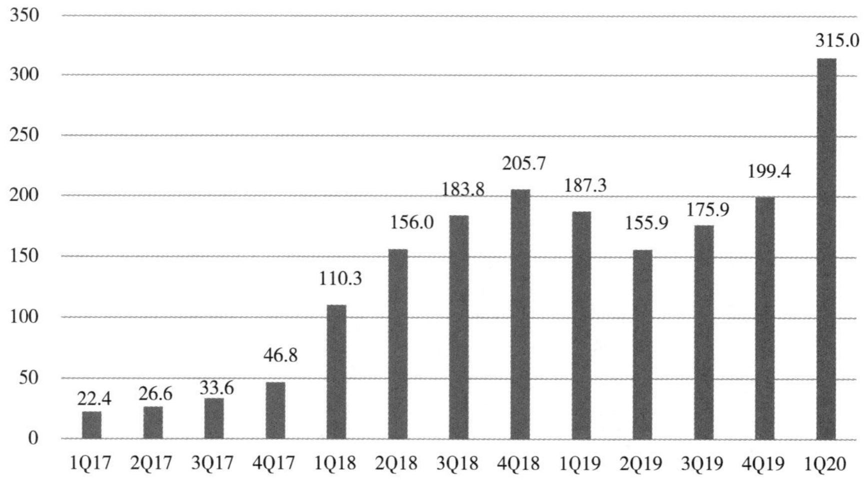

图 9-150 TikTok 全球用户数(按季度 全球 App Store 和 Google Play 下载量)(单位:百万次)(其中 Q 代表季度,例如 1Q17 代表 2017 年第一季度)

资料来源:Sensor Tower2020。

如图 9-151 所示,在 2019 年 TikTok 全球下载量排名中,印度以 1.9 亿的下载量雄踞榜首,美国位居其后,土耳其、俄罗斯、巴基斯坦也为 TikTok 贡献了不俗的下载量。

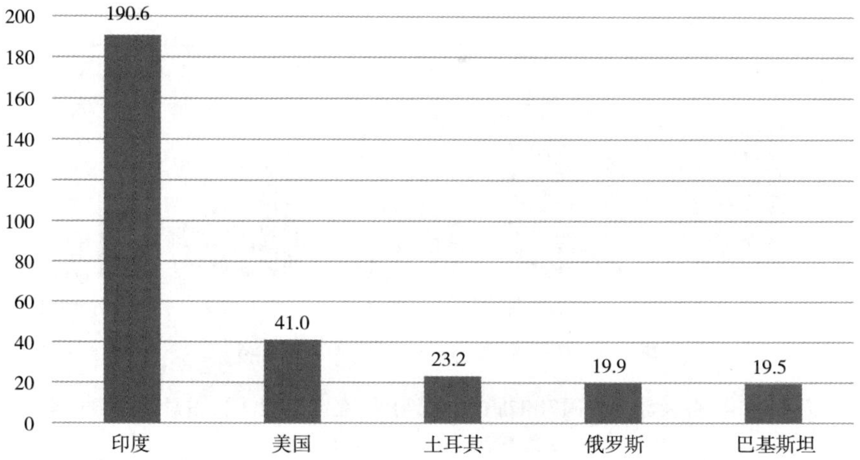

图 9-151　2019 年按地区划分 TikTok 下载量排名(单位:百万)

资料来源:Statista2020。

如图 9-152 所示,Sensor Tower 公布的最新数据表明,2020 年 6 月,TikTok 是全球应用下载量榜单的第一名。作为一款非游戏类应用,TikTok 2019 年就已迎来超过 8 700 万的下载量,2020 年 6 月更是较 2019 年同期增长了 52.7% 以上。细分来看,印度市场为其贡献了最多的下载量,美国市场则紧随其后。

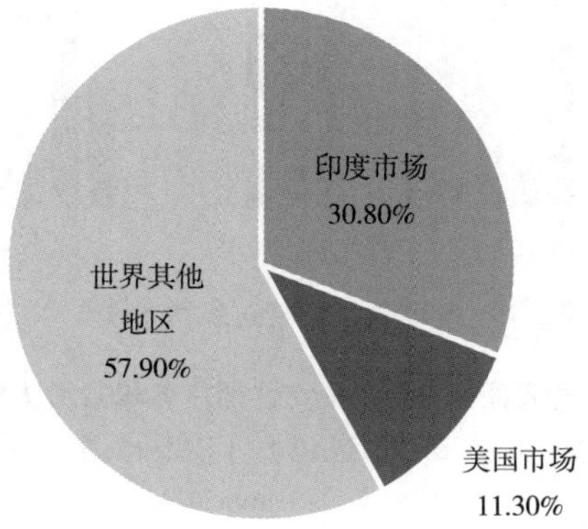

图 9-152　TikTok 下载量排名(按地区分)

资料来源:Sensor Tower2020。

由图 9-153 和图 9-154 可知,在各个年龄段中,女性用户所占比例都比男性用户高;各个国家 50 岁及以上的用户所占比例都在 10%左右(男女比例相加);10~49 岁的用户占了绝大部分,呈现年轻化的特点,但是韩国、法国、美国 10~19 岁人群所占比例最大,澳大利亚、英国 20~29 岁人群所占比例最大。

如图 9-155 所示,2020 年 2 月,TikTok 在 Google Play 和 App Store 上的终身用户总支

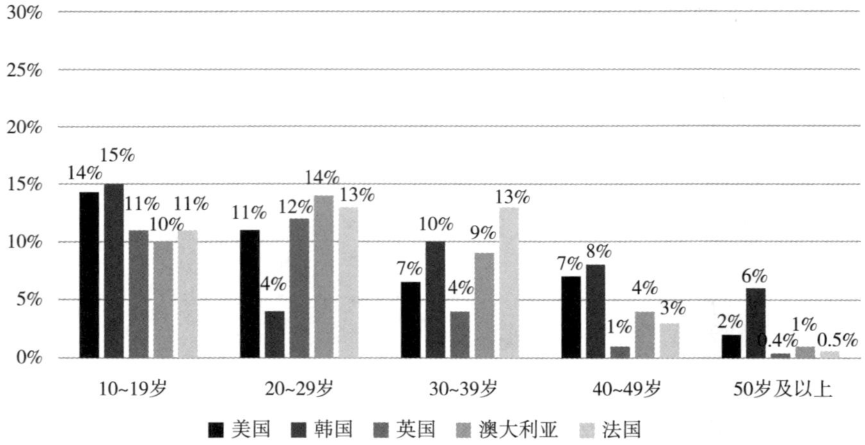

图 9-153　各大洲代表国家 TikTok 男性用户各年龄段人数占总用户数比重

注：无法查询到 10 岁以下用户数据。

资料来源：Statista2020。

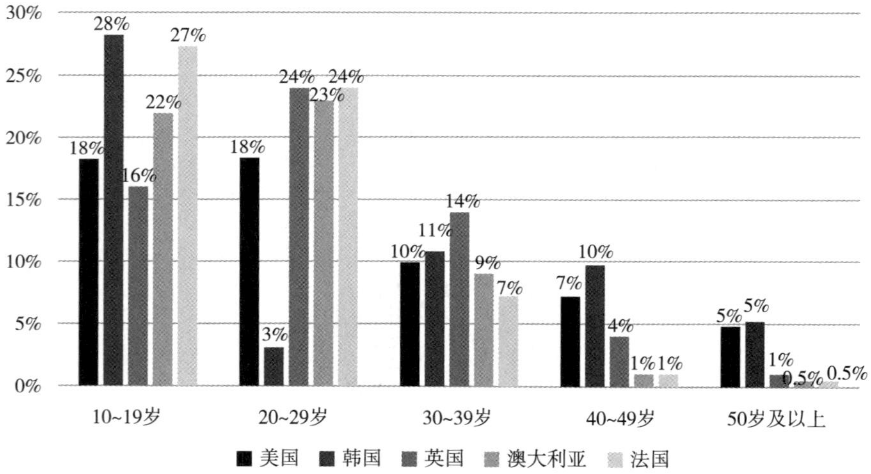

图 9-154　各大洲代表国家 TikTok 女性用户各年龄段人数占总用户数比重

注：无法查询到 10 岁以下用户数据。

资料来源：Statista2020。

出达到 5 000 万美元。自 2018 年 11 月开始，全球用户在 TikTok 上的花费不断增加，2019 年 8—11 月迅速增长（约 1 700 万美元），增长率达到峰值 124%。2019 年 11 月至 2020 年 2 月增长约2 000万美元，增长量有所增加，但因为基数有所上升，所以增长率有所下降。

（3）Tiktok 市场收入。自上线以来，TikTok 的总营收为 2.476 亿美元。2019 年，TikTok 的收入占 71%，为 1.769 亿美元。其中 2019 年第四季度是 TikTok 用户增速最快的一季，这一季度营收 8 850 万美元，环比增长了 2 倍，同时是 2018 年同期收入的 6 倍。

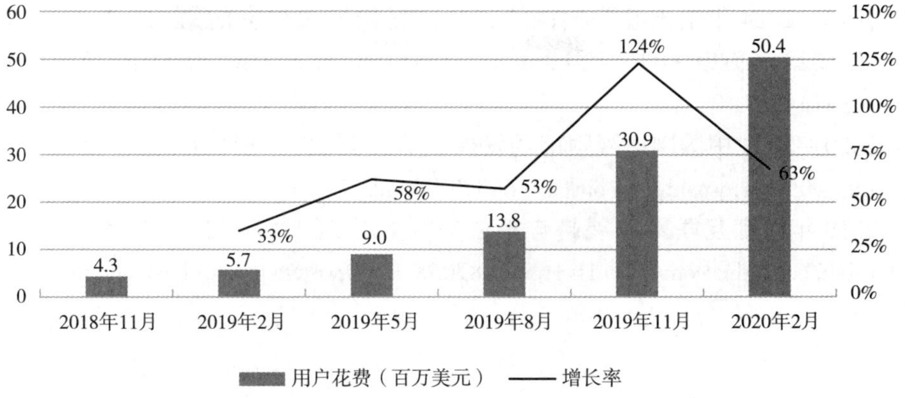

图 9-155　2018 年 11 月至 2020 年 2 月全球用户在 TikTok 上的花费及增长率

资料来源：Statista2020。

尽管 TikTok 在海外名声大噪，但中国用户仍然是其最大的受众群体。2019 年中国的 iOS 用户在 TikTok 上消费了 1.229 亿美元（不算 Google Play 等其他用户），占市场份额的 69%，是美国用户的三倍多（应用内消费 3 600 万美元，占市场份额的 20%）。而英国市场排名第三，在 TikTok 上消费 420 万美元，占 2%。在继续发展已有庞大市场的前提下，TikTok 应该思考如何才能做出相应调整，挖掘世界其他地区的市场。

虽然 TikTok 发展前景较好，但仍存在一定的风险因素，政治原因导致的海外政策风险就是其中之一。2020 年 3 月 9 日，华盛顿就召开了一场美国国会参议院关于 TikTok 数据安全问题的听证会。此前，美国共和党参议员、此次听证会召集人乔希 · 霍利公开表示将提交法案，拟禁止美国联邦政府雇员在其设备上使用 TikTok，禁令将适用于所有美国政府发行的设备。国际政治环境扑朔迷离，或对 TikTok 的发展前景产生一定的影响。但总体来看，TikTok 在海外仍极受欢迎，未来依旧可期。

参考文献

[1]短视频行业数据分析：2020 年 3 月抖音三线城市用户占比 24.8%[EB/OL].(2020-06-17)[2020-08-12]. http://www.iimedia.cn/c1061/72096.html.

[2]陈微. 2018 年抖音用户规模、用户画像回顾及 2019 年抖音行业发展趋势[EB/OL].(2019-02-21)[202-08-12]. https://m.huaon.com/detal/404240.html.

[3]林琴."尔晴之死"揭开越南盗播剧暴利黑产[EB/OL].(2018-08-21)[2020-08-12]. http://m.s6s123.com/nd.jsp? id=907.

[4]2020 年直播电商数据报告：抖音 VS 快手[EB/OL].(2020-07-02)[2020-08-12]. https://m.sohu.com/a/442291983_120505321.

[5]越南版腾讯 VNG 的崛起故事[EB/OL].(2018-06-05)[2020-08-14]. http://www.tingfeng88.com/%E8%136%8A%E5%80%97%.html.

[6]彭锦．网络视听节目“走出去”:现状与特点[J]．对外传播,2018(09):51-52.

[7]2018—2024 年中国互联网网络视频市场研究及投资前景预测报告[EB/OL].(2018-11-02)[2020-08-12].hhttps://wkbaidu.com/view/e0856afo970590c69ec3a5bbfa0a79563c1ed4a7.

[8]2020—2022 中国网络视频市场发展趋势预测[EB/OL].(2020-03-28)[2020-08-16].http://www.woshipm.com/it/3603727.html.

[9]2019 年印度互联网发展趋势报告[EB/OL].(2019-12-25)[2020-08-15].http://baijiahao.baidu.com/s? id=1653818703800260860&wfr=spider&for=pc.

10 国际文创设计市场

10.1 国际文创设计市场发展概况

10.1.1 国际文创设计市场统计框架

根据联合国教科文组织(UNESCO)的文化统计框架(2009年)中关于文化产业的统计标准,F大类为创意与设计服务,包括时装设计、平面造型设计、室内设计、园林设计、建筑服务和广告服务六个小类①。联合国教科文组织从特征属性角度作出解释:文创产品是表达创意思想、符号和生活方式的消费性产品。

2018年,中国国家统计局发布《文化及相关产业分类(2018)》,对《文化及相关产业分类(2012)》进行修订,将原来的大类由10个修订为9个、中类由50个修订为43个。"文化核心领域"包括6个大类、25个中类;"文化相关领域"包括3个大类、18个中类。其中,"文化核心领域"下第三大类为"创意设计服务",下设"广告服务"和"设计服务"两类。

关于文创产品的概念和种类,也有一些民间约定俗成的认识。例如,洛可可设计集团文创设计群设计总监邱丰顺认为,可以把文创产品设计分为两大类:一种是文化创意生活类的日用工艺品和依靠品牌运作的创意商品,如中国创意家具品牌梵几、中国台湾创意文具品牌"物外"、荷兰创意寝具和服饰品牌SNURK等;另一种是带有明显属地性质的,与博物馆、美术馆、景区等合作研发的文创产品,如早年间的故宫文创以及近几年出现的陕西历史博物馆、苏州博物馆、敦煌研究院文创等。"无论是哪一种,设计的价值就在于透过创意,创造出物品本身价值之外的艺术性。"②

文创设计追求的不仅是造型和美感,其背后需要承载一个故事,创意团队需要经由自身的认知将故事或情怀灌输到设计之中。文创设计需要在符合创意市场需求的同时,保留文化作为其核心价值。文创设计不仅仅是传统意义上的设计,它更多的是观念和现象的再造,是一种深度植入当下生活并且可以演变衍生的IP系统。文创设计可以将传统与现代、文化与产品结合起来,挖掘设计背后的内涵,寻求更远的传播能力。文创设计既有商业价值,也有文化价值,这种双重价值促使很多国家都非常注重推动文创设计行业的发展。

文创设计作为由人类智力创造的无形财产,属于知识产权(IP),知识产权可以被作为专利、商标、名称(字号)、标识、图例、工业设计、产品外观设计、名人权利等形式受法律

① 联合国教科文组织统计研究所.2009年联合国教科文组织文化统计框架[EB/OL].(2017-07-13).http://www.doc88.com/p-598933410590.html.

② 洛可可邱丰顺:文创设计不能只是"萌萌哒"[EB/OL].(2015-07-29)[2020-9-30].http://culture.people.com.cn/n/2015/0729/c172318-27377185.html.

保护。知识产权的三个法定形式包括专利、版权和商标。在销售领域,大多数授权品牌都是作为商标或版权受到保护的。①

10.1.2 国际文创设计市场规模

目前全球的文创设计市场发展并不平衡,欧美地区占主导地位。文创园区作为一种产业集聚的形式,最早兴起于欧美国家,根据由联合国教科文组织、国际作家与作曲家联合会和安永会计师事务所 2015 年 12 月共同发布的报告《文化时代——第一张文化创意产业全球地图》,全球文化创意产业集聚区主要集中在以美国为核心的北美地区,以英国为核心的欧洲地区和以中国、日本、韩国为核心的亚洲地区。其中,美国占市场总额的 43%,欧洲占 34%,亚洲、南太平洋国家占 19%(其中日本占 10%,韩国占 5%,中国和其他国家及地区仅占 4%)。报告统计,全球文化创意产业创造产值达到 2.25 万亿美元,吸纳从业人数 2 950 万人,成为引领各个国家产业创新和发展的一股重要力量。

世界知识产权组织(WIPO)每年发布全球创新指数并对世界各地近 130 个经济体的创新表现进行排名和分析。2019 年发布的《2019 全球创新指数》报告指出,与 2018 年相比,2019 年全球的经济增长稍有乏力。但尽管市场情绪低迷,世界各地的创新之势仍如火如荼。无论是在发达国家还是发展中国家,各行各业的创新都在蓬勃发展。全球对于创新的投资逐年增加,对知识产权的利用更是在 2017 年和 2018 年创下历史新高。2019 年,创新的地理布局正在发生变化,一些中等收入经济体正在崛起,但创新的投入和产出仍然集中在为数不多的经济体中,全球创新鸿沟依然存在。2020 年发布的《2020 全球创新指数》报告显示,由于新冠肺炎疫情引发了前所未有的全球经济衰退,影响到了全球范围内的创新发展,但这一影响将随着疫情的有效控制而消失。与此同时,全球对创新的支持变得更加广泛,例如在美国,随着商业创新支出大幅下滑,政府正在努力通过增加创新支出来抵消这种影响。2020 年全球的创新格局仍在发生变化,部分发展中国家和地区的创新态势持续增长(见表 10-1),多年来,中国、越南、印度和菲律宾是全球创新指数排名中进展最显著的经济体,2020 年这 4 个国家都进入了前五十名。虽然全球区域差异依然存在,但像南非、肯尼亚等一些经济体也表现出了巨大的创新潜力。

表 10-1 2020 年按收入组别排名的前三创新经济体

组别	国家
高收入	1. 瑞士
	2. 瑞典
	3. 美国
中等偏上收入	1. 中国
	2. 马来西亚
	3. 保加利亚

① Danny Simon, Gregovy Battersby. 品牌授权原理(授权商版)[M]. 朱晓梅,吴尘,译. 北京:清华大学出版社, 2017:097.

续表

组别	国家
中等偏下收入	1. 越南
	2. 乌克兰
	3. 印度※
低收入	1. 坦桑尼亚↑
	2. 卢旺达↓
	3. 尼泊尔※

注:↑↓表示前三名和 2019 年相比的名次变动,※表示 2019 年前三名的新晋级者。
资料来源:GLOBAL INNOVATION INDEX 2020。

品牌授权虽然发端于美国,但如今已经发展成全球产业。几乎世界上的每一个国家都在开发和推广各自的授权品牌,承载这些品牌的产品也同样在世界各地销售。品牌授权遍及全球,国际授权业协会(LMA)在英国、德国、中国和日本都有办事处,同时在意大利、西班牙、葡萄牙、东欧、印度、阿联酋、澳大利亚设有区域组织。授权产业未来的增长空间将主要是新兴市场,范围覆盖全球。① 根据世界知识产权组织 2020 年公布的数据,2018 年,中国专利局共受理专利申请 154 万件,创历史新高,紧随其后的是美国、日本、韩国和欧洲专利局(见图 10-1)。中国的专利申请量在 2018 年实现了两位数的增长,而美国和日本的专利申请量则略有下降。

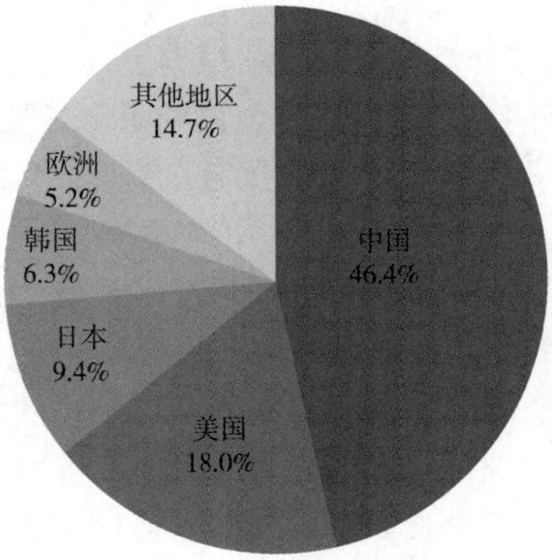

图 10-1　2018 年世界专利申请比例

资料来源:WIPO 统计数据库,2020 年 3 月。

联合国教科文组织统计研究所(UIS)于 2019 年引入了有关文化产品国际贸易的新数据库,首次在全球数据库中发布了有关文化产品国际贸易的时间序列数据,数据跨度为 2004—2017 年。2019 年新发布的数据显示,自 2011 年以来,全球商品贸易一直停滞不前,最不发达国家的放缓甚至开始得更早。从 2004—2007 年,最不发达国家文化产品

① Danny Simon, Gregovy Battersdy. 品牌授权原理(授权商版)[M]. 朱晓梅,吴尘,译. 北京:清华大学出版社,2017:080.

在世界出口中的份额从 0.5%增加到 0.8%,到 2017 年又回落到 0.5%,与 2004 年的份额相同。[①] 这反映出文化产品的国际贸易发展至 2017 年都未能取得大的突破,而寻求文化创新以文创设计打开国际文化贸易市场或许是一条新路径。

10.1.3 国际文创设计市场热点趋势分析

从宏观环境上讲,当前全球的政策、经济、社会和科技都在共同推进国际文创设计市场进一步发展。

从政策上来看,针对文创政策、文创跨界、文创产业、文创学术的政策层出不穷。联合国贸发会议(UNCTAD)在多次会议中讨论了创意经济的可持续发展。欧盟委员会曾于 2011 年提出"创意欧洲"计划,旨在促进欧洲各国的文化和创意事业的发展。2009 年,世界知识产权组织与 12 个主要出版机构合作发起了"获取发展与创新研究"(ARDI)项目,以鼓励创新并协助发展中国家缩小知识差距。该项目为最不发达国家当地的非营利机构免费提供主要科学技术期刊的在线获取渠道,并为全世界发展中国家的工业产权办公室提供低成本获取渠道。ARDI 希望加强发展中国家参与全球知识经济的能力,并支持发展中国家的科学家创建和开发新的解决方案,以应对地方和全球面临的技术挑战。

联合国教科文组织 2019 年发布了《文化 2030 指标》,总结了两年来共同利益相关者和专家的工作。《文化 2030 指标》涉及了所有可持续发展目标,帮助评估和促进文化实力,推动国家和地区实施可持续发展议程。2020 年 2 月 12 日,联合国教科文组织《保护和促进文化表现形式多样性公约》委员会在巴黎总部举行会议,通过了 9 项旨在促进 9 个发展中国家文化和创意产业的提案,这使获得国际文化多样性基金(IFCD)资助的项目数量超过 100 个。国际文化多样性基金是一项根据上述公约设立的自愿多方捐助基金,旨在支持发展中国家文化部门的兴起。该基金鼓励采取各种举措,加强从创造到生产和分发的创意价值链,以扩大获得文化产品和服务的范围。[②] 2020 年 1 月 30 日至 2 月 1 日,被冠以"全球创新博览会"之名的 Change NOW 国际峰会在巴黎举行,来自世界各地的数百名城市参与者和制造商分享了他们的经验和对策,为地球塑造更美好的城市未来,会上联合国教科文组织的代表也阐述了创新的城市做法。[③]

从经济来看,较平稳的全球经济态势为文创设计市场的发展保驾护航。2020 年初,联合国发布的《2020 年世界经济形势和前景展望报告》指出,2019 年全球经济增长放缓至 2.3%,经历了 10 年来的最低增长,预计 2020 年经济增速可能达到 2.5%。但受贸易摩擦、金融动荡以及地缘政治紧张局势升级等影响,经济下行风险增加,全球经济增长也可能放缓至 1.8%。尽管 2020 年全球范围的新冠肺炎疫情给全球经济造成了一定程度的冲击,但只要世界各国携手共进,将很快实现经济的复苏。联合国贸易发展会议于 2020 年 9 月发布的《2020 年贸易和发展报告》指出,面对仍未得到遏制的新冠肺炎疫情

---

① UNESCO. UIS Releases New Data on Cultural Activities [EB/OL]. (2019-06-19) [2020-9-30]. http://uis.unesco.org/en/news/uis-releases-new-data-cultural-activities.

② UNESCO. UNESCO funds nine new projects to support culture in developing countries [EB/OL]. (2020-02-12) [2020-9-30]. https://en.unesco.org/news/unesco-funds-nine-new-projects-support-culture-developing-countries.

③ UNESCO. ChangeNOW Summit 2020: UNESCO cities [EB/OL]. (2020-02-03) [2020-9-30]. https://en.unesco.org/news/changenow-summit-2020-unesco-cities-innovative-hubs-local-sustainable-development.

大流行，全球经济陷入严重衰退，需要一项全球复苏计划，以使最脆弱的国家也能恢复到比疫情以前更强的地位。报告从全球金融危机中吸取了教训，认为如果要使重建工作变得更好，不再只是空谈，而是成为一个更有韧性的未来指导方针，那么在国家和国际层面上，复苏和改革必须携手并进。

从社会因素来看，随着人们生活水平的不断提高，全球消费不断升级，全民的文化意识正在提升，而文创设计市场的供给端却呈现缺口。根据马斯洛需求层次理论，用户在自身物质消费得到满足后，会产生精神消费等更高层次的需求，未来全面消费升级的趋势依然强劲。人们对于新设计和新产品的追求推动了文创设计的快速发展。而在2020年新冠肺炎疫情的考验之下，世界多个城市以创意做法和创新能力应对疫情，大量调动城市中创意和科技领域人才，形成了一系列疫情防控常态化机制下推动城市可持续发展的创新经验做法。在2020年9月举办的第三届联合国教科文组织创意城市北京峰会上，联合国教科文组织文化助理总干事埃内斯托·奥托内·拉米雷斯先生在开幕式上发布了《联合国教科文组织创意城市应对新冠肺炎疫情案例集》。该案例集收录了联合国教科文组织2020年3月以来征集的包括北京、罗马、新加坡、特拉维夫—雅法、蒙特利尔等44个国家的90多个城市提交的70个抗疫创新案例。

从科技因素来看，目前全球正由信息化时代走向智能化和数字化，且从2020年开始，5G商业化、物联网和区块链技术也将迅速落地。5G发展将加速移动媒体、移动广告、家庭宽带和电视在内的内容消费，通过全新沉浸式和交互式新技术提升体验，释放增强现实(AR)、虚拟现实(VR)和新媒体的潜力。5G技术与人工智能(AI)、物联网等融合形成超级互联网，将催生新的文创设计市场业态，数字文创设计、交互式文创设计变得更加普及。而5G给人们的生活带来变化的同时也极大地改变着社会和经济面貌，在5G时代，文创产品的生产、传播和消费将产生重大变革。网速的加快促进文创产品的设计和传播更加关注个体的需求，并使之前的产品和技术更完善。5G技术具有明显的高速度、低时延、高效率、低功耗、超广覆盖等特点和优势，这些优势有助于文创设计产品更高效便捷地走向国际市场，加快文创产品生产和消费的国际化程度。

世界知识产权组织在2019年发布的报告《创新版图：地区热点，全球网络》中指出，尽管长期以来知识和创新生产一直是国际现象，但直到近年来才真正全球化。如今，位于不同国家的行为体可以以真正一体化的形式开展创新活动。连接分散知识中心的全球网络日益推动创新。且从地域角度来看，随着时间的推移，创新在国际上日趋分散。在1970—2000年的大部分时间里，只有3个国家(美国、日本和德国)占全世界所有专利活动的2/3。加上其余的西欧经济体，特别是英国、法国、瑞士和意大利，这个数字达到了90%左右。然而，世界其他地区在创新产出中所占的份额在过去30年中缓慢上升，从20世纪70年代初的不到6%上升到了21世纪初的13%以上。这种扩散只有一小部分是韩国和中国所致。在过去20年里，技术(专利)和科学成果的扩散趋势都显著加快。自2010年开始的近十年中，世界其他地区的专利活动几乎占全部专利活动的1/3。世界各地的公司都有一个明显的模式，即增加和扩大吸收外国发明人参与的专利活动。然而，大多数国际专利采购仍然发生在高收入经济体的公司和发明人之间，特别是美国、日本和西欧。

10.2 国际文创设计市场重要区域分析

10.2.1 英国文创设计市场分析

10.2.1.1 英国文创设计市场概况

英国崇尚自由创造,拥有众多导向性的创新理念,在地理位置上虽不处于欧洲的中心,却是欧洲乃至世界创意产业的大本营。英国是全球最早提出“创意产业”概念的国家,也是世界上第一个以政策推动创意产业革命的国家,有着世界独具潜力的创意经济发展模式。英国对创意产业的定义是:源自个人创意、技巧及才华,通过知识产权的开发与运用,具有创造财富和就业潜力的行业。[①] 1997 年英国工党领袖托尼·布莱尔(Tony Blair)出任首相后宣布成立文化、媒体和体育部(DCMS),推动英国成为国际间的文创先驱。英国的创意经济注重技术与产业的融合发展,英国人认为创意产业的增长主要来自“Createch”领域,可以拆分为 Creativity 和 Technology 两部分。技术激发创造力,创造力又催生新技术。

英国的设计行业是世界上最成熟的设计行业之一,其建立可以追溯到 18 世纪中叶以来皇家艺术协会对开放式创新事业和杰出工业设计师的支持而进行的设计和创新。英国政府 2020 年的报告 *R&D in Creative Industries Survey*-2020(《创意产业调查研究与发展 2020》)显示,英国的创意产业在 2018 年为英国经济贡献了 1 117 亿英镑总增加值(GVA),占英国总增加值的 5.8%。[②] 英国设计委员会 2018 年发布的《设计经济 2018》扩展了其早在 2015 年的研究,指出在 2016 年,设计经济为英国创造了 852 亿英镑的总增加值,相当于英国 GVA 的 7%。2016 年,英国有 169 万人从事设计工作,2017 年英国有 78 030 家设计密集型公司。根据英国设计委员会 2020 年的最新报告,拥有设计技能的工人为英国经济贡献了 2 090 亿英镑 GVA,他们的价值增长速度快于整个英国经济。在工作中使用设计技能的工人的生产率比英国普通工人高出 47%,每小时的总附加值增加了近 10 英镑。设计被认为是未来的重要产业之一,在英国和国际上都扮演着重要的角色。设计也与创新有关:在各行业使用设计技能的工作人员中,约 43%从事的工作能够产生创新、创造性思维和解决问题的能力。而相比之下,在所有劳动力中这一比例仅为 6%。

2019 年 10 月,英国政府宣布 2.5 亿英镑的文化投资基金启动,文创项目、图书馆、博物馆和创意产业都将从这笔资金中受益。且在未来 5 年中,英国文化、媒体和体育部(DCMS)每年将在英格兰的文化和创意产业上再投资 5 000 万英镑,以振兴现有资产并支持新的文化发展。根据英国政府 2020 年公布的最新统计数据,创意产业在 2018 年为英国经济贡献的 GVA 中,广告和营销是创意产业增长的两个主要驱动力。与 2017 年相比增长了 7.4%,是整个英国经济增幅 1.4%的 5 倍多。文化、媒体和体育部部门(不包括

① 易晓,王冰. 英国:创意经济与设计无处不在[J]. 经济,2014(04):60-62.

② OMB Research. R&D in Creative Industries Survey-2020[R]. OMB. 2020.

旅游业）在 2018 年为英国经济贡献了 2 241 亿英镑，占英国经济的 11.7%。2020 年 7 月，在放松了由新冠肺炎疫情而施行的封锁和限制之后，英国政府宣布了 15.7 亿英镑的文化复兴基金，以启动该国的文化和创意产业，包括剧院、博物馆、美术馆和独立电影院在内的众多部门的数千个组织将能够获得紧急赠款和贷款。

10.2.1.2 英国文创设计案例

（1）城市文创设计。2019 年 11 月，欧盟发布《2019 文化创意城市名单》，榜单第一为英国第四大城市格拉斯哥，伦敦紧随其后排在第二名，接下来是布里斯托、布莱顿、曼彻斯特和爱丁堡。下述以格拉斯哥、伦敦和爱丁堡为例进行简要介绍。

第一，格拉斯哥。格拉斯哥位于苏格兰西部，在 1990 年是欧洲最早的文化之都之一，当时被誉为工业城市，如今已被公认为欧洲的创意和文化中心。格拉斯哥拥有 100 多个文化组织，4 家足球俱乐部，且苏格兰 6 家国家级表演艺术公司中有 5 家都位于此地。在格拉斯哥，一年中的各种节庆很多，比较大的有凯尔特音乐节和西区音乐节，甚至在中国新年也会有庆祝活动。

第二，伦敦。作为世界第一大金融中心的伦敦曾经历过两次转型，第一次转型是从工业制造中心转为金融中心，第二次转型是从金融之都向创意之都转变。1997 年之后，伦敦大力发展创意产业。2003 年，伦敦政府制定了政策，目标是把伦敦打造成世界卓越的创意和文化中心及世界级文化城市。如今创意产业已经成为伦敦仅次于金融服务业的第二大产业，伦敦也因此有了“酷都”的美誉。伦敦的城市文创设计主要体现在城市市集、城市农场和西区。

伦敦街头兴起的市集相对平均地散布在伦敦中心城区，构成百花齐放、百家争鸣之态。其中最具代表性的如考文特花园，波若市集是“吃货”的天堂，肯顿市集是“复古”之城，波特贝罗市集是“古董控”的阵地，格林尼治市集被称为艺术家之家，红砖巷市集则为涂鸦空间，老斯皮塔佛德市集以创意手工艺和复古纪念品而闻名，比林斯盖特市集则是海鲜集散地等。

2009 年，伦敦市长鲍里斯·约翰逊主导首都种植计划，该计划不但为这座历史悠久的城市增添了活力与色彩，也为伦敦人开启了另一种生活新形态。伦敦麦塞特农场公园号称是欧洲最大的城中农场，位于伦敦东部的狗岛。麦塞特农场公园占地面积约 32 英亩，以关爱环境为核心目标，并建立多种发展模式：保护生态、为公众提供休闲娱乐的环境、促进动物福利、为年轻人提供自然保护、农业相关的教育培训等。①

伦敦西区是与纽约百老汇齐名的世界两大戏剧中心之一，聚集了 49 家剧院，每晚平均有数万人前来观演，经济连锁效益显著。同时，英国政府鼓励创新剧作向商业化发展，很多剧目往往在国家资助剧院首演，成功后再转入商业剧院续演。有些经典剧目在一些固定剧院连演几十年，成为西区的经典和象征。

第三，爱丁堡。每年 8 月，爱丁堡就成为举世瞩目的焦点，一年一度的爱丁堡国际艺术节在这里举办。在此期间，观光游客人数达到顶峰，旅店爆满，酒吧得以合法延长营业

---

① 酷都伦敦：文化创新再造城市活力［EB/OL］.（2019-08-01）［2020-9-30］. https://www.sohu.com/a/330934217_488939.

时间,全爱丁堡的人都因此而忙碌、疯狂。

爱丁堡城市艺术节由 5 大艺术节融合组成:爱丁堡艺术展节、爱丁堡国际艺术节、爱丁堡军乐节、爱丁堡边缘艺术节、爱丁堡国际图书节。经典的重生是爱丁堡城市艺术节永久的主题,也是其文学与艺术脉络绵延不绝的生长方式。重视经典、挑战经典并创造经典,是爱丁堡艺术节作为国际一流艺术节肩负的重要使命。

(2)大英博物馆文创设计。英国大英博物馆作为世界最著名的三大博物馆之一,其文创设计的发展很有代表性。自 2001 年底起,大英博物馆向观众免费开放。在没有了门票收入之后,取而代之的是博物馆自身经营及衍生品的收入,而这项收入逐步成为大英博物馆的主要收入来源。大英博物馆利用自身丰富的馆藏资源联合设计界享有盛名的设计公司进行文化创意产品的研发设计,开发出了一系列具有特色的文创产品。文创产品以其最著名的藏品为主轴,制作各式各样价位有区隔的纪念品。从复制品、精品、收藏品,到老少咸宜的日用文具、配饰甚至食品,大英博物馆的文创设计产品覆盖范围极其广泛。

大英博物馆文化产品开发有两种模式:一种是由 9 名全球采办组成的部门负责设计或寻求设计并联系生产;另一种是直接从固定厂家进货。其中,大部分商品是采取直接购入的方式,也有些产品是博物馆向世界著名设计师提供内容,由设计师设计,再由厂家生产,最后进入大英博物馆销售,同时开辟了网络商店进行全球销售。[①]

第一,常展文创:深入挖掘 IP 价值。大英博物馆将文物 IP 开发得非常细致,最经典的几个文创主题——罗塞塔石碑、古埃及文物和葛饰北斋浮世绘,衍生品几乎覆盖了生活的方方面面,光是罗塞塔石碑一件文物就有数十种纪念品,既有物美价廉的笔记本、钥匙链,也有精致的手表和微缩雕塑,还有巧克力等食品,可以说是极尽所能深入挖掘了 IP 的价值。另外,大英博物馆本身就是一个开发文创商品的有力 IP,以大英博物馆自身为主题的纪念品同样种类繁多。

第二,特展文创:国际合作、多方联动。除了常规展览之外,短期特展也是博物馆吸引观众的“利器”。大英博物馆会根据不同的特展开发相对应的文创产品。例如,2019 年的“Manga”漫画特展,收集了日本知名漫画家的手稿,从两百多年前的葛饰北斋开始回顾漫画的发展历史,展现当代漫画艺术家的风采。

第三,海外文创:因地制宜、满足需求。以中国市场为例,2017 年,大英博物馆联合国家博物馆和上海博物馆举办的“100 件文物中的世界史”,在北京、上海都取得巨大成功。除了将展馆“搬”到中国,文创产品也随展览深入中国市场,一时间供不应求。

大英博物馆已经开设了网络旗舰店,正式入驻中国天猫商城。虽然天猫旗舰店属于官方渠道,但销售的商品和英国本土有所不同。大英博物馆将 IP 授权给中国公司进行二次创作和开发,以满足中国市场需求;博物馆自身负责对设计方案进行把关。天猫旗舰店上线的许多商品带有强烈的中国特色,例如折扇、风车扇、红包等,但主题非常鲜明,没有偏离大英博物馆文物的原有内涵。截至 2020 年 9 月,大英博物馆天猫旗舰店的粉丝已超过 150 万,成功地打开了中国线上市场。此外,大英博物馆还和上海 LCM(Let's

---

① 作为故宫淘宝“史上最强劲敌”,大英博物馆的文创产品是怎样开发设计的[EB/OL].(2019-02-14)[2020-09-30]. http://www.keyin.cn/plus/view.php? aid=1114669.

Create More)等商业设施合作,开设线下流动体验馆,挑选罗塞塔石碑、大洪水纪念版等镇馆之宝的复刻品作为展品,利用VR创新技术,让中国观众体验古希腊、古罗马文明的“穿越之旅”。①

10.2.2 美国文创设计市场分析

10.2.2.1 美国文创设计市场概况

美国的设计经历了欧洲化、本土化和全球化三个发展阶段。19世纪的欧洲设计理论对美国设计理论体系的构建影响深远,在之后设计的发展过程中,美国没有照搬欧洲模式而是不断探索本土化路径。美国的设计体系集文化性和商业性于一体,从美国体系的诞生到以设计科学为核心的美国设计理论体系的确立,美国从文化的弱势国家转变为文化设计强国。美国没有“文化创意产业”这一概念,在美国与其类似的是“版权产业”,根据美国国际知识产权联盟(IIPA)发布的《美国经济中的版权产业:2016年度报告》,广告服务和平面设计被列入核心版权产业统计框架,室内设计、建筑服务和时尚相关产品属于部分版权产业。美国是一个十分注重知识产权保护的国家,他们认为文化产品和服务在本质上具有文化属性,理应受到版权保护。完善的知识产权保护立法促成了美国文化创意设计的蓬勃与生机。

美国国际知识产权联盟2018年12月发布的《美国经济中的版权行业:2018年报告》显示,版权产业对美国国内生产总值贡献巨大,为美国提供了越来越多的高薪职业岗位,且对出口的贡献已经超越其他很多行业。2017年,核心版权产业对美国国内生产总值的增加值超过1.3万亿美元,占美国经济的6.85%。2017年,美国版权产业增加值超过2.2万亿美元,占美国经济总量的11.59%。2014—2017年,核心版权产业年均增长5.23%。同期整个美国经济的平均年增长率仅为2.21%,核心版权产业的增长率比美国其他经济部门高出137%以上。在同一时期,版权产业总量以每年4.26%的速度增长,也远远超过了美国其他经济领域的增长率。2017年,核心版权产业从业人员近570万人,占美国劳动力总数的3.85%,支付给核心版权产业工作者的平均年薪为98 336美元,比美国平均年薪高出39%。2017年,美国版权产品在海外市场的销售额为1 912亿美元,较前一年有大幅增长。

2020年2月,美国版权局和世界知识产权组织(WIPO)在美国共同发起了以“人工智能时代的版权”为主题的活动。此次活动深入研究了创意界当前如何使用人工智能(AI)创作原创作品。小组成员的讨论包括:AI与版权之间的关系;什么程度的人工输入足以使所产生的作品有资格获得版权保护;使用受版权保护的作品训练机器或检查大型数据集的挑战和考虑因素;AI和版权政策的未来;等等。这一活动反映了美国对智能时代版权产业的新思考。

美国国际知识产权联盟美国贸易代表办公室(USTR)在2020年4月发布的《2020年特别301报告》中,对美国知识产权保护和执法状况进行年度审查,指出了扩大创意

---

① 大英博物馆文创探秘:世界一流博物馆如何发展文创产业[EB/OL].(2019-09-12)[2020-09-30]. https://baijiahao.baidu.com/s?id=1644434244787108588&wfr=spider&for=pc.

产品合法全球贸易的主要障碍及对策。对此,美国国际知识产权联盟呼吁美国贸易代表办公室关注全球主要版权市场,并认为开放国外市场能够增加美国的创造力和出口量,为美国提供高薪的就业机会,并提高美国的全球竞争力。2020 年 9 月,美国专利商标局(USPTO)成立了扩大美国创新国家委员会(NCEAI),新成立的 NCEAI 由工业界、学术界、非营利性组织以及政府机构的代表组成,将帮助 USPTO 制定全面的战略来建立一个更加多样化且更具包容性的创新生态系统,鼓励和支持所有未来的美国创新者。

10.2.2.2 美国文创设计案例

(1)纽约 SOHO 区文创设计。纽约 SOHO 区是美国最知名的创意园区之一,其前身是一个被废弃的地下工厂,因有大量闲置房屋且租金极其低廉而被一些从欧洲移居纽约的艺术家看中,后发展成一个艺术家聚集区。20 世纪 50 年代,为促进园区发展,纽约市政府出台法规,规定非艺术家不得进驻。全盛时期,面积不足纽约市区 1%的 SOHO 区内居住着全纽约 30%以上的艺术家。

纽约是著名的移民城市,自由、包容和多元化的生活方式吸引艺术家来到此地。艺术家在 SOHO 区集聚之后,开放多元的城市文化又进一步促进园区的创造活力,造就了如今时尚、个性、前卫并集艺术、时尚、购物、休闲于一体的都市休闲创意产业园区。①

(2)博物馆文创设计。以博物馆文创设计为例,美国是博物馆文化产业市场化的典范。美国于 1906 年成立了美国博物馆联盟(AAM),通过博物馆行业内部的联合发展,周边产业逐渐形成博物馆文化创意产业链。1955 年,美国创建了非营利性的国际组织博物馆商业协会(MSA),为博物馆和市场紧密联系并与文创公司顺利合作提供了平台。美国博物馆商业协会 2019 年 10 月发布的《2019—2022 年战略计划》对 2016—2019 年间的战略计划进行了调整,明确提出关于该协会未来发展方向的四个主题,以确立战略重点领域,实现长期繁荣发展:倡导和传播非营利零售的重要性;创新技术、资源和服务;增强会员价值;建立一个 6 年的财政计划来支持当前计划,并在 2025 年底将资金储备增加到 100 万美元。

经过近百年的发展,目前美国大多数博物馆都拥有属于自己的文创商店,美国的博物馆文创已经高度市场化。大都会艺术博物馆商店最能代表美国博物馆文创设计的现状与趋势,文创产品设计团队与专家共同设计开发的设计产品大多是以博物馆文化资源为灵感,且做工精细、质量上乘。大都会艺术博物馆的文创设计产品种类繁多,涵盖了日常生活的各个方面,做到了将博物馆文化与消费者生活密切相连,也履行了博物馆的教育职能。目前大都会艺术博物馆在全球开了数十家实体文创商店,打开了世界各地的市场。2019 年 5 月 10 日,大都会艺术博物馆正式入驻天猫,主要售卖专为中国市场打造的文创商品。

(3)好莱坞文创设计。好莱坞影视制作基地依靠米高梅、派拉蒙、二十世纪福克斯等资金雄厚、人才密集、经验丰富且品牌价值较高的核心企业,主导着园区的发展方向。各

---

① “一个创意的距离”,解读国外五大文化创意园区[EB/OL].(2017-02-08)[2020-9-30].https://xw.qq.com/tj_jjj/20170208024423/2017020802442300.

个企业和机构配置合理、相互依赖,充分发挥各自的角色优势,不仅增强了企业整合外部资源的动力,也为企业创造和积累了内部资源。好莱坞的文化创意产业链条主要包括内容创意、加工生产和市场营销三个环节,每个环节又涉及若干服务商。现今好莱坞呈现出的局面是:以文创设计产品的制造企业为核心,信息咨询机构服务于内容创意,后期制作、设备供应商服务于加工生产,中介机构、经纪公司服务于市场营销,更有政府、行业协会、民间组织提供综合性服务和必要的支持。

以迪士尼为例,迪士尼的影视娱乐是文创产业链的核心动力,不断挖掘新的动漫形象是文创生存发展的源泉。在过去 100 年的商业实践中,迪士尼不断创新盈利模式,建立了一个庞大的衍生品帝国。现在,迪士尼已成为世界上最大的动漫 IP 授权者,在 *License! Global* 杂志每年公布的《全球 150 强授权商排行榜》中,迪士尼多年位居首位。2019 年,迪士尼授权商品零售总额达到 547 亿美元。迪士尼消费品授权业务在中国市场过去 5 年都以两位数的速度增长,迪士尼目前在中国区有 600 多家授权商合作伙伴,迪士尼方面提供 IP 形象和要求,本土授权方则融入商品特点和创意,制作衍生商品。在 2018 年,中国市场上可以做到每秒钟售出 66 件商品,复仇者联盟款 5 000 部手机在 7 秒内售罄。

好莱坞电影大片产生了很多成功的 IP 授权项目,影片中的角色在授权界的巨大成功促使公司建立起自己的品牌授权部门,负责开发这些角色品牌的授权管理业务。迪士尼消费品部(DCP)现有玩具、时尚、家具、食品等 7 个部门,在新的构架下,DCP 不再仅是影视娱乐部门的下游部门,而转变为内容制造链中的一员。以"迪士尼系列"中的"小叮当"为例,小叮当只是来自电影《小飞侠》中的一个配角,并不受人重视。但从电影中再度找出这个角色的不是电影部门,也不是电视部分,而是 DCP。DCP 发现小叮当颇受消费者欢迎,于是发掘成畅销书,并在各个部门开始做小叮当的文章,还出现了在线节目、纪念品等。"过去小叮当的业务几乎为零,而现在是 10 亿美元以上的规模。"迪士尼 DCP 部门负责人穆尼认为,DCP 作为与消费者接触最紧密的部门,创新、创意一旦被激发,将带来更大的回报。

10.2.3 日本文创设计市场分析

10.2.3.1 日本文创设计市场概况

日本的民族文化精神具有东方文明中温文尔雅的情致,具备感悟生命的敏锐洞察力和体味万物的超强审美能力。Wabi-sabi(侘寂)作为日本传统文化、美学、世界观、思想哲学的根基,可以被理解为素雅、淡然、沉寂等。尽管 20 世纪日本文化受到西方文化的影响比较深刻,但传统的日本美学依然沿袭到了现在。基于这种根基,日本的文创设计也秉承了质朴不花哨、最大限度保留原设计的特点。大多数文创产品并没有夸张和另辟蹊径的另类设计,而是取自日本传统文化和民俗题材,很好地体现了质朴和精细、收敛和传承。例如,一幅有名的风俗画,可以做出钱包、方巾、扇子等产品,但在这些不同形式的载体中,画的内容并没有走形,色彩和造型自然又简洁。这样的文创设计,很好地再现了原型,变化的载体承载了原汁原味的核心也是日本文创产品成功的要素之一。

联合国贸发会议 2019 年发布的《创意经济展望:创意产业国际贸易趋势》第二版报

告显示，在日本的文化创意出口中，创意设计一直占据最大比重，但也从 2005 年的 55.84%降至 2014 年的 31.98%，反之增长显著的是影音产品和新媒体的出口，从 2005 年的 9.45%增至 2014 年的 43.6%，与近些年来日本动漫的大量输出现象相吻合。根据世界知识产权组织 2020 年 3 月更新的数据，随着国内生产总值的持续小幅增长，日本在 2013—2018 年间的商标注册数呈跨越式增长，工业设计数有一定的增长幅度，而专利申请数却呈现出减少的趋势(如表 10-2 所示)。

表 10-2　日本知识产权申请(本土及海外，并包含地区在内)

年份	专利数	商标(类数)	工业设计(设计数)
2013	473 140	366 689	112 225
2014	465 971	415 927	113 257
2015	457 949	525 917	111 842
2016	456 550	620 629	122 577
2017	460 771	768 431	134 524
2018	460 369	719 264	141 278

资料来源：世界知识产权组织统计数据，更新于 2020 年 3 月。

10.2.3.2　日本文创设计案例

(1)文创设计+旅游。在日本，各个景区根据各自不同的文化背景与自然风貌设计出风格迥异的文创产品，游客们在日本不同景区很难见到相同的文创产品。这些文创产品包括食品、文具、玩具、纪念品等诸多种类。其中，食品类商品大多根据本地特有食材制作，在包装方面有明显的文化特征与地区标识，地方特性极易识别；玩具类与纪念品类商品大多以当地特色建筑或景观为原型设计成卡通形象，使原本冰冷生硬的景观变得生动活泼、极为亲民。

日本景区的文创产品在讲求“量”的同时更追求“质”，工匠精神作用其中使景区文创产品均做工精细、保证品质。因此，在日本观光游览的游客们不论男女老少都能在这些景区商店中进行消费。

除衍生品外，日本还通过地区形象设计吉祥物，并以此提升城市知名度，获得巨大的经济效益。日本熊本县即通过熊本及“熊本寻熊启事”“丢腮红”等活动，进行全民营销。通过“丢腮红”事件，熊本县成功让外界了解红色在熊本县象征着火山及红色美食等意义。此后有日媒表示，“丢腮红”事件达成了约 6 亿日元(约合 3 360 万元人民币)的广告营销成果。

(2)文创设计+公共服务。除了景区琳琅满目的文创商品，文创与公共设施的融合也随处可见。小到公共场所的指示标识，大到电车、新干线，创意无不融入其中。警示漫画在电车、警察局等公共场所较为常见，具有警示作用的漫画的呈现手法使原本冰冷的大字标语变成了儿童也能看懂的可视化形象，有助于民众理解的同时也大大提高了警示标语的美观性。

(3)文创设计+宗教。日本是一个宗教信仰十分普遍的国家,其宗教信众的人数远超日本总人口。这意味着,许多日本人同时信仰两种以上的宗教。因此,日本的神社众多,一些规模较大或独具特色的神社成了居民参拜、游客祈福的重要场所。在这些神社,同样有文创产品进行售卖,多为包装精致的护身符等。值得一提的是,浅草寺等寺院、神社,将求签问卜以投币、抽签、自取释义的方式进行。在求签者自取的释义纸条上,释义被翻译成了多种语言,由此将本身具迷信性质的事情变成了富有趣味的活动以吸引更多人参与其中。

(4)文创设计+动漫。日本素有"动漫王国"之称,是世界上最大的动漫制作和输出国,目前全球播放的动漫作品中有六成以上出自日本,在欧洲的比例更高,达到八成以上。在日本各种各样的文化产业当中,在电影院、电视台播放的各类动漫节目格外引人注目,各种动漫的人物形象充斥街头,早已超越了杂志和电视的范畴,渗透到日本社会的各个角落,尤其是文创产业领域。强大的动漫产业为文创设计市场发展奠定了坚实的基础。日本的动漫产业不仅为文创产品设计提供了人才支撑、培养了受众群体,而且文创产品与动漫衍生品的产业链较为重合。①

10.2.4 韩国文创设计市场分析

10.2.4.1 韩国文创设计市场概况

在过去的半个世纪中,韩国实现了令人难以置信的经济转型。在短短的 50 年中,它已经从一个饱受战争和贫困困扰的国家,发展成为世界级的高科技经济体。2013 年,韩国时任总统朴槿惠宣布了该国迈向"创意经济"的计划。计划指出,"韩国经济已经达到了在过去 40 年中推动经济增长的追赶战略的极限",旨在促进基于创新和企业家精神的新增长模式。对于一个以制造能力而非创新能力为基础的成功国家,这代表了韩国经济增长模式的重要转变。

超现代与传统的碰撞是韩国文化的显著特点,韩国的设计也一直凭借独特的理念和人性化的设计原则在全球化的市场经济条件下独具一格。"资源有限,创意无限"是韩国用来振兴经济的举措,自从 1998 年韩国提出"设计韩国"战略之后,已经成功地从制造型国家转变为创新设计型国家。韩国《文化产业振兴基本法》第二条定义文化商品是把文化通过设计、工艺制作成能够创造经济附加价值的商品,其具有集"艺术性、创意性、娱乐性、休闲性、大众性"于一体的特征。文化是无形的精神存在,商品是有形的商业存在。根据韩国文化体育观光部和韩国文化产业振兴院 2019 年发布的一份报告,2019 年韩国文创出口估值为 103.9 亿美元,较 2018 年的 96.1 亿美元增加 8.1%。韩国 2019 年文创产业销售额估值为 125.4 万亿韩元(约合人民币 7 365.6 亿元),同比增长 4.9%。②

① 行走日本|看"文创+"如何渗透到生活的方方面面[EB/OL].(2017-09-05)[2020-09-30].https://www.sohu.com/a/169676580_182272.

② 韩国 2019 年文创出口额突破百亿美元,预计同比增长 8.1%[EB/OL].(2020-07-12)[2020-9-30].https://tech.sina.com.cn/roll/2020-07-12/doc-iirczymm1892286.shtml.

10.2.4.2 韩国文创设计案例

(1)韩国国立中央博物馆文创设计。韩国国立中央博物馆隶属于韩国文化体育观光部,浓缩了韩国从过去到现在的历史文化遗产。国立博物馆文化商品开发组以博物馆的代表文物为参考原型进行设计,系统开发了多个种类兼具传统和现代感的文化商品。这些商品既反映了韩国的传统文化,也具有很强的实用性,几乎都是日常生活中需要经常使用的物品。例如,以韩国国花木槿花为素材的手机壳、印有木槿花和韩国三一独立宣言的笔记本等设计精巧、风格清新,在市场上很受欢迎。国立博物馆店配置有丰富的文化商品,具体如表 10-3 所示①。

表 10-3 韩国国立博物馆店的文化商品配置现状

商品类别	系列名称
生活用品	钥匙环、手机挂件、置物盒、提带、书包、雨伞、手表
办公文具	明信片、铅笔盒、笔、贴纸、笔记本、资料夹
服装服饰	帽子、上衣、外套、背心、手环、项链
电子产品	鼠标垫、移动硬盘、光盘收纳盒
餐具	马克杯、碗盘、环保餐具
装饰品	桌上型相框、风铃、花瓶
玩具	卡通公仔、益智玩具、幼儿玩具
其他	食品、沐浴用品

(2)文创设计品牌,具体如下

● ARTBOX

韩国的 ARTBOX 作为一家超级火爆的文创店,被年轻人列为去韩国逛街必打卡的地方之一。ARTBOX 产品设计以可爱风格为主,针对学生党等年轻一族,迎合了他们对日常学习和生活用品的风格可爱且价格低廉的要求。该品牌的设计师们以其敏锐的目光,将顽皮逗趣的设计理念投射到了生活中的每一个领域,ARTBOX 的产品小至贴纸、笔记本、袜子、彩妆,大至电子秤、衣服、烧水壶等。并通过柴犬、小鸡、猫咪、水果等卡通形象为产品注入生机,还有一系列漫威、linefriends 等的联名产品,加上设计师的精巧设计,吸引了无数年轻人喜爱。

● “Oh,lolly day!”

“Oh,lolly day!”的中文译为“欧,快乐的一天!”,该品牌以“Makes your life happier”(让你生活更快乐)为宗旨,致力于设计让人们生活中会感到快乐的产品。所有的产品都围绕其标志性地球笑脸的 IP 设计,算得上是一家网红文创品牌。该品牌的设计简约又不失可爱,充满了记忆点。Oh,lolly day! 的设计产品包括文具、餐具、袜子、围巾等各式各样的生活用品。2019 年 3 月,Oh,lolly day! 与韩国美妆品牌悦诗风吟合作推出了联名

① 罗陈诚. 韩国文化创意产品现状剖析及启示——以国立中央博物馆为例[J]. 科技资讯,2020,18(07):214-217.

限定版眼影盘。

● 3months

3months 也是韩国非常出名的文创设计品牌,白白胖胖的短耳猫是 3months 主要的形象。很多博主都在用该品牌设计的随身环保水杯,很多产品可爱火爆到哪怕不是对猫有特殊喜爱的人也会想拥有。仿佛永远没睡醒的猫咪完美诠释了当代年轻人的生活喜好,年轻的消费者仿佛在其身上感受了自己。

● MAZZZZY

黑色粗线条和立体爱心图案是 MAZZZZY 最有代表性的图案,早期该品牌的 MacBook(苹果笔记本电脑)粉色爱心保护套在国内大火,近些年文具产品开始日渐走红。煎饼笑脸、樱桃也是该品牌的标志图案,整体风格甜美可爱。其经典的图案是一个心形,以此为基础设计有贴纸、手机壳、iPad 保护套等各种生活杂物。

除了上述介绍的文创设计品牌之外,韩国还有很多类似的品牌。例如,以小熊为主要图案的 Chani bear,以柠檬、苹果、香蕉等一系列水果为设计元素的 Second morning,和以一只萌萌的小兔子为卡通形象的 The Recorder factory 等。

10.3 中国文创设计市场

10.3.1 国内文创设计市场的最新发展

10.3.1.1 最新数据

联合国贸发会议 2019 年发布的《创意经济展望:创意产业国际贸易趋势》第二版报告显示,中国是创意产品和服务的最大单一进出口国。2002—2015 年,中国的创意产品贸易呈指数级增长,年均增长率为 14%。2002 年,中国的创意产品贸易额为 320 亿美元。到 2014 年,这一数字增长了 5 倍多,达到 1 914 亿美元。2015 年有所下降,当时中国的创意产品贸易额为 1 685 亿美元,但相对而言,中国在创意产品贸易中所占的比重一直保持最大。2015 年,中国的创意产品出口量是美国的 4 倍。庞大的消费市场和不断发展的数字经济推动了中国创意经济的增长。按照我国进出口创意产品类别的划分,2005—2014 年我国出口产品类别主要为设计产品和艺术工艺品,设计类产品出口贸易额激增,可见我国创意产品贸易的收入主要来源于此。而在进口产品方面,产品类别和贸易额都有较大变化,反映出创意产品市场需求扩大、消费者驱动程度提高的特点。在 2005—2014 年间,我国设计类产品的进出口贸易额在所有创意类产品中实现了最大增幅,表明我国的设计服务正处于高速发展阶段,设计服务市场正在扩大。

根据 2020 年 9 月世界知识产权组织发布的《2020 全球创新指数》,中国继续保持 2019 年的好成绩,位列第十四名,中国也是前三十名中唯一一个中等收入的经济体。《2020 全球创新指数》报告显示,中国已经确立了作为创新领先者的地位,在专利、商标、工业品外观设计申请量和创意产品出口等重要指标上均名列前茅。世界知识产权组织 2020 年 3 月更新的数据显示,随着中国国内生产总值的不断攀升,中国 2009—2018 年这 10 年间的知识产权申请数呈上升趋势,且专利申请数在 2016—2018 年间实现了大幅增长(见表 10-4)。

表 10-4 中国知识产权申请数量(本土与海外地区)

年份	专利数	商标(类数)	工业设计(设计数)
2009	241 435	838 071	369 631
2010	308 327	1 113 120	448 121
2011	436 168	1 445 916	563 868
2012	561 404	1 694 024	718 127
2013	734 093	1 940 908	765 242
2014	837 814	2 422 084	677 318
2015	1 010 524	3 100 283	730 548
2016	1 257 425	4 192 656	794 092
2017	1 306 080	6 388 344	862 625
2018	1 460 244	8 118 135	957 241

资料来源:世界知识产权组织统计数据,更新于 2020 年 3 月,http://www. wipo. int。

中研网数据显示,2019 年我国东部地区规模以上文化及相关产业企业实现营业收入 4 7017 亿元,比 2018 年同期增长 6. 7%,占全国比重为 75. 6%;中部、西部和东北地区分别为 8 841 亿元、5 727 亿元和 602 亿元,分别增长 9. 4%、13. 8%和下降 1. 2%,占全国比重分别为 14. 2%、9. 2%和 1. 0%。① 这表明近年来我国文化相关市场总体正处于上升趋势,在这种情况下,文创设计市场的表现十分乐观。国家统计局发布的 2019 年上半年全国规模以上文化及相关产业企业营业收入数据显示,2019 年上半年全国规模以上文化及相关产业企业实现营业收入 40 552 亿元,比上年同期增长 7. 9%,2019 年以来保持在 8%左右的增速。在文化及相关产业 9 个行业中,增速较快的新闻信息服务(25. 1%)、创意设计服务(12. 4%)、文化投资运营(10. 2%)、内容创作生产(9. 8%)均涵盖了大多数文化新业态。

我国国家统计局最新发布的相关统计数据显示,2020 年随着疫情防控形势持续向好,复工复产不断推进,我国文化企业生产经营逐步趋于好转。分行业类别看,文化及相关产业 9 个行业中,创意设计服务营业收入 6 250 亿元,同比增长 3. 3%。分产业类型看:文化制造业营业收入 15 383 亿元,同比下降 9. 5%,降幅较第一季度收窄 9. 0 个百分点;文化批发和零售业营业收入 6 216 亿元,下降 17. 7%,降幅收窄 9. 6 个百分点;文化服务业营业收入 18 598 亿元,增速由第一季度下降 2. 9%转为增长 1. 7%。

10. 3. 1. 2 政策与产业服务

创意设计服务作为文化产业的重要组成部分,受到政府的高度重视,特别是 2014 年,国务院印发《关于推进文化创意和设计服务与相关产业融合发展的若干意见》,第一

① 文创到底是什么?中国文创产业市场规模分析 2020 文化创意产业发展前景趋势预测[EB/OL]. (2020-05-19)[2020-09-30]. http://www. chinairn. com/scfx/20200519/151112340. shtml.

次就创意设计与相关产业融合发展出台了系统性文件,全国各省市政府也相继出台相关政策文件为创意设计服务的蓬勃发展提供良好的政策环境。2017 年 4 月,原文化部发布的《文化部"十三五"时期文化产业发展规划》提出,推动文化创意和设计服务与装备制造业和消费品工业相融合,提升产品附加值,鼓励文化与建筑、地产等行业结合,建立有文化内涵的特色城镇。

2019 年 3 月 1 日,首届中国数字文创设计大赛在北京正式启动。该赛事由城市公共艺术研究中心主办,荣宝斋、故宫观唐、中证数登为大赛的支持单位。大赛旨在围绕弘扬中国优秀传统文化,首期免费采用故宫、荣宝斋艺术品作为设计素材,让全球设计师了解中华五千年民族文化,共同创造传承中华文明的全新载体,将传统文化带入寻常百姓家。

2020 年 4 月,国家民族事务委员会主管的中国少数民族文化艺术促进会正式启动"中国民族文化数字文库"项目。中国传统文化数字影像盛典旨在收集中国博物馆馆藏文化资源、少数民族文化资源、中国名胜古迹的数字化影像,让中华民族的优秀传统文化、珍贵的历史遗迹形成现代的数字资产,并将优秀的作品纳入"中国民族文化数字文库"永久保存,为弘扬中华民族传统文化、促进新时代文化建设发挥积极的作用。

2020 年 9 月,中国国家版权局等四部门联合启动打击网络侵权盗版"剑网 2020"专项行动,并首次把严打网游私服、外挂等侵权盗版行为作为重点工作,国家有关部门重拳出击严打此类侵权盗版行为。中国文化传媒新文创(IP)平台(以下简称 IP 平台)以实际行动响应"剑网 2020"专项行动,IP 平台将围绕打击网游私服、外挂等展开为期半年的网络版权保护系列工作,积极推进构建以 IP 平台为纽带多方共治、政企合作的版权保护新模式,为打击网络侵权盗版贡献力量。

另外,各省市地区也积极出台相关意见推进文创产业创新发展。例如,2018 年北京市正式发布《关于推进文化创意产业创新发展的意见》,明确回答了新时期北京应当发展什么样的文创产业,构建了由"两大主攻方向"和"九大重点领域环节"组成的文创"高精尖"内容体系。该意见提出的各类激励引导措施,可以为北京文创产业的高质量发展提供全方位支持。2018 年 2 月 23 日,成都重磅发布《建设西部文创中心行动计划(2017—2022 年)》,按照"一年全面启动、三年跨越发展、五年基本建成"的总体要求,计划通过 5 年努力,推动成都文化事业和文创产业发展水平进入全国第一方阵,全面实现全国重要的文创中心功能,扩大世界文化名城影响力。

国家大力倡导文化与旅游业、工业等各产业融合发展,为文创设计提供新的思路。2020 年以来,安徽省滁州市文化和旅游局进一步活化非遗资源利用,加快推进"非遗+"产业发展新模式,打造非遗文创集市。安徽省蚌埠市首届文化创意设计大赛在 2020 年 4 月中旬开幕,旨在通过大赛发现和推出一批代表蚌埠文化特色和水平的优秀文创产品。2020 年 5 月,重庆市启动"晒旅游精品·晒文创产品"大型文旅推介活动。该活动由重庆市委宣传部、市委网信办、市文化和旅游发展委员会共同主办,重庆各区县党委宣传部、党委网信办、文化和旅游发展委员会承办,旨在深度挖掘文化旅游资源,充分展示区县应对疫情、促进文化旅游消费的措施、效果,通过直播带货等形式,展示各区县旅游精品和文创特产,促进消费。2020 年 5 月,甘肃省政府印发《关于推进丝绸之路国际知识产权港建设的意见》,提出紧抓"一带一路"建设重大机遇,着力打造知识产权创造保护运用高地,建设知识产权服务业集聚区,推动知识产权产业聚集发展。2020 年 5 月,由江苏省文化和旅游厅主办的首届江苏旅游文创商品大赛在苏州举办，大赛以“打造文创精品，促进融合发展”为主题，进一步弘扬了江苏旅游文化，推动非遗产品活化，挖掘和推出一批富有文化内涵、符合市场需求的旅游文创商品。2020 年 8 月 14 日，由福建省文化和旅游厅主办、福建民俗博物馆承办的“山海福厝”2020 福建文创市集在福州上下杭历史文化街区正式启动，本届文创市集活动以世遗大会为契机，以“数字化”为亮点，多元场景提升市集体验。

10.3.1.3　现状分析

（1）国内文创设计品牌。根据赢商大数据[①]统计的“2019 年度文创品牌榜单 TOP50”，目前国内影响力比较大的文创设计品牌有西西弗书店、泡泡玛特（POP MART）、言几又、酷乐潮玩、中信书店、一条（一条生活馆）、九木杂物社等。

西西弗书店于 1993 年 8 月 8 日诞生于遵义，名称源于《希腊神话》中的西西弗斯（Sisyphus）。长期以来，西西弗秉承“参与构成本地精神生活”的价值理念，以及“引导推动大众精品阅读”的经营理念，发展连锁书店。截至 2018 年 10 月，已发展为在全国近 60 个城市拥有 160 余家图书零售店、160 余家意式咖啡馆、超过 350 万活跃会员的连锁文化企业，连锁店辐射全国大多数城市。

泡泡玛特（POP MART）成立于 2010 年。发展近十年来，泡泡玛特围绕艺术家挖掘、IP 孵化运营、消费者触达以及潮玩文化推广与培育四个领域，旨在用“创造潮流，传递美好”的品牌文化构建覆盖潮流玩具全产业链的综合运营平台。截至 2019 年 12 月 31 日，泡泡玛特在国内 33 个一二线城市主流商圈开设 114 家线下直营零售店，在 57 个城市开设 825 个创新机器人商店，并且已经进入韩国、日本、新加坡及美国等 21 个海外国家及地区市场。泡泡玛特还通过国内增长迅猛的线上渠道提供便捷和有趣的购物体验。2018 年和 2019 年，POP MART 天猫“双十一”当天销量均斩获天猫模玩类目第一名。

言几又是一家极富想象力和创造力，展现自我和个性的创意生活体验一体店。它集咖啡、文创产品、食品和画于一体，融合了多元素的设计空间，汇聚了当下最具代表性的时尚品牌。从最初的“书店+咖啡+文创产品”1.0 模式，到包括设计产品、文化沙龙、主题餐厅等功能的 2.0 模式，不断升级“生活方式体验”；未来，言几又还将启动 3.0 模式，增加文创街区、设计师工作空间、文创项目孵化、阅读主题酒店等，实现“文化综合体”的自我定位与要求。

九木杂物社于 2016 年创立，隶属于晨光文具旗下子公司，主打精品文创小百货，针对 15~35 岁女性，以“搜罗全球好物，只为实用美学”为主旨，打造全球精品买手店。晨光文具发布的 2019 年度财报显示，2019 年，晨光生活馆加上九木杂物社实现总营业收入 6.01 亿元，同比增长 96.34%；净亏损 804.67 万元，上年净亏损 3 030.04 万元。其中，九木杂物社 2019 年的营收为 4.60 亿元，净亏损 693.11 万元；2018 年的营收是 1.53 亿元，净亏损 2 602.78 万元。截至 2019 年末，晨光文具在全国拥有 380 家零售大店，其中晨光生活馆 119 家，九木杂物社 261 家（直营 158 家，加盟 103 家，九木杂物社自 2018 年 7 月开始启动加盟）。

---

① http://bizsearch.winshangdata.com/pinpaibd-y2019-d247.html.

(2)博物馆、景点文创设计。随着我国新型工业化、信息化、城镇化和农业现代化进程的加快,文化创意产业已贯穿于经济社会各领域、各行业,呈现出多向交互融合的态势。[①] 国内近年来的文创设计市场发展势头良好,以博物馆等单位为例,自2016年国务院转发原文化部等4部委《关于推动文化文物单位文化创意产品开发的若干意见》以来,全国文化文物创意产品开发产业呈现出蓬勃发展的局面。

其中,故宫博物院成为文创产品开发的"领头羊"。故宫于2010年开创淘宝文创店铺,2013年又进行了文创产品类型和风格的创新,在当时推出了一系列受众更广、使用频率更高的产品,如手机壳、冰箱贴、眼罩等。2016年底,故宫食品"朕的心意"登陆天猫店。店铺主打销售传统宫廷御点,与御膳传承人合作制作的各式枣花酥、贵妃饼、福字饼等都十分畅销。在店铺的商品介绍中,挖掘传统糕点与古代皇家的"传说"和"轶事",配备精美的图片与颇具匠心的制作过程,引发消费者的购买欲望。[②] 2018年11月,故宫出品了首档电视节目——《上新了·故宫》,每期节目中邀请明星嘉宾作为新品开发官,与专家和设计师合作诞生一款新的文创产品。继2019年《上新了·故宫》推出第二季之后,2020年第三季节目也正式官宣。在与数字化营销手段结合的过程中,故宫文创在淘宝上实现了热销,故宫文化在互联网时代搭建了属于其自身的文创商业版图。2019年,"故宫文具"建立,故宫文创从正儿八经售卖周边到"卖萌"高手,故宫的触网之路是中国博物馆文创演进史中最具代表性的缩影,故宫模式也成为其他博物馆纷纷效仿的文创模式。近两年来,陕西历史博物馆推出了"唐妞"系列,中国国家博物馆推出了宪宗元宵行乐系列……文创产品从质量到设计双双迈上了新台阶。[③]

2017年香港回归20周年之际,我国首艘航空母舰辽宁舰编队驶抵香港。由中船重工设计建造的辽宁舰首次向市民开放,轰动一时,而由中船重工七一四所"中船文创"团队设计制作的航母相关纪念品朴素而精致,掀起了一轮轮抢购热潮。印有辽宁舰舷号的T恤,刻有辽宁号舰标和舰徽的打火机,刻有辽宁号舰标的皮带,绣有辽宁号字样及舷号的帽子,以及包括钥匙扣、打火机和水杯的套装等纪念品,都成了名副其实的抢手货。无论是故宫还是陕西历史博物馆,抑或是辽宁舰,文创设计市场的火爆来自它们自身的文化魅力,文创设计的精髓就在于设计中蕴含的文化,正是深厚的底蕴赋予了文创设计市场活力。四川博物院设计推出了洛神赋键盘,中国传统文化与电子设备的结合将文化的魅力巧妙地传达出来。

在电商发展得如火如荼的今天,文创设计市场与电商的合作正盛,以淘宝天猫为代表,越来越多的博物馆通过网上店铺推出自己的文创产品。清华大学文化经济研究院和天猫联合发布的《2019博物馆文创产品市场数据报告》显示,全球的博物馆正出现"集体上网潮",目前,已有24家博物馆入驻天猫,仅故宫就在淘宝天猫开了6家店。近年来,我国博物馆文创市场呈现高速增长态势。2019年整体规模相比2017年增长了3倍。在

---

① 文创到底是什么?中国文创产业市场规模分析2020文化创意产业发展前景趋势预测[EB/OL].(2020-05-19)[2020-09-30]. http://www.chinairn.com/scfx/20200519/151112340.shtml.

② 博物馆文创产品发展趋势分析——以故宫博物院为例[EB/OL].(2019-05-08)[2020-09-30]. https://www.cnpiw.cn/a/luntanliuyan/tuijianyuedu/2019/0508/17619.html.

③ 关注丨2019博物馆文创产品市场数据报告[EB/OL].(2019-09-06)[2020-09-30]. https://www.sohu.com/a/339327973_488901.

2019 年一年中,仅在淘宝天猫逛博物馆旗舰店的累计访问量就达到 16 亿人次,是全国博物馆接待人次的 1.5 倍,其中有 1 亿用户是“90 后”。据阿里零售平台的数据,2019 年实际购买过博物馆文创产品的消费者数量已近 900 万,相比 2017 年增长超 4 倍。购买力水平较高的都市年轻女性为消费的主力人群。① 故宫、颐和园等古老的博物馆通过文创产品入驻电商平台的方式实现了“逆生长”,收获了众多的年轻粉丝,打开了博物馆的文创设计市场。

目前,中国国家博物馆、苏州博物馆、上海博物馆、陕西历史博物馆、敦煌莫高窟等都开设了自己的网上店铺。其中苏州博物馆自 2018 年 5 月开启天猫旗舰店后,已经赢得了不少年轻粉丝。在售的商品从文具用品、家居日用到珠宝首饰、文创食品、非遗工艺等,涉及 10 多个品类,其中像造型源自馆藏秘色瓷莲花碗的抹茶味曲奇饼干、“四大才子”泡澡系列茶包、明四家彩墨礼盒、明四家书画丝巾、花窗款手镯胸针等都有着丰富的“苏博”元素。2019 年 3 月,大型文博探索节目《国家宝藏》与天猫的 20 多个品牌展开合作,在其天猫旗舰店“你好历史”推出了一系列文创新品。2019 年 8 月 15 日,天猫发布“天猫新文创 2.0 计划”。天猫平台营运事业部总经理家洛表示,未来 3 年,让全球博物馆的“镇馆之宝”都上天猫,并与 1 万个品牌进行跨界合作。② 电商与博物馆文创设计的跨界合作拓宽了文创设计市场的消费群体,使文创设计与年轻人的联系更加紧密,实现了市场与设计的良性互动。

(3)文创产业园区。文化创意产业园区是承载文化创意产业规模化、集约化发展的重要途径和载体。自 2005 年起,中国内地城市吹响了发展文化创意产业的号角,随后各类文化创意产业园区在中国大地上如雨后春笋般出现。目前我国正常运作的文化产业园区数量趋于稳定,已初步形成六大文化创意产业聚集区:以北京为龙头,包括京津冀的首都文化创意产业区;以上海为龙头,包括杭州、苏州、南京的长三角文化创意产业区;以广州、深圳为代表的珠三角文化创意产业区;以昆明、丽江和三亚为代表的滇海文化创意产业区;以重庆、成都、西安为代表的川陕文化创意产业区;以武汉、长沙为代表的中部文化创意产业区。③ 但目前文化创意产业园在我国仍处于起步阶段,发展经验不成熟。2018 年我国最受关注的十大文化创意产业园区如表 10-5 所示。

表 10-5　2018 年中国文化创意产业园区最受关注十大园区

排名	园区
1	北京 798 艺术区
2	上海田子坊
3	北京尚 8 创意产业园
4	西溪创意产业园

① 关注丨2019 博物馆文创产品市场数据报告[EB/OL].(2019-09-06)[2020-09-30].https://www.sohu.com/a/339327973_488901.

② 博物馆文创 IP 大爆发,正在崛起的“文化自信”[EB/OL].(2019-09-02)[2020-09-30].http://www.hongbowang.net/e/wap/show.php? classid=59&id=13977&style=0&bclassid=58&cid=59&cpage=0.

③ 解析文化创意产业园区[EB/OL].(2019-03-06)[2020-10-03].https://www.sohu.com/a/299541544_673378.

续表

排名	园区
5	上海德必易园
6	深圳 F518 时尚创意园
7	镇北堡西部影城
8	天津意库创意产业园
9	江西新华安 699 文化创意产业园
10	创意 100 文化创意产业园

资料来源：中研普华数据库。

在数字化信息时代，除了传统的文创产业园之外，还出现了以“蓝海创意云”为代表的一批文创服务平台，正积极构建云端文创产业园。作为全球首个“互联网+文化创意+金融”的新型文创垂直服务平台，蓝海创意云通过多年的努力，已成功整合中国传媒大学的行业优势和“神威·太湖之光”等超级计算机的资源优势，将自主研发的互联网先进技术和众智、众创的业务模式融合到文创行业的生产和管理中，打造了一个云端的虚拟文化创意产业园。在项目孵化上，蓝海创意云始终坚持以原创 IP 孵化为核心。早在 2014 年，蓝海创意云就启动了以游戏项目《黑潮》为首的第一个原创项目孵化计划。2016 年，蓝海创意云开始推动第一届“百万创意创业大赛”。历时 8 个多月，最终共收集参赛作品 1 989 部，涵盖影视、动画、漫画、小说、游戏等五大领域。2018 年，伴随新一轮资本的进入，蓝海创意云以影视、动漫、游戏、创意设计四大版块为基点，进一步推进文创阵地的扩张。蓝海创意云不仅与国内数十万家文创企业或工作室建立了合作关系，还与众多海外知名企业建立了合作，如马来西亚知名文创企业 KRU 集团，新加坡 VHQ，美国 ReelFX、The Third Floor、Pixomondo，新西兰维塔工作室等世界顶尖特效工作室。①

（4）地方文创设计发展情况。国内很多省市近年来均在积极促进当地文创设计市场的发展，不仅积极鼓励文创设计、建设文创产业园，也举办了众多文创产业博览会、文创产品展销会等活动。

北京作为全国的政治中心和文化中心，近年来一直努力推动文创设计的发展。2020 年 9 月 17 日，第三届联合国教科文组织创意城市北京峰会在新首钢高端产业综合服务区开幕，本届峰会的主题是“创意激活城市·科技创造未来”。会议采取“线上+线下”联合举办的方式，邀请了 16 个国家和地区 30 余位国际组织、城市领导、创新主体和研究机构代表发表演讲，聚焦数字经济，探讨文化创意和科技如何改善城市治理，助力城市未来的可持续发展。这是自新冠肺炎疫情发生后，联合国教科文组织与地方政府合作举办的首个以创意城市为主题的国际活动。峰会以塑造后疫情时代的未来城市为切入点，重点探讨在疫情防控和复工复产并行推进的情况下，如何利用新技术赋能文化和创意，设计出更具前瞻性和更优化的城市管理方法、模式和理念，并以数字经济为重点，探讨如何将跨领域技术纳入城市管理系统中，进一步改善市民生活质量。自 2012 年北京作为“设计之

① 蓝海创意云受资本热捧，文创阵地持续扩张［EB/OL］.（2018－08－21）［2020－09－30］. https://baijiahao.baidu.com/s?id=1609400699469285655&wfr=spider&for=pc.

都”加入联合国教科文组织“创意城市网络”以来，北京步入创意城市发展的“快车道”，设计产业成为北京城市新经济增长点。“走进文博会看北京”是由北京市贸促会、北京市徒步运动协会共同为文博会打造的专项活动，从 2016 年起已连续成功举办四届。2020 年“走进文博会看北京”系列活动充分依托文博会这一国家级、国际化的文化产业标志性品牌盛会，围绕“文化赋能小康 创意点亮生活”的主题，充分结合全国文化中心建设，积极展示北京在文化产业促进城市发展、文化创意改变公众生活方面取得的丰硕成果，展示了北京文化产业的发展成就，为推进全国文化中心建设做出积极贡献。

义乌是我国小商品市场的发源地，拥有发展文创设计市场的巨大潜力。中国义乌文化产品交易博览会，创办于 2006 年，2010 年升格为由国家文化和旅游部、浙江省人民政府主办的文化产品交易型展会。经过多年发展，展会成功搭建起了文化产品交易（出口）、文化产业展示、文化信息交流、文化项目合作的重要平台，被列入原文化部“十二五”“十三五”期间重点扶持的品牌展会之一。2014 年再次迎来转型升级，新增中国国际贸易促进委员会为主办单位。2019 年 4 月 27 日至 30 日，第 14 届中国义乌文化产品交易博览会（简称“文交会”）和第 11 届中国国际旅游商品博览会（简称“旅博会”）在义乌国际博览中心同期举行。展会通过围绕文化和旅游的创意开发、互联网技术手段、展览展示新技术普适化应用、传播通路迭代、“高级感”兼具功能性等多个维度，促进旅游目的地的品质和内涵的提升，增强中华文化的影响力、凝聚力、创造力。融合后的两大展会，展览面积达到 10 万平方米，设标准展位 4 192 个，共有来自全球的 1 277 家企业和机构参展。2020 年为有效防止聚集性疫情的发生，原定于 4 月 27 日至 30 日在义乌国际博览中心举办的第 15 届中国义乌文化产品交易博览会将延期举办。

近年来的网红城市成都的文创设计市场发展也较快，少城国际文创硅谷包含少城社区、祠堂街社区、文殊坊社区、峨影厂社区、草堂浣花社区等多个产业社区。《成都市产业发展白皮书（2019）》显示，少城国际文创硅谷以影视娱乐和文博艺术为主导产业方向，计划到 2022 年，产业增加值超过 120 亿元，文创产业增加值占成都市青羊区增加值的 10% 以上；到 2035 年文创产业增加值占青羊区增加值的 20% 以上。而成都最具代表性的还是“大熊猫”IP 系列文创。作为大熊猫之乡，成都利用这个深受国内外游客喜爱的 IP 开发了上万个版权产品，传播中国文化的同时，也取得了良好的经济效益。“熊猫爱游”成立于 2014 年，是成都著名的版权企业。该公司已出品 200 余款熊猫主题文创产品，包括明信片、钥匙扣、书签、手机壳、笔记本、冰箱贴、毛绒玩具、服饰等。公司先后在杜甫草堂、宽窄巷子、熊猫基地、锦里、春熙路等成都旅游热门地区推出熊猫文创产品。“GOGOPANDA 熊猫出发”也是一个以大熊猫为创作元素的四川本土文创品牌，目前已开发产品近百种，并在全球 50 多个国家和地区开展了数百场各类熊猫文化主题活动。2018 年，在韩国平昌冬奥会闭幕式上，来自四川南充的憨厚可爱、舞动自如的“熊猫队长”以“声光电+传统木偶+现场”表演的形式，展现了“大熊猫+科技”的文创新模式。此外，“熊来疯”智能 App 也实现了“互联网+旅游+文创”的模式。①

（5）国内文创设计盲点。尽管近年来国内文创设计市场处于不断发展之中，但与国

---

① 看，成都这样开发“大熊猫”这个大 IP！[EB/OL].（2019-06-15）[2020-09-30]. https://www.sohu.com/a/320729228_160257.

际市场相比仍存在差距。从产品设计、供应链、销售渠道、消费者、学校教育和政府单位等方面都能窥探到国内文创设计市场的盲点。在文创设计中存在对文化和 IP 理解不深入、缺乏经验以及创新度不足等问题,导致行业缺乏标杆人物。从供应链来看,制造工艺不到位导致的产品品质低劣以及同质化严重等现象都严重影响了我国文创设计市场的快速发展。在销售渠道方面,存在管理思维老旧、不重视创新设计等问题。另有一些政府部门和国有企业因受限于体制规范无法创新,导致缺乏可供参考的成功经验。而消费者美学素养不足、贪小便宜、缺少鉴别能力且纵容假冒伪劣的行为都对国内的文创设计市场产生了不良影响。在学校对文创设计的教育方面,我国高校目前的文创设计科系还不够成熟,且存在学校教育与企业需求脱钩的问题。我国文创主管单位也对文创存在理解不够和政策执行不到位等问题,管理的专业性有待提升。根据艾媒咨询(iiMedia Research)发布的《2018—2019 中国文化创意产业现状及发展趋势分析报告》,当下中国文化创意产业存在五大行业问题,包括:文创人才短缺,教育培养与行业脱离;高质量内容和核心创意缺乏;法律政策有待完善,知识产权侵权问题制约产业发展;创意产业链不完整,产业集群效应有待提升;文化消费不足,区域发展不平衡。

(6)国内文创设计市场新机遇。5G 技术的普及以及多个高科技领域的共同发展,将给我国的文创设计市场带来新的发展机会。艾媒咨询发布的《2018—2019 中国文化创意产业现状及发展趋势分析报告》对我国文创产业的未来发展趋势进行了初探及预测,并提出八个新趋势:传统文化将通过科技呈现更高级的文明;5G 发展为文创产业带来更多的机会;基于大数据的文化创作正在逐渐普及;区块链对于文化版权保护正在不断探索;消费升级、消费分级;移动支付与知识付费进一步激活文化需求;IP 发展带动文创产业融合,推动衍生品产业和城市 IP 发展;金融前置拉动文创产业发展。

在 2019 年 10 月 31 日举行的中国国际信息通信展览会上,我国三大运营商中国移动、中国联通、中国电信正式公布 5G 套餐,并于 11 月 1 日正式上线 5G 商用套餐,标志着我国正式进入 5G 商用时代。5G 技术的实现将给我国的文创设计市场注入新的活力,进一步推动文创设计市场与现有技术的融合与升级。

此外,尽管 2020 年全球范围的新冠肺炎疫情对经济运行产生了不利影响,但下一阶段,随着疫情防控和经济社会发展各项工作的统筹推进,宏观政策效应进一步显现,经济逐步恢复,文化消费需求将回补释放,我国文化创意设计市场回暖向好态势将持续巩固,文创企业的生产经营将有望逐步改善。

10.3.2 中国文创设计“走出去”

在经历了英国脱欧、中美贸易摩擦等国际关系的风云变幻之后,在“一带一路”倡议的指导下,中国面临全新的世界贸易格局,且 2020 年的新冠肺炎疫情危机导致全球经济遭遇新挑战。在新的国际局势下,我国的文创设计要想打开国际市场,可从以下几个方面进行考量。

10.3.2.1 打造以 IP 元素为核心的文创设计

就国外来看,日本的“熊本熊”卡通形象,是城市经营品牌的一个非常成功的经典超级大 IP。目前“熊本熊”的相关产品已达 2 万余种,且与日俱增,其形象已渗透到城市生活的方方面面,成为极富生命力的城市象征。这个 IP 不是一个消耗 IP,而是一个增值 IP,具有吸纳和辐射城市资源的功能,成为连接城市经济社会生活各元素的纽带。在“熊本熊”横空出世的 5 年内,熊本县旅游人数增长了近 20%,熊本县由农业大县一举成为日本乃至世界著名的旅游大县,当地的经济也实现了飞跃式增长。

根据国内目前市场上热度较高的文创产品来看,在北京故宫博物院、杭州西湖文创区、西安曲江文创旅游区等产业集中地,关于核心元素的开发产品备受欢迎,广受消费者的认可。成都对“大熊猫”IP 的开发设计是国内打造以 IP 元素为核心的文创设计的成功典例之一。熊猫屋里以大熊猫“嘟嘟”为主题的创意产品超过 1 000 种,全部出自成都熊猫屋的设计师团队之手。熊猫屋以迪士尼的文创设计商业模式为鉴,也打造了“形成 IP—衍生品—全产业链”的模式。身披彩甲的熊猫雕塑 Heart Panda 是 2008 年汶川地震后艺术家以一只劫后余生的大熊猫为灵感而设计创作的系列产品,10 多年来,Heart Panda 的足迹已遍布全球 20 余个国家和地区,在分享传递“坚强、勇敢、友爱、包容”的中华文化之时,也传承着一份深深的爱。[①] 以大熊猫为代言的“熊来疯”App 于 2018 年上线,打造了一个专注于为游客提供沉浸式深度体验的创新文旅平台,通过“互联网+旅游+熊猫”的模式生动讲述中国故事,自信展示中国文化,让每一位使用者不仅是中国传统文化的倾听者,也是参与者,更是传播者。大熊猫作为旅居全球各国的“外交官”,承载了输出中国文化的作用,为文创产业带来了可观的产值。在中国,需要有更多能够代表和传播中国核心文化的 IP,以中国的方式向世界传达中国文化。九寨沟祥巴艺术文化传播有限公司深入挖掘藏族非遗文化,传承九寨沟县在地文化,围绕以“藏族祥巴”“九寨有礼”品牌 IP 为核心的创新、创意、创作主题文化艺术产品,打造了全新的九寨沟县在地文化商业产业链。[②]

IP 是文创设计的核心要素,打造文创 IP 其实是一个全产业工程,文创商品紧密结合 IP,被赋予 IP 的文创设计也将会为文创市场带来质的变化。培养具有信任基础的 IP 尤其重要,但 IP 元素本身是缺乏活性的,需要不断挖掘、整合包装,将文化元素重塑、活化,使其成为可以多维度开发的文创设计产品,提升在国际市场上的竞争力。

10.3.2.2 优质产品+丰厚底蕴,吸引世界关注

我国的文创设计要想实现“走出去”,首先应植根于我国深厚的文化基层,讲好中国故事,通过文创设计将我国文化传播至世界。创造性转化、创新性发展,要求我们不仅尊重和继承中华优秀传统文化,还要善于转化和发展中华优秀传统文化。

2020 年 8 月 11 日,由深圳弘文艺术有限公司主办,广州市锦华食品有限公司、深圳市感触创意文化传播有限公司承办的弘文艺术“花好月圆”中秋 · 美食 · 艺术文创精品发布会在深圳举办。弘文文创精品发布会是深圳出版集团旗下深圳市弘文艺术公司整合创意、设计、制造和销售等多方资源,倾力打造的国内文创精品发布品牌平台。该品牌的目标在于弘扬创新节日文化,让更多的文创精品走进市民们的生活,提升深圳市民对

---

① 这个成都最有名的 IP,为什么能在全球 C 位出道[EB/OL].(2018-09-13)[2020-09-30]. https://www.sohu.com/a/253678462_99997284.

② 开门红!四川文创品牌“走出去”掘金[EB/OL].(2020-01-17)[2020-09-30]. http://www.cdrb.com.cn/epaper/cdrbpc/202001/17/c55750.html.

社会主义核心价值观的文化自信和精神共鸣，进一步增强深圳市民对伟大祖国的认同感。此次发布会上呈现了融合中西方元素的设计，比如香港锦华 · 黑松露流心奶黄月饼，在传统美食的基础上结合了现代元素，由三位米其林大师匠心出品，不仅在口感上做出创新，更是在包装设计上别出心裁，从视觉和口感方面追求艺术级品质。在包装设计上深挖传统文化，有结合国潮元素的双层铁盒，有结合中国传统礼庆红基调的外盒包装，有以 180°旋开式的三层礼盒，也有代表着中国传统之五行八卦八角形状的双开合打开方式的礼盒，小包装延伸大包装的设计，与两个坚果小罐，形成抽象“人脸”，让每一次的打开都惊喜且有趣。中秋作为中国的传统节日之一，代表了中国的经典文化，而此次由弘文艺术公司设计推出的月饼，实现了中国优秀传统文化和西方文化的融合，对产品和设计走出国门起到了助推作用。

目前很多文创设计公司和机构也在摸索基于我国优秀传统文化的设计，由上海岩造文化创意有限公司创立的“最国三朝”品牌，聚焦生活趣味与国潮，意在打造具有中国风韵的创新产品。国内首家文化衍生品公司“天狐创意”以上海海派文化为基础设计的“上海礼物”系列文创，一直坚持“走出去”的战略，以文化和创意吸引着国内外的目光。小笼包系列、石库门系列、海派风情雪花膏以及上海五合一组合凳等文创设计，承载了上海本土文化符号，结合使用功能和礼品属性，打开了城市文创探索的大门。

在跨文化交流中，文化认同有助于不同文化及其群体在平等关系下，以文明交流互鉴为立场，实现相互理解、相互尊重、相互信任、共同进步。文创设计应以优质的产品和丰厚的底蕴，向世界展示中华民族传统文化的深厚底蕴和时代新貌。

10.3.2.3 结合供应能力，嵌入市场需求

在设计文创产品时，要注意开发精力、开发成本和生产资源、销售渠道相搭配，不能只注重设计高难、高新的产品，要注意成本的节约和设计资源的通用，尽量做到设计的通用性和模块化。设计要使得产品基本件资源实现共享，模具可通用、易于控制成本和品质、形成采购规模、产品可持续优化、供应链稳定、满足一致的基本人群需求，如收纳包、充电宝、眼罩、食品包装等。

目前 00 后在消费群体中所占的比例正在逐渐扩大，二次元形象在全世界范围的年轻人群中广受欢迎。提及《刀剑神域》《全职高手》《文豪野犬》等知名 IP 作品，国内不少二次元粉丝会将其与广州天闻角川动漫有限公司（以下简称“天闻角川”）联系起来。多年来，天闻角川已初步实现出版、商品、动画、影视、游戏多个领域的 IP 联动，成功孵化出《画猫》《麒麟先生》等众多原创漫画及形象，逐渐摸索出一条属于天闻角川特有的 IP 创造和运营方式。目前，天闻角川已经形成了一套完整的集企划、设计、制作到运营的成熟周边开发模式，商品种类也实现了纸制品、桌垫抱枕等平面化品类向毛绒玩具、服装等立体化品类扩展；已累计为百余个国内外优秀 IP 推出衍生品，拥有两千个品类，覆盖从核心二次元 IP 周边到泛二次元文创品类。

动漫是杭州文创产业中最具代表性的行业之一，2020 年 9 月 29 日至 10 月 4 日为期 6 天的第十六届中国国际动漫节于杭州白马湖动漫广场举行。2020 年，受到疫情影响，不少海外动画制作的进度有所放缓。而在国产动漫区，却展现出繁荣景象——《大理寺日志》《雾山五行》等一大批国漫接连上线，展现国漫“新浪潮”。截至 2020 年 10 月 4 日，

虽受疫情影响，仍有 65 个国家和地区、2 680 家中外企业机构、5 886 名客商展商和专业人士通过线上线下参与动漫节的各项活动，线上、线下开展一对一洽谈达 2 069 场，达成合作意向 1 543 个，超过 100 部全球动画新片在动漫节上亮相，发布重大项目 14 个，现场签约金额超过 2.5 亿元人民币。共有 73.92 万人次参加了动漫节线下的各项活动，其中主会场 13.72 万人次，分会场总计 60.2 万人次；通过“云上国漫”平台线上参与动漫节互动的人数达到 1 012 万人次。此外，电竞在杭州也是具有代表性的文创行业之一，2017 年 6 月，全国首个电竞数娱小镇正式落户杭州下城区。2018 年，杭州迎来中国最大的电子竞技职业赛事——英雄联盟职业联赛，备受年轻一代的关注。

文创设计走出去的第一步是要打通国际文创市场，立足于动漫、电竞等的文创设计更能吸引消费市场中占绝大多数的年轻一代，其他文创设计也可以根据具体市场需求情况进行设计方向的规划和调整。文创设计虽立足于文化，但设计的产品也要考虑市场的需求，考虑全球范围内共通的产品需求是我国文创设计走出去的基础。

10.3.2.4 提升设计能力，走品牌化战略经营道路

中国的文创设计产品想要吸引世界的目光，就既要有中国文化内涵，又能代表中国的设计水平和文创理念。设计感强、功能性足、性价比高的中国文创产品能够使外国人产生兴趣。他们会感叹竹节样貌充电器的别致，纸质椅子的坚固，这就是中国文创的力量。通过这些重获新生的创意产品，西方文创界能够了解中国当代文创人的设计语言和东方诗意而雅致的生活方式。由拾光融尘文化传播（北京）有限公司设计的集江南的小桥、流水和水莲元素于一体的雅致茶具“莲心 · 桥缘”，继在意大利佛罗伦萨设计周上大放光彩后，又在 2019 年义乌文旅博览会上受到各国热捧。① 2020 年 1 月，第 18 届香港国际授权展“中国内地馆”开展。初次参加授权展会的四川省崇州市传统工艺促进会“道明竹编”实现了合作新突破：与美国博冠就“道明竹编”合作开发及加工达成意向开发竹编皮包产品；与香港郎智艺术就香港公民来内地进行“四川非遗”游学及教育达成合作意向；与深圳众盛合作瓷胎茶具销售。该促进会是一个由 30 多家传统手工艺非遗企业和手工艺大师联合组成的联合体，集设计、开发、生产、销售于一体。②

文创设计关键在于设计，我国要想实现文创设计“走出去”，就必须从自身的设计出发，提升设计能力，在国际文创市场中占得一席之地。以设计吸引消费是文创设计产品本身的属性，目前我国的文创设计从教育到人才仍需要进步。文创设计产品投入到市场中，即体现了文创设计的市场性，对此，需要寻求新的商业模式，坚持走专业化、特色化、品牌化、差异化的战略经营道路。选择适合的品牌策略是立足于全球市场、取得竞争优势的关键因素。

10.3.2.5 寻求国际合作，打通国际市场

国产文创设计要想“走出去”，寻求国际间的合作也是打通国际市场的良药。英国大

① 文创“出海” 向世界发出“新声”[EB/OL].(2019-04-28)[2020-09-30].https://zj.qq.com/a/20190428/002273.htm.

② 开门红！四川文创品牌“走出去”掘金[EB/OL].(2020-01-17)[2020-09-30].http://www.cdrb.com.cn/epaper/cdrbpc/202001/17/c55750.html.

英博物馆与国货美妆品牌完美日记联名的两款16色眼影盘,单品累计销量突破20万件;与大都会艺术博物馆的联名口红,成为2019年“6·18”节的美妆新宠,单品累计销量突破60万件。另有大英博物馆携手HelloKitty与国产彩妆品牌橘朵联名打造的彩妆系列,以及与滋色联名的彩妆等都在国内年轻女性群体中受到热捧。大英博物馆以国际品牌合作的方式,实现了自身的文化输出。

我国近些年在寻求国际合作方面也有很多新动态。2017年,杭州市文创办与英国诺丁汉市政厅签署战略合作协议,合作建立“杭州英国文化创意产业交流中心”,旨在加强两国文化创意产业交流,在发展经验共享、人才培育、项目引进、品牌推广等方面开展深入合作。2018年5月,杭州英国文化创意产业交流中心在英国诺丁汉正式揭牌落地,成为中国在英国建立的第一个常态化文化创意交流窗口。该交流中心成为连接中国与英国文创设计的纽带,也是中国文创走向英国的桥梁。

2019年6月,在意大利佛罗伦萨设计周上,由成都市商务局牵头,成都服务贸易协会、四川省文化产业商会、四川省生活美学研究会、成都市民间文艺家协会等机构组成的“成都服务”海外行代表团,带去了让人耳目一新的天府文化和成都元素,为佛罗伦萨设计周注入了新鲜血液,由此吹响了“成都服务”海外行的号角。2019年8月19日,由中华文化联谊会、首尔中国文化中心与中国对外艺术展览有限公司以及来自海峡两岸设计公司共同举办的“中国印象——中国世界遗产文创设计产品展”在韩国首尔中国文化中心开幕。展会以“中国世界遗产”为主题,汇集了中国海峡两岸艺术家设计制作的陶瓷茶具、摆件、文具、首饰、居家装饰等5大类超过120组的中国非遗文创产品,集中展示了中国世界遗产文化创意产业的新成果。文化遗产与创意设计碰撞融合,一件件美观又实用的文创产品,旨在唤起民众对文化遗产的情感认同,同时也向韩国民众传递海峡两岸共同传承和弘扬的中华文化之美。①

国际间的合作为文创设计产品的出海“铺路”,我国的文创设计可以通过寻求国际间的广泛合作,将中国的文创设计与国外市场中人们熟知的产品结合起来,实现“借船出海”。

10.4 案例:恭王府“锦绣中华——中国非物质文化遗产服饰秀”

2017年,在中国“文化和自然遗产日”到来之际,为深入贯彻落实国务院办公厅转发的原文化部、工业和信息化部、财政部《中国传统工艺振兴计划》的有关精神,更好地让非物质文化遗产走进现代生活,在文化和旅游部非遗司的支持下,由文化和旅游部恭王府博物馆牵头,联合中国纺织工业联合会非遗办公室、北京服装学院、中央民族大学民族服饰研究所、中国国际时装周组委会等单位,推出“锦绣中华——中国非物质文化遗产服饰秀”系列活动。恭王府的建筑园林作为走秀的独特舞台背景,成为展现优秀传统文化的天然秀场,使得非遗服饰秀的设计特色与环境相得益彰,感染了现场观众。活动选取了

① 避暑山庄文创产品亮相韩国首尔[EB/OL].(2019-08-20)[2020-09-30].https://baijiahao.baidu.com/s?id=1642391339807941614&wfr=spider&for=pc.

非遗项目在现代服饰中的应用实例，旨在展现非遗在实践中振兴、在生活中弘扬的盛况，成功地诠释了优秀传统文化的创造性转化和创新性发展。目前，“锦绣中华——中国非物质文化遗产服饰秀”已于 2017—2019 年连续举办 3 年。

2016 年 10 月 29 日，由原文化部恭王府管理中心和中国国际时装周组委会联合主办的“锦绣中华”国家级非物质文化遗产——传统刺绣技艺精品展在恭王府开幕。在开幕活动中，将“中华传统文化融入时尚设计”的代表设计师曾凤飞的非遗时尚作品发布，[①]现场 300 余人一起观看了一场寓意古与今、艺术与生活融合的非遗服饰秀。这可以看作“锦绣中华——中国非物质文化遗产服饰秀”的前身。

2017 年 6 月 5 日至 10 日，“锦绣中华——中国非物质文化遗产服饰秀”系列活动在恭王府举办，活动包括 8 场动态服装服饰秀展演，5 场静态展览，3 场关于传统服装服饰与纺织印染绣技艺传承与保护的学术研讨会。现场观众近 4 000 人，展出服饰 400 余套，传承人现场展示 100 余场。8 场服饰秀分别以“水墨姑苏”（苏绣）、“朝花夕拾”（宋锦）、“千年之约”（香云纱）、“度兮—清风徐来”（二十四节气）、“绣梦”（黔西南）、“雅致东方”（莨绸）、“京韵”（京绣）、“中国嫁衣”（潮绣）为主题在恭王府与观众见面，NE · TIGER（东北虎）、楚和听香、度兮、依文、雅致东方、DRita、名瑞等多家国内知名服饰品牌及其设计团队以当代设计介入传统工艺，联袂带来非物质文化遗产与现代生活紧密结合的创意秀场。通过展示苏绣、京绣、粤绣、宋锦、云锦、缂丝、香云纱等多项国家级非物质文化遗产与现代服饰设计的时尚融合，再现传统手工技艺的精妙。

2017 年“锦绣中华——中国非物质文化遗产服饰秀”系列活动吸引了数千名观众前来观看，业内众多专家、学者、设计师纷至沓来，还有多位外宾慕名而来，现场感受传统文化的时尚魅力。我国中央国家机关部委领导也前来参观展览、观看演出。更有来自美国、英国、南非、安哥拉、意大利、澳大利亚、丹麦、卢森堡等十余国驻华使领馆的数十位外交官员在文化和自然遗产日活动期间走进恭王府，感受中国传统文化。[②] 此次活动的媒体反响也十分强烈，在媒体参与面上，电视、平面、网络媒体、新媒体、自媒体全覆盖，海内外 170 多家新闻单位和媒体平台全程参与报道，仅开幕式当天，就有近 70 家媒体参与报道。关于此次活动的报道数量很多，社会关注度高：在活动举办期间，各类新闻报道源发和转载量超过 300 条，每天全国有超过 50 家新闻媒体单位在播发“锦绣中华非遗服饰秀”活动的消息。各大新闻单位的知名记者采写了多篇有高度、有深度的报道。例如，人民日报刊发《绣娘的日常成了艺术、有了市场》一文，对此次锦绣中华非遗服饰秀活动做观察分析，就黔西南大山深处的刺绣工艺走出大山走上 T 台这一现象，阐发对新时期非遗保护和传承的新思考；新华社在活动期间两次发文《锦绣中华非遗服饰秀精彩纷呈》《传承千年只为今天与你相遇》，全景报道活动盛况。除了通过恭王府自身的“恭王府”“恭小福”进行新闻推送，还联合非遗专业平台“文木”进行推送，公众号每天的推送内容都在活动前期做好策划和内容储备，最终呈现为新闻现场、学术百家、非遗故事、科普文

① 恭王府．“锦绣中华——传统刺绣技艺精品展”在恭王府开幕[EB/OL]．(2016-10-29)[2020-09-30]．http://www.pgm.org.cn/pgm/wfdt/201610/b63cde3550694218af9e7a4d03612944.shtml.

② 恭王府．“锦绣中华——2017 中国非物质文化遗产服饰秀”系列活动总结[EB/OL]．(2017-07-04)[2020-09-30]．http://www.pgm.org.cn/pgm/wfdt/201707/20d6b837a0c145d5b919e9dec4dce78d.shtml.

章、学术百家5大版块。① 更有直播平台吸引百万观众参与互动,央视新媒体、光明网直播、东方直播、北京时间、一直播、映客、YY 直播等平台对6天内的8场非遗服饰秀进行了全程直播,覆盖网络观众近2 000万人次。数据显示,6月5日开幕式当天,光明网单个直播开播前,仅预告时间段观众量就在15分钟内突破34万。央视新媒体6月5日从17点至20点,专题策划播出了3个小时的"锦绣中华"文化和自然遗产日专题节目。光明网海外传播中心共通过《光明日报》专页进行了7场脸书(Facebook)直播,用户反响热烈,累计覆盖海外网友约270万人次,直播视频播放量达36万次,互动(转、评、赞)近20万次。2017年"锦绣中华——中国非物质文化遗产服饰秀"系列活动得以成功举办,是在中办、国办印发《关于实施中华优秀传统文化传承发展工程的意见》背景下的一次具体践行,展现了非物质文化遗产在实践中振兴、在生活中弘扬的盛况,诠释了优秀传统文化的创造性转化和创新性发展的生动实践。

2018年以"多彩非遗,美好生活"为主题的"锦绣中华——2018中国非物质文化遗产服饰秀"系列活动于6月4日至9日举行。系列活动包括:11个晚场锦绣中华——非遗主题服饰秀(包括艺针忆绣、白鹭为霜、云想彝裳、布衣经纶、木真湘韵、苗净千寻、挑绣之韵、采蓝之忆、流光溢彩、苎梦东方,以及"白蛇惊变"非遗跨界音乐剧),2个白天场"非遗进景区"群众体验性服饰秀,即"老有所为——老年旗袍秀体验非遗服饰秀"和"少有所乐——少年纸艺体验非遗服饰秀",3场以中国传统工艺振兴探索与实践为主题的学术研讨会。服饰秀选取了非物质文化遗产在现代服饰中的应用实例,展现了振兴中国传统工艺、非遗走进美好生活的盛况。北京服装学院、武汉纺织大学、东华大学、上海大学等高校,艺之卉、木真了、DRita、度兮等多家国内知名服饰设计团队,共同以设计的力量保护中国传统手工技艺。二十四节气、苗绣、蜡染、挑花、手推绣、青瓷、京绣、夏布等多项国家级非物质文化遗产项目与现代服饰设计时尚融合,将古老的非遗之美与当下时代的摩登艺术结合,为艺术文化的发展添砖加瓦。

2018年活动的媒体反响依然强烈,在媒体参与面上,电视、平面、网络媒体、新媒体、自媒体全覆盖。活动总体信息5 180条(新闻1 927条,报刊56条,问答31条,视频25条,博客40条,微博258条,论坛133条,微信758条,客户端656条,其他1 296条)。中央电视台《新闻直播间》《朝闻天下》《文化十分》三档节目播发四条锦绣中华新闻节目,其中资讯类有《锦绣中华中国非遗服饰秀开幕》《锦绣中华打造非遗创意秀场》《恭王府上演非遗服饰秀》。6月17日再次播出十分钟深度报道《新时代新传承非遗活化让深山里的绣娘口袋鼓囊囊,精神亮堂堂》。人民日报、新华社、中央电视台等几十余家新闻单位给予了活动大力支持。除了传统媒体外,新媒体、时尚行业媒体基本实现全覆盖。此外,共有23家网络直播平台参与了联动直播,全网多平台联动直播收获了良好的收看效果,播出首日点击观看量即破千万,6天更是累计获得近5 800万次的点击观看量以及超过1 000万条网友互动。除对非遗服饰秀进行直播之外,恭王府联合光明网新媒体中心在微纪录片与社交互动上进行了有益尝试,围绕白鹭为霜、白蛇惊变、采蓝之忆三个主题拍摄了三组微纪录片,并在今日头条、快手等社交平台上进行传播。三组视频累计播放

① 恭王府."锦绣中华——2017中国非物质文化遗产服饰秀"系列活动总结[EB/OL].(2017-07-04)[2020-09-30]. http://www.pgm.org.cn/pgm/wfdt/201707/20d6b837a0c145d5b919e9dec4dce78d.shtml.

量达 200 余万。截至 6 月 10 日,已征集到网友上传作品 1 351 个,受到网友点赞 100.4 万,参与互动的网友 4 336.5 万人次。

2019 年度"锦绣中华——中国非物质文化遗产服饰秀"系列活动于 10 月 18 日至 10 月 24 日在景山公园寿皇殿举办,是在金秋十月对新中国 70 周年生日的一份献礼,更是北京这座千年之城的壮美图景之约。广绣、京绣、土布制作技艺、南通蓝印花布、传统棉纺织技艺、鱼皮衣制作技艺等多项非物质文化遗产代表性项目以时尚的方式与观众见面。敦煌遗韵、雅鲁藏布、镜花水月、草原霓裳、丝墨停云、旭日船歌、青出于蓝、粤绣粤美、云梦彝山、新织楚裳、知否岭南、纤墨窈然、丝绪东方、丝路之光共计 14 场以中国非物质文化遗产为主题的服饰秀在北京中轴线上精彩亮相,传统文化让中轴线亮起来,线上线下吸引数以千万的观众观看,有效推动了中国非物质文化遗产的传承和传播。①

在 2019 年的活动中,采用全媒体进行了立体式非遗传播。在筹备期、举办期、活动结束发酵期三个阶段内,宣传与活动并重,传播与传承同步。借助非遗 IP,强调"锦绣中华"活动品牌化,紧扣"让中轴线亮起来""非遗融入现代生活"等主题,高质量完成了"恭王府""景山公园""中轴线""非遗""文化遗产活起来"等多组关键词的关联和重建。活动前期举办新闻发布会,并制作 H5 页面进行微信传播;活动期间用全网联动直播方式"推倒府墙",线上线下吸引数以千万的观众观看。相关视频后期还登陆了腾讯视频时尚频道。超 70 家媒体给予活动关注和报道,27 家网络平台进行全程同步直播,7 天活动时间里的直播观看总量达 5 680 万人次。

恭王府的每一次非遗展示活动,都会选在二十四节气的时间节点举办,一年 365 天,恭王府内有着"永不落幕的非遗博览会"。这百年的庭院已成为非物质文化遗产的天然传承地,每年来到恭王府的 300 万游客成为宝贵的非物质文化遗产在现代社会传承和发展的共同见证人。致非遗、敬匠心,恭王府将手中的事业深耕细作,为非物质文化遗产的传承和弘扬做出了最大努力。"锦绣中华——中国非物质文化遗产服饰秀"是极具中国特色、中国风格的纺染织绣类非遗活动,成功地诠释了优秀传统文化的创造性转化和创新性发展,是中国文创设计的优秀典范。

参考文献

[1]常夷.浅谈版权对创意设计产业可持续发展的重要意义[J].中小企业管理与科技(上旬刊),2018(07).

[2]陈华文.文化创意案例教程[M].上海:上海交通大学出版社,2013.

[3]陈劼.日本文创产业探析与借鉴:漫画作为动漫游产业的核心[J].艺术科技,2015,28(06):88-89.

[4]符冰.城市品牌传播视角下的地方文化类文创产品开发研究——以襄阳地方文化类文创产品开发为例[J].视听,2020(01):32-33.

① 恭王府.锦绣中华——2019 中国非遗服饰秀完美收官[EB/OL].(2019-10-25)[2020-09-30].http://www.pgm.org.cn/pgm/wfdt/201910/b6042bf9a5324bd79edd24ff8e28c727.shtml.

[5]博物馆文创 IP 大爆发,正在崛起的“文化自信”[EB/OL].(2019-09-02)[2020-09-30].http://www.hongbowang.net/e/wap/show.php? classid=59&id=13977&style=0&bclassid=58&cid=59&cpage=0.

[6]科印网.作为故宫淘宝“史上最强劲敌”,大英博物馆的文创产品是怎样开发设计的?[EB/OL].(2019-02-14)[2020-09-30].http://www.keyin.cn/plus/view.php?aid=1114669.

[7]李雅丽.美国文化产业:发展模式、产业政策及启示[J].海南金融,2018(11):71-78.

[8]联合国教育科学及文化组织.2009 年联合国教科文组织文化统计框架[R].联合国教科文组织统计研究所.2011.

[9]陆芳,李冬梅.传媒文化创意产业发展策略研究[J].新闻战线,2017(24):65-66.

[10]罗陈诚.韩国文化创意产品现状剖析及启示——以国立中央博物馆为例[J].科技资讯,2020,18(7):214-217.

[11]罗美兰.从台湾和国际文创案例看昆仑文创发展的潜力[J].青海社会科学,2014(05):167-172.

[12]阮晨海.日本旅游市场文创产品设计方法分析[J].工业设计,2016(03):92+95.

[13]沈婷,郭大泽.文创品牌的秘密[M].南宁:广西美术出版社,2017.

[14]孙维潇,张亭亭.日本文化创意产品出口的振兴及对我国的启示[J].福建广播电视大学学报,2019(05):60-63.

[15]王毅,柯平.公共图书馆文化创意产品开发类别调研与分析[J].图书情报工作,2018,62(03):21-32.

[16]酷都伦敦:文化创新再造城市活力[EB/OL].(2019-08-01)[2020-9-30].https://www.sohu.com/a/330934217_488939.

[17]关注丨2019 博物馆文创产品市场数据报告[EB/OL].(2019-09-06)[2020-09-30].https://www.sohu.com/a/339327973_488901.

[18]肖优,王洪亮.地方文化元素在旅游文创产品设计中的应用研究[J/OL].包装工程,2020,41(20):228-232[2020-10-04].http://kns.cnki.net/kcms/detail/50.1094.tb.20200314.1914.008.html.

[19]许晓东.创意联接在地文化 激发人文经济活力——访打开联合文化创意设计总监 刘国沧[J].设计家,2016(05):52-55.

[20]行走日本|看“文创+”如何渗透到生活的方方面面?[EB/OL].(2017-09-05)[2020-09-30].https://www.sohu.com/a/169676580_182272.

[21]杨帆.“一带一路”背景下西安博物馆、美术馆文创产品创新研究[J].中国包装,2019,039(010):45-48.

[22]杨静.文创产品设计与开发[M].长春:吉林美术出版社,2019.

[23]易晓,王冰.英国:创意经济与设计无处不在[J].经济,2014(04):60-62.

[24]张玲玲.结合英国创意产业发展对中国文创设计产业发展的新思考[J].当代

经济,2017(08):156-157.

[25]赵丽媛．博物馆文化资源的文创设计研究[D]．北京:北京印刷学院,2017.

[26]赵兴邦．文化为魂 创意无限——英国文化创新型人才培养开发考察报告[J]．西藏艺术研究,2019(03):82-86.

[27]邹其昌,孙聪．美国设计理论体系发展研究——中国当代设计理论构建的美国经验[J]．阅江学刊,2019,11(06):15-23+117.

[28]Simon D,Battersdy G. 品牌授权原理(授权商版)[M]．朱晓梅,吴尘译．北京:清华大学出版社,2017.

[29]Confederation of Authors and Composers Societies,EY,CISCA. Cultural times:The first global map of cultural and creative industries[R]. 2015.

[30] International Intellectual Property Alliance. Copyright Industries in the U. S. Economy [R] . The United States of America: International Intellectual Propety Alliance,2018.

[31] Museum Store Association. 2019 - 2022 strategic Plan [R]. The United States of America:Museum Store Association,2019.

[32] United Nations. World Economic Situation and Prospects 2020 [R]. New York: United Nations,2020.

[33]United Nations Conference on Trade and Development. Creative Economy Outlook: Trends in international trade in creative industries 2002-2015 country profiles 2005—2014 [R]. Geneva:United Nations Conference on Trade and Development,2018.

[34]UNESCO. Change NOW Summit 2020:UNESCO cities[EB/OL]. (2020-02-03) [2020-9-30]. https://en. unesco. org/news/changenow-summit-2020-unesco-cities-innovative-hubs-local-sustainable-development.

[35] UNESCO. UNESCO funds nine new projects to support culture in developing countries[EB/OL]. (2020-02-12)[2020-9-30]. https://en. unesco. org/news/unesco-funds-nine-new-projects-support-culture-developing-countries.

[36] United Nations Educational, Scientific and Cultural Organization. Global Report 2018:Re|Sharping Culture Policies[R]. Sweden: United Nations Educational, Scientific and Cultural Organization,2017.

[37] UNESCO Institute for Statistics. 2009 UNESCO Framework for Cultural Statistics [R]. Montreal:UNESCO Institute for Statistics,2009.

[38] United Nations Educational, Scientific and Cultural. Culture 2030 Indicatrs [R]. France:United Nations Educational,Scientific and Cultural,2019.

[39] Xizhi Zhang, Kuo-Hsun Wen. A Model Process of Integrating Context of Local Culture for Pre-Development Stage in the Design of Cultural and Creative Products—Using Macao's Historical Buildings as an Example[J]. Sustainability,2020,12(15).

11 国际旅游市场

11.1 国际旅游市场概况

2019 年,受困于整体经济环境因素的影响,新兴市场和发展中国家经济增长乏力,世界两大经济体——中国和美国的经济增长均面临不确定风险,全球经济复苏的步伐进一步放缓。世界银行 2019 年 6 月发布的《全球经济展望——紧张加剧,投资低迷》报告中预计,2019 年全球经济增速将放缓至 2.6%。国际货币基金组织(IMF)2019 年 10 月发布的《世界经济展望——全球制造衰退,贸易壁垒上升》报告相对较为乐观,预计 2019 年全球经济增速为 3.0%,但也是 2008 年以来的最低水平。究其原因,至少包括如下几个方面:贸易壁垒不断增加,贸易和地缘政治相关不确定性升高,美联储政策等一些特殊因素在若干新兴市场经济体造成了宏观经济压力,发达经济体生产率增长缓慢,以及人口老化等因素。值得关注的是,2019 年 12 月中美达成第一阶段经贸协议文本,这对中美和世界经济形势均为一个利好消息,有利于增强全球经济发展的稳定性,提振投资者信心。

作为全球经济的晴雨表,全球旅游经济将表现出与全球经济趋势方向一致但波动性更强的特征。旅游业是全球最大的行业之一,它在推动社会经济发展,创造就业机会,促进繁荣,增强妇女、青年权能等方面发挥了重要作用。旅游业对国内生产总值和就业的直接影响非常显著,世界旅游业理事会(WTTC)的研究显示,2018 年旅游业占全球 GDP 的 10.4%,创造了全球 1/10 的就业岗位(3.19 亿个),出口占全球的 6.5%。2019 年旅游业总收入 8.9 万亿美元(约合 60 万亿元人民币),占全球 GDP 的 10.3%,创造了 3.3 亿个工作岗位,占 2019 年总就业的 10.4%。在全球创造的所有新工作中,有四个是旅游业。从历史趋势来看,全球旅游 GDP 增长与全球 GDP 的增长情况相似,总体增长速度超过世界经济增长速度(见图 11-1)。

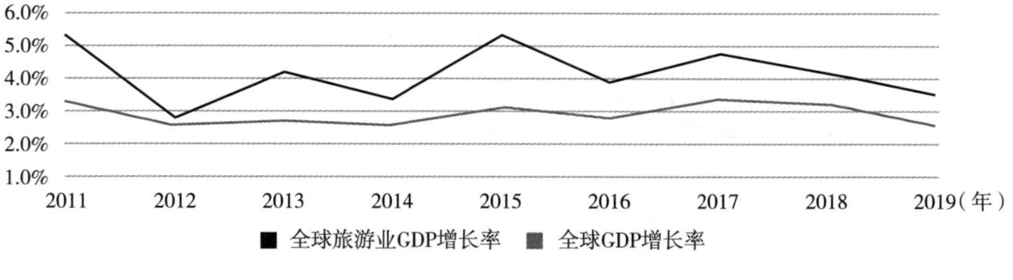

图 11-1 2011—2019 年全球旅游业 GDP 及全球 GDP 增长率情况

资料来源:世界旅游业理事会(WTTC)。

2019 年全球旅游总人次(包括国内旅游人次和出入境旅游人次)为 123.1 亿人次,比上年增长 5.38 亿人次,同比增长 4.6%,增速较 2018 年上升 0.9 个百分点(见图 11-2)。

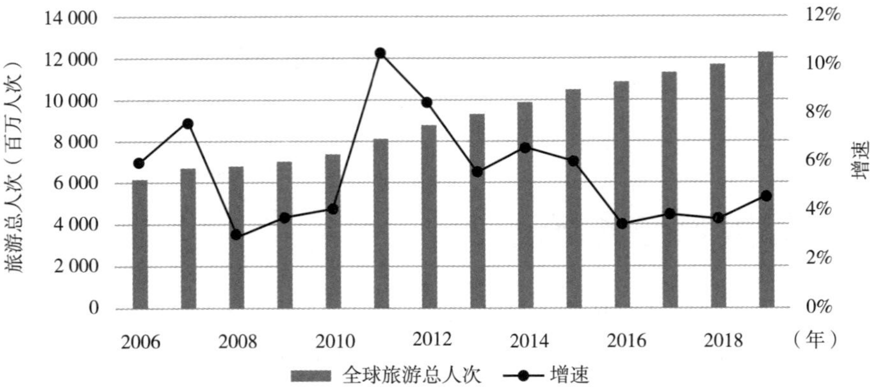

图 11-2　2006—2019 年全球旅游总人次及其增速

资料来源:《世界旅游经济趋势报告 2020》。

国内旅游与国际旅游之间存在显著差异。2018 年全球国内旅游人次(过夜游客)达 90 亿人次,其中超过 50%来自亚太地区。2019 年全球国内旅游为 109.4 亿人次,增速为 4.7%,比 2018 年提高 1 个百分点。截至 2019 年,全球旅游支出的大部分仍由国内旅游产生,占全球总支出的 71.3%,其余 28.7%来自国际游客。从世界范围来看,国内旅游是国际旅游的 6 倍多。在国际旅游方面,在全球经济相对强劲,新兴经济体中产阶级不断壮大,技术进步,新商业模式,可负担的旅行费用和签证便利化的推动下,1950—2018 年,国际旅游人数增长 550%,2018 年国际游客人数增长了 5.6%,达到 14 亿大关。2019 年国际旅游人数达到 14.58 亿,同比增长 3.8%,是自 2009 年以来连续第 10 年持续增长,平均增长率为 5.1%。2019 年国际旅游收入达到 1.478 万亿美元(约合 10 万亿元人民币),同比增长 2.5%(见图 11-3)。

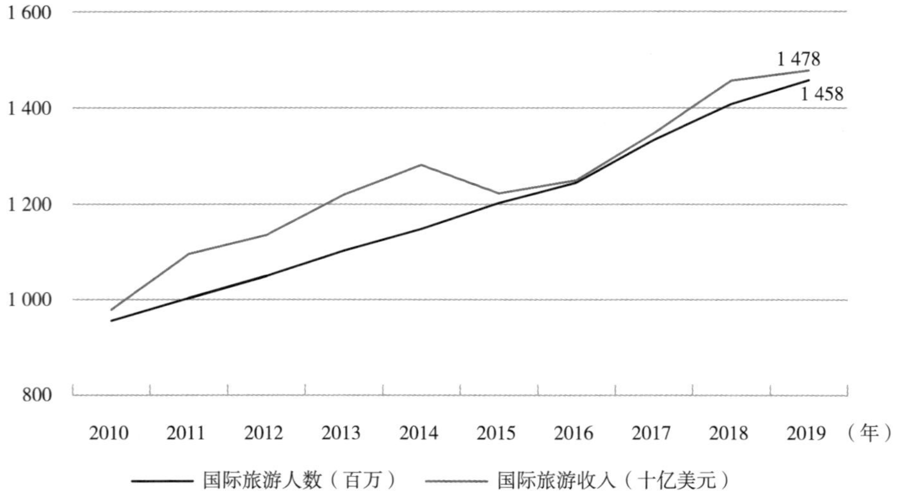

图 11-3　2010—2019 年国际旅游人数及收入

资料来源:世界旅游组织(UNWTO)。

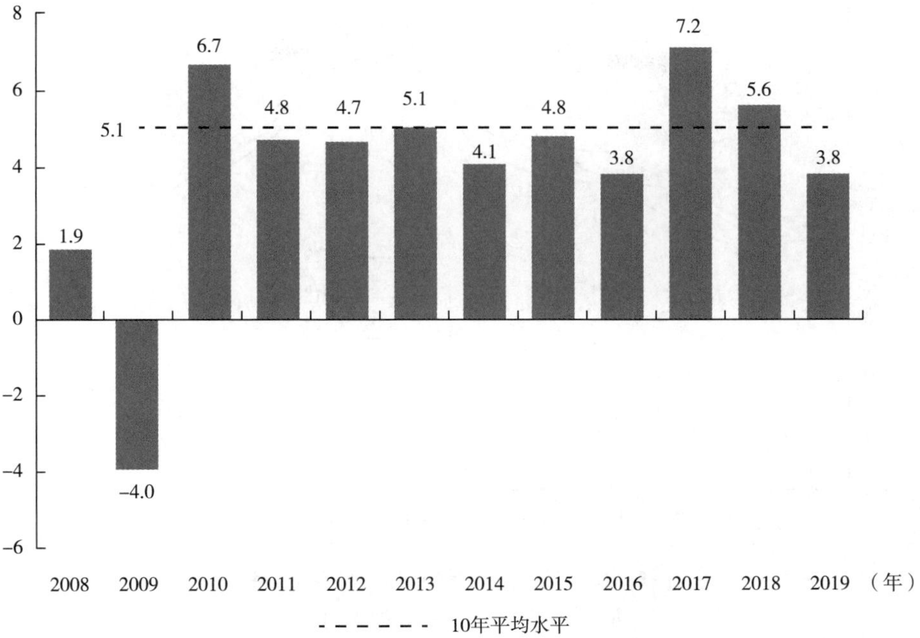

图 11-4　2008—2019 年国际旅游人数变化率（单位：%）

资料来源：世界旅游组织（UNWTO）。

五大区域的旅游经济发展差异更加明显。其中，欧洲的入境旅游增速放缓，领先优势逐渐缩小。亚太地区国内旅游人次增速和稳定性排名第一，国内旅游收入增速趋势排名第一，旅游总收入相当于 GDP 的比重增速排名第一。美洲国内旅游人次长期平稳低速增长，入境旅游收入增速处于下降趋势，旅游总收入相当于 GDP 的比重处于下降趋势。中东和非洲的旅游份额极小，二者接待入境旅游人次之和不足全球入境旅游总人次的 1/10，且其发展不稳定性较强。（见《世界旅游经济趋势报告 2020》）

随着 2020 年初新冠肺炎疫情的暴发，整个全球经济受到巨大的影响，全球旅游市场上半年遭遇断崖式的下跌，随着疫情在全球的不断蔓延，整个旅游市场遭遇前所未有的挑战。世界旅游组织的数据显示，2020 年 1 月至 6 月国际旅行需求大幅下降，国际游客人数减少 4.4 亿人次，与上年同期相比下降了 65%。国际旅游业出口收入损失约为 4 600 亿美元（约合 3.1 万亿元人民币），是 2009 年全球经济和金融危机期间同类损失的 5 倍左右。欧洲是全球受疫情影响最严重的地区，2020 年上半年游客人数下降 66%，美洲（下降 55%）、非洲和中东（下降 57%）也遭受了打击。受新冠肺炎疫情影响最早的亚太地区受到的打击最大，在 6 个月的时间内游客人数下降了 72%。

2020 年下半年，随着新冠肺炎疫情在中国逐步得到有效的防控，中国的旅游业率先从疫情的打击中逐渐复苏，并开始呈现上升趋势。最近几周，越来越多的旅游目的地开始再次向国内外游客开放。联合国世界旅游组织报告称，截至 2020 年 9 月初，53%的目的地放松了旅行限制。然而，许多政府仍持谨慎态度，众多国家疫情尚未得到有效的控制，加之各国之间实行的边境及航空限制尚未完全解除，整个国际旅游市场依然呈现衰

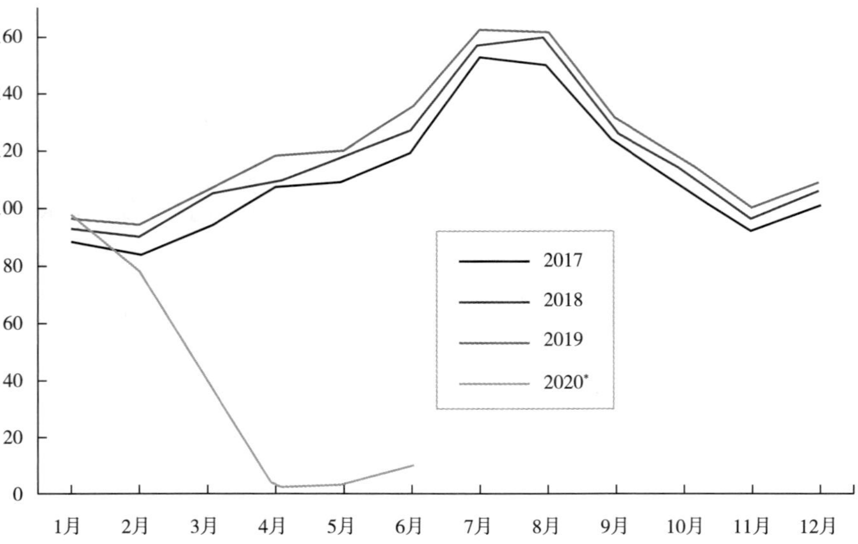

图 11-5　按月统计的国际游客人数(单位:百万)

资料来源:世界旅游组织(UNWTO)。

退趋势,预计 2020 年底前该趋势不会有根本性的改变,各国政府目前正在忙于控制疫情的再度蔓延,并出台各项政策稳定本国的经济。

11.2　欧洲及欧亚大陆

11.2.1　区域概况

欧洲是现代旅游业的诞生之地,也是全球最重要的旅游目的地和客源地之一。欧洲各国旅游业发展历史悠久,产业规模庞大,且竞争力强。旅游业是欧洲的第三大经济部门,占欧盟国家 GDP 的 7%至 8%,占就业总人数的近 9%。近年来,随着亚太地区的崛起,欧洲占全球旅游市场的份额持续下降,但总体而言,在世界旅游版图中依然占据主体地位。

作为全球最具旅游竞争力的旅游区域,2019 年欧洲接待了 7.45 亿国际游客,较 2018 年增长 5%,国际旅游收入 5 730 亿美元(约合 3.9 万亿元人民币)。根据世界经济论坛 2019 年《旅游业竞争力报告》,在全球旅游产业竞争力排名前 20 位的国家中,欧洲占据 11 席;在旅游业最具竞争力国家前 10 名中欧洲占据 6 席,西班牙、法国、德国更是占据前 3 名。这些国家和地区有丰富的旅游文化资源和良好的基础设施,同时旅游业在经济部门的优先级在全球最佳。

长期以来,欧洲地区占据全球入境旅游的半壁江山。从 2019 年的表现来看,其入境旅游人次仍占全球近半,但收入方面的领先优势逐渐缩小。就人次而言,欧洲一直是第一大入境旅游目的地。1995 年至今,欧洲接待的入境旅游者占全球的比重一直保持在 50%~60%之间,但是近年来这一比重也在逐渐缩小。2019 年这一比例为 52%,与 2018

年相比变化不大。就收入而言,欧洲的入境旅游依然在五大经济区域居于领先地位,但其优势有所削弱。1995—2011 年,欧洲入境旅游收入占全球入境旅游总收入的比例保持在 50%左右,但 2012 年以后,欧洲入境旅游收入占全球入境旅游总收入的比例与之前相比明显下降,2019 年这一比例为 39%。

过去 10 年,全球游客人数的增长都超过了欧洲 GDP 的增长,这在一定程度上得益于长途客源市场的快速增长,但也有价格下行压力的作用,旅游价格的持续下跌加速了欧洲旅游业的增长。欧洲是世界上发达国家较为集中的区域,其旅游业发展依托于相对发达的国民经济、完善的市场制度和富有活力的市场主体。此外,还有众多因素助推欧洲旅游业发展:区域经济一体化、基础设施建设和经济实力推动了欧洲商务旅行的增长;欧洲所有国家的健康和卫生水平、安全与保障水平都高于全球平均;欧洲高度发达的信息和通信技术更有利于旅行者使用各类在线和数字平台。总体来看,不管是就国际旅游接待规模还是国家旅游竞争力排名而言,全球旅游第一方阵中绝大多数均为欧洲国家。在旅游发展过程中,政府更多关注旅游的社会功能和公共服务,同时充分发挥市场作用,开展各种具有针对性的目的地营销。随着旅游业的持续增长,欧洲旅游目的地已经开始从增长驱动战略转向可持续发展的管理方案。

2020 年,受到新冠肺炎疫情影响,大多数欧洲国家实施了关闭边境、限制公民(国内和国际)流动等措施,部分疫情严重国家如意大利等还实行国家封锁。这极大地影响了旅游业,阻碍了旅游活动。期刊《旅游经济学》(*TE*)预计,2020 年欧洲入境旅游人数将下降 54%。而这将导致未来旅游模式的改变,并为欧洲旅游目的地提供机会,以新的旅游需求和游客来源为目标进行改变,包括国内和短途旅游的潜在增长,以及开拓一些替代其他长途旅游的目的地。国内短途旅行将会是欧洲旅游业复苏的第一个来源。未来几年,欧洲各地的旅游业将有所不同。这种差异是不同客源市场的旅客组合导致的。对于那些严重依赖国内旅行者的目的地,以及那些波动性较小的短途市场目的地,旅游需求的弹性更大。

11.2.2 国家概况

11.2.2.1 西班牙

近年来西班牙大力发展旅游经济,目前旅游业已成为继工业和商业与银行业之后的第三大 GDP 贡献者。2019 年,西班牙旅游部门占总 GDP 的 14.3%,创造了 287.82 万个工作岗位(占总劳动力市场的 14.6%)。自 20 世纪 60 年代以来,该国一直是暑假的热门目的地,尤其接待了大量来自英国、爱尔兰、法国、德国、意大利、美国等地的游客。2019 年入境西班牙旅游人数最多的国家是英国,占比 23%;其次是德国,占比 14%。因此,西班牙的国际旅游业已发展成为世界第二大旅游业。2019 年,西班牙是世界上访问量第二大的国家,共接待约 8 370 万游客,连续第七年刷新纪录。

2006 年以来,西班牙旅游发展并不稳定,旅游人次增长和旅游收入增长趋势各有不同:旅游收入正增长和负增长交替出现,其中 2008 年旅游收入增速出现最高峰值,为 13.9%,2009 年出现最低峰值,为-14.4%,2015 年次低,为-11.9%;2014 年以后,旅游人次持续高速增长,2018 年达到最高增速为 11.4%,2019 年预计为 1.7%(见图 11-6)。

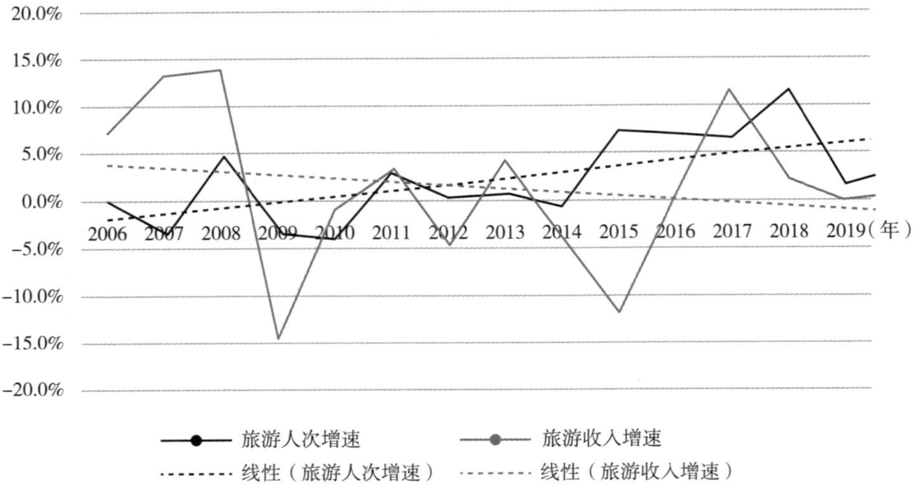

图 11-6　2006—2019 年西班牙旅游发展趋势

资料来源:《世界旅游经济趋势报告 2020》。

就旅游竞争力而言,西班牙凭借其优美的海岸、独具特色的美食和文化被评为最具竞争力的旅游目的地。西班牙的主要吸引点是其优秀的自然和文化资源。西班牙的海岸线超过 4 828 千米,拥有至少 48 个联合国教科文组织世界自然遗产地。西班牙有很多非物质文化遗产和独特的民俗节日,如斗牛比赛、番茄大战,民间歌舞如弗拉门戈舞,悠久的历史和多彩文化为西班牙提供了丰富的旅游资源。

(1)特色城市。作为几个文明的十字路口,西班牙拥有许多历史悠久的城镇,主要目的地包括西班牙的两个最大城市:马德里和巴塞罗那。两者都具有无与伦比的吸引力,并且它们在商业、教育、娱乐、媒体、时尚、科学、体育和艺术中的重要性有助于它们成为两个主要的全球城市。

(2)夜生活。西班牙的夜生活对游客和当地人都很有吸引力。众所周知,西班牙拥有世界上最丰富的夜生活,西班牙的迪斯科舞厅营业至上午 7 点。马德里和巴塞罗那等大城市在大型迪斯科舞厅中是最受欢迎的。例如,马德里被称为 Pacha 和 Kapital 等俱乐部的第一大派对城市,而巴塞罗那以 Sutton 等著名俱乐部而闻名。

(3)疫情影响。新冠肺炎疫情的暴发使西班牙旅游行业收入减少了数百亿欧元。截至 2020 年 7 月,国际游客在西班牙的支出为 142. 9 亿欧元,比上年同期的 523. 6 亿欧元下降了 266%。酒店、酒吧和其他服务部门受到了巨大打击。西班牙政府表示,预计在 2002 年第二季度收缩 18. 5%之后,第三季度 GDP 将回升 10%以上。

11. 2. 2. 2　英国

英国是世界上第七大国际旅游目的地,以其乡村和城市风光以及运动、饮食和艺术等文化吸引着世界各地的游客。旅游业是英国增长最快的行业,2019 年,英国旅游经济占总 GDP 的 9%,创造了 393. 95 万个工作岗位(占总劳动力市场的 11%)。与 2018 年相比,英国的旅行总人数增加了 1. 7%。2019 年,英国的国际游客访问量为 4 090 万,较

2018 年增长 1%，入境支出达 284 亿英镑，比 2018 年增长了 7%。旅游分类中，休闲游和商务游的占比分别是 67%和 33%。从入境游客的消费来看，排名前十的市场贡献了全部消费的 52%。入境英国旅游人数最多的国家是美国和法国，分别占比 10%。Visit Britain 的数据显示，2019 年美国仍然是最有价值的入境市场，比第二大最有价值的市场中国高 25 亿英镑。2019 年，中国赴英游客达 88.3 万人次，同比增长 3%，再创历史新高。中国游客在英国消费了 17 亿英镑，比 2018 年增长了 14%。

近 15 年来，英国旅游业从波动性较强的发展阶段逐渐进入增长趋于停滞阶段，2006—2011 年，英国旅游业表现出较为强烈的波动性；2011—2017 年，旅游人次和旅游收入增速波动均减小；2018 年和 2019 年，旅游人次增速基本停滞（见图 11-7）。

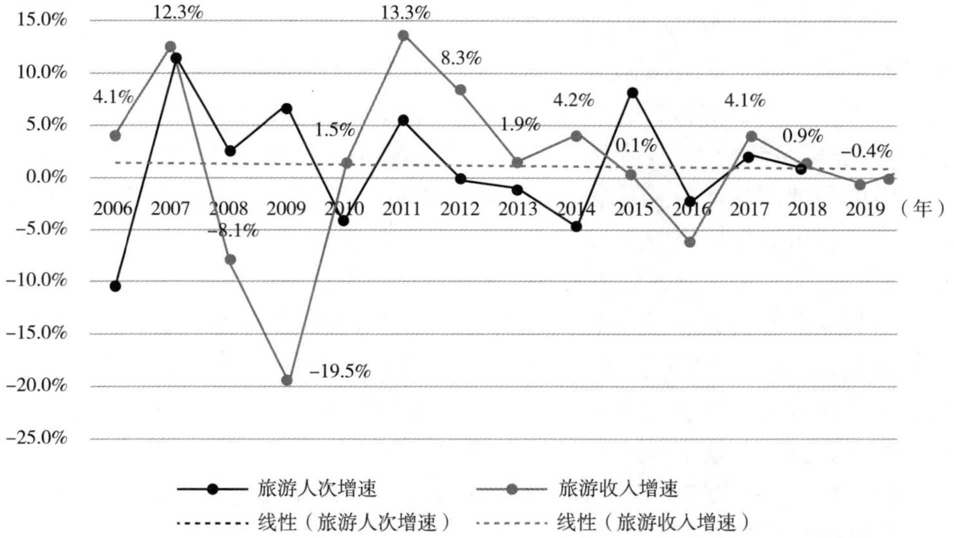

图 11-7　2006—2019 年英国旅游发展趋势

注：本图中旅游收入增速线与旅游人次增速线重合。

资料来源：《世界旅游经济趋势报告 2020》。

就全球旅游竞争力而言，英国排名第 6 位。在排名前十的国家中，英国是唯一一个排名下降的国家，这主要是由英国商业环境评分和国际开放程度下降导致的。有报道称，脱欧和英镑贬值使英国不再是一个具有强吸引力的旅游胜地。随着英国脱离欧盟，英国政府的关键目标之一是增加英国的全球影响力，旅游业是实现这一目标的关键手段之一。英国的文化、教育和旅游部门之间有着紧密的联系，英国大学的最新研究表明，遗产和文化是人们前往英国旅行的主要原因，同时有 88%的人出于教育目的到英国。英国脱欧后，如何促进旅游业的增长是英国政府需要考虑的问题。

（1）文化旅游。英国旅游拥有众多文化类型，如建筑文化、历史文化遗产、宗教文化、乡村文化、时尚文化、体育文化、烹饪文化等创意文化。英国文化旅游的三大关键支柱是历史建筑遗产（如伦敦塔）、文化遗产（如莎士比亚）和当代文化（如音乐、奢侈品）。除此以外，它还拥有众多著名的历史文化建筑、金碧辉煌的宫殿、气势恢宏的古堡庄园、宁静如画的美丽乡村、庄严肃穆的教堂、典雅幽情风格的英伦花园与别墅等，这些都让人们感受到浓郁的文化氛围,并得到相应的艺术熏陶。英国在注重古建筑物保护的同时,将历史遗产与当代文化活动无缝地融合在了一起,如古堡现场音乐会、博物馆时装会、泰晤士河上豪华游轮欣赏两岸古老建筑等。王室文化是英国旅游业的一大亮点与热点,亲身体悟王宫气息是境外游客前往英伦的神往旅游项目之一。在王室文化旅游中,游客惊叹于王宫的奢华,欣赏到皇家历代收藏的精美艺术品。英国也是博物馆的发祥地,是世界上博物馆最发达的国家之一。参观博物馆和画廊,也是85%的境外游客来英国旅游的主要目的之一。英国大大小小的城市,都因博物馆文化丰满起来,成为英国文化旅游的一大热点。英国丰富的历史遗产和悠久的传统文化,使之成为颇具吸引力的旅游之地。不同种族、不同信仰、多元文化和谐共生,让英国的文化旅游成为国家形象与国民素养得到提升的重要传播领域。① 作为“英国之旅”活动的一部分,英国大力推动国内旅游业,推出了“伟大的旅游活动”,鼓励游客探索整个英国。该活动以英国文化和遗产为主题,将其定位在乐趣和冒险的背景下,目的是吸引现代旅行者放弃国际假期而选择国内假期。

(2)乡村旅游。英国是现代乡村旅游的发源地之一,历史悠久。作为工业革命的发源地,英国交通网络健全,加上诗意美妙的乡野景观,乡村旅游十分成熟和发达,处于世界乡村旅游的前列。英国的乡村旅游在保留乡村风貌的同时,还注重突出各自的品牌特点,总体来看,英国的乡村旅游主打三大品牌:以田园景象、原生态生活方式为主的田园牌,以历史风貌、旧式生活方式为主的复古牌和以环保生活方式为主的生态牌。

英国乡村旅游的供给模式可以归结为“政府引导+旅游行业协会+乡村旅游经营者”。政府对战略方向的正确引导以及政策上的各种支持,是英国乡村旅游成功的大前提。行业协会在政府与民众之间扮演协调、敦促的积极作用。乡村的各类旅游经营者团结一致,发展旅游业,铸就了今天英国乡村旅游的大成功。②

(3)疫情影响。新冠肺炎疫情对英国旅游业造成了严重影响。2020 年 3 月,政府决定对目前仍在使用的所有非必要旅行(国内和国际旅行)施加限制。自 3 月中旬以来,新冠肺炎疫情导致往返英国的国际航班几乎全部停飞,国际旅游业几乎陷入停滞状态。据 Visit Britain 预计,2020 年英国入境旅游人数将下降 59%至 1 680 万人次,旅游收入下降 63%至 106 亿英镑。

11.2.2.3 法国

法国是全球第一大旅游目的地国,是世界上游客访问量最多的国家。作为主要产业,2019 年,法国旅游经济占总 GDP 的 8.5%,创造了 267.81 万个工作岗位(占总劳动力市场的 9.4%)。

法国旅游数据显示,入法旅游人数最多的国家是德国和英国,分别占比 14%。法国拥有悠久的历史遗产和多样化的自然环境。它有许多重要的景点,包括每年吸引 1500 万游客的迪士尼乐园和每年吸引 1 300 万游客的巴黎圣母院、埃菲尔铁塔等。除了这些文化地标,葡萄酒旅游业和它作为欧盟十字路口的定位使得它对商务和休闲旅游都更具

① 童清艳,LiangTao Shan. 英国文化旅游传播及其保护机制研究[J]. 西南民族大学学报(人文社科版),2018,39(05):7-13.

② 英国乡村旅游发展研究及典型案例 . https://www.sohu.com/a/282488657_99902814.

吸引力。旅游分类中,休闲游和商务游的占比分别是 81%和 19%。

2006—2019 年,法国旅游收入增速的波动性远高于旅游人次增速的波动性(见图 11-8),旅游收入增速的最高峰值和最低峰值分别为 15.3%(2007 年)和-11.1%(2015 年),旅游人次增速的最高峰值和最低峰值分别仅为 3.1%(2011 年)和-4.4%(2008 年)。

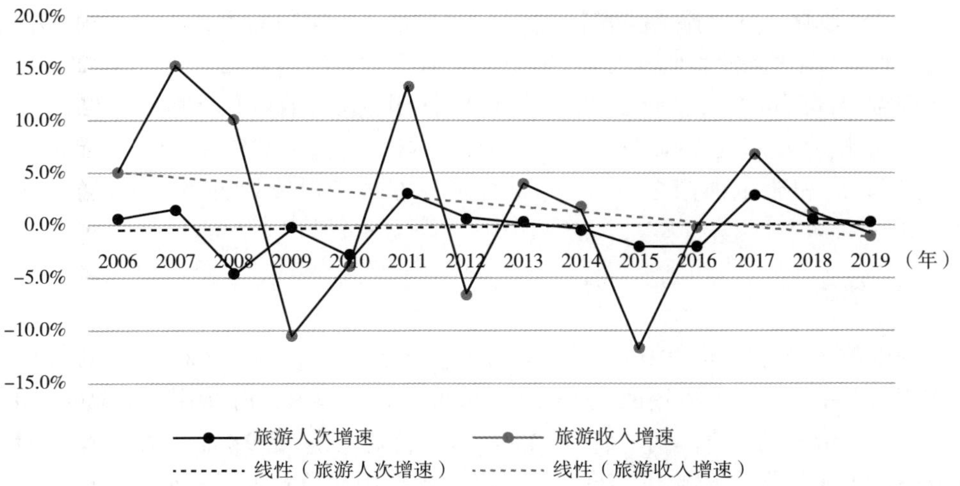

图 11-8　2006—2019 年法国旅游发展趋势

资料来源:《世界旅游经济趋势报告 2020》。

在旅游竞争力方面,法国位居世界第二。法国拥有丰富的文化资源、完善的内陆与港口配套设施、优越的自然资源、充足的户外娱乐活动以及良好的卫生系统,可以满足休闲旅行和商务出行的需求。此外,法国拥有必要的旅游基础设施来满足游客的需求:比欧洲任何其他国家都多的酒店和露营地,众多的小木屋或度假别墅,欧洲最好的铁路网络,以及连接所有主要城镇的高速公路系统。但是,受暴乱事件影响,在"保障与安全"部分法国仅名列第 51 位,这导致旅客对法国安全问题的担忧。

(1)葡萄酒旅游。法国是世界著名的葡萄酒产地,其生产葡萄酒的历史悠久。葡萄酒旅游则是依托葡萄酒产区、以葡萄酒为核心、融合产区其他旅游吸引力发展起来的一类创新产业。葡萄酒旅游活动贯穿了从葡萄生长、葡萄酒酿制、葡萄酒品鉴的整个过程,将农业、工业和服务业三大产业的资源有效整合。从葡萄园观光、葡萄采摘、橡木桶作坊参观、酒窖参观、试饮到葡萄酒课程学习、葡萄酒与美食的搭配及品尝、葡萄酒理疗等衍生项目,使游客享受到丰富的体验内容和独特的葡萄酒文化。长期以来,法国在葡萄酒旅游开发上不断创新,推进产业融合、跨部门协作,持续创新和完善,坚持核心竞争力与乡土特色,促使法国引领全球葡萄酒旅游潮流。

(2)旅游业发展。在旅游业发展策略上,法国政府正试图将旅游产品多样化,并分散在空间和时间上。法国有专门的政府机构负责统一策划全国的旅游宣传。近十几年,法国政府花费了很多精力和财力发展热门旅游城市外的其他地区旅游,并加大了"其他地区"旅游的宣传力度。人们在巴黎地铁站里经常可以看到外省或远郊地区的旅游景点广告。在时间上,相关部门开始大力发展其他季节性旅游产品,并以更实惠的价格及更好的服务来吸引游客。例如,把健身和环保理念结合在一起,在夏季组织开发出各种徒步路线、山区越野赛和节日,将一批游客吸引到部分地区。法国还利用一些知名 IP,在旅游资源匮乏地区进行开发,比如 2012 年开馆的卢浮宫朗斯分馆。法国政府还大力扶持非主流地区的旅游业,创建各种特色主题旅游线路。为了宣传当地旅游资源,很多地方政府用优厚的待遇甚至赞助吸引摄制组。

(3)疫情影响。新冠肺炎疫情下多国采取“禁足令”等举措,严重冲击了法国旅游业。根据初步估计,在国际旅游收入方面,2020 年 1 月至 6 月法国累计损失 50%,达 123 亿欧元。法国旅游部门负责人表示,2020 年上半年,法国旅游业收入预计将萎缩约 25%,但与欧洲邻国相比,所受新冠肺炎疫情危机影响相对较小,主要“得益于国内旅游市场稳定”。法国政府和旅游部门多管齐下,通过多种方式应对行业低谷,并期待尽早迎来转机。

11.2.2.4　德国

德国旅游业十分发达,2019 年,德国旅游经济占总 GDP 的 9.1%,创造了 566.86 万个工作岗位(占总劳动力市场的 12.5%)。每年有大量国内外游客在德国旅游,2019 年入德旅游人数最多的国家是荷兰,占比 12%;其次是瑞士,占比 9%。旅游分类中,休闲游和商务游的占比分别是 83%和 17%。近 15 年来,德国旅游业波动性较强,旅游人次、旅游收入增长和下降交替出现。2019 年德国旅游人次出现负增长,增速为-0.5%,旅游收入增速仅为 0.2%。德国旅游业增速的峰值出现在 2012 年,但当年德国旅游收入出现负增长(见图 11-9)。

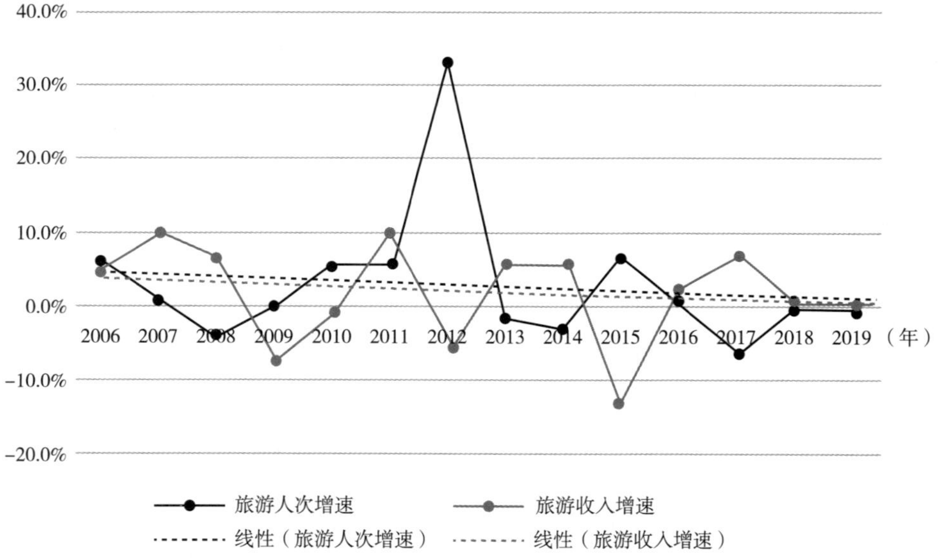

图 11-9　2006—2019 年德国旅游发展趋势

资料来源:《世界旅游经济趋势报告 2020》。

在旅游竞争力方面,德国位列全球第三位。德国的优势在于丰富和不断扩大的文化和商务旅游环境。此外,加强栖息地保护和环境可持续性改善巩固了该国宝贵的自然资源,强大的国际开放性和高度发达的基础设施也加强了互联互通。德国有 38 处世界文化和自然遗产,数量仅次于意大利、中国和西班牙,与法国并列世界第四,其中 36 个是文化遗产,仅有 2 处是自然遗产。著名景点有科隆大教堂、柏林国会大厦、罗滕堡、慕尼黑德意志博物馆、海德堡老城、新天鹅堡、黑森林、国王湖、德累斯顿画廊等。

(1)工业旅游。德国是世界著名的工业大国,工业旅游也是其特色旅游项目之一。例如,进入大型汽车集团的博物馆的游客们能够了解汽车制造的历史、发展过程以及今天的成就。众多的汽车或摩托车博物馆为游客们呈现了丰富的展品,使德国之旅成为一种特殊体验。奔驰、宝马、大众博物馆,将经典汽车一一陈列,汽车爱好者们可以一览名车风采。开放的生产工艺流水线让游客们亲眼见证 20 秒造就一辆车的奇迹、感受机器人焊接的神妙等汽车制造过程。鲁尔区煤矿钢铁博物馆、创意区、景观公园展现了古老废弃煤矿钢铁公司的蜕变历程,地下参观、创意改造、博物馆、旧建筑功能转换等无一不是对工业遗址的保护和再利用,再现了当年汽车王国的辉煌。

(2)疫情影响。新冠肺炎疫情的暴发对德国多个行业造成重创,旅游、餐饮等服务业可以说是首当其冲。受新冠肺炎疫情影响,德国从 2020 年 3 月开始采取严格的防疫措施,包括禁止酒店接待因私人旅游目的出行的客人。这导致德国 4 月的游客住宿量创下 1992 年来的最大跌幅,同比暴跌近 90%。根据德国酒店和餐饮行业协会发布的调查报告,有 1/3 的酒店企业濒临破产。德国联邦统计局当地时间 2020 年 7 月 9 日公布的最新数据显示,该国 5 月的游客住宿量依旧同比骤降了 74. 8%,仅为 1 120 万人次。其中,境外游客的数量同比下跌 90. 9%,只有 70 万人次;境内游客的数量同比下跌 71. 5%,为 1 050万人次。

11. 2. 2. 5 意大利

旅游业是意大利增长最快的经济部门,2019 年,意大利旅游经济占总 GDP 的 13%,创造了 347. 59 万个工作岗位(占总劳动力市场的 14. 9%)。意大利以其迷人的文化,自然景观,艺术遗址和著名美食而吸引着众多游客。意大利 2018 年接待游客 6 160 万人次,在国际游客人数方面,意大利排名世界第五,欧洲排名第三。入意旅游人数最多的国家是德国,占比 20%;其次是美国,占比 8%。2019 年旅游分类中,休闲游和商务游的占比分别是 81%和 19%。

近 15 年来,意大利旅游业呈现出从正增长进入负增长再次进入正增长的“U”形发展趋势:2006 年至 2008 年意大利旅游业呈现出高速增长态势;2009 年至 2015 年,意大利旅游业进入负增长阶段,但个别年份出现恢复增长;2016 年之后,意大利旅游业又进入减速增长阶段,2016 年旅游人次增速出现最高峰值为 9. 5%(见图 11-10)。

意大利旅游资源丰富,它的文化、美食、历史、时尚和艺术、美丽的海岸线和海滩、群山和无价的古迹吸引了众多游客。意大利作为古罗马帝国和文艺复兴的发祥地,拥有众多的人文景观。意大利是世界艺术的宝库,其绘画、雕塑和建筑艺术在世界上有巨大影响。意大利的首都罗马从 8 世纪开始就是天主教世界的中心,其他著名的城市有米兰、威尼斯、佛罗伦萨、那不勒斯、都灵、热那亚、巴勒莫等。意大利三面临地中海,四季阳光明媚,气候宜人,山川秀丽,风光优美。意大利南北风光截然不同:北部的阿尔卑斯山区

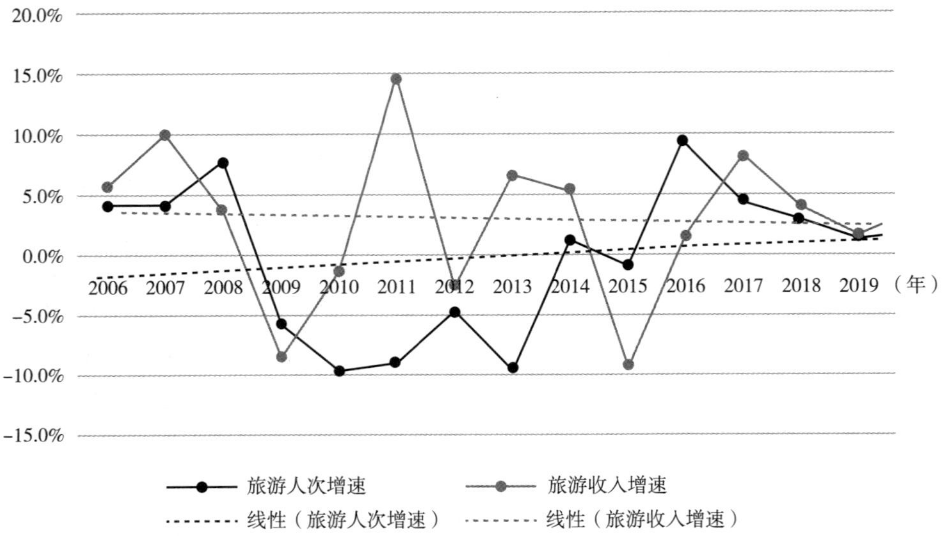

图 11-10　2006—2019 年意大利旅游发展趋势

资料来源：《世界旅游经济趋势报告 2020》。

终年积雪、风姿绰约；南部的西西里岛阳光充足而又清爽宜人。一年四季，意大利的任何角落，都不会令人失望。

（1）文化遗产旅游。意大利有数不胜数的文化遗迹，是世界上被联合国教科文组织承认的人类遗产最多的国家（与中国并列），有“露天博物馆”之称。联合国教科文组织认为，西方文明古迹 60%～70%集中在意大利。属于遥远史前时代的巴鲁米尼的苏努拉西村，瓦卡莫妮卡的岩画，切尔维特里和塔奎尼亚的伊特鲁里墓穴，都见证了这个神奇的民族。很多城市都保存着历史的风貌，无穷的魅力。罗马、佛罗伦萨、威尼斯都是真正的露天博物馆。意大利有超过 25 000 座教堂、20 000 座城堡、3 000 家博物馆。意大利人与生俱来的审美品位，造就了意大利的超凡之美。

（2）时尚旅游。意大利以其时尚与奢华闻名世界，“意大利制造”更是令时尚宠儿们心驰神往。普拉达、阿玛尼、宝格丽、菲拉格慕、卡瓦利、杜嘉班纳、葆蝶家、古驰、华伦天奴等众多大牌，以其精妙的设计和绝伦的工艺，一直吸引着追求美与时尚的人们。说到购物，游客们在意大利各个城市都能买到心仪的宝贝。在著名的米兰时尚四方街坐落着意大利以及世界各个知名品牌的店铺。各种精美店铺鳞次栉比，让游客忘记了旅行的疲惫，享受购物的乐趣，流连忘返。意大利的私人定制也是享誉世界。佛罗伦萨的皮具、那不勒斯的西装、热那亚的衬衫和领带等都是值得在意大利的裁缝铺定制的。选料精良，剪裁考究，加上工匠们巧夺天工的手艺，是追求个性与品质的游客的不二选择。

（3）疫情影响。受新冠肺炎疫情影响，在 2020 年夏天的旅游季，意大利的外国游客相比上年减少了 75%。根据意大利国家旅游局公布的数字，2020 年 1 月至 7 月 12 日，从中国入境的游客减少了 88.8%；其次是美国，减少 87.5%。据估算，2020 年 7 月至 9 月旅游业的亏损高达 137 亿欧元。

11.2.2.6 芬兰

芬兰是世界上幸福指数最高的国家,也是对游客而言最安全的国家,2018 年总共接待了 300 万游客。芬兰旅游业发展迅速,连续四年实现增长,很有潜力成为北欧国家中最具吸引力的旅游目的地。2019 年,芬兰旅游经济占总 GDP 的 7.5%,创造了 21.4 万个工作岗位(占总劳动力市场的 8.1%)。2019 年,入芬旅游人数最多的国家是俄罗斯,占比 12%;其次是瑞典,占比 11%。俄罗斯和瑞典等一些邻国的访问量略有下降。在连续四年增长之后,来自英国的旅行也有所减少。游客来源越来越多样化,并且许多新兴市场对芬兰的兴趣也在增加。旅游分类中,休闲游和商务游的占比分别是 73%和 27%,然而,2019 年商务旅行的增长略高于休闲旅行。冬季和夏季是最受欢迎的旅游季节。芬兰有四个主要旅游地区:赫尔辛基地区,拉普兰,芬兰湖区以及海岸和群岛,每个地区都具有吸引越来越多游客的巨大潜力。主要地区为强大的旅游服务和产品提供基础,并建立了有吸引力的子品牌。

(1)圣诞文化旅游。罗瓦涅米是联合国认证的圣诞老人故乡。闻名世界的圣诞老人村位于罗瓦涅米市郊的北极圈上,是主打圣诞特色景观与体验的木质建筑群。每年有无数的游客被吸引至此,只为一睹“圣诞老人”的真容。村庄内的圣诞老人办公室是负责接待各国儿童的机构,“持证上岗”的圣诞老人会在这儿回答孩子们稀奇古怪的问题并与他们合影。因北极圈正好横穿村庄而过,游客来此游玩时可以找到画有北极圈纬度的白色标线,还可以领取一份跨越极圈的认证书。圣诞老人邮局内有各种童话色彩的邮票、贺卡与礼品,从此处寄出的信件会带上圣诞老人的邮戳发往世界各处。值得前往的还有罗瓦涅米驯鹿牧场。作为圣诞老人的坐骑,驯鹿可爱的形象深入人心。在芬兰的大部分冰原地区,驯鹿是当地游牧民族萨米人忠实的伙伴。这里有相当多的驯鹿农场,可以通过当地的旅游公司参加半日游的行程,项目包括近距离接触驯鹿(抚摸、投喂、合影)以及搭乘驯鹿雪橇出游。作为驯鹿农场的饲主,当地游牧民族萨米人的民俗表演也搭配在这类行程之中。此外,这里丰富多彩的冬季运动也令无数热爱滑雪及其他冬季运动项目的游客心驰神往。

(2)极光观赏。芬兰是世界上最好的观测极光的地区之一,大部分来到芬兰的人都会有追寻极光的愿望。极光季会自 9 月一直延续至次年 4 月甚至更晚,在芬兰的最佳观测时间是 9 月至 11 月。在这一段时间,世界各地的游客会来到芬兰,感受极光的壮美。不少人都将位于芬兰北部的萨利色尔卡镇放在第一站,因为那里被誉为观赏极光的理想之地。而位于芬兰拉普兰地区的 Kakslauttanen 酒店使人们能够通过玻璃屋顶观赏极光之美。即使室外温度降至零下 30°C,人们也能舒适地躺在床上,清楚地观测到闪烁于拉普兰夜空中的缥缈极光和璀璨星河。

(3)冬季旅游。芬兰的雪季极长,滑雪文化的普及令人相当羡慕,因而有许多游客慕名前来体验冰雪之旅。游客们可以在这里体验到冰钓、雪地摩托、破冰船等丰富多样的冰上冬季项目。欧洲本土很多旅行者利用漫长的冬季专程来到芬兰滑雪,这里的雪质上乘,再加上自然的山脉造就的天然滑雪场,是滑雪爱好者的朝圣之地。滑雪爱好者们可以来此感受纯天然的雪地与来自山地的自然雪道带来的新鲜感,与身边技术超群的同行者们切磋学习,为滑雪增添无限的乐趣。

(4)旅游趋势。目前,芬兰作为旅游目的地的吸引力正在提升,旅游业呈现增长态势。首先,芬兰人对国内旅游的兴趣正在上升,特别是年轻人开始将本国作为旅游目的地。超过 1/3 的国内旅行是在夏季进行的,越来越多的芬兰人在周末也会选择出行。但增长需要合作,需要国内旅游业的品牌和营销以及国家政策共同协作。其次,行业数字化也是旅游业发展的关键。旅游业的数字化和网站的可访问性是旅游业数字化发展的优先项。如何利用好数字化获得提升,将是芬兰旅游业下一步发展的重点。

(5)疫情影响。2020 年 3 月以来,受新冠肺炎疫情影响,芬兰旅游业几乎处于停滞状态,损失惨重。旅游部门被解雇和失业的人数已大大增加。尽管采取了支持措施,许多公司仍处于财务困境,旅游业至少需要几年才能恢复到危机前的水平。在以冰雪产业和自然景观闻名的拉普兰地区,疫情对旅游业的影响尤其严重。芬兰统计局相关报告称,2020 年 3 月,拉普兰地区过夜游客数较上年同期暴跌 45.7%。芬兰经济事务和就业部表示,即便芬兰旅游业可以从 2020 年 9 月开始回升,本年度旅游业总收入也将减少约 60%。

11.2.2.7 俄罗斯

自苏联时代以来,俄罗斯的旅游业迅速发展。俄罗斯深厚的文化底蕴和丰富的自然景观使俄罗斯成为世界上最受欢迎的旅游胜地之一。2019 年,俄罗斯旅游经济占总 GDP 的 5%,创造了 403.78 万个工作岗位(占总劳动力市场的 5.6%)。入俄旅游人数最多的国家是乌克兰,占比 38%;其次是哈萨克斯坦,占比 10%;旅游出境人数最多的是土耳其,有 15%;其次是去乌克兰,有 6%。旅游分类中,休闲游和商务游的占比分别是 80%和 20%;国内游和国际游的占比分别是 71%和 29%。

2006 年以来,俄罗斯旅游业的发展呈现以下两个特点:一是从整体趋势来看,俄罗斯旅游业减速增长,其中旅游收入增速下降的幅度大于旅游人次增速下降的幅度。二是旅游收入增长的波动性要高于旅游人次增长的波动性。2010 年以前,旅游人次与旅游收入均表现出较强的波动性;2010 年之后,旅游人次增速逐渐趋于稳定,但旅游收入增速的波动性依然较强(见图 11-11)。

俄罗斯的主要旅游路线包括围绕古城金环的旅行,在伏尔加河等大河上的航行以及在著名的西伯利亚大铁路上的长途旅行。俄罗斯的不同地区和种族文化提供许多不同的食物和纪念品,并展现出多种多样的传统。

(1)特色城市。俄罗斯最受欢迎的旅游目的地是圣彼得堡和莫斯科,是世界公认的大都市和文化中心。莫斯科拥有各种各样令人印象深刻的苏联时代建筑以及现代化的摩天大楼,而被称为“北方威尼斯”的圣彼得堡则拥有许多古典建筑、河流、河道和桥梁。这里还有世界著名的博物馆,如冬宫博物馆和特列季亚科夫美术馆;著名的剧院,如莫斯科大剧院和马林斯基剧院;华丽的教堂,如圣瓦西里大教堂、基督救世主大教堂、圣以撒大教堂和血腥救世主大教堂;美丽的广场,如红场和宫殿广场;以及街道,如特维尔大街和涅夫斯基大街。

(2)自然风光旅游。俄罗斯有 100 多个自然保护区,部分还是世界遗产,历史悠久,对游客具有极大的吸引力。俄罗斯最著名的国家公园和保护区包括贝加尔湖自然保护区、阿尔泰自然保护区等。俄罗斯拥有世界上最大的水域边界之一,这使俄罗斯成为度

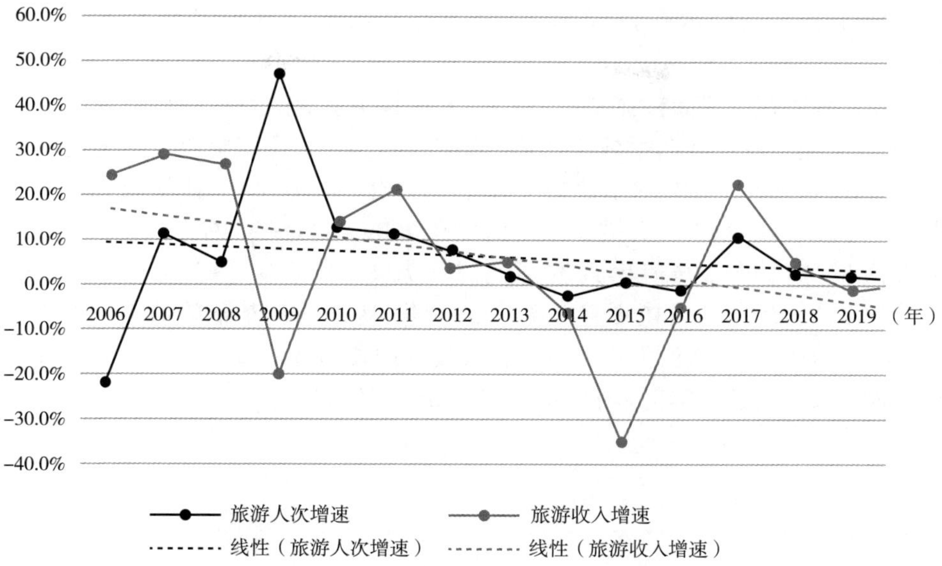

图 11-11　2006—2019 年俄罗斯旅游发展趋势

资料来源:《世界旅游经济趋势报告 2020》。

假胜地的理想之选。黑海沿岸是许多受欢迎的海滨度假胜地的所在地,如以页岩滩和自然美景而闻名的索契和图阿普斯。

(3)特色冬季旅游。欧洲最高的山峰是俄罗斯的厄尔布鲁士峰,这使俄罗斯成为冬季运动的理想之地。实际上,俄罗斯的滑雪胜地非常普遍,2014 年冬季奥运会与俄罗斯滑雪胜地的发展相似。俄罗斯最著名的滑雪胜地是索契及其红波利亚纳(KrasnayaPolyana)。

(4)疫情影响。由于消费者对旅游服务的需求急剧下降,以及隔离措施对于旅游活动的限制,俄罗斯 2020 年旅游收入下降了 90%以上,达到 1.5 万亿卢布,行业恢复至少需要一年半的时间。

11.2.2.8　土耳其

土耳其因其地中海和爱琴海沿岸的海滨度假地以及文化景点而备受青睐。土耳其还有着丰富的文化旅游资源,有各种各样的民俗和传统文化节日。根据世界旅游组织(UNWTO)的数据,2018 年,土耳其以 4 560 万人次的国际游客数量跻身世界十大旅游目的地之列。2019 年上半年,国际旅客到达量为 19.4 万人次。2018 年的旅游总收入为 295 亿美元(约合2 000亿元人民币)。2019 年上半年土耳其的旅游总收入为 126 亿美元(约合 850 亿元人民币),相比 2018 年上半年的 115 亿美元增长了 9.89%。2019 年,土耳其旅游经济占总 GDP 的 11.3%,创造了 264.38 万个工作岗位(占总劳动力市场的 9.4%)。2019 年旅游收入同比增长 17.0%,达到 345.2 亿美元(约合 2 322 亿元人民币)。个人旅游支出为 253.5 亿美元(约合 1 706 亿元人民币),而旅行团支出则获得 91.6 亿美元(约合 616 亿元人民币)的旅游收入。2019 年,土耳其入境游客人数达到

5 100万人次。土耳其旅游入境人数最多的国家是德国和俄罗斯,分别占比10%。旅游分类中,休闲游和商务游的占比分别是86%和14%;国内游和国际游的占比分别是36%和64%。

就土耳其旅游业发展而言,2006年以来,土耳其旅游业的发展趋势呈现以下三个特点:一是土耳其旅游业在波动中减速增长。2013年之前,土耳其旅游人次增速的最高峰值出现在2007年,为21.8%;最低峰值出现在2009年,为-0.7%。旅游收入增速的最高峰值出现在2007年,为18.7%;最低峰值出现在2009年,为-9.6%。2013年之后,土耳其旅游人次增速的最高峰值出现在2017年,为16.2%;最低峰值出现在2016年,为10%。旅游收入增速的最高峰值出现在2017年,为7.9%;最低峰值出现在2016年,为-14.3%。二是土耳其旅游人次增长和旅游收入增长的波动性一致。三是土耳其旅游人次和旅游收入正增长的年份多于负增长的年份(见图11-12)。

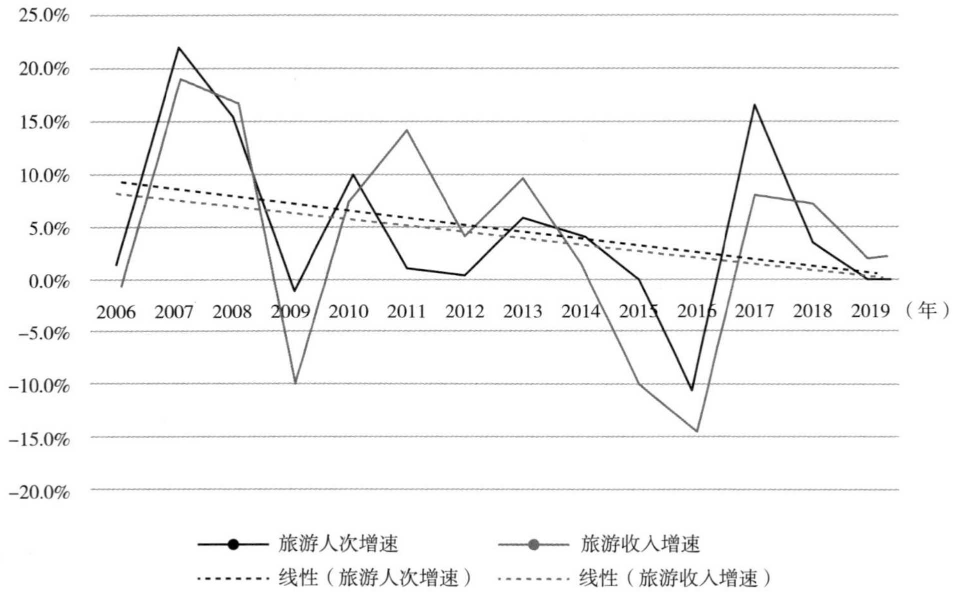

图 11-12 2006—2019 年土耳其旅游发展趋势

资料来源:《世界旅游经济趋势报告 2020》。

2019年土耳其政府的投资增加了土耳其旅游业继续保持健康增长的希望。随着土耳其与俄罗斯关系的改善,以及欧洲游客对土耳其作为度假目的地的安全和保障重拾信心,土耳其旅游业从2015年和2016年的下滑中恢复良好。惠誉国际咨询公司(Fitch Solutions)称,政府的措施预计将刺激经济和整个行业。基础设施投资的激增、新增国内航线和大型酒店投资是促进旅游业发展的关键举措。土耳其的旅游业主要集中在各种历史遗迹以及爱琴海和地中海沿岸的海滨度假胜地。目前土耳其已成为文化、水疗和保健的热门目的地。

(1)特色城市。土耳其最大的城市伊斯坦布尔,是土耳其乃至世界闻名的旅游景点。这个城市因其作为拜占庭帝国和奥斯曼帝国首都的历史地位而拥有许多重要景点,有成千上万的酒店和其他旅游产业,既适合度假者,也适合来访的专业人士。著名的旅游景点包括苏丹艾哈迈德清真寺("蓝色清真寺")、圣索菲亚大教堂、托普卡匹皇宫、大教堂蓄水池、多尔玛巴赫宫、加拉塔塔、大市集、香料市集和佩拉宫酒店。通过大型购物中心,如大都会、阿克默克兹和 Cevahir 购物中心,伊斯坦布尔已成为欧洲地区最大的购物中心之一,也是世界第七大购物中心。其他旅游资源包括体育赛事、博物馆和文化活动。

(2)海滨旅游。海滩度假和蓝色邮轮旅行对土耳其旅游业至关重要。大多数海滩胜地都位于西南海岸和南部海岸,称为土耳其里维埃拉,尤其是安塔利亚附近的地中海沿岸。安塔利亚也被认为是土耳其的旅游首都。主要度假胜地包括博德鲁姆、费特希耶等。根据船运商会的统计,2015 年土耳其以其 436 个蓝色旗帜的海滩而成为世界第二多蓝旗海滩国家。

(3)历史宗教遗迹。该国其他地方的景点包括以弗所,特洛伊,佩加蒙,圣母玛利亚之家,棉花堡,希拉波利斯,特拉布宗(其中最古老的修道院之一是苏美拉修道院),科尼亚(诗人鲁米在那里度过了大部分时间),迪迪玛(Didyma),安提阿教堂(Antioch),古老的庞蒂克首都和国王墓葬及其在阿马西亚(Amasya)的雅典卫城,马尔丁(Marin)的宗教场所(例如 Deyrülzafarân 修道院)以及卡帕多西亚(Cappadocia)的废墟城市和景观。

(4)疫情影响。受新冠肺炎疫情影响,伊斯坦布尔酒店开业率不足五成,旅游周边产业也受到重创。为了重振旅游业,土耳其文化和旅游部宣布启动"健康旅游认证"计划,于 2020 年夏季开始生效。认证计划表明,土耳其将在旅游业正常化方面发挥先锋作用,会把游客的健康安全放在第一位,再基于以游客需求为主的理念,每个人都为打造健康旅游而积极行动。

11.3 美洲地区

11.3.1 区域概况

美洲,尤其是北美地区,一直以来都是世界上仅次于欧洲的旅游发展重心。近年来,随着亚太地区的崛起,美洲市场份额有所缩减。2019 年美洲地区共接待入境游客 2.19 亿人次,较 2018 年增长 2%。旅游收入 3 420 亿美元(约合 2.3 万亿元人民币),增长 4.4%。

就旅游竞争力而言,美洲地区仍高于全球平均水平。世界经济论坛 2019 年的《全球旅游业竞争力报告》显示,在全球旅游业竞争力排名前 10 位的国家中,美洲占据 2 席,分别为美国与加拿大,位于第五与第九位。就国内生产总值、国际游客人数和国际旅游收入而言,该地区的旅游业规模位居世界第三。该地区最大的优势来自其丰富的自然资源,并在国际开放度、旅游优先权和旅游服务基础设施方面不断改进。但在环境可持续性及空中和地面基础设施方面,该地区落后于全球平均水平。

从区域来看,美洲旅游业区域差异显著,由少数几个大型经济体主导。北美洲,特别是墨西哥、加拿大、美国等经济规模较大的国家,占了美洲旅游业的 2/3,其国际入境和出境人数都很高。北美区域在国际开放度、旅游业优先次序、航空运输和旅游服务基础设施、商业环境等方面均高于南美洲和全球平均水平。中美洲作为连接北美与南美的重要区域,近年来旅游业发展迅速。尽管国土面积相对较小,但凭借丰富的文化与自然资源、良好的旅游设施、多彩的旅游节目、高水平的服务和各国政府制定的旅游业发展规划,中美洲吸引了众多国外游客,部分国家旅游业对经济的贡献高达 30%。南美洲旅游业竞争力虽落后于北美及中美洲地区,但该区域拥有丰富的自然资源和文化资产,包括强大的体育和娱乐传统文化。南美地区在国内旅游方面比重更高。加勒比海地区是世界上旅游业最密集的地区,旅游业对经济的影响超过世界上任何其他地区,世界上 10 大对旅游业依存度最高的国家中,有 7 个在加勒比。旅游业不仅是加勒比多数国家或地区的支柱产业,更是外汇的主要来源,对地区经济增长起着重要的拉动作用。

从长期趋势来看,美洲地区旅游业发展进入式微阶段。首先,美洲地区入境旅游收入增速呈下降趋势。2011 年后,美洲地区入境旅游收入增速未曾超过 10%,2019 年仅为 0.2%。在入境人数上,正增长和负增长是交织的:北美和南美入境人数正增长,中美洲和加勒比海地区负增长。其次,美洲地区旅游总收入占 GDP 的比重呈下降趋势。2006 年前后,这一比例为 6.0%左右,2008 年下降到 5.9%,并在之后持续保持低于或等于 5.9% 的状态,至 2019 年这一比例下降到 5.6%。最后,相对来看,其国内旅游人次增速长期波动性不大,处于平稳低速增长甚至是略减速增长阶段。

美洲地区是新冠肺炎疫情的"震中",目前全球超过一半的病例都在美洲区域,美国和巴西是全球疫情非常严重的两个国家。这无疑将在未来很长一段时间对美洲旅游业造成打击。从北美调查公司的研究结果来看,在新冠肺炎疫苗问世之前,人们的旅行需求和欲望很低。因此,未来美洲地区旅游业的复苏还将以短途旅游和国内旅游为主。

11.3.2 国家概况

11.3.2.1 美国

长期以来,美国稳居全球旅游总收入排名第一位。2019 年,美国旅游经济占总 GDP 的 8.6%,创造了 1 682.65 万个工作岗位(占总劳动力市场的 10.7%)。2019 年,美国旅游出口总额为 2 550 亿美元(约合 1.8 万亿元人民币),国际旅游进口总额为 1 960 亿美元(约合 1.4 万亿人民币),创造了 590 亿美元(约合 4 000 亿元人民币)的旅游贸易顺差。美国是全球最大的长途旅行目的地和全球第三大旅行目的地,2019 年美国国际游客总数为 7 930 万,占全球国际旅行总量的 5.4%,低于 2015 年的 6.4%。海外游客达 4 040 万,占全球长途旅行总人数的 11.3%,占入美国国际游客的半数,其余一半来自加拿大和墨西哥。入美旅游人数最多的国家是加拿大,占比 26%;其次是墨西哥,占比 24%。美国国内和国际入境游客的消费总额达 1.1 万亿美元(约合 7.4 万亿元人民币),创造了总计 2.6 万亿美元(约合 18 万亿元人民币)的经济产出。2019 年旅游分类中,休闲游和商务游的占比分别是 70%和 30%。国内外游客在休闲旅游上的直接支出总计 7 924 亿美元(约合 5.33 万亿元人民币),在商务旅行上的直接支出总计 3 342 亿美元(约合 2.25 万亿元人民币),均较上一年有所增长。

美国是美洲旅游竞争力得分最高的国家,全球排名第五。美国的旅游 GDP 占全球总量的 20%以上,这主要取决于其国际经济的总体规模和旅游竞争力的结合。与全球平均水平相比,美国最大的优势之一来自其自然资源和文化资源。优秀的航空运输和旅游服务基础设施以及日益高效的地面交通有助于旅客的出行。强大的商业经济以及人力资源和劳动力市场领域的改善营造了良好的旅游环境。基于先进的信息和通信技术装备，旅游业投资将增加并利用于数字服务和商务旅行。但该国在安全保障方面的表现仍然不佳。此外，美国总体环境可持续性排名仍然较低。

近15年来，美国旅游业总体上呈低速稳增长态势。受2008年全球性金融危机的影响，美国旅游业在2009年出现大幅下跌；2010年以后，美国旅游业年增长的波动性大大减小。在绝大多数年份，美国年均旅游收入增速要高于年均旅游人次增速；尤其2015年以后，旅游收入增速始终高于年均旅游人次增速（见图11-13）。

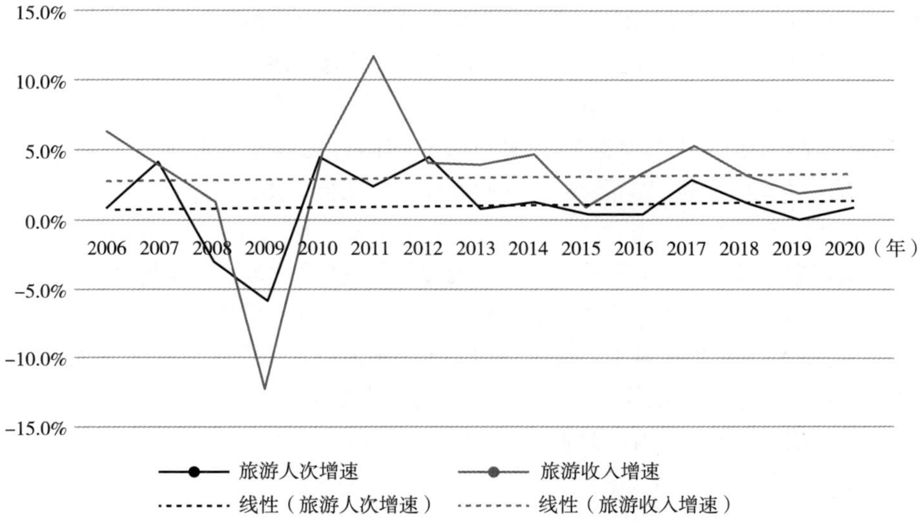

图11-13　2006—2020年美国旅游发展趋势

资料来源：《世界旅游经济趋势报告2020》。

（1）国家公园。美国是世界上自然国家公园最多也最有名的国家之一。这些公园由国家公园管理局（National Park Service）运营，只能通过美国国会的法案建立。美国目前拥有62个国家公园。要获得国家公园的资格，自然区域必须满足某些条件，如提供出色的自然美景区、不寻常的生态系统以及丰富的娱乐活动。由于美国景观的多样性，这些公园千差万别。例如，优胜美地国家公园（Yosemite National Park）拥有广阔的森林覆盖的山谷和岩层，如酋长岩（EI Capitan）；而拱门国家公园（Arches National Park）则拥有2 000多个砂岩拱门和令人惊叹的沙漠景观。这些公园是美国文化和遗产的极为重要的方面，美国对其众多保护区的多样性和美丽感到极为自豪。最著名的国家公园包括黄石公园、大峡谷公园、大烟山山脉。

（2）主题公园。美国是世界主题公园的先驱，这与美国人追求刺激、喜欢冒险、乐于参与的天性有关。从1955年第一个迪士尼公园在洛杉矶建成开放后，主题公园已经成为美国大众尤其是年轻人最喜爱的娱乐目的地。到美国的旅客大多会到主题公园游玩。刺激的过山车、游戏、著名人物、漏斗蛋糕等都会给游客带来温馨的回忆。名列榜首的是迪士尼世界和环球影城。迪士尼是全球最热门的主题公园品牌，在全球范围内都享有很高的知名度。作为世界上规模最大的主题公园，迪士尼是不少人去旅游时的必打卡之地。将卡通人物与主题公园结合在一起是迪士尼主题公园运作中最常见的一种品牌组合战略,并延续至今。把游客带入到卡通电影里的人物角色中,使游客建立“公园—卡通—迪士尼”的品牌关联联系。与迪士尼乐园相比,环球影城的特点在于,更多使用高科技成分以及借用著名电影的场景和特技,并更重视开发度假功能。在环球影城,游客可以参观电影的制作,解开特技镜头之谜,更可以回顾经典影片中的精彩片段。而哈利·波特这一强大的 IP 也为环球影城带来强大的客流和收入。

(3)体育旅游。值得一提的是,体育旅游正成为美国旅游业的一大特色。近 40%的国际游客表示,他们在 2019 年访问美国时,对 NBA、NFL 或 MLB 的体验感兴趣,高于 2018 年的 24%。超过一半的韩国人和墨西哥人对观看体育比赛感兴趣。许多体育联盟正在进行国际宣传,以刺激新的需求,并在全球范围内吸引新的球迷群体。旅游目的地将这种增长视为吸引新游客进入其市场的机会。在美国国内,随着青少年竞技体育的兴起,各地的家庭越来越多地把他们的假期和孩子的体育比赛结合起来。2018 年,美国青年体育经济的市场规模为 170 亿美元(约合 1 143 亿元人民币),自 2010 年以来增长了 55%。

(4)疫情影响。美国是当前新冠肺炎确诊病例最多的国家,旅游业也因此进入大萧条。Tourism Economics 的报告估计,到 2020 年底,美国旅游业将损失 5 050 亿美元(约合 3.4 万亿元人民币),到 2020 年底,税收将损失 810 亿美元(约合 5 450 亿元人民币)。预计旅游业要到 2024 年才能恢复。长期来看,随着国际入境旅游和商务旅行的复苏放缓,国内休闲旅游将继续成为美国旅游业增长的主要推动力。

11.3.2.2 巴西

巴西是拉丁美洲最大的国家,也是世界上面积第五大国家。无论是在文化、地理还是生态系统方面,巴西都是一个多样性非常丰富的国家。从荒野的大亚马孙雨林,到阳光普照的热带海滩,再到在里约热内卢举行的盛大嘉年华庆典,都令无数游客神往。2019 年,巴西旅游经济占总 GDP 的 7.7%,创造了 740.69 万个工作岗位(占总劳动力市场的 7.9%)。入巴旅游人数最多的国家是阿根廷,占比 38%;其次是美国,占比 8%。旅游出境人数最多的是美国,有 18%;其次是去阿根廷,有 11%。旅游分类中,休闲游和商务游的占比分别是 89%和 11%;国内游和国际旅游的占比分别是 94%和 6%。

2006 年以来,巴西旅游波动较为明显。首先,旅游人次在波动中低速缓慢增长。旅游人次增速分别在 2009 年和 2012 年出现最高峰值和最低峰值,分别为 31.1%和-16.2%。其次,旅游收入在波动中减速增长。2016 年以后,旅游收入的波动性减小,其增速维持在[-0.8%,7.0%]区间内(见图 11-14)。

在旅游竞争力方面,巴西在 140 个国家和地区中排在第三十二位,为南美洲国家和地区的榜首。作为全球最大的经济体之一,巴西最为突出的是自然资源,包括景观、自然公园、野生动植物等,巴西在该类别中排在全球第二位,仅次于墨西哥。在评估游客可获得文化资源时,巴西的表现也较为乐观,排在全球第九位,包括历史遗产、娱乐设施、会议举办等方面。此外,巴西还举办了大量体育赛事,拥有举办大型赛事的能力。巴西国际航空能力的不断提高也有利于吸引更多游客。但是,巴西的缺点也显而易见。比如,在“饮水、卫生及安全性”方面排名较低。巴西的旅游业服务设施不足,负

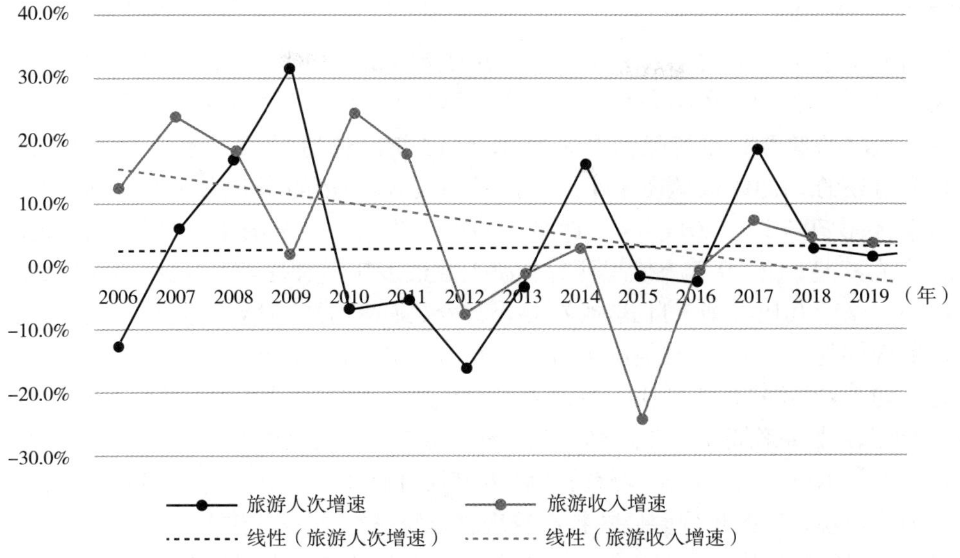

图 11-14　2006—2019 年巴西旅游发展趋势

资料来源:《世界旅游经济趋势报告 2020》。

面因素主要是商业环境,仅排在全球第一百二十七位。

(1)自然资源。巴西自然资源丰富,拥有世界上最大的热带雨林区——亚马孙热带雨林,是地球之肺。深不见底的雨林里面有着丰富多彩的动植物资源,数以万计的高耸入云的参天大树像是在向人们展示这座雨林王国。这里是世界上物种最多的原始森林,由于地处赤道附近,受到热带季风气候的影响,亚马孙地区常年多雨,气候非常湿润,这也为很多热带动植物提供了赖以生存的条件,是一片动植物王国。其中的亚马孙河是世界上流量大、流域最广、支流最多的河流。伊瓜苏大瀑布是世界上最宽的瀑布,是"世界新七大自然奇观"之一。国家公园内空气中不仅含氧量高,还含有充足的负离子,非常符合生态游的需求。由白色沙丘和蓝色咸水湖组成的巴西拉克依斯马拉赫塞斯国家公园有着世界上独一无二的美丽景色,吸引了众多游客前往。

(2)节日旅游。巴西狂欢节被称为世界上最大的狂欢节,有"地球上最伟大的表演"之称,每年 2 月的中旬或下旬举行三天。在巴西的狂欢节上,有的男人会换上女性装扮,而有的平时内向的女人则大跳狂热的舞蹈,模仿他人的敏捷和有力动作。狂欢节期间最受欢迎的巴西城市为里约热内卢、圣保罗、萨尔瓦多等,这些城市可以带来 74 亿雷亚尔的收入,占巴西总收入的 65%。在巴西的狂欢节中,里约热内卢狂欢节是世界上最著名、最令人神往的盛会,每年吸引国内外游客数百万人。这种狂欢从白天到黑夜,再到凌晨,直至天亮,人们会不知疲惫地跳着热情的桑巴舞。

(3)疫情影响。自新冠肺炎疫情暴发以来,巴西的旅游业实际上已经陷入了停滞的状态。巴西航空、酒店等行业低迷,损失严重。旅游产品的总销售减少了 90%,仅旅行社就损失了约 50 亿雷亚尔,几乎达到了 2019 年整个旅游行业收入的一半。据估计,2020—2021 年间,巴西旅游行业的总经济损失将达到 1 167 亿雷亚尔。

11.3.2.3 墨西哥

墨西哥位于北美洲,是一个蕴含悠久的历史和传统文化以及自然美景的国家。旅游业在墨西哥是一项非常重要的产业。从 2010 年到 2018 年,旅游业平均占墨西哥 GDP 的 8.5%。2019 年,墨西哥旅游经济占总 GDP 的 15.5%,创造了 723.29 万个工作岗位(占总劳动力市场的 13.3%)。墨西哥历来是世界上游客最多的国家之一,也是美洲第二大游客国家,仅次于美国。2017 年,墨西哥成为世界第六大旅游国家。墨西哥旅游业传统上以北美游客为主,2019 年入境墨西哥旅游人数最多的国家是美国,占比 80%;其次是加拿大,占比 5%。其他游客来自其他拉美国家,少数游客也来自欧洲和亚洲。尽管海外游客贡献了该行业 15%的支出,但国内游客的支出最多,占总支出的 85%。2018 年,墨西哥游客的平均消费为 923.15 美元(约合 6 211 元人民币),比 2017 年增长 1.5%,但低于 2014 年创下的十年来最高的 948.69 美元(约合 6 383 元人民币)。

在过去的 10 年里,墨西哥的旅游业稳步扩张,自 2011 年以来每年都在增长,旅游业的前景仍然乐观。墨西哥旅游业的特点表现在以下三个方面。首先,墨西哥旅游人次和旅游收入呈现相反的增长趋势:旅游人次增长速度上升趋势明显,旅游收入增长速度下降趋势明显。其次,旅游收入增速的波动性远高于旅游人次增速的波动性。最后,除 2008 年之外,旅游人次历年来平稳增长趋势未变(见图 11-15)。

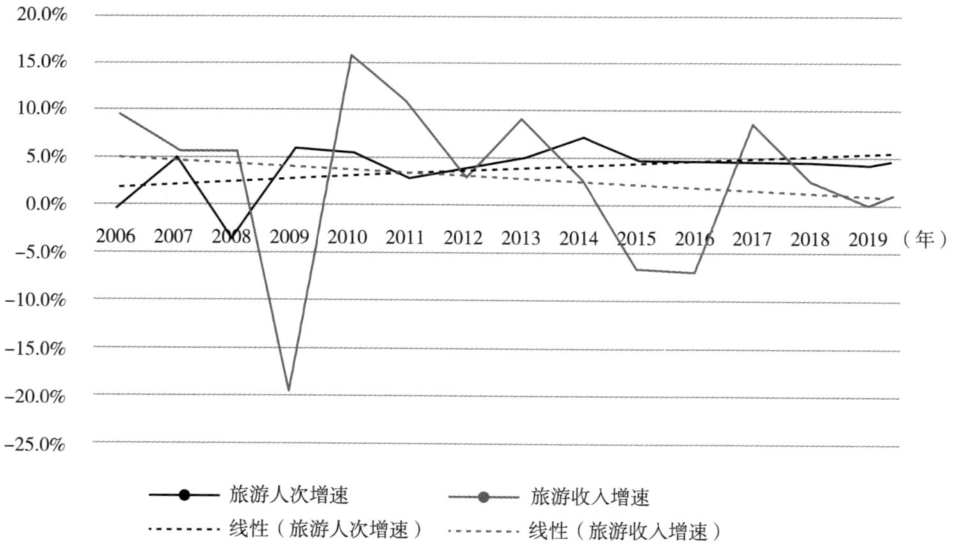

图 11-15 2006—2019 年墨西哥旅游发展趋势

资料来源:《世界旅游经济趋势报告 2020》。

墨西哥从 19 世纪初就开始以文化节日、殖民城市、自然保护区和海滩度假胜地吸引外国游客。越来越多的游客走出墨西哥城的传统旅游中心,去参观以坎昆为明星景点的玛雅里埃拉,以巴亚尔塔港和洛斯卡沃斯为中心的纳亚里特里埃拉,以及坎佩切、尤卡坦和瓦哈卡等新兴目的地。与此同时,对热门度假胜地稳步增加的投资反映了墨西哥海滩旅游业的实力。除了生态旅游和文化遗产旅游等小众选择外,对商务旅行的更大需求也显示了旅游业的持续潜力。

(1)考古旅游。墨西哥是印第安人古文化中心之一。闻名世界的玛雅文化、托尔特克文化和阿兹特克文化均为墨西哥印第安人所创造。墨西哥有大量被列入联合国教科文组织世界遗产名录的遗址,包括古代遗迹、殖民城市和自然保护区,以及许多现代公共和私人建筑。在墨西哥城里,我们可以看到古代阿兹特克文化、玛雅文明的遗址。墨西哥全国大约有 193 处古代遗址。对于文化爱好者来说,能够到古印第安文明遗址探索古代世界是一次振奋人心的体验。太阳金字塔和月亮金字塔所在的特奥蒂瓦坎古城被联合国教科文组织宣布为人类共同遗产。尤卡坦半岛位于墨西哥湾和加勒比海之间,是墨西哥最富传奇的地区,神秘的玛雅文化就是以此为基地,有雄伟神奇的玛雅古金字塔、神庙群、献身池、足球场、繁复的石刻等,充满古文明气息。在尤卡坦半岛有一些古玛雅城市遗址,如奇琴伊察、乌克斯马尔、图卢姆和科巴。奇琴伊察是现代世界七大奇迹之一,被誉为玛雅文化最后和最伟大的庙宇。图卢姆曾是 14 世纪玛雅文化末期的宗教城市,现今遗址保存尚好,当中有超过 60 栋石头建筑。

(2)海滨旅游。墨西哥南濒墨西哥湾和加勒比海,西南濒临太平洋,沿海有众多的岛屿,自然景观与人文景观独特,是世界上最受欢迎的海滨旅游目的地之一。墨西哥的海滩被生机盎然的大自然、魔法小镇和考古遗址所包围,每个海滩都有一些特别的东西供不同品味和预算的人选择。加勒比海的标志性海滩特点是碧蓝的海水,是游泳或浮潜的理想之地,例如坎昆。坎昆的海滩是世界上著名的十大海滩之一,约 20 公里长的白色沙滩由珊瑚风化而成的细沙构成,踏在上面的感觉绵软如丝绸。此外,太平洋的海滩是冲浪者最喜欢的目的地,如瓦哈卡的海滩。无论旅客的旅行计划是在海边的酒店放松、接触自然还是简单地发现新的目的地,墨西哥的海滩都能提供最好的体验。

(3)疫情影响。墨西哥国家统计局的最新数据显示,墨西哥旅游业遭受新冠肺炎疫情重创,2020 年以来连续 6 个月国际游客收入出现下降。2020 年 6 月,墨西哥旅游业来自国际游客收入部分为 1.75 亿美元(约合 12 亿元人民币),远低于 2019 年同期的 8.05 亿美元,同比下降 90.3%,国际游客来访量同比下降 74.8%,通过航空运输进入墨境内的国际游客数量下降 92.1%。受疫情影响,2020 年墨西哥的旅游总消费可能会减少约 1.6 万亿墨西哥比索,国内旅游支出可能会减少 1.4 万亿墨西哥比索,国际旅游业损失可能达到 2 450 亿墨西哥比索,而旅游业对墨西哥 GDP 的贡献可能降至 5%以下。此外,在墨西哥犯罪和毒品战争等国家挑战仍然是一个问题。为了扩大旅游业的规模,政府需要继续专注于解决疫情和国家安全问题,同时增加宣传活动。

11.3.2.4 加拿大

加拿大是世界上第二大国家,拥有庞大的国内外旅游业,以其文化多样性以及许多国家公园和历史遗迹而闻名,其丰富的地理多样性是主要的旅游吸引力。2019 年是有记录以来加拿大旅游业表现最好的一年,入境游客达到 2 210 万人次,有史以来首次突破 2 200万人次,连续 3 年创历史新高。2019 年,加拿大旅游经济占总 GDP 的 6.3%,创造了 167.07 万个工作岗位(占总劳动力市场的 8.8%)。入境旅游人数最多的国家是美国,占比 69%;其次是英国,占比 4%。

2006 年以来,加拿大旅游人次和旅游收入表现出不同的增长波动性和增长趋势。首先,旅游人次波动性较小。2011 年旅游人次增速出现最高峰值,为 11.5%,2008 年出现负增长,增速为-1.6%,除此之外,旅游人次增速均维持在[0.2%,4.0%]区间,低速稳增长趋势明显。其次,旅游收入整体趋势表现为减速增长,并且表现出较大的增长波动性。旅游收入增速分别在 2006 年、2010 年和 2017 年出现三个高峰值,分别为 13.1%、18.6%和 8.5%;同时在 2009 年和 2015 年出现两个低峰值,分别为-10.8%和-11.6%(见图 11-16)。

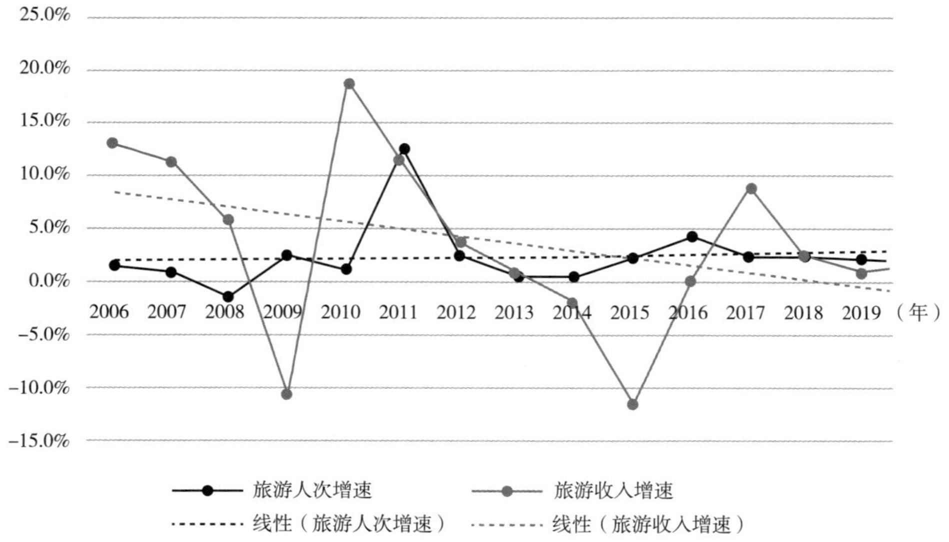

图 11-16　2006—2019 年加拿大旅游发展趋势

资料来源:《世界旅游经济趋势报告 2020》。

加拿大国土辽阔,自然景观美丽,其冬季广域千里的冰雪世界、种类繁多的野生动植物以及奇特多样的民族文化,吸引着无数的外国游客。加拿大旅游资源丰富,包括以温哥华为主体的西部地区旅游产品;以多伦多—魁北克一线为主体,南北延伸 800 多千米的东部地区旅游产品,该地带以自然人文景观为主。此外,还有以中西部地区落基山为主体的旅游产品,以自然景观为主;以及北部地区的深度旅游资源,如北极光、观鲸、探险等。加拿大境内多枫树,因此加拿大有"枫叶之国"的美誉。

(1)旅游市场特点。加拿大旅游市场有两个特点:一是旅游开发与保护并重。加拿大政府十分重视旅游资源的开发、保护、利用,先后在全国各地开辟了数以百计的自然和古迹保护区,景区内配套服务设施布局合理、管理完善、理念先进。由于中小型旅游企业构成了加拿大旅游业的主力,为更好统筹管理、发挥优势,加拿大政府很早就制定了完善的《旅游业委员会法案》,并依托该法案建立了功能完备、效率较高的半官方的旅游业协会组织,取得了良好效果。此外,为合理保护、管理和利用好优质的国家公园等旅游资源,加拿大政府专门制定《国家公园法案》,对在国家公园内开展的一切活动做了全面细致的法律界定。二是季节性、地域性特点显著。独特的地理环境决定了加拿大旅游市场显著的季节性和地域性特点。漫长的冬季、独具特色的动植物使得每年夏秋季节成为加拿大旅游的黄金季节。加拿大旅游资源地域性分布特点明显,各地都因地制宜地发展起符合自身自然人文条件的旅游服务产业。

(2)商务旅游。加拿大旅游分类中,休闲游和商务游的占比分别是64%和36%。加拿大作为举办国际会议的热门目的地正吸引着全球的关注。商务活动是加拿大旅游经济的催化剂,也是经济发展的重要工具。事实证明,通过利用加拿大的经济优势和地理优势,可以有效地将主要决策者和行政影响力人士与加拿大优势行业以及在这些领域表现出色的加拿大城市联系起来。加拿大旅游部门通过商务旅游,重新提升了加拿大在国际会议舞台上的地位,为参加高知名度的活动提供了新的机会,并为度假胜地和城市提供了度假和淡季访客的基础。在保持或发展传统会议业务的同时,继续扩大以行业为基础的战略,将是确保加拿大未来成功的关键。

(3)疫情影响。新冠肺炎疫情令加拿大旅游业在2020年上半年几乎全线“熔断”。根据不完全统计,疫情直接给加拿大的旅游业造成了超过270亿加元(折合人民币约1 405亿元)的经济损失。在正常情形下,加拿大著名景点尼亚加拉瀑布旅游业产值达24亿加元。但2020年3月和4月,旅游业经济下跌95%。当地4万名旅游业及相关从业者中,因疫情失业的也达95%。

11.4 亚太地区

11.4.1 区域概况

世界旅游业理事会(WTTC)最新发布的《经济影响力报告》显示,2019年旅游业在推动亚太地区经济发展方面起了重要作用。2019年亚太地区旅游产业创造的GDP为2.971万亿美元(约合20万亿元人民币),占地区经济总量的9.8%,比上一年度增长5.5%,连续第五年超过地区总体经济增幅(后者的增幅为4.2%)。2019年中国在GDP和就业规模方面居亚太地区之首,中国的旅游业提供了近800万个工作岗位,占就业总人数的10.3%,超过了亚太地区的所有国家(见图11-17)。

近年来,亚太地区国内旅游发展增速和旅游业总收入对国民经济带动作用的增速领跑全球。第一,亚太地区国内旅游人次增速和稳定性排名第一。2019年,亚太地区国内旅游人次为76.08亿人次,同比增长5.2%,比排名第二的美洲地区(18.39亿人次)多57.69亿人次。就国内旅游人次的增速而言,2006年以来,亚太地区接待国内旅游人次保持高速增长,在全球五大区域中排名第一(中东和非洲增速波动极大,不予排名考虑)。第二,国内旅游收入增速趋势排名第一。2005年以来,亚太地区国内旅游收入持续增长,于2013年超过欧洲地区排在全球首位。2019年,亚太地区国内旅游收入达到1.6万亿美元(约合11万亿元人民币),增速达到2.5%。从长期趋势来看,亚太地区国内旅游收入总量和增速均领先其他四个地区。旅游总收入相当于GDP的比重增速排名第一。2005年以来,欧洲一直是旅游经济对GDP贡献最大的地区,但是其旅游总收入相当于GDP的比重呈微下降趋势,从2005年的8.0%下降到2019年的7.6%;同时,亚太地区旅游经济相当于GDP的比重从6.4%增长到7.0%,很显然,亚太地区旅游总收入相当于GDP的比重增长的速度在全球五个区域中排名第一。

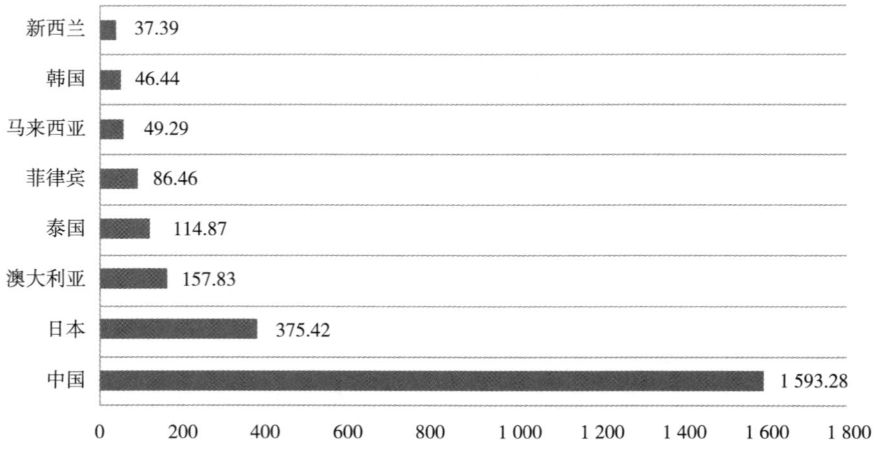

图 11-17　2019 年亚太地区部分国家旅游收入(单位:十亿美元)

资料来源:https://www.statista.com/statistics/313589/travel-and-tourisms-direct-contribution-to-gdp-in-asia-pacific-countries/。

就旅游竞争力而言,亚太地区仅次于欧洲。作为旅游产业发展最快的地区,亚太地区对全球行业的重要性持续上升。2019 年,中国是全球第二大国际旅游目的地,国际旅游收入也位居全球第二。亚太地区也是全球出境游支出的最大来源,其中大部分用于区域内旅游。从 GDP 数据来看,亚太地区还有最大的国内旅游市场。因此,对许多当地国家来说,在该地区保持旅游竞争力已变得至关重要,以吸引日益增长的国际游客,并扩张其自身不断增长的国内市场。除了快速增长的中产阶级,亚太地区还依靠自然资源和文化资源的平衡来发展旅游业。该地区的国际开放和贸易发展的优先程度也在持续提高,这表明许多亚太国家对贸易和旅游的坚定承诺。此外,全球最大的航空市场的支持使得国际和国内旅客数量不断增长。因此,该地区领先于全球平均水平的最大优势之一,就来自其航空运输基础设施。亚太地区在地面和港口基础设施以及有利环境分类指数的所有支柱方面的得分也高于全球平均水平。尽管亚太地区有许多优势,但该地区也面临着一些挑战。虽然旅游服务基础设施已经更加发达,但亚太东部次区域以外的大多数亚太国家在这方面仍有很大的提升空间,以达到全球标准。更重要的是,环境的可持续性仍然是世界旅游的主题。其旅游竞争力的最大影响来自许多国家遭受严重的空气污染、水资源紧张、废水处理低于平均水平、濒危野生动物和森林损失。然而,随着更多的环境条约得到批准,这方面也取得了一些进展,帮助平均环境可持续性支柱得分上升。越来越精确的统计数据显示,平均而言,该地区并没有像以前认为的那样保护其自然资产。如果该地区能够平衡不断扩大的旅游需求与环境发展的可持续性,它将继续提高其竞争力。世界旅游业理事会预测,在到 2029 年的十年内,旅游竞争力报告所涵盖的地区国家的旅游与旅游 GDP 将增长近 80%,占全球增长的一半以上。

11.4.2 国家概况

11.4.2.1 中国

中国的旅游业是一个快速增长的行业,正在成为中国经济的重要组成部分。改革开放以来,旅游业的发展速度大大加快。人民物质生活水平的提高和中国对交通限制的放松都在推动这一旅行热潮。

2019 年,中国旅游经济占总 GDP 的 11.3%,创造了 7987 万个工作岗位(占总劳动力市场的 10.3%)。全年旅游总收入 6.63 万亿元,同比增长 11.1%。2019 年全年中国国内旅游人数 60.06 亿人次,同比增长 8.4%;入境旅游人数 14 531 万人次,增长 2.9%;出境旅游人数 15 463 万人次,增长 3.3%。来大陆旅游的 40%人口来自中国香港,国内旅游出境人数最多的也是中国香港,有 19%。旅游分类中,休闲游和商务游的占比分别是 81%和 19%;国内游和国际游的占比分别是 86%和 14%。

近 15 年来,中国旅游发展总体呈现出四个特点:一是中国旅游一直处于相对高速的发展阶段。旅游人次年增速未曾低于 2.0%,旅游收入年增速未曾低于 5.4%。二是中国旅游发展进入减速增长阶段。2006 年旅游人次年增速为 14.7%,2019 年则下降为 2.0%;2006 年旅游收入年增速为 19.7%,2019 年则下降为 5.4%。三是旅游收入增速一直高于旅游人次增速,高出 3 个百分点以上。2015 年两者增速差最小,为 3.2 个百分点,2019 年旅游收入增速将高出旅游人次增速 3.4 个百分点。四是近 15 年来,中国旅游业增速的最高峰值出现在 2011 年,当年,中国旅游接待人次增速为 25.0%,中国旅游业总收入增速为 51.3%(见图 11-18)。

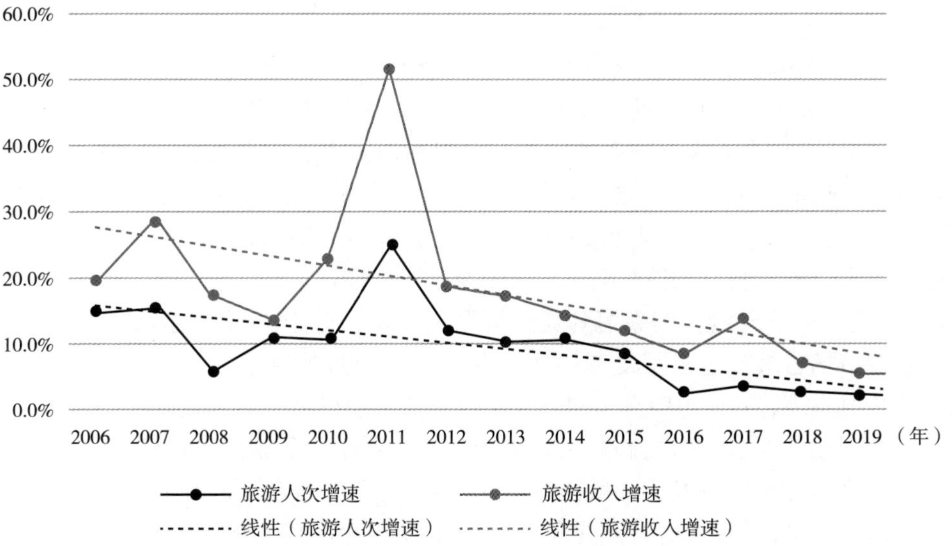

图 11-18 2006—2019 年中国旅游发展趋势

资料来源:《世界旅游经济趋势报告 2020》。

(1)自然景观。东部的泰山、南部的衡山、西部的华山、北部的恒山和中部的嵩山被称为五圣山。蜿蜒穿过山东中部的台山地块,在中国人当中是最受尊敬的。另一座因美丽而闻名的山是安徽南部的黄山,以其优美的松树、不寻常的岩石、云海和温泉而闻名。

九寨沟、黄果树瀑布和桂林都位于中国西南部。四川北部的九寨沟是一个美丽的"仙境谷",绵延 40 多公里,穿过积雪覆盖的山脉、湖泊、瀑布和森林。贵州的黄果树瀑布是一组瀑布,地上 18 处,地下 4 处,从 5 公里外可以听到。广西壮族自治区的漓江蜿蜒穿过桂林至阳朔之间的喀斯特山峰,全长 82 公里。

在中国北部高原上,有许多壮观的湖泊。新疆维吾尔自治区天山的天池海拔 1 980 米。这个深 105 米的湖清澈见底,周围的高山覆盖着绿草和五颜六色的鲜花。

三峡大坝是中国最大的重点水电项目。著名的长江三峡沿线有许多风景名胜和历史遗迹。曲塘峡谷雄伟,吴峡谷幽雅,西陵峡谷充满浅滩,礁石和滚滚江水。小三峡郁郁葱葱,两侧有水,清澈见底。

(2)历史文化景观。中国悠久的历史留下了许多文物。长城是中华民族的象征,也是历史古迹的典范,这些古迹已成为主要的旅游景点。作为人类文明史上最大的防御结构工程,它可以追溯到 2 000 多年前的春秋战国时期,规模宏大而宏伟。

满是珍贵壁画和雕塑的石窟集中在甘肃的古代丝绸之路。最著名的莫高窟是"东方艺术的宝库",有 492 个洞穴,壁上有壁画和雕像。占地 45 000 平方米的壁画和 2 100 多幅色彩鲜艳的雕像,都具有很高的艺术性。在南部,石窟艺术以四川的刻在悬崖上的乐山大佛为代表。它高 71 米,宽 28 米,是石雕中最大的坐佛,展示了古代工匠的雕刻技艺。

河南少林寺是中国禅宗的发源地,以少林功夫武术而闻名,其历史可追溯至公元 495 年。这里可以看到明代五百罗汉壁画和清代少林功夫画。在湖北,美丽的武当山有 72 个山峰,面积 30 平方公里,是道教的神圣场所,保留了中国最完整、规模最大的古代道教建筑之一。在四川西部,峨眉山上布满了古老的佛教寺庙和建筑,是中国的四大神圣佛教山之一。

在中国被列为著名历史文化名城的 101 个城市中,大多数城市已有 1 000 多年的历史。长江以南,苏州和杭州长期以来被称为"人间天堂",到处都是河流、湖泊、桥梁、田野和乡村,风景如画。今天保存完好的古代城市包括山西中部的平遥,有 5 000 至 6 000 年前的新石器时代的仰韶文化和龙山文化。云南丽江不仅是纳西族东巴文化的中心,还是汉、藏、白族文化的交汇处。这座城市建于宋代,有许多石桥、石制纪念拱门和民居,为建筑史提供了宝贵的资料,因此可以称为"古代民居博物馆"。

(3)疫情影响。随着国内新冠肺炎疫情得到有效控制,国内生产生活逐步回归正轨,而国内旅游市场也缓步进入了复苏通道。罗兰贝格通过追踪了从年初到五一假期中国客流回暖情况发现,对比 2019 年同期,2020 年客流规模已从 2 月的同比 14%大幅提升至五一假期的同比 57%,但整体流量仍几近腰斩。根据过往全球传染病疫情的经验,旅游相关产业在疫情大规模暴发后一般至少需 6 个月时间才可能恢复至疫前水平,因此全面恢复至疫情前水平尚待时日,特别是国际旅游市场仍存在极大的不确定性,在境外输入防控的背景下,亦可能对国内旅游市场形成二次冲击。

11.4.2.2 日本

2019 年,日本旅游经济占总 GDP 的 7%,创造了 535.99 万个工作岗位(占总劳动力市场的 8%)。入日旅游人数最多的国家是中国,占比 26%;其次是韩国,占比 24%。旅游出境人数最多的是美国,有 15%;其次是去中国,有 11%。

近 15 年来,日本旅游业正负增长交替出现特点突出,负增长趋势更加明显,但在 2017 年之后逐渐进入增长阶段。在 2006 年至 2017 年的 12 年间,分别在 2006 年、2007 年、2009 年、2010 年、2011 年、2014 年和 2017 年,日本旅游人次出现负增长,旅游人次增速的最低峰值则出现在 2010 年;在 2006 年、2007 年、2010 年、2013 年、2014 年和 2015 年,日本旅游收入出现负增长,2013 年出现最低峰值-14.2%。2017 年之后,旅游收入增速和旅游人次增速趋于一致,两者波动性均减少,2019 年旅游人次增速和旅游收入增速分别为 0.9%和 0.1%(见图 11-19)。

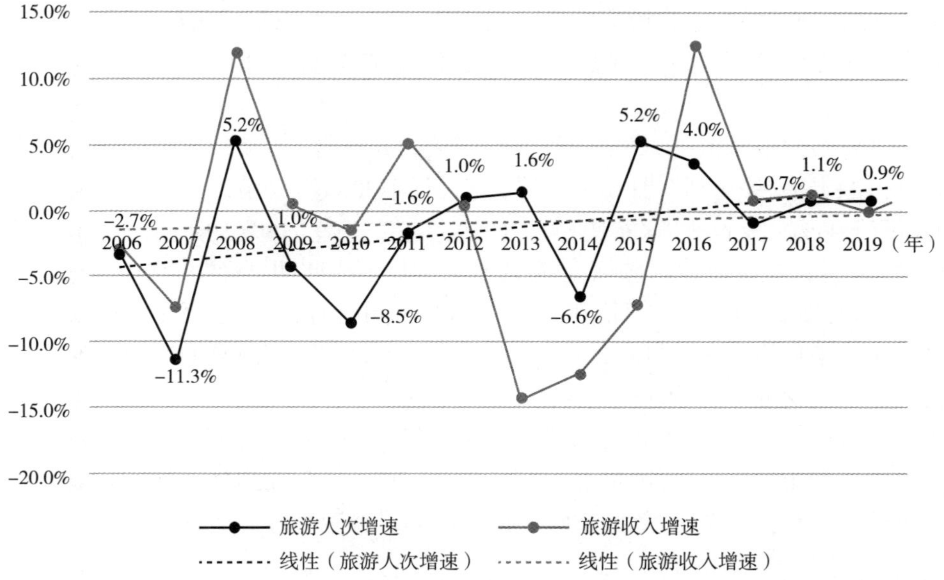

图 11-19 2006—2019 年日本旅游发展趋势

资料来源:《世界旅游经济趋势报告 2020》。

就旅游竞争力而言,日本仍然是亚太地区最具竞争力的科技经济体,全球排名第四。日本庞大的经济规模为其提供了广阔的国内市场,该国近年来在国际游客入境人数和收入方面激增。多年来,随着政府资金的增加和更有效的营销活动的开展,旅游行业仍然是其优先发展的行业。此外,日本继续对国际游客和商务更加开放。随着旅游障碍的减少,游客被其独特的文化资源所吸引,这是日本最大的优势。日本在文化和非物质遗产方面得分很高,其丰富的体育场馆帮助日本为即将到来的国际体育和其他赛事做好了准备。

旅游分类中,日本休闲游和商务游的占比分别是 69%和 31%;国内游和国际游的占比分别是 81%和 19%。国内旅游仍然是日本经济和文化的重要组成部分。许多中学的孩子们将访问东京迪士尼乐园或东京铁塔看作是他们这一年的亮点,许多高中生经常参观冲绳或北海道。发达的铁路网络以及国内航班改签的便捷性为日本的国内短途旅行提供了便利,从而可以实现高效、快捷的运输。与其他发达国家相比,国际旅游在日本经济中的作用较小。

日本有 21 个世界遗产,包括姬路城、古京都的历史古迹和奈良。热门旅游项目包括东京和广岛,富士山,北海道新雪谷等滑雪胜地,冲绳,乘坐新干线并利用日本的酒店和温泉网络。日本在健康与卫生、安全与保障、文化资源和商务旅行等几乎所有特色方面都获得了较高的声誉。

2020 年本该是日本的"旅游大年"。东京本来要主办奥林匹克运动会和残奥会,日本政府的目标是吸引创纪录的 4000 万境外游客。旅馆和日式旅馆也正在准备迎接客人的涌入,各大航空公司则开展了促销活动。甚至还开发了一种光滑的新子弹头列车,以在 7 月首次亮相,赶上本要举办的奥运会。

但是,新冠肺炎疫情迫使组织者将奥运会推迟到 2021 年。国际航班被暂停,国内旅游业陷入停顿。专家说,在这场危机之后,重建可持续的旅游业将花费数年,涉及多个阶段。更多的工作将流失,破产将随之而来。旅游业的恢复和重建将会经历一个较长的过程。

在 4 月发布的报告中,三菱 UFJ 研究与咨询公司估计,如果到日本的旅行者人数保持在 3 月份的水平,那么到 9 月份的 6 个月内,日本的入境旅游消费将损失 2.4 万亿日元,同比下降 93%。反过来,这将使日本的名义 GDP 下降 0.6%,并可能减少 557 000 个工作岗位。4 月份旅游业数据恶化,入境旅客人数比上年同期下降 99.9%。

同时,截至 2020 年 6 月 5 日,东京正晃研究公司统计,因疫情流行而破产发生 219 件,其中 34 件来自住宿业。虽然日本国内旅游业在未来几个月可能会有所增长,但最早可能需要 3~4 年才能使国际旅行恢复活力。

为了刺激国内旅游,日本政府已拨出 1.7 万亿日元用于所谓的"去运动",其中计划补贴国内旅行费用的一半,每晚最多 20 000 日元,并发行可在当地餐馆和纪念品商店使用的优惠券。但是,游客所依赖的航空公司和铁路能否渡过难关还有待观察。

11.4.2.3 韩国

2019 年,韩国旅游经济占总 GDP 的 4.2%,创造了 130.3 万个工作岗位(占总劳动力市场的 4.8%)。入韩旅游人数最多的国家是中国,占比 37%;其次是日本,占比 16%。旅游出境人数最多的是日本,有 22%;其次是去中国,有 14%。旅游分类中,休闲游和商务游的占比分别是 82%和 18%;国内游和国际游的占比分别是 55%和 45%。

2006 年以来,韩国旅游业的发展趋势呈现以下三个特点:一是韩国旅游业在波动中减速增长;二是韩国旅游人次增长和旅游收入增长的波动性均减小;三是韩国旅游人次增长的波动性要比旅游收入增长的波动性更加明显。2013 年之前,旅游人次增速的波动范围为[-20.9%,28.2%],2013—2019 年为[-0.2%,10.9%];2015 年之前,旅游收入增速的波动范围为[-10.6%,18.1%],2016 年至 2019 年为[-2.2%,3.6%](见图 11-20)。

首尔是游客的主要旅游目的地。首尔以外最受欢迎的旅游目的地包括主要的沿海城市釜山,雪岳山国立公园,历史名城庆州和亚热带济州岛。

现代韩国人忙碌的生活方式以及一人家庭的增加导致难以与家人或朋友进行休假度假,越来越多的韩国人选择独自旅行。因此,靠近韩国的目的地越来越受欢迎,在这里

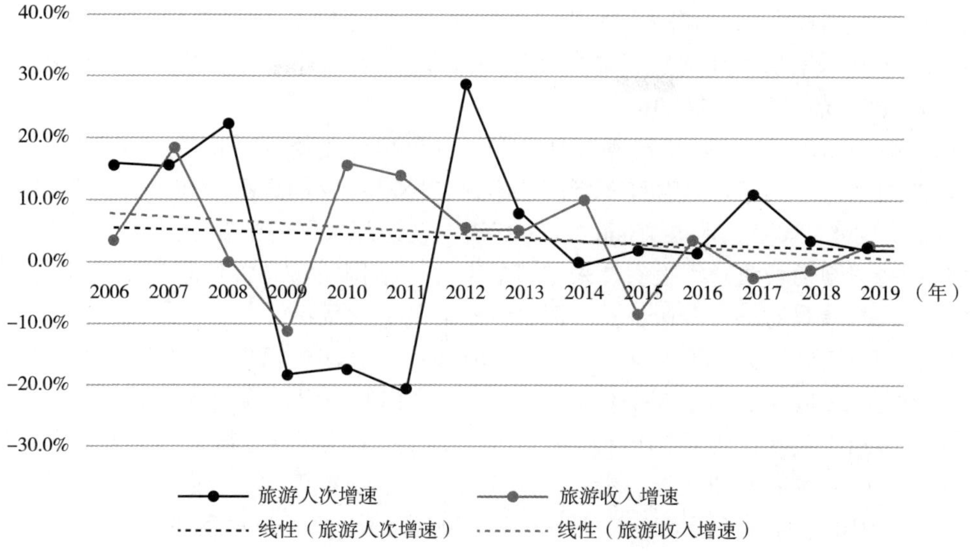

图 11-20 2006—2019 年韩国旅游发展趋势

资料来源:《世界旅游经济趋势报告 2020》。

韩国人可以独自去短暂度假。根据 2016 年的机票分析结果,韩国人在国外的主要目的地是大阪,其次是曼谷和东京。此外,大阪、东京和上海的韩国人重访率很高。由于地理距离、昂贵的机票价格和高昂的成本,伦敦、巴黎和罗马等欧洲目的地的重访率有所下降。

韩国的历史旅游景点包括首尔、庆州和扶余等古都。一些自然地标包括白头大干的山峰,特别是雪岳山和智异山,丹阳和幻仙窟的洞穴,以及海云台和万里浦等海滩。除了济州岛,还有许多较小的岛屿。游览渡轮在南部和西部海岸以及东海岸的郁陵岛都很常见。许多地方每年都举行节日庆典,例如保宁泥节和清道斗牛节。

新冠肺炎疫情暴发以后,根据韩国旅游组织(KTO)的数据,2020 年 5 月份韩国接待了 6 111 名游客,比上年同期的近 123 万人大幅下降。这比同月抵达的航空公司和游轮的12 864名机组人员少一半。

从 2020 年 4 月开始,旅行团人数开始超过游客。1 月份,在疫情暴发之前,进入韩国的外国游客人数为 103 万人,而来往的游客为 79 000 人。到 3 月,旅客人数已降至31 497人,机组人员为 16 785 人。游客人数进一步下滑,低于 4 月份的服务员人数。大幅下降的原因是各国加强了检疫措施并关闭了边界以遏制疫情的扩散,韩国对所有外国入境者实施为期两周的隔离。

11.4.2.4 泰国

旅游业是泰国的经济贡献者,直接为 GDP 贡献 12 万亿泰铢的旅游收入,从 1 万亿泰铢(2013 年)到 3.32 万亿泰铢(2019 年)不等,相当于 GDP 的 9%至 19.7%。包括间接旅行和旅游收入时,2019 年的总收入估计相当于泰国 GDP 的 19.7%(3.32 万亿泰铢)。

2019 年,泰国旅游经济占总 GDP 的 19.7%,创造了 8 054.6 万个工作岗位(占总劳动力市场的 21.4%)。入泰旅游的 27%人口来自中国,10%来自马来西亚。旅游出境人数最多的国家是马来西亚,有 18%;其次是去缅甸,占比 15%。旅游分类中,休闲游和商务游的占比分别是 89%和 11%;国内游和国际游的占比分别是 29%和 71%。泰国政府将旅游业视为赚钱和经济发展的捷径。

(1)文化旅游。泰国以其充满活力的文化遗产和自然美景而闻名,是世界上主要的旅游目的地之一。其文化具有许多表演艺术,包括戏剧、泰国舞蹈。在曼谷、普吉岛和清迈,有许多不同的戏剧艺术。“Siam Niramit”表演是访问泰国的游客中最受欢迎的泰国文化表演。暹罗剧场表演每年吸引越来越多的游客来泰国旅游。古代泰拳拳击比赛、泰国部落舞蹈和木偶戏的舞台表演也是泰国最受欢迎的文化景点。

(2)医疗旅游。截至 2019 年,泰国拥有 64 家获得认可的医院,是世界十大医疗旅游目的地之一。2017 年,泰国登记外国人寻求专业治疗的访问量为 330 万。在 2018 年,这一数字增加到 350 万。截至 2019 年,泰国医疗中心为中国医疗旅游者提供的服务数量与中国整体旅游人数的增加同步。泰国政府报告显示,2006 年,泰国接待了 120 万医疗游客。但是,2010 年对服务于 60%以上外国医疗游客的 5 家私家医院的研究得出的结论是,2010 年泰国有 16.7 万医疗游客,远低于政府的估计。大多数人是为进行小型选修(美容)手术而来的。

(3)美食旅游。2016 年,美食是泰国旅游收入的第四大部分(占 20%),仅次于住宿(占 29%)、交通(占 27%)、购物和纪念品(占 24%)。泰国旅游局(TAT)估计,2016 年中国游客在泰国的食品消费为 833 亿泰铢(约合 178.8 亿元人民币),其次是俄罗斯人 208 亿泰铢,英国人 184 亿泰铢,马来西亚人 161 亿泰铢和美国人 139 亿泰铢。TAT 在 2017 年初批准了 1.44 亿泰铢的预算,以委托米其林指南对 2017—2021 年这五年的泰国餐馆进行评级。第一本《米其林曼谷指南》于 2017 年 12 月 6 日发布。它在 17 家曼谷餐厅中授予米其林星级,其中 10 家不提供泰国美食。其他城市的指南也将随之而来。

(4)大象旅游。几十年来,大象徒步旅行一直是泰国游客的一大亮点。自从 1989 年禁止在泰国采伐森林以来,大象就被带到营地为游客表演和骑乘。亚洲象是在大象营中发现的主要物种,其原产于泰国并在泰国的野外发现。尽管这种大象自 1986 年以来就被列为濒危物种,但它仍然继续吸引着游客。

(5)泰拳旅游。学习泰拳是泰国体育旅游业的一项主要活动,由政府推动。2016 年,有 11 219 名英国人,6 800 名澳大利亚人和 5 852 名法国人访问泰国,学习古典武术。此外,还有许多来自德国(4 688),瑞典(4 253),俄罗斯(2 183),丹麦(1 855),日本(1 841),新西兰(1 781)和西班牙(1 633)的游客学习泰拳。报名参加泰拳课程的所有人中有 38%选择普吉岛作为他们的学习目的地,28%的人选择了曼谷,16%的人选择了素叻他尼。曼谷有两个主要体育场,即拉贾达姆恩体育场和隆比尼体育场,每个体育场的冠军通常被认为是泰国重量级最好的体育场。两个场馆的战斗通常都是相称的,以两名体重相似的高技能“战斗机”为特色。像泰国大多数现代体育馆一样,尽管隆比尼仍然禁止女战士参加比赛,但拉贾达姆恩允许妇女参加战斗。

(6)疫情影响。新冠肺炎疫情的大流行对泰国旅游业的影响是巨大的。自 2020 年 1 月 13 日在泰国首次确认病例以来,泰国一直在应对疫情。受新冠肺炎疫情影响,2020 年 2 月访问泰国的游客数量较上年周期下降 44.3%。2020 年 8 月 6 日,泰国旅游和体育部部长披帕表示,疫情给泰国酒店、民宿、餐饮等旅游相关行业带来重大打击,导致30%的旅游公司倒闭,250万旅游从业人员失业。

11.4.2.5 新加坡

新加坡的旅游业是主要产业,也是新加坡经济的贡献者。2019年,新加坡旅游经济占总GDP的11.1%,创造了52.75万个工作岗位(占总劳动力市场的14.1%)。入新旅游人数最多的国家是中国,占比21%;其次是印度尼西亚,占比17%。旅游出境人数最多的是马来西亚,有67%;其次是去印度尼西亚,有9%。旅游分类中,休闲游和商务游的占比分别是69%和31%;国内游和国际游的占比分别是81%和19%。

新加坡注重环保,并维护自然和遗产保护计划。除此之外,它也是世界上犯罪率最低的国家之一。由于英语是其四种官方语言中的主要语言之一,因此,在与该国当地居民说话时(例如购物时),游客通常更容易理解。新加坡的交通完全覆盖了新加坡的大部分公共场所,为游客提供了更多便利。新加坡是世界上访问量排名第五的城市,在亚太地区排名第二。

乌节路地区以多层购物中心和酒店为主导,可视为新加坡的旅游中心。其他受欢迎的旅游景点包括新加坡动物园、河川生态园和夜间野生动物园,人们可以在夜间探索亚洲、非洲和美洲野生动物的栖息地,而客人和野生动物之间没有任何明显的障碍。新加坡动物园采用了"开放式动物园"的概念,即将动物放在封闭的围栏中,通过隐藏的干涸或湿润的护城河与游客分隔开来,而不是将动物置于笼中。而新加坡河川生态园则拥有世界范围内10种不同的生态系统,包括河尼罗河、长江、密西西比州、亚马孙河以及苔原,拥有300种动物,其中包括许多濒危物种。

裕廊飞禽公园是另一个以鸟类为中心的动物园,致力于使公众尽可能多地接触来自世界各地的鸟类,包括成千上万的火烈鸟。圣淘沙旅游岛位于新加坡南部,2011年吸引了1 900万游客,其中有20~30个地标,例如西罗索堡(Fort Siloso),它是二战期间为防御日军而建的堡垒。

在西罗索堡可以看到二战时期的枪支,从小型到16磅(7公斤)。此外,该岛还建造了"老虎天空塔",游客可以欣赏圣淘沙的整个景色,还有圣淘沙雪橇,这是一种两人的雪橇,一个雪橇仰卧,脚先行,通过转移重量或拉动雪橇跑步者的皮带来进行转向。在新加坡建造的最新游客景点中,包括两个设有赌场的综合度假村,即滨海湾金沙和圣淘沙名胜世界,环球影城主题公园和滨海湾花园。

(1)历史文化遗迹。新加坡曾是英国的殖民地,在建筑上具有英国和地区影响的各种历史和文化地标。这些文化地标包括清真寺(Masjid Sultan),这是新加坡最重要的清真寺之一,于1826年建成。新加坡最古老的华人庙宇之一的天福宫(Thian Hock Keng Temple)于1839年建成,而圣玛丽安曼教堂(Sri Mariamman Temple)则于1827年建成,它是新加坡最古老的印度教寺庙。其他历史古迹包括克兰芝战争纪念馆、平民战争纪念馆、维多利亚剧院和音乐厅、岳海静寺、莲山双林寺和磅苏榜格南。

新加坡有4个主要博物馆,描绘了该国和该地区的艺术和历史。亚洲文明博物馆专门研究中国、东南亚、南亚和西亚的物质史,新加坡的不同族裔从中追溯其祖先,而世界上第一个此类的土生华人博物馆则在探索土生华人文化。在新加坡以及马六甲和槟城的其他海峡前殖民地,以及东南亚的其他土生华人社区。新加坡国家博物馆是该国最古老的博物馆,其历史可以追溯到 1849 年,主要以讲故事的方式展示了 14 世纪国家建设和新加坡的历史。美术馆是一家当代艺术博物馆,专注于新加坡、东南亚和亚洲的艺术实践。其他较小的博物馆包括樟宜博物馆(Changi Museum),该博物馆展示了在日本占领新加坡期间由战俘(POWs)捐赠的绘画、照片和个人物品。玩具博物馆(Mint Museum of Toys)收藏了 3 000 个玩具和照片,以及 19 世纪中叶至 20 世纪中叶的儿童纪念品。

(2)自然观光旅游。新加坡有许多公园和项目,通常具有其天然的热带环境。新加坡有 3 个动物园,分别是新加坡动物园、夜间野生动物园和河川生态园。新加坡动物园坚持“开放”的自然主义,在宽敞、景观美化的围栏中展示动物,并通过隐藏的障碍物、护城河和玻璃与游客隔开,全天进行各种表演和活动,以使游客与动物互动。夜间野生动物园是世界上第一个夜间动物园,坐落在潮湿的热带森林中,该森林仅在夜间开放,分为七个地理区域,可以通过四个步行道或乘坐电车探索。河川生态园以热带雨林为背景,拥有 10 种不同的生态系统,拥有 5 000 种动物。Safari 河的主要景点是一对大熊猫——凯凯(Kai Kai)和嘉嘉(Jia Jia),它们被安置在一个特别建造的气候受控围栏中,并在整个过程中变化,模仿原始环境的四个季节。

在该国的各种花园和公园中,新加坡植物园、裕廊飞禽公园和滨海湾花园在游客中最受欢迎。被联合国教科文组织列为世界遗产的新加坡植物园是一个 52 公顷的热带花园,其主要景点包括国家兰花收藏,其中种植了 3 000 多种兰花。裕廊飞禽公园是一个鸟类动物园,拥有来自世界各地的大量奇异鸟类的标本,其中包括成千上万的火烈鸟。滨海湾花园(Gardens By The Bay)是一系列大型热带叶形花园,每个花园都有自己独特的美化设计、人物和主题。它的主要景点是两个自然保护区:花卉圆顶和云雾森林,其中花卉圆顶复制了温和干燥的气候,并具有地中海和其他半干旱热带地区的植物;云雾森林复制了热带山区的凉爽潮湿条件,有一座 35 米高的苍翠云山,种满了来自海拔 2 000 米热带高原的植物。其他主要景点包括“擎天树树丛”,它具有树状结构,被称为“超级树”,主导着花园的景观。它们是垂直花园,具有多种功能,包括种植、遮蔽以及充当花园的环境引擎。

新加坡还有两个东盟遗产公园,分别是武吉知马自然保护区,这是一个覆盖大山武吉知马山的广阔自然保护区,是岛上唯一仍然存在主要雨林的地方;以及双溪布洛湿地保护区,因其种类繁多的鸟类、螃蟹等动植物而闻名。

乌宾岛是一个离岸岛屿,那里仍然有最后一批未开发的甘榜(村庄)和木制码头,生活原始的居民,丰富而保存的野生动植物,废弃的采石场和人工林以及未受破坏的自然环境。岛上最受欢迎的景点之一是仄爪哇,它拥有 5 000 年前的珊瑚礁,在一个地区可以观察到多个生态系统。

(3)美食旅游。新加坡的美食常被视为新加坡文化的种族多样性的典范。例如,在新加坡的小贩中心,出售清真食品的传统马来小贩摊位可能会提供传统泰米尔或中国食品的清真食品。中国摊位可能会在其餐饮范围内引入马来或印度食材、烹饪技巧或整个菜肴。有些菜肴融合了这三种文化,而另一些融合了亚洲和西方其他地区的风味。

新加坡政府每年 7 月组织一次新加坡美食节,以宣传新加坡的美食。当地美食的多元文化主义,国际美食的随时可用以及其价格范围广泛,都有助于创建一个“美食天堂”,

与其他竞争者相抗衡。通常,新加坡的港口位于战略路线之内,从而有助于提供各种食品。

(4)节日旅游。新加坡旅游局常年为游客举办各种活动。一些主要活动包括成吉游行、新加坡艺术节和新加坡花园节。每年 7 月举行新加坡美食节,其他年度活动包括新加坡太阳节、圣诞节点亮和新加坡珠宝节。

(5)疫情影响。新加坡的官方数据显示,与 2019 年同期相比,2020 年前三个月的国际游客减少了 43.2%,至 270 万人次。第一季度旅游业收入下降 39%,至 40 亿新元。购物支出下降了 52%,至 6.56 亿新元。

11.4.2.6 澳大利亚

旅游业是澳大利亚的第四大出口产业,占澳大利亚出口收入的 8.2%。2019 年,澳大利亚旅游经济占总 GDP 的 10.8%,创造了 165.36 万个工作岗位(占总劳动力市场的 12.8%)。国际游客推动了旅游行业的发展,2018 至 2019 年度,有 930 万国际游客到达澳大利亚,与上一年相比增长 3.0%。入澳大利亚旅游人数最多的国家是新西兰,占比 15%;其次是中国,占比 15%。增长放缓主要是受中国(增长 0.8%)、马来西亚(下降 1.1%)和韩国(下降 7.8%)等亚洲主要市场的停滞和下滑推动。澳大利亚目前是世界上旅游收入最高的旅游目的地之一,2018—2019 年国际游客的消费额为 446 亿澳元,同比增长 5%。旅游分类中,澳大利亚休闲游和商务游的占比分别是 83%和 17%。

整体来看,2006 年以后,澳大利亚旅游人次和旅游收入表现出不同的增长趋势:2010 年以后,澳大利亚旅游人次波动增长,最低增速出现在 2019 年,为 0.7%,最高增速出现在 2018 年,为 14.6%;旅游收入整体表现出减速增长趋势,具体表现为正负增长交替出现的趋势,2013—2015 年,澳大利亚旅游收入出现负增长,其增速分别为-3.1%、-1.7%和-11.6%(见图 11-21)。

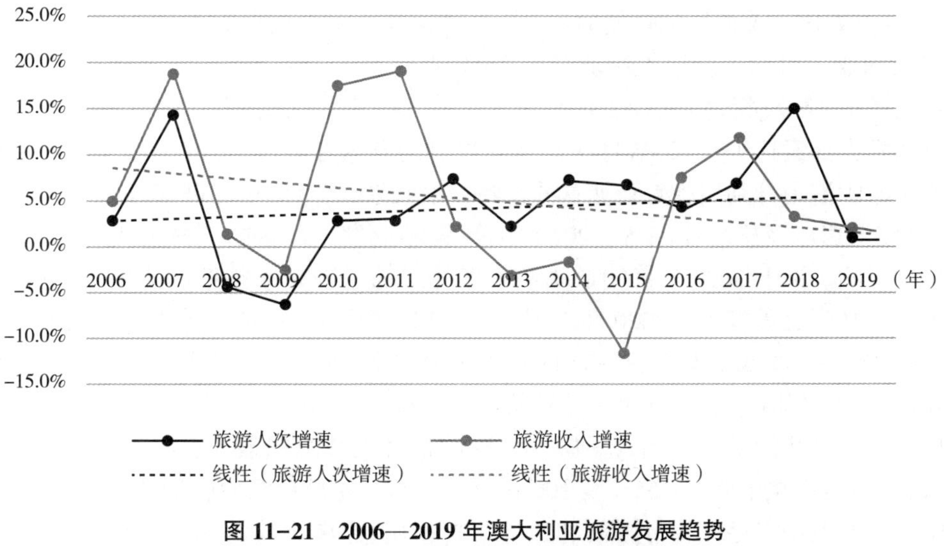

图 11-21 2006—2019 年澳大利亚旅游发展趋势

资料来源:《世界旅游经济趋势报告 2020》。

在旅游竞争力方面,澳大利亚全球排名第七位,其凭借优秀的航空运输基础设施、港口以及游客服务等,展示出了该地区旅游业的巨大竞争力与发展潜力,也在航空运输基建和游客服务基建这两项分列全球第二和第十六名。然而,缺乏多样性增加了当前全球经济和地缘政治不确定性对旅游业的风险。同时,澳大利亚作为一个长途目的地,限制了提供直飞航班的能力,并可能增加国际旅行的时间,导致机票价格上涨。

(1)海滨旅游。澳大利亚很适合探索奇妙的野生动植物,欣赏迷人的风景以及进行众多海洋和娱乐活动,是冒险迷、自然爱好者、海滩爱好者或派对狂人的理想目的地。每年世界各地有成千上万的旅客涌向这里。圣灵群岛的怀特黑文海滩是世界上最好的海滩之一,拥有丝般的白色沙滩和清澈的海水。举世闻名的悉尼港是吸引游客和当地人的迷人之地,可以航行、巡游,在海滩游泳,沿着海滨散步和野餐。对于骑自行车的人和旅行爱好者来说,沿着大洋路旅行,能够享受世界上最美丽的海岸风光。对于海洋活动,可以潜入林肯港波士顿湾的蓝色海水中,有机会在自然栖息地与濒临灭绝的海狮一起游泳。世界自然遗产昆士兰大堡礁是世界最大最长的珊瑚礁群,很适合进行浮潜,欣赏水下水生生物。

(2)食品旅游。长期以来,食品和葡萄酒一直是澳大利亚旅游业的关键驱动力。2018—2019 年超过 100 万国际游客前往当地酒庄,220 万游客前往当地食品市场。这不仅能向国际游客介绍澳大利亚产品,而且能推动国内游客的重复访问。在食品旅游营销方面,澳大利亚旅游局将继续与名人厨师、有影响力的美食和美酒名人以及领先的国内外媒体合作,推广澳大利亚提供的美食和美酒体验。澳大利亚旅游局还将继续使用“澳大利亚餐厅”这一标签在社交媒体上分享鼓舞人心的内容。

自“澳大利亚餐厅”广告系列启动以来,2017 年澳大利亚国际游客在食品和葡萄酒上的支出增长了 38%,达到 58 亿澳元。澳大利亚的全球美食和葡萄酒排名从第十位上升到第八位。

(3)教育旅游。教育类游客对澳大利亚经济的影响更大。2018 年赴澳留学国际游客近 58.6 万人次。他们平均停留时间更长,这意味着 92%的教育类游客的消费实际上是在澳大利亚。留学生在澳大利亚学习期间,吸引了 31.38 万名亲友赴澳旅游,并在澳大利亚消费了 12 亿美元(约合 81 亿元人民币)。这些学生是来学习的,但他们在这里的时候也经常去探索这个国家,同时在此建立终身的友谊和联系,也有了将来重新回到澳大利亚旅游的潜力。利用教育行业这些已建立的联系,将有助于促进旅游业。

(4)疫情影响及旅游业趋势。2019 年,澳大利亚发生严重的森林大火,当地旅游业受到严重影响。加上 2020 年新冠肺炎疫情给国际旅游业带来持续的风险,预计澳大利亚旅游业将受到沉重打击。2020 年 3 月,大约 14%的国际游客受到丛林大火的某种影响,其中 34%的人改变了他们的旅行行程,33%的人取消或推迟了活动。TRA 的最新月度估算显示,疫情影响在 2020 年 2 月开始显现。截至 2020 年 3 月,澳大利亚的前 5 个国际市场访客人数和消费额均出现下降。中国的访客人数降幅最大,为 110 万人次,下降了 19%,而消费额也下降了 15%,至 102 亿澳元。跨境旅游后续面临的风险包括:全球大部分旅游目的地仍然存在旅行限制和边境管控措施,主要出境游来源国仍未放开,人们对旅行安全的担忧,疫情再起和新一轮“封城”的可能性等。此外,缺乏可靠的旅行信息以及经济环境恶化亦被认为是打击消费者出游信心的因素。

11.4.2.7 新西兰

新西兰的旅游业是国民经济的重要部门，2019年新西兰旅游经济占总GDP的15%，创造了47.94万个工作岗位（占总劳动力市场的19.8%）。新西兰旅游业协会公布的数据显示，旅游业目前已经超过乳制品，成为新西兰最大外汇收入来源，2019年收入达162亿新西兰元（约合726亿元人民币）。由于亲密关系和传统的友好关系，到目前为止，新西兰游客人数主要来自澳大利亚，占40%；其次是中国，占比12%。国内旅游也是新西兰旅游业的重要组成，2019年国内游和国际游的占比分别是61%和39%。每年国内游客的支出为202亿新西兰元（约合905亿元人民币），超过国际游客的支出118亿新西兰元（约合530亿元人民币）。旅游出境人数最多的是澳大利亚，有36%；其次是去往美国，有8%。

新西兰在进行旅游营销时主打"100%纯净新西兰"，白雪皑皑的峰峦、金光灿灿的海滩、晶莹碧透的湖泊、苍翠茂密的原始森林，为人们呈现一个美轮美奂的大自然。游客可以在米尔福德峡湾、亚伯塔斯曼国家公园和汤加里罗火山进行徒步、蹦极或赏鲸等活动。新西兰也被誉为冒险者的天堂，新西兰旅游局的调查显示，1/2的国际度假游客在新西兰时进行过某种形式的探险旅游；1/3的人参加过某种形式的极限探险旅游。

（1）电影旅游。新西兰是世界驰名的电影制作目的地，影迷们可以在这里大饱眼福，亲眼得见各种真实的外景拍摄地。新西兰旅游局与新西兰电影委员会及新西兰电影局合作，利用在这里制作的电影所带来的机会，将新西兰推崇为非凡的旅行目的地。在新西兰制作电影时，它为新西兰旅游局提供了获得优质内容、营销机会和高影响力媒体渠道的机会，以宣传新西兰为旅游胜地。指环王和霍比特人三部曲具有巨大的吸引力，每年吸引成千上万的游客。例如，国际访问者调查显示，2015年有16%的国际访问者将《霍比特人三部曲》列为他们考虑前往新西兰旅行的最初原因。自第一部《指环王》上映以来，新西兰的金色平原、高耸群山和令人陶醉的峡谷等一众壮丽美景为全球观众打造了一个幻如梦境般的世界，而新西兰更成了人们眼中现实版的"中土世界"。游客可以在这里的所有地方找到《指环王》及《霍比特人》系列电影的身影。除了常见的各种充满创意的电影衍生品外，新西兰航空公司更曾以电影元素为主打造了两版空中安全示范短片，不仅将空乘人员打扮成霍比特人，还邀请电影演员及导演前来客串，并在电影取景地进行拍摄。乏善可陈的空中安全示范也被霍比特人演绎得妙趣横生，观赏性十足。当然，影迷们去新西兰旅游更不能错过的便是那些经典的电影取景地。

（2）徒步旅游。在新西兰体验徒步旅行是欣赏壮丽美景和探索辽阔野外地区的最佳方式。新西兰的步道长度达几千公里，可以为不同体力水平的游客提供不同的体验。新西兰的步道网蜿蜒穿过崎岖的海岸，途经农田、河谷、高耸的森林及雄伟壮丽的山脉。各种步道遍布在新西兰的国家公园和保护区，人人都能尽享其乐，既可在悠闲的自然步道体验独特的生态系统，又能到无人踏足的偏远地带挑战多日旷野探险。

（3）毛利文化旅游。毛利人是新西兰的原住民。如今，毛利人占新西兰总人口的七分之一。他们的历史、语言与传统是新西兰独特个性的核心组成部分。毛利旅游业者通过毛利人及其文化为游客提供探索新西兰独具特色的旅游活动。了解毛利文化的最佳场所是前往马拉埃，毛利人举办集会的会堂。在北部地区、奥克兰或罗托鲁瓦等地，游客可以参观毛利会堂“马拉埃”,体验传统毛利欢迎仪式。参观马拉埃时,还可以聆听毛利演讲和毛利歌曲,观赏雕梁画栋的会堂,体验当地人毛利碰鼻礼仪,享受一顿土窑烹制的毛利杭吉大餐。表演艺术或卡帕哈卡毛利音乐表演出色融合歌曲、节奏舞蹈和毛利舞蹈,比如哈卡战舞,是游客不容错过的观赏项目。卡帕哈卡毛利音乐表演最著名的表演地在北岛的罗托鲁瓦。北岛中部的纳提华雷部落(Ngāti Whare)和图霍伊部落(Tūhoe)提供徒步观光体验,穿越维利那基(Whirinaki)雨林。这是世界上最壮观的雨林之一,也是许多古老动植物物种的所在地。当地毛利导游向游客讲述该部落的历史故事,并解释各种植物的药用价值。

(4)疫情影响。旅游业一直是新西兰经济的支柱产业和最大的出口创收行业。随着新冠肺炎疫情的暴发,新西兰入境旅游人数减少2/3,旅游服务出口额已大幅下降。根据新西兰统计局的数据,2020年第二季度,新西兰的旅游服务出口额降至17.6亿新西兰元,约合人民币81亿元,较2019年同期的35.4亿新西兰元,减少了一半。为重振旅游业,新西兰政府通过多项举措拉动旅游消费。2020年6月24日,新西兰旅游部部长戴维斯宣布,将斥资4亿新元(约合18亿元人民币)重振旅游经济。

11.5 中东及非洲地区

11.5.1 区域概况

在全球旅游格局中,中东和非洲的旅游份额极小,二者接待入境旅游人次之和不到全球入境旅游人次总和的1/10,并且其发展的不稳定性较强,2006—2019年中东入境旅游人次增速的最高峰值(2008年,19.4%)和最低峰值(2011年,-17.6%)相差37个百分点;非洲入境旅游人次增速的最高峰值(2010年,8.7%)和最低峰值(2015年,-3.3%)相差12个百分点。中东地区旅游经济相当于GDP的比例在经过一番波动后有所上升,预计2019年和2020年,其相当于GDP的比例分别为6.0%和6.2%;非洲地区旅游经济相当于GDP的比重有所下降,预计2020年这一比例将继续下降到5.1%。

在旅游竞争力方面,近年来,中东和非洲(MENA)地区有所提高,但总体仍低于全球平均水平。该地区的旅游经济在GDP中所占的比重高于其他四个地区,也是唯一一个国际游客支出大于国内游客支出的地区。中东和非洲地区的竞争力低于平均水平,主要是由于其在自然和文化资源以及国际开放方面的指标得分较低。该地区的历史和宗教遗产以及地理特征为重要的自然和文化旅游创造了潜力,但受到一些独立国家影响,整个地区在加强风俗和遗产保护方面的得分持续在下降,只有埃及和伊朗在文化资源方面得分高于全球平均水平。中东和非洲地区的自然、文化和娱乐需求相当低,这表明在市场营销和旅行者感知方面存在潜在的差距。造成这种差距的一个潜在原因是人们对于该地区安全状况持续的担忧。而且该地区还存在地缘政治紧张、不稳定和冲突,这导致国际开放程度和安全度较低,旅客在访问该地区时经常面临阻碍。当然,这个地区也有改进之处,整个区域的稳定、安全和保障已开始恢复,游客们减少了对旅行的担忧,成为最近抵达人数增加的主要原因之一。此外,中东和非洲地区开始通过增加政府资助和更有效的市场营销活动吸引新游客。中东和非洲地区是世界上主要的化石燃料生产国之一,其燃料价格处于世界最低水平,一些国家的政府还提供补贴,因此在交通费用方面价格偏低。得益于较低的汇率,该地区的许多经济体为游客提供了更大的购买力(特别是埃及、阿尔及利亚、伊朗和突尼斯)。然而,近年来,机票税和机场收费的降低以及酒店价格的降低才是推动区域价格竞争力的主要因素。尽管取得了这些成就,世界级的基础设施仍然集中在波斯湾的阿拉伯国家。海湾国家利用其丰富的自然资源、中心地理位置和相对安全的环境,发展了世界级的科技基础设施,包括高质量的机场、港口、公路、旅游服务和一些世界领先的航空公司。这些努力与其他一些中东和非洲国家形成鲜明对比,这些国家由于缺乏投资和持续的不稳定,尚未发展具有竞争力的基础设施,特别是在航空运输方面。

11.5.2 国家概况

11.5.2.1 南非

根据世界旅游业理事会的数据,2019 年,南非旅游经济占总 GDP 的 7%,为该国提供了 9.1%的就业机会。入境南非旅游人数最多的国家是津巴布韦,占比 20%;其次是莱索托,占比 17%。旅游出境人数最多的是莫桑比克,有 21%;其次是去莱索托,有 13%。旅游分类中,休闲游和商务游的占比分别是 64%和 36%;国内游和国际游的占比分别是 55%和 45%。

南非旅游类型丰富多样,其中包括风景如画的自然景观和野生动物保护区、多样的文化遗产和备受推崇的葡萄酒。一些最受欢迎的目的地包括几个国家公园,如该国北部广阔的克鲁格国家公园,夸祖鲁—纳塔尔省和西开普省的海岸线和海滩,以及开普敦、约翰内斯堡和德班等主要城市。

(1)生物多样性与生态旅游。南非是世界十七大生物多样性国家中排名第六的国家,拥有多种动物。在北部丛林地区发现的大型哺乳动物包括狮子、豹子、猎豹、白犀牛、蓝角马、库杜斯、黑斑羚、鬣狗、河马和长颈鹿。东北部有大量灌木林,包括非洲最大的野生动物保护区之一克鲁格国家公园和萨比沙野生动物保护区。克鲁格国家公园成立于 1926 年,是该国访问量最大的国家公园之一,2014—2015 年度共有 1 659 793 位游客。

该国植物多样性也特别丰富,在全国各地发现了各种各样的生物群落,其中包括高木草原,南非中部的肉质植物(高原)和地方性的灌木群落,构成了西开普省开普植物区的大部分植被。这种稀有的植被受到桌山国家公园(也包括标志性的平顶桌山)的保护,该山是 2014—2015 年度南非游客最多的国家公园,共有 2 677 767 名游客。

一个名为"南非旅游服务协会"(SATSA)的非营利性协会,代表"南非未来旅游业"(incoming tourism industry in South Africa)的私营部门,它"致力于提供和维护南非旅游业的最高标准"。SATSA 专注于南非旅游业以及与之相关的公司和协会的问责制、诚信和质量控制。除 SATSA 之外,负责的网站 traveltravel. com 与《地铁》、《世界旅游市场》和《旅游贸易公报》杂志合作设立了"世界负责任的旅游奖",该奖项的目的是"表彰在旅游业中对当地社区的文化和经济做出重大承诺并为生物多样性保护做出积极贡献的个人、公司和组织"。

(2)历史文化景点。南非除了拥有众多自然景点外,还拥有众多具有文化意义的景点,其中包括构成豪登省人类摇篮一部分的含化石洞穴,林波波北部的马蓬古布王国遗址,西开普省的葡萄酒之路以及开普敦和约翰内斯堡等城市的各种历史遗址(如罗本岛、好望堡和索韦托镇)。

另外,要想更好地了解南非丰富而动荡的历史,约翰内斯堡种族隔离博物馆是一个必去的景点。该博物馆成立于 2001 年,致力于探索种族隔离时代实行的种族隔离制度。在 22 个宽敞的展厅中徘徊,压迫、种族紧张和争取自由的故事向游客道来。大量物品、照片、视频和书面材料描绘了南非黑人在 20 世纪大部分时间所遭受的暴政。

11. 5. 2. 2　埃及

在经历了 2011 年以来的多年复苏之后,埃及再次成为抢手的旅游胜地。2019 年,旅游行业为国内生产总值贡献了 4 964 亿埃及镑(约合 2 060 亿元人民币),约占总额的 9. 3%,比 2019 年增长 0. 2%。尽管新冠肺炎疫情在 2020 年上半年对行业产生了重大影响,但预计 2021 年将恢复增长。首都国际机场的建设将为游客人数的增加提供支持,预计在 2020 年末或 2021 年初将开放新的航线,连接该国的度假胜地和考古遗址,以吸引更多的休闲游客,约占游客总支出的 86%。入境埃及旅游人数最多的国家是德国,占比 15%;其次是沙特阿拉伯,占比 8%。旅游出境人数最多的是沙特阿拉伯,有 34%;其次是去阿拉伯联合酋长国,有 14%。旅游分类中,休闲游和商务游的占比分别是 88%和 12%;国内游和国际游的占比分别是 41%和 59%。

埃及主要的旅游目的地包括尼罗河谷的几千年历史古迹,其中主要的金字塔是吉萨的金字塔和狮身人面像,阿斯旺以南的阿布辛贝神庙,卢克索附近的卡纳克神庙和帝王谷。开罗的景点包括开罗博物馆和穆罕默德 · 阿里 · 帕夏清真寺。除红海沿岸的洪加达市和赫尔格达 25 公里外的著名的埃尔古纳度假村外,西奈半岛海岸还有许多人迹罕至的海滨度假胜地。

(1)金字塔:尼罗河沿岸有 70 多座金字塔,吉萨的三座金字塔是最著名的。狮身人面像是身强力壮的后卫,站在吉萨金字塔的旁边。金字塔建于 4 000 多年前,是国王丘普斯(Kings Cheops)、凯夫伦(Kefren)和迈克里诺斯(Mykerinos)时期的,这三位国王的遗体被埋在金字塔内。基奥普斯金字塔最大,高 145 米,被称为大金字塔。

(2)萨卡拉(Saqqara)建筑群:包括孟菲斯在内的萨卡拉(Saqqara)大墓地,位于开罗市中心以南 24 公里处面积约为 10. 5 平方千米,该地现仍屹立着最古老的金字塔——阶梯金字塔,该金字塔在公元前 27 世纪建成。在埃及第一王朝时,已有贵族在该地下葬,第二王朝开始成为王家墓地。

(3)底比斯国王谷:一共有 60 多座帝王陵墓,埋葬着从第 17 王朝至第 20 王朝期间的 64 位法老。最大的一座是第 19 王朝的沙提一世之墓,墓室水平距离 210 米,垂直距离 45 米,巨大的岩石洞被挖成地下宫殿,墙壁上布满壁画,装饰华丽,令人惊叹。

11. 6　数字旅游

近年来,数字经济正在席卷全球,已成为国家的核心竞争力,全球经济向数字经济迁移已势在必行。我国也将数字经济作为发展重点,连续四年将其写入国务院《政府工作报告》。在此背景下,数字旅游成为旅游产业发展的新模式。世界旅游组织秘书长在2018年"旅游与数字化转型"会议上提到,"我们生活在一个日益联系和相互依存的世界中,数字化进步改变了我们获得信息的方式、行为。利用创新和数字进步为旅游业提供机会,以实现提高包容性、增强地方社区能力和有效的资源管理,以及在更广泛的可持续发展议程中的其他目标"。可见数字旅游将成为未来旅游业的全新增长点和发展方向。

2020年,新冠肺炎疫情对世界旅游业造成巨大冲击,疫情之下,数字化生活融入了人们生活的方方面面。后疫情时代,旅游数字化将成为行业常态,而如何借助互联网技术发展新业态,推动旅游产业转型升级成为整个旅游行业需要面临的问题与挑战。

11.6.1 数字旅游概念

数字旅游产生于信息技术产业与旅游产业的融合,广义的"数字旅游"即旅游产业的信息化。数字旅游是数字地球概念的延伸和扩展,是政府、企业、消费者三位联动的旅游信息服务体系。数字旅游具有以下三个特点:一是技术水平高,数字旅游综合了"3S"①、数据库、网络、虚拟现实等关键技术,为旅游活动的前、中、后体验提供数字支持;二是一体化程度高,涵盖旅游政策法规、资源开发、景观设计、配套服务设施建设、旅游产品营销、生态环境保护等各个层次和方面;三是时效性强,数字旅游可以有效处理大量信息并及时反馈,实现定制化、专项化服务。②

数字旅游作为新的旅游体验形式,传递出新的旅游生活态势,具有去中心化、共享、协作等互联网特征,与旅游产业的体验属性、分享经济、资源聚合等特征不谋而合。在数字化建设的帮助下,旅游的线下线上服务可以渗透到游客从规划行程到完成旅行的全过程。数字旅游服务各不相同。旅行信息的可用性和多样性可以帮助人们确定目的地,预订活动和其他事情,这就是数字旅游对行业和旅行者至关重要的原因之一。它可以为人们提供建议以找到合适的住宿条件,帮助旅行者计划行程。它也可以是一个App,作为移动导游为游客提供导览讲解。在中国,人们早已习惯在各类平台上比较价格并预订机票和酒店,通过各类社交网站浏览旅游建议和评论、分享旅游心得。可以说,数字旅游正通过多种技术手段的结合改变传统旅游模式,促进旅游行业转型升级。

11.6.2 数字旅游发展现状

旅游数字化的发展主要体现在充分利用现有资源和网络平台技术,加强整合分散的应用系统和信息资源,突破旅游资源利用和共享的障碍,提升旅游数字化管理和网络化服务水平。世界各地日益成熟的在线旅行社和移动支付应用正在改变旅游业。由于移动应用程序体验的改善和价格的低廉,消费者越来越多地选择在网上研究和预订行程。美国市场研究机构 eMarketer 的报告称,预计2018年,全球数字旅游销售额增长10.4%,达到6 944.1亿美元(约合4.7万亿元人民币),而随着数字旅游市场的成熟,增长速度正在放缓。从线下预订到在线预订的转变在中国最为明显,2017—2022年,中国每年数字

① 3S:遥感技术(RS)、地理信息系统(GIS)、全球定位系统(GPS)。

② 张贝尔,王宏禹,刘颖哲.以数字旅游助推自贸港建设的建议[N].海南日报,2020-07-22(A09).

旅游销售额增长率将是美国的 3 倍以上。

而在旅游市场整体不断增长的情况下,我国在线旅游市场也随之增长。比达咨询研究报告显示,2019 年我国在线旅游总收入为 1.12 万亿元,线上渗透率为 16.9%,且不断提高。中国市场游客从在线平台购买机票和酒店的比例远远高于从供应商处购买,中国游客使用在线平台的比例也远高于其他国家用户。过去 5 年在线旅游用户的规模不断扩大,2019 年中国在线旅游用户规模超过 4 亿人。目前中国在线旅游市场以交通业务、住宿预订和旅游度假为主,其中包括机票、火车票、汽车票与船票的交通业务仍是在线旅游的最大子市场。用户年龄方面,由于闲暇时间充足,消费欲望良好,年轻用户较为活跃,80 后、90 后是我国在线旅游市场的主力消费人群。研究结果显示,2020 年上半年我国在线旅游用户年龄中,31~40 岁的用户占 42.7%,24 岁以下及 24~30 岁的用户分别占 18.5%和 18.6%。① 随着数字经济技术的普及应用,中国在线旅游供应商的运营能力不断得到提高,用户需求也随之升级。对于用户群体需求的精准挖掘与内容营销,在线旅游平台仍有许多提升空间,如用户细分、场景营销、匹配推荐等。

数字技术对旅行的各个阶段都产生了影响。传统上,旅游营销人员关注旅行前的阶段,供应商关注旅行时的阶段,而旅行后阶段则留给游客带纪念品和照片。目前的数字转型也改变了这一模式,其中每一个阶段对旅行者和旅游业都是同等重要的。旅游消费过程的这些阶段通常都是信息密集型的,而数字技术在这个多阶段的过程中为消费者提供支持发挥了重要作用。在旅游决策阶段,消费者面临众多选择,需要花费的时间几乎等同于旅游的时间。而目前智能手机正改变着决策过程。各类在线旅游平台已经完成了内容整合,并以一种浅显易懂的方式呈现给消费者。人们越来越习惯于利用各类旅游平台制定旅行计划,并与旅游产品和服务的提供者进行沟通,准备或执行交易。在旅游消费过程中,旅行者可以很容易地通过各类程序获取实时旅游信息,并及时有效地与旅游供应商进行沟通。而在旅游过程中,旅行时的珍贵记忆可以通过数字技术以图片、视频和文章等形式即时分享在社交媒体上。而在旅程结束后,对于旅游地纪念品和特产的购买也从千里迢迢运回转到线上购买。

在罗兰贝格公司的《旅游 3.0,数字化旅行变革时代中的应对之道》报告中,就对数字旅游的发展和转变进行了详细描述:"从手机屏幕中显示的二维码登机牌,到 App 预订的接机专车,从利用地理定位而选定最便捷舒适的酒店,到使用手机或个人穿戴设备就能直接打开的智能房门,多种基于数字技术的旅行场景正在我们身边发生,推动着全球旅游业进入数字化变革中的 3.0 时代。回顾旅行 1.0 时代,传统旅行社利用信息的不对称,依托门店或电话方式销售机票、酒店以及团队出游等定制产品。由于缺乏信息获取与比较的渠道,消费者处于市场弱话语权地位,被迫接受旅行社所主导设计的昂贵、呆板和保守的产品。在旅行 2.0 时代,受益于互联网技术的发展,各资源供应商和新兴的线上旅行社分销商将自有或第三方的机票、酒店和团队游、自助游等产品搬上互联网实现在线销售。但仅仅是电子化的预订过程,并未创造旅行过程的更多便利,遑论旅客个性化需求的满足。而进入 3.0 时代,旅行从端到端的全环节数字化变革正在快速发生。从资源提供商、集成分销商到信息提供商,整个旅行产业链要素被简化为以数字标记的信息代

① 比达咨询. 2020 上半年度中国旅游行业发展分析报告.

码,再结合消费者行为信息的挖掘和数据的分析,各种可能的旅行产品组合在云端的服务器中被快速创造。至此,只需在屏幕上轻轻点几下,您与家人的整个旅行就将完美开启。"①

11.6.3 数字旅游发展趋势

后疫情时代,加快数字产业化脚步,推动社会经济数字化转型,发挥数字化创新是趋势所在,旅游数字化也将成为常态。疫情后旅游出行决策对数字化的需求日渐凸显,无计划出游变得更加谨慎,提前获取高质量攻略、线上预约门票等数字化行前决策得到了进一步普及,更方便、更有质量的出游成为更多人的追求。数字技术正推动旅游业转型升级,与此同时,疫情催生出的旅游新业态、新模式有利于释放旅游消费市场的潜能,如智慧旅游与旅游大数据、定制旅行(定制师与数字导游、入境定制等)、数字文旅和文旅云、数字文创、人工智能与文旅数据建设、旅游物联网、品牌创设、分享经济、旅游 IP、目的地管理和全域旅游运营商,以及 AR/VR 与 5G 旅游等有望推动旅游行业掀起下一波颠覆浪潮。数字经济正在通过改变与游客沟通和营销旅游服务的过程,开辟提供旅游服务和增强游客体验的新方法来对旅游业产生深远影响。

11.6.3.1 全域智慧旅游

全域智慧旅游是全域旅游与智慧旅游的结合和延伸,二者相辅相成,是未来旅游发展的大趋势。

全域旅游是将一定区域发展成为完整旅游目的地,以大众休闲旅游为背景,以产业观光旅游为依托,通过对区域内经济社会资源尤其是旅游资源、产业经营、生态环境、公共服务、体制机制、政策法规、文明素质等进行全方位、系统化的优化提升,实现区域资源有机整合、产业融合发展、社会共建共享,以旅游带动和促进经济社会协调发展的一种新的区域协调发展理念和模式。② 2018 年出台的《国务院办公厅关于促进全域旅游发展的指导意见》就提出,全域旅游要"以旅游业为优势产业,统一规划布局、优化公共服务、推进产业融合、加强综合管理、实施系统营销,有利于不断提升旅游业现代化、集约化、品质化、国际化水平,更好满足旅游消费需求"。

智慧旅游就是利用移动云计算、物联网、数据挖掘等新技术,借助便携的终端上网设备,主动感知旅游相关信息,并及时安排和调整旅游计划。智慧旅游利用信息化的技术,把一些旅游资源进行整合,然后为广大游客量身定做,提供适需对路的旅游产品。③ 通过大数据挖掘实现对目的地及景区的实力呈现;通过目的地 App 增强与游客互动、加深游客对目的地的认知;通过各大平台加强整体化的目的地品牌建设,搭建移动营销平台。目前全国众多景区已通过搭建智慧景区平台来进行景区流量控制、为游客提供智能服务。如故宫联合腾讯地图、腾讯云小微语音助手落地的"玩转故宫"的小程序,解决了游览全程智能覆盖、"无接触"导览的传统景区痛点问题。游客在游览前可提前通过小程序

---

① 旅游 3.0:数字化旅行变革时代中的应对之道[R]. 上海:罗兰贝格管理咨询公司,2016.

② 百度百科"全域旅游"词条[EB/OL].[2020-09-18]https://baike.baidu.com/item/%E5%85%A8%E5%9F%9F%E6%99%BA%E6%85%A7%E6%97%85%E6%B8%B8/23557164.

③ 铂亚"智慧旅游"[EB/OL].[2020-09-18]http://www.poya.com.cn/solutions/id-225/.

预约买票,而在游览过程中可通过地图获取场馆位置、路线规划以及其他服务地点搜寻功能。游客还可以通过该小程序获得景区虚拟导游、景点在线解说等服务。数字化、智慧化技术的接入,使得游览过程更加便捷、高效,同时缓解了景区工作人员的服务压力。

全域智慧旅游是以上两种旅游创新模式的融合,基于产业政策和规划引导,通过深度整合物联网、云计算、人工智能等技术,打破旅游全链条的数据孤岛和智能设备应用壁垒,推动文旅产业发展与科技的融合。推动景区、旅游集团、行政区域乃至整个国家的旅游产业高度智慧化,全面创新旅游服务、营销和管理,实现旅游产业在区域范围内的智慧化升级。目前许多城市也已开始了全域智慧旅游的布局。早在 2018 年,云南省就携手腾讯共同打造了"一部手机游云南"项目,从全局去布置云南省旅游的智慧化转型。随着全域旅游和智慧旅游的不断推进,越来越多的城市和地区将通过搭建全域智慧旅游平台,从旅游管理、服务、营销等多个角度实现产业融合升级。通过一个接入程序,游客在线上即可完成路线规划、门票预订、导航导游导览导购等"吃住行游购娱"综合服务,一部手机走遍全国将成为现实。同时,基于大数据、物联网技术,政府旅游管理部门搭建全域智慧旅游监管平台,通过联通多个监管部门,能够对旅游区域进行实时监控,实现"全域+景区"综合分析、统计、管理。而对于企业而言,平台提供了更多元的线上线下客源以及营销渠道,能够将其与同一产业链的产品进行串联整合。同时,企业提供的产品与服务在精准度、层级等方面也将有所提升。总而言之,全域智慧旅游平台将推动直接为游客提供智慧化的综合服务,引导消费转型升级,促进数据资源共享,加速产业数字化转型,实现生态共建的全域旅游数字生态共同体。

11.6.3.2 线上线下拓展体验

线上种草,线下体验正成为旅游体验的新模式。线上活动推动虚拟与现实的新交流的时代正在到来。随着数字技术在旅游中应用越来越广泛,消费者对于旅游的需求也在不断变化,都想要获得最新的信息、个性化的用户体验。而 2020 年新冠肺炎疫情也加速了旅游业数字化的进程。如何在保障安全的前提下满足人们的旅游需求成为全球多国恢复旅游产业、推进旅游消费转型升级的关键和机会。通过数字化技术,把虚拟和现实融合起来,实现虚拟和现实场景交流型的旅游模式正在改变旅游服务和营销模式。

线上体验有助于扩大传播效能,激发旅游机会。疫情防控期间,不少互联网平台就已经在尝试通过举办网络直播、短视频、云看展、云旅游等文化和旅游线上服务,为文旅资源数字化转型积累经验。通过将文物古迹、艺术作品数字化,以图片、视频、VR360 度全息影像方式打造线上博物馆,AR 情景式体验全景看园等,让大众足不出户即可游览游历祖国的大好河山,推动了文旅与居民生活服务相关联的各产业相融合。通过网上展览、在线教育、网络公开课等方式,游客可以更加便捷地搜索、了解、观看相关文化物品和资源,一些珍贵的文化艺术可以借助这种形式为更广大的民众所了解和认知。

VR 技术使得虚拟体验成为可能,例如新加坡野生动物保育集团推出虚拟体验项目"来自野外的问候",让人们能够通过 VR 技术观看动物们的日常生活,体验多项互动项目。在法国、埃及等多个国家,人们可以借助 VR 技术"云游"著名旅游景点。模拟罗马帝国的 VR 旅游可以营造特殊的历史背景,吸引更多旅客前往罗马。VR 能够帮助人们虚拟与鲨鱼一起潜水或在悬崖体验滑翔伞,这种 VR 体验容易操作,也可以为人们在现实世界中挑战极限做好心理准备。通过这些虚拟体验,游客们能够对旅游项目产生浓厚兴趣,从而达到宣传和推广效果。

当然,“云”体验不能完全替代线下真实体验。与其他消费模式相比,旅游更注重的是临场体验,需要身临其境地感受所处地域和场景带来的体验,这是任何科技手段都无法替代的。虚拟与实景相结合,增强现场体验是数字技术线下拓展的重要部分。目前各地景区纷纷利用 VR、AR、互动游戏等多种数字化手段为游客们带去近乎现实的特别体验。随着数字技术带来的体验内容在种类和影响力方面越来越强大,真实体验将会受到越来越多的重视。2019 年北京世园会中的“奇幻光影森林”,就是将自然园林、科技、文旅结合在一起的“虚实互动景园”。它以《山海经》题材为背景,运用 AR 技术、人工智能技术、虚拟视觉技术、人机互动技术、新媒体技术讲述中国最古老的故事,让更多人走进故事中,了解中国的传统文化。而在“奇幻光影森林”里,人们可以非常直观地看到传说中的“乘黄”“金乌”“烛龙”。游客漫步其中,如置身幻境,非常震撼。“奇幻光影森林”会在晚上开启声光特殊效果,大家可以使用手机与场景互动。“植物精灵”能感受到游客的到来,变换出各种颜色致以问候,游客也可以召唤来“白鹿”,请求“白鹿”实现自己的愿望……未来,像“奇幻光影森林”这样的“数字科技+文化+旅游”会给游客带来丰富多彩的惊喜体验。①

未来的数字旅游将形成线上体验和线下感受为一体的发展模式,在主题、场景、舞台方面带给游客的不再是单一感受,而是完全参与和沉浸体验。线上旅游体验在向人们展示旅游景点特色、拓展感官体验、实现互动交流的同时,也让人们对真实的线下旅游体验产生浓厚兴趣,一定程度上能够推广和刺激线下旅游消费。而在线下旅游时,通过结合移动可穿戴设备等数字化手段,可以丰富和增强真实旅游体验感。

11.6.3.3 构建全新交流方式

数字一代的成长改变了人口结构和互联网用户行为,互联网也已被视为旅游信息和旅游体验支持的主要来源。随着千禧一代的成长,旅游服务运营商与用户之间的互动模式将有所变化,数字旅游借助社交工具的传播和营销,将形成一种新的交流方式。

“新数字旅行者”这个词是为数字时代的千禧一代创造的。千禧一代成长于互联网蓬勃发展的时代,他们能够快速接受新鲜事物,但停留时间短;他们习惯于使用互联网和社交媒体来分享自己的情感和经历。当前旅游消费线上化、信息化趋势明显,千禧一代越来越倾向于通过互联网获取旅游产品和目的地的相关信息,并在网上预订相关产品。同时,短视频、直播等视频化的旅游内容更受年轻游客青睐。商家可以通过直播全方位体现旅游产品线路、服务细节等方面的优势,让消费者对产品有了更直观的感知。游客也可以根据自己的消费偏好找到自己喜欢的线路,甚至自己喜爱的餐饮、住宿、司机、导游等,实现更加个性化的旅游消费。因此,对于数字旅游品牌来说,结合新一代人的情感和心理需求来为其提供支持性互动,以体验和情感为导向的交流将变得越来越重要。

交流方式的变化导致了旅游营销方式的变化,通过社交平台巧妙地将内容进行整合

① 数字文旅火了,“数字”如何为文旅赋能[EB/OL].[2020-09-17].https://k.sina.com.cn/article_5328858693_13d9fee4502000xwu6.html.

宣传营销,成为旅游品牌创新的营销方式。未来直播、短视频等视频化内容将成为旅游业重要的营销利器。用户生产内容(UGC)的媒体,如微博、播客、直播、图片分享和各类社交网络平台,有望在旅游计划阶段和旅游消费后阶段记忆和扩展体验的构建方面发挥更重要的作用。无论是通过小红书、马蜂窝等搜索旅游攻略,还是在微博、抖音等平台晒出自己的旅游经历,越来越多的人也选择在不同社交媒体平台上的虚拟旅游社区获取旅游信息、保持联系、寻找旅伴、讲述有趣的旅行经历或故事。在社交媒体上,图片和视频以视觉的形式作为内容载体,对于众多互联网用户更具吸引力。对于旅游营销而言,视频和直播是宣传目的地、产品、服务或品牌,扩大知名度和参与度的一种强有力方式。而视频平台(包括短视频平台)中以个人旅行为特色的内容,也成为人们寻找下一次旅游目的地的天然信息源。因此,将这类应用整合到旅游网站和应用上的需求也将会增加。

为了吸引注意力,通过内容的精准营销吸引受众已经成为一种趋势,与客户进行个性化的高效沟通已成为市场战略的关键。内容营销需要精确定位客户旅程的不同阶段,在人们进行搜索的过程中通过精心设计的内容来帮助和引导顾客预订品牌。利用社交媒体平台将营销充分场景化,精准投放用户偏好信息,策划旅游产品,进行营销创新是旅游品牌的新模式。然而,品牌策略也很容易受到消费者的评论和社交内容影响。研究表明,当消费者做出购买决定时,电子口碑被列为最重要的信息来源,特别是在旅游行业。旅游行业的无形产品在消费前很难评估,而电子口碑改变了旅游信息的可及性和旅游营销的结构,进而改变了旅游者对各种旅游产品的认识和感知。这些用户生成的内容为旅游营销人员提供了关于其消费者的宝贵信息。为了有效地获取这些信息,必须应用大数据和智能数据分析技术来对内容进行抓取并改进。因此,结合环境的社交网络营销在旅游营销中越来越重要。越来越多的旅游品牌和平台开始使用社交分析工具来分析用户生成的内容(例如在线评论),并将其转换为可指导其业务决策的可行指标和见解。通过利用大数据技术提供的智能识别,将其网站和社交媒体渠道转变为功能强大的研究工具,结合消费者的实时动态形成差异性、个性化的消息、内容、产品,从而影响客户决策和体验。例如,航空公司在社交平台抓取到乘客对其菜单的某款食品予以好评后,可能会将其添加到其他航线或更多航班中。

11.6.3.4 5G 技术赋能数字旅游

信息技术的出现正在影响和改变着我们的生活,这表明我们正处于第四次工业革命的开始。这是一个新时代,在这个新时代中,数字化以全新的方式建立并影响着社会。科技,尤其是 5G 的快速建设、人工智能技术的发展,带动了各个行业的发展,特别是旅游业。

旅游业的数字化建设需以移动通信技术为依托,5G 技术的应用和普及将促进我国旅游业的数字化升级和转型,实现颠覆性的变革。中国联通和腾讯公司联合发布的《2019 中国智慧文旅 5G 应用白皮书》提出,5G 网络的“高速率、低时延、大连接”特性以及与人工智能(AI)、增强现实(AR)、虚拟现实(VR)等先进技术的融合,将为旅游目的地文化内涵的彰显、体验、传播和创新提供强有力的支撑。在 5G 技术的支持下,旅游业在景区游览、酒店服务和公共服务方面都将产生巨大革新,数字旅游将会呈现出新的面貌,促进旅游行业的发展,更加满足游客的旅行需求。

智慧景区的建设需要5G技术的支持。覆盖5G网络后,下载速度至少可达196Mbps,能支持300人至1.7万人同时上线,保持正常网速,即便在拥挤时段也能满足游客智慧服务需求。5G为数字旅游最关键的数据传输奠定了技术基础,有了5G技术为依托,全域旅游、智慧景区才能长久地发展。景区通过推出5G+VR+4K全景"云"直播、5G+AR讲解翻译、5G+AI全程服务等活动,实现资源和信息的整合,打造现实中的"5G+智慧景区"。过去,很多人在体验文旅行业中的VR、AR沉浸式体验项目时,戴上设备后常存在眩晕等不适感,这是由于在当时网络环境下,画面传输的速度完全跟不上眼球转动的速度。5G技术将很大程度上解决这一类问题,为用户带来更好的体验感。随着5G终端产品不断丰富,5G技术的成熟稳定性与应用结合紧密性方面不断完善,相信游客的服务体验与景区的运营管理等都将有更大的改变。同时,5G的发展有助于景区高效地处理旅游业务数据,实现智能管理和指挥。基于5G的景区客流量监控传输速率提升,可以提升应急指挥的时效性。无人机能够代替景区管理人员完成现场监管。5G技术促进了云计算和边缘计算的应用,能够帮助景区提升决策速度。

通过结合"物联网"、大数据、AI等技术,5G保障了未来的智慧旅游服务。5G时代,所有物件都能通过传感器实时更新地理位置,这样在出游时无须担心行李丢失,还可以帮助旅客在到达机场前就能托运行李。更多车站、机场内的设施都会转变为自动化或远端操控,为人们提供更快捷的服务。同时,在旅途中5G将为火车带来比Wi-Fi更快、更稳定的连线能力,乘客们能在旅途中更方便顺畅地浏览应用程序。各大移动运营商纷纷与酒店合作,推出5G智慧酒店建设项目,5G与AI技术的结合正强烈影响着旅游服务部门,智能化的无人酒店、自助入住机已出现在世界各地,机器人从事接待员、翻译、酒店员工和销售人员等工作,它们在外表、智力和行为上都越来越像人类。5G+大数据将允许实时分析消费者偏好,并基于消费者此前的选择和数字足迹满足消费者的要求。而新冠肺炎疫情之后,人们对无接触式的旅游服务的需求将会不断增加。预计在20年内,一半的旅游服务业工作将走向智能化。

11.7 未来旅游趋势、建议以及展望

2020年,新冠肺炎疫情给世界旅游业发展带来了冲击。无可否认,世界正在改变,变化的规模、范围和复杂性与人类以前所经历的任何事物都不一样。后疫情时代,旅游业要想实现复苏并恢复到过往水平,就需要整个行业持续创新和再创造。通过对相关趋势的研究,笔者为旅游行业的未来战略制定提供了建议和展望。希望旅游业在面对未来的机遇和潜在风险时做好准备,同时建立竞争力,使得旅游业能够在瞬息万变的时局中竞争和成长。

11.7.1 旅游需求变化

随着全球旅行限制的放宽,在一段时间内,国内游、区域游将成为旅游业重启的关键。目前世界各地都将重点放在国内旅游业的发展上,许多国家都通过采取激励措施来鼓励人们探索自己的国家。联合国世界旅游组织(UNWTO)发布的最新简报《了解国内旅游,抓住机遇》显示,各国家和地区已开始认识到开展国内旅游的重要性,部分目的地

为助推国内旅游复苏已采取具体措施,包括为员工提供奖金、假期,为游客提供优惠券和其他激励措施等。因此,联合国世界旅游组织鼓励各国积极开展国内旅游,助推经济复苏。而在区域游方面,亚洲以及太平洋部分国家正协商通过建立区域间的旅游走廊或"旅行泡泡"计划重振旅游业。在走廊或是"泡泡"内,疫情已得到有效控制的国家之间能够建立排他性旅游合作关系,游客在此区域内无须进行隔离。因此,激发本国游客对国内及区域旅游业的兴趣成为旅游业营销和发展的重点。在全球范围内,各国需要实施市场营销、促销策略以及财政援助等,以提振国内旅游业,恢复信心。政府部门的激励措施主要旨在为国内旅游业提供财政支持,通过将特定资金分配给旅游供应商及景点管理和营销组织。国家的旅游管理部门和旅游组织可以合作,在旅游目的地层面开发新的旅游产品,提高当地的产品供应,改善某些目的地的基础设施,以促进国内市场的发展。作为国内旅游经营者,要增强宣传手段,完善现有的服务体系,为游客提供更好的服务体验。同时,要注重开发特色旅游,将旅游资源与文化、康养等相结合,找到旅游发力点,打造创新性旅游产品,实现区域合作交流、产业有效融合。区域内要能够形成完善的旅游供给体系,保障一定范围内的旅游服务。景区与景区之间、地方与地方之间也要加强沟通交流,通过优惠政策进行游客引流,产品、季节优势互补,实现资源利用最大化。旅游营销要迎合主要的人口。年轻的、国内的、不太厌恶风险的游客可能会在旅游业的早期复苏中推动旅游业的发展。目的地和企业都应该优先考虑这一细分市场,不仅要创造合适的产品,还要在合适的渠道进行推广。

而随着市场竞争日益激烈,提供独特、个性化和互联的体验已不再是高端奢侈品市场的专利,那些能在人口统计、年龄、品味和类型之间产生共鸣的体验将成为重要的差异化因素。大众市场旅行者在做出旅行决定时,也越来越要求更好的策划和设计。旅游通过差异化创造价值。游客们正在寻找机会体验新的文化,以一种身临其境的、真实的、人性化的方式与旅行地联系。因此,差异化、定制化旅游需求将增长,如何针对不同客户需求制定差异化旅游产品成为旅游运营商需要考虑的问题。通过为游客制定个性化旅游路线,加入特色旅游活动,丰富游客旅游行程,增加旅途记忆能够为定制游带来新增长。但定制游相较于其他旅游方式费用更高,对于服务的专业性也有一定要求。这就要求旅游服务提供者对从业人员进行专业化的培训,进一步提升服务质量,逐步形成完善的定制服务体系。定制游意味着游客对旅游的深度和主题性要求更高。旅游服务商在满足消费者对吃住行等需求的同时,更要花心思丰富消费者的体验感和参与感。另外,要根据不同客户群体提供差异化产品和路线,定制亲子游、定制体育游、定制康养游等,例如围绕家庭大众定制客群的实际出行需求,为其提供模块化、主题化的出游方案咨询及出行期间的个性化服务保障,进一步提升家庭大众定制的出行体验。

11.7.2 适应新常态

后疫情时代,我们将看到越来越多的改革和创新性的旅游模式,这些模式可能会向常态化发展。

短期内,无接触式旅游将成为旅游常态模式。一些旅游服务行业已经开始提供无接触式服务,一些临时安全措施可能将长久实现。因此在未来,人们可以安全旅行,恢复经济活动,但应当注意实施和遵守卫生部门和专家制定的防疫措施和程序。各国政府在确保旅行连续性和游客准入方面可发挥关键作用。特别是对于依赖旅游业或新兴旅游业的地区,需要使议定书和边界限制具有透明度。随着旅行者开始并最终返回旅游热点地区,人群控制将变得至关重要,特别是在找到疫苗之前。事实上,政府甚至可能对一些站点实施容量限制,以将影响最小化,同时还会加强物理距离。公共和私营部门有必要联合起来,制定与旅游业相关的国际公认的健康和卫生标准。一致的、易于识别的标准将有助于提升旅行者的信心。相关部门要及时做好应急预案,当出现紧急情况时能够采取相应措施为旅行者提供健全的医疗和返程的保障。生物识别技术在降低病毒传播风险、恢复旅行者信心、经济活动和就业方面发挥着关键作用。鉴于对健康的日益重视,各国政府需要与专家和市场创新者一起,找出数字化卫生信息的解决方案,并将其作为跨境旅行的一个无缝组成部分进行整合。在这种情况下,加速采用数字身份和解决方案,将是提高健康和安保工作准确性的关键。为了确保一致性,各国政府在使用数字身份和实施生物识别护照方面应尽可能与其他国家统一。

新冠肺炎疫情正在成为旅游业追求创新和新技术集成的一个意想不到的催化剂,数字技术的采用和消费正在上升。通过物联网和机器学习,数字技术已成为经济的推动力。这些技术为旅游业提供了巨大的机会,以提供连接的、个性化的和集成的客户体验。为了更快地复苏,企业需要加速数字化和技术的整合。在这种情况下,企业应该寻求与志同道合的旅行供应商合作,在技术开发和部署方面采用更精简和更敏捷的方法。对于供应商来说,使用数字渠道来创造线上和线下的连接体验也是至关重要的。成功地将数字化与该行业在客户服务和联系方面的长期声誉结合起来的企业,将实现跨代和跨部门的持久客户忠诚度。在促进旅游业采用数字技术和鼓励中小企业参与方面,政府部门也要发挥关键作用,确保基础设施建设,积极倡导旅游业数字化转型,推进监管框架现代化,增强中小企业参与数字经济的能力。通过鼓励对新技术、技能和创新的投资,支持现有旅游中小企业利用数字化转型的红利,促进智慧旅游目的地的发展。在这种新情况下,通信的透明度将变得更加重要。消费者比以往任何时候都更喜欢上网,并且会越来越多地在下次出行前寻找详细、可靠的信息。企业、目的地和政府都应该致力于以一种简单而吸引人的方式定期分享最新消息,让潜在的旅行者放心,从而重建旅行者的信心。

11.7.3 可持续性发展

随着全球气候变化问题日益严峻,可持续性发展也受到众多关注,尤其是新冠肺炎疫情更加增强了人们的环境意识,生态旅游、可持续旅游的增长趋势显著。生态旅游能为旅客提供教育意义,使其在深入了解目的地的同时掌握目的地生态的保护措施,从而为旅客创造独特的体验。在 TrekkSoft 发布的《2018 年旅游趋势报告》中,生态旅游是最受活动运营商欢迎的旅游项目之一。在这种情况下,可持续的商业实践可以成为旅游业强劲增长战略的核心。各国政府和旅游目的地应充分利用人们对可持续发展的兴趣,并在《巴黎协定》的基础上建立全行业和特定行业的指导方针,在可持续管理、生态保护和野生动物保护方面制定指导方针,促进更可持续的战略和操作。政府部门通过与各方合作,进一步加强野生动物和环境保护,通过促进生态旅游目的地发展,强调其生态效益或对环境的最低影响,以吸引客流。各国政府可以采用国际或国家准则作为承认可持续性的先决条件,也可以考虑设立一个评价和监测可持续性的公共平台。旅游部门可以通过数字监控平台来监测和收集有关自然、野生动物和环境保护工作的数据，通过社交媒体，提高人们对世界范围内各种可持续性倡议的认识和建立支持。为了鼓励在私营部门内执行可持续措施，各国政府应制定和提供奖励措施，例如减税、优惠贷款等。同时，应当整合可持续性资源，通过发展和提供环保的交通方式、生态友好型的住宿，提供替代产品等方式，增强消费者的可持续旅游体验。

11.7.4 世界格局变化

习近平主席曾指出，当今世界正经历百年未有之大变局。地方、国家、区域和全球层面的关系复杂多变，全球化进程的快速推进使得预测未来的变革比以往任何时候都更具挑战性。

城镇化是世界各国的普遍趋势。未来将有更多的人口生活在城市地区，农村地区面临越来越多的挑战，特别是人口减少、收入水平较低、数字鸿沟、传统经济活动减少、经济多样性缺乏、基础设施、服务和交通互联性匮乏等。为了促进农村地区发展，加上在疫情之下，游客会寻求人口较少的目的地和户外活动体验，乡村地区的旅游业为旅游业复苏提供了重要的机会。在农村地区促进旅游业，可以使其利益更广泛地惠及各地区和人口，同时减轻因旅游业集中于特定地点而带来的风险。旅游业可以成为农村地区创造经济价值的有效手段，也有助于增加农村地区的吸引力和活力，减轻人口结构方面的挑战，减少迁移，维护本地资源和传统。它还能够以一种积极有效的方式保护有形和非物质遗产。2020 年是旅游和农村发展年，这也是今年世界旅游日的主题。世界旅游组织围绕着将旅游业作为农村发展的有效工具，提出了一系列政策建议。国际及地方政府部门可以通过投资和发展农村公共基础设施，实行财政政策、货币激励，对从业人员进行数字化和技能教育与培训，加强法治和支持私营部门的监管环境等，提供一个规范有效的管理框架，更有效和可持续地发展和管理农村地区的旅游业。政府应通过加强旅游业与其他相关政策领域之间的协调，以及各级政府（国家、地区和地方）之间的协调，促进合作，以最大限度地发挥旅游业对农村发展的潜力，实现其发展目标。通过促进城市旅游业与周边农村地区的旅游结合以及促进靠近城市中心的农村地区，来促进城市和农村环境之间的联系。乡村旅游的可持续性还应当尊重当地的文化，促进与乡村社区平等分享旅游经济收益。在地方层面建立全面的利益共享机制，让旅游价值链的社区成员充分参与。

权力和人口结构从西向东的转移，不断加剧的城镇化，科技与产业之变，正在重新定义影响力中心，重塑全球市场。而全球经济放缓甚至衰退、贸易金融冲突、地缘政治分歧、全球气候问题、全球健康危机以及新冠肺炎大流行等更是增加了全球旅游业发展的不确定性。这种全球范围的变革要求旅游行业紧随时代步伐，及时应对这些变化在当今高度互联的世界带来的影响。旅游部门和机构在迎接新机遇方面有着巨大的潜力，但他们也需要深刻理解和发展社会问题的观点，以塑造自己的未来。

展望未来，疫情虽然使旅游业短期内遭受重创，但也为全球带来了反思，为未来发展创造了更多新的机遇。目前世界各地企业和旅游目的地正抓紧时机，结合过往事件影响经验创新发展，以确保旅游业的可持续和包容性复苏。为了更快地恢复旅游业，在全球范围内需要采取协调办法与公私合作，加强目前无接触式的旅行体验，制定全球公共卫生协议，同时采纳新技术。通过采取世界性组织的安全旅行协议，以重建游客信心和接受技术加速转变。与此同时,各国政府必须继续为旅游业复苏提供支持,逐步取消旅游限制并通过财政支持、激励措施等实施扶持政策。各国旅游从业者要积极行动、努力创新,共同为行业复苏创造有利条件。在世界旅游市场复苏阶段,需要国家、城市、企业和消费者多部门携手共进、多边合作,为旅游市场注入新的活力。相信在整个行业的共同努力下,国际旅游市场将重新迎来繁荣发展的新局面。

11.8 案例分析①

11.8.1 “一带一路”沿线国家特色旅游

2013 年 9 月 7 日,习近平主席在哈萨克斯坦首提共同建设“丝绸之路经济带”;一个月后,习近平在印度尼西亚首提“21 世纪海上丝绸之路”。“一带一路”即二者合称,指中国与亚太以至东北非及欧洲广大国家和地区互联互通、互利合作的广泛概念。

“一带一路”建设推进至今已近七年,旅游合作是“一带一路”国际合作的新亮点之一。“一带一路”的建设极大地提升了旅游的通达性;促进了出入境旅游,尤其是入境旅游;促进了跨境区域旅游合作。“一带一路”倡议助推沿线国家旅游发展,出境旅游高速增长的中国正在为“一带一路”沿线国家输送大规模的游客。“一带一路”是世界最精华旅游资源的汇集之路,汇集了 80%的世界文化遗产,涉及 60 多个国家,44 亿人口,发展旅游的资源禀赋优越。“一带一路”沿线国家已成为中国游客的第一大海外旅游目的地区域。截至 2019 年,中国已与 57 个沿线国家缔结了涵盖不同护照种类的互免签证协定,与 15 个国家达成了简化签证手续的协定或安排,与沿线国家新增国际航线 1 239 条。伴随中国公民对“一带一路”国家熟悉度的提升,加上航线增多、签证政策的便利化及“一带一路”国家对华的积极推广,中国赴“一带一路”沿线国家的旅游市场前景广阔。沿“一带一路”来一场说走就走的旅行,正越来越容易。据官方数据,2018 年中国出境旅游人数达 1.5 亿人次,来华旅游的外国游客人数超过 3 000 万人次。

“一带一路”沿线旅游合作有天然优势和潜力。一方面,沿线旅游资源丰富;另一方面,它将全球主要旅游客源地和目的地紧密连接。“十三五”期间中国将为“一带一路”沿线国家输送游客 1.5 亿人次、超过 2 000 亿美元(约合 1.35 万亿元人民币)的旅游消费,同时还将吸引沿线国家 8 500 万人次游客来华观光,拉动旅游消费约 1 100 亿美元(约合 7 401 亿元人民币)。

中国游客赴“一带一路”沿线国家旅游的亮点和趋势如下:

(1)中国社会科学院旅游研究中心发布的《旅游绿皮书:2018—2019 年中国旅游发展分析与预测》显示,中国出境到“一带一路”沿线国家的游客人次 5 年间增长了 77%,年均增速达 15.34%。中国出境到“一带一路”沿线国家的游客人次由 2013 年的 1 549 万人次,增长到 2017 年的 2 741 万人次。

(2)“一带一路”沿线国家是我国出境游的主要目的地。中国旅游研究院与携程旅游联合发布的《2018 年中国游客出境游大数据报告》显示,2018 年,最受中国内地游客欢

---

① 资料来源:中国社会科学旅游研究中心的《旅游绿皮书 2018—2019 年中国旅游发展分析与预测》。

迎的20个目的地国家分别为:泰国、日本、越南、新加坡、印度尼西亚、马来西亚、美国、柬埔寨、俄罗斯、菲律宾、澳大利亚、意大利、阿联酋、土耳其、英国、马尔代夫、法国、德国、西班牙、斯里兰卡,其中"一带一路"沿线国家占13个,前10名中有8个是"一带一路"沿线国家。

2018年,中国内地游客量增长最快的十大"黑马"目的地依次是缅甸、黑山、塞尔维亚、老挝、阿根廷、西班牙、柬埔寨、墨西哥、巴西、捷克,其中有6个是已与中国签署了"一带一路"合作文件的国家。2013—2017年,到访中东欧的中国游客人数已从28万人次增加到137万人次。携程旅游发布的数据显示,2018年前往黑山的游客同比增长239%,前往塞尔维亚的增长218%。根据匈牙利旅游局的官方统计,中国游客入境匈牙利人数在2010—2018年间增长超过300%。

(3)文化交流反哺旅游。文化真人秀正在炒火"网红"目的地。参加中国一档音乐类选秀节目的哈萨克斯坦歌手迪玛希·库达伊别尔艮凭华丽的"海豚音"艺惊四座后迅速走红。中国驻哈萨克斯坦前大使张汉晖表示,他的成功不是偶然的,而是中哈两国和两国人民日益走近的必然。哈萨克斯坦"光明道路"党主席佩鲁阿舍夫也曾表示,这表明两国在民心相通方面成效显著。张汉晖指出,哈萨克斯坦在中国已广为人知,而且有越来越多的中国民众希望了解和认识哈萨克斯坦。

11.8.2 宋城集团特色文化旅游

宋城集团是总部位于杭州市的一家打造大型文化旅游综合体的企业集团,由杭州宋城旅游发展股份有限公司(宋城集团旗下)投资、开发和经营,主营业务包括文化演艺、主题公园、文化产业投资、旅游电子商务、景观房产、主题酒店、娱乐商业、文化旅游衍生产品等领域,公司总资产320亿元。宋城是杭州市西湖西南方的一个主题公园,位于西湖区之江路148号。2011年接待游客600万人次,是中国最大的宋朝文化主题公园之一(开封有清明上河园)。

宋城集团是中国规模最大、最完整的宋文化主题公园的开发者,中国"主题公园 + 旅游文化演艺"文化产业模式最成功的实践者,宋城集团旗下的核心子公司宋城股份的目标是打造"中国旅游文化演艺第一品牌";作为中国首个投资开发湘湖、杭州大型城市休闲综合体(RBD)的创建者,中国第一个以民营企业的名义申办并成功承办世界型博览会的企业,宋城集团成功地扮演了"中国休闲产业领军者"的角色。2010年宋城集团纳税达3亿元,直接带动就业人口近万人。同时,宋城集团又是中国最早提出休闲房产理念并成功加以实践的企业。宋城股份经营的杭州宋城景区是中国人气最旺的主题公园,首批国家文化产业示范基地,以"主题公园+旅游文化演艺"为主营模式,是中国主题公园和旅游文化演艺的先行者。宋城景区的历史文化氛围和《宋城千古情》对艺术性和商业性的高度统一,使公司能够将旅游演艺节目的高附加值依托于主题公园得以实现,有效克服了单一经营模式的缺陷。

宋城除了古城景观建造之外,最有名的当属《宋城千古情》。它在1997年3月正式推出,是景区打造的一台大型立体全景式歌舞,它以杭州的历史典故、神话传说为基础,融世界歌舞、杂技于一身,运用高科技手段营造如梦似幻的意境,带给观众强烈的视觉震撼效果。每年观看游客达300万,至今累计演出超过1.2万场,是目前世界上年演出场次最多和观众接待量最大的剧场节目,被海外媒体誉为与拉斯维加斯“O”秀、法国“红磨坊”并列的“世界三大名秀”之一,是唯一获得国家五个一工程奖的旅游演艺类作品。

宋城股份不断吸取国内外优秀企业创作设计灵感和经验,逐步打造具有较高创作和设计水平的专业队伍,拥有专业的设计团队。宋城股份所经营的业务板块,无论是主题公园和旅游文化演艺,设计和规划等均由公司内部的创作团队完成,具有较强的自主创新能力。创作和设计的优势是宋城股份进行差异化经营和持续创新的重要保障。由宋城集团独家投资建设的杭州世界休闲博览园是“2006 年世界休闲博览会”的主园区。休博园的规划定位是一座飞进未来的城市,是一个休闲王国、游乐世界、创意天地、购物天堂、人居乐园。后休博时代的休博园将成为集文化演艺、主题公园、娱乐休闲、酒店人居为一体的、一揽子解决城市配套功能的项目,成为与武林商圈、钱江新城商圈并驾齐驱的杭州三大商圈之一。

如表 11-1 所示,从财报中可以看出,宋城演艺公司已经形成了现场演艺、旅游休闲和互联网演艺三大板块,其中现场演艺、旅游休闲构成公司演艺主业核心业务。现场演艺是公司的核心业务和主要收入利润来源。公司独创“主题公园+文化演艺”的经营模式,依托“宋城”和“千古情”两大品牌,为广大游客提供主题公园集群游玩和千古情演出观赏服务,并通过收取门票的方式实现业务收入。

表 11-1　2017—2019 年宋城演艺发展股份有限公司资产表

	2019 年	2018 年	本年比上年增减	2017 年
营业收入(元)	2 611 753 208. 86	3 211 192 814. 48	-18. 67%	3 023 831 231. 26
归属于上市公司股东的净利润(元)	1 339 790 994. 94	1 287 186 547. 41	4. 09%	1 067 612 066. 93
归属于上市公司股东的扣除非经常性损益的净利润(元)	1 222 100 617. 31	1 279 733 108. 31	-4. 50%	1 106 871 681. 74
经营活动产生的现金流量净额(元)	1 571 451 499. 51	1 647 243 748. 01	-4. 60%	1 764 016 869. 38
基本每股收益(元/股)	0. 9 223	0. 8 861	4. 09%	0. 7 345
稀释每股收益(元/股)	0. 9 223	0. 8 861	4. 09%	0. 7 345
加权平均净资产收益率	14. 52%	16. 38%	-1. 86%	15. 60%
	2019 年末	2018 年末	本年末比上年末增减	2017 年末
资产总额(元)	11 041 076 933. 58	10 817 160 458. 62	2. 07%	8 754 680 705. 17
归属于上市公司股东的净资产(元)	9 614 069 166. 64	8 471 075 013. 49	13. 49%	7 330 347 174. 04

资料来源:宋城演艺发展股份有限公司 2019 年度报告。

互联网演艺主要指重组后的花房集团,公司持有花房集团 39. 53%股权。花房集团包含基于 PC 端的直播秀场平台六间房和基于移动端的直播及语音秀场平台花椒直播。两个平台都旨在构建平民主播和粉丝之间强互动的社交平台,其收入主要来自虚拟礼物的销售收入。重组以来六间房和花椒直播基于各自优势,探索主播和流量之间的互补协同,目前花房集团经营稳步增长,为公司完善演艺生态形成有益补充。

2020 年上半年,新冠肺炎疫情席卷全球。疫情来势汹汹,给各行各业带来强烈的冲击,文旅行业成为重灾区。从表 11-2 中也可以看出疫情对宋城演艺的上半年度业绩造成不可避免的影响,报告期内,宋城演艺公司实现营业总收入 28 287.46 万元,比上年同期下降 80.04%;归属于上市公司股东的净利润 3 984.83 万元,比上年同期下降 94.92%;扣除非经常性损益后归属于上市公司股东的净利润 1 998.01 万元,同比下降 96.77%。若同比均不考虑数字娱乐平台及六间房与密境和风重组的财务数据,则公司备考利润表情况如下:营业总收入 28 287.46 万元,比上年同期下降 72.64%;归属于上市公司股东的净利润 1 047.70 万元,比上年同期下降 98.08%。

表 11-2　2020 年宋城演艺发展股份有限公司半年度报告

	本报告期	上年同期	本报告期比上年同期增减
营业收入(元)	282 874 604.95	1 417 337 260. 16	-60. 04%
归属于上市公司股东的净利润(元)	39 848 268.69	785 110 818.33	-94.92%
归属于上市公司股东的扣除非经常性损益后的争利润(元)	19 980 064.43	618 153 731.77	-96.77%
经营活动产生的现金流量净额(元)	-123 748 456.29	995 413 445.28	-112.43%
基本每股收益(元/股)	0.0152	0. 5405	-97.19%
稀释每股收益(元/股)	0. 0152	0. 5405	-97.19%
加权平均净资产收益率	0.42%	8.53%	-8.11%
	本报告期末	上年度末	本报告期末比上年度末增减
总资产(元)	10 928 702 090. 49	11 041.076 933.58	-1.02%
归属于上市公司股东的净资产(元)	9 355 236 314.07	9 614 069 166.64	-2.69%

资料来源:宋城演艺发展股份有限公司 2020 年半年度报告。

尽管国际形势存在不确定性,疫情的影响短期内也无法全面消除,但人民群众对文旅市场的需求长期存在,随着疫情防控趋势持续向好,旅游市场正逐步回暖。可以预见宋城集团能够重新回到增长的旅游业"跑道"上来。

11.8.3　芬兰——可持续旅游

旅游业是一个必须考虑可持续发展的部门。可持续因素对旅游者选择的影响越来越大,而遵循可持续发展原则将继续成为旅游公司的重要竞争优势。2019 年全球目的地可持续发展指数(GDSI)将芬兰评为世界上最环保的国家,这与芬兰长期以来致力于推动可持续发展是分不开的。在旅游业的可持续发展中,芬兰政府希望通过一系列举措,对自然、社会和经济产生积极影响，并弘扬地方文化。通过鼓励游客们通过环保的旅行方式，减少总体消费，增加废弃物的回收再生，同时留下低生态足迹。

11.8.3.1 可持续旅游概念

可持续旅游是指在不破坏当地自然环境，不损坏现有和潜在的旅游资源，合理利用旅游资源，保护已开发的现有资源的情况下，在环境、社会、经济三效合一的基础上持续发展的旅游经济开发行为。[①] 可持续旅游的首要目标是保持旅游目的地的生物多样性、文化完整性和生态平衡，主要目标是减少对环境的影响和促进当地经济发展。

随着全球旅游市场的增长，过度旅游正成为人们关注的问题。过度旅游对旅游目的地的自然资源产生了负面影响，并加剧了污染。可持续旅游在过去的五至六年里受到了重视，联合国宣布 2017 年为国际可持续旅游业促进发展年。可持续旅游应该具备以下几点：第一，充分利用作为旅游业发展关键因素的环境资源，维持基本的生态系统，并保护自然遗产和生物多样性。第二，尊重所在区域社会文化的真实性，保护他们已建成和正在生活的文化遗产和传统价值观，促进不同文化之间的理解和宽容。第三，确保长期可行经济运作，为所有利益攸关方提供社会经济利益，使其得到公平分配，包括为当地社区提供稳定的就业和创收机会以及社会服务，并为减轻贫困做出贡献。旅游公司和地区需要有能力在不损害自然和文化的情况下采取负责任的行动，促进当地文化和当地健康。

可持续的旅游业能够改善城市基础设施，促进衰退地区的更新，并保护文化和自然遗产，而这些都是旅游业赖以生存的资产。在发展可持续旅游中，增加对绿色基础设施的投资(更高效的交通设施，减少的空气污染，遗产保护和开放空间的保护等)将使得城市变得更加智慧和环保，居民和游客都可以从中受益。可持续旅游业致力于减少浪费和降低消费，保护本地动植物以及开展提高认识的活动，在保护生物多样性和陆地生态系统方面发挥了重要作用。因此，可持续旅游将会是疫情之后旅游业的重要趋势。

11.8.3.2 “可持续的芬兰旅游”倡议

为推动芬兰旅游业的可持续发展，2019 年 9 月，芬兰国家旅游局面向全国各地的公司和地区提出了一项全新倡议——“可持续的芬兰旅游”(Sustainable Travel Finland)。该倡议旨在保护芬兰人生活的核心，即未受破坏的原生态大自然，以及植根于纯净、天然的芬兰户外环境的当地文化和生活之道。芬兰人与大自然之间的和谐关系，造就了以正派、安全、发展及自由为基石的社会风气。该项目已于 2020 年 6 月 1 日正式启动。

芬兰可持续旅行标签的目标和支持它的发展计划的目的是促进芬兰的可持续旅行，更可持续地促进芬兰成为可持续旅行的国家，在旅行者做出旅行决定时促进旅行者的选择，并发起和加强合作遵守市政当局与其他公共运营商、区域旅行组织和公司之间的可持续发展原则。全新的“可持续的芬兰旅游”倡议鼓励芬兰各地的企业和地区通过可持

---

① 百度百科“旅游可持续发展”词条[EB/OL].[2020-09-16]https://baike.baidu.com/item/%E6%97%85%E6%B8%B8%E5%8F%AF%E6%8C%81%E7%BB%AD%E5%8F%91%E5%B1%95/6950437?fr=aladdin.

续的生态、社会、经济和文化活动,实现可持续发展的目标。参加此次环保倡议并符合标准的旅游企业和目的地将被冠以“可持续的芬兰旅游”标签,同时还能了解可持续发展模式以及与可持续旅游发展相关的最新信息,并能获得芬兰旅游局给予的推广支持,可通过芬兰旅游局的推广渠道提升自身的曝光度。这一标签将使旅游业和旅客更容易认可重视可持续发展的旅游公司或目的地。目前已有部分“访问芬兰北极可持续旅游项目”旅游公司和地区通过试点的方式开展更可持续的旅游活动。除此之外,芬兰旅游局也邀请广大游客加入“可持续的芬兰旅游”倡议,对自己的旅游行为负责,与芬兰人一起守护当地纯净的原生态自然环境,并尊重芬兰植根于大自然、以倡导公平的文化传统为基石的独特生活之道。接受《可持续芬兰承诺》,即表示游客承诺将在旅游期间尊重并珍惜芬兰当地的原生态自然环境、居民及文化。

芬兰国家商务促进局(Business Finland)区域合作经理表示:“我们希望能带动所有旅游产业的供应商通过可持续的社会、经济和文化活动来降低对自然环境的影响,为下一代更好地保护芬兰纯净的原生态自然环境。有了这个全新的‘可持续的芬兰旅游’倡议,我们可以嘉奖那些认真保护自然环境和人文环境的旅游企业和目的地,同时还能让旅游同业更容易地识别这些企业。”

11.8.3.3 可持续发展城市——赫尔辛基

芬兰首都赫尔辛基将可持续发展视为重中之重,2019 年在全球目的地可持续发展指数(GDSI)中赫尔辛基排名第五位,而由于其在旅游中注重可持续性元素,被欧盟评为“智能旅游之都”。当地政府希望在所做的每一件事上都促进可持续性,并推出了一项可持续发展计划来对城市的部分决策提供指导。赫尔辛基的目标是到 2035 年实现碳中和,而碳中和运营计划中包含 143 项措施。这座城市将为游客提供可持续旅游、节能住宿、实用公共交通、清洁能源、骑自行车和步行的机会,从而帮助城市实现目标。

碳中和的一个基石是建立发达的公共交通系统。赫尔辛基正在通过增加骑自行车、步行、电动汽车和轨道交通的比例来实现这一目标。长期以来,赫尔辛基大力发展公共交通,其目的是减少人们出行对私家车的依赖,从而降低对环境造成的污染。其公共交通系统包括公交车、有轨电车、地铁、通勤火车、短程轮渡等。据统计,公共交通在赫尔辛基地区交通中的比例已达 40%,每年人均使用公共交通出行的次数达 400 次以上。在赫尔辛基市中心,乘坐公共交通工具上下班的比例达到 70%。

在赫尔辛基,超过 75%的酒店房间被认证为环境友好型,这意味着酒店内没有一次性用品,垃圾都需做回收处理。有些酒店还提供数字碳足迹计算器。除此之外,赫尔辛基还推出可持续旅游路线。新的赫尔辛基旅游路线旨在使旅游业可持续发展。它确保了游客参观城市的不同地方,支持不同的当地企业,在努力避免过度旅游的同时确保当地居民生活得到满足。

在城市服务方面,赫尔辛基一项名为“可持续思考”的新服务将于 2020 年夏天在城市营销网站 My Helsinki 上推出。“可持续思考”在线服务根据为赫尔辛基量身定做的可持续发展标准,对当地餐馆、景点、商店和住宿进行评级,无论是当地居民还是游客,都可以使用该服务来寻找可持续发展的服务,比如餐馆、住宿、活动等。这项服务还包括一项路线规划功能,使旅行者可以选择无排放的交通方式来体验城市中提供的便捷服务。

从以上多项举措可以看出,赫尔辛基可持续发展思想的目的是双重的:帮助游客融入可持续发展的精神,并鼓励当地企业采取更环保的做法以赢得青睐。

11.8.3.4 芬兰航空的可持续发展战略

航空运输业和旅游业始终是相辅相成的。作为旅游服务中的重要一环,航空业更加需要注重可持续发展。航空业的碳排放占到全球总量的3%。而随着可持续旅行和生态旅游的发展,旅行者开始考虑其旅行对地球的影响。为了促进减少碳排放、增强环境可持续性、促进旅游业的可持续发展,芬兰航空公司计划实施可持续发展战略,通过对新飞机进行投资、增加对可持续航空燃料的使用、减少塑料使用等一系列举措多管齐下实现可持续发展。

芬兰航空在2020年3月提出了可持续发展战略,其中包括气候目标,即到2025年底将碳排放量减少50%,到2045年实现碳中和。在2020年至2025年之间,芬兰航空将投资3.5亿至40亿欧元用于发展、更新和更换机队。由于新飞机比旧飞机具有更高的燃油效率,这将帮助芬兰航空将欧洲航班的碳排放量减少10%~15%。除了更换新飞机,芬兰航空还计划通过优化飞机的性能以及增加维护来减少排放。

可持续航空燃料是芬兰航空实现碳中和长期计划的关键部分。芬兰航空预计到2025年底每年在可持续航空燃料上花费1 000万欧元,芬兰航空最近宣布与全球最大的可持续航空燃料(SAF)供应商雀巢(Neste)建立新的合作伙伴关系,该公司致力于研究和使用基于废弃烹饪和植物油的生物燃料。Neste总裁兼首席执行官Peter Vanacker说:"目前,可持续的航空燃料为化石飞机提供了唯一可行的替代化石液体燃料的动力。Neste的可持续航空燃料与化石喷气燃料混合后,可与现有喷气发动机技术和燃料分配基础设施完全兼容。"更重要的是,客户将能够在2020年晚些时候以SAF机票类型预订航班,而芬兰航空会根据客户在燃料选择上的贡献予以奖励。

通过减少飞机的重量以及提高燃油效率是芬兰航空致力于减少排放的另一种方式。芬兰航空计划每年减少15 000吨燃油消耗,这项工作现在已经开始了。通过对飞行步骤进行一些简单的更改(例如单引擎滑入跑道和从跑道滑行),优化飞行计划以确保飞机以完全正确的燃油量飞行以及使用连续下降进近技术(CDA)着陆,都可以减少燃油消耗。芬兰航空还计划在未来的几个月和几年中系统地减轻飞机的重量。自2020年4月29日起,机上旅行零售将在欧盟境内的芬兰航班上停止,平均每趟航班可减少50~100千克。这相当于每年节省70 000千克燃油,或减少220 000千克二氧化碳排放量。顾客也可以通过仅携带手提行李进行短途旅行来做出一点贡献,每位客户带来的重量减轻一点都会对整体产生重大影响。

在2019年,芬兰航空就通过增加回收利用和改变材料选择减少了80 000千克塑料的使用。在2020年,减重计划将提高到一个新水平。经济舱中将不再提供塑料餐具,而由更具可持续性的餐具替代,这样每年能够减少53吨塑料的使用。到2022年,芬兰航空将减少230吨塑料,在此过程中,一次性塑料的使用量将减少一半。此外,到2022年底,芬兰航空将通过增加预订餐点的顾客数量将航班上食物浪费数量减少50%。而考虑到肉类产品二氧化碳排放量相对较高,芬兰航空将在飞机上和休息室提供更多的素食餐点。

参考文献

[1]百度百科“全域旅游”词条[EB/OL].[2020-09-18].https://baike.baidu.com/item/%E5%85%A8%E5%9F%9F%E6%97%85%E6%B8%B8/23557164.

[2]铂亚“智慧旅游”[EB/OL].[2020-09-18].http://www.poya.com.cn/solutions/id-225/.

[3]关于旅游业和农村发展的建议——使旅游业成为有效工具的指南[R].马德里:世界旅游组织(UNWTO),2020.

[4]了解国内旅游业,抓住机遇[R].马德里:世界旅游组织(UNWTO),2020.

[5]李君轶.数字旅游业发展探析[J].旅游学刊,2012,27(08):9-10.

[6]旅游 3.0:数字化旅行变革时代中的应对之道[R].上海:罗兰贝格管理咨询公司,2016.

[7]旅游业——全球经济影响和趋势 2020[R].伦敦:世界旅游业理事会(WTTC),2020.

[8]全球旅游竞争力报告 2019[R].日内瓦:世界经济论坛(WEF),2020.

[9]世界,转变[R].伦敦:世界旅游业理事会(WTTC),2019.

[10]世界旅游经济趋势报告 2020[R].北京:世界旅游城市联合会,中国社会科学院旅游研究中心,2020.

[11]宋城演艺发展股份有限公司 2019 年年度报告[R].杭州:宋城演艺发展股份有限公司,2020.

[12]宋城演艺发展股份有限公司 2020 年半年度报告[R].杭州:宋城演艺发展股份有限公司,2020.

[13]童清艳,LiangTao Shan.英国文化旅游传播及其保护机制研究[J].西南民族大学学报(人文社科版),2018,39(05):7-13.

[14]王瑞红.5G 或将带来新一轮数字旅游高峰[N].中国审计报,2019-10-21(007).

[15]数字文旅火了,“数字”如何为文旅赋能?[EB/OL].[2020-09-17].https://k.sina.com.cn/article_5328858693_13d9fee4502000xwu6.html.

[16]英国乡村旅游发展研究及典型案例.[EB/OL].[2018-12-17].https://www.sohu.com/a/282488657_99902814.

[17]张贝尔,王宏禹,刘颖哲.以数字旅游助推自贸港建设的建议[N].海南日报,2020-07-22(A09).

后　　记

中国传媒大学人类命运共同体研究院院长李怀亮教授领导的“国际文化市场研究”课题组，近10多年来积极开拓、不断进取，一直耕耘于国际文化贸易与国际文化和旅游市场研究领域，承担了中宣部、文化和旅游部、商务部、国家广电总局以及地方政府和企业委托的一系列与国际文化市场和文化贸易相关的理论研究与政策咨询课题，同时也开展了一系列有针对性的社会服务工作，实现了理论研究与实践发展的良性对接。基于多年的研究积累，李怀亮教授带领团队获得了国家社会科学基金重点项目“中国文化走出去效果评估研究”（项目编号：17AZD035），团队成员共同探究国际文化市场发展趋势，建立科学合理的评价体系，评估中国文化产品和服务“走出去”的效果，为政府和企业开展文化交流和文化贸易投资合作提供参考。

国际文化市场系列报告的编写工作从启动以来得到了文化和旅游部产业发展司的大力支持，《国际文化市场报告》（2014）、《国际文化市场报告2017》、《国际文化市场报告2018》出版后深受广大读者的欢迎。《国际文化和旅游市场报告2020》增加了国际旅游市场板块，重点阐述了全球旅游市场发展状况、“一带一路”沿线国家的特色旅游项目、数字经济发展背景下旅游数字化发展趋势。报告注重对国际文化和旅游市场前沿动态和趋势的研究，既有理论分析，也有市场研判，对国内文化和旅游企业“走出去”具有很好的参考价值。

本书由李怀亮担任主编、方英担任副主编，汇聚了中国传媒大学人类命运共同体研究院、经济与管理学院、音乐与录音艺术学院和国际传媒教育学院，北京舞蹈学院人文学院，北京印刷学院经济管理学院，西安外国语大学经济金融学院等机构师生的研究力量编写而成，是课题组师生共同努力的结果。全书写作具体分工为：第一章：李怀亮、方英；第二章：马明、黄昭文；第三章：虞海侠、王会苹；第四章：王娟、曹宇；第五章：刘静忆；第六章：魏婷、葛欣航；第七章：吕寒；第八章：佟雪娜；第九章：王锦慧；第十章：薛华、韩润磊和陈陆阳；第十一章：窦毓磊。

由李怀亮教授牵头的“国际文化市场研究”课题组，在国际文化贸易和文化投资理论与政策、国际文化市场和文化贸易实证分析、国际演出市场、电影市场、图书出版市场、游戏市场、动漫市场、艺术品市场、音乐市场、视频市场、文创设计市场和旅游市场等领域开展了专门化、系列化的研究工作，取得了丰硕的研究成果，团队成员各有所长，具体如下：

方英，博士、教授，硕士研究生导师，曾在加拿大布鲁克大学商学院和美国密苏里州立大学商学院做访问学者，主要从事国际文化贸易和投资理论与政策研究、数字文化贸易研究；

马明，博士、教授，北京舞蹈学院，主要研究领域为艺术管理、文化产业；

黄昭文，博士、副教授，北京舞蹈学院人文学院艺术管理教研室主任，主要研究领域：艺术管理、艺术传播；

虞海侠，博士、副教授，曾在美国西北大学做访问学者，曾出版专著《中国电影产业投融资机制研究》，主要从事电影产业投融资和国际电影市场的研究；

王会苹，中国传媒大学传媒经济学硕士研究生；

王娟，博士、副教授，主要从事国际图书版权贸易的教学与科研，曾出版专著《中国图书对外贸易问题研究》；

曹宇，博士、讲师，现任职于北京印刷学院经济管理学院，主要从事出版企业经营管理和图书版权贸易的教学与研究；

刘静忆，博士、讲师，主要从事文化产业和文化贸易研究，重点关注游戏市场；

魏婷，博士、副教授，主要从事国际贸易和文化贸易方面的研究；

葛欣航，博士，安徽师范大学新闻与传播学院讲师（享受副教授待遇），主要从事国际动漫市场和动漫产业政策的研究；

吕寒，博士、教授，西安外国语大学经济金融学院国际经济与贸易教研室主任，主要从事文化服务贸易领域研究，出版专著《网络技术背景下的创意产业价值链重构》；

佟雪娜，博士、教授，曾在美国中田纳西州立大学研究美国音乐产业，主要从事音乐产业管理和音乐版权贸易研究，其博士论文《数字音乐的产业价值链研究》填补了我国音乐产业的研究空白；

王锦慧，博士、副教授，曾在美国北卡教堂山分校做访问学者，主要从事影视版权贸易、影视版权证券化的研究；

薛华，博士、副教授，中国传媒大学经济与管理学院时尚管理研究中心主任，曾在美国乔治华盛顿大学做访问学者，有丰富的业界实践经验，主要从事数字内容产业、时尚产业研究；

韩润磊，博士、讲师，主要研究领域为演艺经纪、时尚传播；

陈陆阳，中国传媒大学广播电视（艺术管理）专业硕士研究生；

窦毓磊，博士、副教授，曾在加拿大皇家大学做访问学者，出版专著《社会化媒体商业模式创新研究》，主要从事社会化媒体及旅游产业的商业模式创新研究。

感谢中国传媒大学音乐学博士研究生杨倩莉，北京舞蹈学院艺术管理专业研究生彭兰斌、李依依、陈梦笛和黄润景，西安外国语大学应用经济学研究生王健婷、李子辰、张雯、杨默和张春婷，中国传媒大学国际媒体商务研究生郭岩雪、鲁芋君、范凤娇、李若宾、王志垠和董健宇，广播电视（艺术管理）研究生陈陆阳，音乐学研究生甘思雨、来洁莹、张艺濛和张振华，国际商务研究生吴雪纯、邹娜和于常岭，产业经济研究生郑国华，国际贸易研究生张杉，经济学（传媒经济方向）本科生赵天睿和陈濛，国际经济与贸易（国际文化贸易方向）本科生陈媛媛、李霆均、邓鹏博，文化产业管理（中外合作）本科生郝启帆和魏诗瑶。他们为本报告收集和翻译了大量的数据资料。

本书主要介绍了近年来全球文化和旅游市场发展状况，对 2017—2019 年国际演出市场、国际电影市场、国际图书出版市场、国际游戏市场、国际动漫市场、国际艺术品市场、国际音乐市场、国际视频市场、国际文创设计市场和国际旅游市场的规模、结构、市场主体、地区差异、市场偏好及未来走势等进行分析和概括，力图为读者描绘出一幅数字化时代全球文化和旅游市场发展的全景式图画。

方英

2020 年 11 月